汽车底盘构造
与维修技术探析

QICHE DIPAN GOUZAO
YU WEIXIU JISHU TANXI

主　编　李劲松　蒙贺伟
副主编　李　美　张少波　金志扬　李　勇

中国水利水电出版社
www.waterpub.com.cn

内 容 提 要

汽车底盘构造与维修技术探析立足于汽车运用实践，以汽车的使用、维修、服务为对象，主要内容为汽车底盘的总体构造、汽车底盘维修基本方法、离合器、手动变速器、自动变速器、万向传动装置、驱动桥、车桥与车轮定位、车轮与轮胎、车架与悬架、转向器与转向操纵机构、汽车转向系的故障诊断与维修、车轮制动器与制动传动装置、汽车防抱死制动系统、汽车制动系统的维修等。

本书知识结构完整，注重实用性，可供汽车驾驶员、汽车专业维修技术人员以及相关研究人员参考。

图书在版编目(CIP)数据

汽车底盘构造与维修技术探析 / 李劲松，蒙贺伟主编. --北京：中国水利水电出版社，2015.6（2022.10重印）
ISBN 978-7-5170-3299-1

Ⅰ.①汽… Ⅱ.①李… ②蒙… Ⅲ.①汽车—底盘—结构—研究②汽车—底盘—车辆修理—研究 Ⅳ.①U472.41

中国版本图书馆 CIP 数据核字(2015)第 140004 号

策划编辑：杨庆川　责任编辑：陈 洁　封面设计：崔 蕾

书　　名	汽车底盘构造与维修技术探析
作　　者	主　编　李劲松　蒙贺伟 副主编　李　美　张少波　金志扬　李　勇
出版发行	中国水利水电出版社 （北京市海淀区玉渊潭南路1号D座 100038） 网址：www.waterpub.com.cn E-mail：mchannel@263.net（万水） 　　　　sales@mwr.gov.cn 电话：(010)68545888（营销中心）、82562819（万水）
经　　售	北京科水图书销售有限公司 电话：(010)63202643、68545874 全国各地新华书店和相关出版物销售网点
排　　版	北京厚诚则铭印刷科技有限公司
印　　刷	三河市人民印务有限公司
规　　格	184mm×260mm　16开本　24.75印张　633千字
版　　次	2015年9月第1版　2022年10月第2次印刷
印　　数	2001—3001册
定　　价	82.00元

凡购买我社图书，如有缺页、倒页、脱页的，本社发行部负责调换

版权所有·侵权必究

前 言

汽车被称为"改变世界的机器"。由于汽车工业具有很强的产业关联度,因而被视为一个国家经济发展水平的重要标志。目前,我国的汽车工业正在飞速发展,人们对汽车舒适性、安全性、可靠性要求不断提高,空调系统已成为现代汽车的标准装置。新知识、新技术在汽车上的应用已使传统的汽车维修行业不能适应这种变化趋势,为此,汽车专业维修技术方面的研究受到广泛关注。

本书以国内常见车型为例,详细阐述了汽车底盘各部分的主要组成、功用、原理及结构特点,图文结合,将大量的高难技术术语、工作原理简练化,形象化,便于读者的理解和运用。

本书共分为15章:第1章为汽车底盘的总体构造,简要地阐述了汽车的传动系统、行驶系统、转向系统及制动系统;第2章简要介绍了汽车底盘维修的基本方法;第3~7章从汽车传动器入手,分别讨论了离合器、手动变速器、自动变速器、万向传动装置、驱动桥等机构的构造、维修等;第8~10章主要阐述的是汽车行驶系统,在车桥与车轮定位中主要讨论车桥、车轮定位、车桥常见的故障的诊断与维修,在车轮与轮胎中主要介绍车轮与轮胎及其常见故障的诊断与维修,最后介绍了车架与悬架;第11~12章分别从转向器和转向器操作机构、汽车转向系的故障诊断与维修来讨论汽车转向系统;第13~15章主要阐述了汽车制动系统,汽车制动器与制动传动装置中主要讨论了盘式车轮制动器、鼓式车轮制动器、驻车制动器以及液压传动装置等,汽车防抱死制动系统主要讨论了其结构、布置形式及维修几方面,汽车制动系统的维修包括车轮制动器的维修、液压制动传动装置的维修、气压式制动传动装置的维修以及驻车制动器的维修。

全书由李劲松、蒙贺伟担任主编,李美、张少波、金志扬、李勇担任副主编,并由李劲松、蒙贺伟负责统稿,具体分工如下:

第3章、第8章、第14章、第15章:李劲松(海南大学);
第1章、第2章、第6章、第7章:蒙贺伟(石河子大学);
第11章、第12章:李美(海南大学);
第9章、第10章:张少波(海南大学);
第4章、第5章:金志扬(海南大学);
第13章:李勇(塔里木大学)。

本书在编写的过程中参考了大量书籍,但由于编者的水平和所收集的资料有限,书中难免存在疏漏和不足之处,望广大读者批评指正。

编 者
2014年11月

目 录

前言

第1篇 汽车底盘

第1章 汽车底盘的总体构造 ······ 1
1.1 概述 ······ 1
1.2 传动系统 ······ 1
1.3 行驶系统 ······ 2
1.4 转向系统 ······ 2
1.5 制动系统 ······ 3

第2章 汽车底盘维修基本方法 ······ 5
2.1 汽车维修基本方法 ······ 5
2.2 汽车维修程序 ······ 6
2.3 汽车维修安全生产 ······ 7

第2篇 汽车传动系统

第3章 离合器 ······ 10
3.1 离合器概述 ······ 10
3.2 典型离合器的构造 ······ 13
3.3 离合器的操纵机构 ······ 19
3.4 离合器常见故障的诊断与维修 ······ 23

第4章 手动变速器 ······ 33
4.1 手动变速器概述 ······ 33
4.2 典型手动变速器的构造 ······ 35
4.3 同步器 ······ 43
4.4 手动变速器的操纵机构 ······ 49
4.5 双离合变速器 ······ 54
4.6 变速器常见故障的诊断与维修 ······ 57

第5章 自动变速器 ······ 63
5.1 自动变速器概述 ······ 63

  5.2 自动变速器的构造 ··· 67
  5.3 典型自动变速器 ··· 76
  5.4 自动变速器的拆装与检修 ··· 82

第6章 万向传动装置 ··· 92
  6.1 万向传动装置概述 ·· 92
  6.2 万向传动装置的构造 ··· 94
  6.3 万向传动装置常见故障的诊断与维修 ·· 103

第7章 驱动桥 ··· 116
  7.1 驱动桥概述 ··· 116
  7.2 驱动桥的构造 ·· 118
  7.3 四轮驱动系统 ·· 130
  7.4 驱动桥常见故障的诊断与维修 ·· 146

第3篇 汽车行驶系统

第8章 车桥与车轮定位 ··· 153
  8.1 车桥 ··· 153
  8.2 车轮定位 ·· 155
  8.3 车桥常见故障的诊断与排除 ··· 160

第9章 车轮与轮胎 ·· 164
  9.1 车轮 ··· 164
  9.2 轮胎 ··· 169
  9.3 车轮及轮胎常见故障及排除 ··· 175
  9.4 车轮和车胎的维修 ·· 177

第10章 车架与悬架 ··· 185
  10.1 车架 ··· 185
  10.2 悬架 ··· 189
  10.3 悬架常见故障的诊断与维修 ··· 206

第4篇 汽车转向系统

第11章 转向器与转向操纵机构 ·· 222
  11.1 转向器 ·· 222
  11.2 转向操纵机构 ··· 227
  11.3 转向传动机构 ··· 237

11.4	动力转向装置与动力转向器	241
11.5	典型转向系统	247

第12章 汽车转向系的故障诊断与维修 … 263
12.1	机械式转向系的故障诊断	263
12.2	动力转向装置常见故障	265
12.3	转向系的维护	266
12.4	机械式转向系的维修	267
12.5	动力转向装置的维修	275

第5篇 汽车制动系统

第13章 车轮制动器与制动传动装置 … 282
13.1	盘式车轮制动器	282
13.2	鼓式车轮制动器	290
13.3	驻车制动器	299
13.4	液压制动传动装置	303
13.5	气压制动传动系统	314

第14章 汽车防抱死制动系统 … 321
14.1	汽车防抱死制动系统概述	321
14.2	汽车防抱死制动系统的结构	328
14.3	桑塔纳2000GSI轿车ABS控制系统	342
14.4	汽车防抱死制动系统的拆装	346
14.5	汽车防抱死制动系统的故障诊断	350

第15章 汽车制动系统的维修 … 363
15.1	车轮制动器的维修	363
15.2	液压制动传动装置的维修	368
15.3	气压式制动传动装置的维修	374
15.4	驻车制动器的维修	382

参考文献 … 388

第 1 篇　汽车底盘

第 1 章　汽车底盘的总体构造

1.1　概述

汽车底盘由传动系、行驶系、转向系和制动系四大系统组成,其功用为接受发动机的动力,使汽车运动并保证汽车能够按照驾驶人的操纵而正常行驶。图 1-1 所示为汽车的底盘结构。

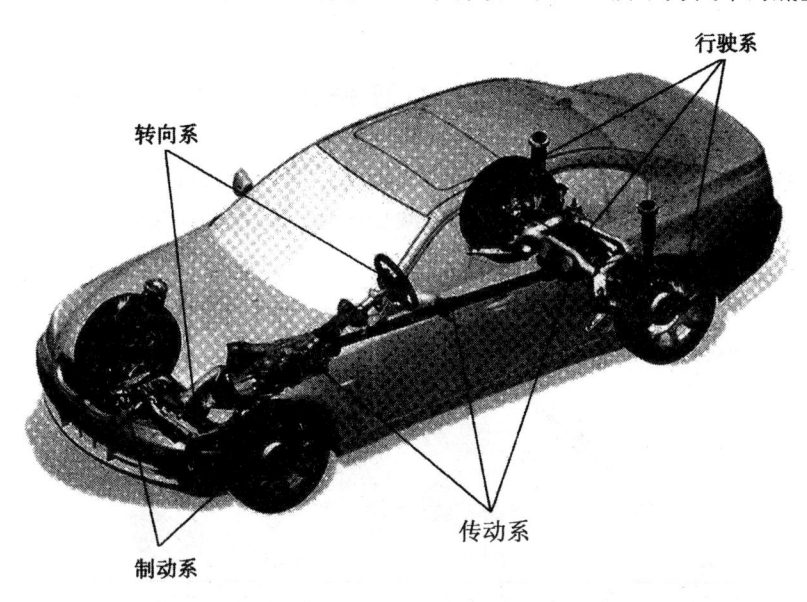

图 1-1　汽车底盘结构

1.2　传动系统

传动系的基本功用是将发动机的转矩传递给驱动轮,同时还必须适应行驶条件的需要,改变转矩的大小。

以普通的机械式传动系为例,发动机发出的动力依次经过离合器、变速器和由万向节与传动轴组成的万向传动装置,以及安装在驱动桥中的主减速器、差速器和半轴,最后传到驱动轮,如图 1-2 所示。现在汽车中采用自动变速器的越来越多,其底盘包括自动变速器、万向传动装置、驱动桥等,即自动变速器取代了离合器和手动变速器。

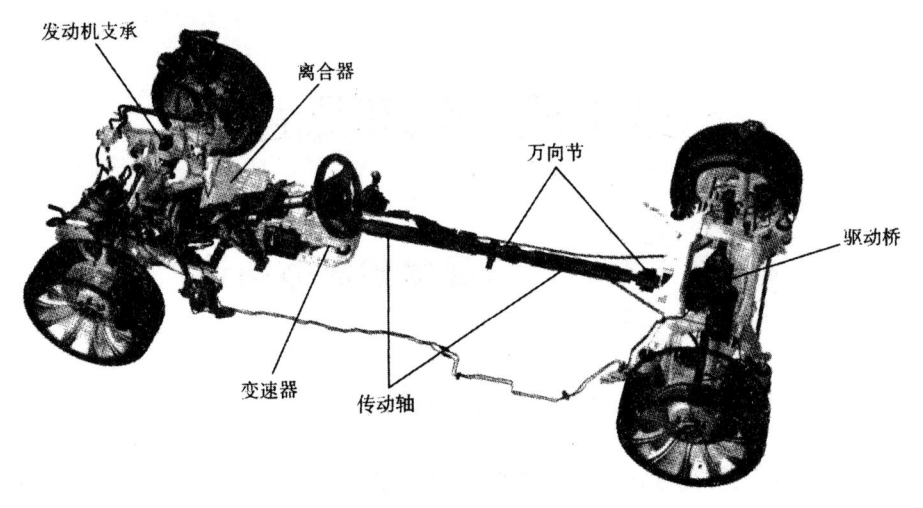

图 1-2 机械式传动结构

1.3 行驶系统

汽车行驶系的主要作用:将传动系传来的转矩转化为汽车行驶的驱动力;支撑汽车的总质量;承受并传递路面作用于车轮上的力和力矩;减少振动,缓和冲击,保证汽车的平稳行驶。

汽车行驶系一般由车架(或车身)、悬架、车桥和车轮等组成,如图1-3所示。

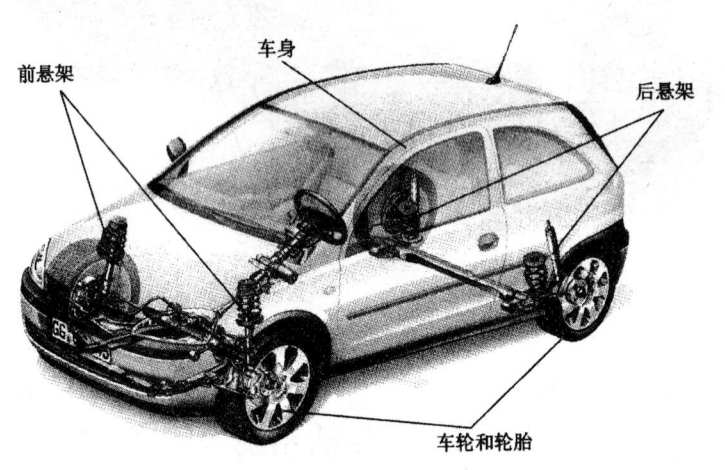

图 1-3 汽车行驶系统的组成

1.4 转向系统

汽车转向一般是由驾驶人通过转向系机件改变转向轮的偏转角来实现的。其功用是保证汽车能够按照驾驶人选定的方向行驶,并保持汽车稳定的直线行驶。

汽车转向系主要由转向操纵机构、转向器、转向传动机构组成,如图1-4所示。现在的汽车普遍采用动力转向装置。

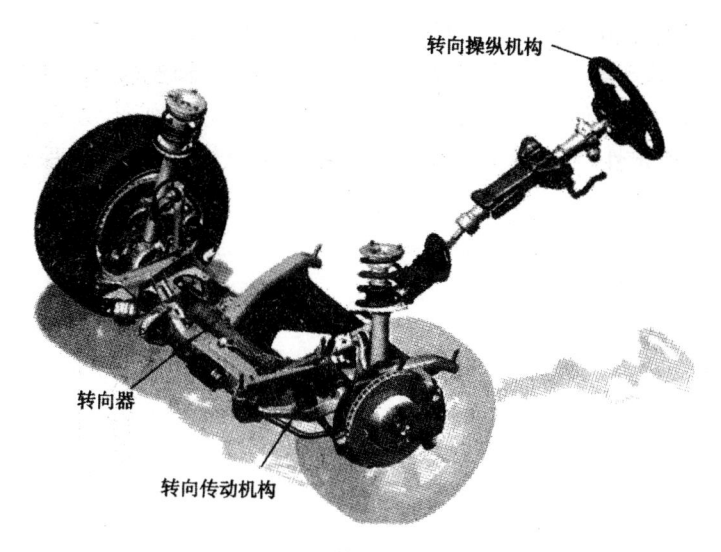

图 1-4 转向系的组成

1.5 制动系统

制动系的功用是使汽车减速、停车并能保证可靠地驻停。汽车制动系一般包括行车制动系和驻车制动系两套相互独立的制动系,每套制动系都包括制动器和制动传动机构,如图 1-5 所示。大部分小型汽车都采用液压式制动系,而载货汽车和大客车则常采用气压制动系。

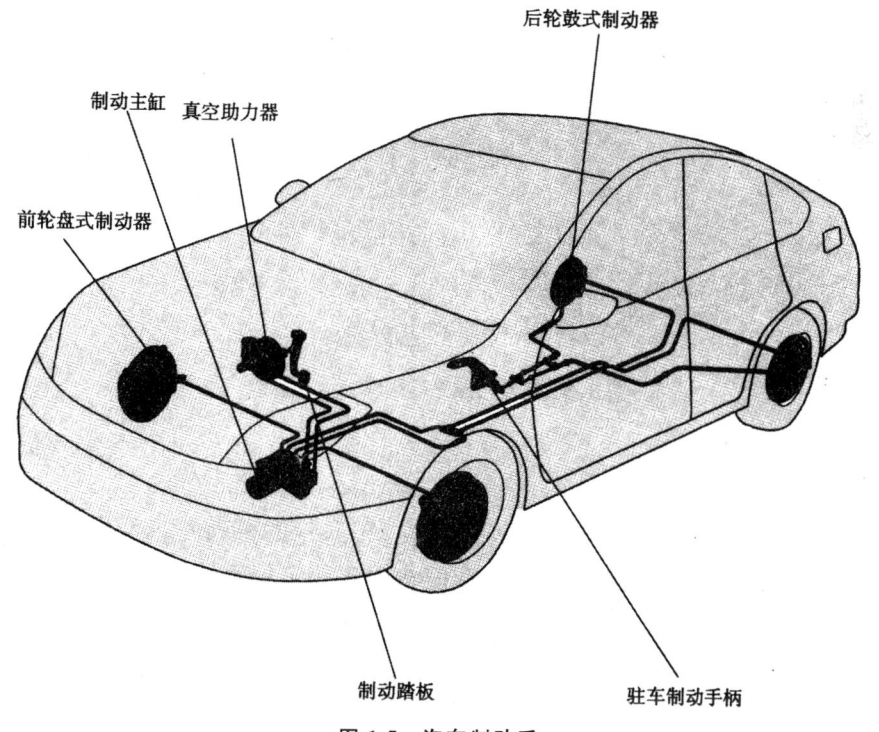

图 1-5 汽车制动系

转向系和制动系都是由驾驶员来控制的,一般可以合称为控制系。

现在汽车的行车制动系一般都装配有制动防抱死系(ABS)及驱动防滑控制系(ASR)。前者在任何情况下制动时,即使在滑溜路面上,也能保持车轮不抱死,以保持车轮的最大制动力,维持车辆的方向稳定性;后者在起步加速时,控制驱动轮不打滑,以保持最大的驱动力及方向稳定性。

第2章　汽车底盘维修基本方法

2.1　汽车维修基本方法

汽车维修是汽车维护和汽车修理的总称。汽车维护是为维持汽车具有完好的技术状况和工作能力而进行的作业；汽车修理是为恢复汽车的完好技术状态和工作能力而进行的作业。汽车维修的原则是"预防为主、定期检测、强制维护、视情修理"。

1. 汽车检测

汽车检测是确定汽车技术状况和工作能力的检查，主要内容包括：影响汽车安全性的制动、侧滑、转向、照明等检测；影响汽车可靠性的异响、磨损、变形、裂纹等检测；影响汽车动力性的车速、加速能力、底盘输出功率、发动机功率和转矩及供给系统、点火系统状况等检测；影响汽车经济性的燃料消耗检测；影响环境的汽车噪声和废气排放状况等检测。

2. 汽车故障诊断

汽车的各种故障要从故障现象进行判断，常见的诊断方式包括人工经验诊断、仪器设备诊断和电子监测系统自诊断。

（1）人工经验诊断

人工经验诊断也称为直观诊断，其主要取决于诊断人员的技术水平和经验，不需要什么设备或条件。

（2）仪器设备诊断

仪器设备诊断是指利用仪器或设备来测试发动机性能和故障的参数、曲线或波形，甚至能自动分析、判断发动机的技术状况。

（3）电子监测系统自诊断

在某些高级轿车上，在采用计算机实现对发动机、变速器等进行控制的同时，还可在汽车工作时通过各种传感器对汽车进行动态监测，当可能出现故障时，能及时在显示器上显示不同的故障码信息，以便及早发现和排除可能出现的故障。

3. 汽车维护

汽车维护一般可分为常规性维护、磨合期维护和季节性维护。

常规性维护又分为日常维护、一级维护和二级维护。各级维护的参考间隔里程或使用时间间隔，一般以汽车生产厂家的规定为准。

磨合期维护是指新车和修复车在磨合期开始、磨合中及磨合期满后所规定的有关维护，由维修厂负责执行，其作业内容以检查、紧固和润滑等工作为主。

季节性维护是指在全年最低气温在0℃以下的地区，在入夏和入冬前需要进行的维护，其作业内容是更换符合季节要求的润滑油、冷却液，并相应调整燃油供给系统和充电系统，检查取暖或空调系统的工作情况等。

汽车维护的主要工作有清洁、检查、补给、润滑、紧固和调整等内容。

2.2 汽车维修程序

1.汽车维修部门团队合作

汽车维修部门包括四类工作人员:业务接待、调度/维修经理、维修班组长/维修技师、维修工。他们对应的工作为:

1)业务接待在前台,工作职责是预约、接待,做好初步维修准备工作后,将后续工作转交调度/维修经理。

2)调度/维修经理根据工作内容、维修工作的技术水平等给维修班组长或维修技师下派任务,并监督每项工作的进程。

3)维修班组长/维修技师组织维修工进行修理,并检查每项工作完成的质量。

4)维修工进行维护工作,并在维修班组长/维修技师的指导下进行必要的维修工作。

这四类人员必须理解各自的工作角色和职责,并相互协作、及时沟通,作为一个团队进行工作,为客户提供最优质的服务,使客户满意。

2.汽车维修基本流程

汽车维修基本流程如图 2-1 所示。

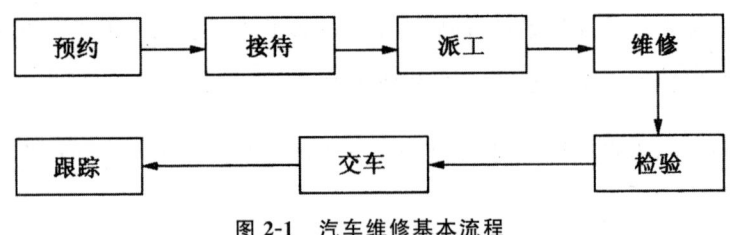

图 2-1 汽车维修基本流程

(1)预约

预约工作由业务员接待完成,包括:询问用户及车辆的基础信息(核对老用户数据、登记新用户数据);询问行驶里程;确认用户的需求、车辆故障问题;确定接车时间;接收用户相关的资料(随车文件、防盗器密码、防盗螺栓钥匙、维修记录等);通知有关人员(车间、备件、接待、资料、工具)做准备;根据维修项目的难易程度合理安排人员等。

(2)接待

接待工作主要包括:

1)业务接待主要包括出迎问候顾客、引导顾客停车;记录用户陈述;明确用户需求,定期保养(PM)、一般修理(CR)、钣金喷漆(B/P)及其他;陪同用户的前往停车场,当着用户的面安装 CS 件(座套、方向盘套、地板垫);检查车辆外观(损伤痕迹、凹陷等)时,一定要在用户陪同下进行,并加以确认。

2)调度/维修经理的工作主要包括询问故障现象、故障再现确认、推测故障原因、对维修费用进行估算、预计完成时间。

(3)派工

依照对顾客承诺的时间安排、分配维修工作。正确的分配工作包括记录与跟踪每一个维修工单。分配维修工单时,要考虑时间、人员和设备三个主要因素。

(4)维修

维修工作包括维修班组长/维修技师接收、检查修理单,接收用于维修的零件;挑选合适的修理工,向其发出工作指令,并将维修工单交给修理工;修理工在预计的时间内完成工作,并向调度/维修经理确认工作完成等。如果有技术难题,应及时向调度/维修经理寻求技术支持。

(5)检验

检验工作包括维修班组长/维修技师进行最后的验车,确认完成维修任务并向调度/维修经理确认工作完成;调度/维修经理向业务接待确认工作完成。

(6)交车

交车工作包括维修班组长/维修技师检查车辆是否清洁,检查座套、地板垫、方向盘套、翼子板布、前罩等是否齐全;带领客户完成车辆维修的结算,并为所有费用开出发票,提供详细的发票说明;最后将车辆交付客户。

(7)跟踪

三日内与客户联系,确认客户修后车况是否良好。

2.3 汽车维修安全生产

1. 个人安全

(1)眼睛的防护

在汽车维修企业中,眼睛经常会受到各种伤害,如飞来的物体、腐蚀性的化学飞溅、有毒的气体或烟雾等,这些伤害几乎都是可以防护的。护目镜和安全面具是常见的保护眼睛的装备(图2-2和图2-3)。护目镜可以防护各种对眼睛的伤害安全的面具不仅能够保护眼睛,还能保护整个面部。如果进行电弧焊或气焊,要使用带有色镜片的护目镜或深色镜片的特殊面罩,以防止有害光线或过强的光线伤害眼睛。

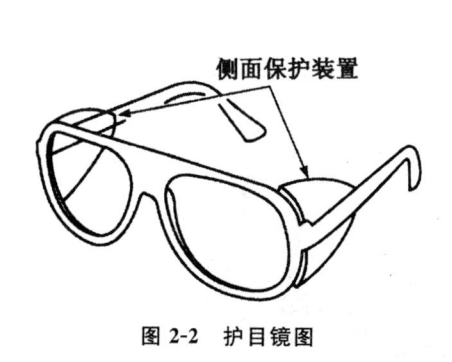

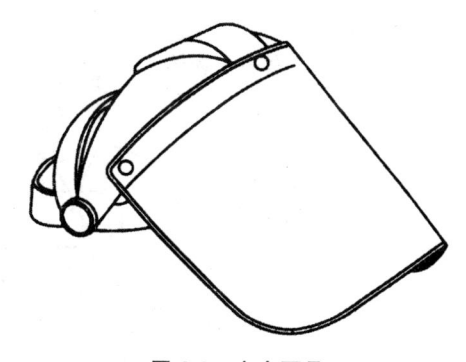

图 2-2 护目镜图　　　　　图 2-3 安全面具

(2)听觉的保护

汽车修理厂是个噪声很大的场所。短时的高噪声会造成暂时性听力丧失,持续的低噪声则更有害。常见的听力保护装备有耳罩和耳塞,噪声极高时可同时佩戴。

(3)手的保护

手是身体经常受伤的部位之一,保护要从两方面着手:一是不要把手伸到危险区域;二是必要时戴上防护手套,不同的场合需要不同的防护手套。

(4)衣服、头发及饰物

员工要穿戴整洁合体的工作服、干净的帽子、干净的劳保鞋;头发利落整洁;不能戴手表、戒指等首饰,应着无扣腰带,口袋内要有干净的抹布。常见的个人安全防护设备如图2-4所示。另外在搬举重物时应采用如图2-5所示的方式进行,以避免损伤身体。

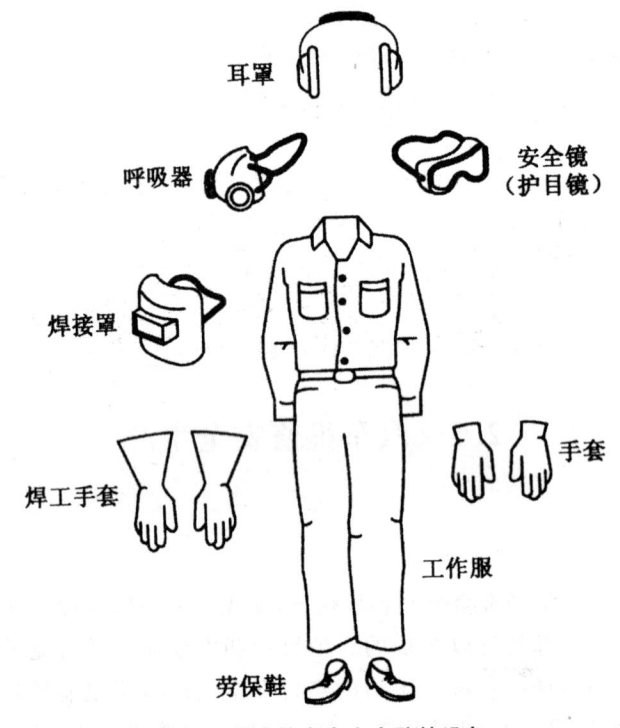

图2-4 常见的个人安全防护设备

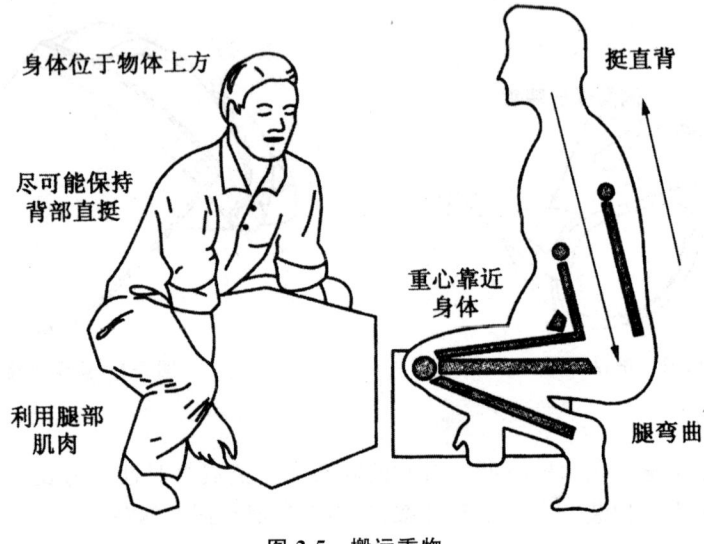

图2-5 搬运重物

2. 工具和设备安全

(1) 动力工具的安全

所有的电器设备都要使用三相插座,地线要安全接地,电缆若装配松动应及时维护;所有旋转的设备都应有安全罩,以减小发生部件飞出伤人的可能性。在进行电子系统维修时,应断开电路的电源,方法是断开蓄电池的负极搭铁线。许多维修工序需要将车升离地面,在升起车辆前应确保汽车已被正确支撑,并应使用安全锁,以免汽车落下。用千斤顶支起汽车时应当确保千斤顶支撑在汽车底盘大梁部分或较结实的部分。工具和设备都要定期检查、维修和保养。

(2) 手动工具的安全

手动工具看起来是安全的,但使用不当也会导致事故。使用带锐边的工具时,锐边不要对着自己和同事;传递工具时要将手柄朝向对方。

(3) 压缩空气的安全使用

压缩空气吹到人时,会造成鼓膜失聪、肺部或皮肤损伤等,被压缩空气吹起的尘土或金属颗粒会造成皮肤、眼睛损伤。使用压缩空气时,应非常小心,不要玩耍,不要将压缩空气对着自己或别人,不要对着地面、设备或车辆乱吹。

第 2 篇　汽车传动系统

第 3 章　离合器

3.1　离合器概述

3.1.1　离合器的功用要求和类型

1. 功用

(1) 保证汽车平稳起步

汽车由静止状态进入行驶过程，其速度由零逐渐增大，而在汽车开始起步前，发动机已经开始运转。有了离合器，则在汽车起步时，逐渐踩下加速踏板使发动机的输出转矩增加，与此同时使离合器逐渐接合，它所传递的转矩也就逐渐增大。于是发动机的转矩便可由小变大地传给传动系，当驱动车轮上产生的牵引力足以克服汽车行驶阻力时，汽车便由静止开始运动并缓慢地加速，实现汽车平稳起步。

(2) 便于换挡

汽车在行驶过程中，为了适应行驶条件的变化，变速器需要经常换用不同的挡位工作。而普通齿轮式变速器的换挡是通过拨动换挡机构来实现的，即在用挡位的某一齿轮副退出啮合，待换挡位的某一齿轮副进入啮合。换挡时，如果没有离合器将发动机与变速器之间的动力暂时切断，原用挡位齿轮副之间将因压力很大而难以脱开，而待换挡位待啮合的齿轮副将因两者圆周速度不等而难以进入啮合，即使能进入啮合也会产生很大的冲击和噪声，损坏机件。装设了离合器，换挡前先使其分离，暂时切断动力传递，然后再进行换挡操作，以保证换挡操作过程的顺利进行，并减轻或消除换挡时的冲击。

(3) 防止传动系过载

当汽车紧急制动时，车轮突然紧急降速。若发动机与传动系刚性连接，将迫使发动机也随着急剧降速，其所有运动件将产生很大的惯性力矩（其数值可能大大超过发动机正常工作时所发出的最大转矩），这一力矩作用于传动系，会造成传动系过载而使其机件损坏。有了离合器，当传动系承受载荷超过离合器所能传递的最大转矩时，离合器会自动打滑以消除这一危险，从而起到过载保护的作用。

2. 对离合器的要求

根据离合器的功用，它应满足下列主要要求：

1) 具有合适的储备能力，既能保证传递发动机的最大转矩，又能防止传动系过载。

2) 接合平顺柔和，以保证汽车平稳起步。

3)分离迅速彻底,便于发动机起动和变速器换挡。

4)具有良好的散热能力。由于离合器接合过程中,主、从动部分有相对的滑转,在频繁使用时会产生大量的热量,如不及时散出,会严重影响其使用寿命和工作的可靠性。

5)操纵轻便,以减轻驾驶员的疲劳。

6)从动部分的转动惯量应尽量小,以减小换挡时的冲击。

3.离合器的类型

汽车主要采用摩擦式离合器,根据分类方法不同,其类型较多。

1)按从动盘的数目不同,分为单片式、双片式和多片式。

2)按压紧弹簧的形式及布置形式不同,分为周布螺旋弹簧式、中央弹簧式、膜片弹簧式和斜置弹簧式等。

3)按操纵机构不同,可分为机械式(杆式和绳式)、液压式、气压式和空气助力式等。

3.1.2 摩擦式离合器的组成和工作原理

1.基本组成

摩擦离合器由主动部分、从动部分、压紧机构和操纵机构四部分组成,如图3-1所示。

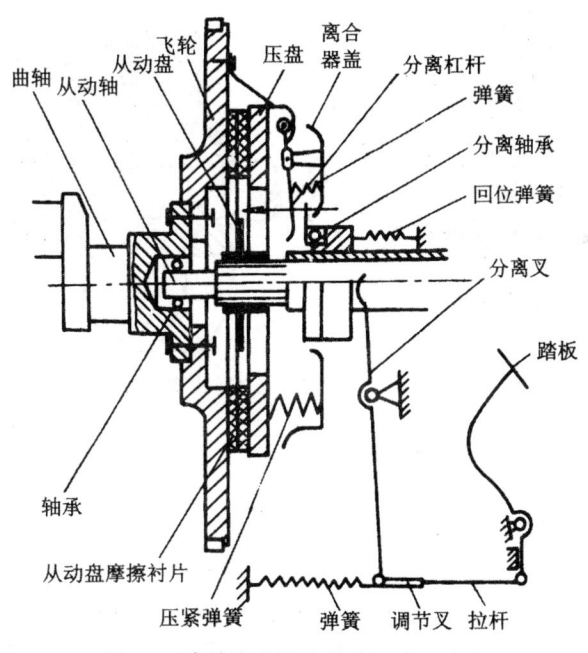

图3-1 摩擦离合器的基本组成示意图

主动部分包括飞轮、离合器盖和压盘。离合器盖用螺栓固定在飞轮上,压盘后端圆周上的凸台伸入离合器盖的窗口中,并可沿窗口轴向移动。这样,当发动机转动时,动力便经飞轮、离合器盖传到压盘,并一起转动。

从动部分包括从动盘和从动轴。从动盘带有双面的摩擦衬片,离合器正常接合时分别与飞轮和压盘相接触;从动盘通过花键毂装在从动轴的花键上,从动轴是手动变速器的输入轴(一轴),其前端通过轴承支承在曲轴后端的中心孔中,后端支承在变速器壳体上。

压紧机构由若干根沿圆周均匀布置的压紧弹簧构成,它们装在压盘与离合器盖之间,用来将压盘和从动盘压向飞轮,使飞轮、从动盘和压盘三者压紧在一起。

操纵机构包括离合器踏板、拉杆、调节叉、分离叉、分离套筒、分离轴承、分离杠杆、回位弹簧等组成。

2. 工作原理

由离合器的作用可知,其主动部分和从动部分可以暂时分离,又可以逐渐接合,并且在传动过程中还可能相对运动。因此,离合器的主动部分和从动部分不可能采用刚性连接,而是借助二者接触面间的摩擦作用来传递转矩,使两者之间可以暂时分离,又可逐渐接合,在传动过程中又允许两部分相互转动。

摩擦式离合器的工作原理如图 3-2 所示。发动机飞轮即为离合器的主动件,带有摩擦片的从动盘和毂通过花键与从动轴(即变速器的输入轴)相连。离合器接合时,依靠弹簧力使从动盘摩擦片与飞轮后端面压紧,通过两者表面的摩擦作用来传递发动机动力。

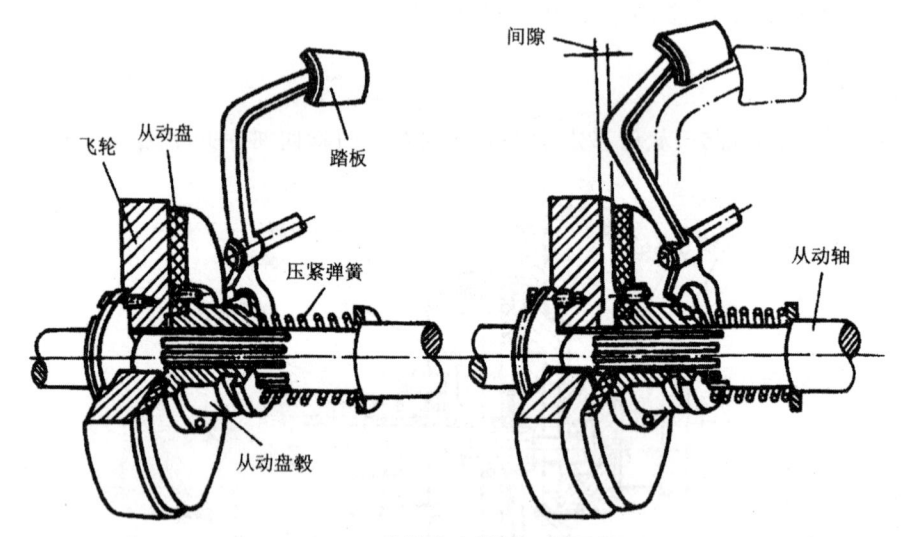

图 3-2 摩擦离合器的工作原理

当需要分离时,驾驶员只需踩下踏板,通过分离叉,使从动盘摩擦片与飞轮脱离接触,以达到切断传力的目的。

离合器的工作过程描述如下。

(1) 接合状态

离合器处于接合状态时,踏板处于最高位置,分离杠杆与分离轴承之间保持一定的间隙,压紧弹簧将压盘、从动盘、飞轮互相压紧。发动机的转矩经飞轮及压盘通过摩擦面的摩擦力矩传到从动盘,再经从动轴输入到变速器。

(2) 分离过程

踩下离合器踏板时,拉杆拉动分离叉外端向右(后)移动,分离叉内端则通过分离套筒和分离轴承推动分离杠杆的内端向前移动,分离杠杆外端便拉动压盘克服压紧弹簧作用力向后移动,从而解除对从动盘的压力。于是离合器的主、从动部分处于分离状态而中断动力的传递。

(3) 接合过程

当需要恢复动力传递时,缓慢地抬起离合器踏板,分离轴承减小对分离杠杆内端的压力,压盘便在压紧弹簧作用下逐渐压紧从动盘,使接触面间的压力逐渐增加,所传递的转矩也逐渐增大;当所能传递的转矩小于汽车起步阻力时,汽车不动,从动盘不转,主、从动摩擦面间完全打滑;当所能传递的转矩增大到足以克服汽车开始起步的阻力时,从动盘开始旋转,汽车开始移动,但仍低于飞轮的转速,即摩擦面间仍存在着部分打滑现象。再随着压力的不断增加和汽车的不断加速,主、从动部分的转速差逐渐减小,直到转速相等,滑磨现象消失,离合器完全接合为止,接合过程即结束。由此可知,汽车平稳起步是靠离合器逐渐接合过程中滑磨程度的变化来实现的。因此,离合器适当的滑磨是必要的,并不是坏事。

接合后,在回位弹簧的作用下,踏板回到最高位置,分离叉内端回至最右位置。分离轴承则在回位弹簧的作用下离开分离杠杆,向右紧靠在分离叉上。

3. 离合器的自由间隙和离合器踏板的自由行程

离合器处于接合状态时,分离轴承与分离杠杆内端之间应预留一定的间隙,一般为几毫米,这个间隙称为离合器的自由间隙。其作用是防止从动盘摩擦片磨损变薄后压盘不能向前移动而造成离合器打滑。

消除离合器的自由间隙和分离机构、操纵机构零件的弹性变形所需要的离合器踏板行程称为离合器踏板的自由行程。可以通过拧动调节叉改变拉杆的工作长度进行调整。

从动盘摩擦片经使用磨损后,离合器的自由间隙及自由行程会变小,应及时调整。

3.2 典型离合器的构造

摩擦式离合器种类虽多,但其组成和工作原理基本相同,都由主动部分、从动部分、压紧装置、分离机构和操纵机构 5 大部分组成。

3.2.1 膜片弹簧式离合器

膜片弹簧式离合器目前在各种类型的汽车上都广泛应用,例如解放 CA1092、丰田海狮、上海桑塔纳、夏利、长安等都采用这种离合器。其结构特点是用膜片弹簧作为汽车离合器的压紧元件,如图 3-3 所示。

1. 主动部分

离合器主动部分由飞轮、离合器盖和压盘等组成。离合器盖是用低碳钢冲压制成的,其特点是质量轻,维修拆装方便。为了保证离合器与飞轮同心,离合器盖通过定位销定位,并用螺栓固定在飞轮上。为了散热,离合器盖的侧面制有通风口,当离合器旋转时,热空气就此抽出,以加强通风。

压盘和飞轮的工作面要平整光洁。压盘承受很大的机械负荷,为防止变形,常用强度和刚度都较大且耐热性都比较好的高强度铸铁制成。

压盘和离合器盖之间是通过周向均布的三组或四组传动片(金属带)来传递转矩的,如图 3-4 所示。传动片用弹簧钢片制成。每组两片,其一端用铆钉铆接在离合器盖上,另一端则用铆钉或螺钉与压盘相连接。在离合器分离和接合过程中,依靠弹簧片的弯曲变形,使压盘前后移动。正常工作时,离合器盖通过传动片拉动压盘旋转。传动片对压盘起传动、导向和定心的作用。

这种传动方式没有传动间隙,没有驱动部位的磨损问题,使维修工作量小,传动效率高,且无冲击噪声及压盘定心性能变坏等问题。但传动片的反向承载能力较差,汽车反拖时,易折断传动片。

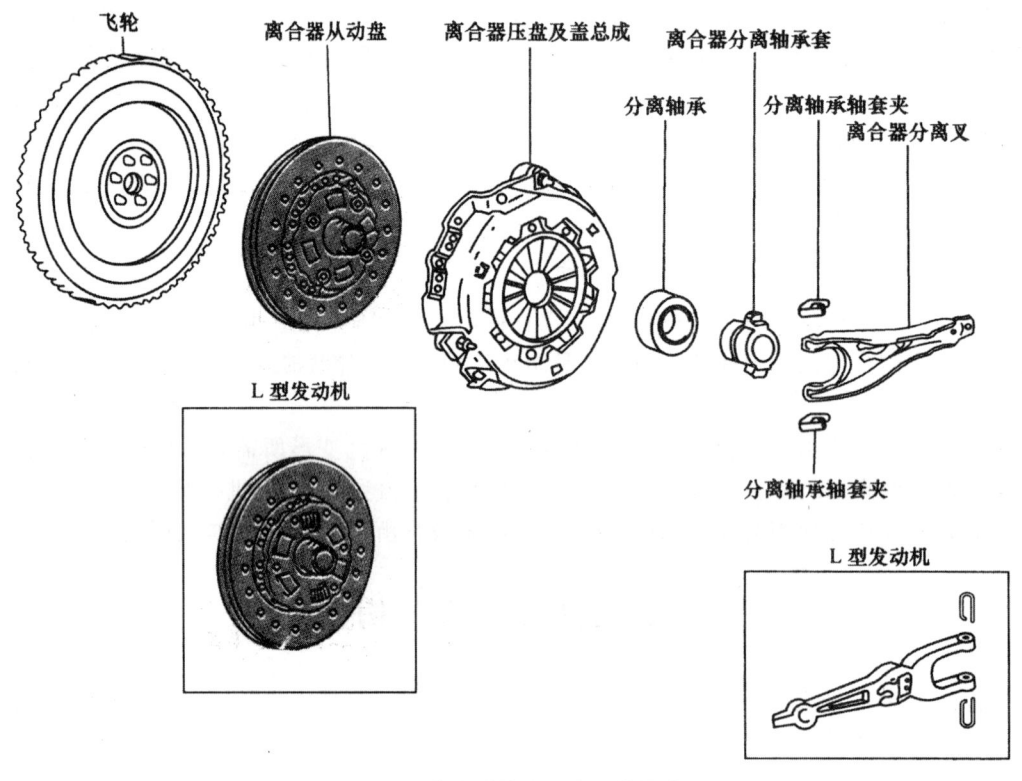

图 3-3 膜片弹簧式离合器的构造

2. 压紧装置与分离机构

压紧装置与分离机构由膜片弹簧、枢轴环、压力板、传动片(金属带)及收缩弹簧等组成,如图 3-4 所示。

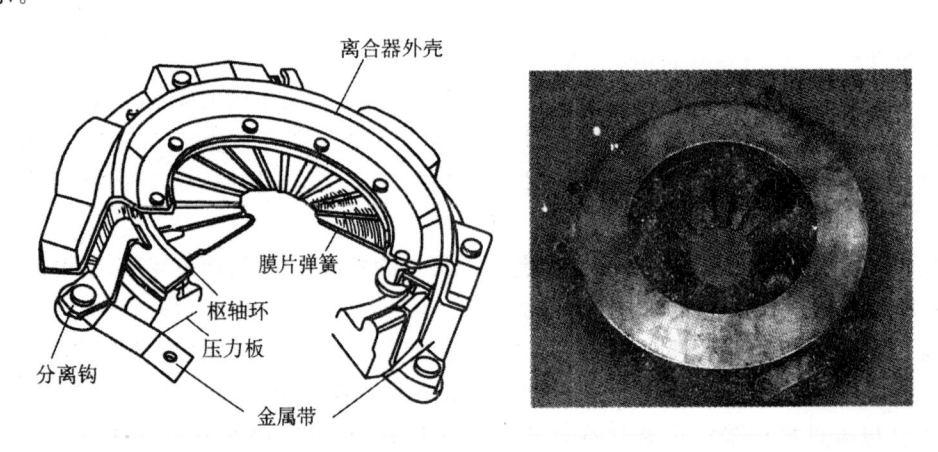

图 3-4 离合器压紧装置与分离机构

膜片弹簧的形状像一个碟子,它是在一个具有锥形面的钢圆盘上,开有许多径向切口,形成一排有弹性的杠杆。在切口的根部都钻有圆孔,固定铆钉穿过圆孔,并固定在离合器盖上,同时可以防止应力集中。膜片弹簧两侧装有钢丝支撑环(枢轴环),这两个钢丝支撑环是膜片弹簧工作时的支点,膜片弹簧的外缘通过分离钩与压盘联系起来。

膜片弹簧离合器的主要特点是用一个膜片弹簧代替传统的螺旋弹簧和分离杠杆。开有径向槽的碟形膜片弹簧,既起压紧机构的作用,又起分离杠杆的作用。这样,可使离合器的结构大为简化,缩短了离合器的轴向尺寸。并且由于膜片弹簧和压盘是环形接触,故可保证压盘上的压力均匀,接合平顺。由于膜片弹簧本身特性,当摩擦衬片磨损变薄时,弹簧压力变化小,传动可靠性高,不易打滑,维持离合器在分离状态时所需的力量较小,操纵轻便。

膜片弹簧离合器的工作原理如图3-5所示。当离合器未安装到飞轮上时,膜片弹簧不受力而处于自由状态,此时离合器盖与飞轮之间有一距离S,如图3-5(a)所示。当离合器通过螺栓固定在飞轮上时,膜片弹簧在支撑环处受压产生弹性变形,此时膜片弹簧的外圆周对压盘产生压紧力使离合器处于接合状态,如图3-5(b)所示。当踩下离合器踏板时,分离轴承推动膜片弹簧,使膜片弹簧以支撑环为支点其外圆周向翘起,通过分离钩拉动压盘后移使离合器分离,如图3-5(c)所示。从上面的介绍中可以看出,膜片弹簧既是压紧弹簧,又是分离杠杆,使结构简化了。

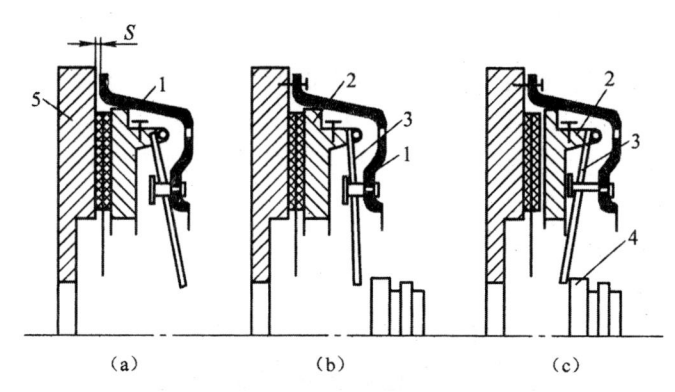

图 3-5 膜片弹簧离合器的工作原理
(a)安装前位置;(b)安装后(接合)位置;(c)分离位置
1—离合器盖;2—压盘;3—膜片弹簧;4—分离轴承;5—飞轮

3. 从动部分

从动部分包括从动盘和从动轴,从动盘一般带有扭转减振器。由于发动机传到汽车传动系的转速和转矩是周期性不断变化的,这会使传动系产生扭转振动;另一方面由于汽车行驶在不平的道路上,使汽车传动系出现角速度的突然变化,也会引起上述扭转振动。这些都会对传动系零件造成冲击性交变载荷,使其寿命缩短,甚至损坏零件。为了消除扭转振动和避免共振,防止传动系过载,多数离合器从动盘中装有扭转减振器。带扭转减振器的从动盘的结构和原理如图3-6所示。

从动盘钢片通常是用薄弹簧钢片制成,并与从动盘毂铆在一起,其上开有辐射状的槽,可防止热变形。摩擦衬片应有较大的摩擦系数、良好的耐磨性和耐热性。摩擦衬片系用石棉(或加铜丝、铝丝等)、黏合剂及其他辅助材料经热压合制成。衬片和从动钢片之间一般用铜或铝铆钉铆接,也有用树脂黏接的。

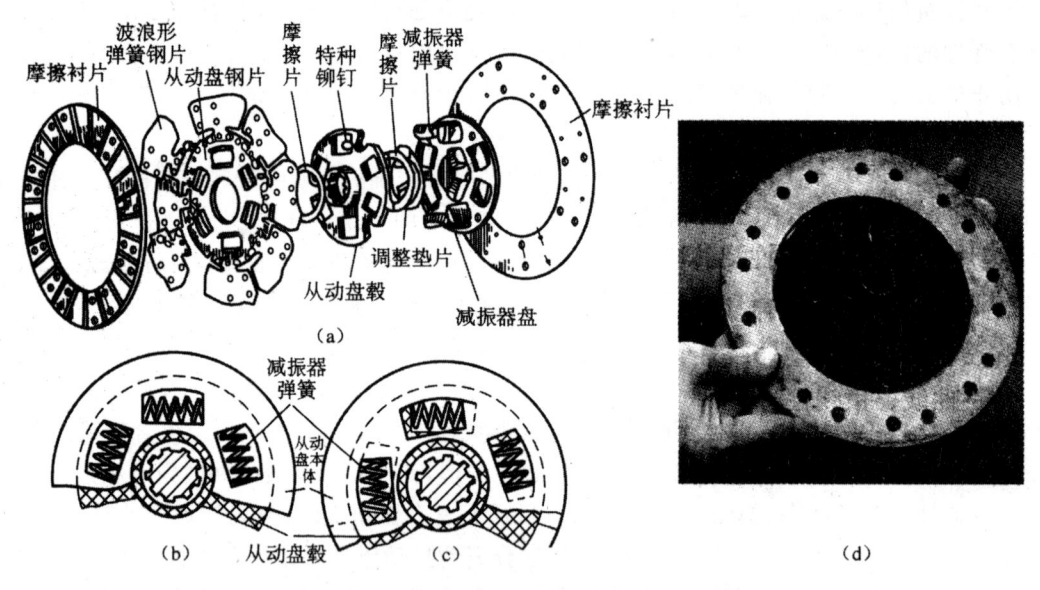

图 3-6 带扭转减振器的从动盘的结构和原理图
(a)从动盘的组成；(b)从动盘不受转矩时；(c)从动盘受转矩时；(d)从动盘实物图

为了使离合器接合柔和、起动平稳，单片离合器从动盘钢片具有轴向弹性结构，即从动盘钢片与后衬片之间的六块扇状波浪形弹簧钢片。钢片辐射状切槽之间的扇形面上有六个孔，其中两孔与前衬片铆接，弹簧钢片有两孔与后衬片铆接，扇形面中间的两孔将从动盘钢片和波浪形弹簧钢片铆接在一起，如图3-7所示。这样，从动盘在自由状态时，后衬片与钢片之间有一定间隙。在离合器接合时，弹性变形使压紧力逐渐增加，产生轴向弹性，使接合柔和。

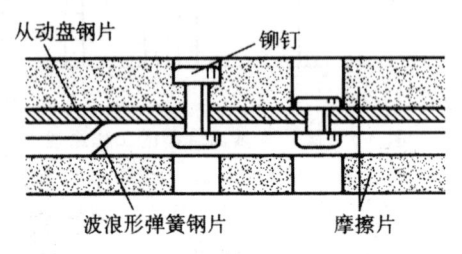

图 3-7 从动盘的铆接结构示意图

离合器从动盘在安装时，应具有方向性，以避免连接长度不足（花键毂处）、摩擦片悬率、顶分离轴承等现象，其安装方向因车而异。

4. 膜片弹簧的弹性特性及其特点

图3-8所示为两种弹簧的特性曲线。曲线1为膜片弹簧特性曲线，呈非线性特性，曲线2为螺旋弹簧特性曲线，呈线性特性。

图中 a 点表示两种弹簧离合器的接合状态，其压紧力都为 P_a。分离时，两种弹簧都附加压缩变形量 ΔL_1，此时膜片弹簧的压力 P_b 小于螺旋弹簧的压力 P'_b，且 $P_b < P_a$，即膜片弹簧分离时的压力小于接合时的压力，因而具有操纵轻便的特点。

当摩擦片磨损变薄使弹簧都伸长 ΔL_2 时，螺旋弹簧的压紧力由 P_a 直线下降为 P'_c，而膜片弹簧的压力 P_c 却几乎等于 P_a。因此，膜片弹簧离合器具有自动调节压紧力的特点。

另外,它不像多簧式的弹簧在高速下会因离心力产生弯曲而导致弹力下降,它的压紧力几乎与转速无关,即具有高速时压紧力稳定的特点。

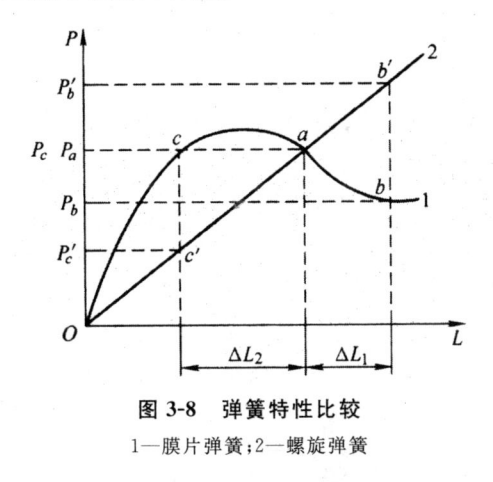

图 3-8　弹簧特性比较
1—膜片弹簧;2—螺旋弹簧

综上所述,膜片弹簧式离合器具有结构简单、轴向尺寸小,压紧力分布均匀,良好的弹性性能,能自动调节压紧力、操纵轻便、高速时压紧力稳定、分离杠杆平整无须调整等优点,因而在中小型汽车上得到广泛使用。

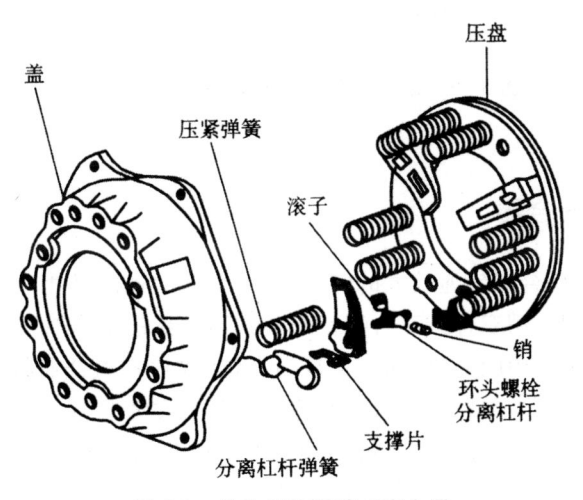

3.2.2　单片周布弹簧式离合器

单片周布弹簧式离合器的构造如图 3-9 所示。

图 3-9　单片周布弹簧式离合器

1. 主动部分与从动部分

单片周布弹簧式离合器的主动部分、从动部分的结构与膜片弹簧式离合器基本相同。

2. 压紧装置

周布弹簧式离合器的压紧装置由若干根螺旋弹簧组成,螺旋弹簧沿压盘周向对称布置,装在压盘与离合器盖之间,如图 3-9 所示。

为了减小压盘向弹簧传热,引起弹簧退火造成弹力降低,在压盘的弹簧座上加工有凸起的十字形筋条,以减小接触面积,或加隔热垫。

3.分离机构

(1)分离叉

分离叉与其转轴制成一体,轴的两端靠衬套支撑在离合器壳上。

(2)分离杠杆

图3-10所示的离合器分离杠杆用薄钢板冲压制成。它采用了支点移动,重点摆动的综合式防干涉机构,支撑柱前端插入压盘相应的孔上。分离杠杆的中部通过浮动销支撑在方孔的平面A上,并用扭簧使它们靠紧。凹字形的摆动支撑片以刃口支撑于分离杠杆外端和压盘凸块之间。这样就可利用浮动销在平面A上的滚动和摆动支撑片的摆动来消除运动干涉。这种方式结构简单,且分离杠杆的工作高度可通过调整螺母调整支点高度。

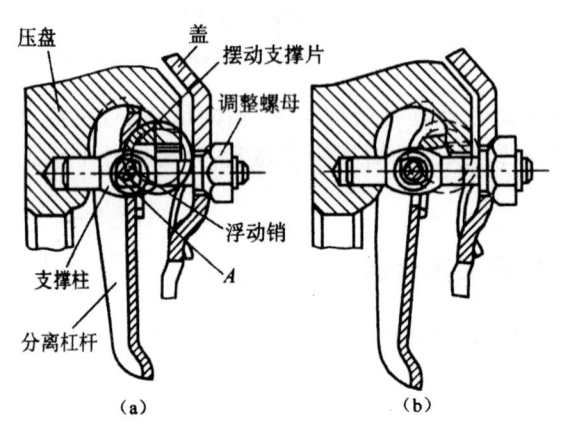

图3-10 综合式防干涉分离杠杆及其工作情况
(a)结合位置;(b)分离位置

3.2.3 双片式离合器

重型载重汽车需要离合器传递较大的转矩,但离合器的径向尺寸又受到限制,所以采取增加摩擦面措施予以实现,即采用双片式离合器。双片式离合器的工作原理与单片式离合器相同,不同的是多了一个压盘(称为中间压盘)和一个从动盘,即双片式离合器具有两个从动盘和两个压盘、四个摩擦面。这样在不增加摩擦片尺寸和弹簧压紧力的情况下,可以将传递的摩擦力矩增大一倍,所以,载货汽车常采用双片式离合器,如解放CA1091、黄河JN1183C13、长征XD2150型载货汽车。下面以解放CA1091型汽车为例,介绍双片式离合器的结构和工作特点。

1.压盘与传动销

如图3-11所示,6个沿周向均布的传动销压入飞轮并用螺母紧固。压盘和中间压盘以相应的孔滑套于传动销上,可沿销轴向移动。传动销对两个压盘起传力、导向和定位作用。离合器盖借螺钉固定在传动销的后端面上,两个短毂相对的从动盘分别安装于飞轮和两个压盘之间。

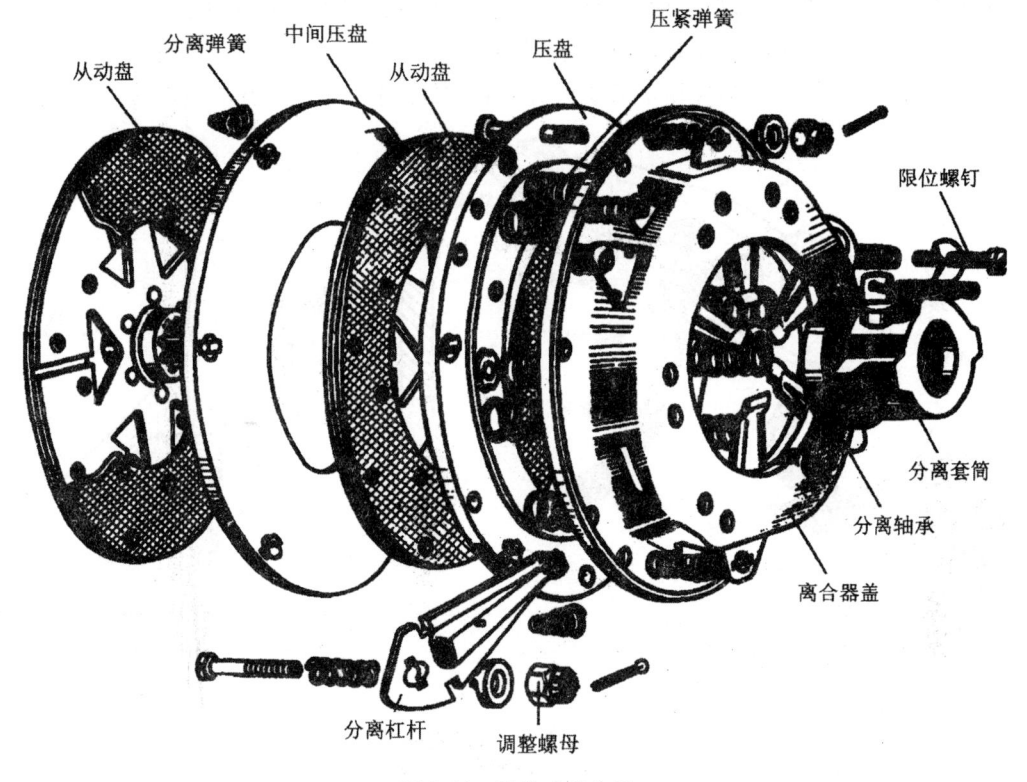

图 3-11 双片式离合器

2. 中间压盘分离装置

为了保证双片式离合器彻底分离,解放 CA1091 型汽车离合器采取了相应的结构措施,在飞轮与中间压盘之间装有 3 根小分离弹簧和在离合器盖上装 3 个限位螺钉。当离合器分离时,操纵机构使后压盘往后移动,中间压盘在 3 根分离弹簧和 3 个限位螺钉的共同作用下往后移动规定的距离,使两个从动盘均得到彻底分离。

调整时,应将限位螺钉拧到底,再退转 5/6 圈,即可以控制分离时中间压盘往后移动的距离,保证双片式离合器的彻底分离。

3.3 离合器的操纵机构

离合器的操纵机构是驾驶员借以使离合器分离、又使之鞣合接合的一套机构,它起始于离合器踏板,终止于分离杠杆。

按照分离离合器时所需操纵能源的不同,离合器操纵机构分为人力式和助力式的。人力式又可以分为机械式和液压式的;助力式的又可以分为气压助力式和弹簧助力式的。人力式操纵机构是以驾驶员作用在踏板上的力作为唯一的操纵能源。助力式操纵机构除了驾驶员的力以外,一般主要以其他形式的能源作为操纵能源。

1. 机械式离合器操纵机构

机械式离合器操纵机构有杆系传动和钢丝绳索传动两种。杆系传动操纵机构(见图 3-12、

图 3-13)结构简单,工作可靠,但机构中杆件间铰接多,摩擦损失大,车身和车架的变形会影响其工作。当离合器需要远距离操纵时,较难合理安排杆系。钢丝绳索传动操纵机构(见图 3-14)结构简单,装置布置灵活,不受车身和车架变形的影响,但传递的力比较小。

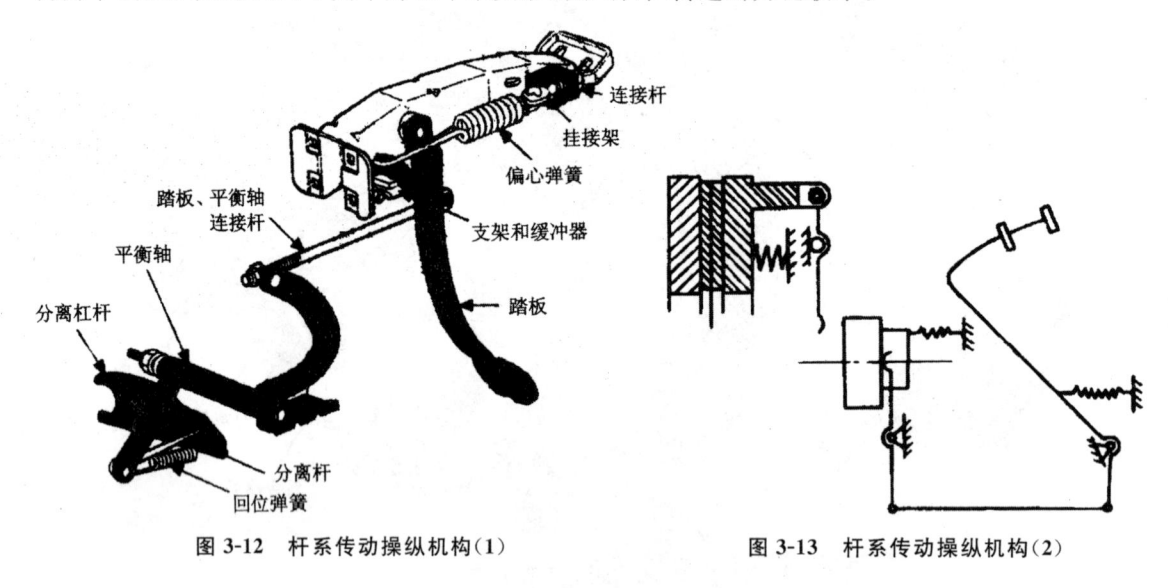

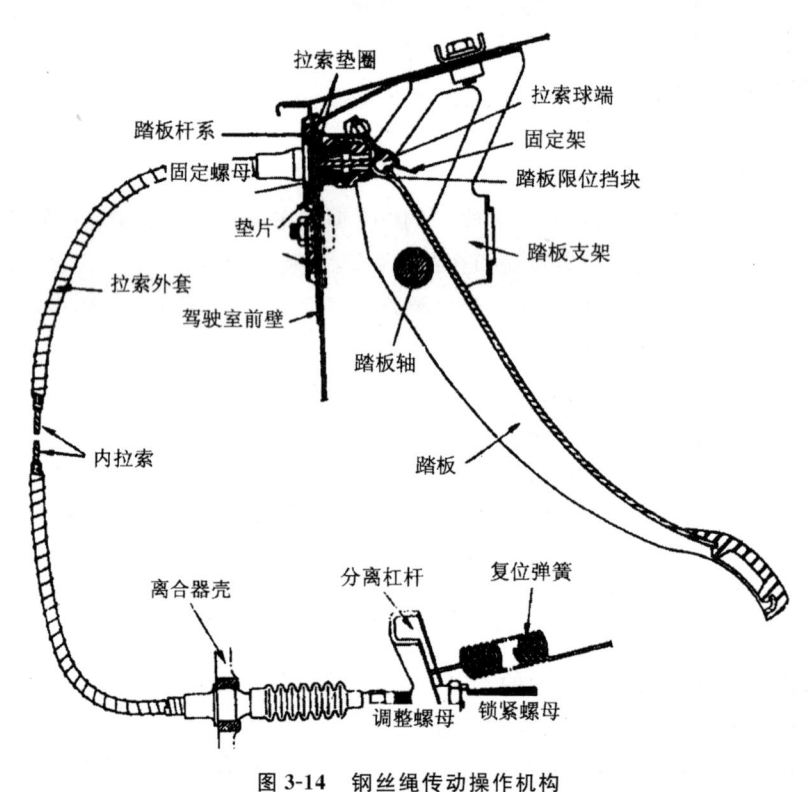

图 3-12 杆系传动操纵机构(1)

图 3-13 杆系传动操纵机构(2)

图 3-14 钢丝绳传动操作机构

2.液压式离合器操纵机构

液压式离合器操纵机构如图 3-15 所示,具有摩擦阻力小、传递效率高、接合平顺等优点。它结构比较简单,便于布置,不受车身和车架的变形的影响,是比较普遍采用的一种操纵形式。北京 BJ2020、桑塔纳 2000GSI 和奥迪 100 型轿车的离合器都是采用液压式操纵机构。

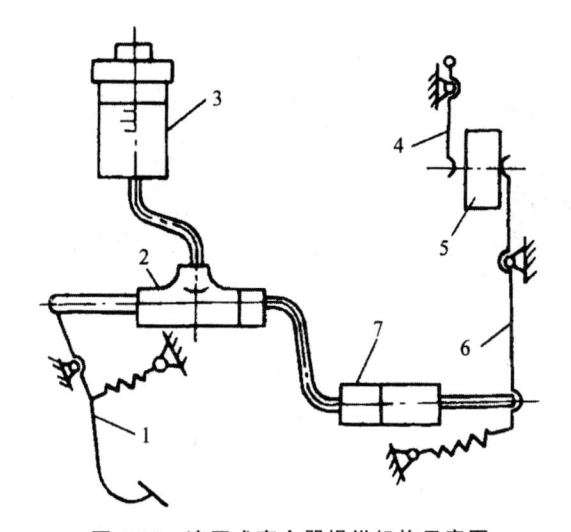

图 3-15 液压式离合器操纵机构示意图
1—离合器踏板;2—主缸;3—储液罐;4—分离杠杆;
5—分离轴承;6—分离叉;7—工作缸

液压式离合器操纵机构一般由离合器踏板、主缸、储液罐、工作缸、分离叉、分离轴承和管路系统组成,如图 3-16 所示。

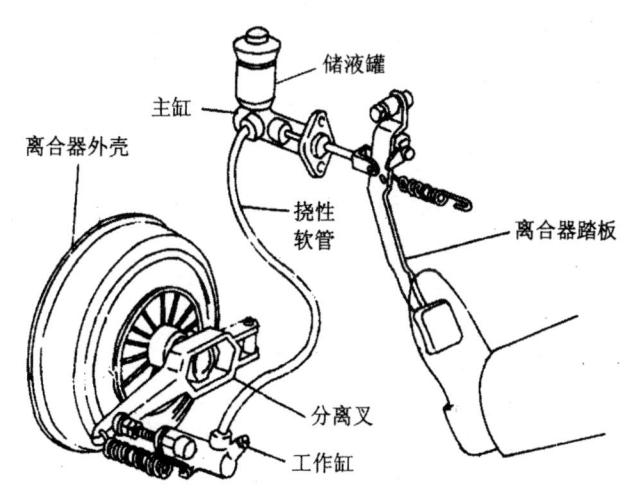

图 3-16 液压式离合器操纵机构

液压式离合器操纵机构的工作情况如图 3-17 所示,主缸上部是储油罐,并有孔与主缸相通。当抬起离合器踏板时,复位弹簧的一端使主缸活塞后移,另一端使前弹簧座压在主缸体的前端,活塞后移到位时,通过后弹簧座拉动阀杆及杆端密封圈阀门2,压缩锥形复位弹簧4,打开储油罐与主缸的通孔,并通过前弹簧座径向和轴向槽,使管路与工作缸相通,主缸左端充满油液,整个系统无压力。

图 3-17 液压式离合器操纵机构的工作情况

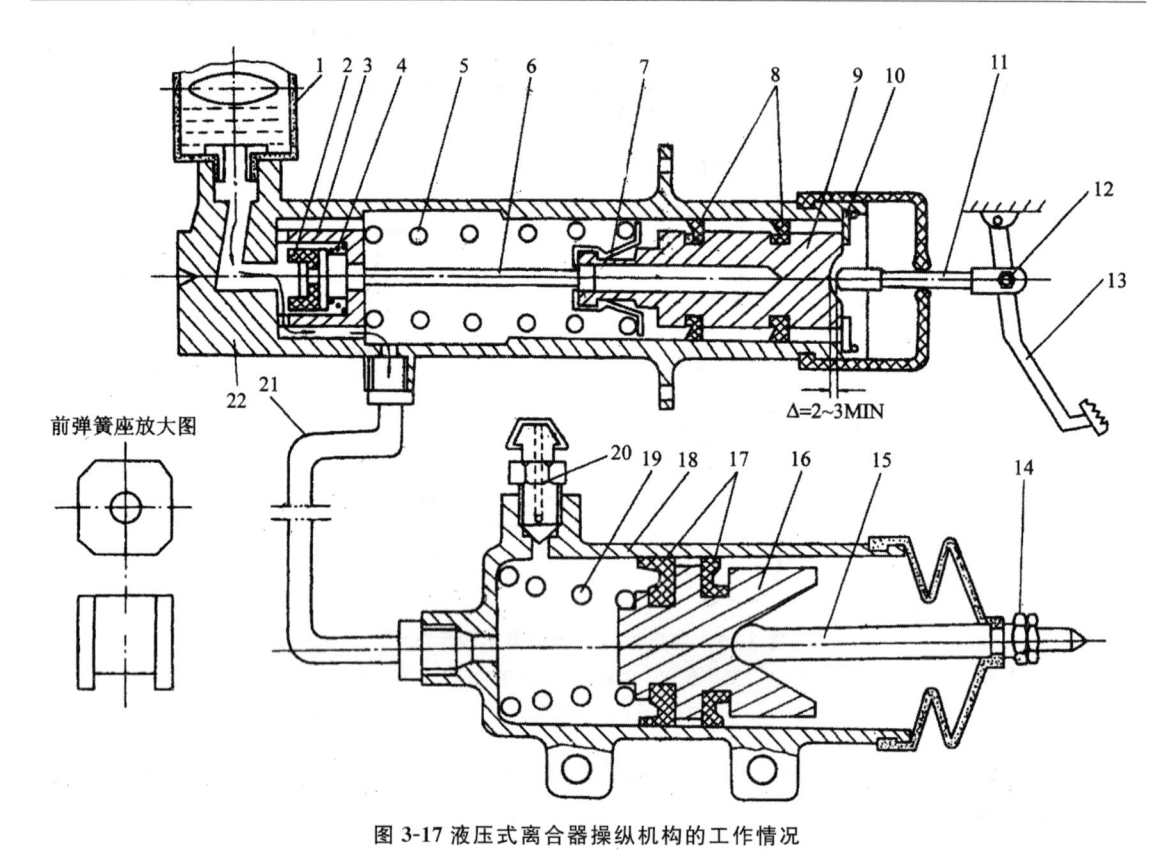

1—储油罐；2—阀门；3—前弹簧座；4、19—弹簧；5—主缸活塞复位弹簧；
6—阀杆；7—后弹簧座；8—皮圈；9—主缸活塞；10—挡圈；11—推杆；
12—偏心调整螺钉；13—踏板；14—调整螺母；15—推杆；16—活塞；17—皮圈；
18—工作缸壳体；20—放气阀；21—管路；22—主缸壳体

当踏下离合器踏板时，活塞左移，在压缩复位弹簧的同时，放松了阀杆，锥形复位弹簧使杆端阀门 2 压紧在主缸的前端，密封了主缸与储油罐之间的通孔。继续踩下离合器踏板，则缸内油液在活塞及皮圈的作用下，压力上升，并通过管路输入到工作缸。工作缸活塞推动工作缸推杆，使分离叉转动，带动分离套筒和分离轴承左移，使离合器分离。

3. 操纵机构

为了尽可能减小作用于离合器踏板上的力，减轻驾驶员的劳动强度，在有些离合器操纵机构中采用弹簧助力式操纵机构。

图 3-18 所示为桑塔纳轿车的弹簧助力式操纵机构。当离合器踏板完全放松时，即离合器接合，此时助力弹簧轴线位于踏板转轴下方。踩下离合器踏板，踏板绕自身转轴顺时针转动，压缩助力弹簧，此时助力弹簧实际起到阻碍的作用，即助力弹簧的伸张力产生一个阻碍踏板转动的逆时针力矩，但这个力矩是比较小的。当踏板转动到助力弹簧的轴线与踏板转轴处于一条直线上时，该阻碍力矩为零。随着踏板的进一步踩下，助力弹簧轴线位于踏板转轴上方，此时助力弹簧的伸张力产生一个有助于踏板转动的顺时针力矩。在踏板后段行程是最需要助力作用的，因而这种弹簧助力式操纵机构可以有效地减轻驾驶员的疲劳。

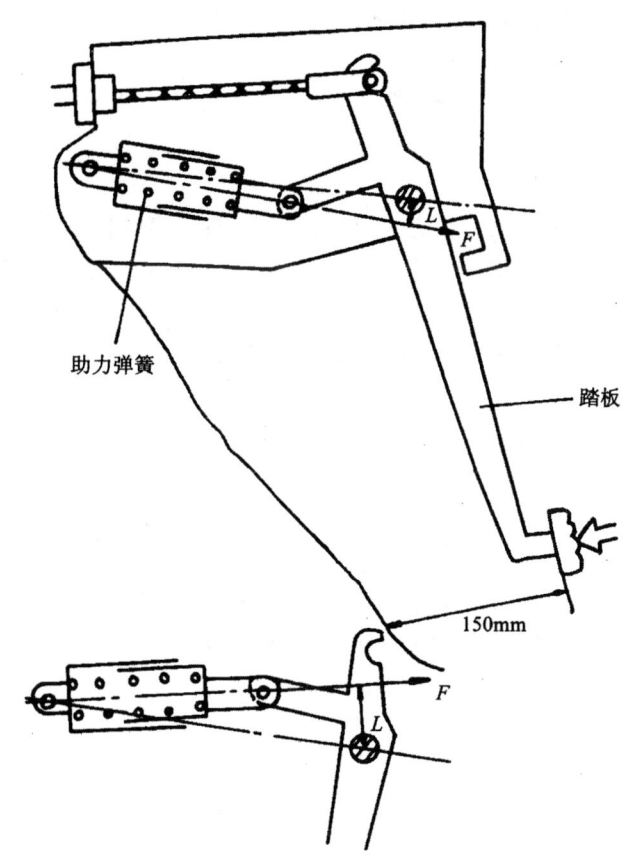

图 3-18　弹簧助力式操纵机构

3.4　离合器常见故障的诊断与维修

3.4.1　离合器的故障诊断

离合器的常见故障有离合器打滑、分离不彻底、接合不平顺和异响等。

1. 离合器打滑

(1)现象

汽车低挡起步时,离合器踏板松开后,汽车不能起步或起步不灵敏;汽车加速行驶时,行驶速度不能随发动机转速的升高而升高,且伴随有离合器发热、产生焦糊味或冒烟等现象;拉紧驻车制动器手柄后低挡起步时,发动机不熄火。

(2)原因

1)离合器踏板没有自由行程,使分离轴承压在分离杠杆上。

2)从动盘摩擦片油污、烧焦、磨损过薄、表面不平、表面硬化或铆钉露头。

3)压盘、飞轮变形或压盘过薄。

4)压力弹簧过软或折断,膜片弹簧疲劳或破裂。

5)飞轮与离合器盖之间的固定螺钉松动。

6)分离轴承运动发卡而不能复位。

离合器打滑,动力不能有效地传递到驱动轮上,且使其过热、磨损加剧、烧焦、甚至损坏,必须及时排除故障。

(3)故障诊断与排除方法

经验诊断法:首先检查离合器踏板有无自由行程,再拆下离合器下盖继续检查。

1)若有自由行程,则故障由从动盘摩擦片油污、烧焦、铆钉露头引起。

2)若无自由行程,检查分离轴承是否复位;检查压力弹簧(或膜片弹簧)是否断裂;若弹簧断裂,则故障由此引起;若弹簧未断裂,则故障由从动盘摩擦片表面不平、表面硬化或弹簧疲劳引起。

仪器诊断法:用离合器打滑频闪测定仪诊断。

1)仪器结构。由闪光灯、高压电极、电容器、电阻、蓄电池等组成,如图3-19所示。

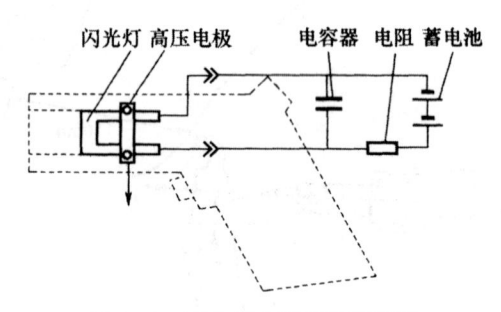

图3-19 离合器打滑频闪测定仪

2)工作原理。诊断时发动机火花塞给仪器内高压电极输入电脉冲信号。火花塞跳火一次,闪光灯就亮一次,且闪光频率与发动机转速成正比。

诊断方法。支起驱动桥或置驱动轮于滚筒式试验台上进行。

1)汽车低挡起步,逐渐加挡于直接挡,使汽车驱动轮在原地运转。

2)将闪光灯发出的光亮点投射到传动轴的某一点(可预先设置标记)上。若传动轴上某点与光亮不同步,则离合器打滑,且看到似乎传动轴相对于光亮点在缓慢转动;若传动轴上某点与光亮同步,则离合器不打滑。

若无频闪测定仪,可用发动机点火正时灯代替。

2.离合器分离不彻底

(1)现象

发动机怠速运转时,踩下离合器踏板挂挡困难,且伴随齿轮撞击声;勉强挂入挡位,离合器未抬起,汽车就起步或发动机熄火;行驶中,换挡困难,且仍伴随有齿轮撞击声。

(2)原因

1)离合器踏板自由行程过大。

2)分离杠杆变形或某一分离杠杆折断;分离杠杆内端不在同一平面上或内端太低。

3)从动盘毂长短方向装错;新从动盘厚度过厚,装配时产生过压缩,当踩下离合器踏板后,压盘没有后退余量。

4)从动盘铆钉松脱、摩擦衬片破裂、钢片变形。

5)双片离合器中间压盘支撑弹簧弹力不均或个别弹簧折断、中间压盘位置调整不当。

6)液压式离合器的液压系统油量不足(漏油)或有空气。

7)从动盘在花键轴上轴向运动发卡。

8)压紧弹簧弹力不均或个别弹簧折断。

9)离合器的液压系统油量不足(漏油)或有空气。

(3)故障的诊断方法

1)检查离合器踏板自由行程。若自由行程太大,则故障由此引起,应重新调整踏板自由行程。

2)对液压式离合器,应检查液压传动系统油量:若油量不足(漏油)或管路中有空气,则故障由此引起,应及时补加新液。

3)若自由行程合格,则拆下离合器下盖继续检查。分离杠杆内端高度。高度若是太低则故障由此引起;否则检查分离杠杆是否在同一平面内。

4)再检查从动盘是否正反装错,若装错应重新安装。

5)检查从动盘钢片是否有变形、铆钉是否松脱、摩擦衬片是否松脱。有其中之一种情况,则故障由此引起;否则,故障为从动盘轴向运动卡滞引起;双片离合器中间压盘支撑弹簧弹力不均或个别弹簧折断所致。

3.起步发抖

(1)现象

汽车用低挡起步时,严格执行操作规程逐渐放松离合器踏板并徐徐踩下加速踏板,离合器不能平稳接合且产生抖振,严重时整车都产生振抖现象。

(2)原因

1)分离杠杆内端高度不在同一平面内。

2)压盘或从动盘翘曲变形,飞轮工作端面圆跳动严重。

3)从动摩擦片表面不平、表面硬化、油污或烧焦,铆钉露头、松脱、折断。

4)从动片上的减振弹簧疲劳或折断、缓冲片破裂。

5)分离轴承卡滞而不能回位。

6)离合器压紧弹簧折断或弹力不均,膜片弹簧疲劳或破裂。

7)踏板回位弹簧折断或脱落,使分离轴承不能回位。

8)飞轮工作端面圆跳动严重(翘曲变形)。

9)飞轮、离合器壳或变速器固定螺钉松动。

(3)故障诊断与排除方法

1)检查离合器踏板回位弹簧是否折断或脱落。若是折断或脱落,则故障由此引起。

2)检查分离轴承回位情况。不回位则故障由此引起;否则拆下离合器下盖继续检查。

3)检查飞轮、离合器壳或变速器固定螺钉是否松动。若是松动,则故障由此引起;否则继续检查。

4)检查分离杠杆内端是否在同一平面内。不在同一平面内,则故障由此引起;否则继续检查。

5)检查压紧弹簧是否断裂。若断裂,则故障由此引起;否则继续检查。

6)检查从动盘是否有油污、烧焦或铝质粉末物。若有,则故障由油污、烧焦或铆钉露头引起;

否则继续检查。

7)检查从动盘钢片、压盘或飞轮是否有翘曲变形。有翘曲变形,则故障由此引起;否则故障由缓冲片(从动盘上)或缓冲弹簧疲劳或断裂、摩擦片表面不平、软化、铆钉松脱或折断引起。

总结:离合器分离不彻底主要从汽车起步时离合器在接合过程中不平稳来考虑,即发动机在匀速转动,而由于离合器接合不平稳使离合器的从动部分转动不平稳,从而使离合器乃至汽车出现抖振现象。

4. 离合器异响

(1)现象

离合器分离和接合时发出不正常声响。

(2)原因

1)分离轴承损坏或缺少润滑剂造成干摩擦。

2)分离杠杆与离合器盖的连接松旷或分离杠杆支撑弹簧疲劳、折断或脱落。

3)从动盘花键孔与花键轴配合松旷。

4)从动盘摩擦片铆钉松动或露头。

5)从动盘减振弹簧疲劳或折断。

6)分离轴承与分离杠杆内端之间没有间隙。

7)双片离合器传动销与压盘上的传力孔或离合器盖上的驱动孔与压盘上的凸块配合间隙太大。

(3)故障诊断与排除方法

诊断前,调整离合器,使之分离彻底。

1)轻轻踩下离合器踏板,使分离轴承与分离杠杆内端刚刚接触时察听:发出"沙沙"的响声,则故障由分离轴承缺油(润滑不良)引起;无"沙沙"的响声,则拆下离合器下盖,将离合器踏板踩到底继续察听。

2)离合器踩到底,发出"哗哗"的金属滑磨声,甚至看到离合器下部有火星冒出,则故障由分离轴承损坏引起;发出连续的"喀啦、喀啦"声,分离不彻底时尤为严重,放松踏板后响声消失,则故障由传动销与压盘孔配合松旷或离合器盖驱动窗孔与压盘凸块松旷引起。双片离合器特别容易产生此故障。否则,继续检查。

3)在离合器处于刚接合或刚分离时察听,发出"喀哒"的碰声,故障由摩擦片松动引起;发出金属刮研声,则故障南从动铆钉露头引起;发出连续噪声或间断的碰击声,则故障由分离轴承与分离杠杆内端间隙太小或无间隙引起。否则继续检查。

4)在汽车起步或行车中加、减速时,发出"抗"或"喀"的响声,则故障原因为减振弹簧疲劳或断裂;从动盘花键孔与轴配合松旷。

总结:离合器异响主要从磨损过度、松旷、过紧、运动中刮碰等方面加以考虑。

3.4.2 离合器的维修

干摩擦片离合器在汽车行驶的过程中,较高频率地接合与分离,造成技术状况的变化,产生打滑、分离不彻底、发抖和发响等故障现象。

离合器上述故障说明在使用过程中,离合器各组成部分,如压盘、从动盘、压紧弹簧、分离机构和操纵机构都能出现损伤,需要进行维修才能恢复其技术状况。

1. 离合器的维护

对国产中型载货汽车的离合器,一级维护时,应检查离合器的自由行程。二级维护时,还要检查分离轴承和弹簧的弹力,如有离合器打滑、分离不彻底、接合不平顺和分离时发响、发抖等故障发生时,还要对离合器进行拆检,以及更换从动盘、中压盘、复位弹簧及分离轴承等附加作业项目。

对其他车型应根据用户手册推荐的行驶里程按离合器维护项目进行。

2. 离合器的解体

(1)离合器解体注意事项

1)从飞轮上拆下离合器总成时,应首先检查有无拆装标记,无拆装标记时应补作后再进行拆装,以免组装后破坏原系统的平衡。

2)离合器总成解体时,为防止离合器盖的变形和零件弹出,必须用专用拆装工具,并按对角线交替、均匀地拧松紧固螺栓。

(2)离合器解体

如图 3-20 所示,用专用工具压紧后,拧下连接螺栓或钻去铆钉,取下相关零件,放松专用工具即可。

图 3-20 离合器专用拆装工具

3. 离合器主要零件的检修

(1)从动盘的检查

1)目视检查。查看从动盘摩擦片是否有裂纹、铆钉外露和减振器弹簧断裂等情况,如果有则更换从动盘。

2)检查从动盘的轴向圆跳动。如图 3-21 所示,在距从动盘外边缘 2.5 mm 处测量,离合器从动盘最大轴向圆跳动值为 0.4 mm,如果不符合要求,可用板钳校正或更换从动盘。

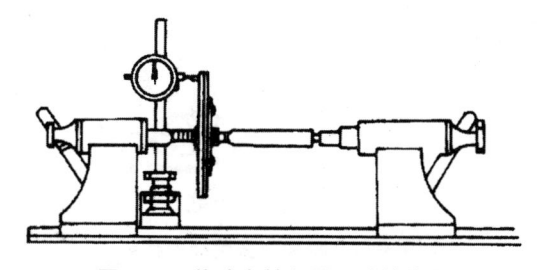

图 3-21 从动盘轴向圆跳动的检查

3)检查从动盘摩擦片的磨损程度。摩擦片的磨损程度可用游标卡尺进行测量,如图 3-22 所示。铆钉头埋入深度应不小于 0.20 mm,如果检查结果超过要求,则应更换从动盘。

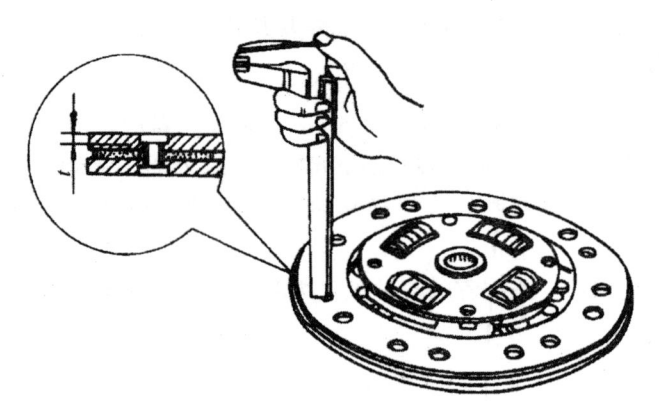

图 3-22 摩擦片磨损程度检查

(2)压盘和离合器盖的检查

压盘损伤主要是翘曲、破裂或过度磨损等。

1)检查压盘表面粗糙度。压盘表面不应有明显的沟槽,沟槽深度应小于 0.30 mm。轻微的磨损可用磨石修平。

2)检查压盘平面度。检查方法如图 3-23 所示,用钢直尺压在压盘上,然后用塞尺测量。离合器压盘平面度不应超过 0.2 mm。

压盘平面度或表面粗糙度超过要求可用平面磨床磨平或车床车平,但磨、车的厚度应小于 2 mm,否则应更换压盘。

离合器盖与飞轮的接合面的平面度应小于 0.5 mm,如有翘曲、裂纹、螺纹磨损等应更换离合器盖。

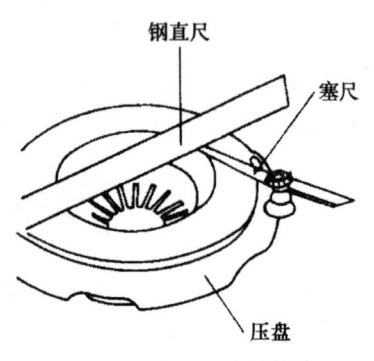

图 3-23 压盘平面度的检查

(3)膜片弹簧的检查

1)检查膜片弹簧的磨损程度。如图 3-24 所示,用游标卡尺测量膜片弹簧与分离轴承的接触部位磨损的深度和宽度,深度应小于 0.6 mm,宽度应小于 5 mm,否则应更换。

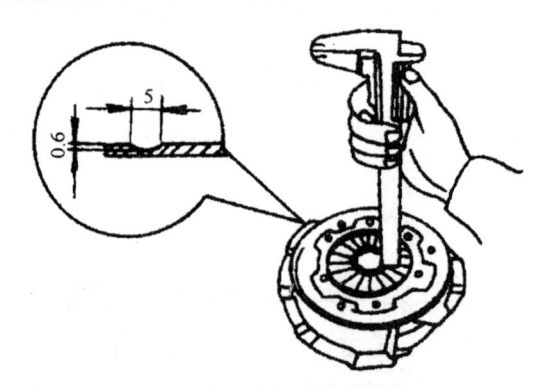

图 3-24 膜片弹簧磨损的检测

2)检查膜片弹簧的变形。如图 3-25 所示,用专业工具盖住弹簧分离指内端(小端),然后用塞尺测量弹簧分离指内端与专用工具之间的间隙。弹簧分离指内端应在同一平面内,间隙不应超过 0.5 mm,否则用维修工具将变形过大的弹簧分离指撬起进行调整。

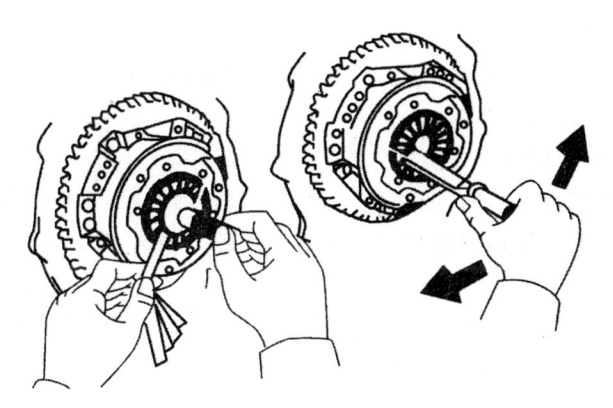

图 3-25　膜片弹簧变形的检查

(4) 分离轴承的检查

如图 3-26 所示,用手固定分离轴承内圈,转动外圈,同时在轴向施加压力,如有阻滞或明显间隙感时,应更换分离轴承。

分离轴承通常一次性加注润滑脂,维护时切勿随意拆卸清洗。若有脏污,可用干净抹布擦净表面。

(5) 分离杠杆、分离轴承和分离叉

分离杠杆的端面磨损严重或变形,分离轴承运转不灵活或有噪声,应更换。有些离合器分离叉采用尼龙衬套支撑,应检查其磨损情况,如果松旷会使离合器操纵沉重,应更换新件。

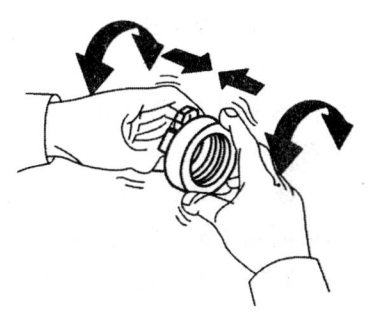

图 3-26　分离轴承的检查

4. 离合器的装配与调整

离合器的装配与调整是离合器修复后的重要工序,它直接影响离合器的正常工作。其装配顺序是,先装配离合器盖及压盘总成,然后将总成及从动盘安装到飞轮上。

(1) 从动盘的装配

装配时用专用修理工具(SST)、校正杆或变速器输入轴插入离合器从动盘键槽,使离合器从动盘键槽中心对正,如图 3-27 所示,将离合器从动盘装在飞轮上。

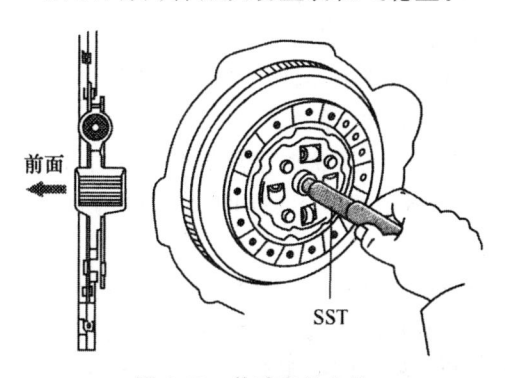

图 3-27　从动盘的安装

装配时应仔细观察离合器从动盘的设计和制造品质,表面是否有油污,并注意从动盘安装方向。

(2)离合器盖的装配

首先对正离合器盖和飞轮上的装配记号,再均匀地以规定的拧紧力矩分几次拧紧各螺栓。上海桑塔纳汽车的拧紧力矩为 22 N·m。

(3)膜片弹簧的检查与调整

膜片弹簧在使用中易出现弯曲,因此有必要进行检查与调整,具体方法是在膜片弹簧装复后用一个测规和专用工具测量弹簧尖端和工具之间的间隙。最大允许间隙一般为 0.50 mm,如过大则调整弹簧。

装配时,要在各活动部位,如分离叉支撑衬套、分离轴承内腔、连接销等处,涂以润滑脂。

(4)螺旋弹簧式离合器的调整

1)分离杠杆高度的调整:

该距离不当,将影响离合器的分离状况。其调整部位及要求与车型有关。

①膜片弹簧式离合器不需要调整,如桑塔纳、爱丽舍等车型。

②东风 EQ1090 型汽车离合器,调整部位为分离杠杆中部支撑螺栓的调整螺母,要求其分离杠杆内端的后端面到飞轮的工作面的距离为 56 ± 0.5 mm。4 个分离杠杆距离的公差为 0.20 mm。

③解放 CA1091 型汽车离合器的调整部位为分离杠杆的外端面的调整螺母,要求分离棚杆内端面到飞轮工作面的距离为 71 ± 0.5 mm。

2)中间压盘行程的调整:双片离合器应调整中间压盘的行程。调整时,使离合器处于接合状态,旋入中压盘限位螺钉使其与中压盘接触,再退回 5/6 圈,此时,中压盘有 1.25 mm 的移动行程。

5. 离合器操纵机构的维修

(1)机械操纵式

机械操纵式操纵机构通过拉杆(东风及解放 CA1091 型汽车)或钢索(上海桑塔纳及天津夏利轿车)将离合器踏板的动作传给分离叉,实现离合器的分离与接合。

离合器从动盘和压盘磨损变薄后,接合时使压盘前移,分离杠杆与分离轴承之间的间隙减小或消失,进而阻滞压盘的前移,使从动盘打滑,加剧从动盘、压盘和飞轮工作面磨损。因此,一般在分离杠杆与分离轴承之间都预留有一定的间隙,一般为 3~4 mm。在使用中,上述间隙会随着压盘、从动盘和飞轮端面的磨损而减小,因而需要定期进行调整。

1)拉杆式操纵机构。解放 CA1091 和东风 EQ1090 型汽车的离合器均采用拉杆式操纵机构,而且均用踏板拉杆上的球面螺母来调整离合器踏板的自由行程。当自由行程小于标准值时,可将球面螺母退出以增加拉杆有效长度。上述两种车型的离合器踏板自由行程的标准为 30~40 mm。

2)钢索式操纵机构。上海桑塔纳轿车离合器踏板自由行程为 15~25 mm。离合器踏板自由行程的调整可通过如图 3-28 所示的螺母进行。将螺母逆时针转动,踏板自由行程加大。另外,调整时应注意分离叉传动臂支架之间的距离 a 为 200 ± 5 mm,如该距离不当,可将分离叉传动臂固定螺母松开,将传动{臂从分离叉支撑上取下,转过一个角度后装好,直至该距离达到标准为止。

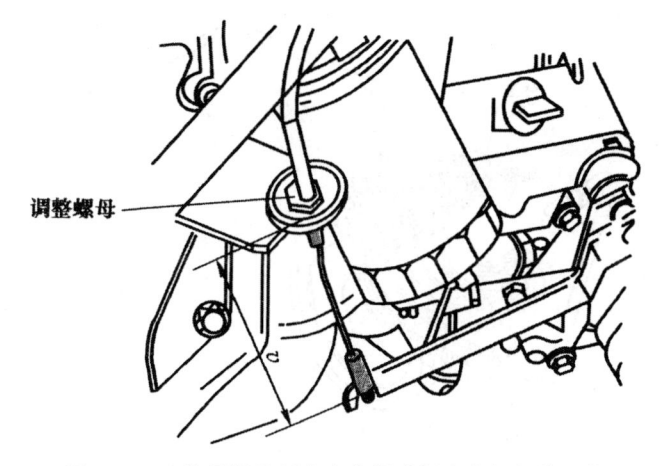

图 3-28 上海桑塔纳轿车离合器踏板自由行程的调整

(2) 液压操纵式

离合器主缸及工作缸的皮碗和密封圈、防尘罩，因磨损或老化而漏油应及时更换。缸筒、活塞磨损出沟槽或台阶，也应及时更换。

液压操纵式离合器的踏板自由行程，是主缸推杆与活塞之间的间隙和分离杠杆与分离轴承之间的间隙在踏板上的总反映。因此，调整也应分两步进行。

丰田威驰轿车离合器踏板自由行程的检查与调整：

1) 检查和调整离合器踏板：

① 掀开地板地毯，检查离合器踏板高度是否正确。距油毡的离合器踏板高度应为 134.3～114.3 mm。如不符合，松开锁止螺母并转动止动螺栓直至离合器踏板高度正确为止，然后紧固锁止螺母，拧紧力矩为 16 N·m。

② 踩下离合器踏板直至感到有阻力为止，检查离合器踏板自由行程和推杆行程是否正确，应为 5～15 mm。如果不正确，则松开锁止螺母并转动推杆直至离合器踏板自由行程和推杆行程正确。

③ 紧固锁止螺母，拧紧力矩为 12 N·m。

2) 调整踏板自由行程后检查踏板高度：

① 拉紧驻车制动并加装车轮止动器，起动发动机，怠速运转。

② 不踩离合器踏板，慢慢地将换挡杆换至倒挡位置，直至齿轮啮合为止。

③ 慢慢踩下离合器踏板并测量出齿轮异响消失点（分离点）到最大行程终了位置时的行程距离。标准距离为 25 mm 或更多（从踏板行程最高位置至分离点）。

④ 如果距离不符合标准，进行下面的操作。

检查离合器踏板高度；检查推杆行程和离合器踏板自由行程；放出离合器油管空气；检查离合器盖和离合器片；检查离合器踏板行程，应为 120～130 mm。

北京切诺基汽车离合器自由行程：

北京切诺基汽车离合器工作缸采用了较特殊的结构。如图 3-29 所示，其工作缸与分离轴承组合在一起装于变速器输入轴上。

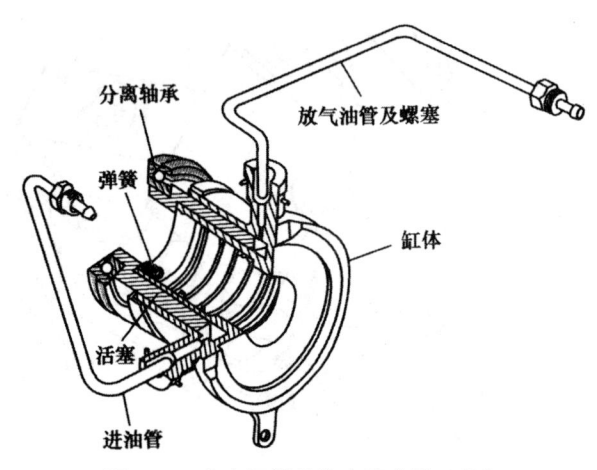

图 3-29 北京切诺基汽车离合器工作缸

工作缸的缸体与活塞均为空心尼龙制品,活塞前部固定着分离轴承。工作时,在油压和弹簧作用下活塞前移推动分离轴承使离合器分离。工作缸的缸体单装有两根金属油管。一根为放气油管,外端用支架装在飞轮壳右侧,放气螺钉伸出飞轮壳;另一根为进油管。这种工作缸的特点是弹簧力的方向与液压力方向一致,离合器接合后,分离轴承在弹簧作用下始终和分离杠杆接触,无间隙,离合器踏板的自由行程只是主缸活塞与推杆间隙的反映。

进口轿车的离合器采用类似结构的很多,其典型结构如图 3-30 所示。

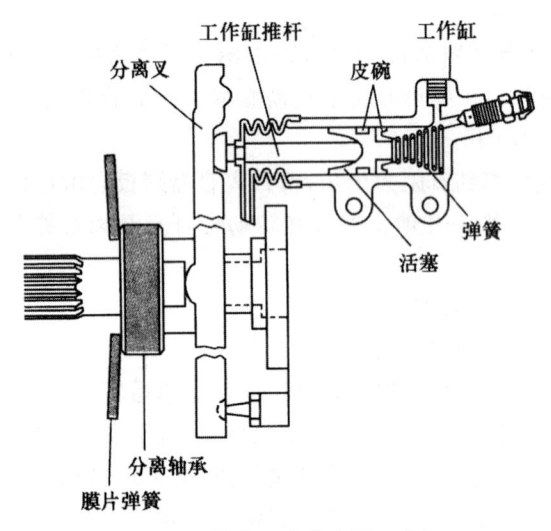

图 3-30 带自调的离合器工作缸

采取上述结构的目的在于:从动盘、压盘磨损后使分离轴承后移,通过分离叉推动工作缸推杆和活塞后移而压缩弹簧,由于弹簧被压缩而不会出现离合器打滑的现象,另一个明显的优点是减少了维护作业。当然,这种离合器工作时,会使分离轴承处发出轻微响声。

第4章 手动变速器

4.1 手动变速器概述

汽车上广泛采用的活塞式内燃机具有转矩变化范围小、转速高等特点,而复杂的使用条件则要求汽车的驱动力和车速在相当大的范围内变化。为了解决这一矛盾,在传动系统中设置了变速器。

4.1.1 变速器的功用

1. 实现变速、变矩

如果直接将发动机与驱动桥连接在一起,首先,由于发动机的转矩小,不能克服汽车的行驶阻力,使汽车根本无法起步;其次,即使汽车行驶起来,也会由于车速太快而不易驾控,甚至无法驾控。所以,必须通过变速器增大发动机的转矩,使转速下降,以适应汽车实际行驶的要求。变速器是通过不同的挡位来实现这一功用的。

2. 实现倒车

发动机曲轴的旋转方向从前往后看为顺时针方向,且旋转方向是不能改变的,为了实现汽车的倒向行驶,变速器中设置了倒挡。

3. 实现中断动力传动

在发动机起动和怠速运转、变速器换挡、汽车滑行和暂时停车等情况下,都需要中断发动机的动力传动,因此变速器中设有空挡。

4.1.2 变速器的类型

现代汽车上采用的变速器有多种结构形式,一般可以按照操纵方式和传动比进行分类。

1. 按变速器操纵方式分类

按变速器操纵方式可分为手动变速器、自动变速器和手动自动一体变速器三种形式。

(1)手动变速器

手动变速器(英文缩写为MT)是通过驾驶者用手操纵变速杆来选定挡位,并直接操纵变速器的换挡机构进行挡位变换。齿轮式有级变速器大多数都采用这种换挡方式。

(2)自动变速器

自动变速器(英文缩写为AT)的自动控制系统根据发动机的负荷和车速的变化情况自动地选定挡位,并进行挡位变换,即自动地改变传动比。驾驶者只需要操纵加速踏板即可控制车速。

(3)手动自动一体变速器

这种变速器可以自动换挡,也可以手动换挡,比较典型的如奥迪A6的Tiptrunic,上海帕萨特1.8T也装有手动自动一体变速器。

2.按传动比的变化方式分类

变速器按传动比的变化方式可分为有级式、无级式和综合式三种。

(1)有级式变速器

有级式变速器采用齿轮传动,它具有若干个定值传动比。轿车和轻、中型货车变速器多采用3~5个前进挡和一个倒挡,每个挡位对应一个传动比。重型汽车行驶的路况复杂,变速器的挡位较多,可有8~20个挡位。

齿轮式变速器具有结构简单、易于制造、工作可靠、传动效率高等优点,按照结构不同又可以分为二轴式和三轴式变速器。二轴式变速器广泛用于发动机前置前轮驱动的轿车,而三轴式变速器可应用于其他各类型车辆。

(2)无级式变速器

无级式变速器(英文缩写为CVT)传动比的变化是连续的。目前使用的无级式变速器一般都是采用金属带传动动力,通过主、从动带轮直径的变化实现无级变速。这种变速器在中、高级轿车上应用越来越多。

(3)综合式变速器

由液力变矩和有级齿轮式变速器组成的,一般都是由电脑来自动实现换挡,所以多把这种变速器称为自动变速器。这种变速器的传动比可在最大值与最小值之间的几个间断的范围内作无级变化,目前应用较多。

普通齿轮变速器,也叫定轴式变速器,由变速器箱体、轴线固定的几根轴和若干对齿轮组成,可实现变速、变矩和改变旋转方向。

4.1.3 普通齿轮变速器的工作原理

普通齿轮变速器,也叫定轴式变速器,由变速器箱体、轴线固定的几根轴和若干对齿轮组成,可实现变速、变矩和改变旋转方向。

1.变速原理

如图4-1所示,一对齿数不同的齿轮啮合传动时,若小齿轮为主动齿轮,带动大齿轮转动时,输出转速降低;若大齿轮驱动小齿轮时,输出转速升高,这就是齿轮传动的变速原理。汽车变速器就是根据这一原理利用若干大小不同的齿轮副传动而实现变速的。

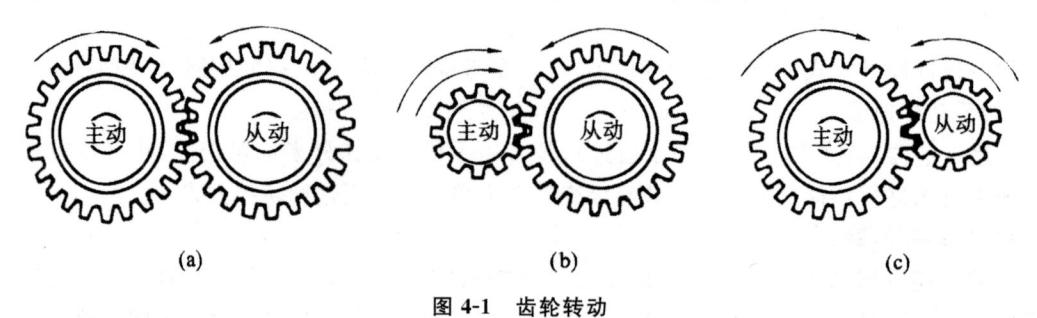

图4-1 齿轮转动

2.换挡原理

若将图4-2中的齿轮3与4脱开,再将齿轮6与5啮合,传动比变化,输出轴Ⅱ的转速、转矩也发生变化,即挡位改变。当齿轮 4、6 都不与中间轴上的齿轮 3、5 啮合时,动力不能传到输出轴,这就是变速器的空挡。

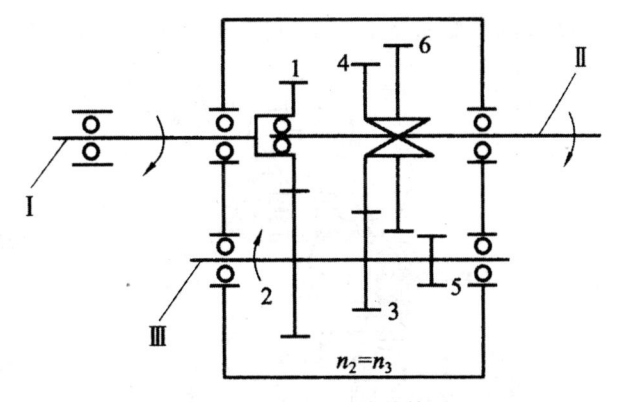

图 4-2 两级齿轮传动简图

3. 变向原理

如图 4-3 所示,相啮合的一对齿轮旋向相反,每经一传动副,其轴改变一次转向。图 4-3(a)所示的两对齿轮传动(1 和 2、3 和 4),其输出轴与输入轴转向相同,这是普通三轴式变速器前进挡的传动情况。图 4-3(b)所示齿轮 4 装在中间轴与输出轴之间的倒挡轴上,三对传动副(1 和 2、3 和 4、4 和 5)传递动力,输出轴与输入轴的转向相反,这是三轴式变速器倒挡的传动情况。齿轮 4 称为倒挡轮或惰轮。

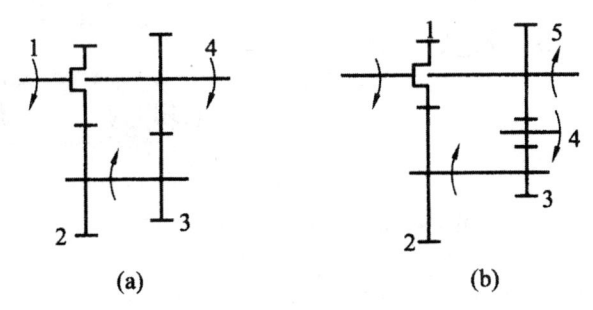

图 4-3 齿轮传动的转向关系
(a)前进挡;(b)倒挡

4.2 典型手动变速器的构造

手动变速器包括操纵机构和变速传动机构两大部分。

操纵机构是驾驶者操纵变速器的一套机构,其作用是通过驾驶者的操作,实现换挡。

变速传动机构是变速器的主体,是由若干组齿轮组成的齿轮副,其作用是通过改变齿轮的啮合路线,实现变速器输出转速和转矩的改变。

按照变速器工作轴的数量(不包括倒挡轴)不同,可分为三轴式变速器和二轴式变速器。

4.2.1 三轴式变速器的变速传动机构

图4-4为东风EQ1092型汽车变速器结构图,它是典型的三轴式五挡变速器。

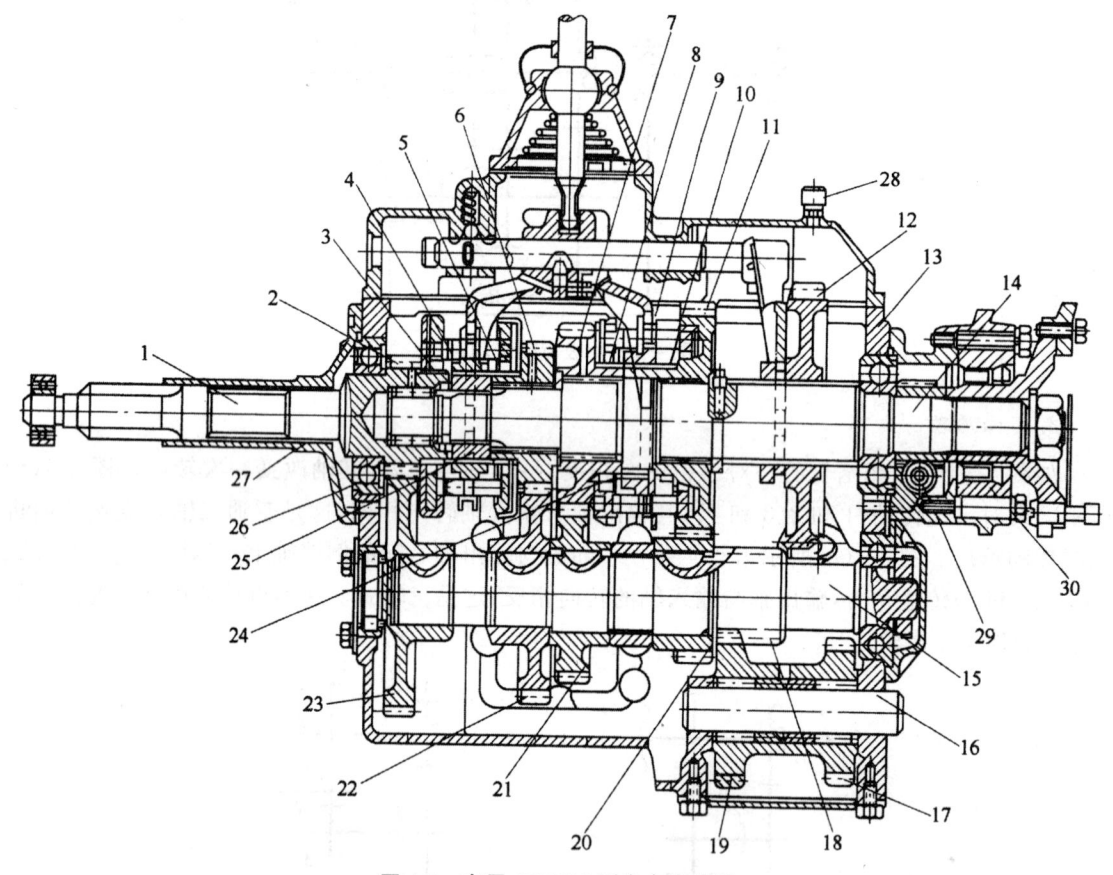

图4-4 东风EQ1092型汽车变速器

1—第一轴;2—第一轴常啮合齿轮;3—第一轴常啮合齿轮接合齿圈;4、9—接合套;
5—四挡齿轮接合齿圈;6—第二轴四挡齿轮;7—第二轴三挡齿轮;8—三挡齿轮接合齿圈;
10—二挡齿轮接合齿圈;11—第二轴二挡齿轮;12—第二轴一、倒挡齿轮;13—变速器壳;
14—第二轴;15—中间轴;16—倒挡轴;17—倒挡中间齿轮;18—中间轴一、倒挡齿轮;
19—倒挡中间齿轮;20—中间轴二挡齿轮;21—中间轴三挡齿轮;22—中间轴四挡齿轮;
23—中间轴常啮合齿轮;24、25—花键毂;26—第一轴轴承盖;27—回油螺纹;
28—通气塞;29—里程表传动齿轮;30—驻车制动器底座

该变速器有3根传动齿轮轴:第一轴(输入轴)1,中间轴15和第二轴(输出轴)14。在该变速器中,除一挡、倒挡外,二、三挡及四、五挡均采用锁销式惯性同步器。

1)第一轴的前端用轴承支承在发动机飞轮的中心孔内,后端用轴承支承在变速器壳体前壁座孔中,齿轮2与第一轴制成一体。第一轴既是变速器输入轴,又是离合器的输出轴,离合器从动盘就是套装在该轴前端的花键上。第一轴轴承盖的内圆柱面切有回油螺纹(左旋),防止变速器内润滑油窜入离合器。

2)第二轴的前端用滚针轴承支承在第一轴常啮合传动齿轮的内孔中,后端用轴承支承在壳体上。轴上装有一、二、三、四挡从动齿轮。一挡齿轮用花键套装在轴上,可在轴上沿轴向滑动。二、三、四挡齿轮均通过滚针轴承自由地套装在轴上。轴上还装有二、三挡及四、五挡换挡同步器装置。第二轴后轴承的外侧还装有里程表传动齿轮。轴的最后端的花键装有凸缘,它与万向传动装置中的万向节叉连接。

3)中间轴为一根阶梯形光轴,两端用轴承支承在壳体上。其上装有一、二、三、四挡主动齿轮及常啮合传动齿轮,其中一挡齿轮与轴制成一体,其余齿轮均用半圆键与轴连接。

除上述3根轴外,变速器中还有一根倒挡轴,该轴被锁片固定在壳体上,其上用滚针轴承自由地套装有倒挡中间齿轮。变速器中除一、倒挡齿轮为直齿齿轮外,其余齿轮均为斜齿齿轮。

4)壳体由铸铁制造而成,壳体上制有输入轴、输出轴、中间轴、倒挡轴的轴承孔,并设有加油螺塞和放油螺塞。

各挡传动路线见表4-1。

表4-1 东风EQ1092型汽车变速器动力传递路线

挡位	动力传递路线
1	输入轴→第一轴常啮合齿轮→中间轴一、倒挡齿轮→第二轴一、倒挡滑动齿轮→输出轴
2	输入轴→第一轴常啮合齿轮→中间轴常啮合齿轮→中间轴二挡齿轮→第二轴二挡齿轮→接合套9→花键齿毂24→输出轴
3	输入轴→第一轴常啮合齿轮→中间轴常啮合齿轮→中间轴三挡齿轮→第二轴三挡齿轮→接合套9→花键齿毂24→输出轴
4	输入轴→第一轴常啮合齿轮→中间轴常啮合齿轮→中间轴四挡齿轮→第二轴四挡齿轮→接合套5→花键齿毂25→输出轴
5	输入轴→接合套5→花键齿毂5→输出轴
倒	输入轴→第一轴常啮合齿轮→中间轴一、啮合齿轮→中间轴一、倒挡齿轮→倒挡中间齿轮→第二轴一、倒挡滑动齿轮→输出轴

4.2.2 二轴式变速器的变速传动机构

二轴式变速器主要用于发动机前置前轮驱动的汽车,一般与驱动桥(前桥)合称为手动变速驱动桥。目前,国产轿车均采用这种变速器,如桑塔纳、捷达、富康和奥迪轿车等。

前置发动机有纵向布置和横向布置两种形式,与其配用的二轴式变速器也有两种不同的结构形式。

1. 发动机纵向布置的二轴式变速器

发动机前置且纵置时,主减速器为一对圆锥齿轮,如图4-5所示,奥迪100型轿车和桑塔纳2000GSi型轿车上均采用这种形式。

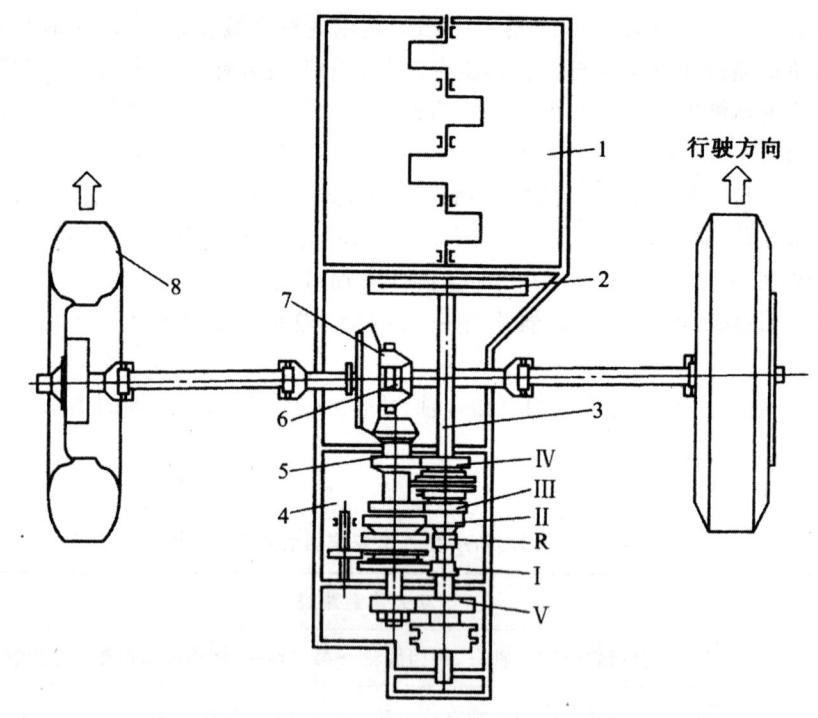

图 4-5　发动机纵置的二轴式变速器传动示意图

1—纵置发动机；2—离合器；3—变速器输入轴；4—变速器；5—变速器输出轴（主减速器主动锥齿轮）；
6—差速器；7—主减速器从动锥齿轮；8—前轮；Ⅰ、Ⅱ、Ⅲ、Ⅳ、Ⅴ——一、二、三、四、五挡齿轮；R—倒挡

桑塔纳 2000GSi 型轿车二轴式变速器传动机构的结构如图 4-6 所示。

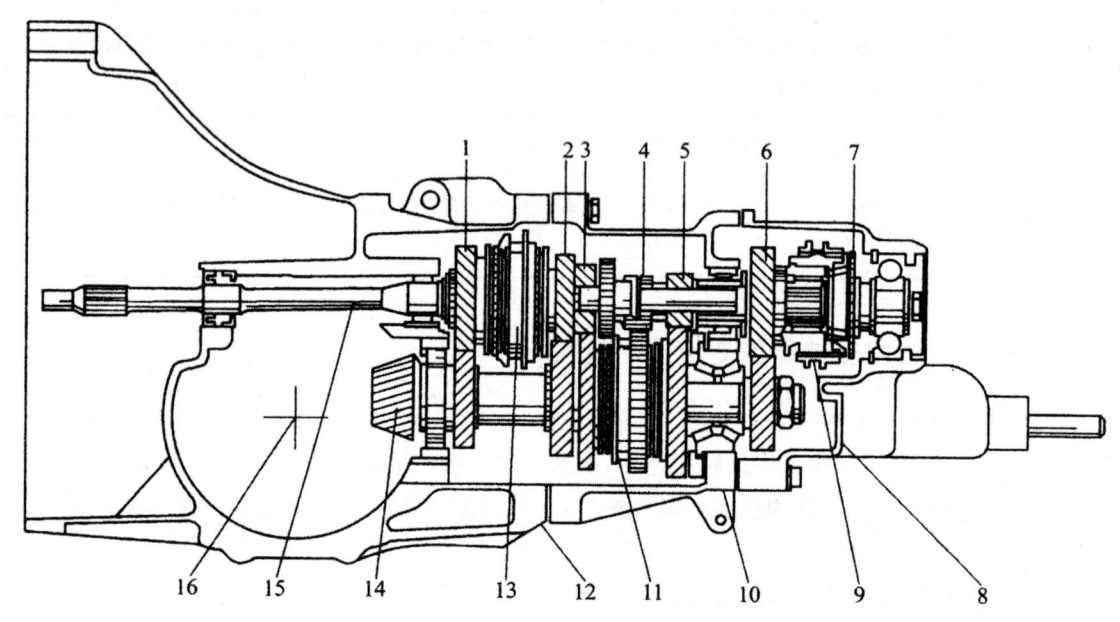

图 4-6　桑塔纳 2000GSi 型轿车二轴式变速器传动机构结构图

1—四挡齿轮；2—三挡齿轮；3—二挡齿轮；4—倒挡齿轮；5—一挡齿轮；6—五挡齿轮；
7—五挡运行齿环；8—换挡机构壳体；9—五挡同步器；10—齿轮箱体；11—一、二挡同步器；
12—变速器壳体；13—三、四挡同步器；14—输出轴；15—输入轴；16—差速器

(1)结构

该变速器的变速传动机构的输入轴和输出轴平行布置,输入轴也是离合器的从动轴,输出轴也是主减速器的主动锥齿轮轴。该变速器具有五个前进挡和一个倒挡,全部采用锁环式惯性同步器换挡。输入轴上有一至五挡主动齿轮,其中一、二挡主动齿轮与轴制成一体,三、四、五挡主动齿轮通过滚针轴承空套在轴上。输入轴上还有倒挡主动齿轮,它与轴制成一体。三、四挡同步器和五挡同步器也装在输入轴上。输出轴上有一至五挡从动齿轮,其中一、二挡从动齿轮通过滚针轴承空套在轴上,三、四、五挡齿轮通过花键套装在轴上。一、二挡同步器也装在输出轴上。在变速器壳体的右端还装有倒挡轴,上面通过滚针轴承套装有倒挡中间齿轮。

桑塔纳2000GSi型轿车二轴式变速器传动机构的示意图如图4-7所示。

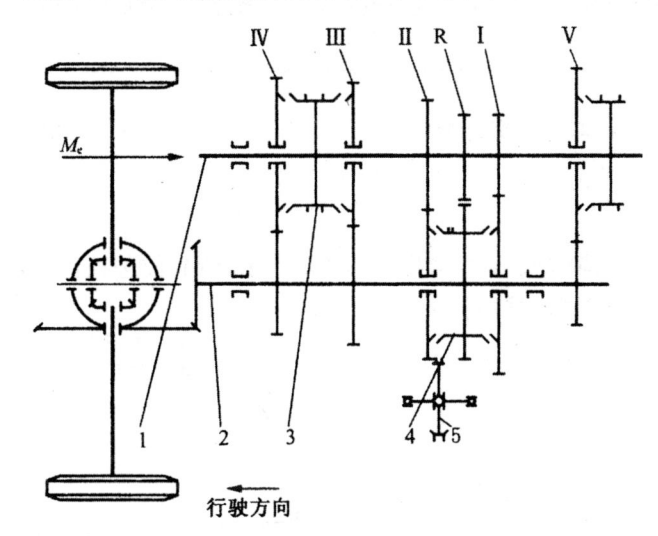

图4-7 桑塔纳2000GSi型轿车二轴式变速器传动机构示意图
1—输入轴;2—输出轴;3—三、四挡同步器;4—一、二挡同步器;5—倒挡中间齿轮
Ⅰ—一挡齿轮;Ⅱ—二挡齿轮;Ⅲ—三挡齿轮;Ⅳ—四挡齿轮;Ⅴ—五挡齿轮;R—倒挡齿轮

(2)各挡动力传动路线

桑塔纳2000GSi型轿车二轴式变速器各挡动力传动路线见表4-2。

表4-2 桑塔纳2000GSi型轿车五挡手动变速器各挡动力传动路线

挡 位	动力传递路线
一	变速器操纵杆从空挡向左、向前移动,实现: 动力→输入轴→输入轴上一挡齿轮→输出轴上一挡齿轮→输出轴上一、二挡同步器→输出轴→动力输出
二	变速器操纵杆从空挡向左、向后移动,实现: 动力→输入轴→输入轴上二挡齿轮→输出轴上二挡齿轮→输出轴上一、二挡同步器→输出轴→动力输出
三	变速器操纵杆从空挡向前移动,实现: 动力→输入轴→输入轴上三、四同步器→输入轴上三挡齿轮→输出轴挡齿轮→输出轴→动力输出

续表

挡 位	动力传递路线
四	变速器操纵杆从空挡向后移动,实现: 动力→输入轴→输入轴上三、四同步器→输入轴上四挡齿轮→输出轴上四挡齿轮→输出轴→动力输出
五	变速器操纵杆从空挡向右、向前移动,实现: 动力→输入轴→输入轴上五挡同步器→输入轴上五挡齿轮→输出轴→动力输出
倒	变速器操纵杆从空挡向右、向后移动,实现: 动力→输入轴→输入轴上倒挡齿轮→倒挡轴上倒挡齿轮→输出轴上倒挡齿轮→输出轴→动力输出

2.发动机横向布置的二轴式变速器

捷达轿车采用这种形式。

(1)结构

发动机横向布置的二轴式变速器结构如图 4-8 所示,所有前进挡齿轮和倒挡齿轮都采用常啮合斜齿轮,并采用锁环式同步器换挡。

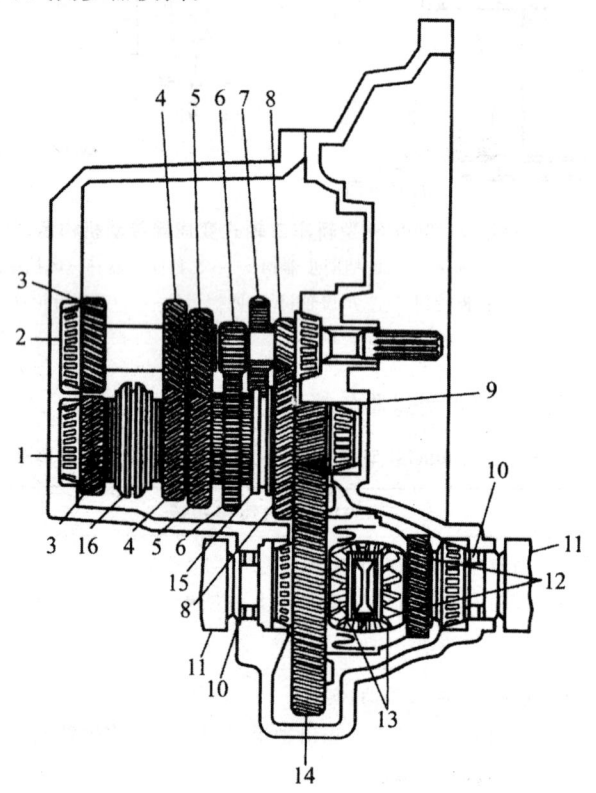

图 4-8 发动机横向布置的二轴式变速器结构图

1—输出轴;2—输入轴;3—四挡齿轮;4—三挡齿轮;5—二挡齿轮;6—倒挡齿轮;
7—倒挡惰轮;8—一挡齿轮;9—主减速器主动齿轮;10—差速器油封;11—等速万向节轴;
12—差速行星齿轮;13—差速半轴齿轮;14—主减速器从动齿轮;15—一、二挡同步器;16—三、四挡同步器

(2)各挡动力传动路线

1)一挡。如图4-9所示,一、二挡同步器使一挡齿轮与主减速器主动齿轮轴接合,将变速齿轮锁定到主减速器主动齿轮轴上。输入轴齿轮的一挡主动齿轮顺时针转动,顺时针旋转驱动一挡从动齿轮和主减速器主动齿轮轴逆时针旋转,主减速器主动齿轮又驱动主减速器从动齿轮。

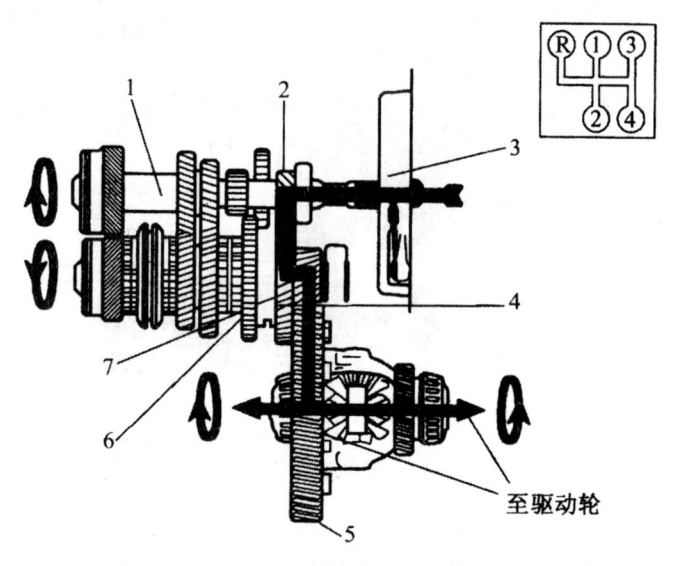

图4-9 一挡动力传动路线

1—输入轴齿轮组件;2—一挡主动齿轮;3—离合器总成;4—一挡从动齿轮;
5—主减速器从动齿轮;6—一、二挡同步器;7—主减速器主动齿轮

2)二挡。从一挡换到二挡时,一、二挡同步器分离一挡从动齿轮,并结合二挡从动齿轮,其动力传动路线如图4-10所示。

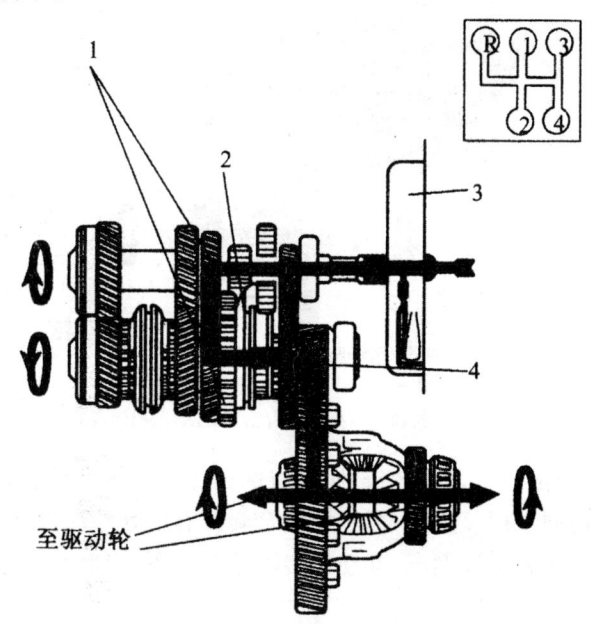

图4-10 二挡动力传动路线

1—二挡齿轮;2—一、二挡同步器;3—离合器总成;4—主减速器主动齿轮

3)三挡。当二挡同步器接合套返回空挡后,将三、四挡同步器锁定到主减速器主动齿轮轴上的三挡齿轮上,其动力传动路线如图 4-11 所示。

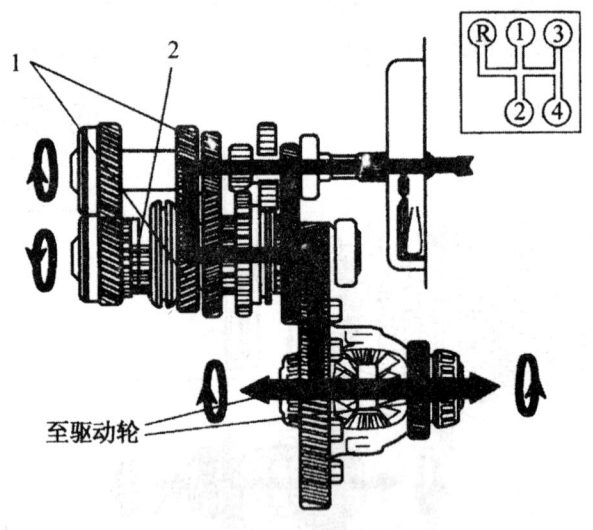

图 4-11 三挡动力传动路线
1—三挡齿轮;2—三、四挡同步器套

4)四挡。将三、四挡同步器接合套从三挡齿轮移开,移向四挡齿轮,将其锁定在主减速器主动齿轮轴上,其动力传动路线如图 4-12 所示。

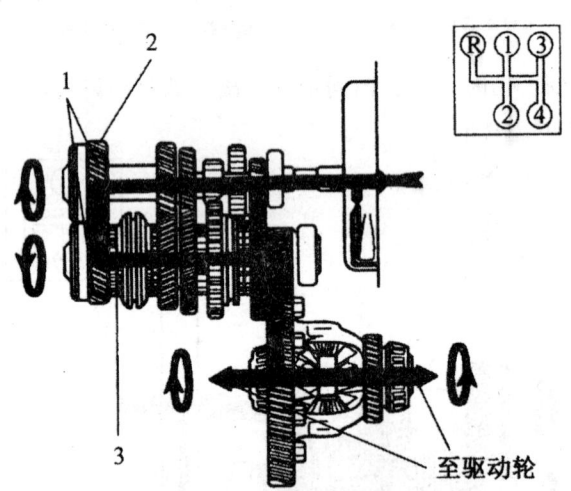

图 4-12 四挡动力传动路线
1—四挡齿轮;2—四挡主动齿轮;3—三、四挡同步器

5)倒挡。变速杆位于倒挡时,倒挡惰轮换入与倒挡主动齿轮和倒挡从动齿轮啮合。倒挡从动齿轮同时又是一、二挡同步器接合套,同步器接合套带有沿其外缘加工的直齿。倒挡惰轮改变变速齿轮的转动方向,汽车就可以倒车,其动力传动路线如图 4-13 所示。

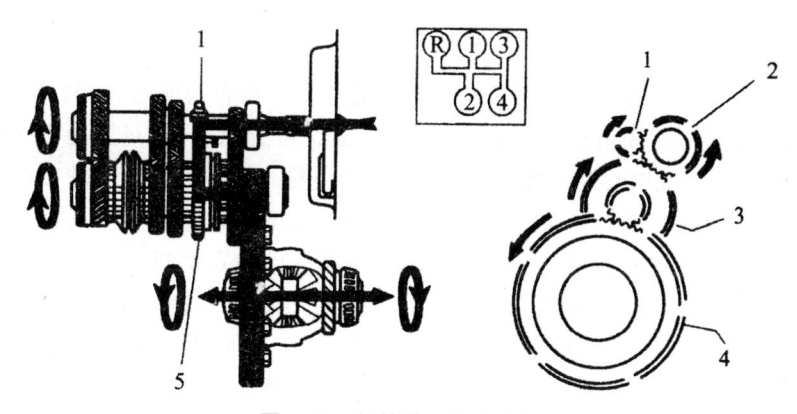

图 4-13　倒挡动力传动路线

1—倒挡主动齿轮；2—倒挡惰轮；3—倒挡从动齿轮和一、二挡同步器；4—差速器齿圈；5——、二挡同步器(倒挡)

4.3　同步器

目前汽车中手动普通齿轮变速器换挡的方式有两种，一是采用直齿滑动齿轮倒挡，如东风 EQ1092 的换挡方式；二是采用同步器换挡，这种方式应用最广泛，几乎所有的变速器都是采用同步器进行换挡。

4.3.1　同步器的功用

同步器的功用是使接合套与待啮合的齿圈迅速同步，缩短换挡时间；且防止在同步前啮合而产生换挡冲击。

4.3.2　无同步器的换挡过程

以无同步器五挡变速器的四、五挡互换为例进行介绍，如图 4-14 所示为其结构简图，是采用接合套进行换挡。

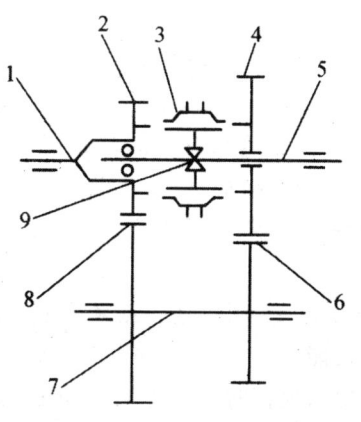

图 4-14　无同步器五挡变速器的四、五挡简图

1——轴；2——轴常啮合齿轮；3—接合套；4—二轴四挡齿轮；5—二轴；
6—中间轴四挡齿轮；7—中间轴；8—中间轴常啮合齿轮；9—花键毂

1. 低挡换高挡(四挡换五挡)

变速器在四挡工作时,接合套 3 与二轴四挡齿轮 4 上的接合齿圈啮合,两者接合齿圆周速度 $v_3=v_4$。欲换入五挡时,驾驶员先踩下离合器踏板,离合器分离,再通过变速操纵机构将接合套 3 左移,处于空挡位置。此时仍是 $v_3=v_4$,因二轴四挡齿轮 4 的转速低于一轴常啮合齿轮 2 的转速,圆周速度 $v_4<v_2$。所以在换入空挡的瞬间,$v_3<v_2$,为避免齿轮冲击,不应立即换入五挡,应先在空挡停留片刻。在空挡位置时,变速器输入轴各零件已与发动机中断了动力传递且转动惯量较小,再加上中间轴齿轮有搅油阻力,所以 v_2 下降较快,如图 4-15(a)所示;而整个汽车的转动惯性大,导致接合套 3(与第二轴转速相同)的圆周速度 v_3 下降慢,因图 4-15(a)中两直线 v_3、v_2 的倾斜度不同而相交,交点即为同步状态($v_3=v_2$)。此时将接合套左移与齿轮 2 上的齿圈啮合挂入五挡,不会产生冲击。但自然减速出现同步的时刻太晚,应在摘下四挡后,立即抬起离合器踏板,利用发动机怠速工况迫使一轴更快地减速,v_2 下降较快,如图 4-15(a)中虚线所示,同步点出现得早,缩短了换挡时间。

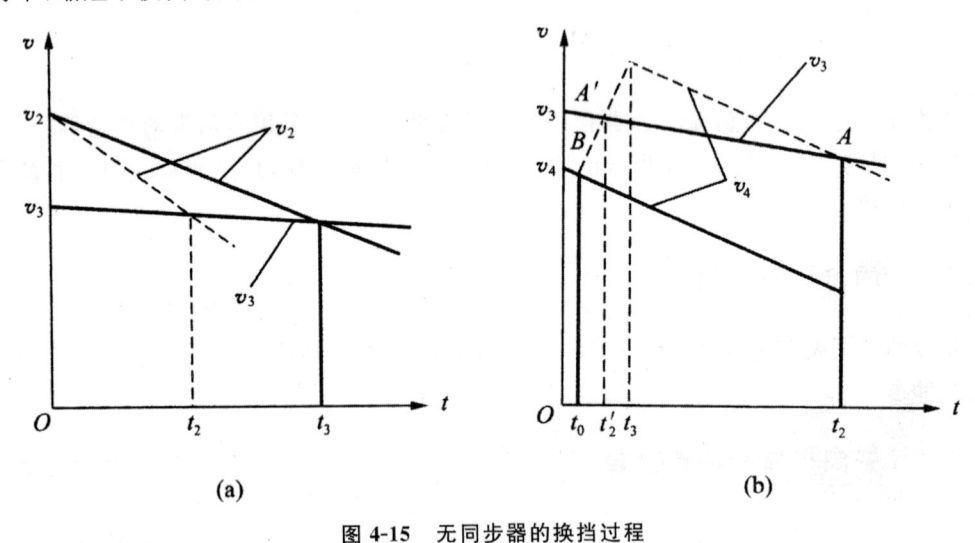

图 4-15 无同步器的换挡过程

2. 高挡换低挡(五挡换四挡)

变速器在五挡工作时以及由五挡换入空挡的瞬间,接合套 3 与一轴常啮合齿轮 2 接合齿圈圆周速度相同,即 $v_3=v_2$,因 $v_2>v_4$,故 $v_3>v_4$,如图 4-15(b)所示。但在空挡时 v_4 下降得比 v_3 快,即 v_4 与 v_3 不会出现相交点,不可能达到自然同步状态。所以驾驶员应在变速器退回空挡后,立即抬起离合器踏板,同时踩下加速踏板,使发动机连同离合器从动盘和一轴都从 B 点开始升速,让 $v_4>v_3$,如图 4-15(b)中虚线所示,再踩下离合器踏板稍等片刻,$v_3=v_4$(同步点 A),即可换入四挡。

图 4-15(b)中还有一次同步时刻 A',利用这一点来缩短换挡时间,由于此点是踩加速踏板过程中出现的,要求有熟练的操作技能。

由此可见,欲使无同步器变速器换挡时不产生换挡冲击,需采取较复杂的操作,不仅易使驾驶员产生疲劳,且降低齿轮的使用寿命。

4.3.3 同步器的构造及工作原理

1. 同步器的功用

同步器的功用是使接合套与待啮合的齿圈迅速同步,缩短换挡时间,且防止在同步前啮合而产生接合齿的冲击。

2. 同步器的构造及工作原理

同步器由同步装置(包括推动件、摩擦件)、锁止装置和接合装置组成。目前所用的同步器几乎都采用摩擦惯性式同步装置,但锁止装置不同,可分为锁环式和锁销式惯性同步器。

3. 锁环式惯性同步器

(1) 锁环式惯性同步器结构

如图4-16所示,花键毂7用内花键套装在第二轴外花键上,用垫圈、卡环轴向定位。花键毂7两端与第一轴齿轮1和第二轴齿轮4之间各有一个青铜制成的锁环(同步环)5和9。锁环上有短花键齿圈,其花键的尺寸和齿数,与花键毂、齿轮1和4的外花键齿相同。两个齿轮和锁环上的花键齿在靠近接合套8的一端都有倒角(锁止角),与接合套齿端的倒角相同。锁环有内锥面,与齿轮1、4的外锥面锥角相同。

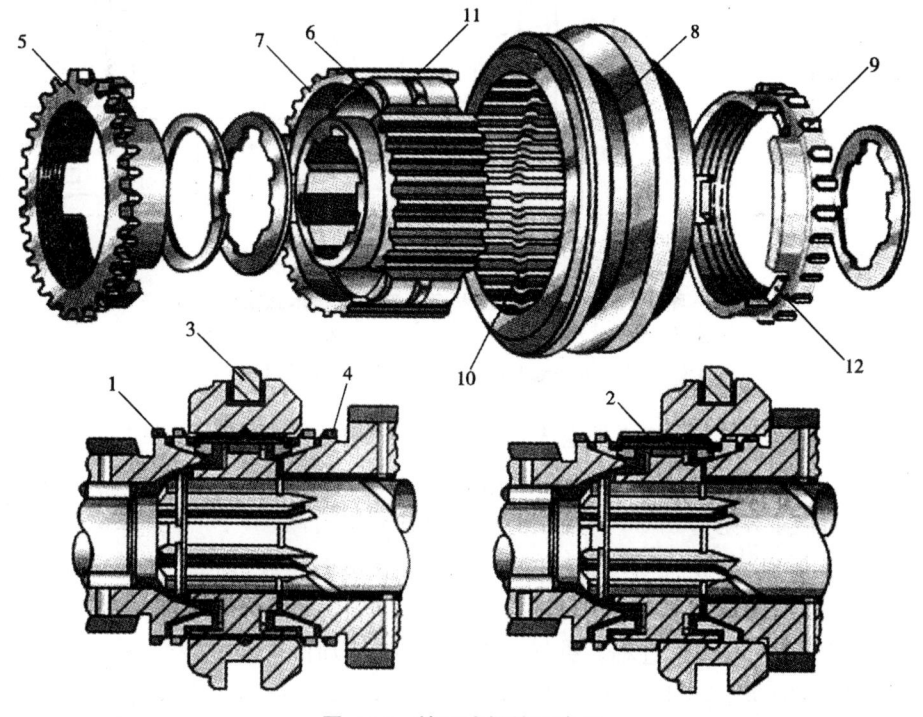

图4-16 锁环式惯性同步器
1—第一轴齿轮;2—滑块;3—拨叉;4—第二轴齿轮;5、9—锁环;6—弹簧圈;
7—花键毂;8—接合套;10—环槽;11—3个轴向槽;12—缺口

在环锁内锥面上制有细密的螺纹(或直槽),当锥面接触后,它能及时破坏油膜,增加锥面间的摩擦力。锁环内锥面摩擦副称为摩擦件,外沿带倒角的齿圈是锁止件,锁环上还有3个均布的缺口12。3个滑块2分别装在花键毂7上3个均布的轴向槽11内,沿槽可以轴向移动。滑块被两个弹簧圈6的径向力压向接合套,滑块中部的凸起部位压嵌在接合套中部的环槽10内。滑块和弹簧是推动件。滑块两端伸入锁环5的缺口12中,滑块窄,缺口宽,两者之差等于锁环的花键齿宽。锁环相对滑块顺转和逆转都只能转动半个齿宽,且只有当滑块位于锁环缺口的中央时,接合套与锁环才能接合。

(2)同步器的工作原理

以2挡换3挡为例,如图4-17所示。

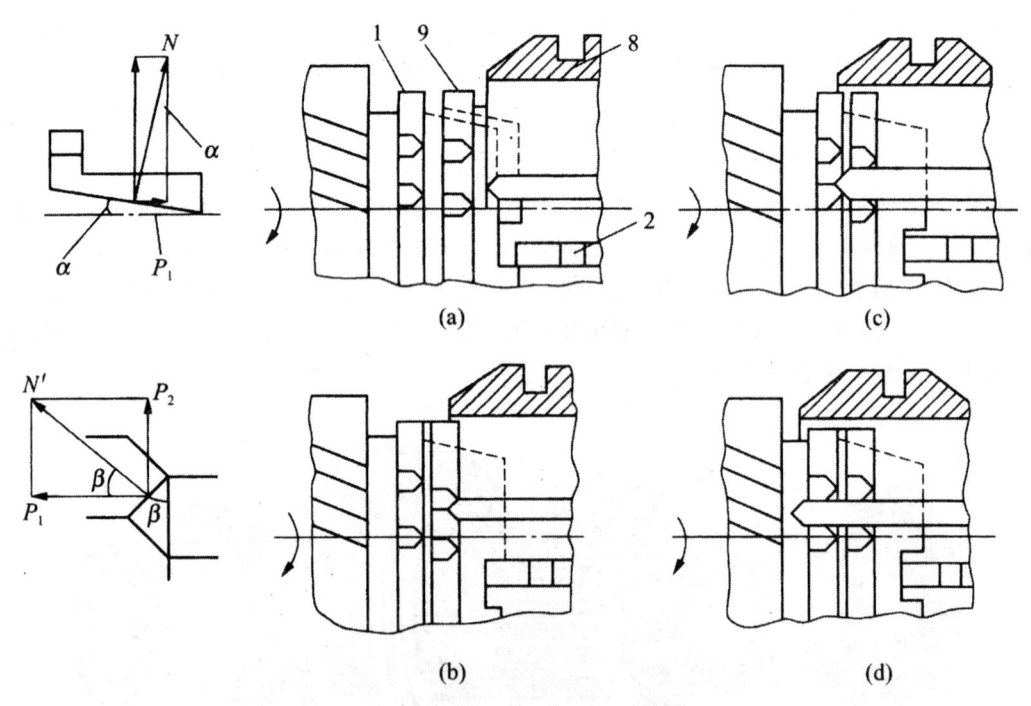

图4-17 锁环式惯性同步器工作过程示意图
(a)接合套位于空挡位置;(b)摩擦力矩的形成与锁止过程;
(c)接合套与锁环花键齿圈啮合;(d)接合套与齿轮同步啮合

1)空挡位置。接合套8刚从2挡退入空挡时,如图4-17(a)所示,第一轴齿轮1、接合套8、锁环9以及与其有关联的运动件,因惯性作用而沿原方向继续旋转(图示箭头方向)。设齿轮1、接合套8、锁环9的转速分别为n_1、n_8、n_9,因接合套通过滑块前侧(图中下侧)推动锁环一起旋转,所以$n_8=n_9$,因$n_1>n_8$,故$n_1>n_9$。此时,锁环是轴向自由的,其内锥面与齿轮1的外锥面没有摩擦(图示虚线)。

2)摩擦力矩的形成与锁止过程。欲换入3挡(直接挡)时,推动接合套8连同滑块2一起向左移动,如图4-17(b)所示,滑块又推动锁环移向齿轮1,使锥面接触。驾驶员作用在接合套上的轴向推力,使两锥面有正压力N,又因两者有转速差($n_1>n_9$),所以产生摩擦力矩M_1。通过摩擦作用,齿轮1带动锁环相对于接合套向前转动一个角度,使锁环缺口靠在滑块的另一侧(上侧)为止,此时接合套的内齿与锁环上错开了约半个齿宽,接合套的齿端倒角面与锁环的齿端倒角面互相抵住,锁止作用开始,接合套暂不能前移进入啮合。

驾驶员的轴向推力使接合套的齿端倒角面与锁环的齿端倒角面之间产生正压力N,N可分

解为轴向力 P_1 和切向力 P_2。P_2 形成一个企图拨动锁环相对于接合套反转的力矩,称为拨环力矩 M_2。P_1 使锁环和齿轮 1 的锥面进一步压紧,两锥面间的摩擦力矩 M_1 使齿轮 1 相对于锁环迅速减速而趋向与锁环同步,齿轮 1 以及与其相关联的零件产生一个与旋转方向相同的惯性力矩,又通过摩擦锥面以摩擦力矩的方式传到锁环上,阻碍锁环相对于接合套反向转动。可见锁环上同时作用着方向相反的两个力矩,即拨环力矩 M_2 和惯性力矩。在齿轮 1 和锁环 9 未同步之前,惯性力矩在数值上等于摩擦力矩 P_1。

在达到同步之前无论驾驶员施加多大的操纵力,都不会挂上挡;推力的加大只能同时增大作用在锁环上的两个力矩,缩短同步时间。由于锁止作用是靠齿轮 1 以及与其相关联的零件作用在锁环上的惯性力矩产生的,所以称为惯性式同步器。

3)同步啮合。随着驾驶员施加于接合套上的推力加大,摩擦力矩 M_1,不断增加,使齿轮 1 的转速迅速降低。当齿轮 1、接合套 8 和锁环 9 达到同步时,作用在锁环上的惯性力矩消失。此时,在拨环力矩 M_2 的作用下,锁环 9、齿轮 1 以及与之相连的各零件都对于接合套反转一角度(因轴向力 P_1 仍存在,两锥面以静摩擦方式贴合在一起),滑块 2 处于锁环缺口的中央[图 4-17 (c)]键齿不再抵触,锁环的锁止作用消除。接合套压下弹簧圈继续左移(滑块脱离接合套的内环槽而不能左移),与锁环的花键齿圈进入啮合。由于作用在锁环齿圈的轴向力和滑块推力都不存在,锥面间的摩擦力矩消失。若接合套花键齿与齿轮 1 的齿端相抵触[图 4-17(c)]齿端倒角面上的切向分力拨动齿轮 1 相对于锁环和接合套转过一角度,让接合套与齿轮 1 进入啮合[图 3-17 (d)],即换入 3 挡。

若由 3 挡换入 2 挡,上述过程也适用。不过,齿轮 4 应被加速到与锁环 5、接合套 8 同步(见图 4-16),接合套进入啮合换入 2 挡。

考虑结构布置的合理性、紧凑性及锥面间摩擦力矩大小等因素,锁环式惯性同步器多用在小型汽车上,有的中型汽车变速器的中、高速也采用这种同步器。

4.锁销式惯性同步器

图 4-18 为 5 挡变速器的 4、5 挡同步器。

(1)锁销式惯性同步器构造

两个带有内锥面的摩擦锥盘 2,以其内花键分别固装在带有接合齿圈的斜齿轮 1 和 6 上,随齿轮一起转动。两个有外锥面的摩擦锥环 3,其上有圆周均布的 3 个锁销 8,3 个定位销 4 与接合套 5 装在一起。定位销与接合套的相应孔是滑动配合,定位销中部切有一小段环槽,接合套钻有斜孔,内装弹簧 11,把钢球 10 顶向定位销中部的环槽,使接合套处于空挡位置,定位销随接合套能轴向移动。定位销两端伸入两锥环 3 内侧面的弧线形浅坑中,定位销与浅坑有周向间隙,锥环相对接合套在一定范围内作周向摆动。锁销中部环槽的两端和接合套相应孔两端切有相同的倒角(锁止角);锁销与孔对中时,接合套才能沿锁销轴向移动;锁销两端铆接在锥环相应的孔中。可见,两个锥环(即摩擦件,其上有螺纹槽)、3 个锁销(锁止件)、3 个定位销(推动件)和接合套(接合件)构成一个部件,套在花键毂 9 的圈上。

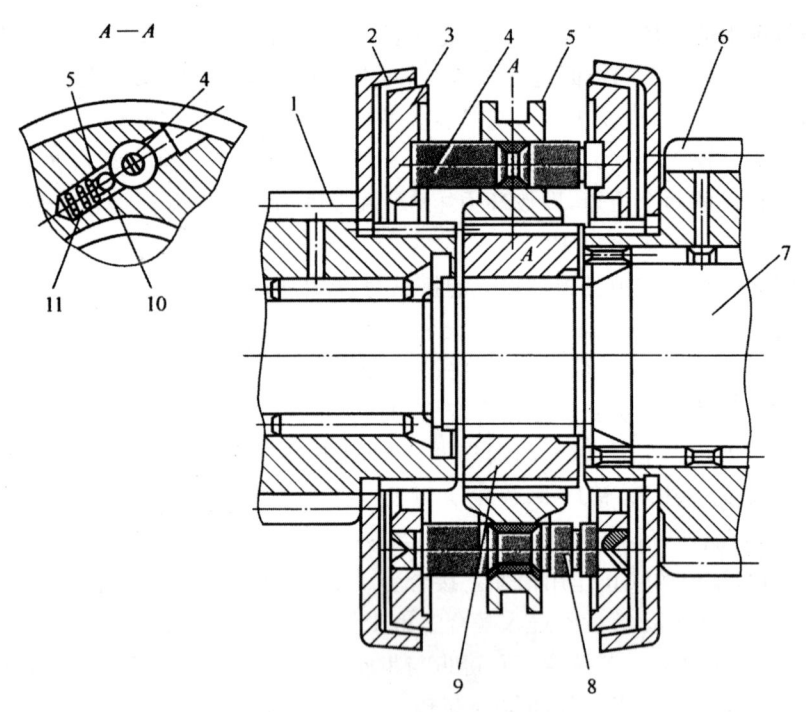

图 4-18 锁销式惯性同步器

1—第一轴齿轮；2—摩擦锥盘；3—摩擦锥环；4—定位销；5—接合套；
6—第二轴 4 挡齿轮；7—第二轴；8—锁销；9—花键毂；10—钢球；11—弹簧

(2) 工作原理

锁销式惯性同步器的工作原理如图 4-19 所示。

当接合套 5 受到轴向推力 P_1 作用时，通过钢球 10、定位销 4 推动摩擦锥环 3 向前移动，即欲换入 5 挡。因摩擦锥环与锥盘有转速差，故接触后的摩擦作用使锥环和锁销相对于接合套转过一个角度，锁销与接合套上相应孔的中心线不再同心，锁销中部倒角与接合套孔端的锥面相抵住(图 4-19)，在同步前，作用在摩擦面的摩擦力矩总大于切向分力 P_2 形成的拨销力矩，接合套被锁止不能前移，防止在同步前接合套与齿圈进入啮合。同步后惯性力矩消失，拨销力 P_2 使锁销、摩擦锥盘和相应的齿轮相对于接合套转过一个角度，锁销与接合套的相应孔对中，接合套克服弹簧 11 的张力压下钢球并沿锁销向前移动，顺利地换入 5 挡。

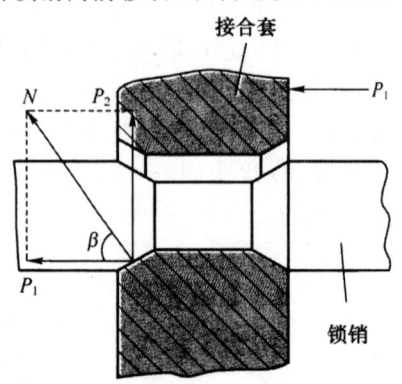

图 4-19 锁销式同步器的锁止原理

总之,锥环与锥盘的摩擦力矩较大,多用在中型和重型汽车上。

4.4 手动变速器的操纵机构

手动变速器操纵机构的功用是保证驾驶者能准确可靠地将变速器挂入所需要的挡位,并可随时退至空挡。

变速器操纵机构按照变速操纵杆(变速杆)的位置不同,可分为直接操纵式和远距离操纵式两种类型。

4.4.1 直接操纵式

这种形式的变速器布置在驾驶者座椅附近,变速杆由驾驶室底板伸出,驾驶者可以直接操纵,解放 CA1091 中型货车六挡变速器操纵机构就采用这种形式,如图 4-20 所示。多用于发动机前置后轮驱动的车辆。

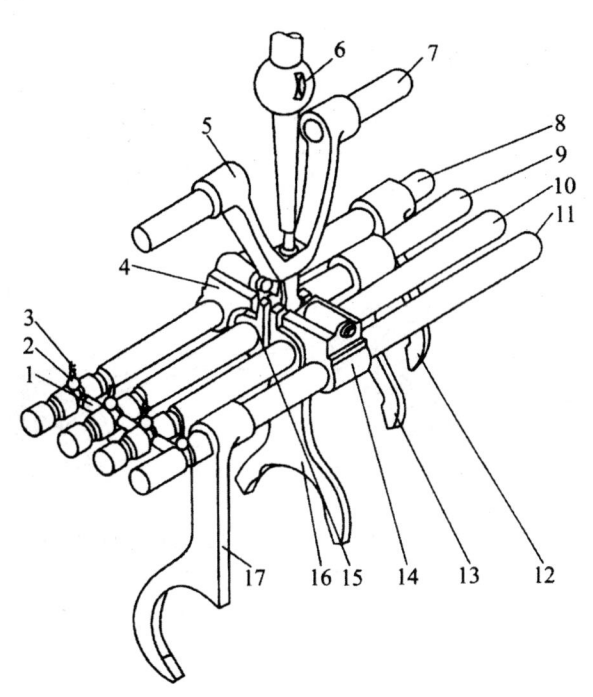

图 4-20 解放 CA1091 中型货车六挡变速器操纵机构
1—互锁销;2—自锁钢球;3—自锁弹簧;4—倒挡拨块;5—叉形拨杆;6—变速杆;
7—换挡轴;8—倒挡拨叉轴;9—一、二挡拨叉轴;10—三、四挡拨叉轴;11—五、六挡拨叉轴;
12—倒挡拨叉;13—一、二挡拨叉;14—五、六挡拨块;15—一、二挡拨块;16—三、四挡拨叉;17—五、六挡拨叉

拨叉轴 11、10、9 和 8 的两端均支承于变速器盖的相应孔中,可以轴向滑动。所有的拨叉和拨块都以弹性销固定于相应的拨叉轴上。三、四挡拨叉 16 的上端具有拨块。拨叉 16 和拨块 15、14、4 的顶部制有凹槽。变速器处于空挡时,各凹槽在横向平面内对齐,叉形拨杆 5 下端的球头即伸入这些凹槽中。换挡时可使变速杆绕其中部球形支点横向摆动,则其下端推动叉形拨杆 5 绕换挡轴 7 的轴线摆动,从而使叉形拨杆下端球头对准与所选挡位对应的拨块凹槽,然后使变

速杆纵向摆动,带动拨叉轴及拨叉向前或向后移动,即可实现挂挡。例如,横向摆动变速杆使叉形拨杆下端球头深入拨块 15 顶部凹槽中,拨块 15 连同拨叉轴 9 和拨叉 13 沿纵向向前移动一定距离,便可挂入二挡;若向后移动一段距离,则挂入一挡。当使叉形拨杆下端球头深入拨块 4 的凹槽中,并使其向前移动一段距离时,便挂入倒挡。

各种变速器由于挡位数及挡位排列位置不同,其拨叉和拨叉轴的数量及排列位置也不相同。例如,上述的六挡变速器的六个前进挡用了三根拨叉轴,倒挡独立使用了一根拨叉轴,共有四根拨叉轴;而东风 EQ1092 的五挡变速器具有三根拨叉轴,其二、三挡和四、五挡各用一根拨叉轴,一挡和倒挡共用一根拨叉轴。

4.4.2 远距离操纵式

在有些汽车上,由于变速器离驾驶者座位较远,则需要在变速杆与拨叉之间加装一些辅助杠杆或一套传动机构,构成远距离操纵机构。这种操纵机构多用于发动机前置前轮驱动的轿车,如桑塔纳 2000GSi 型轿车的五挡手动变速器,由于变速器安装在前驱动桥处,远离驾驶者座椅,因此需要采用这种操纵方式,如图 4-21 所示。而在变速器壳体上则具有类似于直接操纵式的内换挡机构,如图 4-22 所示。

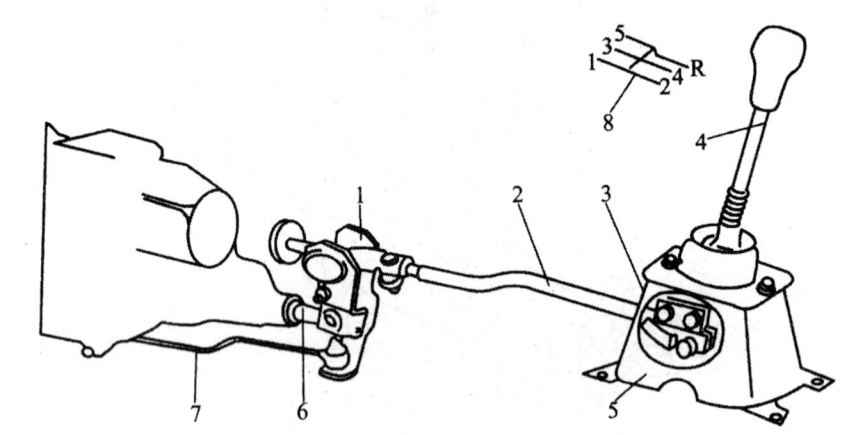

图 4-21 桑塔纳 2000GSi 型轿车五挡手动变速器的远距离操纵机构
1—换挡杆接合器;2—外换挡杆;3—换挡手柄座;4—变速杆;
5—倒挡保险挡块;6—内换挡杆;7—支撑杆;8—换挡标记

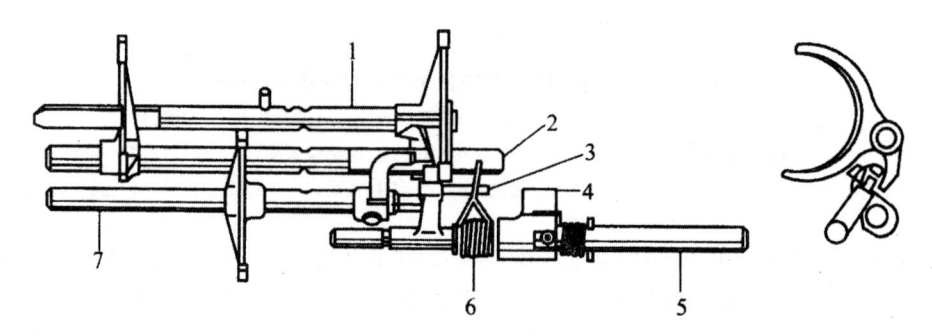

图 4-22 桑塔纳 2000GSi 型轿车五挡手动变速器的内换挡机构
1—五、倒挡拨叉轴;2—三、四挡拨叉轴;3—定位拨销;4—倒挡保险挡块;
5—内换挡杆;6—定位弹簧;7—一、二挡拨叉轴有些轿车和轻型货车的变速器，将变速杆安装在转向柱管上，如图 4-23 所示。

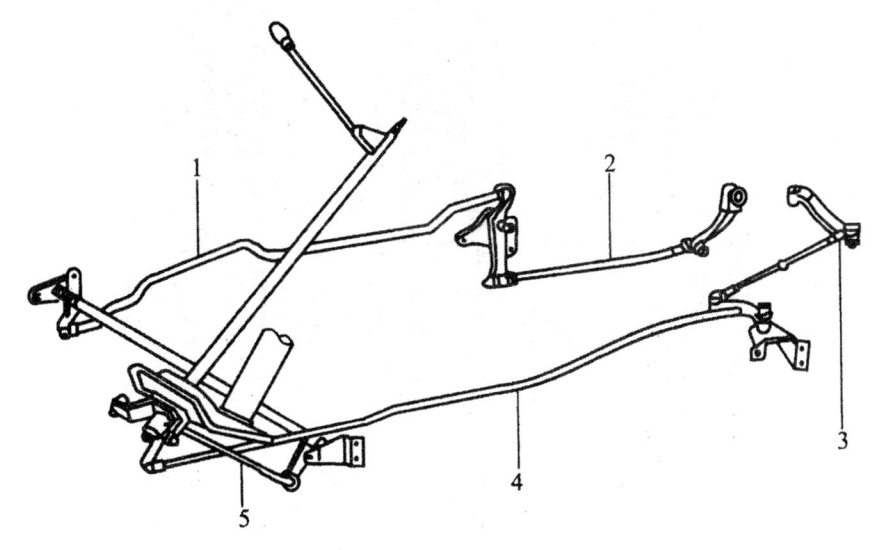

图 4-23　柱式换挡操纵机构
1—第 2 号变速杆；2—第 3 号变速杆；3—第 2 号选速杆；
4—第 1 号选速杆；5—第 1 号变速杆

因此，在变速杆与变速器之间也是通过一系列的传动件进行传动，这也是远距离操纵方式。它具有变速杆占据驾驶室空间小、乘坐方便等优点。

4.4.3　换挡锁止装置

为了保证变速器在任何情况下都能准确、安全、可靠地工作，变速器操纵机构一般都具有换挡锁装置，换挡锁装置包括自锁装置、互锁装置和倒挡锁装置。自锁装置用于防止变速器自动脱挡或挂挡，并保证轮齿以全齿宽啮合；互锁装置用于防止同时挂上两个挡位；倒挡锁装置用于防止误挂倒挡。

1. 自锁装置

自锁装置的结构如图 4-24 所示。在变速器盖中钻有三个深孔，孔中装入自锁钢球和自锁弹簧，其位置正处于拨叉轴的正上方，每根拨叉轴对着钢球的表面沿轴向设有三个凹槽，槽的深度小于钢球的半径。中间的凹槽对正钢球时为空挡位置，前边或后边的凹槽对正钢球时则处于某一工作挡位置，相邻凹槽之间的距离保证齿轮处于全齿长啮合或是完全退出啮合。凹槽对正钢球时，钢球便在自锁弹簧的压力作用下嵌入该凹槽内，拨叉轴的轴向位置便被固定，不能自行挂挡或自行脱挡。当需要换挡时，驾驶者通过变速杆对拨叉轴施加一定的轴向力，克服自锁弹簧的压力而将自锁钢球从拨叉轴凹槽中挤出并推回孔中，拨叉轴便可滑过钢球进行轴向移动，并带动拨叉及相应的接合套或滑动齿轮轴向移动，当拨叉轴移至其另一凹槽与钢球相对正时，钢球又被压入凹槽，驾驶者具有很强的手感，此时拨叉所带动的接合套或滑动齿轮便被拨入空挡或被拨入另一工作挡位。

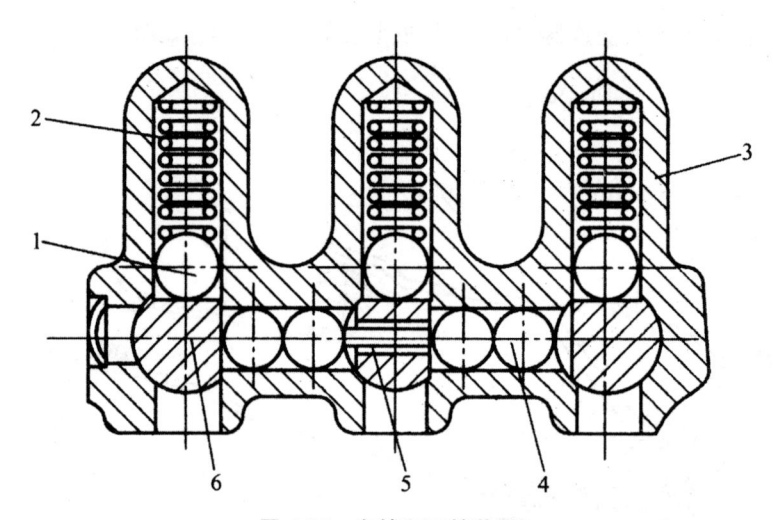

图 4-24　自锁和互锁装置

1—自锁钢球；2—自锁弹簧；3—变速器盖；
4—互锁钢球；5—互锁销；6—拨叉轴

2. 互锁装置

互锁装置如图 4-25 所示，互锁装置由互锁钢球和互锁销组成。

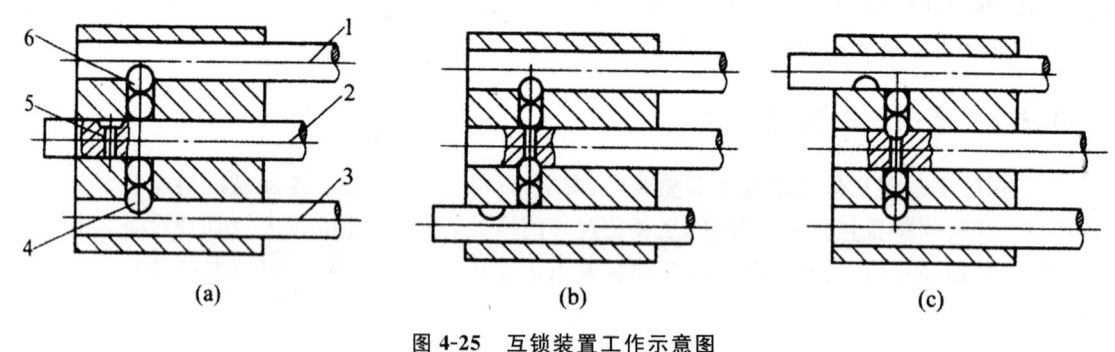

图 4-25　互锁装置工作示意图

(a)轴 2 被拨出；(b)轴 3 被拨出；(c)轴 1 被拨出

1、2、3—拨叉轴；4、6—互锁钢球；5—互锁销

当变速器处于空挡时，所有拨叉轴的侧面凹槽同互锁钢球、互锁销都在一条直线上。当移动中间拨叉轴 2 时，如图 4-25(a)所示，轴 2 两侧的内钢球从其侧凹槽中被挤出，而两外钢球 6 和 4 则分别一嵌入拨叉轴 1 和轴 3 的侧面凹槽中，因而将轴 1 和轴 3 刚性地锁止在其空挡位置。若欲移动拨叉轴 3，则应先将拨叉轴 2 退回到空挡位置。于是在移动拨叉轴 3 时，钢球 4 便从轴 3 的凹槽中被挤出，同时通过互锁销 5 和其他钢球将轴 2 和轴 1 均锁止在空挡位置，如图 4-25(b)所示。同理，当移动拨叉轴 1 时，则轴 2 和轴 3 被锁止在空挡位置，如图 4-25(c)所示。由此可知，互锁装置工作的机理是当驾驶者用变速杆推动某一拨叉轴时，即可自动锁止其余的拨叉轴，从而防止同时挂上两个挡位。

有的三挡变速器将自锁和互锁装置合二为一，如图 4-26 所示，其中 $a=b$。

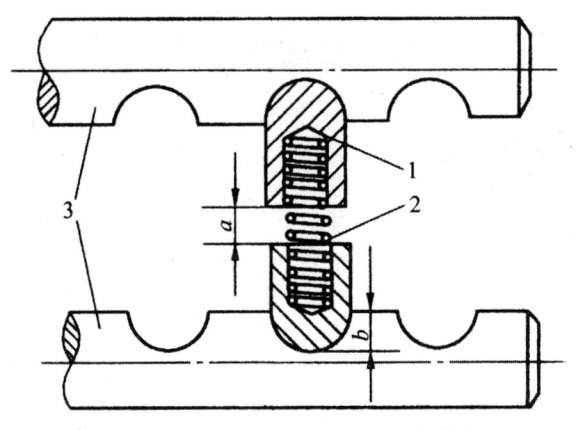

图 4-26　合二为一的自锁和互锁装置
1—锁销；2—锁止弹簧；3—拨叉轴

3. 倒挡锁装置

常见的锁销式倒挡锁装置如图 4-27 所示。当驾驶者想挂倒挡时，必须用较大的力使变速杆 4 下端压缩弹簧 2，将锁销推入锁销孔内，才能使变速杆下端进入拨块 3 的凹槽中进行换挡。由此可见，倒挡锁的作用是使驾驶者必须对变速杆施加更大的力，才能挂入倒挡，因而可以起到警示注意作用，以防误挂倒挡。

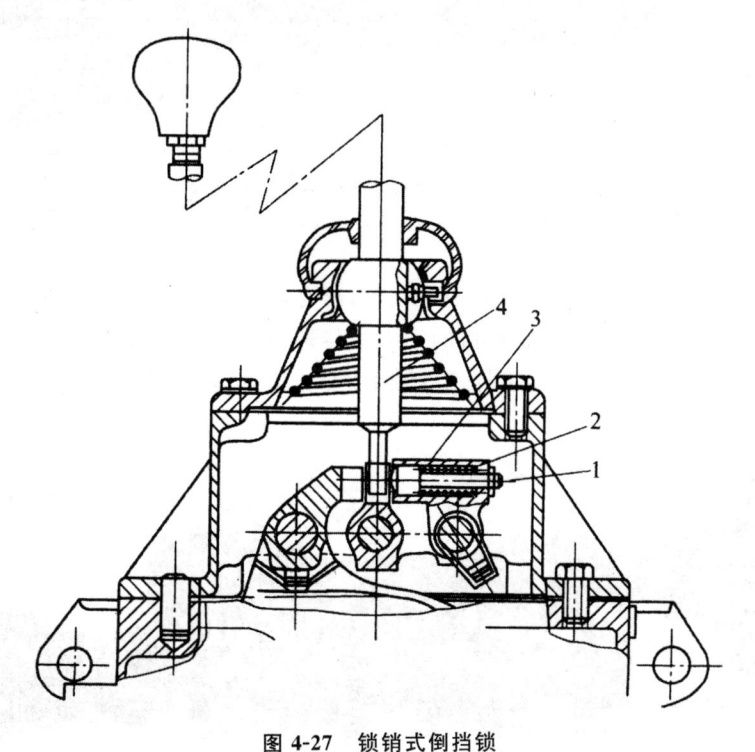

图 4-27　锁销式倒挡锁
1—倒挡锁销；2—倒挡锁弹簧；3—倒挡拨块；4—变速杆

4.5 双离合变速器

4.5.1 双离合变速器的组成

双离合变速器的总体结构大致可以分为5个部分:动力输入装置、双离合器、传动轴、从动轴和动力输出端。其中最具创意的核心部分是双离合器和三轴式齿轮箱。如图4-28所示为奥迪Q50B5型7挡双离合变速器的结构图。

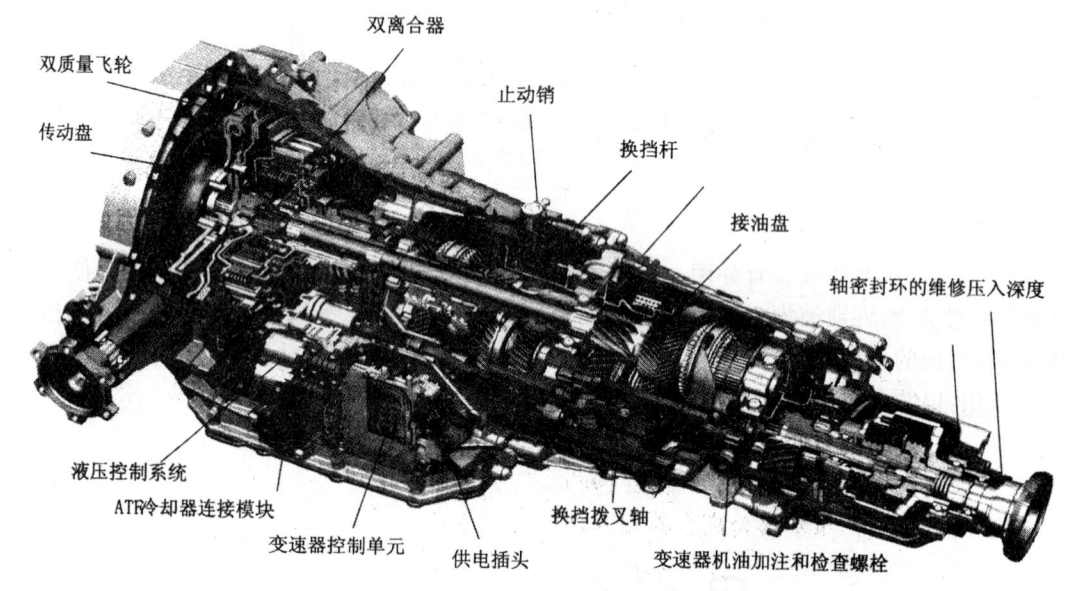

图 4-28 奥迪 Q50B5 型 7 挡双离合变速器

1. 动力输入装置

发动机的动力经飞轮传到双离合器的外壳上,离合器壳体连同离合器的主动部分始终与发动机同速运转。一旦离合器结合,发动机的动力就传递到离合器的从动部分,与此同时,动力也传递到与离合器从动片通过花键连接的传动轴上,带动从动轴一起转动,如图4-29所示。

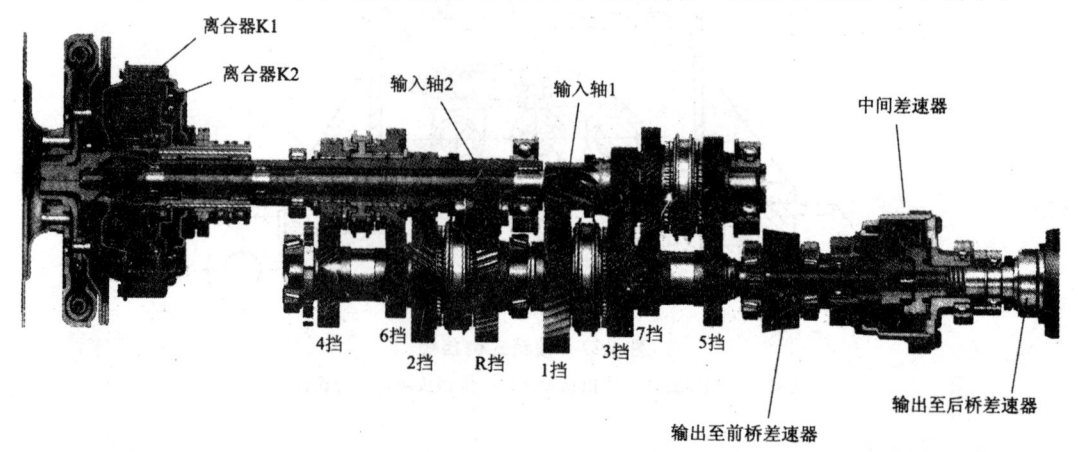

图 4-29 双离合变速器内部结构

2. 双离合器

双离合器是 DCT 的核心部分，主要由驱动盘、离合器 K1、离合器 K2、离合器内片支架、离合器外片支架、输入花键和密封圈组成。结构如图 4-30 所示。

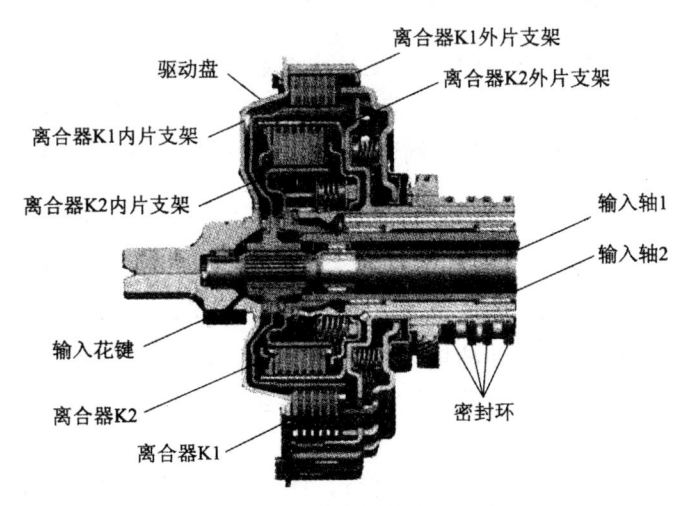

图 4-30 双离合器的结构组成

根据离合器类型的不同，可分为湿式多片双离合器和干式双离合器两大类。湿式双离合器是靠液压控制实现起步和换挡操作的，因此，对液压系统控制精度要求非常高。干式双离合器的散热和摩擦片的磨损补偿问题是控制的关键。DCT 中双离合器中一组离合器控制奇数挡的动力输出，另一组离合器控制偶数挡的动力输出。

3. 传动轴

离合器从动片上的动力通过花键传递到传动轴上，DCT 的传动轴分为奇数挡传动轴（实心轴）和偶数传动挡轴（空心轴），它们同心布置在双离合器的轴线上，如图 4-31 所示。奇数挡传动轴上有奇数挡的主动齿轮和奇数挡转速传感器的脉冲发射装置，偶数挡具有相似的结构。

4. 从动轴

从动轴上空套着各挡的从动齿轮和同步器，同步器挂接挡位的齿轮传递动力（或准备传递动力），没有挂接的齿轮在从动轴上空转。

5. 动力输出端

经 DCT 变速后的动力通过固联在从动轴上的动力输出齿轮（即差速器输入齿轮），分别传至差速器输出齿轮，经 DCT 减速增扭的动力传递到差速器上进一步减速增扭，最终动力由差速器分流后由半轴向车轮输出。

奥迪 Q5085 型 7 挡双离合变速器内部结构如图 4-29 所示，主要包含有两根同轴心的输入轴，输入轴 1 装在输入轴 2 里面。输入轴 1 和离合器 K1 相连，输入轴 1 上的齿轮分别和 1 挡齿、3 挡齿、5 挡齿、7 挡齿相啮合；输入轴 2 是空心的，和离合器地相连，输入轴 2 上的齿轮分别和 2 挡齿、4 挡齿、6 挡齿相啮合；倒挡齿轮通过中间轴齿轮和输入轴 2 的齿轮啮合。通俗地讲，离合器 K1 管 1 挡、3 挡、5 挡和 7 挡，在汽车行驶中一旦用到上述挡位中任何一挡，离合器 K1 是接合的；离合器配管 2 挡、4 挡、6 挡和倒挡，当使用 2、4、6 挡中的任何一挡，离合器 K2 接合。发动机动力经传动盘→双质量飞轮→双离合器→输入轴→输出轴,经过中间差速器将60%扭矩分配给后桥,40%扭矩分配给前桥。

4.5.2 双离合变速器的工作原理

DCT配置了两组离合器(双离合器),一组负责奇数挡的动力传动,一组负责偶数挡的动力传递。由于使用两组离合器并且在换挡之前下一挡位已先进入啮合状态,因此DCT的换挡速度非常的快,不到0.2 s,是一种无动力中断换挡的自动变速器,因此,使DCT的舒适性和加速性更好。

DCT的动力传递路线:

传统的挂接式变速器的换挡过程是这样的:首先驾驶员踏下离合器踏板,使离合器分离,从而脱开发动机与变速器的链接;然后摘下当前挡位,根据当前车速、发动机转速和车辆负荷等因素选择合适的挡位,经同步器同步使挂接齿轮达到同步运转,挂上目标挡位;最后松开离合器踏板,重新接合离合器使发动机与变速器恢复动力连接,至此完成一个换挡过程,换挡过程用时约为1 s。

由于采用了双离合器双动力输入的特殊结构,DCT的换挡步骤可以"重叠"进行,可使换挡时间大大缩短。下面以奥迪Q50B5型7挡双离合变速器D1挡换D2挡的过程为例说明DCT换挡过程及其动力传递路线。当DCT处于1挡时,奇数挡离合器接合,动力经过发动机飞轮→双离合器壳体→奇数挡离合器主动片→奇数挡离合器从动片→奇数挡花键轴→奇数挡输入轴1(实心轴)→1挡主动齿轮→1挡从动齿轮→1、3挡同步器→从动轴1→中间差速器主动齿轮→差速器从动齿轮→差速器壳体→差速器半齿轮→半轴→车轮的传递路径驱动车轮,如图4-29和图4-31所示。

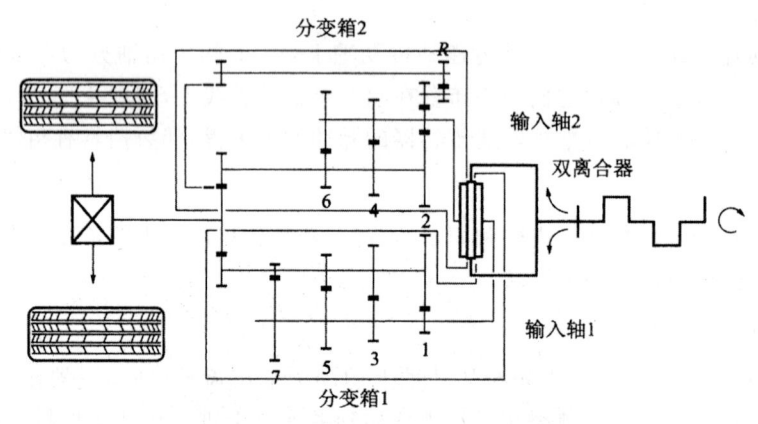

图4-31 双离合器变速器传动示意图

与此同时,在DCT偶数挡传动轴2上(空心轴),2挡的主动齿轮与2挡的从动齿轮进入挂接啮合状态,但此时由于偶数挡离合器没有接合,所以相互啮合的2挡齿轮只是空转。车辆运行过程中,DCT的控制器实时监测奇数挡传动轴转速、偶数挡传动轴转速、发动机转速、当前挡位、行驶车速等相关信息,一旦控制器判断进入换挡阈值,DCT立即进行换挡操作。换挡时,只需控制奇数挡离合器以一定速度分离,同时,控制偶数挡离合器以与奇数挡离合器分离相适应的速度接合就完成了换挡操作。换入2挡后DCT的动力传递路线为:发动机飞轮→双离合器壳体→偶数挡离合器主动片→偶数挡离合器从动片→偶数挡花键轴→偶数挡输入轴2(空心轴)→2挡主动齿轮→2挡从动齿轮→2、R挡同步器,其余与1挡动力路线相同,如图4-29和图4-31所示。

DCT是兴起于1990年代末期的汽车变速器,在结构上大部分零件与传统的挂接式变速器相似,有利于大产量的迅速推广。与传统挂接式变速器相比,DCT省略了摘挡、选挡和同步换挡等过程,实现无动力中断换挡,换挡时间更短,动力性更强,换挡过程无冲击,使汽车的平顺性、舒适性都得到了提高。受到越来越多人的青睐。

4.6 变速器常见故障的诊断与维修

4.6.1 手动变速器的故障诊断

变速器的常见故障主要有掉挡、乱挡和挂挡困难等。

1. 掉挡

(1)现象

汽车在加速、减速或爬坡时,变速杆自动跳回空挡位置。

(2)原因

1)自锁装置的钢球未进入凹槽内或挂入挡后齿轮未达到全齿常啮合。

2)自锁装置的钢球或凹槽磨损严重,自锁弹簧疲劳过软或折断。

3)齿轮在轴线方向磨损成锥形,在汽车行驶中因振动、速度变化的惯性等,在齿轮轴向方向产生推力,迫使啮合齿轮沿轴线方向脱开。

4)第一、二轴轴承过于松旷,使第一、二轴和曲轴三者轴线不同心或变速器壳与离合器壳接合平面相对曲轴轴线的垂直变动。

5)第二轴上的常啮合齿轮轴向或径向间隙过大。

6)各轴轴向或径向间隙过大。

(3)故障诊断与排除方法

先确知掉挡挡位:走热全车后,采用连续加、减速的方法逐挡进行路试便可确定。

将变速杆挂入掉挡挡位,发动机熄火,小心拆下变速器盖,观察掉挡齿轮的啮合情况:

1)未达到全齿长啮合,则故障由此引起。

2)达到全齿长啮合,应继续检查。

3)检查啮合部位磨损情况:磨损成锥形,则故障是由此引起。

4)检查第二轴上该挡齿轮和各轴的轴向和径向间隙:间隙过大,则故障是由此引起。

5)检查自锁装置,若自锁装置的止动阻力很小,甚至手感钢球未插入凹槽(把变速器盖夹在虎钳上,用手摇动换挡杆),则故障为自锁效能不良;否则,故障为离合器壳与变速器接合平面与曲轴轴线垂直变动等引起。

2. 乱挡

(1)现象

在离合器技术状况正常情况下,变速器同时挂上两个挡或挂需要挡位时,结果挂入了别的挡位。

（2）原因

1）互锁装置失效：如拨叉轴、顶销或钢球磨损过甚等。

2）变速杆下端弧形工作面磨损过大或拨叉轴上导块的导槽磨损过大。

3）变速杆球头定位销折断或球孔、球头磨损过于松旷。

总之乱挡的主要原因是变速操纵机构失效。

（3）故障诊断与排除方法

1）挂需要挡位时，结果挂入了别的挡位：摇动变速杆，检查其摆转角度，若超出正常范围，则故障由变速杆下端球头定位销与定位槽配合松旷或球头、球孔磨损过大引起。变速杆摆转3 600则为定位销折断。

2）摆转角度正常，则检查是挂不上或摘不下挡：是挂不上或摘不下挡，则故障由变速杆下端从导槽中脱出引起（脱出的原因是下端弧形工作面磨损或导槽磨损）。

3）同时挂入两个挡：则故障由互锁装置失效引起。

3．挂挡困难

（1）现象

离合器技术状况良好，且变速器操纵机构工作正常，挂挡困难。

（2）原因

同步器故障。

（3）故障诊断与排除方法

1）检查同步器锁环的内锥面螺旋槽磨损。磨损严重，使同步器锁环内锥面和齿轮外锥面间隙变小，锥面间的摩擦力减小，制动作用减弱，间隙为零时，制动作用消失。

检查同步器的故障，主要检查此间隙。经验检查方法是：在齿轮内斜面上涂上齿轮油，再将它与锁环配合面接触，当两者压紧并用手相对转动时，锁环不应从齿轮的斜面滑出为正常，如图4-32所示。

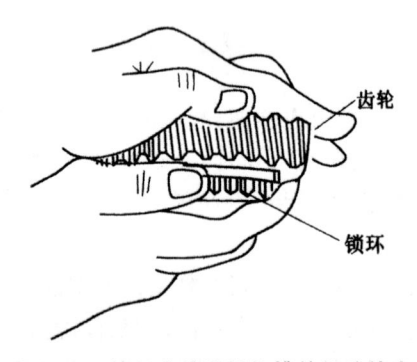

图4-32 锁环内锥面螺旋槽的经验检查

锁环与齿轮两锥面间隙的大小必须符合汽车制造厂推荐数据。

2）检查同步滑块在花键毂内的滑动。以锁环式惯性同步器为例，滑块中部凸起嵌在接合套中部内环槽中，接合套轴向移动带动滑块在花键毂轴向槽中滑动伸入锁环槽（缺口）中，才能挂上挡。如果滑块与这些槽磨损严重，滑块就难以和锁环正常咬合引起挂挡困难。所以必须用游标卡尺测量滑块与锁环槽和花键毂槽的配合间隙，其间隙大小必须符合汽车制造厂的规定。如丰田卡罗拉的C50手动传动桥中所采用的卡环式同步器，将锁环置于齿轮锥面后用塞尺测量锁环与锥齿轮端部之间的间隙,3—4挡同步器为0.75～1.65 mm,2—3挡同步器为0.60～1.40 mm,若间隙小于最小值,则应更换锁环。

3)检查同步器花键毂与接合套的轴向移动。轴向移动应无阻卡现象。同步器技术状况良好而仍出现挂挡困难,则应检查变速器。主要原因有:拨叉轴弯曲、锁紧弹簧过硬,钢球损伤也会导致挂挡困难;第一轴花键损伤或第一轴弯曲;变速器操纵机构调整不当或损坏;齿轮油不足或过量、齿轮油不符合规格。

在运行中,空挡滑行,变速器内有"咯咯"响声,在挂挡的瞬间也伴有"咯咯咯"的响声,且挂挡明显困难,这主要是由同步器散架引起的。

4. 变速器异响

(1)现象

变速器发响是指变速器工作时发出的不均匀的碰撞声。由于变速器内相对运动的机件较多,故发出不均匀的响声也较复杂。

(2)原因

1)齿轮发响。齿轮牙齿因磨损过甚变薄,间隙过大,运转中有冲击;齿面啮合不良,如修理时没有成对更换齿轮。新、旧齿轮搭配,齿轮不能正确啮合;齿面有金属疲劳剥落或个别牙齿损坏折断;齿轮与轴上的花键配合松旷,或齿轮的轴向间隙过大;轴弯曲或轴承松旷引起齿轮啮合间隙改变。

2)轴承响。轴承磨损严重,润滑油过稀、过稠或品质变坏;轴承内(外)座圈与轴颈(孔)配合松动;轴承弹子碎裂或有烧蚀麻点。

3)其他原因发响。如变速器内缺油,润滑油过稀、过稠或品质变坏;变速器内掉入异物;某些紧固螺栓松动;里程表软轴或里程表齿轮发响等。

(3)故障诊断与排除

在判断发响故障时,要根据响声的不均匀程度、出现的时机和发响的部位来判断响声的原因,然后予以排除。

1)行驶时换入某挡若响声明显,即为该挡齿轮牙齿磨损;若发生周期性的响声,则为个别牙齿损坏。

2)变速器发出金属干摩擦声,即为缺油或油的品质变差。应加油并检查油的品质,必要时更换。

3)空挡时响,而踏下离合器踏板后响声消失,一般为第一轴前、后轴承或常啮合齿轮响;如换入任何挡都响,多为第二轴后轴承响。

4)行驶时,变速器只有在换入某挡时齿轮发响,在上述完好的前提下,应检查啮合齿轮是否搭配不当,必要时应重新搭配一对新齿轮。此外,是同步器齿轮磨损或损坏,应视情况修复或更换。

5)变速器工作时发生突然撞击声,多为牙齿断裂,应及时拆下变速器盖检查,以防机件损坏。

6)换挡时齿轮互相撞击而发响,则是由于离合器不能分离或离合器踏板行程不正确,同步器损坏,怠速过大。变速杆调整不当或导向衬套紧等导致的。遇到这种情况,先检查离合器能否分离开,再分别调整怠速或变速杆位置,检查导向衬套与分离轴承配合的松紧度。

如经上述检查排除后,变速器仍发响,应检查各轴轴承与轴孔配合情况,轴承本身的技术状态等,如完好,再查看里程表软轴及齿轮是否发响,必要时予以修理或更换。

4.6.2 变速器的维修

对国产中型载货汽车,一级维护时应检查变速器润滑油量,清洗通气塞。油面应保持在变速器检视口下沿不低于 15 mm 的位置,通气塞应保持畅通。二级维护时,应检查变速器第二轴凸缘的螺母紧固情况,其力矩不得小于 196 N·m。二级维护前的检查作业中,还要检查变速器是否有运转异响和了解变速器已经发生的有规律性的小修,从而判定齿轮、轴、轴承等零件的磨损情况,以及是否有断裂的可能。最后,确定是否需要在二级维护中增加拆检变速器及其他作业项目和作业深度。一般变速器的维护,应按使用或维修说明书的要求进行。

1. 变速器主要零件的检修

(1)壳体

变速器壳体的主要损伤为:壳体的变形和裂纹,定位销孔、轴承孔、螺纹孔磨损等。

1)变速器壳体的裂纹。对受力不大的部位的裂纹,可用环氧树脂粘结修复;重要和受力较大部位的裂纹可进行焊修。对与轴承承孔贯通的和安装固定孔处的裂纹不能修理,应更换变速器壳体。

2)变速器壳体的变形。变速器壳体是保证齿轮传动副精度的基础零件。齿轮副的传动精度包括传递运动的准确性、传动的平稳性、载荷分布的均匀性和啮合侧隙等。变速器齿轮副能否可靠地传动,一方面取决于齿轮的制造精度,另外还与变速器壳体的品质有关。变速器壳体各轴的平行度和轴心距的准确性,决定着齿轮副载荷的均匀性和啮合侧隙。变速器壳体的变形,使得各轴轴线间的平行度误差、轴心距发生改变,导致齿轮副啮合精度破坏。齿轮表面的阶梯形磨损不但传动噪声加大,也会形成对齿轮的轴向力,当齿面上有冲击载荷时,就会形成变速器早期自动脱挡的故障。在汽车大修时,往往忽视变速器壳体形位公差的检验,以致不得不采用先换齿轮、再换轴、最后换壳体的三步更换法,造成修理周期长、返工多、修理成本高的恶性循环。

3)变速器壳体的变形检查。对于三轴式变速器要用专用量具检查以下项目:上下两孔轴线间的距离;上下两孔轴线的平行度;上孔轴线与上平面间的距离;前后两端面的平面度。两轴式变速器壳体由前、后两部分组成,其变形主要是检查输入轴与输出轴的平行度及前后壳体接合面的平面度。变速器壳体承孔磨损超限时,可在单柱立式镗床上用长度规作定位导向镗削各承孔,以修正各轴线间的平行度。或在坐标镗床上扩孔后再镶套,镶套的承孔一般应加大 3~4 mm,如镶套无法修复,应予以更换。壳体螺孔损伤。壳体上所有连接螺孔的螺纹损伤不得多于 2 牙。螺纹孔的损伤可用换加粗螺栓或焊补后重新钻孔加工的方法修复。

(2)变速器盖

变速器盖应无裂纹,与变速器壳体结合平面的平面度公差为 0.10~0.15 mm;拨叉轴与承孔的间隙为 0.04~0.20 mm。

(3)齿轮与花键

1)齿轮的啮合面上出现明显的损蚀、疲劳裂纹、麻面、斑疤或阶梯形磨损时,必须更换。齿面仅有轻微斑点时,可用油石修磨后继续使用。

2)固定齿轮或相配合的滑动齿轮的端面损伤不得超过齿长的 15%。

3)齿轮齿面的啮合面中线应在齿高的中部,接触面积不得小于工作面的 60%。

4)齿轮与齿轮、齿轮与轴及花键的啮合间隙、径向间隙和轴向间隙应符合原厂规定。

(4)拨叉轴及齿轮轴

拨叉轴的直线度公差为 0.05 mm，轴上定位凹槽的最大磨损量为 0.50 mm，超过应更换。第一轴、第二轴和中间轴以两端轴颈的公共轴线为基准，中部的径向圆跳动公差为 0.03 mm（轴长 120～250 mm）或 0.06 mm（轴长 250～500 mm）。否则，应更换新轴。

(5)轴承

轴承应转动灵活，滚动体与内外圈滚道不得有麻点、腐蚀、灼伤、磨损等缺陷，保持架完好，径向间隙≤0.10 mm。滚动轴承与承孔、轴颈或齿轮的配合应符合规定。

(6)同步器零件

锁环式惯性同步器零件的主要损伤有：锁环内锥面螺纹槽磨损和滑块磨损。

锁环内锥面螺纹的磨损，可将其套装在相应齿轮的外锥面上测量锁环端面与齿圈之间的距离。解放 CA1091 型变速器的标准值为 1.2～1.8 mm。当此间隙小于 0.3 mm 时应更换同步器。经验检查方法是：在齿轮内斜面上涂上齿轮油，再将它与锁环配合面接触。当两者压紧并用手相对转动时，锁环不应从齿轮的斜面滑出为正常。

同步器滑块顶部凸起磨损出现沟槽，会使同步作用减弱。因此，当滑块顶部磨出沟槽时，必须更换。锁环的接合齿端面磨损过甚，使锁止作用减弱或消失，亦会导致换挡困难，应予更换。

锁销式惯性同步器零件的损伤，主要是由于换挡操作不当、冲击过猛使锥盘外张，摩擦角变大造成同步效能降低；锥环锥面上的螺纹槽磨损严重，使摩擦系数过低，甚至两者端面接触，使同步作用失效。铝质锥环外锥面上的螺纹槽深为 0.4 mm（东风 EQ1090 型汽车），如因螺纹磨损，锥环端面与锥盘面接触，可用车削锥环端面修复，但车削总量不得大于 1 mm。如果锥环外锥面螺纹槽的深度<0.5 mm，而锥环端面未与锥盘接触，应更换同步器总成。更换新总成时，可保留原有的锥盘，但两者的端面间隙不得<3 mm。

同步器的锁销和支承销松动或有散架，会引起同步器突然失效，一般应更换新同步器。

2.变速器装配注意事项与磨合试验

(1)装配注意事项

变速器装配质量的好坏，对变速器使用性能的影响很大。在变速器装配时，应注意以下几个方面：

1)装配前，必须对零件进行认真的清洗，除去污物、毛刺和铁屑等。尤其要注意第二轴齿轮上的径向润滑油孔的畅通。

2)装配各部轴承时，应涂品质优良的润滑油进行预润滑。总成修理时，应更换所有的滚针轴承。

3)严禁在零件的工作表面直接用硬金属锤击，以免使零件变形、损坏、齿轮运转不均衡、出现噪声。

4)注意同步器锁环或锥环的装配位置。装配过程中，如有旧件时应原位装复，以保证两元件的接触面积。因此，在变速器解体时，应对同步器各元件做好装配记号，以免装错。

5)组装中间轴和第二轴时，应注意各挡齿轮、同步器固定齿座、止推垫圈的安装方向及位置，以保证齿轮的正确啮合。

6)安装第一轴、第二轴及中间轴的轴承时，应用专用压具垂直压在内圈上，禁止施加冲击载荷，轴承内圈圆角较大的一侧必须朝向齿轮。

7)装入油封前，需在油封的刃口涂少量润滑脂，要垂直压入，并注意安装方向。

8)变速器装配后,要检查各齿轮的轴向间隙和各齿轮副的啮合间隙及啮合印痕。常啮齿轮的啮合间隙为 0.15～0.40 mm;滑动齿轮的啮合间隙为 0.15～0.50 mm。第一轴的轴向间隙为 0.15 mm,其他各轴的轴向间隙≤0.30 mm。

9)装配密封衬垫时,应在密封衬垫的两侧涂以密封胶,确保密封效果。

10)安装变速器盖时,各齿轮和拨叉均应处于空挡位置。必要时,可分别检查各个常用挡的齿轮副是否处于全齿长啮合位置。按规定的力矩拧紧各部螺栓。

(2)变速器的磨合与试验

变速器装配后,应按规定进行变速器的磨合与试验,以改善零件摩擦表面的接触状况,检查变速器的修理和装配质量。

变速器的零件经过机加工,但由于设备、卡具或其他原因,加之形位误差和装配的影响,零件的实际接触面积远小于理论值。磨合的目的就是在于通过在各转速和负荷下,使工作表面逐渐加载,从而改善零件的接触状况,为以后零件正常承载作好准备。

变速器的磨合应在试验台上进行,进行无负荷和有负荷条件下的各种转速的运转。磨合前,应按规定向变速器内加注清洁的润滑油。磨合时,第一轴转速为 1000～2000 r/min。各挡磨合时间的总和不得少于 1 h。变速器进行有负荷试验时,其负荷为最大传递转矩的 30%,严禁加入研磨用的磨料进行磨合。在变速器磨合的过程中,油温应在 15℃～65℃之间。磨合后的变速器应换挡轻便、灵活、迅速、可靠,不允许有自动脱挡现象;运转和换挡时不得有异响;变速杆不得有明显的抖动现象;所有密封部位不得有漏油现象。

变速器经磨合和试验后,应认真进行清洗,并按原厂规定加注润滑油。

第5章 自动变速器

5.1 自动变速器概述

5.1.1 自动变速器的发展概况

有的汽车采用机械式变速器,当需要变速变扭时,驾驶员通过操纵变速杆使变速器中的齿轮进行不同的组合,以增大或减小传给驱动车轮的扭矩,从而适应各种行驶条件。汽车需求频繁换挡时,驾驶员除了操纵变速杆外,还要交替踩离合器踏板和加速踏板,非常容易疲劳。

汽车自动变速是指汽车能根据实际需求,进行自动变换传动比,调节或变换发动机动力输出性能,较好地适应外界负载与道路条件的需要。

自动变速器自1939年美国通用汽车公司首次在奥兹莫比尔(Oldsmobile)轿车上装了第一台现代意义的自动变速器以来,发展速度很快。1982年日本丰田公司生产出第一台由微机控制的电控自动变速器——A-140E型自动变速器装备在佳美汽车上。此后,美国、日本、欧洲地区一些汽车公司相继开发出各种微机控制的自动变速系统,如电子控制液力变矩式自动变速器、电子控制多级齿轮变速器等。

目前,日本、美国、欧洲等汽车公司生产的轿车越来越多地装备了自动变速器。

5.1.2 自动变速器的性能特点

1. 操作简化且提高了行车安全性

在汽车起步和运行时,自动变速器无需离合器操作和手动换挡操作,减少了驾驶员操作的劳动强度,可使驾驶员集中精力注意路面交通情况。因此,行车的安全性得以提高。

2. 提高了发动机和传动系统的使用寿命

由于自动变速器在自动换挡过程中无动力中断,换挡平稳,减小了发动机和传动系统零件的动荷载;此外,液力变矩器这个"弹性元件"可以吸收动力传递过程中的冲击和动荷载。因此,采用自动变速器的汽车发动机和传动系统零件的寿命采用比机械式变速器的要长。

3. 提高了汽车的动力性

自动变速器在起步时,由于液力变矩器可连续自动变矩,可使驱动轮上的牵引力逐渐增加,换挡时动力不中断,发动机可维持在稳定的转速。因此,可使汽车平稳起步性、加速性能和平均车速提高。

4. 提高了汽车的通过性能

液力变矩器可以在一定的范围内自动变速来适应汽车行驶阻力的变化,在必要时又可自动换挡以满足牵引力的需要。因此,自动变速器的使用显著提高了汽车的通过性能。

5.减少了排气污染

由于自动变速器有液力传动和自动换挡,在换挡过程中发动机可保持在稳定的转速,发动机的燃烧条件不会恶化。因此,自动变速器的使用可减少发动机排气污染。

6.可降低燃料消耗

由于自动变速器换挡及时,换挡过程中发动机仍可在理想的状态下稳定运转。因此,在需要频繁换挡的市区行驶,自动变速器汽车就比较省油一些。尤其是现代汽车自动变速器采用电子控制换挡,可按照最佳油耗规律控制换挡,加之采用了超速挡和锁止离合器等,因此自动变速器汽车的油耗有了明显的下降。

自动变速器的缺点是结构较为复杂,成本较高,操作不规范会造成变速器严重损坏,维修技术要求较高。

5.1.3 自动变速器的分类

1.按照汽车驱动形式分类

自动变速器可分前轮驱动的自动变速器(又称变速驱动桥)和后轮驱动的自动变速器两大类。

如美国通用汽车公司的4L80-E是典型的后轮驱动自动变速器。其结构如图5-1所示。

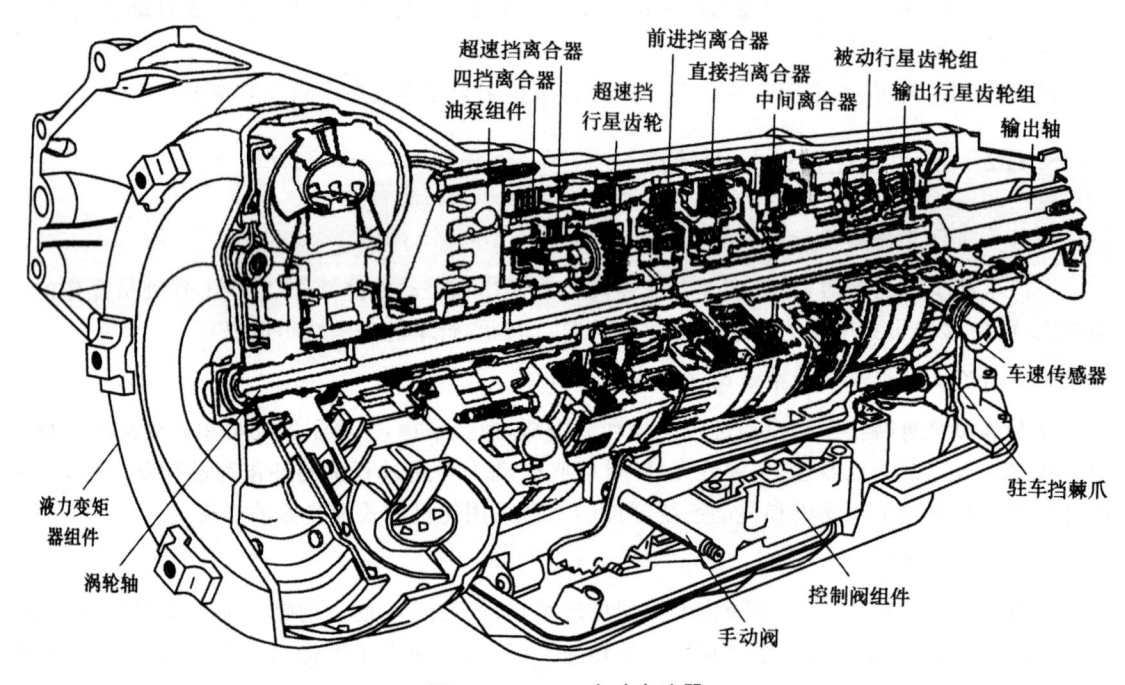

图 5-1 4L80-E 自动变速器

通用汽车公司的4T60-E是典型的横置式前轮驱动自动变速器。它的结构如图5-2所示。

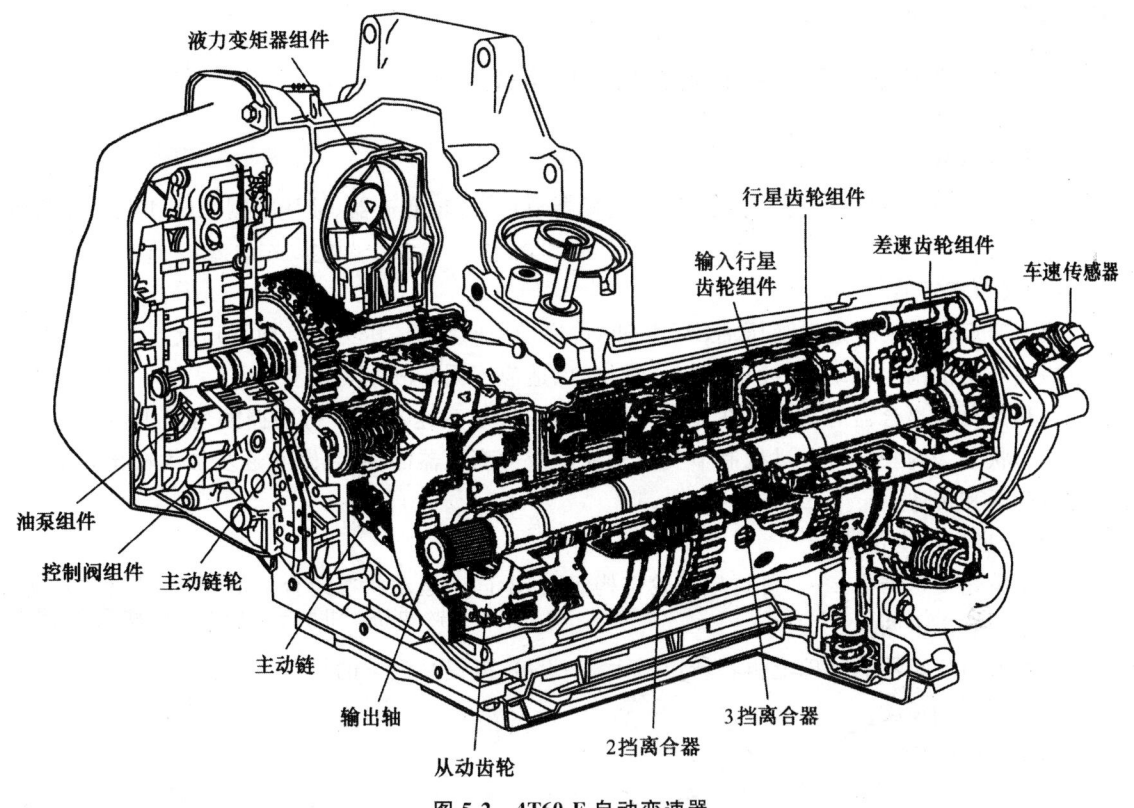

图 5-2 4T60-E 自动变速器

2. 按自动换挡的控制方式分类

自动变速器可分为液控自动变速器和电控自动变速器两种形式。

(1) 液控自动变速器

液控自动变速器换挡控制方式是通过机械手段将节气门开度和车速参数转化为液压控制信号,使阀体中各控制阀按照设定的换挡规律控制换挡执行机构动作,实现自动换挡。

(2) 电控自动变速器

电控自动变速器通过各种传感器将发动机转速、节气门开度、车速、发动机水温、自动变速器液压油温度参数转变为电信号,输入自动变速器电脑,电脑根据这些电信号确定自动变速器换挡控制信号。电脑输出的换挡信号控制相应的换挡电磁阀动作,并通过换挡阀产生相应的液压控制信号,使有关的换挡执行机构动作,实现自动换挡。

3. 按前进挡挡位的多少分类

按自动变速器前进挡位数分有 2 挡、3 挡、4 挡、5 挡自动变速器。目前自动变速器一般为 4 个挡,4 挡即为超速挡;少数自动变速器有 5 个挡,5 挡即为超速挡。

4. 按齿轮变速部分的结构类型分类

按自动变速器齿轮变速部分结构的不同可分为:普通齿轮式(即非行星齿轮式)和行星齿轮式两种。行星齿轮根据其组合形式或结构的不同可分为辛普森式(Simpson)和拉维尼约喔(Ravigneaux)结构。由于行星齿轮自动变速器结构紧凑,又能获得较大的传动比,因此目前的自动变速器普遍采用行星齿轮结构形式。

5.1.4 自动变速器的基本组成和工作原理

1. 基本组成

电子控制液力自动变速器主要由液力变矩器、行星齿轮变速器、液压控制系统和电子控制系统等组成。

(1)液力变矩器

液力变矩器是一个通过液压油(ATF油)传递动力的装置,其功用有如下几点。

1)在一定范围内自动、连续地改变转矩比,以适应不同行驶阻力的要求。

2)具有自动离合器的功用。在发动机不熄火和自动变速器位于行驶挡的情况下,汽车可以处于停车状态。驾驶员可通过控制节气门来控制液力变矩器的输出转矩,逐步加大输出转矩,实现动力的柔和传递。

(2)行星齿轮变速器

行星齿轮变速器由2~3排行星齿轮结构组成,不同的运动状态组合可得到2~5种传动比,其功用主要有以下两点。

1)在液力变矩器的基础上再将转矩增大2~4倍,以提高汽车的行驶适应能力。

2)实现倒挡传动。

(3)液压控制系统

液压控制系统是由油泵、各种控制阀及与之相连通的液压换挡执行元件,如换挡离合器、制动器油缸等组成的液压控制回路。汽车行驶中根据驾驶员的要求和行驶条件的需要,通过控制换挡离合器和制动器的工作状况来实现行星齿轮变速器的自动换挡。

(4)电子控制系统

电子控制系统将自动变速器的各种控制信号输入ECU,经ECU处理后发出控制指令控制液压系统中的各种电磁阀实现自动换挡,并改善使用性能。

2. 基本原理

电子控制自动变速器通过各种传感器,将发动机的转速、节气门开度、车速、发动机水温、自动变速器液压油温等参数信号输入电子控制单元(ECU),ECU根据这些信号,按照设定的换挡规律,向换挡电磁阀、油压电磁阀等发出动作控制信号,换挡电磁阀和油压电磁阀再将ECU的动作控制信号转变为液压控制信号,阀板中的各控制阀根据这些液压控制信号,控制换挡执行元件的动作,从而实现自动换挡过程。如图5-3所示为电子控制自动变速器的组成和原理示意图。

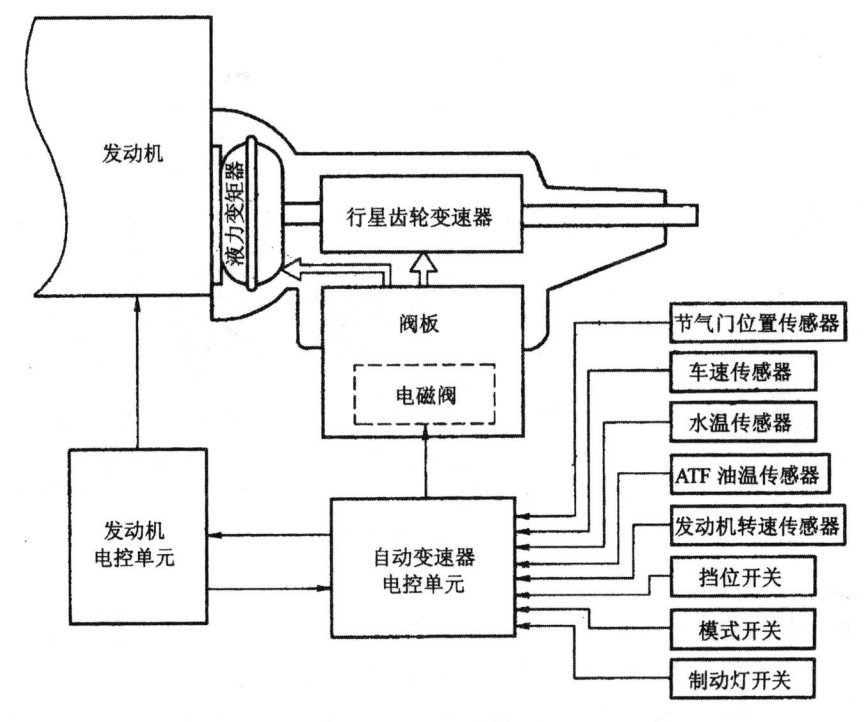

图 5-3　电子控制自动变速器的组成和原理示意图

5.2　自动变速器的构造

　　桑塔纳 2000Gsi-AT 轿车 01N 型自动变速器结构如图 5-4 所示,它是四挡自动变速器,在选定的区域内所有的挡位都是自动切换的。01N 型自动变速器主要由液力变矩器、行星齿轮变速器、液压控制系统和电子控制系统等组成。

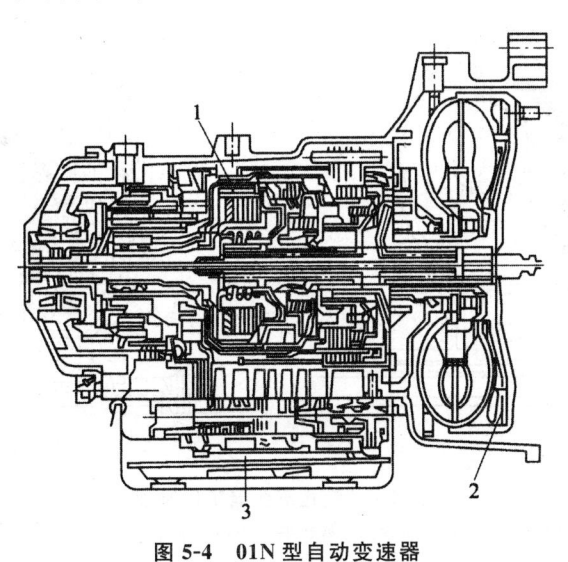

图 5-4　01N 型自动变速器
1—行星齿轮变速器;2—液力变矩器;3—液压系统

5.2.1 液力变矩器

液力变矩器主要由泵轮、涡轮、导轮及带扭转减振器的锁止离合器组成,如图 5-5 所示。

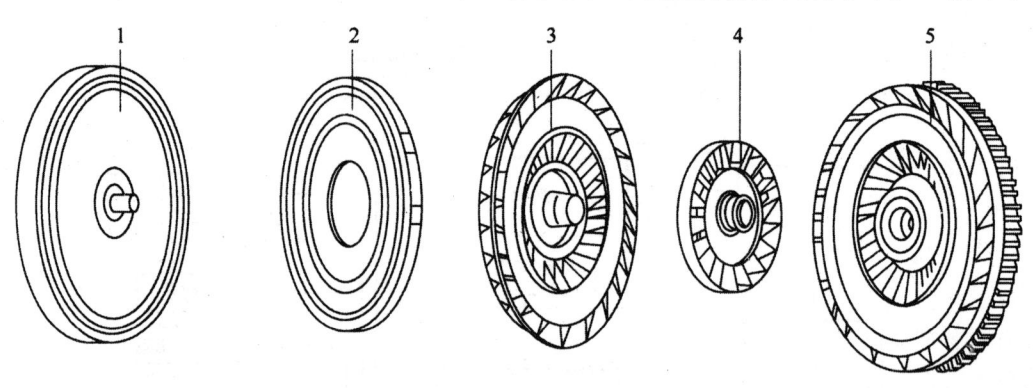

图 5-5 液力变矩器
1—变矩器壳体;2—锁止离合器;3—涡轮;4—导轮;5—泵轮

液力变矩器是自动变速器的重要零部件,它的前端与发动机飞轮相连接,输出部件与行星齿轮变速机构的输入轴相连接,发动机的动力经液力变矩器传入行星齿轮变速机构,实现发动机与变速器的"软"连接,从而大大减少了传动机构的动载荷,延长发动机和变速器的使用寿命,同时在一定范围内实现无级变速。

变矩器工作时,发动机带动泵轮转动,发动机的机械能转换成变速器油的动能,变速器油的动能推动涡轮转动,又把自动变速器油的液体动能转换成机械能,输入行星齿轮变速机构 01N 型自动变速器前端装有锁止离合器,如图 5-6 所示。锁止离合器的主动盘就是变矩器壳体,从动盘是可在轴上做轴向移动的压盘。为了减小离合器接合和分离瞬间的冲击,从动盘内圈上带有弹性减振盘,然后与涡轮输出轴相连。主动盘和从动盘相接触的工作面上有摩擦片。压盘左右两侧的油液由阀体内的锁止控制电磁阀控制。另外,液力变矩器还驱动自动变速器油泵。

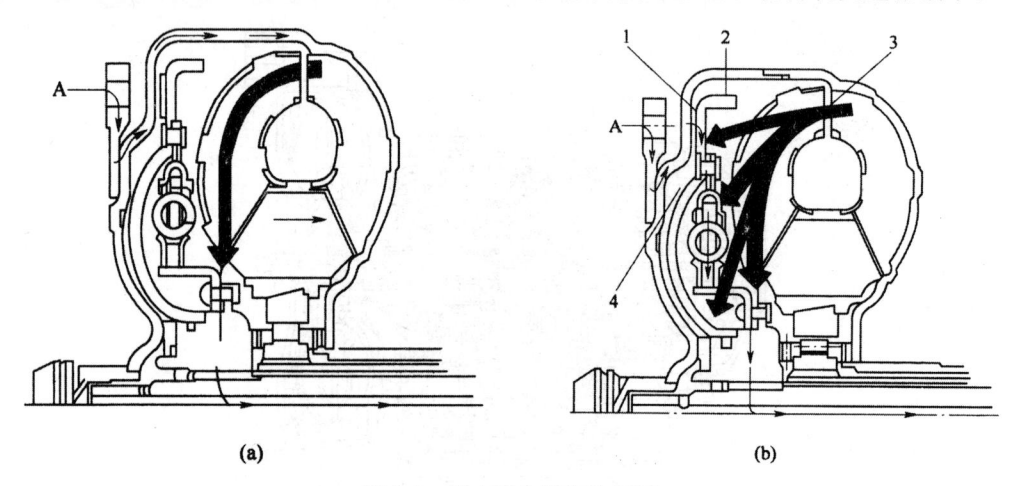

图 5-6 锁止离合器工作原理
1—摩擦衬片;2—锁止活塞;3—变矩器压力;4—减压空间;5—动力传递方向

当压盘左右两侧保持相同的压力时,锁止离合器处于分离状态,如图 5-6(a)所示。动力经液力变矩器传递,可充分发挥液力传动减振吸振、自动适应行驶阻力剧烈变化的优点,适合于汽车起步、换挡或在坏路面上行驶工况使用;当锁止电磁阀控制压盘左侧的油压降低,而压盘右侧的油液压力仍较高时,在此压差的作用下,压盘通过摩擦片压紧在主动盘上,锁止离合器接合,如图 5-6(b)所示。动力经锁止离合器实现机械传动,变矩器输入(泵轮)轴与输出(涡轮)轴成为刚性连接,传动效率较高,提高了汽车的行驶速度和燃油经济性。

5.2.2 行星齿轮变速器

1. 组成

行星齿轮变速器主要由行星齿轮机构、离合器、制动器和单向离合器组成,如图 5-7 所示。离合器和制动器以液压方式控制行星齿轮机构元件的旋转,而单向离合器则以机械方式对行星齿轮机构元件进行锁止。片式离合器和盘式制动器是由阀体通过液压控制。离合器 C1 用于驱动小太阳轮,离合器 C2 用于驱动大太阳轮,离合器 C3 用于驱动行星齿轮架,制动器 B1 用于制动行星齿轮架,制动器 B2 用于制动大太阳轮。

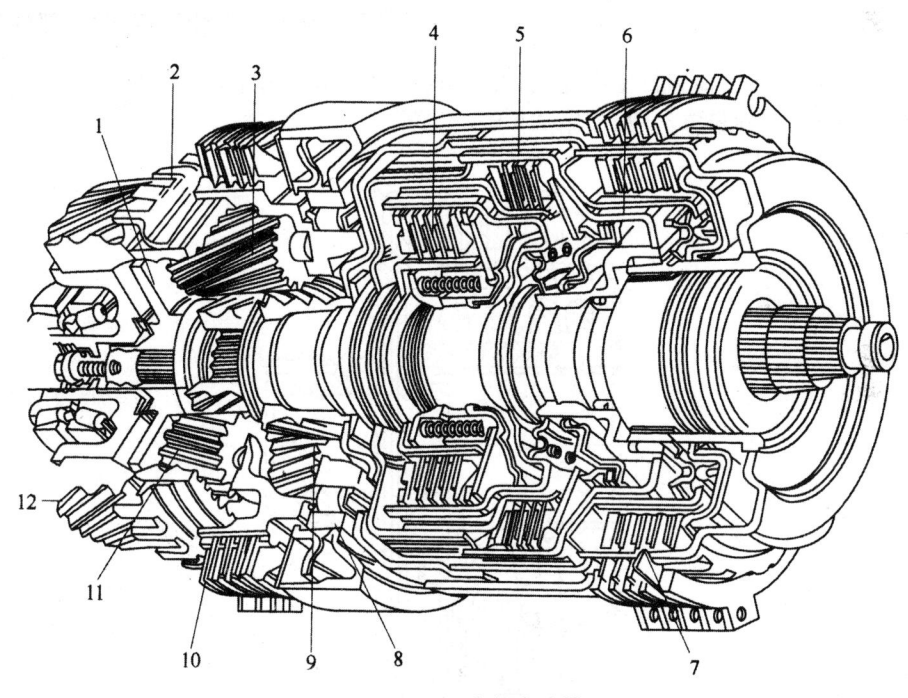

图 5-7 行星齿轮变速器

1—第二挡和第四挡制动器(B2);2—单向离合器;3—大太阳轮;4—倒挡制动器(B1);
5—短行星齿轮;6—主动锥齿轮;7—小太阳轮;8—行星齿轮架;9—车速传感器脉冲轮;
10—长行星齿轮;11—第三和第四挡离合器(C3);12—倒挡离合器(C2);
13—第一、二和三挡离合器(C1)

(1)行星齿轮机构

如图 5-8 所示,行星齿轮机构包括大太阳轮、小太阳轮、长行星齿轮、短行星齿轮、齿圈和行星齿轮架。大、小太阳轮采用分段式结构,使三挡和四挡的转换更加平顺。短行星齿轮与长行星齿轮及小太阳轮啮合,长行星齿轮同时与大太阳轮、短行星齿轮及齿圈啮合,动力通过齿圈输出。

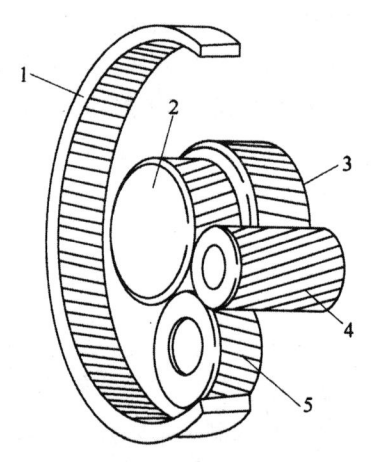

图 5-8 行星齿轮机构
1—齿圈;2—小太阳轮;3—大太阳轮;4—长行星齿轮;5—短行星齿轮

(2)离合器

离合器的功用是连接轴和行星齿轮机构的旋转元件。离合器由离合器鼓、离合器活塞、回位弹簧、钢片、摩擦片、花键毂等组成,如图 5-9 所示。

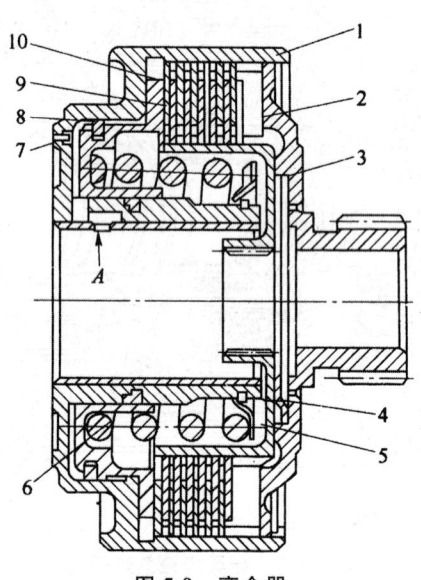

图 5-9 离合器
1—离合器鼓;2—太阳轮;3—花键毂;4—卡环;5—弹簧支承盖;
6—弹簧;7—安全阀;8—环形活塞;9—摩擦片;10—钢片

离合器鼓是一个液压油缸,鼓内有内花键齿圈,内圆轴颈上有进油孔与控制油路相通。离合器活塞为环状,内外圆上有密封圈,安装在离合器鼓内。钢片和摩擦片交错排列,二者统称为离合器片,均使用钢料制成,但摩擦片的两面烧结有铜基粉末冶金的摩擦材料。为保证离合器接合柔和及散热,离合器片浸在油液中工作,因而称为湿式离合器。钢片带有外花键齿,与离合器鼓的内花键齿圈连接,并可轴向移动。摩擦片则以内花键齿与花键毂的外花键槽配合,也可做轴向移动。

花键毂和离合器鼓分别以一定的方式与变速器输入轴和行星齿轮机构的某个元件相连接,与输入轴相连的通常为主动件,而另一个则为从动件。当压力油经油道进入活塞左面的液压缸时,液压作用力便克服弹簧力使活塞右移,将所有离合器片压紧,即离合器接合,与离合器主从动部分相连的输入轴及行星齿轮机构元件也被连接在一起,以相同的速度旋转。当控制阀将作用在离合器液压缸的油压撤除后,离合器活塞在回位弹簧的作用下回复原位,并将缸内的变速器油从进油孔排出,使离合器分离,离合器主从动部分可以不同转速旋转。离合器处于分离状态时,离合器片之间有一定的轴向间隙,以保证钢片和摩擦片之间无轴向压力,这一间隙称为离合器的自由间隙。

(3)制动器

制动器的功用是固定行星齿轮机构中的相关元件,阻止其旋转。制动器由制动器活塞、回位弹簧、钢片、摩擦片及制动器毂等组成,如图 5-10 所示。

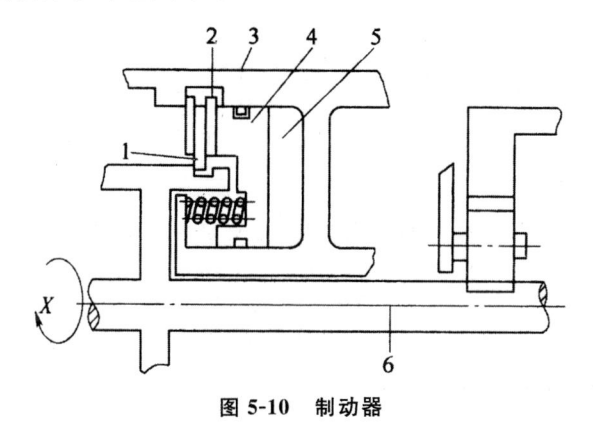

图 5-10 制动器

1—摩擦片;2—钢片;3—变速器壳体;4—制动器活塞;5—液压缸;6—制动器毂

片式制动器与湿式多片离合器基本相同,只是其钢片通过外花键齿安装在变速器壳体的内花键齿圈上,摩擦片则通过内花键和制动器毂上的外花键槽连接,制动器毂与行星齿轮机构的元件相连接。当液压缸中没有压力油时,制动器毂可以自由旋转。当压力油进入制动器的液压缸后,通过活塞将钢片和摩擦片压紧在一起,制动器毂以及与其相连的行星齿轮机构的某一元件被固定而不能旋转。

(4)单向离合器

单向离合器的功用是依靠其单向锁止原理起固定作用,其固定只是单方向的。

如图 5-11 所示,当元件的受力方向与锁止方向相同时,该元件被固定;而当受力方向与锁止方向相反时,该元件的锁止将被解除。单向离合器的工作不需要另外的控制机构,而完全是由与之相连的元件的受力方向来控制的。随着换挡时其他执行元件的动作,在与其连接的行星齿轮机构元件受力方向发生变化的瞬间,单向离合器即产生接合或脱离,可保证换挡平顺无冲击。

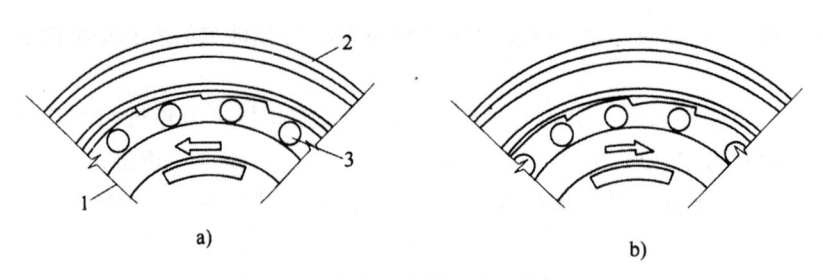

图 5-11 单向离合器 F 的工作原理
(a)锁止状态；(b)自由状态
1—内座圈；2—外座圈；3—滚柱

2. 工作原理

图 5-12 为桑塔纳 2000Gsi-AT 型轿车装用的 01N 型四挡行星齿轮变速机构原理图。

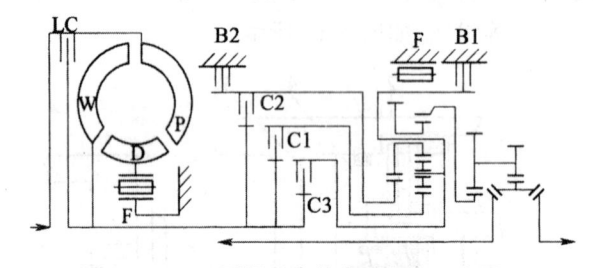

图 5-12 01N 型行星齿轮变速机构工作原理
LC—锁止离合器；W—涡轮；P—泵轮；D—导轮；B2—一、二挡和四挡制动器；
C2—倒挡离合器；C1—一挡至三挡离合器；C3—三挡和四挡离合器；
F—单向离合器；B1—倒挡制动器

自动变速器各挡的动力传递路线如下：

(1) 一挡

离合器 C1 接合，单向离合器 F 工作。如图 5-13 所示，动力传递路线为：泵轮→涡轮啼涡轮轴→离合器 C1→小太阳轮→短行星齿轮→长行星齿轮驱动齿圈。

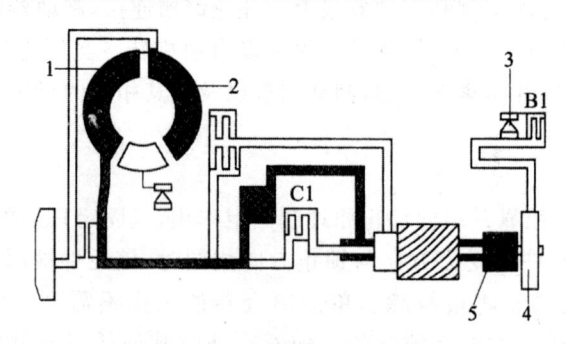

图 5-13 一挡动力传递路线
1—涡轮；2—泵轮；3—单向离合器；4—行星齿轮架；5.小太阳轮

(2) 二挡

离合器 C1 接合，制动器 B2 制动大太阳轮。如图 5-14 所示：动力传递路线为：泵轮→涡轮→涡轮轴→离合器 C1→小太阳轮→短行星齿轮→长行星齿轮围绕大太阳轮转动并驱动齿圈。

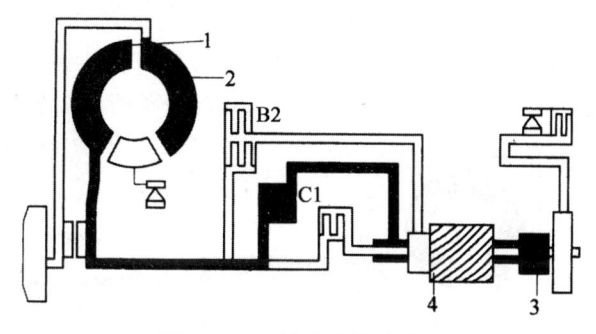

图 5-14 二挡动力传递路线

1—涡轮；2—泵轮；3—小太阳轮；4—大太阳轮

(3)三挡

离合器 C1 和 C3 接合，驱动小太阳轮和行星齿轮架，因而使行星齿轮机构锁止并一同转动。如图 5-15 所示，动力传递路线为：泵轮→涡轮→涡轮轴→离合器 C1 和 C3→整个行星齿轮机构转动。

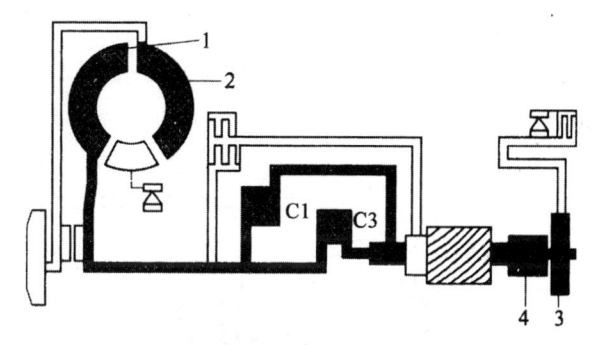

图 5-15 三挡动力传递路线

1—涡轮；2—泵轮；3—行星齿轮架；4—小太阳轮

(4)四挡

离合器 C3 接合，制动器 B2 工作，使行星齿轮架工作，并制动大太阳轮。如图 5-16 所示，动力传递路线为：泵轮→涡轮→涡轮轴→离合器→行星齿轮架→长行星齿轮围绕大太阳轮转动并驱动齿圈。

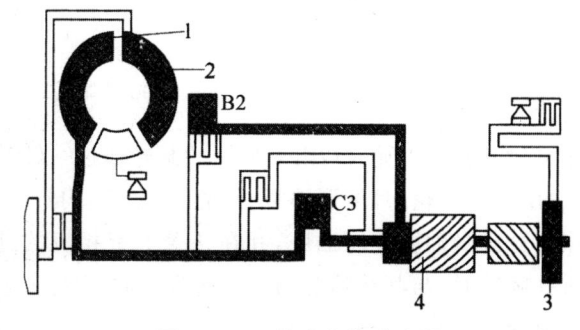

图 5-16 四挡动力传递路线

1—涡轮；2—泵轮；3—行星齿轮架；4—大太阳轮

(5)R挡

离合器C2接合,驱动大太阳轮;制动器B1工作,使行星齿轮架制动。如图5-17所示,动力传递路线为:泵轮→涡轮→涡轮轴→离合器B2→大太阳轮→长行星齿轮反向驱动齿圈。

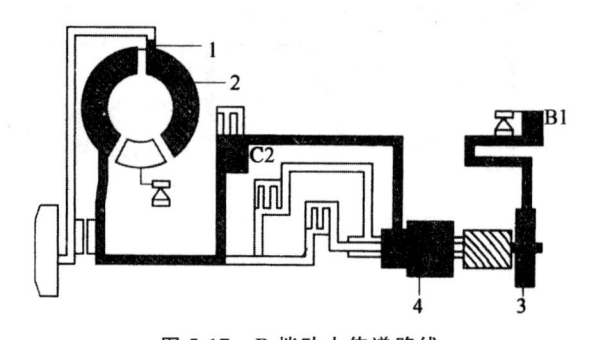

图5-17 R挡动力传递路线
1—涡轮;2—泵轮;3—行星齿轮架;4—大太阳轮

5.2.3 液压控制系统

液压控制系统主要由油泵、油道、滤清器、压力滑阀等组成。如图5-18所示。

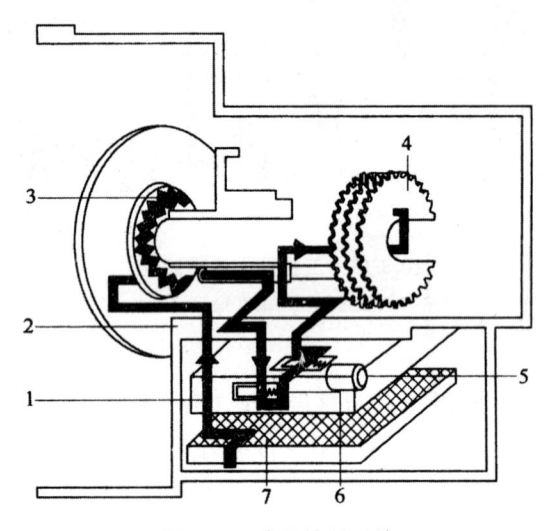

图5-18 液压控制系统
1—阀体;2—壳体密封装置;3—油泵;4—离合器;
5—电磁阀;6—压力滑阀;7—自动变速器油滤清器

油泵为内啮合式齿轮泵(如图5-19所示),由变矩器的泵轮通过一轴套驱动。它主要由起主动作用的小齿轮、起从动作用的内齿轮、月牙形隔板、泵壳、泵盖等组成。月牙隔板的作用是将小齿轮和内齿轮之间的工作腔分成吸油腔和压油腔,并在泵盖上有相应的进油口和排油口。当小齿轮被发动机带动做顺时针旋转时,与其相啮合的内齿轮也一起旋转。在左端的吸油腔,随着齿轮退出啮合,容积增大,形成局部真空,将液压油吸入,并由于齿轮的旋转,把齿间的油液带到右主动端压油腔;压油腔则由于齿轮进入啮合,工作容积减小,压力增加而将油液排出。决定油泵使用性能的主要是齿轮的工作间隙,特别是齿轮端面间隙影响最大。在这些间隙处,总有一定的油液泄漏。如果因装配或磨损原因使得工作间隙过大,油液泄漏量就会增加,严重时会造成输出油液压力过低,影响系统正常工作。

5.2.4 电子控制系统

自动变速器是根据加速踏板位置和车速并借助于换挡特性曲线来换挡的,每换一挡都有相应的换挡特性曲线。01N 型自动变速器控制单元内有两个换挡程序:一个是与行车阻力有关的换挡程序,另一个是与驾驶和行车状况有关的换挡程序。与行车阻力有关的换挡程序可识别出诸如上坡、下坡、带挂车及顶风等情况,控制单元按车速、节气门位置、发动机转速和加速等情况,计算出行车阻力,然后确定换挡时刻;与驾驶和行车状况有关的换挡时刻的确定是按模糊逻辑原理工作的。驾驶人踩下加速踏板时产生一个运动系数,模糊逻辑识别出该系数,借助于运动系数在 SPORT(动力模式)和 ECO(经济模式)之间形成一个换挡时刻线。因此在 SPORT 和 ECO 换挡特性曲线之间存在许多随意的换挡时刻,因而对不同的行驶情况反映更灵敏。

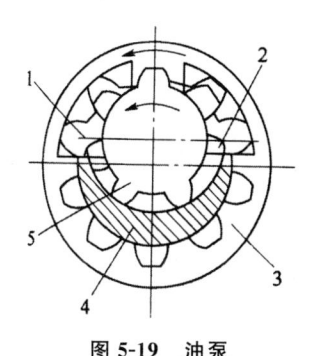

图 5-19 油泵
1—吸油腔;2—压油腔;3—从动齿轮;
4—月牙隔板;5—主动齿轮

电子控制系统主要由控制单元、传感器和开关等零部件组成,如图 5-20 所示。

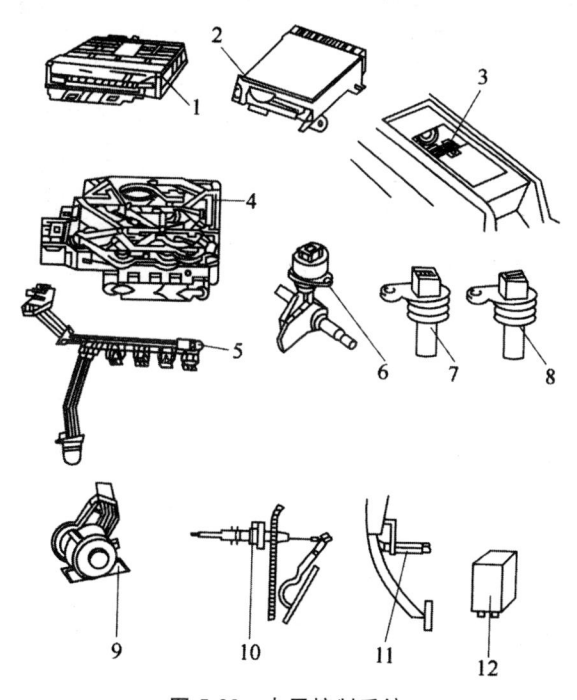

图 5-20 电子控制系统
1—自动变速器控制单元;2—发动机控制单元;3—诊断插头;4—阀体;
5—装有变速器油温传感器的扁状传感线;6—多功能开关;7—变速器转速传感器;
8—车速传感器;9—换挡杆锁止电磁阀;10—换低挡开关;11—制动灯开关;
12—起动闭锁器和倒车灯继电器

5.3 典型自动变速器

5.3.1 丰田 U341E 自动变速器

丰田卡罗拉汽车配备的 U341E 自动变速器,其齿轮变速机构采用了 CR-CR 式行星齿轮机构,即将两组单行星排的行星架 C(planet carrier)和齿圈 R(gear ring)分别组配。该行星齿轮机构仅有 4 个独立元件(前太阳轮、后太阳轮、前行星架和后齿圈组件、前齿圈和后行星架组件),其特点是变速比大、效率高、元件轴转速低。

U341E 型自动变速器行星齿轮变速机构的结构如图 5-21 所示,主要部件的功能见表 5-1,各换挡执行元件的工作情况见表 5-2。

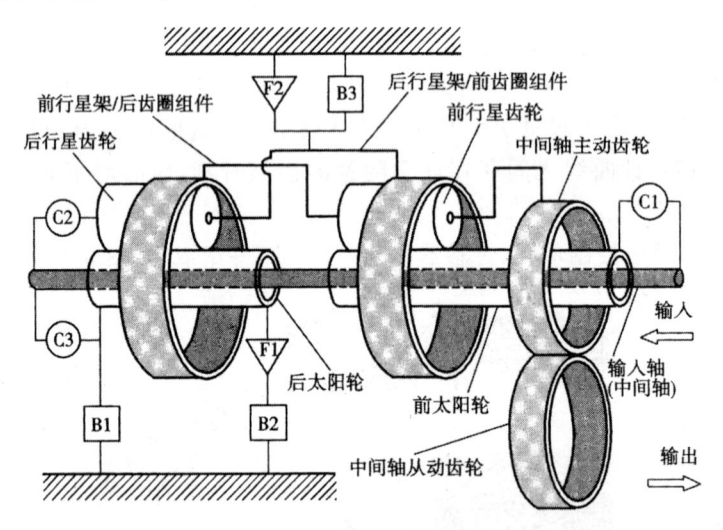

图 5-21 U341E 型自动变速器行星齿轮机构的结构

表 5-1 主要部件功能

部件		功能
C1	前进挡离合器	连接输入轴和前排太阳轮
C2	直接离合器	连接输入轴和后排行星架
C3	倒挡离合器	连接输入轴和后太阳轮
B1	OD 挡和二挡制动器	固定后排太阳轮
B2	二挡制动器	固定 F1 的外圈
B3	一挡和倒挡制动器	固定后行星架/前齿圈组件
F1	1 号单向离合器	与 B2 配合,阻止后太阳轮逆时针转动
F2	2 号单向离合器	阻止后行星架/前齿圈组件逆时针转动

续表

部　件	功　能
前行星齿轮组	根据各换挡执行元件的工作情况,改变齿轮动力传递
后行星齿轮组	路线,以升高或降低输出转速
中间轴齿轮组	将动力传递给差速器,并改变传动方向,降低输出转速

表 5-2　各换挡执行元件的工作情况

换挡手柄位置	挡位	离合器			制动器			单向离合器	
		C1	C2	C3	B1	B2	B3	F1	F2
P	驻车挡								
R	倒挡			○		○			
N	空挡								
D	一挡	○							○
	二挡	○				○		○	
	三挡	○	○			○			
	四挡		○		○	○			
3	一挡	○							○
	二挡	○				○		○	
	三挡	○	○			○			
2	一挡	○							○
	二挡	○				○		○	
L	一挡	○					○		○

注:○表示工作。

1. 一挡

换挡手柄处于 D、3 或 2 位置的一挡时,参与工作的换挡执行元件有 C1、F2,动力传递路线如图 5-22 所示。

一挡时动力传递发生在前行星排,F2 阻止前齿圈逆输入轴的旋转方向转动,此时后排行星齿轮组处于空转状态,动力传递路线如下:

输入轴→C1→前太阳轮→前行星轮→前行星架→中间轴主从动齿轮→输出轴

放松加速踏板时,前行星架转速高(接驱动轮),前太阳轮转速低(接发动机),使前齿圈试图被带动加速顺着前行星架(前太阳轮)的旋转方向转动。由于一挡单向离合器 F2 不阻止前齿圈顺着行星架的旋转方向转动,整个行星排不能反向传递动力,所以无发动机制动效果。

为了提供有发动机制动的一挡,在换挡手柄处于 L 位置的一挡时,除了使上述的一挡换挡执行元件工作外,还使 B3 也工作,使得车辆行驶时,不论是踩下还是放松加速踏板,行星排都有动力传递能力,从而获得发动机制动效果。

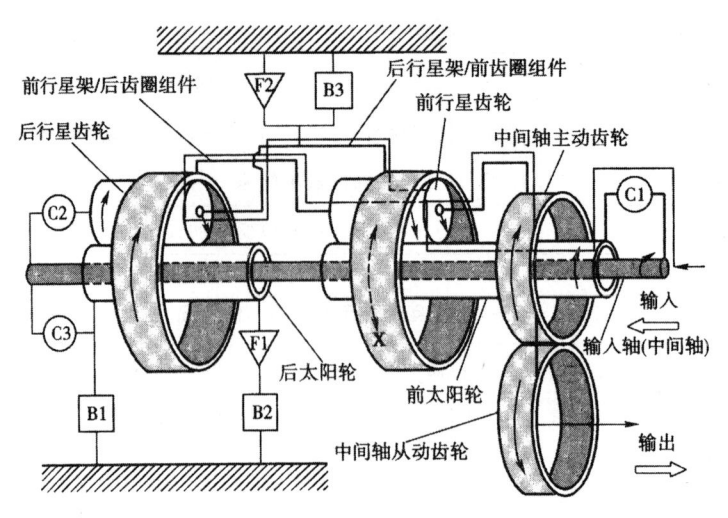

图 5-22 一挡动力传递路线

2.二挡

换挡手柄处于 D 和 3 位置的二挡时,参与工作的换挡执行元件有 C1、B2、F1,动力传递路线如图 5-23 所示。

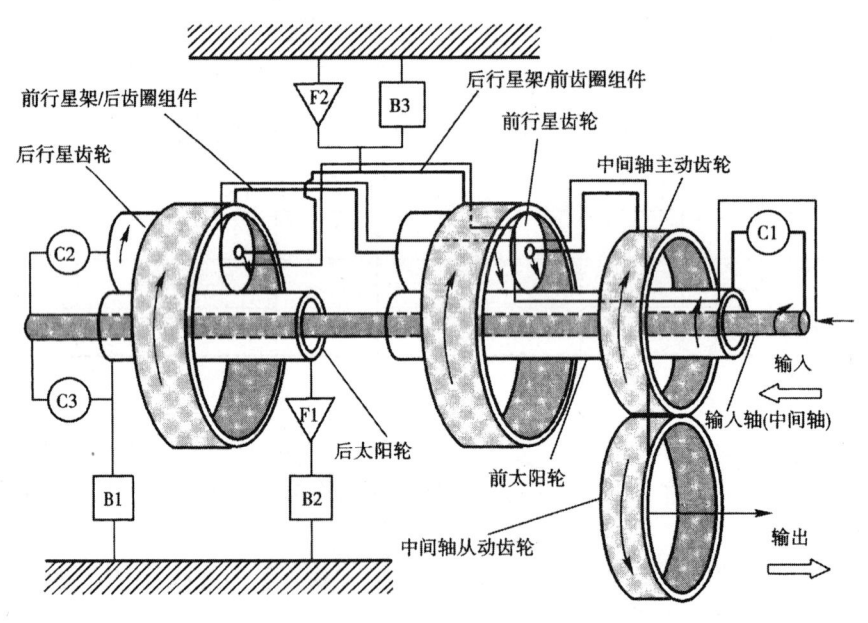

图 5-23 二挡动力传递路线

二挡时动力传递发生在前、后两个行星排,B2、F1 联合作用,阻止后太阳轮逆输入轴的旋转方向转动,动力传递路线如下:

输入轴 → C1 → 前太阳轮 → 前行星轮 ┬→ 前行星架 ──────────────────────┐
                                  └→ 前齿圈 → 后行星架 → 后行星轮 → 后齿圈 ┴→ 中间轴主从动齿轮 → 输出轴

放松加速踏板时,前行星架和后齿圈组件转速高(接驱动轮),前太阳轮转速低(接发动机),使前齿圈和后行星架组件加速转动,进而使后太阳轮试图被带动加速顺着前行星架(前太阳轮)的旋转方向转动。由于一挡单向离合器不阻止后太阳轮顺着行星架的旋转方向转动,整个行星排不能反向传递动力,所以无发动机制动效果。

为了提供有发动机制动的二挡,在换挡手柄处于2位置的二挡时,除了使上述的二挡换挡执行元件工作外,还使B1也工作,使得车辆获得发动机制动效果。

3. 三挡

换挡手柄处于D或3位置的三挡时,参与工作的换挡执行元件有C1、C2、B2,动力传递路线如图5-24所示。

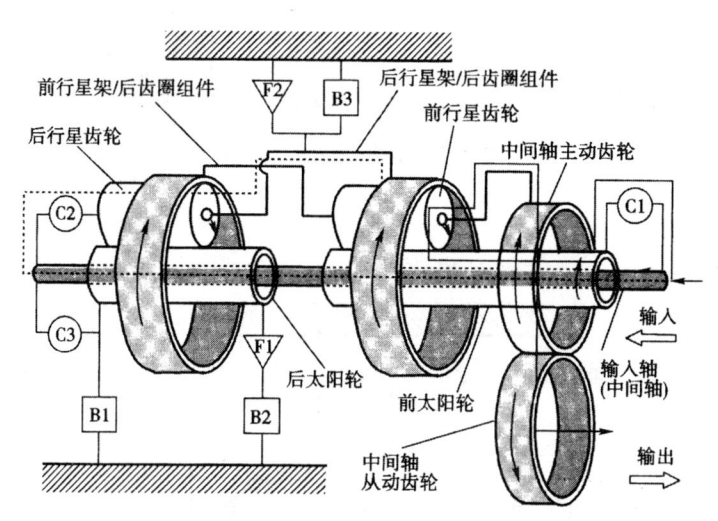

图5-24 三挡动力传递路线

三挡时前后排行星齿轮机构互锁与一体旋转,动力传递路线如下:

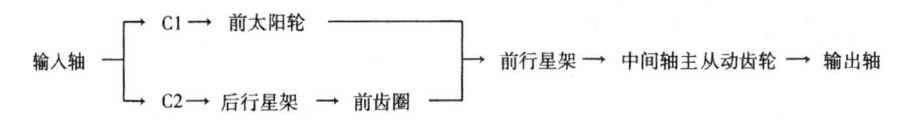

输入轴 → C1 → 前太阳轮
输入轴 → C2 → 后行星架 → 前齿圈
→ 前行星架 → 中间轴主从动齿轮 → 输出轴

由于行星齿轮机构的三个元件(太阳轮、行星架、齿圈)中有两个转速相等(前太阳轮、前行星架都与输入轴相连),因此在放松加速踏板时,驱动轮的动力可以经前行星架传给前太阳轮,所以有发动机制动效果。

4. 四挡

换挡手柄处于D位置的四挡时,参与工作的换挡执行元件有C2、B1、B2,动力传递如图5-25所示。

四挡时动力传递发生在后行星排,此时前排行星齿轮组处于空转状态,动力传递路线如下:

输入轴→C2→后行星架→后行星轮→后齿圈→中间轴主从动齿轮→输出轴

由于行星齿轮机构的3个元件(太阳轮、行星架、齿圈)中有1个固定(后太阳轮被固定),因此在放松加速踏板时,驱动轮的动力可以经后齿圈传给后行星架,所以有发动机制动效果。

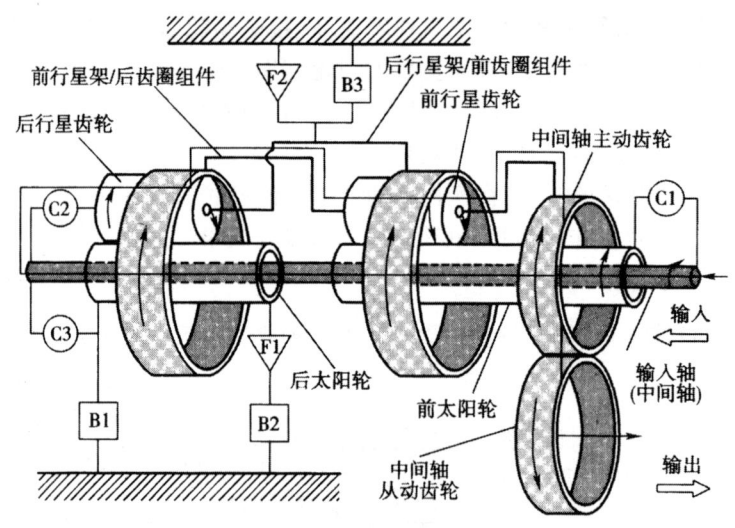

图 5-25　四挡动力传递路线

5. R 位

换挡手柄处于 R 位时,参与工作的换挡执行元件有 C3、B3,动力传递路线如图 5-26 所示。

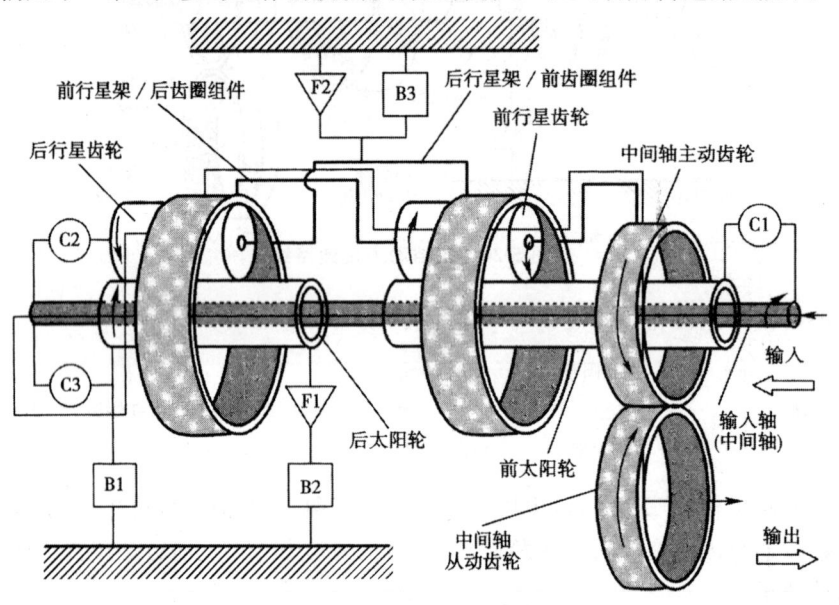

图 5-26　倒挡动力传递路线

R 位时动力传递发生在后行星排,此时前排行星齿轮组处于空转状态,动力传递路线如下:

输入轴→C3→后太阳轮→后行星轮→后齿圈→中间轴主、从动齿轮—输出轴

由于行星齿轮机构的 3 个元件(太阳轮、行星架、齿圈)中有 1 个固定(后行星架被固定),因此在放松加速踏板时,驱动轮的动力可以经后太阳轮传给后齿圈,所以有发动机制动效果。

5.3.2　本田 MAXA 型自动变速器

广州本田雅阁汽车 MAXA 自动变速器采用了定轴式齿轮变速传动机构,可以提供 4 个前

第5章 自动变速器

进挡和一个倒车挡,其内部结构如图5-27所示。图5-28所示为MAXA自动变速器的齿轮机

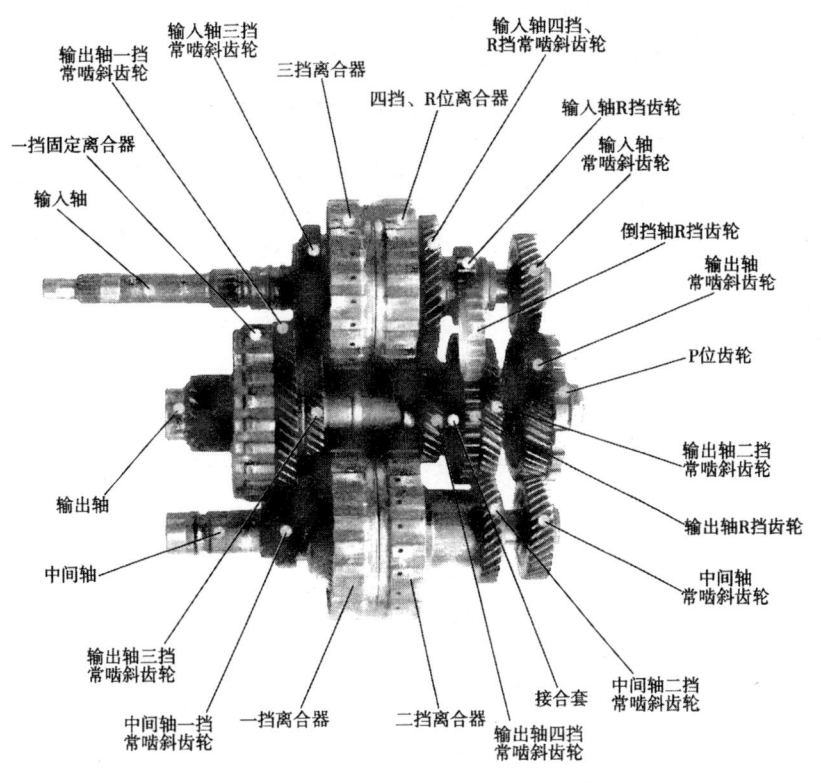

图5-27 广州本田雅阁汽车自动变速器的内部结构

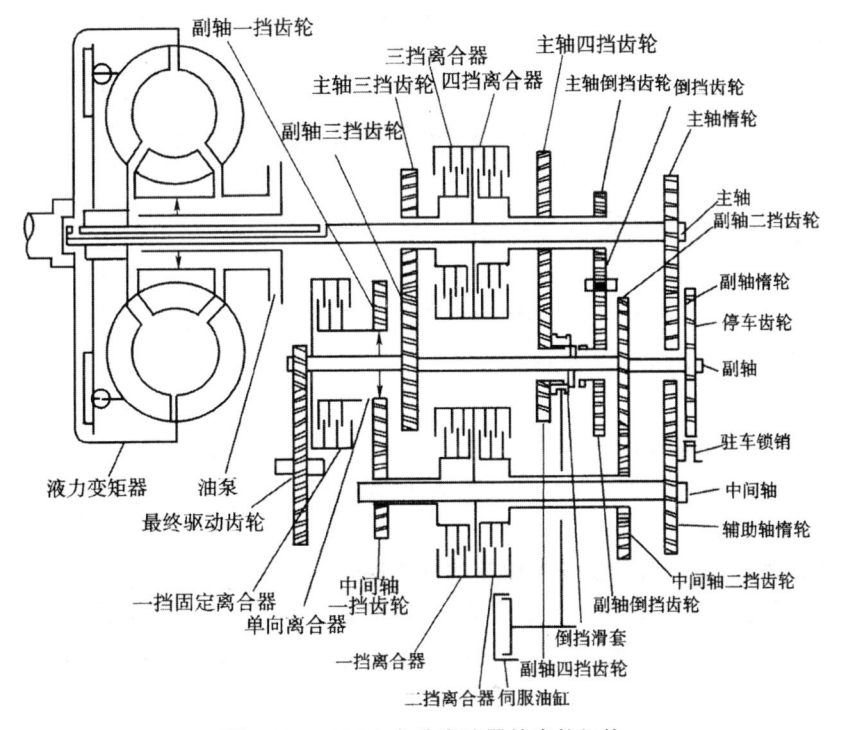

图5-28 MAXA自动变速器的齿轮机构

构。定轴式齿轮变速传动机构主要由平行轴、各挡齿轮和湿式多片离合器等组成。平行轴有3根,即主轴(输入轴)、中间轴和副轴(输出轴)。

MAXA型自动变速器各挡位参与工作的相关部件见表5-3。

表5-3 MAXA型自动变速器各挡位参与工作的相关部件

换挡手柄位置		液力变矩器	一挡齿轮一挡离合器	一挡固定离合器	二挡齿轮二挡离合器	三挡齿轮三挡离合器	四挡齿轮	四挡离合器	倒挡齿轮	驻车挡齿轮
P		○								○
R		○							○	
N		○								
D4	一挡	○	○							
	二挡	○	○		○					
	三挡	○	○			○				
	四挡	○	○				○	○		
D3	一挡	○	○							
	二挡	○	○		○					
	三挡	○	○			○				
2		○	○		○					
1		○	○	○						

注:○表示工作。

5.4 自动变速器的拆装与检修

5.4.1 自动变速器的拆卸与分解

1.拆卸自动变速器前后壳体、油底壳及阀体

自动变速器的分解如图5-29所示。

步骤:

1)从自动变速器前方取下变矩器。

2)拆除所有安装在自动变速器壳体上的部件,如加油管、挡位开关、车速传感器、输入轴传感器等。

3)松开紧固螺栓,拆下自动变速器前端的变矩器壳。

4)拆除输出轴凸缘和自动变速器后端壳,从输出轴上拆下车速传感器感应转子。

5)拆下油底壳,松开进油滤网与阀体之间的固定螺栓,从阀体上拆下进油滤网。

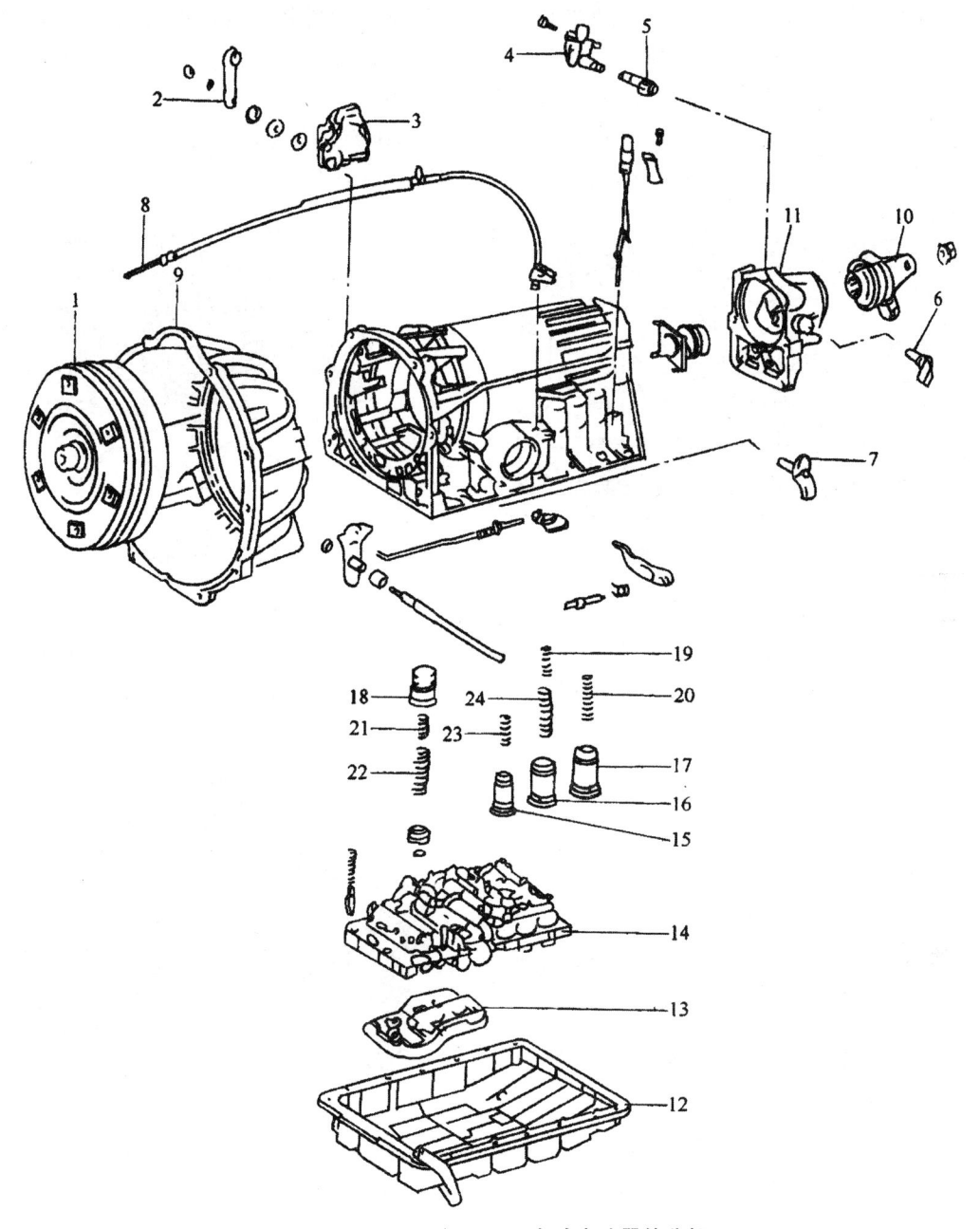

图 5-29 A341E 和 A342E 自动变速器的分解

1—变矩器；2—手动阀摇臂；3—挡位开关；4、6—车速传感器；5—车速传感器驱动齿轮；
7—输入轴转速传感器；8—节气门拉索；9—变矩器壳；10—输出轴凸缘；11—后端壳；
12—油底壳；13—进油滤网；14—阀体；15、16、17、18—蓄压器活塞；
19、20、21、22、23、24—减振弹簧

6) 拔下连接在阀体上的所有线束插头，拆除与节气门连接的节气门拉索，松开阀体与自动变速器壳体之间的固定螺栓(见图 5-30)，取下阀体总成。阀体上的螺栓除了一部分是固定在自动变速器壳体上的之外，还有许多是上下阀体之间的固定螺栓。在拆卸阀体总成时，应对照相应的

自动变速器维修手册,认准阀体与自动变速器壳体之间的固定螺栓。若没有自动变速器维修手册,则在拆卸阀体时,应先松开阀体四周的固定螺栓,再检查阀体总成是否松动。若未松动,可将阀体中间的所有螺栓逐个松开少许,直至阀体总成松动为止,即可找出阀体上所有固定在自动变速器壳体上的固定螺栓。有些自动变速器阀体与自动变速器壳体之间有油管相连(如 A340E 自动变速器),对此可先用起子将油管撬起后再拆下阀体总成(见图 5-31)。

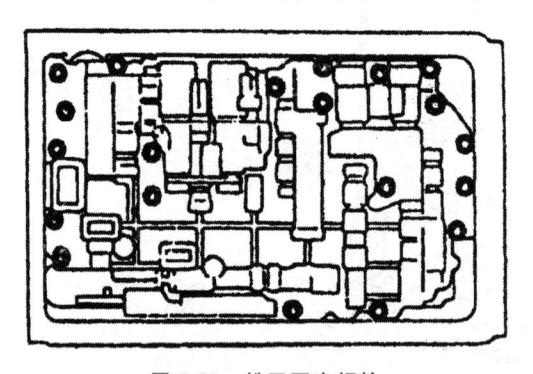

图 5-30　松开固定螺栓　　　　图 5-31　撬起油管

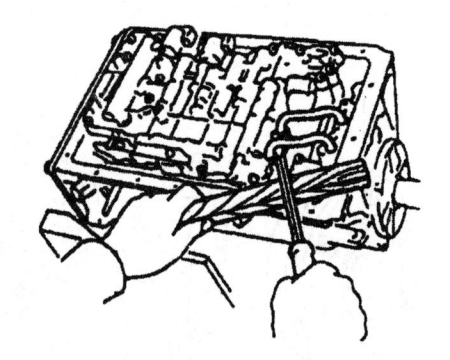

7)取出自动变速器壳体油道中的单向阀和弹簧[见图 5-32(a)]。

8)取出自动变速器壳体上的减振器(减振器又称蓄压器)活塞。方法是用手指按住减振器活塞,从减振器活塞周围相应油孔中吹入压缩空气[见图 5-32(b)],将减振器活塞吹出。

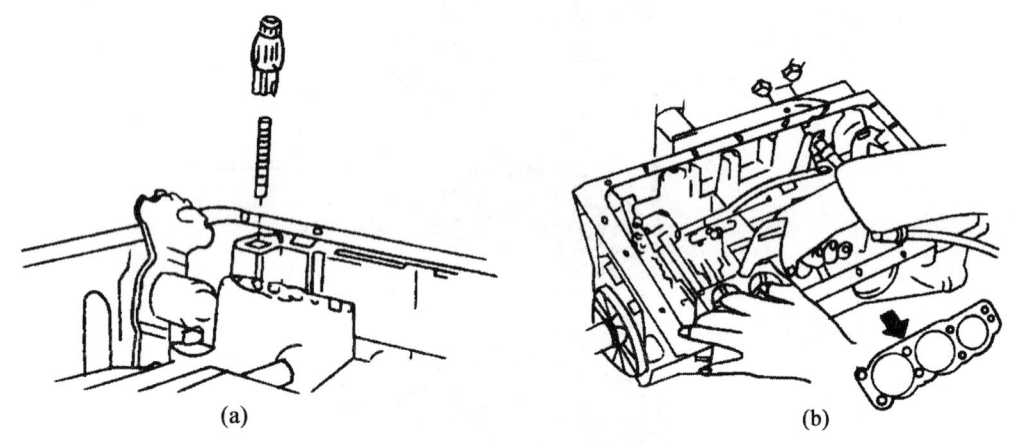

图 5-32　取出单向阀、弹簧、减振器活塞
(a)取出单向阀、弹簧;(b)取出减振器活塞

2.拆卸油泵总成

步骤:

1)拆下油泵周围的固定螺栓。

2)用专用拉具拉出油泵总成(见图 5-33)。

3.分解行星齿轮变速结构

行星齿轮结构分解图如图 5-34 所示。

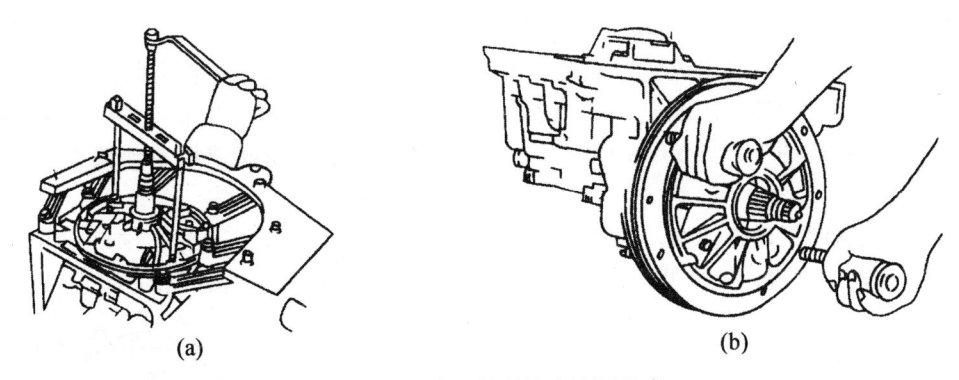

图 5-33　用专用拉具拉出油泵总成

(a)用拉具拉出油泵；(b)用惯性锤拉出油泵

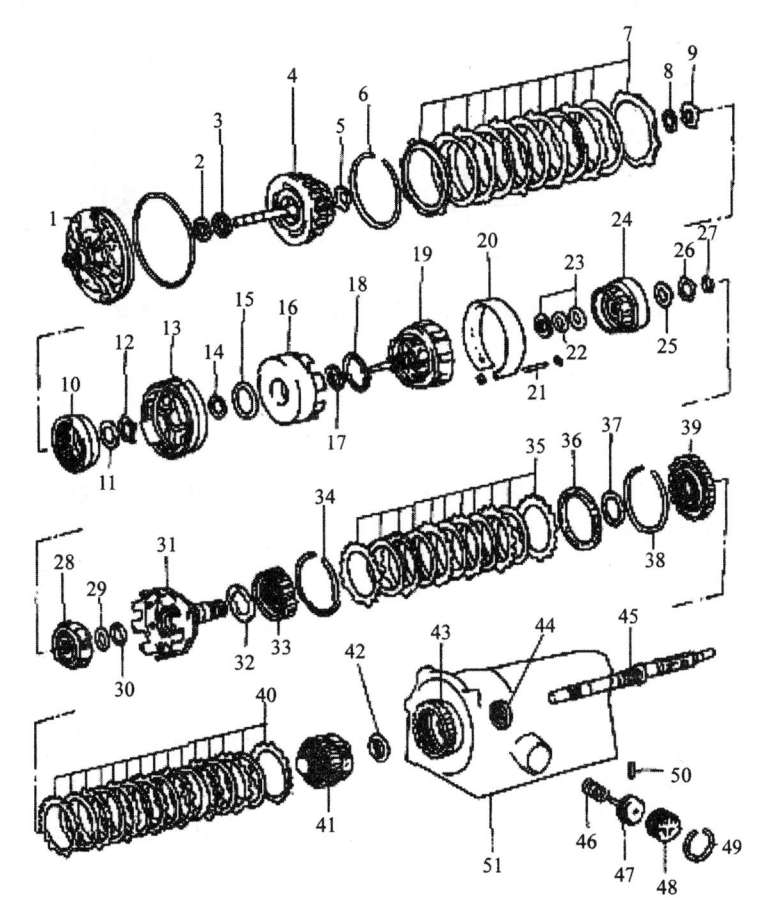

图 5-34　行星齿轮结构分解图

1—油泵；2、5、9、11、14、23、26、29—止推垫片；3、8、12、17、22、25、30、42、44—推力轴承；4—超速挡行星架和直接挡离合器组件；6、27、34、38、49—卡环；7—超速挡制动器钢片和摩擦片；10—超速齿圈；13—超速挡制动器鼓；15、18、32、37—尼龙止推垫片；16—倒挡及高速挡离合器组件；19—前进挡离合器组件；20—挡强制动带；21—制动带销轴；24—前齿圈；28—前行星架；31—前后太阳轮组件；33—二挡单向超越离合器；35—二挡制动器钢片和摩擦片；36—活塞衬套；39—二挡制动器鼓；40—低速挡及倒挡制动器摩擦片；41—后行星架及行星轮组件；43—卡环后齿圈；45—输出轴；46—弹簧；47—二挡强制动带活塞；48—二挡强制动带液压缸缸盖；49—二挡强制动带液压缸缸盖；50—超速制动鼓进油孔油封；51—变速器壳

步骤:

1)从自动变速器前方取出超速挡行星架和直接挡离合器组件及超速挡齿圈。

2)拆卸超速挡制动器。用旋具拆下超速挡制动器卡环,取出超速挡制动器钢片和摩擦片。拆下超速挡制动器鼓的卡环,松开壳体上的固定螺栓,用拉具拉出超速挡制动器鼓[见图5-35(a)]。

3)拆卸二挡强制制动带活塞。从外壳上拆下二挡强制制动带液压缸缸盖卡环,用手指按住液压缸缸盖,从液压缸进油孔中吹入压缩空气,将液压缸缸盖和活塞吹出[见图5-35(b)]。

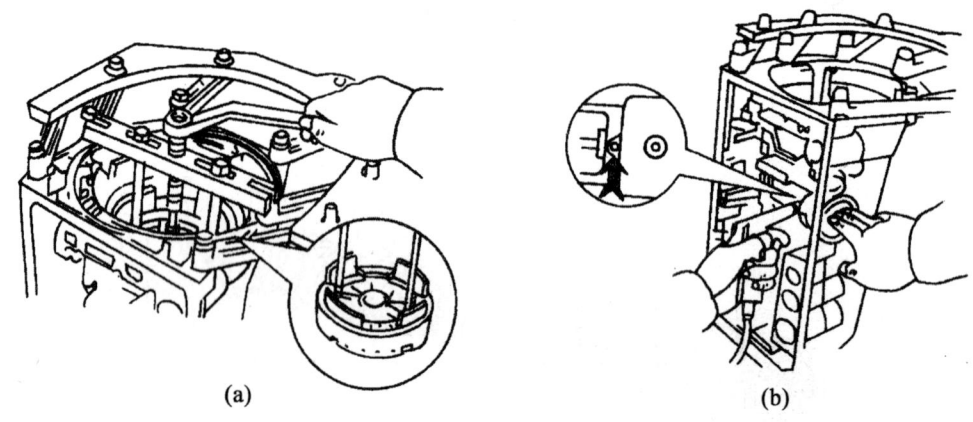

图 5-35 拉出超速挡制动器鼓,吹出液压缸缸盖和活塞

(a)拉出超速挡制动器鼓;(b)吹出液压缸缸盖和活塞

4)取出中间轴、高速挡及倒挡离合器和前进挡离合器组件。

5)拆出二挡强制制动带锁轴,取出制动带。

6)拆出前行星排。取出前齿圈,将自动变速器立起,用木块垫住输出轴,拆下前行星架上的卡环,拆出前行星架和行星轮组件。

7)取出前后太阳轮组件和低速挡单向离合器。

8)拆卸二挡制动器。拆下卡环,取出二挡制动器所有摩擦片、钢片及活塞衬套。

9)拆卸输出轴、后行星排和低速挡及倒挡制动器组件。拆下卡环,抓住输出轴,取出输出轴、后行星排、前进挡单向超越离合器、低速挡及倒挡制动器和二挡制动器鼓组件。在分解自动变速器时,应将所有组件和零件按分解顺序依次排放,以便于检修和组装。要特别注意各个止推垫片、推力轴承的位置,不可错乱。

各种车型的后轮驱动车型自动变速器基本上都可按上述顺序和方法进行分解。

5.4.2 离合器、制动器的检修

检查离合器或制动器的摩擦片,如有烧焦、表面粉末冶金层脱落或翘曲变形,应更换。许多自动变速器的摩擦片表面上印有符号[见图5-36(a)],若这些符号已被磨去,说明摩擦片已磨损至极限,应更换。也可测量摩擦片的厚度[见图5-36(b)],若小于极限厚度,则应更换。

步骤:

1)检查制动带内表面,如有烧焦、表面粉末冶金层脱落或表面符号已被磨去,应更换[见图5-36(c)]。

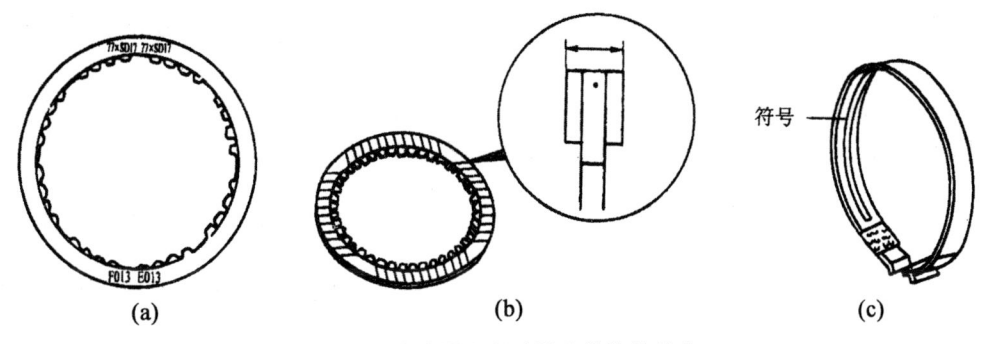

图 5-36 离合器和制动器摩擦片的检查
(a)检查摩擦片；(b)测量摩擦片的厚度；(c)检查制动带内表面度图

2）检查钢片，如有磨损或翘曲变形，应更换。
3）检查挡圈的摩擦面，如有磨损，应更换。
4）检查离合器和制动器的活塞，其表面无损伤或拉毛，否则应更换新件。
5）检查离合器活塞上的单向阀，其阀球应能在阀座内活动自如。用压缩空气或煤油检查单向阀的密封性（从液压缸一侧往单向阀内吹气，见图 5-37），密封应良好。如有异常，应更换活塞。

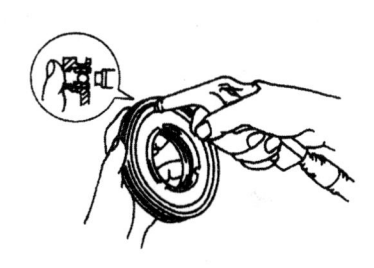

图 5-37 检查离合器活塞上的单向阀

6）检查离合器和制动器鼓，其液压缸内表面应无损伤或拉毛，与钢片配合的花键槽应无磨损。如有异常，应更换新件。
7）测量活塞回位弹簧的自由长度。若弹簧自由长度过小或有变形，应更换新弹簧。
8）更换所有离合器、制动器及制动带液压缸活塞上的 O 形密封圈及轴颈上的密封环。新的密封圈或密封环应涂上少许自动变速器油或凡士林后装入。

5.4.3 行星排、单向超越离合器的检修

1. 行星排、单向超越离合器的检验

步骤：
1）检查太阳轮、行星轮、齿圈的齿面，如有磨损或疲劳剥落，应更换整个行星排。
2）检查行星轮与行星架之间的间隙（见图 5-38），其标准间隙为 0.2～0.6 mm，最大不得超过 1.0 mm，否则应更换止推垫片或行星架和行星轮组件。

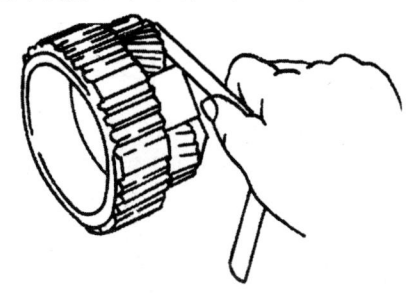

图 5-38 检查行星轮与行星架之间的间隙

3)检查太阳轮、行星轮、齿圈等零件的轴颈或滑动轴承处有无磨损。如有异常磨损,应更换新件。

4)检查单向超越离合器,如滚柱破裂、滚柱保持架断裂或内外圈滚道磨损起槽,应更换新件。如果在锁止方向上有打滑或在自由转动方向上有卡滞,也应更换。

2.行星排、单向超越离合器的装配

步骤:

1)将行星排和单向超越离合器的所有零件清洗干净,涂上少许自动变速器油,按分解相反的顺序进行装配。

2)装好单向离合器之后,应再次检查,保证其锁止方向正确,在自由转动方向上转动灵活。

5.4.4 液压控制系统的检修

1.阀体的分解

步骤:

1)按图5-39所示顺序拆下阀体上的手动阀阀芯及电磁阀等零件。

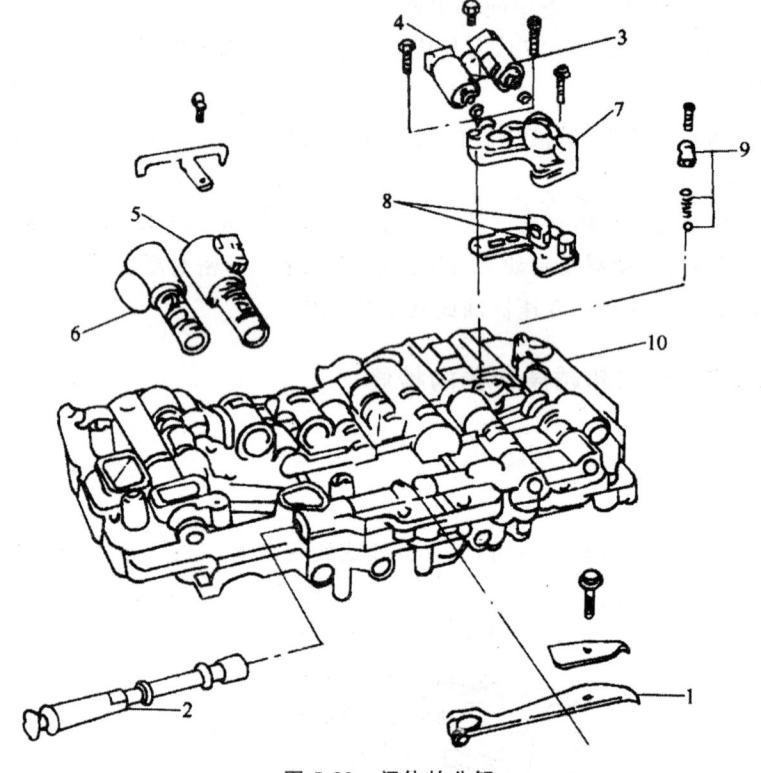

图5-39 阀体的分解
1—手动阀摇臂定位弹簧;2—手动阀;3、4—换挡电磁阀;5—油压电磁阀;6—锁止电磁阀;
7—换挡电磁阀底座;8—换挡电磁阀滤网;9—泄压阀;10—阀体

2)松开上下阀体之间的固定螺栓,将上下阀体分开(见图5-40)。在拿起上阀体时,为了防止阀体油道内的单向阀阀球掉落,应将上下阀体之间的隔板和上阀体一同拿起,并将上阀体油道一面朝上放置后再取下隔板。如果阀体油道内的某个阀或其他小零件掉出,由于阀体油道的形状十分复杂,往往因找不到这些小零件的原有位置而不能正确安装,导致修理后的自动变速器工作异常。

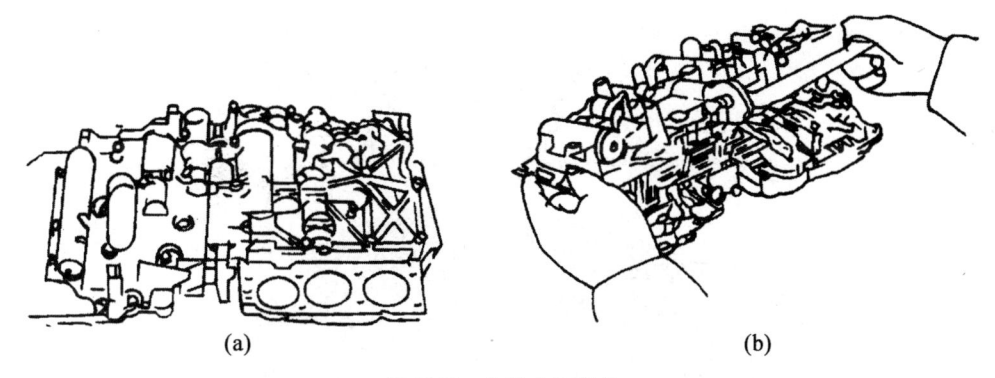

图 5-40 分开上下阀体
(a)翻转阀体,松开阀体螺栓;(b)抬起阀体和隔板

3)从上阀体一侧取下隔板,取出上阀体油道内的所有单向阀阀球。

4)按图 5-41 所示顺序拆出上阀体中的控制阀。在拆出每个控制阀时,应先取出锁销和柱塞,再让阀芯和弹簧从阀孔中自由落出。若阀芯在阀孔中有卡滞,不能自由落出,则可用木锤或橡胶锤敲击阀体,将阀芯振出;不要用铁丝或钳子伸入阀孔去取阀芯,以免损坏阀孔内表面或阀芯。

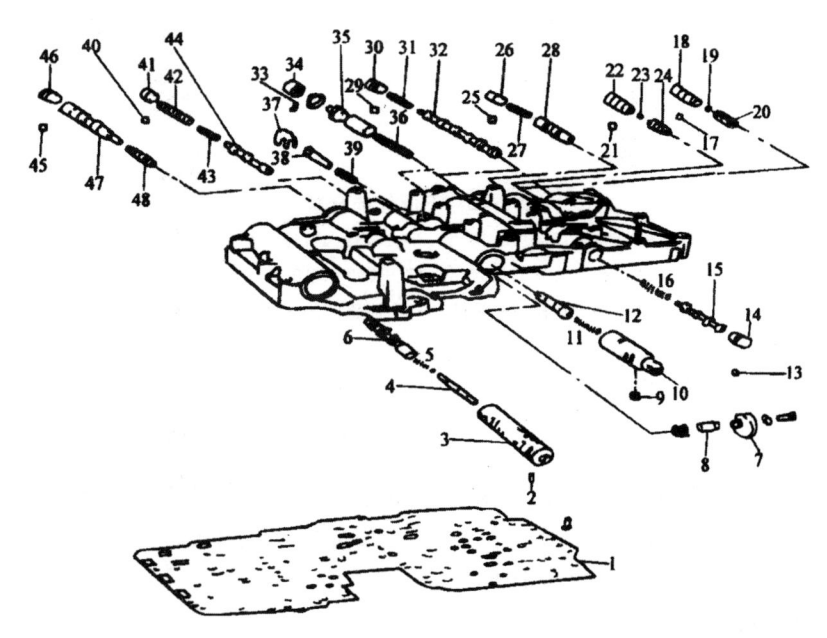

图 5-41 上阀体的分解
1—隔板和衬垫;2、9、13、17、21、25、29、33、40、45—锁销;3—锁止控制阀阀套;4—锁止控制阀;5、11、16、27、31、36、39、42、43、48—弹簧;6—锁止继动阀;7—节气门阀凸轮;8—销套;10—强制降挡阀;12—节气门阀;14、18、22、26、30、34、41、46—柱塞;15—三、四挡换挡阀;19、23—单向阀阀球;20、24—单向阀;28—倒挡控制阀;32—二、三挡换挡阀;35—前进挡减振器活塞;37—锁片;38—节气门阀调节螺钉;44—前进挡减振器节流阀;47—变矩器阀

5)按图 5-42 所示顺序拆出下阀体中所有的控制阀。

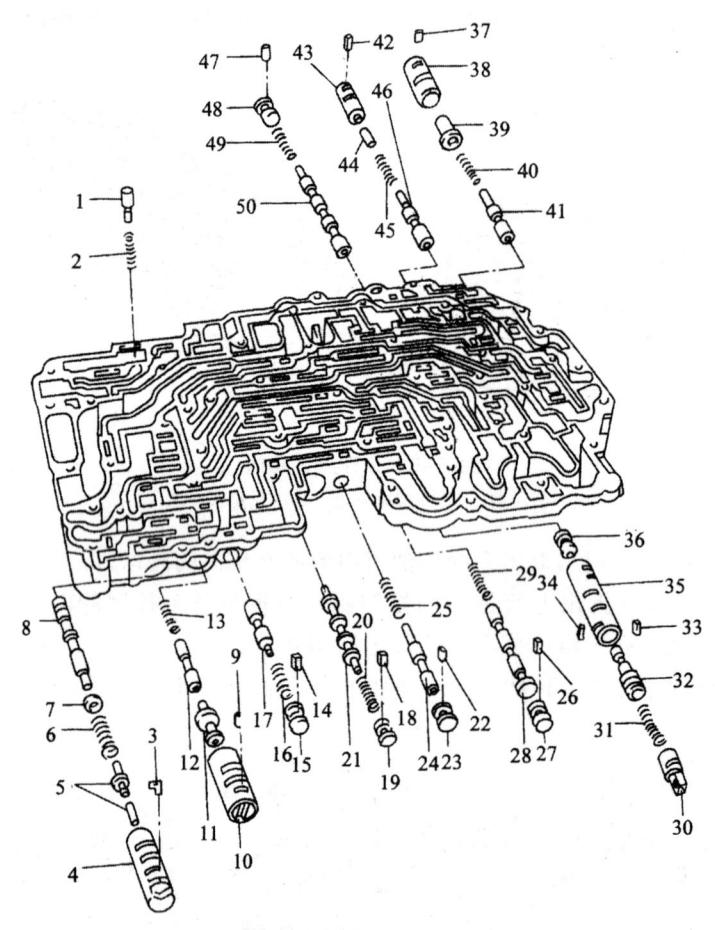

图 5-42 下阀体的分解

1—单向阀;2、6、13、16、20、25、29、31、40、45、49—弹簧;
3、9、14、18、22、26、33、34、37、42、47—锁销;4、10、35、38、43—阀套;
5、11、36、39、44—阀杆;7—垫圈;8—主油路调压阀;12—锁止控制阀;
15、19、23、27、30、48—柱塞;17—单向阀;21—电磁转换阀;24—电磁调节阀;
28—截止阀;32—减振器控制阀;41、46—滑行调节阀;50—一、二挡换挡阀

2. 阀体零件检修

1)将上下阀体和所有控制阀的零件用清洁的煤油或汽油清洗干净。
2)检查控制阀阀芯表面,如有轻微刮伤痕迹,可用金相砂纸抛光。
3)如控制阀卡死在阀孔中,应更换阀体总成。
4)更换隔板上的纸质衬垫。
5)更换所有塑胶阀体。

3. 阀体的装配

1)将清洗后的上下阀体和所有控制阀零件放入干净的自动变速器油中,浸泡几分钟。
2)按图 5-41、图 5-42 所示相反的顺序安装上下阀体各控制阀,注意各控制阀弹簧的安装位置,切不可将各控制阀的弹簧装错。必要时可各个测量,加以区分。

3)将上阀体油道内的阀球装入。

4)用螺钉将隔板衬垫固定在上阀体上。

5)将上下阀体合在一起,按图5-43所示方法将三种不同规格的阀体螺栓安装在不同的位置上,分2~3次将所有螺栓拧紧。阀体螺栓的标准拧紧力矩为6.1 N·m。

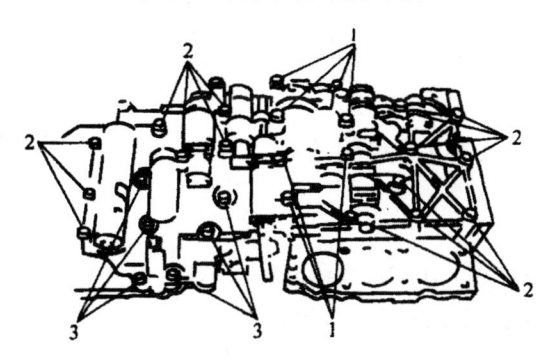

图5-43 安装阀体螺栓

1—长螺栓(长度为45 mm);2—中螺栓(长度为35 mm);3—短螺栓(长度为20 mm)

6)按图5-39所示相反的顺序安装电磁阀、手动阀等零件。

第6章 万向传动装置

6.1 万向传动装置概述

6.1.1 万向传动装置的功用和组成

1. 功用

万向传动装置在汽车上有很多应用,结构也稍有不同,但其功用都是一样的,即在轴线相交且相互位置经常发生变化的两转轴之间传递动力。

如图 6-1 所示为万向传动装置在汽车中最常见的应用,位于变速器与驱动桥之间。

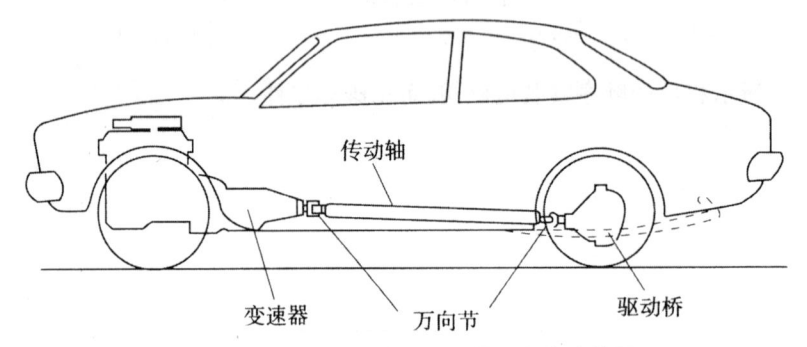

图 6-1 变速器与驱动桥之间的万向传动装置

2. 组成

万向传动装置主要包括万向节和传动轴,对于传动距离较远的分段式传动轴,为了提高传动轴的刚度,还设置有中间支承,如图 6-2 所示。

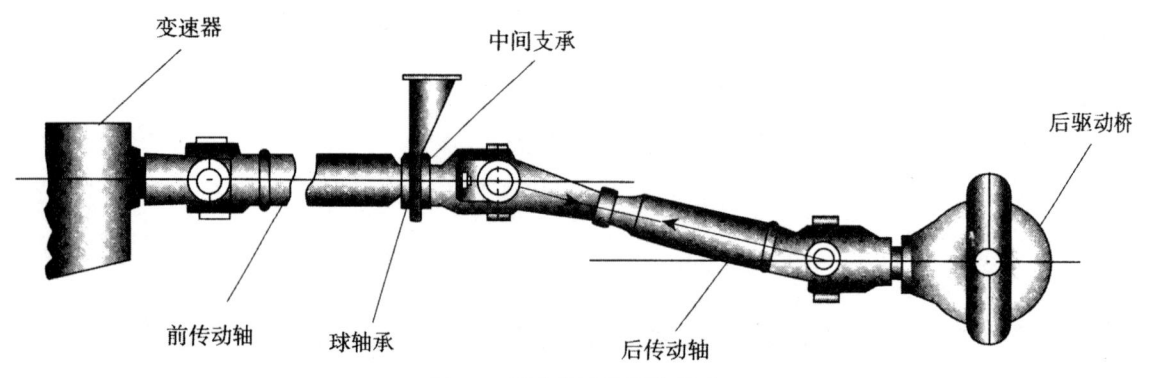

图 6-2 万向传动装置的组成

6.1.2 万向传动装置的应用

万向传动装置在汽车上的应用主要有以下 5 个方面:

1) 变速器与驱动桥之间（4×2 汽车），如图 6-3 所示。一般汽车的变速器、离合器与发动机三者装合为一体装在车架上，驱动桥通过悬架与车架相连。在负荷变化及汽车在不平路面行驶时引起的跳动，会使驱动桥输入轴与变速器输出轴之间的夹角和距离发生变化，因此需要安装万向传动装置。

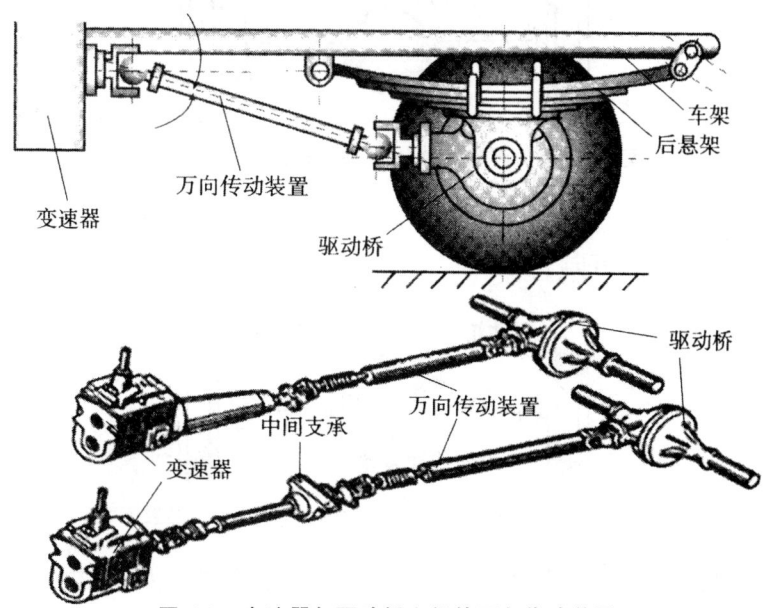

图 6-3 变速器与驱动桥之间的万向传动装置

2) 变速器与分动器、分动器与驱动桥之间（越野汽车），如图 6-4 所示。为消除车架变形及制造、装配误差等引起的其轴线同轴度误差对动力传递的影响，需装有万向传动装置。

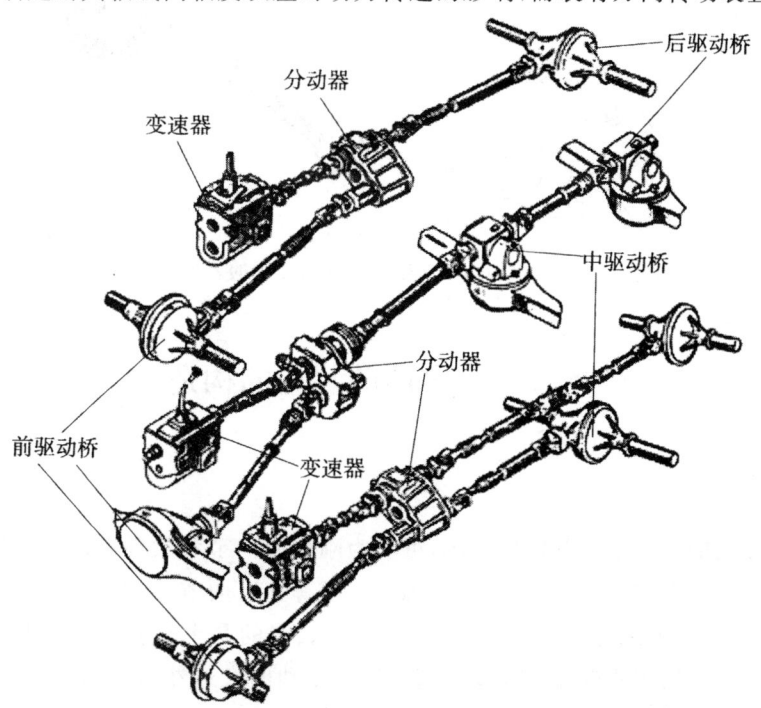

图 6-4 变速器与分动器、分动器与驱动桥之间的万向传动装置

3)转向驱动桥的内、外半轴之间,如图 6-5 所示。转向时两段半轴轴线相交且交角有变化,因此要用万向节。

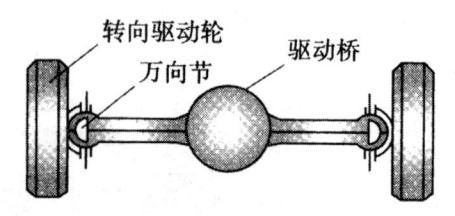

图 6-5　转向驱动桥内、外半轴之间的万向传动装置

4)断开式驱动桥的半轴之间,如图 6-6 所示。主减速器壳在车架上是固定的,桥壳上下摆动,半轴是分段的,因此需用万向节。

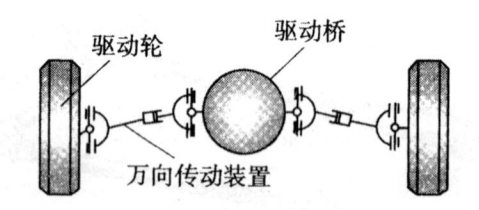

图 6-6　断开式驱动桥半轴之间的万向传动装置

5)转向机构的转向轴和转向器之间,如图 6-7 所示。这有利于转向机构的总布置。

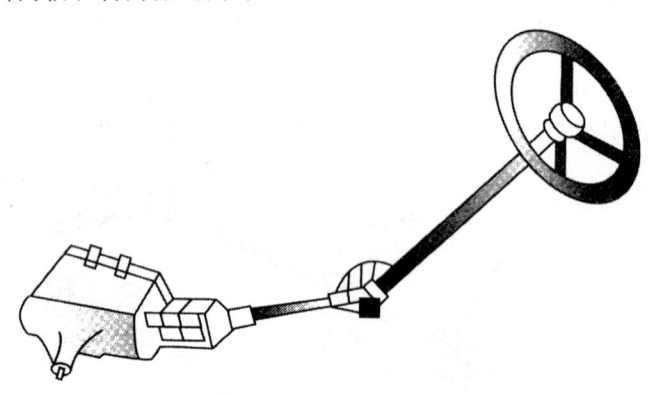

图 6-7　转向机构的转向轴和转向器之间的万向传动装置

6.2　万向传动装置的构造

6.2.1　万向节

在汽车上使用的万向节按其刚度大小,可分为刚性万向节和柔性万向节。刚性万向节按其速度特性分为不等速万向节(常用的为十字轴式)、准等速万向节(双联式和三销轴式)和等速万向节(包括球叉式和球笼式等)。目前在汽车上应用较多的是十字轴式刚性万向节和等速万向节。十字轴式刚性万向节主要用于发动机前置后轮驱动的变速器与驱动桥之间,等角速万向节主要用于发动机前置前轮驱动的内、外半轴之间。

1. 十字轴式刚性万向节

常见的不等速万向节为十字轴式刚性万向节，如图6-8所示，其允许相邻两轴的最大交角为15°～20°。

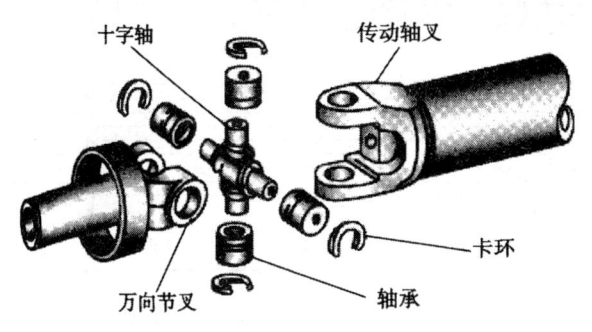

图 6-8　十字轴式刚性万向节

十字轴式刚性万向节主要由十字轴、万向节叉等组成。万向节叉上的孔分别套在十字轴的4个轴颈上。在十字轴轴颈与万向节叉孔之间装有滚针和套筒，用带有锁片的螺栓和轴承盖来使轴向定位。为了润滑轴承，十字轴内钻有油道，且与油嘴、安全阀相通，如图6-9所示。为避免润滑油流出及尘垢进入轴承，十字轴轴颈的内端套装着油封。

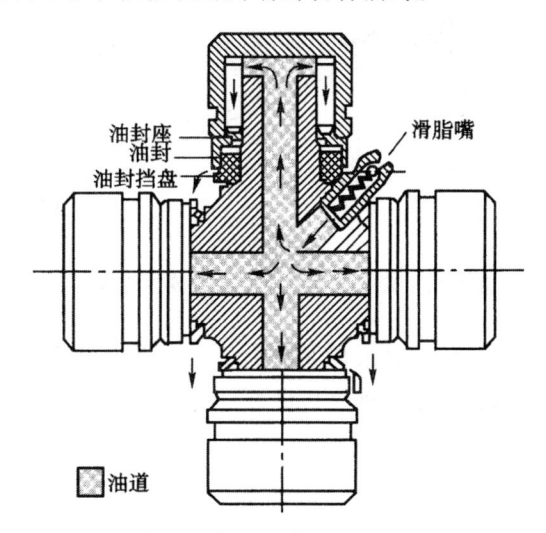

图 6-9　润滑油道及密封装置

单个十字轴式刚性万向节在主动轴和从动轴之间有夹角的情况下，当主动叉等角速转动时，从动叉是不等角速的，这称为十字轴式刚性万向节的不等速特性。且两转轴之间的夹角越大，不等速性就越大，图6-10所示为传动轴每转一圈时速度变化情况。

十字轴式刚性万向节的不等速特性将使从动轴及其相连的传动部件产生扭转振动，从而产生附加的交变载荷，影响部件寿命。可以采用图6-11所示的双十字轴刚性万向节的传动方式，第一万向节的不等速特性可以被第二万向节的不等速特性所抵消，从而实现两轴间的等角速传动。具体条件是：①第一万向节两轴间夹角 α_1 与第二万向节两轴间夹角 α_2 相等；②第一万向节的从动叉与第二万向节的主动叉处于同一平面。

图 6-10 十字轴式刚性万向节的不等速特性

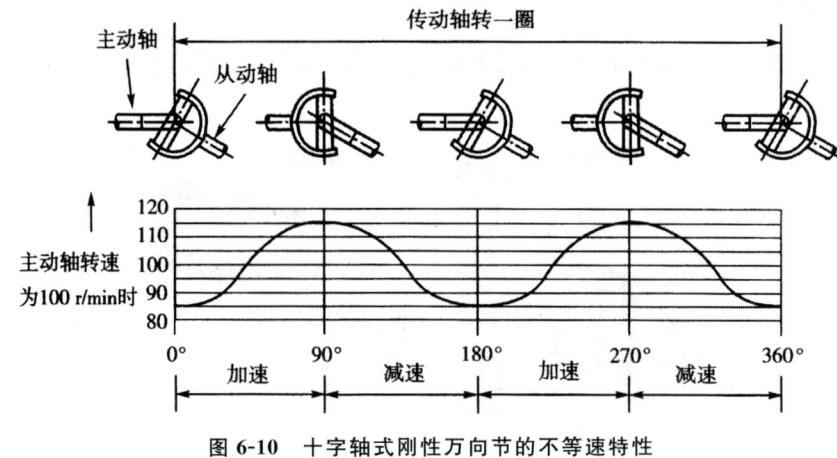

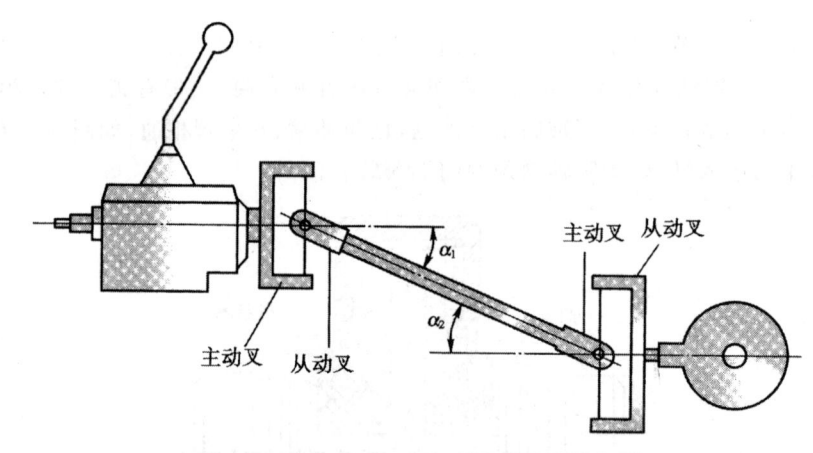

图 6-11 双十字轴刚性万向节等速传动布置

由于悬架的振动,不可能在任何时候都保证 $\alpha_1=\alpha_2$,因此这种双十字轴刚性万向节的传动只能近似地解决等速传动问题,且由于两轴夹角最大只能是 20°,因此在使用上受到限制。

2. 等速万向节

等速万向节的工作原理是保证万向节在工作过程中,其传力点永远位于两轴交角的平分面上,如图 6-12 所示。

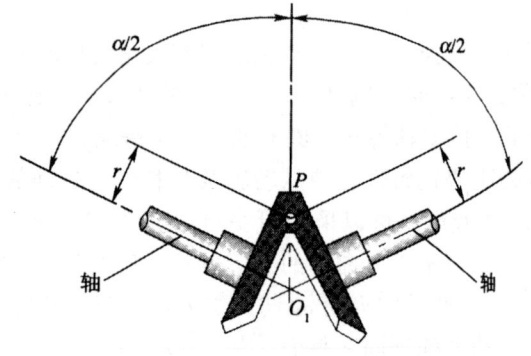

图 6-12 等速万向节的工作原理

(1) 球笼式万向节

常见的球笼式万向节有固定型球笼式等速万向节(RF节)和伸缩型球笼式等速万向节(VL节)。

如图6-13所示,固定型球笼式万向节由6个钢球、星形套、球形壳和保持架等组成。万向节星形套与主动轴用花键固接在一起,星形套外表面有六条弧形凹槽滚道,球形壳的内表面有相应的6条凹槽,6个钢球分别装在各条凹槽中,由球笼使其保持在同一平面内。动力由主动轴、钢球、球形壳输出。

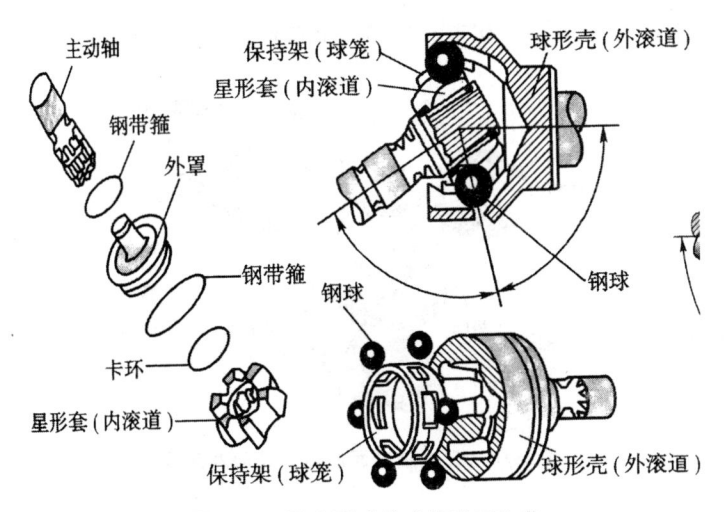

图 6-13 固定型球笼式等速万向节

球笼式万向节工作时6个钢球都参与传力,故承载能力强、磨损小、寿命长。广泛应用于各种型号的转向驱动桥和独立悬架的驱动桥。

伸缩型球笼式等角速万向节又称直槽滚道型等速万向节。如图6-14所示,其结构与上述球笼式相近,只是内、外滚道为圆筒形直槽,使万向节本身可轴向伸缩(伸缩量为40~50 mm),省去其他万向节传动中的滑动花键,且滚动阻力小,适用于断开式驱动桥的万向传动装置。这种万向节所连接的两轴夹角不能太大,因此常常和固定型球笼式等速万向节组合在一起使用,以保证在夹角和距离发生变化的条件下传递动力。

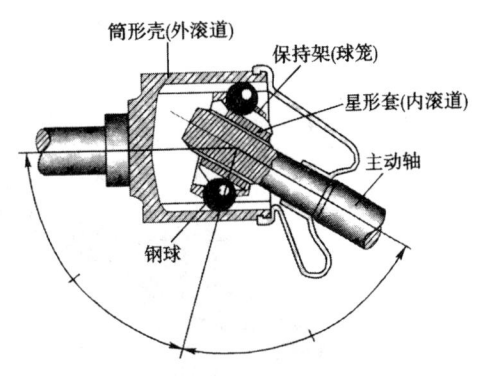

图 6-14 伸缩型球笼式等速万向节

RF节和VL节广泛应用于采用独立悬架的汽车转向驱动桥,如红旗、桑塔纳、捷达、宝来、奥迪等汽车的前桥。其中RF节用于靠近车轮处,VL节用于靠近驱动桥处,如图6-15所示。

(2) 三枢轴球面滚轮式等速万向节

三枢轴球面滚轮式等速万向节又称为自由三枢轴万向节,其结构如图6-16所示。由3个位于同一平面内互成120°的枢轴构成,它们的轴线交于输入轴上一点,并且垂直于驱动轴。3个外表面为球面,滚子轴承分别活套在各枢轴上,一个漏斗形轴,在其筒形部分加工出3个槽形轨道。3个槽形轨道在筒形圆周上是均匀分布的,轨道配合面为部分同柱面,3个滚子轴承分别装入各槽形轨道,可沿轨道滑动。

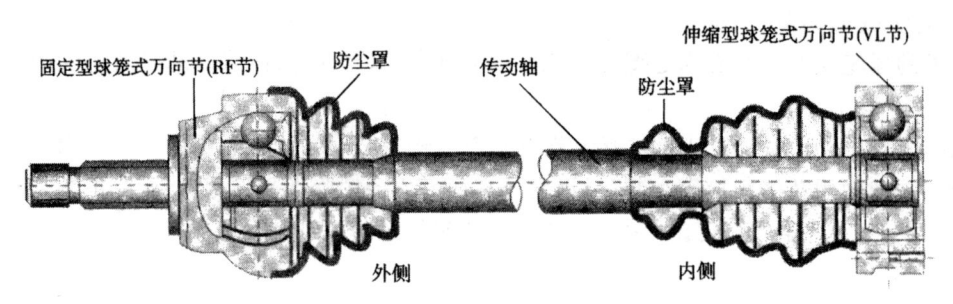

图 6-15　RF 节与 VL 节在转向驱动桥中的布置

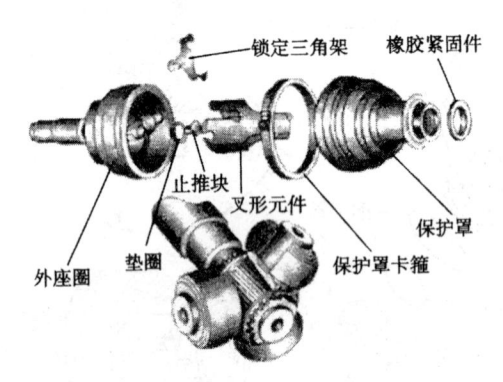

图 6-16　三枢轴球面滚轮式等速万向节

图 6-17 所示为别克凯越汽车等速万向节和传动轴的结构。

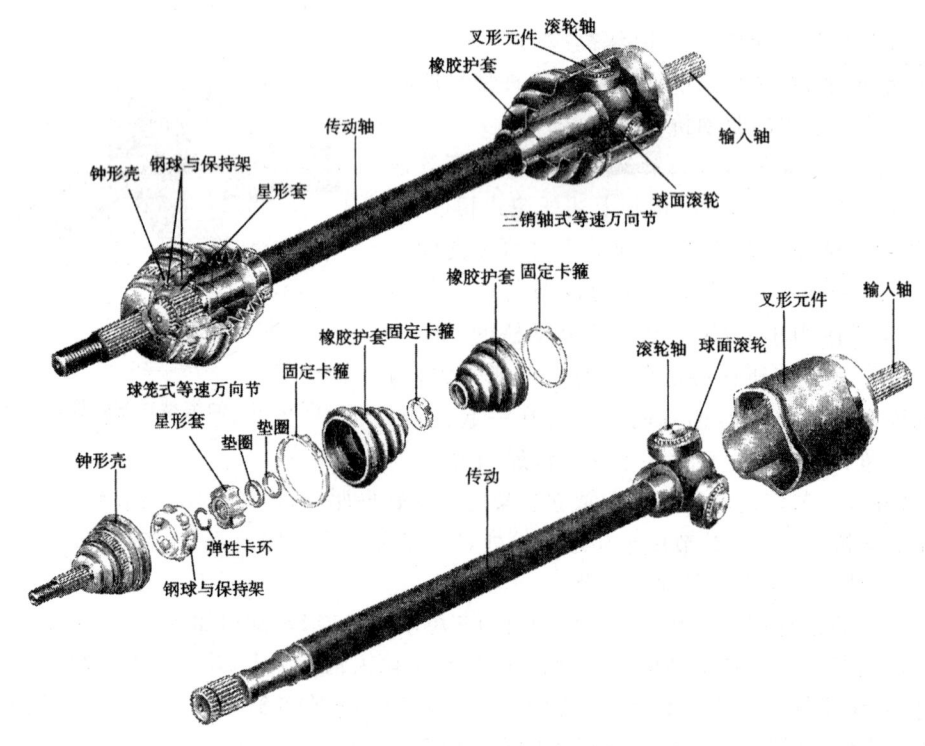

图 6-17　等速万向节和传动轴

6.2.2 传动轴和中间支撑

1. 传动轴

汽车传动系的传动轴轴身通常是一壁厚均匀的轴管。在转向驱动桥、断开式驱动桥或微型汽车的万向传动装置中,常把传动轴制成实心轴。

传动轴联接变速器(或分动器)与驱动桥,主要作用是将变速器(或分动器)传来的转矩传给驱动桥的主减速齿轮。

(1)构造

传动轴是一根转速相当高的长轴。理论与实践证明,一根长轴的转速高达某一数值时就会发生破坏,这时的转速称为轴的危险转速。危险转速取决于轴的长度、断面尺寸形状及轴的平衡情况等因素。短轴能大大提高危险转速,保证旋转的稳定性。当变速器与驱动桥之间的距离较大时,汽车上传动轴多分为两段,其间用万向节联接并加装中间支承。

图 6-18 为解放 CA1092 型汽车的传动轴总成。它由 3 个普通万向节、中间传动轴 4、传动轴

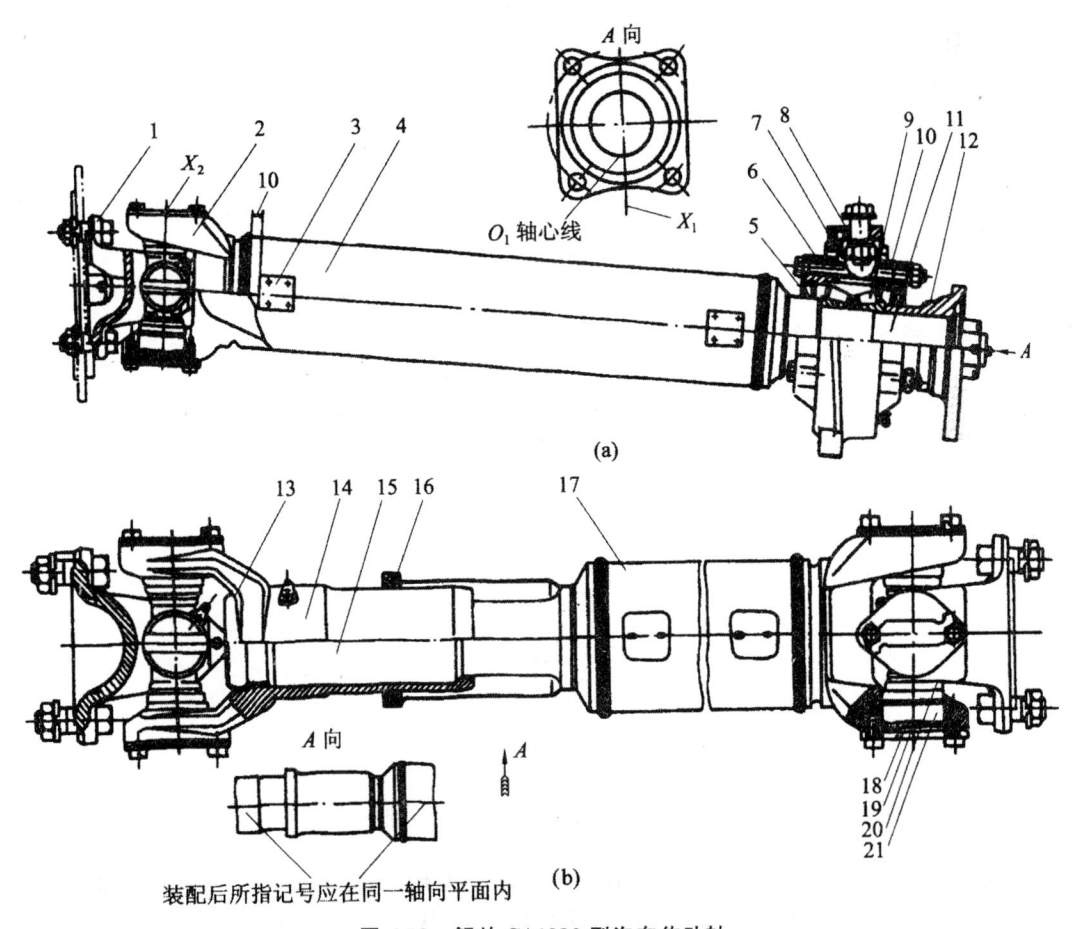

图 6-18 解放 CA1092 型汽车传动轴

1—凸缘;2—焊接;3—平衡片;4—中间传动轴;5—中间支承油封;6—中间支承轴承前盖;7—橡胶垫;8—中间支承轴承支架;9—中间支承轴承;10—中间支承轴承后盖;11—中间传动轴花键轴;12—凸缘;13—滑动叉堵盖;14—滑动叉;15—传动轴花键端;16—防尘罩及毛毡油封总成;17—传动轴;18—锁片;19—滚针轴承支承片;20—滚针轴承;21—十字轴

17、中间支承等组成。传动轴用薄钢板卷焊而成。前万向节的输出叉即焊接叉 2 的尾端插入中间传动轴 4 的轴管内并焊牢。轴管的后端焊上一根花键轴 11，在装入中间支承后，再装入凸缘 12，以螺母压紧并用开口销锁止。中间支承将传动轴吊装在车架横梁上。中间传动轴 4 后端凸缘 12 以止口与中间万向节叉对中，用 4 个螺栓紧固在一起。中间万向节滑动叉 14 以花键孔与焊在传动轴 17 前端的花键轴连接，沿轴向可作相对滑动。花键部分加润滑脂润滑。为防漏防水及防尘，CA1092 型汽车传动轴由新的翻装置，防尘罩及毛毡油封总成取纯了原结构中的滑动叉油封盖、滑动叉油封填密圈、开口垫圈等零件。传动轴 17 后端通过后万向节与后桥主动锥齿轮轴端部的凸缘盘联接。为了调整传动轴的动平衡，轴管上焊有平衡片 3。为了使以后维修时不至于因装配不当而破坏动平衡状态，保证同一根传动轴两端的万向节叉在同一平面内，万向节滑动叉 14 上的花键套和传动轴 17 上刻有带箭头的记号，装配时应使记号对准。该记号对准时传动轴 17 上两端的万向节叉正好处于同一平面内。

为加注润滑油方便，万向传动装置的注油嘴应在一条直线上，且万向节上的注油嘴应朝向传动轴。因驱动桥与车架是弹性联接的，故普通万向传动装置不可能在任何情况下都保证等速传动，考虑到汽车满载时传动系负荷已很大，应尽量消除由于不等速传动产生的惯性附加载荷；轻载或空载时传动系的负荷小，且质量小惯性冲击附加载荷也小，角速度差不大，可由传动系的弹性变形来吸收。

(2) 传动轴几种排列方法

1) 普通汽车传动轴。

单节式传动轴：普通汽车最简单的传动轴只有一节，其两端用普通万向节分别与变速器和驱动桥联接。装配时传动轴两端的万向节叉在同一平面内就保证满载时实现等速传动。

双节式传动轴：如图 6-19 所示，传动轴分为两段，即中间传动轴和主传动轴，与 3 个万向节组成万向传动装置，其装配方法有两种：

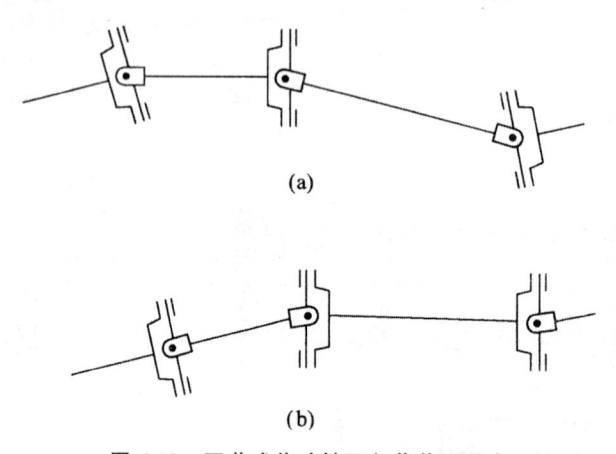

图 6-19　双节式传动轴万向节装配形式

某些汽车变速器输出轴与中间传动轴不在一条直线上，当汽车满载时两节传动轴近似在一直线上，中间万向节不起改变角速度的作用，前端万向节从动叉与后端万向节主动叉在同一平面内，即满足等速传动的条件[见图 6-19(a)]。

有些汽车的中间传动轴与变速器输出轴近似在一条直线上，实际上只要主传动轴满足等速传动条件即可[见图 6-19(b)]。

另外，某些汽车的轴距长，传动轴制成3节，以提高其刚度。前两节为中间传动轴，分别用中间支承支承于车架。每节传动轴两端的万向节叉都应分别在同一平面内。

2）越野汽车的传动轴。

越野汽车传动轴的布置包括从变速器到分动器，又从分动器到各驱动桥（图6-20）。后桥传动轴分为中间传动轴6和后桥主传动轴9，中间支承8装在中驱动桥上。满载时变速器输出轴与分动器4的各输出轴、中桥7和后桥10的输入轴以及中间支承8的轴线近似平行。每一传动轴（中间支承可认为是一传动轴）两端的万向节叉应装在同一平面内，满足平行排列或等腰排列（如前桥传动轴）的等速条件。

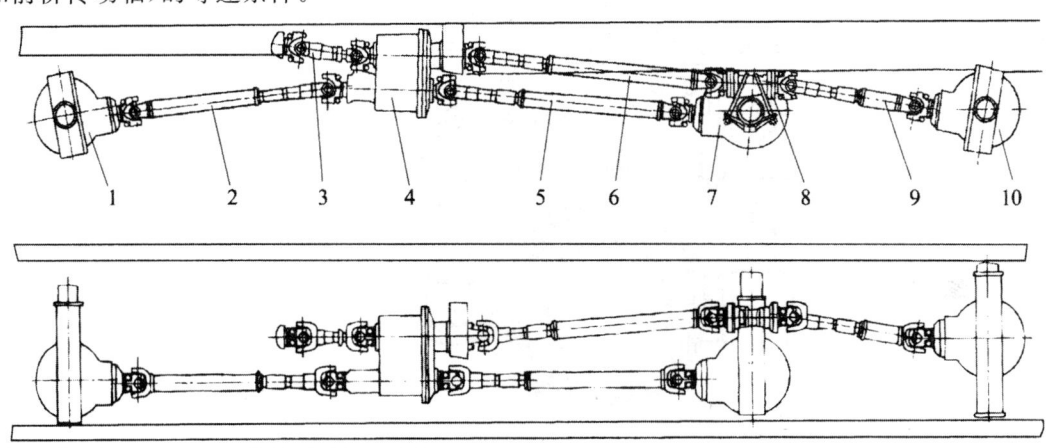

图 6-20 三桥越野汽车传动轴的布置

1—前驱动桥；2—前桥传动轴；3—传动轴；4—分动器；5—中桥传动轴；
6—后桥中间传动轴；7—中驱动桥；8—中间支承；9—后桥传动轴；10—后驱动桥

2.中间支撑

双节式传动轴的中间支承通常装在车架横梁上，能补偿传动轴轴向和角度方向的安装误差，以及汽车行驶时因发动机窜动或车架变形等所引起的位移。

中间支承常用弹性元件来满足上述要求，图6-21为解放CA1092型汽车传动轴的中间支

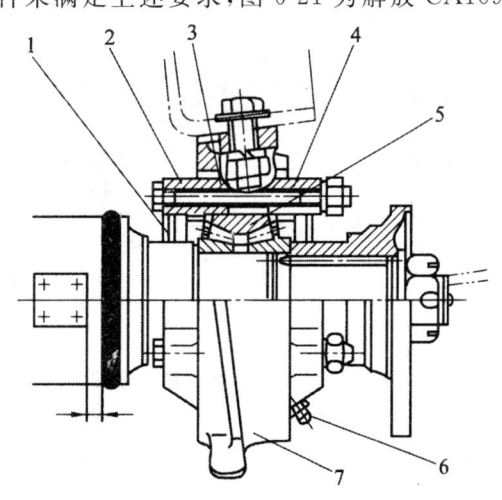

图 6-21 解放 CA1092 型汽车传动轴中间支承

1—油封；2—前盖；3—橡胶垫圈；4—后盖；5—双列圆锥滚子轴承；6—滑脂嘴；7—支架

· 101 ·

承。它由支架7和双列圆锥滚子轴承5等组成。中间支承架用螺栓装在车架的横梁上。圆锥滚子轴承装在支架孔内的橡胶垫环3中,轴承两端用油封密封,轴承下方装有滑脂嘴6。弹性橡胶垫环可以吸收传动轴的振动和适应传动轴在一定范围的任意方向摆动。

有的汽车采用摆动式中间支承(图6-22)。它可绕支承轴3摆动,改善了发动机轴向窜动时轴承的受力状况。橡胶衬套2和5能适应传动轴轴线在横向平面内少量的位置变化。

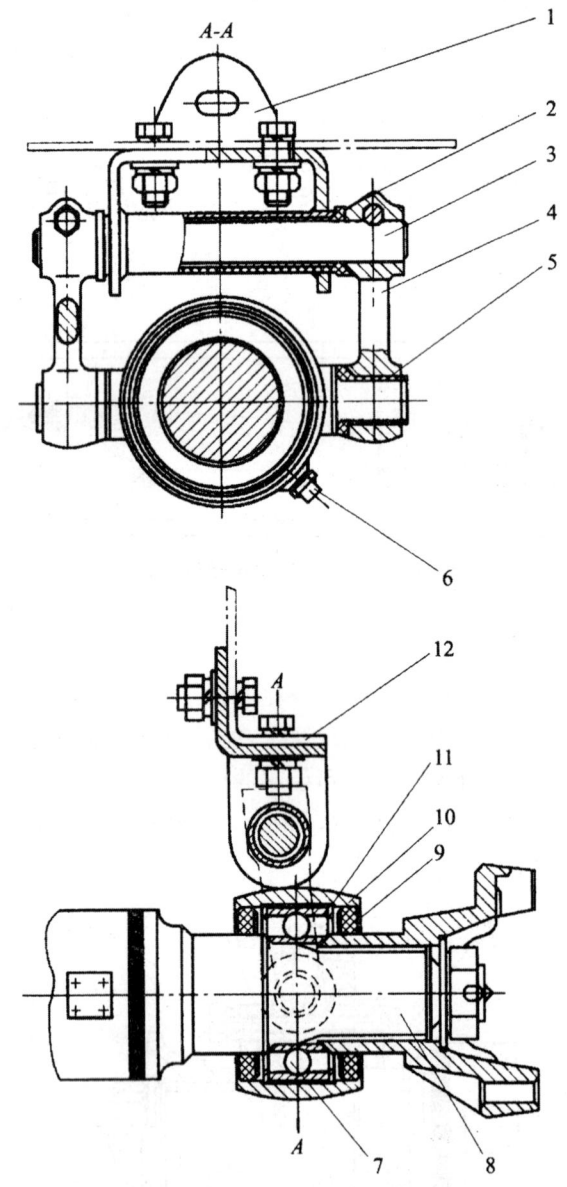

图6-22 摆动式中间支承示意图

1—支架;2、5—橡胶衬套;3—支承轴;4—摆臂;6—滑脂嘴;7—轴承;
8—中间传动轴;9—油封;10—支承座;11—卡环;12—车架横梁

三轴越野汽车后桥传动装置的中间支承通常支承在中驱动桥上(图6-23),中间支承用两个U形螺栓紧固在中桥上,支承轴13两端各用一个锥形轴承支承于壳体14内,两油封座5与壳体间的垫片9可调整两锥形轴承的松紧度。两端万向节叉通过花键套在中间支承轴上,用螺母5紧固。

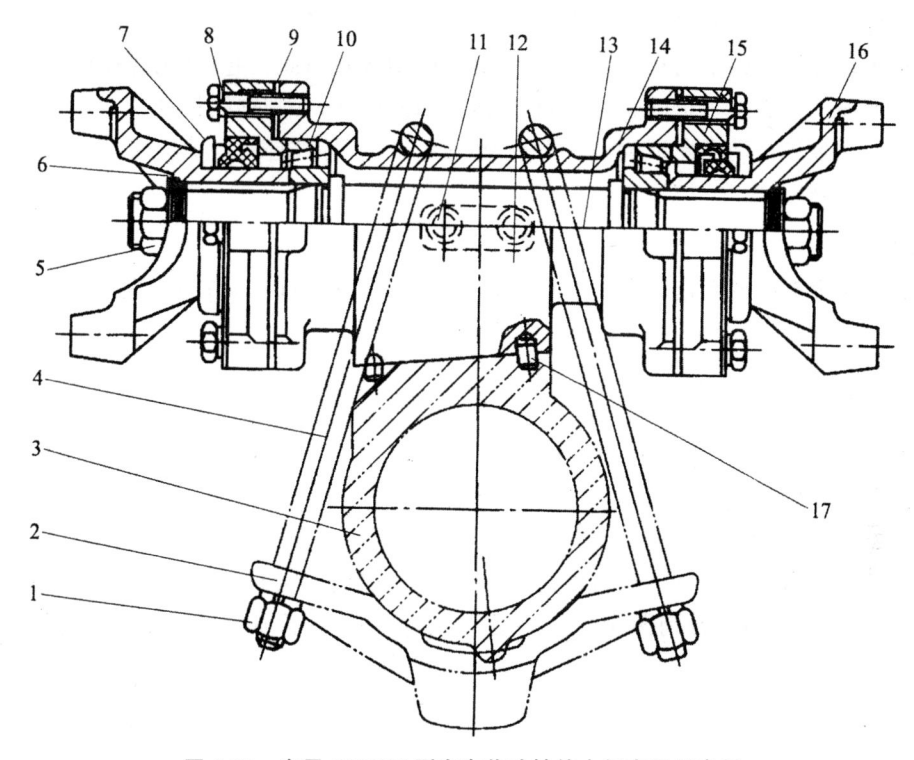

图 6-23 东风 EQ2090 型汽车传动轴的中间支承示意图
1—U 形螺栓紧固螺母;2—托板;3—中桥壳;4—U 形螺栓;5、6—紧固螺母及垫片;
7—防尘罩心;8、15—油封及油封座;9—调整垫片;10—轴承;11—通气塞;
12—滑脂嘴;13—中间支承轴;14—壳体;16—万向节叉;17—定位销

6.3 万向传动装置常见故障的诊断与维修

6.3.1 万向传动装置常见故障的诊断与排除

万向传动装置由于经常受汽车在复杂道路上行驶的影响,使传动轴在其角度和长度不断变化情况下传递转矩,因此常出现传动轴动不平衡、万向节与中间支承松旷、发响等故障。

1. 传动轴动不平衡

(1)现象

万向节和伸缩叉技术状况良好时,汽车行驶中周期性地发出响声,速度越高响声越大,甚至伴随有车身振动,握方向盘的手感觉麻木。

(2)原因

1)传动轴上的平衡块脱落。

2)传动轴弯曲或传动轴管凹陷。

3)传动轴管与万向节叉焊接不正,或传动轴未进行过动平衡试验和校准。

4)伸缩叉安装错位,造成传动轴两端的万向节叉不在同一平面内,不满足等角速传动条件。
(3)故障诊断与排除方法
1)检查传动轴管是否凹陷。有凹陷,则故障由此引起;无凹陷,则继续检查。
2)检查传动轴管上的平衡片是否脱落。如脱落,则故障由此引起;否则继续检查。
3)检查伸缩叉安装是否正确。不正确,则故障由此引起;否则继续检查。
4)拆下传动轴进行动平衡试验动。不平衡,应校准以消除故障;弯曲应校直。

2.万向节松旷

(1)现象

汽车起步和突然改变车速时,传动轴发出"哐"的响声;在汽车缓行时,发出"呱当、呱当"的响声。

(2)原因

1)凸缘盘联接螺栓松动。
2)万向节主、从动部分游动角度太大。
3)万向节十字轴磨损严重。

(3)故障诊断与排除方法

用榔头轻轻敲击各万向节凸缘盘联接处,检查其松紧度。太松旷时故障由联接螺栓松动引起,否则继续检查。用双手分别握住万向节主、从动部分转动,检查游动角度。游动角度太大,则故障由此而起。

3.中间支撑松旷

(1)现象

汽车运行中出现一种连续的"呜呜"响声,车速越高响声越大。

(2)原因

1)滚动轴承缺油烧蚀或磨损严重。
2)中间支承安装方法不当,造成附加载荷而产生异常磨损。
3)橡胶圆环损坏。
4)车架变形,造成前后联接部分的轴线在水平面内的投影不同线而产生异常磨损。

(3)故障诊断与排除方法

1)给中间支承轴承加注润滑脂,响声消失,则故障由缺油引起;否则继续检查。
2)松开夹紧橡胶圆环的所有螺钉,待传动轴转动数圈后再拧紧,若响声消失,则故障由中间支承安装方法不当引起。否则,故障可能是橡胶圆环损坏,或滚动轴承技术状况不佳,或车架变形等引起。

4.万向节和伸缩叉响

(1)现象

汽车起步或突然变换车速,传动装置发出"哐"的响声;缓慢行驶时,发出"呱啦、呱啦"的声响。

(2)原因

1)万向节凸缘盘联接螺栓松动。
2)万向节轴承磨损松旷。

3)伸缩叉磨损松旷。

(3)故障诊断与排除方法

1)检查万向节凸缘盘联接螺栓。若松动,则故障由此引起。

2)用两手分别握住万向节、伸缩叉的主从动部分检查游动角度。万向节游动角度太大,则异响由此引起;伸缩叉游动角度太大,则异响由此引起。

5.传动轴异响

(1)现象

汽车行驶中传动装置周期性地发出响声;车速越高响声越大,严重时伴随有车身振抖。

(2)原因

主要原因是传动轴动不平衡;由于变形或平衡块脱落等,其次是中间支承吊架固定螺栓松动或万向节凸缘盘联接螺栓松动,使传动轴偏斜。

(3)故障诊断与排除

除"传动轴动不平衡"诊断方法外,再检查中间支承吊架固定螺栓和万向节凸缘盘联接螺栓是否松动,若有松动,则异响由此引起。如图 6-24 所示。

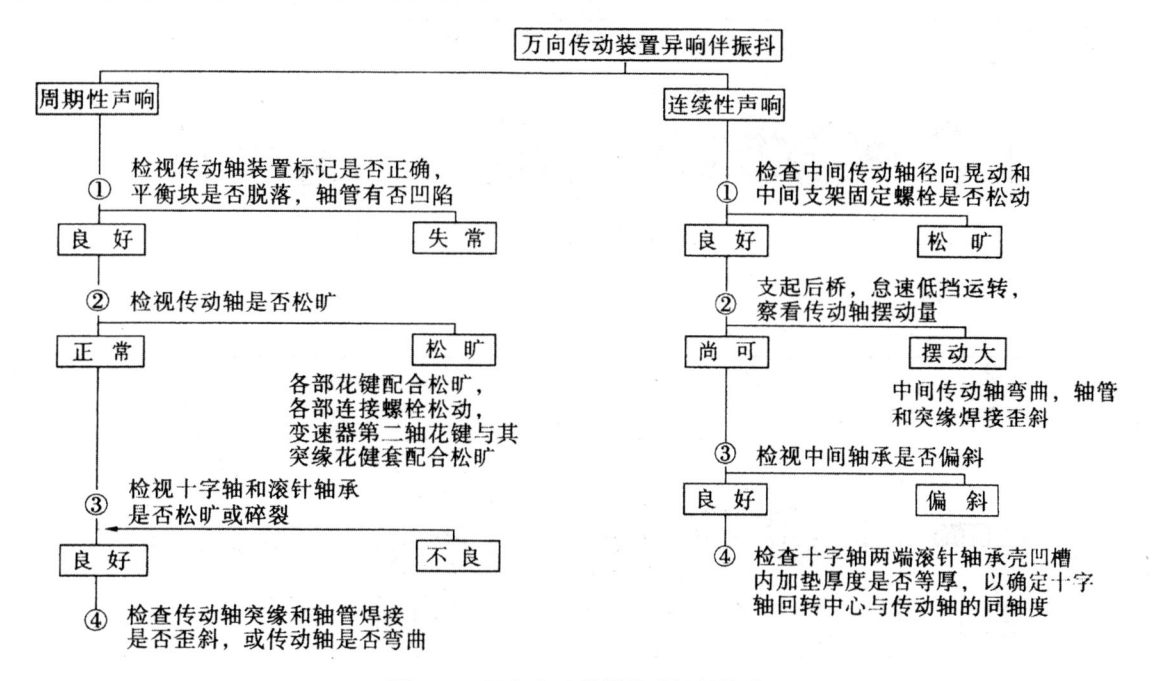

图 6-24 万向传动装置异响振抖故障

6.3.2 万向传动装置的维修

别克凯越车型传动轴位置如图 6-25 所示,传动轴总成分分解图如图 6-26 所示。

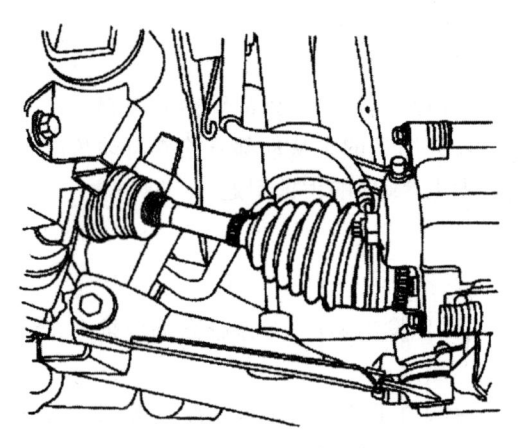

图 6-25　传动轴的位置

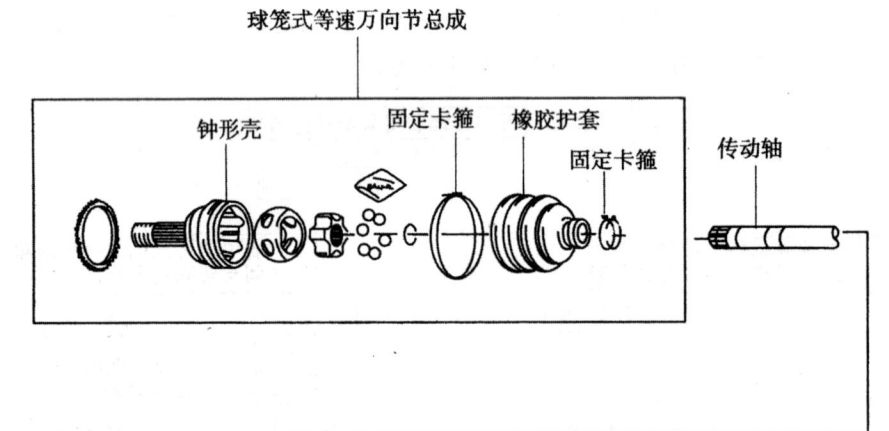

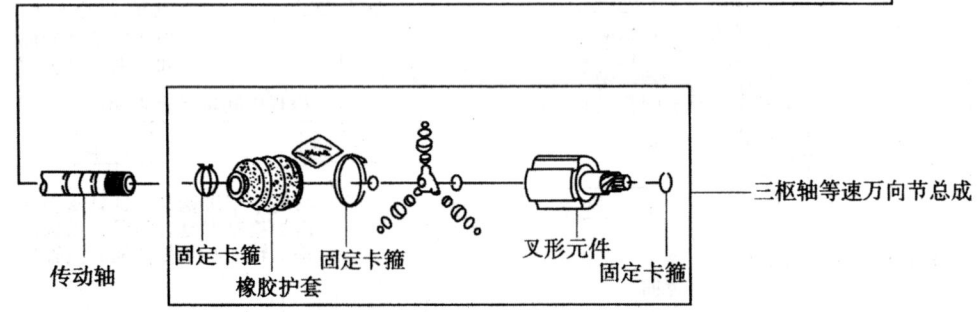

图 6-26　凯越车型传动轴总成分解图

1. 传动轴总成的拆装

(1) 技术标准与要求

1) 转向横拉杆螺母紧固力矩为 55 N·m。

2) 下球节夹紧螺栓螺母紧固力矩为 60 N·m。

3) 车轮螺母紧固力矩为 100 N·m。

4) 半轴轮毂螺母紧固力矩为 300 N·m。

5) 螺栓和螺母紧固力矩应符合规定,半轴轮毂螺母必须使用新件。

(2)实训器材

球节拆卸工具 KM-507-B、半轴拆卸工具 KM-460-A、冲子和手锤、组合工具、扭力扳手。

(3)作业准备

1)汽车进入工位前,将工位清理干净,准备好相关的器材。

2)将汽车停驻在举升机中央位置。

3)拉紧驻车制动器操纵杆,并将变速杆换入空挡位置(图6-27)。

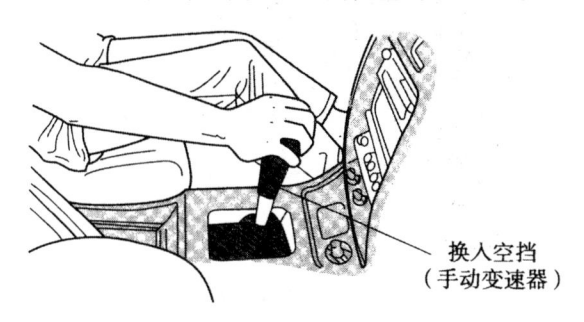

图 6-27　换入空挡

4)套上转向盘护套、变速杆手柄套和座位套,铺设脚垫。

(4)操作步骤

拆卸程序:

1)举升并妥善支承车辆。

2)拆卸车轮。

3)拆卸半轴轮毂螺母,如图6-28所示。将螺母报废。

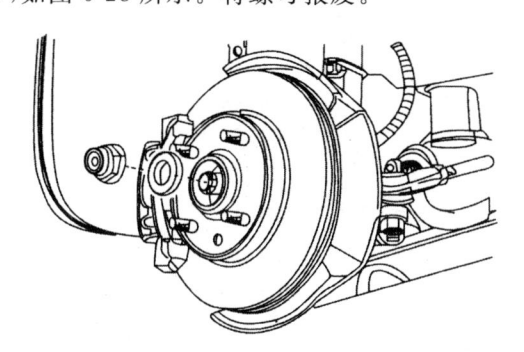

图 6-28　拆卸半轴轮毂螺母

特别注意事项:仅用推荐的工具拆卸下球节。否则,会损坏球节和密封件。

4)拆卸下球节夹紧螺栓和螺母。

5)用球节拆卸工具 KM-507-B 从下球节上拆卸转向节。

6)拆卸转向横拉杆螺母。

特别注意事项:仅用推荐的工具从转向节/支柱总成上拆卸转向横拉杆。否则,会损坏转向节/支柱总成。

7)用球节拆卸工具 KM-507-B 拆卸转向横拉杆,如图6-29所示。

KM-507-B

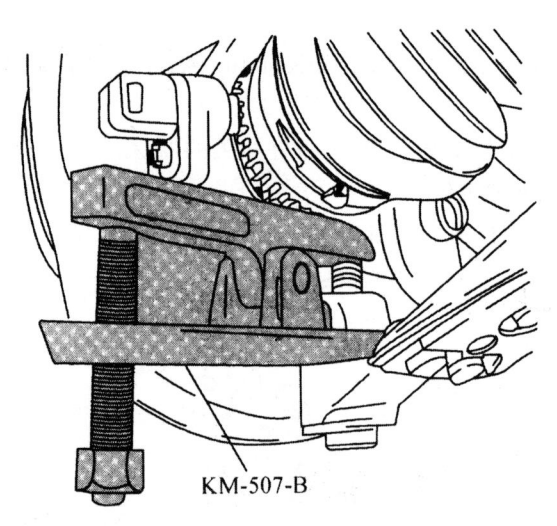

图6-29 拆卸转向横拉杆

8)从轮毂上拆卸驱动轴。

注意事项:支撑未紧固的驱动轴端。驱动轴从轮毂上拆卸后不要让其长时间在变速驱动桥上自由下垂。

注意事项:用接油盘放在变速驱动桥下,接收溢出的油液。拆卸驱动轴后,堵塞变速驱动桥上的驱动轴开孔,防止油液流出和污染物进入。

9)用半轴拆卸工具 KM-460-A,从变速驱动桥上拆卸驱动轴,如图6-30所示。

KM-460-A

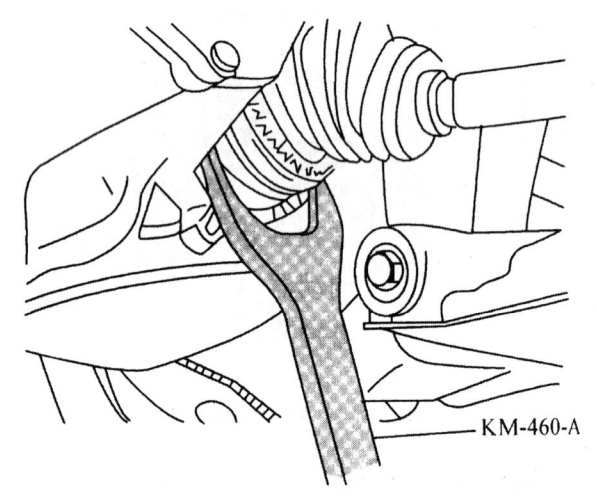

图6-30 拆卸驱动轴

安装程序:

特别注意事项:勿损坏密封。

1)清洗轮毂密封件和变速驱动桥密封件。

2)将驱动轴装入变速驱动桥。

3)将轮毂安装到半轴上,如图6-31所示。

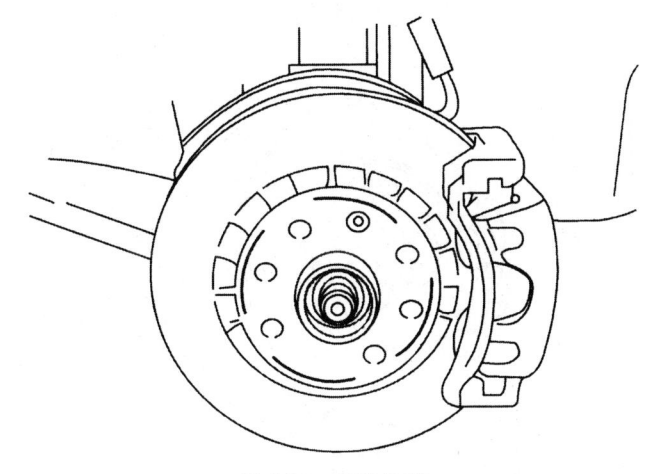

图 6-31 安装轮毂

4)将转向横拉杆安装到转向节(支柱)上,再安装转向横拉杆螺母并紧固,如图 6-32 所示。

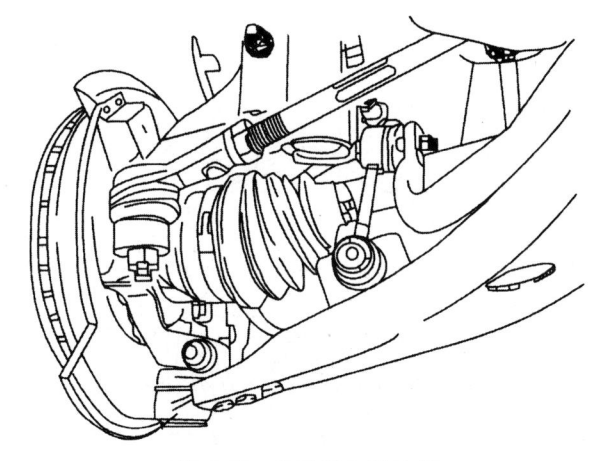

图 6-32 安装转向横拉杆

5)安装下球节夹紧螺栓和螺母并紧固,如图 6-33 所示。

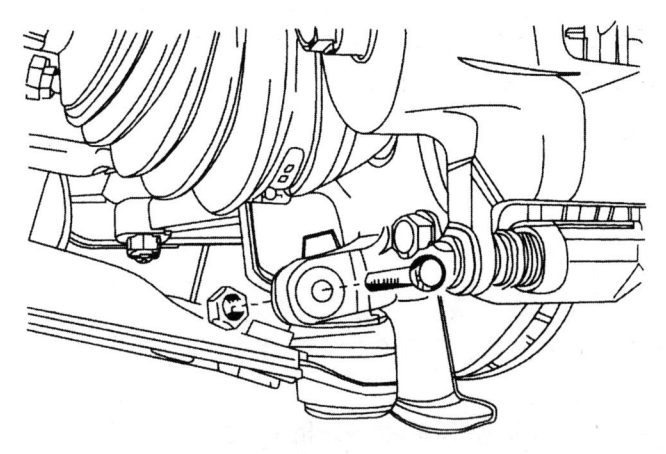

图 6-33 安装下球节螺栓、螺母

6)松弛地装上新半轴轮毂螺母。务必使用新螺母,如图6-34所示。

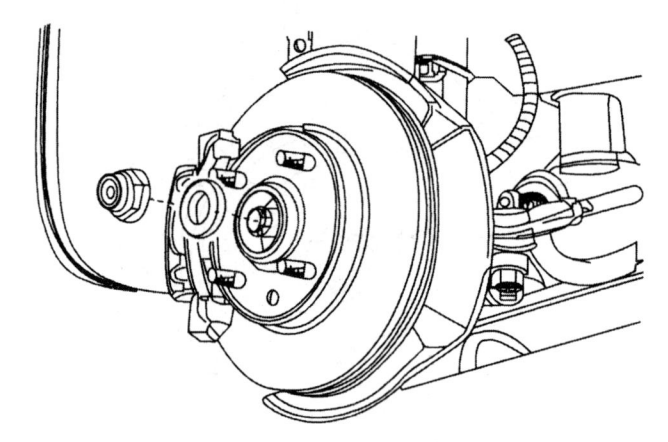

图 6-34 松弛地装上半轴轮毂螺母

7)安装车轮。松弛地装上螺母。
8)将车辆降到地面。紧固车轮螺母。
9)紧固半轴轮毂螺母,如图6-35所示。

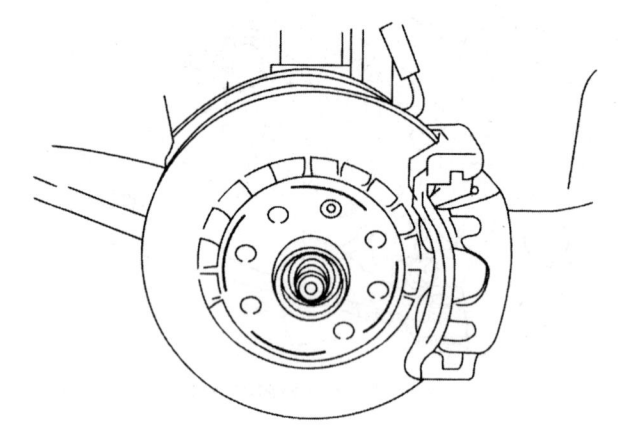

图 6-35 紧固半轴轮毂螺母

10)用冲子和手锤敲击轮毂螺母,直到螺母在半轴轮毂上锁定到位。
11)重新加注变速驱动桥油液至正确液面。

2. 球笼式万向节总成拆装

(1)技术标准与要求
1)卡箍一经拆下必须报废。
2)使用厂家推荐的润滑脂。
(2)实训器材
密封件夹紧钳子J-35566、弹簧卡环钳子J-8059、组合工具。
(3)作业准备
1)汽车进入工位前,将工位清理干净,准备好相关的器材。
2)将汽车停驻在举升机中央位置。

3)拉紧驻车制动器操纵杆,并将变速杆换入空挡位置(图6-36)。

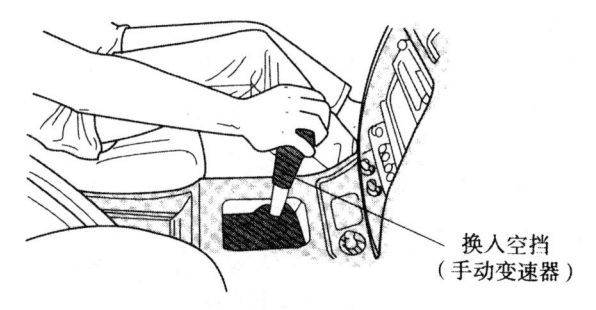

图 6-36 换入空挡

4)套上转向盘护套、变速杆手柄套和座位套,铺设脚垫。
(4)操作步骤
拆卸程序:
1)从车上拆卸驱动轴。
2)拆卸大密封件固定卡箍,如图6-37所示。将卡箍报废。

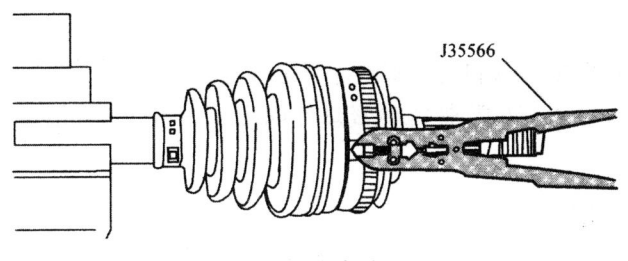

图 6-37 拆卸卡箍

3)拆卸小密封件固定卡箍。将卡箍报废。
4)擦除球节上的润滑脂。
5)用弹簧卡环钳子J-8059展开弹簧卡环并拆卸半轴外球节,如图6-38所示。

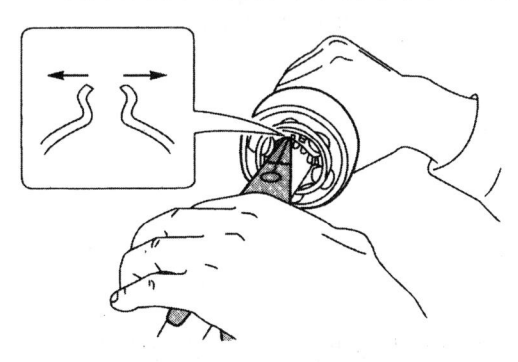

图 6-38 展开弹簧卡环

告诫:禁止从外球节总成上拆卸半轴或拆卸外球节总成。其中的零件采用配装,不能单独维修。重新装配不当会对性能和安全性产生不良影响。
6)从球节总成上拆卸密封件。

安装程序：
1) 将密封件安装到半轴上。
2) 用弹簧卡环钳子 J-8059 展开弹簧卡环并拆卸半轴外球节，如图 6-39 所示。

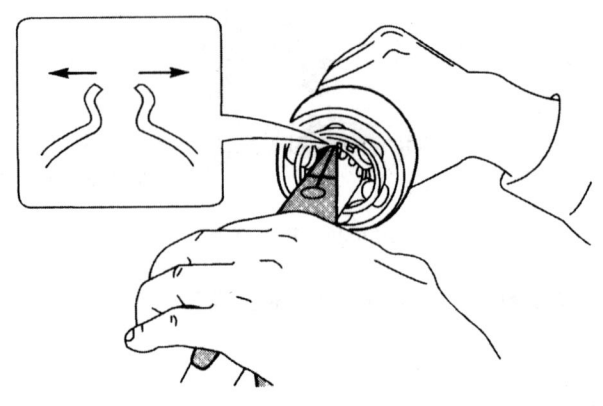

图 6-39　展开弹簧卡环

3) 给球节密封件填入 110~130g 推荐的润滑脂。在球节中重新填入 110~130g 推荐的润滑脂。
4) 安装新大密封件固定卡箍和新小密封件固定卡箍。
5) 用密封夹紧钳子 J-35566 卷曲新小密封件固定卡箍和新大密封件固定卡箍，如图 6-40 所示。

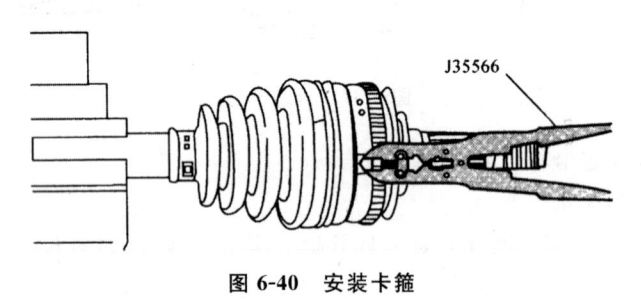

图 6-40　安装卡箍

6) 将半轴安装到车上。

3. 三枢轴式万向节总成拆装

(1) 技术标准与要求
1) 卡箍一经拆下必须报废。
2) 使用厂家推荐的润滑脂。

(2) 实训器材
密封件夹紧钳子 J-35566、弹簧卡环钳子 J-8059、组合工具。

(3) 作业准备
1) 汽车进入工位前，将工位清理干净，准备好相关的器材。
2) 将汽车停驻在举升机中央位置。
3) 拉紧驻车制动器操纵杆，并将变速杆换入空挡位置(图 6-41)。
4) 套上转向盘护套、变速杆手柄套和座位套，铺设脚垫。

第6章 万向传动装置

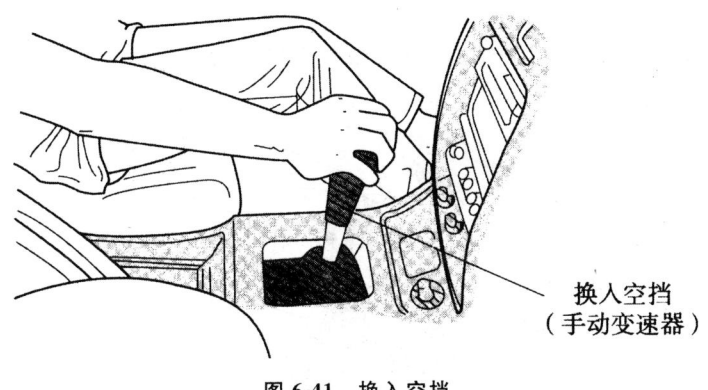

图 6-41 换入空挡

(4)操作步骤

拆卸程序:

1)从车上拆卸驱动轴。

2)拆卸大密封件固定卡箍,如图 6-42 所示。将卡箍报废。

3)拆卸小密封件固定卡箍,如图 6-42 所示。将卡箍报废。

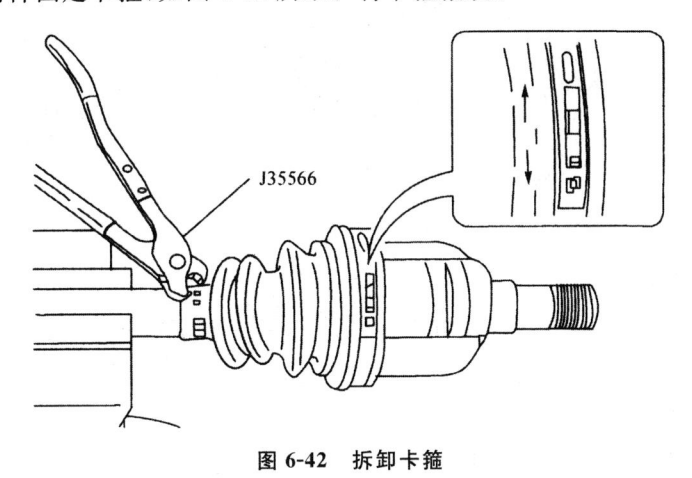

图 6-42 拆卸卡箍

4)从护套上拆开万向节壳体,如图 6-43 所示。

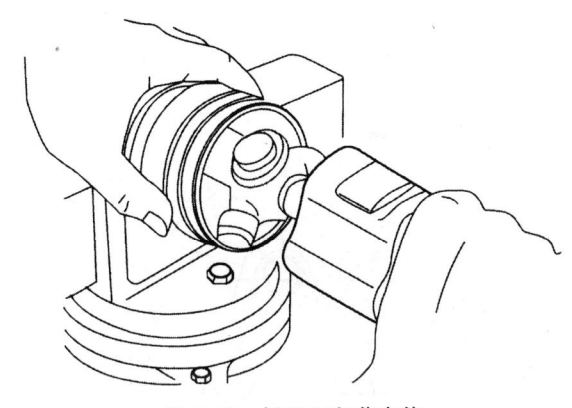

图 6-43 拆开万向节壳体

5)清除三枢轴总成。
6)用弹簧卡环钳子J-8059拆卸轴固定环,如图6-44所示。

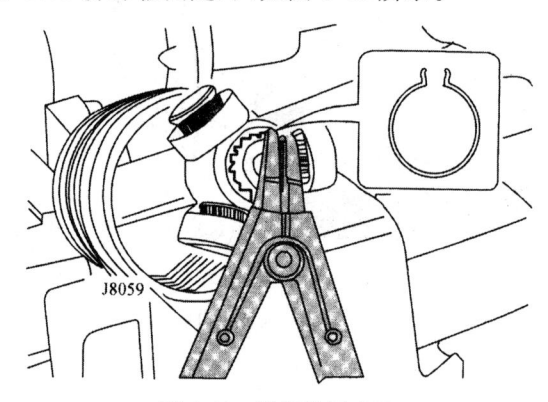

图6-44 拆卸轴固定环

7)从半轴上拆卸三枢轴和三枢轴式万向节固定环,如图6-45所示。

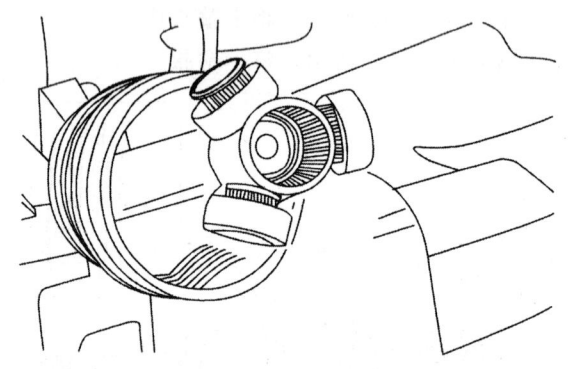

图6-45 拆卸三枢轴

8)从半轴上拆卸三枢轴式万向节密封件。

安装程序:

1)将新小密封件固定卡箍安装到密封上。
2)将密封件安装到半轴上。
3)用弹簧卡环钳子J-8059将轴固定环安装到半轴上,如图6-46所示。

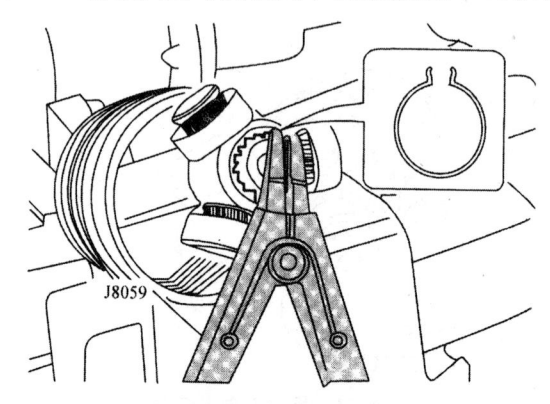

图6-46 安装轴固定环

4)给叉形元件填入195～215 g推荐的润滑脂。给三枢轴重新填入195～215 g推荐的润滑油。

5)将护套安装到万向节壳体上,如图6-47所示。

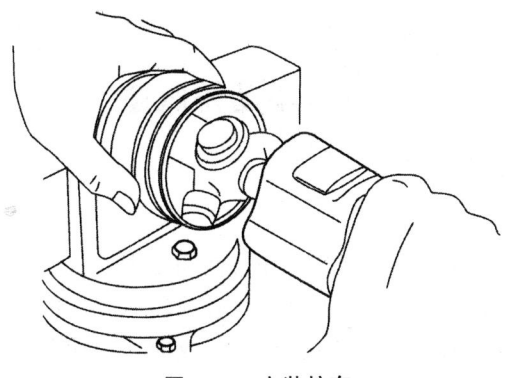

图6-47 安装护套

6)安装大密封件固定卡箍。用密封件夹紧钳子J-35566卷曲大密封件固定卡箍,如图6-47所示。

7)用密封件夹紧钳子J-35566卷曲新小密封件固定卡箍,如图6-48所示。

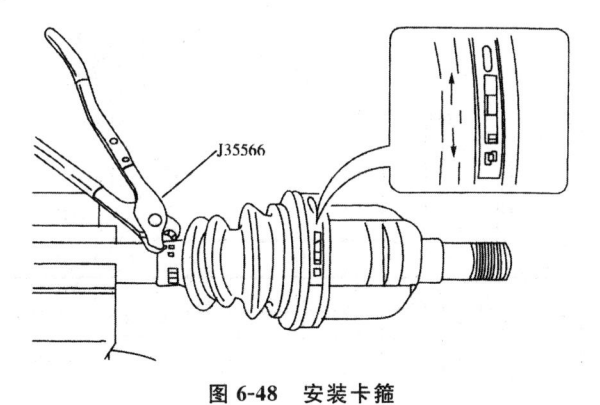

图6-48 安装卡箍

8)将半轴安装到车上。

第7章 驱动桥

7.1 驱动桥概述

1.驱动桥的功用

驱动桥具有如下功用：
1)具有合适的减速比,使汽车具有良好的经济性和动力性。
2)具有差速作用,以保证汽车在不平道路上行驶或转向时,轮胎不产生滑拖现象。
3)承受作用于路面和车架或车身之间的垂直力、纵向力和横向力。

2.驱动桥的组成

驱动桥一般由主减速器、差速器、半轴及桥壳等组成,如图7-1所示。具有转向功能的驱动桥,又称为转向驱动桥,前轮驱动汽车的前桥都是转向驱动桥。由于驱动桥使用频繁,所以故障率也较高。

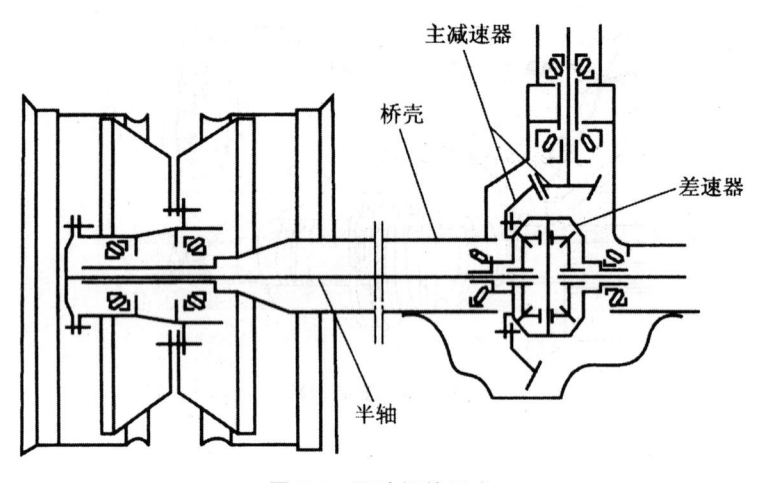

图7-1 驱动桥的组成

3.驱动桥的结构形式

驱动桥的结构形式一般可分为断开式和整体式两种。

(1)断开式驱动桥

主减速器壳固定在车架或车身上,这种驱动桥称为断开式驱动桥,其结构如图7-2所示。为了与独立悬架相适应,驱动桥壳需要分为用铰链连接的几段,更多的是只保留主减速器壳(或带有部分半轴套管)部分。为了适应驱动轮独立上下跳动的需要,差速器与车轮之间的半轴也要分段,各段之间用万向节连接。

(2)整体式驱动桥

整体式驱动桥也称非断开式驱动桥,是由主减速器、差速器和半轴等组成,如图7-3所示。

第 7 章 驱动桥

图 7-2 断开式驱动桥的结构

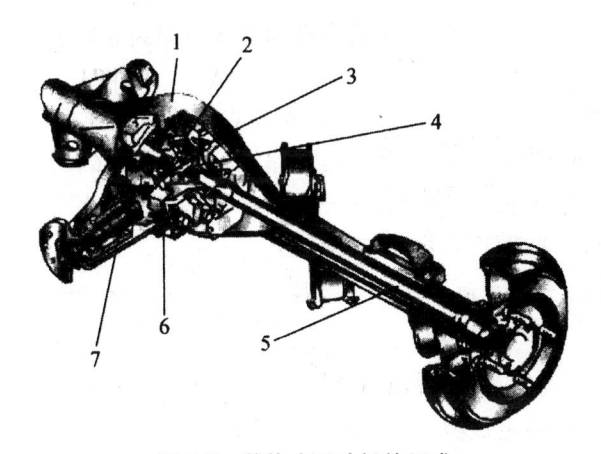

图 7-3 整体式驱动桥的组成
1—驱动桥壳；2—差速器壳；3—差速器行星齿轮；4—差速器半轴齿轮；
5—半轴；6—主减速器从动齿轮齿圈；7—减速器主动小齿轮

输入驱动桥的动力首先传到主减速器主动小齿轮，经主减速器减速后转矩增大，再经差速器分配给左右两半轴，最后传至驱动车轮。其中驱动桥壳是通过悬架与车身或车架相连，由中间的主减速器壳和两边与之刚性连接的半轴套管组成。两侧车轮安装在此刚性桥壳上，保证了半轴与车轮不可能在横向平面内作相对运动。

4. 驱动桥的设计要求

驱动桥设计时，应当满足如下基本要求：
1) 应能保证汽车具有最佳的动力性和经济性。
2) 制造容易，拆装、调整方便。
3) 外形尺寸要小，保证有必要的离地间隙。

4）结构简单，加工工艺性好。

5）在各种转速和载荷下具有较高的传动效率。

6）与悬架导向机构运动相协调，对于转向驱动桥，还应与转向机构运动相协调。

7）齿轮及其他传动件工作平稳，噪声小。

7.2 驱动桥的构造

7.2.1 主减速器

1. 主减速器的功用及基本类型

（1）功用

主减速器的功用是将发动机输入功率实现减速增扭，并改变动力传递的方向，然后（某些横向布置的发动机除外）再将动力传给差速器。

（2）分类

根据使用条件的不同，其结构又存在较大的差异。

按齿轮传动副数目，分为单级式主减速器和双级式主减速器。重型汽车、工程机械在两侧驱动轮处设置第二级圆柱（或斜齿圆柱）齿轮传动减速器或行星齿轮减速器，为独立部件，称为轮边减速器。

按主减速器传动速比有无挡位，可分为单速式和双速式主减速器。单速式的传动比只有一个定值传动比，双速式有两个传动比（即两条传动路线）供驾驶员依使用条件选择。

按齿轮副结构形式，分为圆柱齿轮式（又分为定轴轮系和行星轮系）主减速器和圆锥齿轮式（又分为螺旋锥齿轮式和双曲面锥齿轮式）主减速器。

2. 主减速器的结构和工作原理

（1）单级主减速器

单级主减速器具有结构简单、体积小、质量轻、传动效率高等优点。广泛应用于轿车、轻型、中型货车，其结构特点足够满足该类车辆的动力性要求。

图7-4所示为某载货汽车的单级主减速器。其减速传动机构是一对准双曲面齿轮18和7。主动齿轮有6齿，从动齿轮有38齿，故主传动比$i_0=38:6=6.33$。

主动锥齿轮与轴制成一体，满足主动锥齿轮足够的支撑刚度，前端支撑在相向的两个圆锥滚子轴承13和17上，后端支撑在圆柱滚子轴承19上，该结构称为跨置式支撑。保证主动和从动齿轮间正确的啮合位置，达到使轮齿沿长度方向磨损一致的目的。从动锥齿轮的后面，装有支撑螺柱，以限制从动锥齿轮过度变形。装配时，支撑螺柱与从动锥齿轮端面之间的间隙为0.3~0.5 mm。从动锥齿轮连接在差速器壳上，差速器壳则用两个圆锥滚子轴承支撑在主减速器壳的座孔中。

圆锥滚子轴承需有一定的装配预紧度，既不能过紧，也不能过松，否则传动效率低，或轴承易发热，加速轴承磨损。因此，在两轴承内座圈之间的隔离套的一端装有一组厚度不同的调整垫片14，以调整圆锥滚子轴承的预紧度。若过紧，则增加垫片的总厚度；反之，减少垫片的总厚度。应该特别注意：圆锥滚子轴承预紧度的调整必须在锥齿轮啮合调整之前进行。

第7章 驱动桥

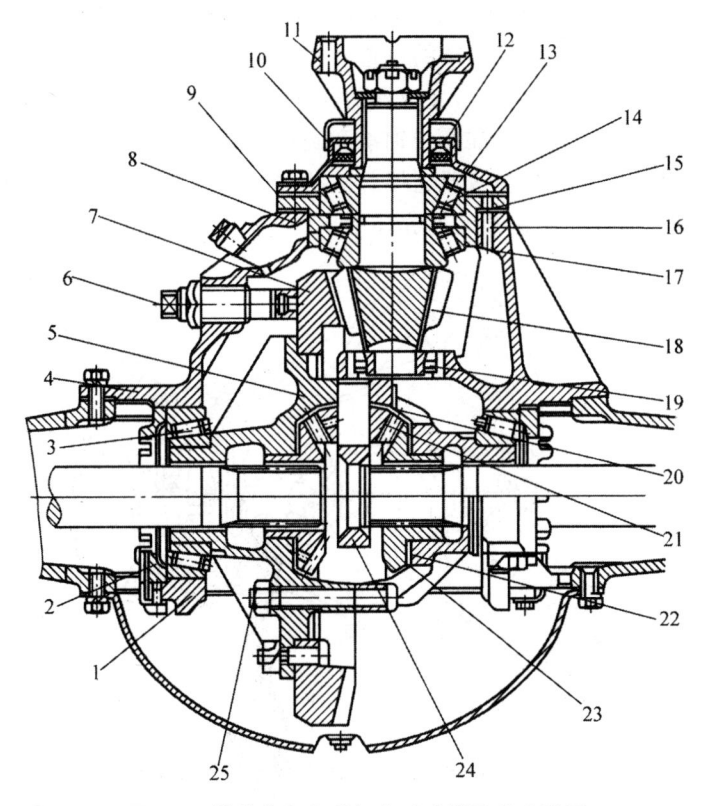

图 7-4 某载货汽车单级主减速器及差速器图

1—差速器轴承盖；2—轴承调整螺母；3,13,17—圆锥滚子轴承；4—主减速器壳；
5—差速器壳；6—支撑螺栓；7—从动锥齿轮；8—进油道；9,14—调整垫片；
10—防尘罩；11—叉形凸缘；12—油封；15—轴承座；16—回油道；18—主动锥齿轮；
19—圆柱滚子轴承；20—行星齿轮垫片；21—行星齿轮；22—半轴齿轮推力垫片；
23—半轴齿轮；24—（行星齿轮）十字轴；25—螺栓

锥齿轮啮合的调整是指齿面啮合印痕和齿侧啮合间隙的调整，啮合间隙的调整方法是：拧动调整螺母2以改变从动锥齿轮的位置。轮齿啮合间隙应为0.15～0.40 mm。若间隙过大时，应使从动锥齿轮靠近主动锥齿轮；反之则离开。为保持已调好的差速器圆锥滚子轴承预紧度不变，一端调整螺母拧入的圈数应等于另一端调整螺母拧出的圈数。同理，主动锥齿轮的整个主减速器总成也可依靠增减轴承座15前端的调整垫片9来达到调整主、从动锥齿轮啮合印痕和齿侧间隙的目的。

准双曲面齿轮传动的优点是工作稳定性好，轮齿承受的弯曲强度和接触强度更高，还有其主动齿轮的轴线可相对偏离从动齿轮轴线，以降低车辆的重心。所以，广泛用于轿车上，也越来越多地应用于中、重型货车上。其缺点是工作齿面间的相时滑动较大，齿面的压力也很大，齿面油膜易被破坏。因此，为减少摩擦，提高效率，必须采用双曲面齿轮油，绝不允许用普通齿轮油代替，否则会大大降低使用寿命。

圆锥滚子轴承工作中需要可靠的润滑，因此，在主减速器壳体和轴承座上铸有孔，形成了进油道和回油道，主减速器壳中所储存的齿轮油，依靠从动锥齿轮转动时将油甩动飞溅到齿轮轴和轴承上进行润滑。主减速器壳体上装有通气塞，防止壳内气压过高而使润滑油渗漏。

图 7-5 所示为上海桑塔纳轿车主减速器及差速器的结构简图。图 7-6 所示为其安装示意图。该车采用发动机纵向前置、前轮驱动的布置形式。为一对准双曲面锥齿轮单级主减速器,变速器前端的主动锥齿轮将动力直接传给变速器前壳体中的主减速器和差速器壳。其主动锥齿轮与变速器输出轴制成一体,用双列圆锥滚子轴承和圆柱滚子轴承支撑在变速器壳体内。环状的从动锥齿轮靠凸缘定位,用螺钉与差速器连接。从动锥齿轮固定在差速器壳凸缘上,差速器壳使用两端的圆锥滚子轴承支撑在变速器的前壳体中。

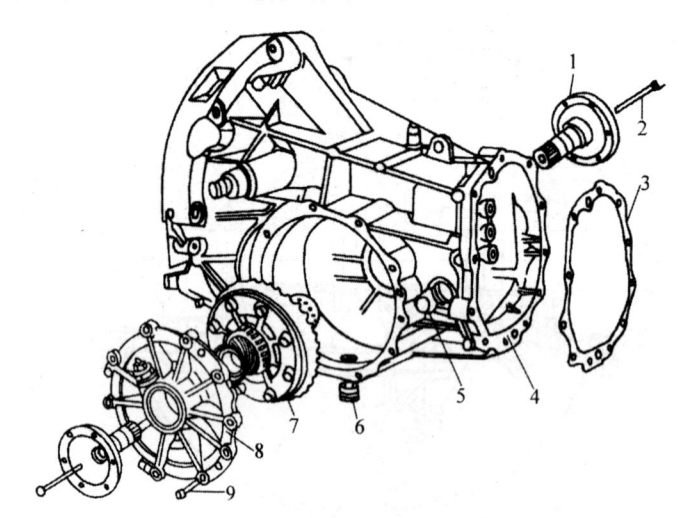

图 7-5 上海桑塔纳轿车主减速器及差速器的结构简图
1—半轴;2—半轴固定螺栓;3—密封垫;4—变速器前壳体;5—油螺塞;6—放油螺塞;
7—主减速器从动圆锥齿轮及差速器总成;8—轴承盖;9—螺栓

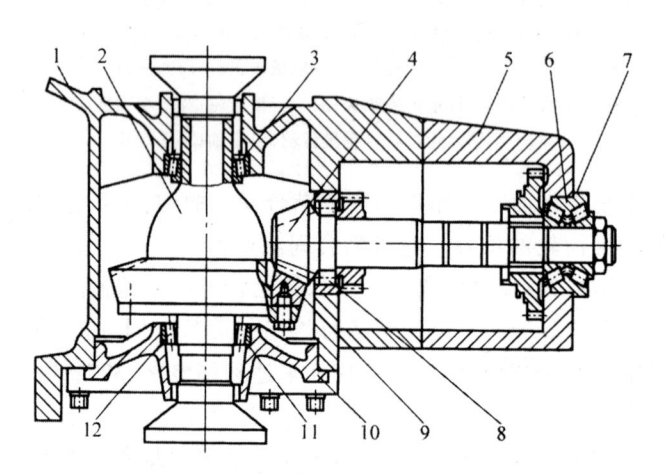

图 7-6 上海桑塔纳轿车主减速器简图
1—变速器前壳体;2—差速器;3,7,11—调整垫片;4—主动锥齿轮;5—变速器后壳;
6—双列圆锥滚子轴承;8—圆柱滚子轴承;9—从动锥齿轮;10—传动器盖;12—圆锥滚子轴承

发动机与传动系集中布置在一起,主减速器安装在变速器壳体中,省去了专门的主减速器壳体和变速器到主减速器之间的万向传动装置。

轴承的预紧度通过调整垫片调整,主动锥齿轮轴的轴承预紧度不需调整,齿轮啮合印痕和间隙调整,用增减垫片 7 厚度,使主、从动锥齿轮做轴向移动,来达到其调整目的。

当发动机为横向前置时,主减速器主动齿轮轴线与差速器轴线平行,主减速器采用一对(或斜齿)圆柱齿轮传动即可,此时不需改变动力的传递方向。

以上两种发动机布置形式(即发动机纵置或横置时的前置),使传动系结构大为简化。大幅降低汽车的生产成本,因此,广泛应用于目前的轿车上。

(2)双级主减速器

当汽车需要主减速器具有较大的传动比时,一对锥齿轮传动设计的单级主减速器已不能保证足够的离地间隙,同时单级主减速器又会造成设计尺寸过大,这时就需要采用两对齿轮降速的双级主减速器。

图 7-7 所示为另一载货汽车的双级主减速器及差速器剖面简图,其结构即为双级主减速器,第一级传动比为一对螺旋锥齿轮副,第二级传动比为一对斜齿圆柱齿轮副。目前,该车主减速器主传动比有三种情况:其一主动圆锥齿轮和从动圆锥齿轮的齿数分别为 13 和 25,第二级主、从动斜齿圆柱齿轮齿数分别为 15 和 45,主传动比为 $i_o=25/13\times45/15=5.77$;其二主传动比为 $i_o=25/12\times45/15=6.25$;其三主传动比为 $i_o=25/11\times47/14=7.63$。

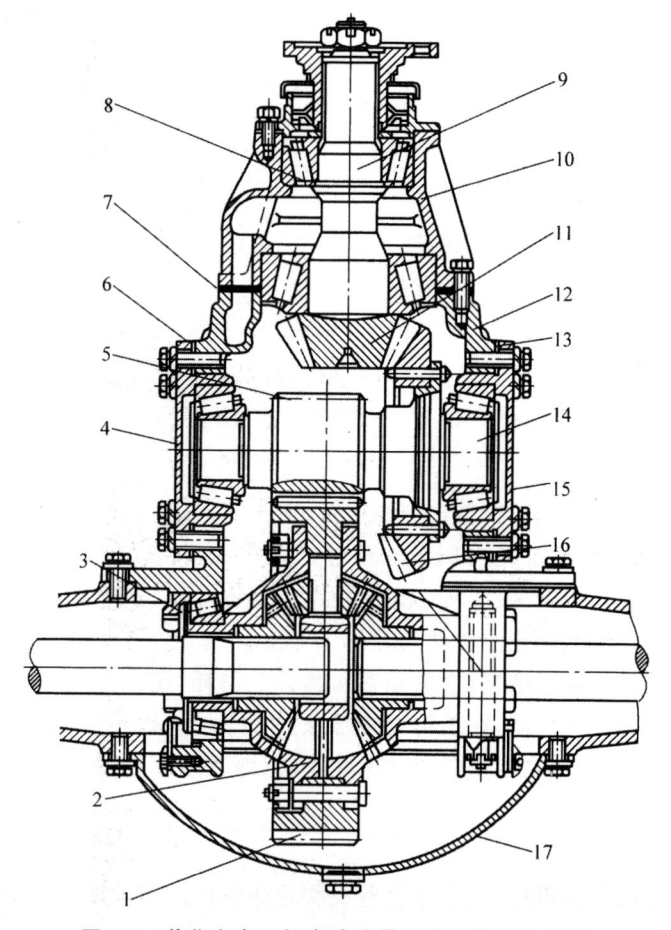

图 7-7 载货汽车双级主减速器及差速器剖面简图
1—第二级从动齿轮;2—差速器总成;3—调整螺母;4,15—轴承盖;5—第二级主动齿轮;
6,7,8,13—调整垫片;9—第一级主动齿轮轴;10—轴承座;11—第一级主动齿轮;
12—主减速器壳;14—中间轴;16—第一级从动齿轮;17—后盖垫片

(3)斜齿轮传动主减速器

主减速器传动组件使用斜齿轮副(如图7-8所示),要求小齿轮轴线与齿圈轴线平行。小齿轮与变速器输出轴制成一体,并由圆锥滚子轴承支撑。小齿轮与齿圈相啮合,提供所要求的不断增大的转矩。由于齿圈装在差速器壳上,因此差速器壳由小齿轮带动运转。

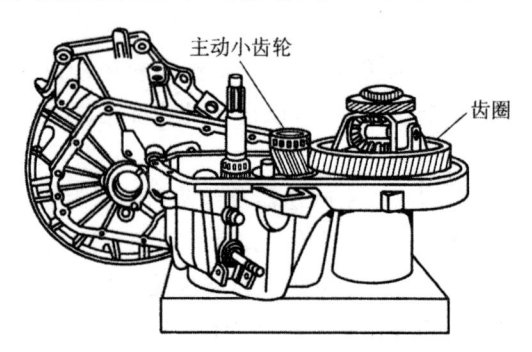

图 7-8 变速器驱动桥中主减速器的主传动

7.2.2 差速器

1. 差速器的功用、类型

(1)功用

差速器的功用是将主减速器传来的动力传给左、右两半轴,并在必要时允许左、右半轴以不同转速旋转,以满足两侧驱动轮差速的需要。

(2)类型

差速器的类型按其工作特性可分为普通齿轮式差速器和防滑差速器两大类。

2. 差速器的产生与工作原理

(1)差速器的产生

驱动桥两侧的驱动轮若用一根整轴刚性连接,则两轮只能以相同的角速度旋转。这样,当汽车转向行驶时,由于外侧车轮要比内侧车轮移过的距离大,将使外侧车轮在滚动的同时产生滑拖,而内侧车轮在滚动的同时产生滑转。即使是汽车直线行驶,也会因路面不平或虽然路面平直但轮胎滚动半径不等而引起车轮的滑动,如图7-9所示。

车轮滑动时不仅加剧轮胎磨损,增加功率和燃料的消耗,还会使汽车转向困难、制动性能变差。为使车轮尽可能不发生滑动,在结构上必须保证各车轮能以不同的角速度转动。通常从动车轮用轴承支撑在心轴上,使之能以任何角速度旋转,而驱动车轮分别与两根半轴刚性连接,在两根半轴之间装有差速器。

(2)差速器的工作原理

差速器是一个差速传动机构,用来保证各驱动轮在各种运动条件下的动力传递,避免轮胎与地面之间打滑。

为了保证两侧驱动轮处于纯滚动状态,就必须改用两根半轴分别连接两侧车轮,主减速器从动齿轮通过差速器分别驱动两侧半轴和车轮,使它们可以不同的角速度旋转。这种装在同一驱动桥两侧驱动轮之间的差速器称为轮间差速器。

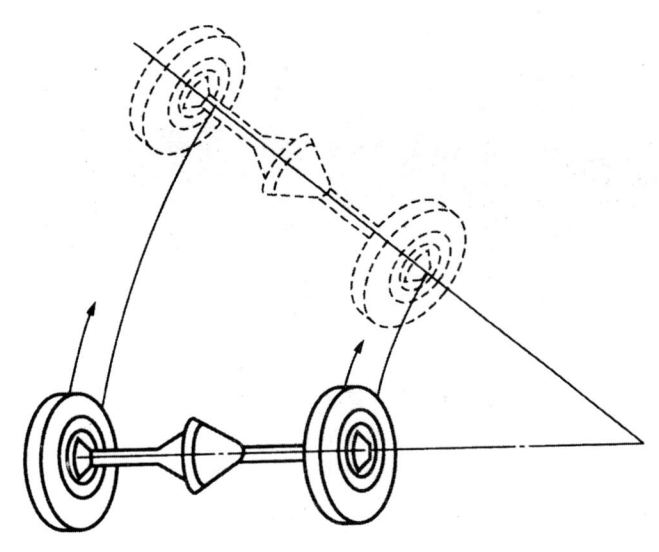

图 7-9 差速器的产生

在多轴驱动汽车的各驱动桥之间,也存在类似问题。为了适应各驱动桥所处的不同路面情况,使各驱动桥有可能具有不同的输入角速度,可以在各驱动桥之间装设差速器。

3. 差速器的类型

按差速器工作特性可分为普通锥齿轮差速器和防滑差速器两类。

普通锥齿轮差速器当左右驱动轮存在转速差时,差速器分配给慢转驱动轮的转矩大于快转驱动轮的转矩。这种差速器转矩均分特性能满足汽车在良好路面上正常行驶。但当汽车在坏路上行驶时,却严重影响通过能力。例如当汽车的一个驱动轮陷入泥泞路面时,虽然另一驱动轮在良好路面上,汽车却往往不能前进,俗称打滑。此时加大油门不仅不能使汽车前进,反而浪费燃油,加速机件磨损,尤其使轮胎磨损加剧。这种情况有效的解决办法是挖掉滑转驱动轮下的稀泥或在此轮下垫干土、碎石、树枝等。

为提高汽车在路况差路上的通过能力,某些越野汽车及高级轿车上装有防滑差速器。当一侧驱动轮在路况差路上滑转时,能使大部分甚至全部转矩传给在良好路面上的驱动轮,以充分利用这一驱动轮的附着力来产生足够的驱动力,使汽车顺利起步或继续行驶。

4. 普通锥齿轮差速器

(1)普通锥齿轮差速器的结构

普通锥齿轮差速器由圆锥行星齿轮、半轴齿轮、十字轴、垫片和差速器壳等组成,其中行星齿轮套在十字轴轴颈上,半轴齿轮与行星齿轮相互啮合,并一起装在差速器壳内,两半壳用螺栓紧固,如图 7-10 所示。

(2)普通锥齿轮差速器的工作原理

目前,国产轿车及其他类汽车基本都采用了对称式普通锥齿轮差速器。对称式普通锥齿轮差速器简图,如图 7-11 所示。在对称式普通锥齿轮差速器中,差速器壳为主动件,与主减速器的从动齿轮和行星齿轮轴连成一体,半轴齿轮为从动件。行星齿轮既可随行星齿轮轴一起绕差速器旋转轴线公转,又可以绕行星齿轮轴轴线自转。

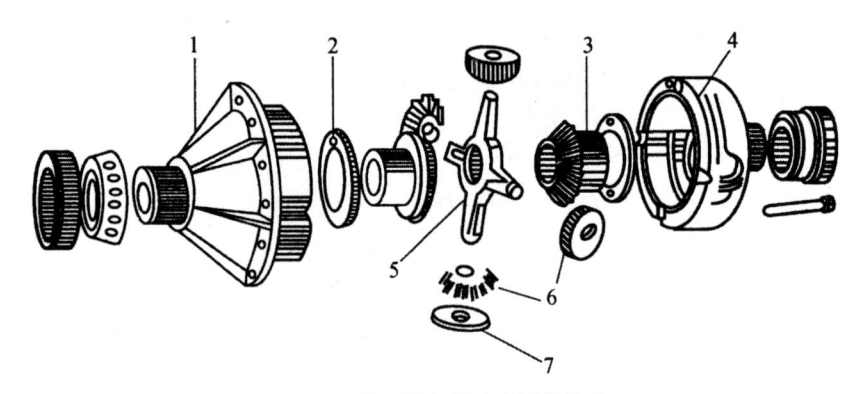

图 7-10 普通锥齿轮差速器的结构

1,4—差速器壳;2—半轴齿轮垫片;3—半轴齿轮;5—十字轴;
6—圆锥行星齿轮;7—止推垫片

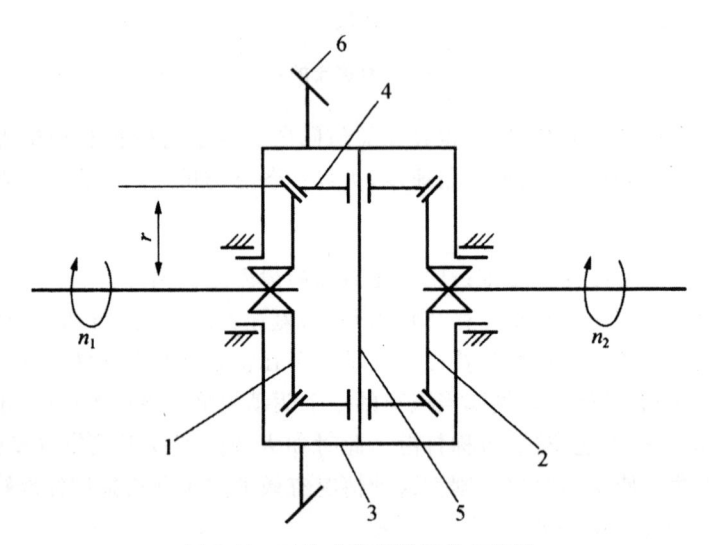

图 7-11 对称式普通锥齿轮差速器

1,2—半轴齿轮;3—差速器壳;4—行星齿轮;5—行星齿轮轴;6—主减速器从动齿轮

设在一段时间内,差速器壳转了 n 圈,半轴齿轮 1 和 2 分别转了 n_1 圈和 n_2 圈,则当行星齿轮只绕差速器旋转轴线公转而不自转时,行星齿轮拨动半轴齿轮 1 和 2 同步转动,则有

$$n=n_1=n_2$$

当行星齿轮在公转的同时,又绕行星齿轮轴轴线自转时,由于行星齿轮自转所引起一侧半轴齿轮 1 比差速器壳多转的圈数 δ 必然等于另一侧半轴齿轮 2 比差速器壳少转的圈数,则有

$$n_1=n+\delta$$
$$n_2=n-\delta$$

以上两关系式相加得:$n_1+n_2=2n$

可用角速度表示为

$$\omega_1+\omega_2=2\omega$$

其中 ω_1、ω_2 和 ω 分别为左、右半轴和差速器壳的转动角速度。

上式表明,左右两侧半轴齿轮的转速之和等于差速器壳转速的两倍,这就是对称式普通锥齿轮差速器的工作原理。

(3)普通锥齿轮差速器的转矩分配

如图 7-12 所示的差速器中,设输入差速器壳的转矩为 M,输出给左、右两半轴齿轮的转矩为 M_1 和 M_2。当与差速器壳连在一起的行星齿轮轴带动行星齿轮转动时,行星齿轮相当于一根横向杆,作用在行星齿轮上的推动力必然平均分配到两个半轴齿轮。又因为两个半轴齿轮半径相等,所以当行星齿轮没有自转趋势时,差速器总是将转矩 M 平均分配给左、右两半轴齿轮,即

$$M_1 = M_2 = 0.5M$$

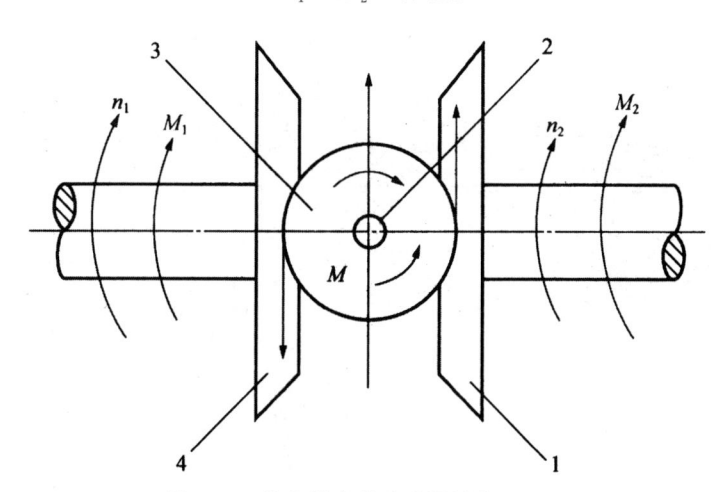

图 7-12 普通锥齿轮差速器的转矩分配
1,4—半轴齿轮;2—行星齿轮轴;3—行星齿轮

当两半轴齿轮以不同转速朝相同方向转动时,设左半轴转速 n_1 大于右半轴转速 n_2,则行星齿轮将按如图 7-12 所示实线箭头运动,此时行星齿轮孔与行星齿轮轴轴颈间以及行星齿轮背部与差速器壳之间都产生摩擦,半轴齿轮背部与差速器壳之间也产生摩擦。这几项摩擦综合作用的结果,使转得快的左半轴齿轮得到的转矩 M_1 减小,设减小量为 δ,而转得慢的右半轴齿轮得到的转矩 M_1 增大,增大量也为 δ。因此,当左右驱动轮存在转速差时

$$M_1 = 0.5M - \delta$$
$$M_2 = 0.5M + \delta$$

由于内摩擦力矩很小(δ 很小),因此可以认为无论左右驱动轮转速是否相等,对称式锥齿轮差速器总是将转矩近似平均分配给左右驱动轮,这样的转矩分配特性对于汽车在良好路面上行驶是可以的,但当汽车在坏路面行驶时,却会严重影响其通过能力。

5. 防滑差速器

为了提高汽车在坏路上的通过能力,可采用防滑差速器。防滑差速器是在一侧驱动轮打滑时,能使大部分甚至全部转矩传给不打滑的驱动轮,即充分利用另一侧不打滑驱动轮的附着力而产生足够的牵引力,使汽车继续行驶。

常用的防滑差速器有强制锁止式差速器、托森差速器、牙嵌式自由轮差速器和高摩擦自锁式差速器等。其中,强制锁止式差速器结构简单,应用最多,但一般要在停车时进行操作,而且接上差速锁时,左右车轮刚性连接,将产生前转向困难,轮胎磨损严重等问题。若设置了电控气动差速锁,可以用电磁阀控制的气缸操作一个离合机构,使一侧半轴与差速器壳相接合,如图 7-13 所

示。托森差速器又称涡轮、涡杆式差速器,如图7-14所示。

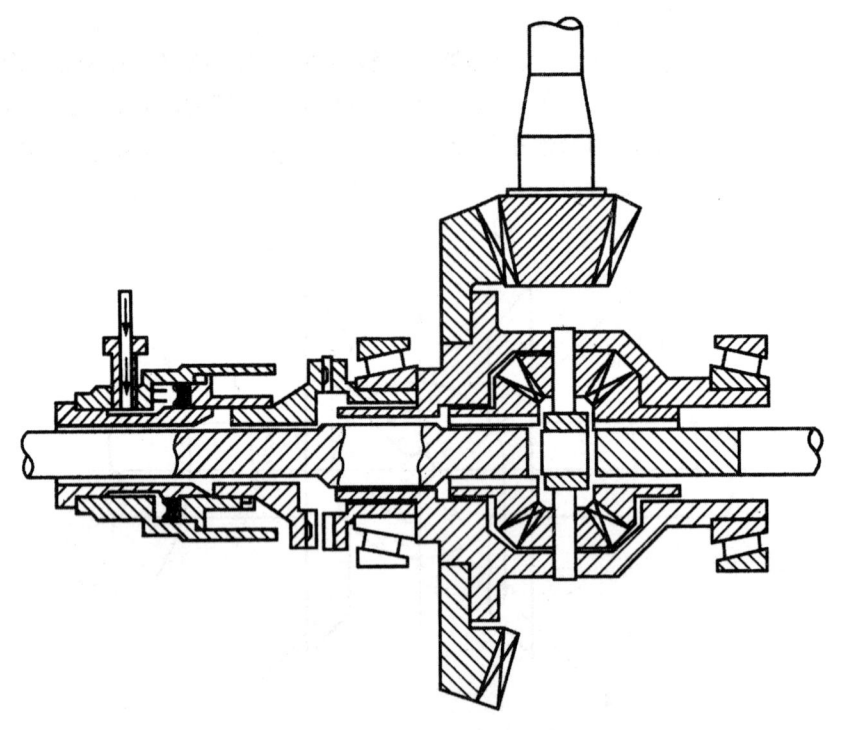

图7-13 强制锁止式差速器

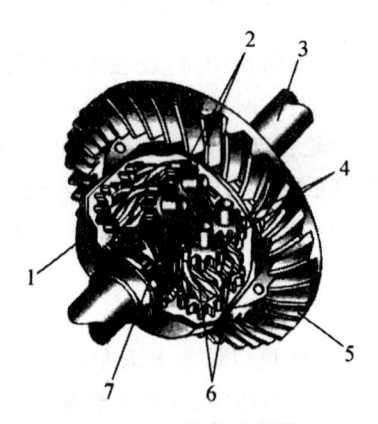

图7-14 托森差速器
1—差速器壳;2—直齿圆柱齿轮轴;3—半轴;4—直齿圆柱齿轮;
5—主减速器被动齿轮;6—涡轮;7—涡杆

7.2.3 半轴与桥壳

1. 半轴

(1)半轴的功用及构造

1)功用。半轴的功用是将差速器传来的动力传给驱动轮。因其传递的转矩较大,常制成实心轴。

2)构造。半轴的结构因驱动桥结构形式的不同而异。整体式驱动桥中的半轴为一刚性整轴,而转向驱动桥和断开式驱动桥中的半轴则分段并用万向节连接。半轴内端一般制有外花键与半轴齿轮连接。半轴外端结构形式,有的直接在轴端锻造出凸缘盘;也有的制成花键与单独制成的凸缘盘滑动配合;还有的制成锥形并通过键和螺母与轮毂固定连接。

(2)支撑形式

现代汽车常采用全浮式半轴支撑和半浮式半轴支撑两种半轴支撑形式。

1)全浮式半轴支撑。全浮式半轴支撑广泛应用于各型货车上。解放 1092 型汽车半轴即采用这种支撑形式,其结构如图 7-15 所示。半轴外端锻造有半轴凸缘,用螺栓紧固在轮毂上,轮毂用两个圆锥滚子轴承 1 和 2 支撑在半轴套管上,半轴套管与空心梁压配成一体,组成驱动桥壳。这种支撑形式,半轴与桥壳没有直接联系。半轴内端用花键与半轴齿轮套合,并通过差速器壳支撑在主减速器壳的座孔中。

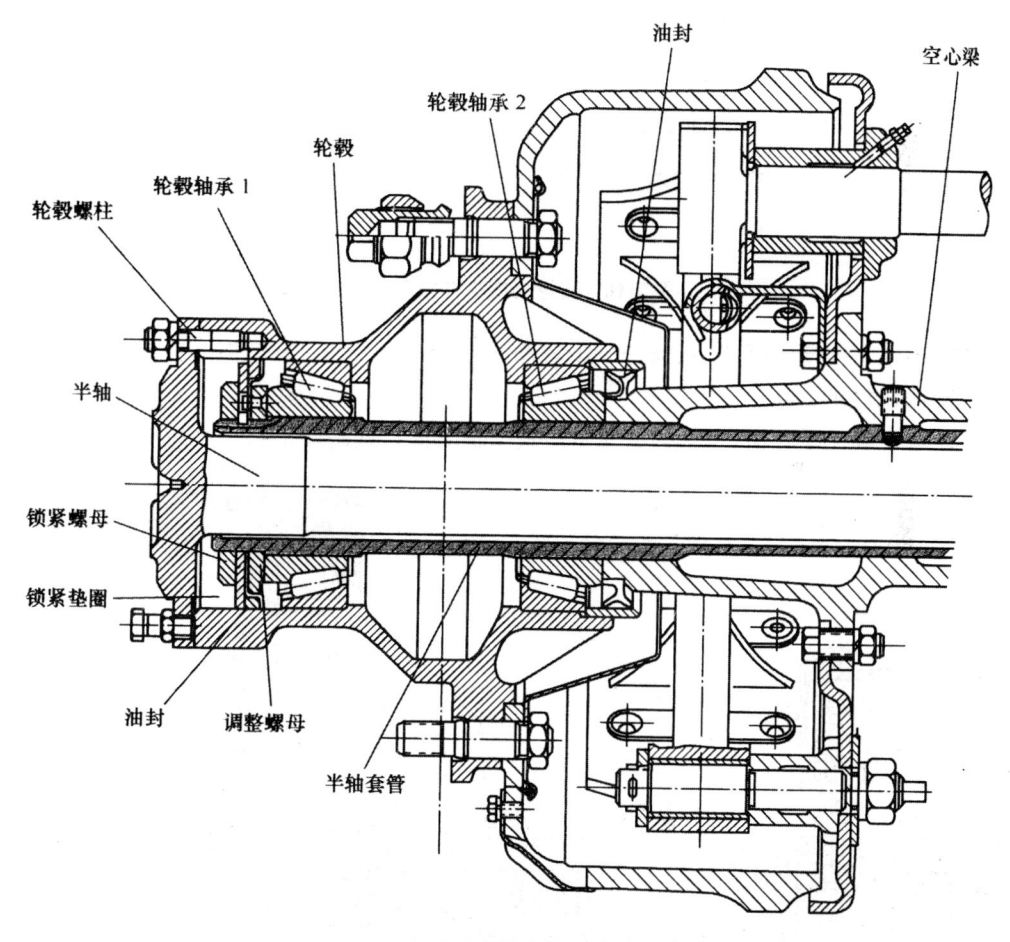

图 7-15 全浮式半轴支撑形式的驱动桥

全浮式半轴支撑形式的驱动桥的受力情况如图 7-16 所示。地面对驱动轮的作用力有:垂直反力 Z、切向力反 X、侧向反力 Y。垂直反力 Z 和侧向反力 Y 在横向垂直平面内对驱动桥形成弯矩沏向反力 X 除了对半轴形成反转矩外,还在水平面内对驱动桥形成弯矩。而 X、Y、Z 这三个反力及其形成的弯矩经轮毂、两个圆锥磙子轴承 2 传给了桥壳,即全部由桥壳来承受,因此,半轴只承受反转矩,同样半轴内端也只承受转矩,而作用在主减速器从动齿轮上的力及其形成的弯矩,全部由差速器壳直接承受。故这种半轴支撑形式,使半轴只承受转矩,而两端、均不承受其他任何反力和弯矩,所以称为全浮式半轴支撑。所谓"浮"是对卸出半轴的弯曲荷载而言。

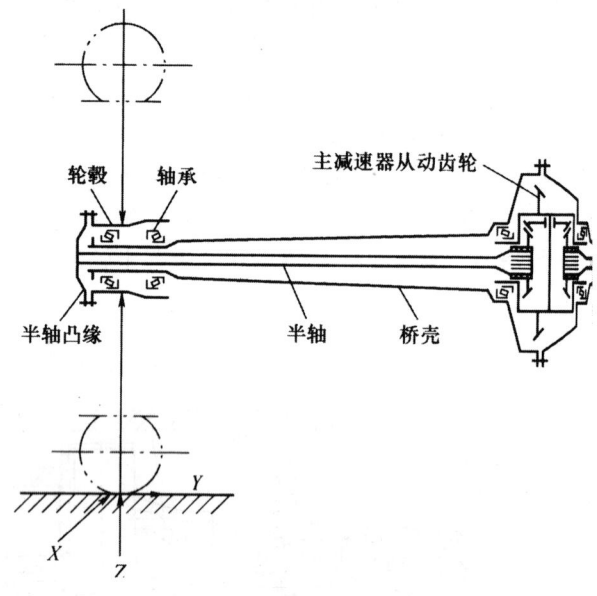

图 7-16　全浮式支撑半轴示意图

全浮式半轴支撑便于拆装,只需拧下半轴凸缘上的轮毂螺栓,即可将半轴抽出,而车轮和桥壳照样能支持住汽车。

2)半浮式半轴支撑。图 7-17 所示为半浮式半轴支撑形式的驱动桥。半轴外端制成锥形,锥

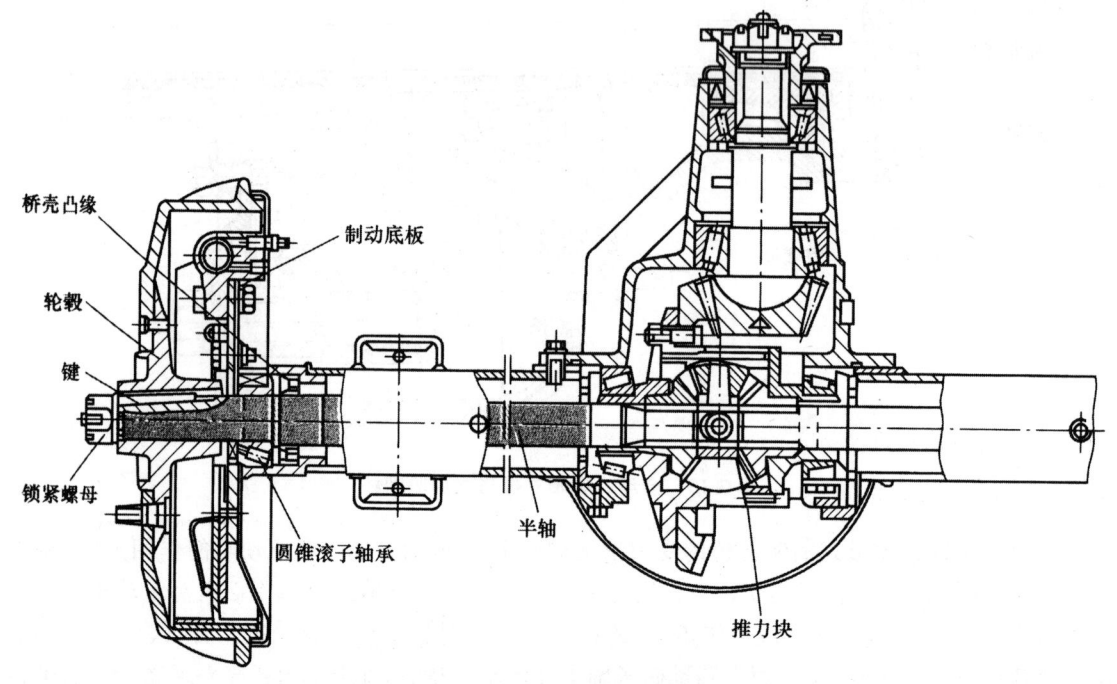

图 7-17　半浮式半轴支撑形式的驱动桥

面上铣有键槽,最外端制有螺纹。轮毂以其相应的锥孔与半轴上锥面配合,并用键连接,用锁紧螺母紧固。半轴用一个圆锥滚子轴承直接支撑在桥壳凸缘的座孔内。车轮与桥壳之间无直接联系,而支撑于悬伸出的半轴外端。因此,地面作用于车轮的各种反力都须经半轴外端的悬伸部分传给桥壳,使半轴外端不仅要承受转矩,而且还要承受各种反力及其形成的弯矩。半轴内端通过花键与半轴齿轮连接,不承受弯矩,故称这种支撑形式为半浮式半轴支撑。

为了对半轴进行轴向限位,差速器内装有止推块,以限制其向内的轴向窜动;而半轴向外的轴向窜动则通过制动底板对轴承限位来限制。

半浮式半轴支撑结构简单,但半轴受力情况复杂且拆装不便,多用于反力、弯矩较小的各类轿车上。

2.桥壳

(1)功用

驱动桥壳既是传动系的组成部分,同时也是行驶系的组成部分。作为传动系的组成部分,其功用是安装并保护主减速器、差速器和半轴;作为行驶系的组成部分,其功用是安装悬架或轮毂,和从动桥一起支撑汽车悬架以上各部分质量,承受驱动轮传来的反力和力矩,并在驱动轮与悬架之间传力。桥壳应具有足够的强度和刚度,质量小,便于主减速器的拆装和调整。

(2)类型

驱动桥壳可分为整体式桥壳和分段式桥壳两种类型。

1)整体式桥壳。图 7-18 所示为解放 CA1092 型汽车的整体式铸造驱动桥壳。它由空心梁、半轴套管、主减速器壳及后盖等组成。空心梁用可锻铸铁铸成,中部有一环行大通孔,前端用以安装主减速器及差速器总成。后端用来检视主减速器、差速器的工作情况,后盖用螺钉装于后端面,后盖上装有检查油面用的螺塞。空心梁上凸缘盘用以固定制动底板,两端压入钢制半轴套管,并用止动螺钉限定位置。半轴套管外端轴颈用以安装轮毂轴承,为了对轴承进行限位及调整轴承预紧度,最外端还制有螺纹。

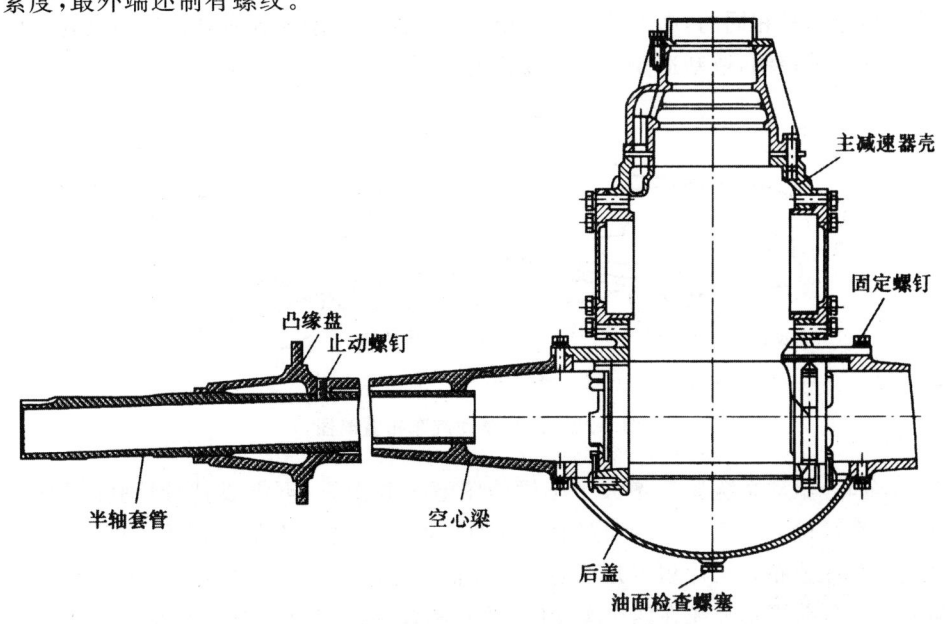

图 7-18 解放 CA1092 型汽车的整体式桥壳

这种铸造的整体式桥壳具有较大的强度和刚度,且便于主减速器的拆装和调整;缺点是质量大,铸造品质不易保证。因此,整体式桥壳适用于中型以上货车。

2)分段式桥壳。分段式桥壳一般分为两段,如图7-19所示。由螺栓将两段连成一体。它主要由主减速器壳、盖以及两根钢制半轴套管组成。

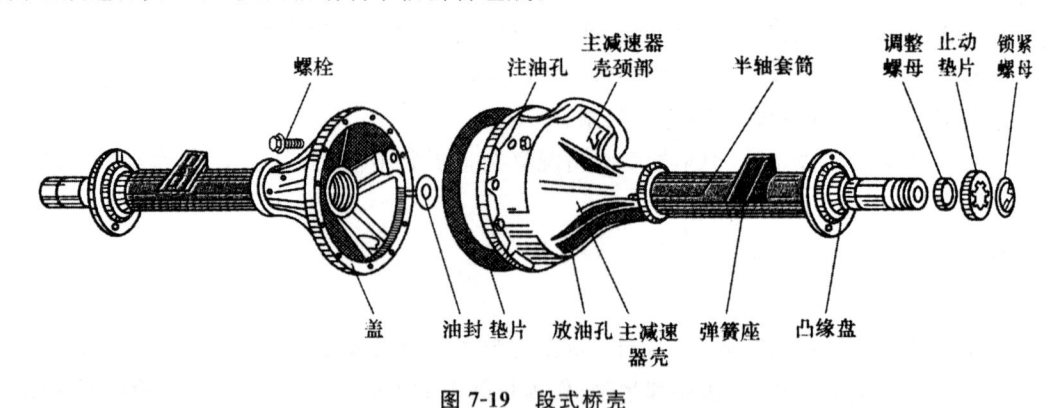

图 7-19 段式桥壳

分段式桥壳最大的缺点是拆装、维修主减速器及差速器十分不便,必须把整个驱动桥从车上拆下来,现已很少应用。

7.3 四轮驱动系统

7.3.1 四轮分动系统概述

四轮驱动系统中,分动器及在轻型载货汽车、各种轿车及越野汽车上的应用(见图7-20)。四轮驱动的变速器、传动轴、差速器和驱动桥等与两轮驱动系统相同。尽管对所有的四轮驱动装置来说,其运行原理是相同的,即四轮驱动系统是基于两轮驱动系统发展改造而来的。但各种系统的部件、位置及其控制,依制造商和应用场合的不同而不同。

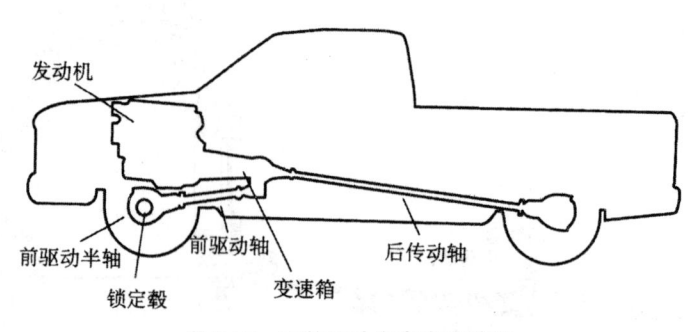

图 7-20 四轮驱动汽车布置简图

四轮(和全轮)驱动系统显著增大了车辆的附着力和雨天、下雪或越野行驶时的操控能力。全时四驱系统在通过天气变化多端和路面状况时好时坏的情况下最为理想。例如,驶入和驶出雨天天气或行驶在分布有几片积雪几乎洁净的路面上。附着力的增加可使传动系统给车辆施加更大的动力。当负荷平均分摊在四个车轮时,驾驶和操控性能会有极大地改善。动力的传递由四轮驱动系统的组成决定。车辆装有开式差速器时,动力传递给两组驱动轮(一组前轮一组后轮)。若车辆装有带差速锁的差速器,转矩可能会传递给全部车轮也可能只驱动一个车轮。

转弯时,前轮驶过的距离比后轮要长得多。这是由于前轮驶过的弧度大于后轮。全时四驱系统中,开式差速器可使前轮行驶快于后轮,而不引起滑动。

7.3.2 四轮驱动系统的种类

1. 由后轮驱动发展而来的四轮驱动系统

汽车在越野或在深泥、雪中行驶时,四轮驱动最为有用。为越野设计的四轮驱动车辆加上一个分动器、前驱动轴、前差速器与驱动轴组成(见图 7-21)。四轮驱动系统一般包括前置纵向的发动机,自动或手动变速器(与两轮驱动相同),有三根传动轴。一根短轴连接着变速器的输出轴和分动器。分动器的输出由两根独立的传动轴传递到前传动轴和后传动轴。

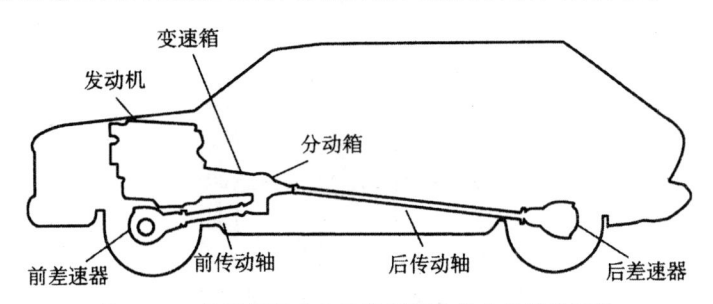

图 7-21 从后轮驱动底盘发展而来的全轮驱动系统

全轮驱动系统就是持续提供动力给所有驱动轮(见图 7-22),四轮驱动系统是需要驾驶员来控制使用四轮驱动的系统,还可提供重载或剧烈越野时的低速行驶。通常,全时四驱表示全轮驱动。

全轮驱动和全时四驱系统永远是全轮驱动的。不管在什么路况下都给四轮提供转矩,驾驶员不能选择两轮驱动。

按需分配的四驱系统是自动控制的系统,为一轴驱动。当有滑动检测到时,并达到预期值,系统就会将转矩传递到相应的轴上,传递到另一根轴上转矩的大小取决于滑动的多少和系统本身。

有的四轮驱动系统为驾驶员提供全时四驱或两轮驱动的选择。在许多情况下,全时四驱是四驱系统的要求。当驾驶员选择四轮驱动时,几乎所有的转矩都传递给一组驱动轴。一旦该轴出现一点滑动,一部分转矩就会传递给另外一组驱动轴。例如,福特的 Control-Ttac 系统。当选择四驱模式时,96%的转矩传递到后轴,直到检测到后车轮出现滑动为止。控制电脑给分动器中的电磁离合器一个响应电压。离合器动作将转矩传递给前轴,传递给前轴转矩的大小取决于后轮滑动量的大小。传递到前轴的转矩最高可高达 96%。

2. 由前轮驱动发展而来的四轮驱动系统

前驱汽车的四轮驱动系统多见于轿车和小型 SUV 车。一般由变速驱动桥、驱动前轮的差速器、将变速驱动桥和后轴连接起来的附加装置——离合器和差速器组成。

若是全时四驱,分动器中安装有可控制的离合器。中间轴差速器的作用是补偿任何前后驱动轴的差异,使前后轴以各自的转速运转。

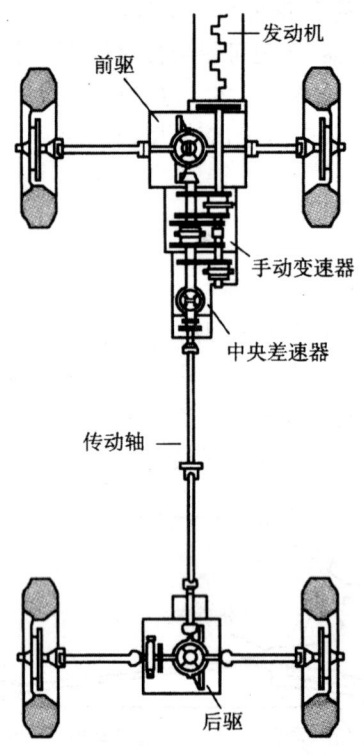

图 7-22　全轮驱动系统示意简图

为改进汽车的操纵性,许多高性能的轿车装备了四轮驱动。而且都是由前轮驱动发展为四轮驱动的。大多是增加分动器、后传动轴和带有差速器的后桥。有些汽车是采用中间差速器(见图 7-23)来代替分动器。中间差速器可使后车轮和前车轮以不同速度运转。

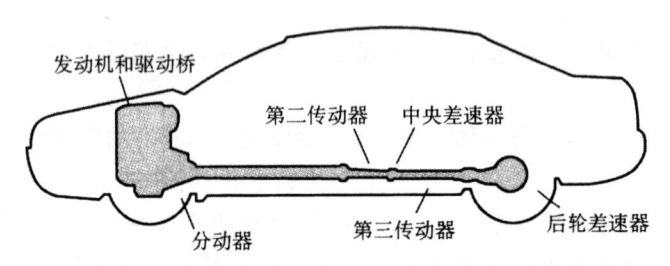

图 7-23　由前轮驱动发展的带轴间差速器的全轮驱动系统

万向节或等速万向节用来把传动轴连接到差速器和分动器上。后桥或直接连接到车轮轮毂上,或通过万向节连接到轮毂上。载货汽车通常也用万向节把前桥连接到车轮轮毂上。轻型载货汽车和四轮驱动轿车一般在其前桥总成中使用半轴和等速万向节(见图 7-24)。

3. 全轮驱动系统

全轮驱动系统不提供选择两轮驱动或四轮驱动。全部车轮始终参与驱动。全轮驱动的车辆不是为了用于越野行驶。是为了增加车辆在低附着力路况下的性能,如冰雪路面,或者紧急时刻,极大地提高了驾驶员在不利的驾驶条件下对车辆的控制能力。在需要时,可适时地将驱动力分配到四个车轮。全轮驱动系统自动适应普通或湿滑路况,在附着力小的情况下有更好的性能。

全轮驱动车辆将一大部分转矩传递到附着力最大的车轮从而提供最佳的操控性能。

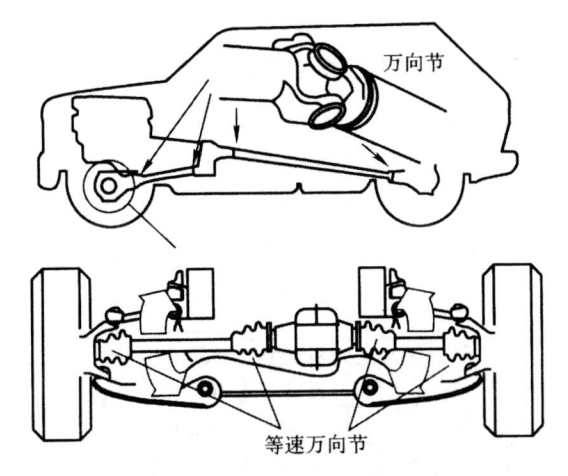

图 7-24 典型四轮驱动车辆的普通和等速万向节

全轮驱动系统无两速分动器,多由前轮驱动系统发展而来。在传动轴上加一个单速分动器,或者一个中间轴差速器将转矩分流到前轴和后轴(见图 7-25)。有些中间差速器能自动锁止,或者驾驶员通过开关来锁止。有的备有黏性联轴器,或代替中间差速器(见图 7-26)。黏性联轴器只允许前后驱动轴之间有限的滑动。将转矩传递给四个车轮并防止传动系干涉(终结,即功率内循环,消耗了发动机功率)。

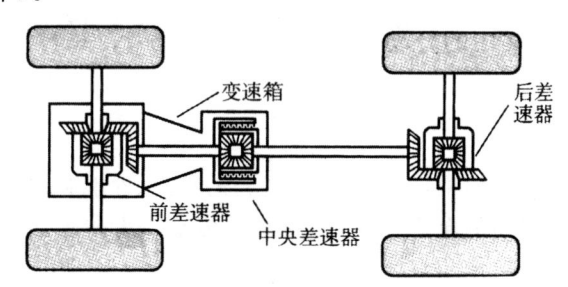

图 7-25 全轮驱动系统

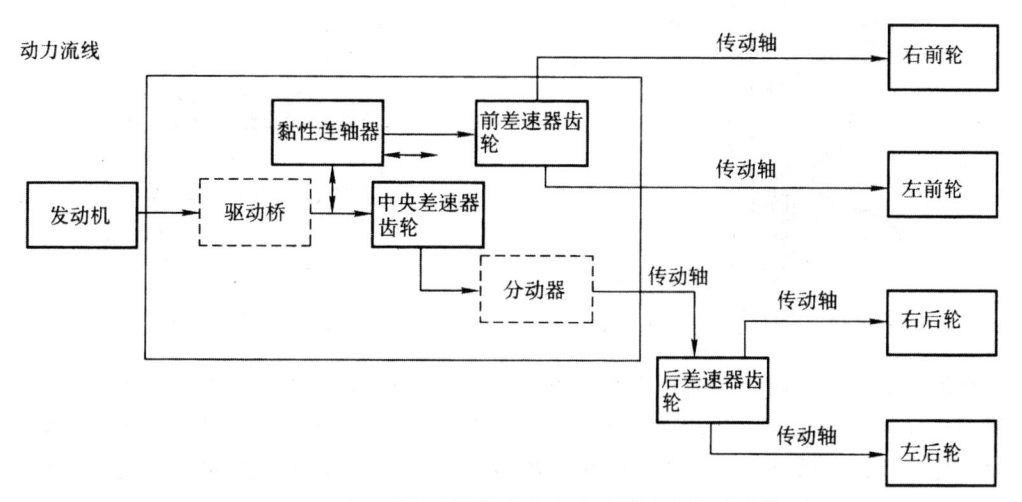

图 7-26 使用黏性联轴器的中央差速器动力传动路线

许多自动全轮驱动系统是电子控制的。分动器的运转就如同轴间差速器,将95%的转矩分配到前桥,5%的转矩分配到后桥,直至将50%转矩分配给前桥,50%转矩分配给后桥。这一过程发生得很快,驾驶员不会感觉到牵引力产生了变化。

4. 按需四轮驱动系统

按需四轮驱动系统主要是一种能够根据需要传递力矩到另外两驱动轮的四轮驱动系统,能够根据情况在两轮之间分配力矩。普通四轮驱动的力矩分配是固定不变的。

动力的中断或输出控制是通过在分动器或中央差速器处的离合器(如图7-27)来实现的。

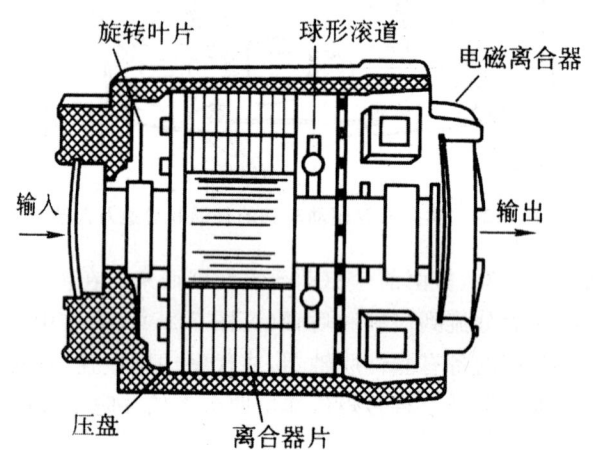

图 7-27 带 CPU 控制的电磁离合器分动单元

7.3.3 分动器

常用的分动器有很多不同的型号,每种都有各自的特点、性能和维修步骤。

分动器通常装在变速器的侧面或后部,常使用链传动或齿轮传动(见图7-28、图7-29)。分动箱的构造同典型的变速器类似。

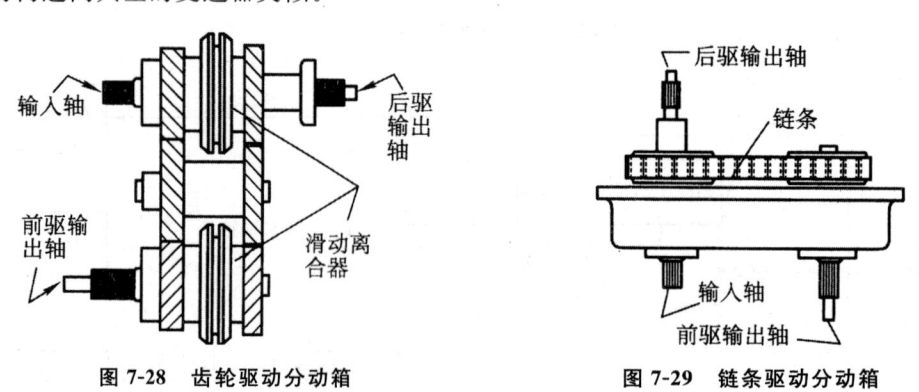

图 7-28 齿轮驱动分动箱

图 7-29 链条驱动分动箱

车辆加装分动器后前驱动轴和后驱动轴之间的传动比不同,会导致推拉干涉现象。这种现象叫动力传动系的干涉(终结),即功率内循环。

动力传动系的干涉(终结)会引起操纵问题,特别是在干燥路面上转弯时。这是因为在车辆转弯时前轮的行驶距离比后轮长。这种现象的产生会导致使用四轮驱动时,出现安全问题和燃油经济性问题。

1.分动器从车上的拆卸

拆下分动器的步骤各不相同。以下为拆下分动器的通用步骤(见图7-30)。

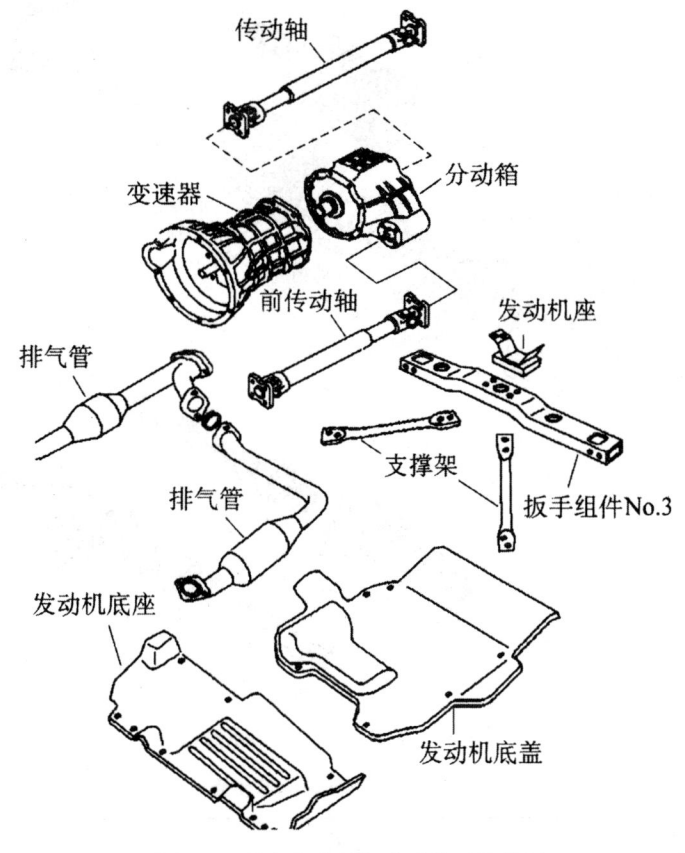

图 7-30 从汽车上拆卸分动箱时的简图

1)升起汽车,将放油盘放在分动器下面,放油。
2)拆下与分动器相连的所有电线和关联件,并做好"标记"。
3)拆下前、后传动轴;拆下车速表软轴。
4)用变速器专用举升器支撑分动器。
5)拆下连接分动器的螺栓,并将其从汽车上拆下来。

重新安装分动器与此相反。分动器用自动变速器用油润滑,并加至注油口底部。

2.分动器的拆卸

不同型号的分动器其拆卸步骤也不同。图7-31所示为某分动器的结构示意图,表7-1为某分动器的拆卸步骤。

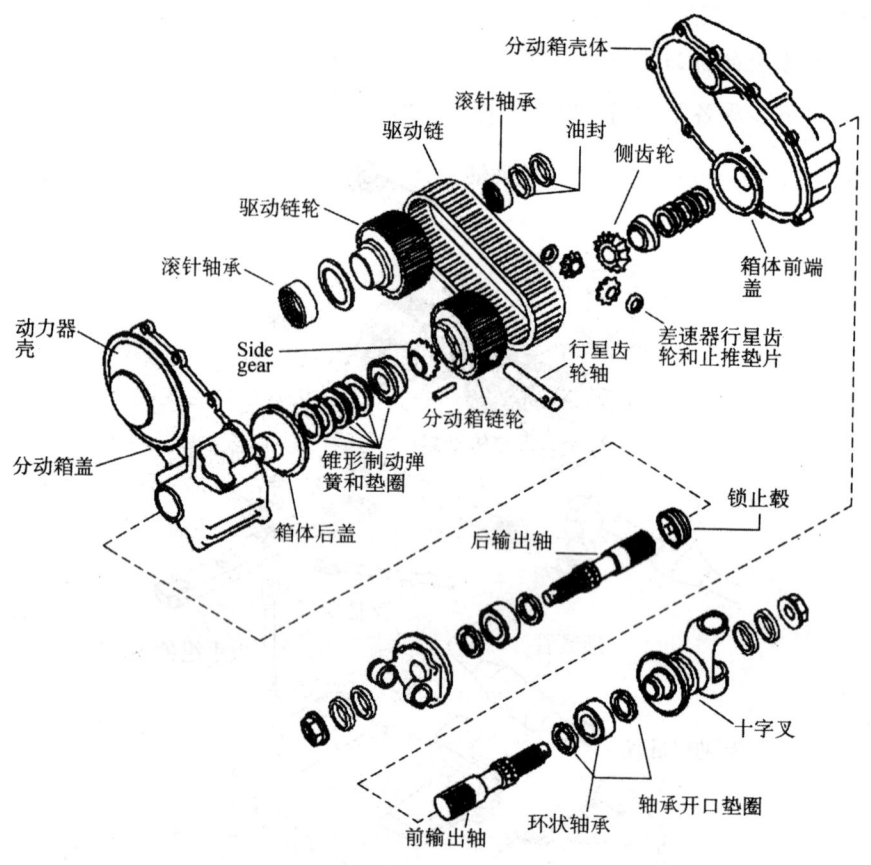

图 7-31 某分动器的结构示意图

表 7-1 分动器的拆卸步骤

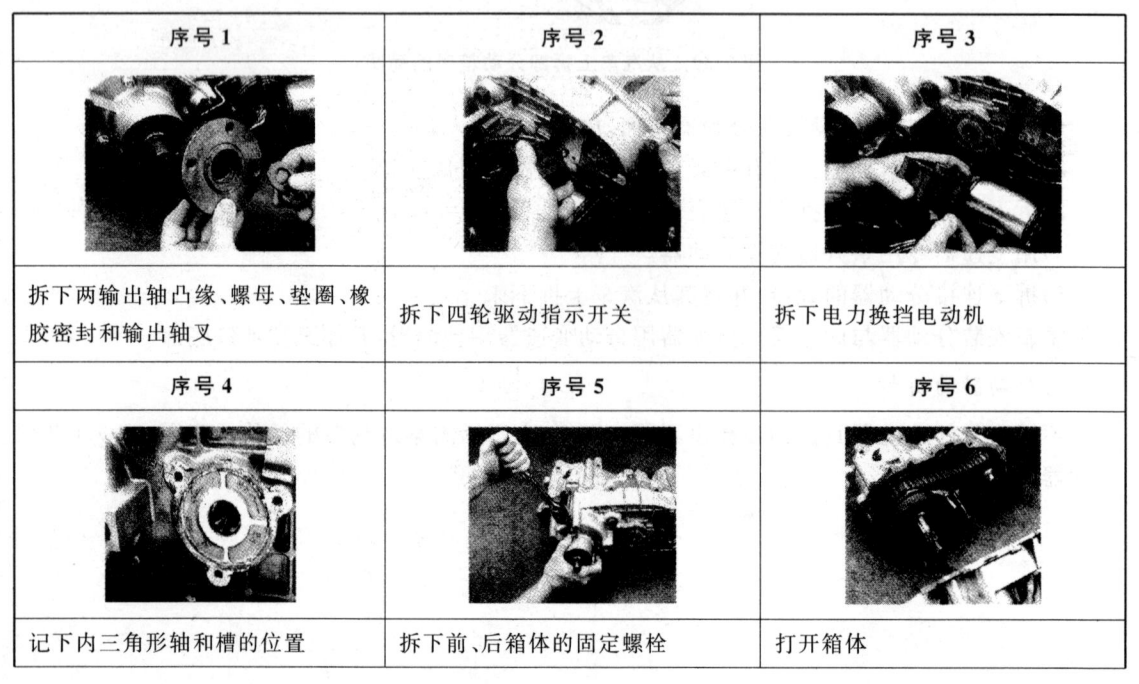

序号1	序号2	序号3
拆下两输出轴凸缘、螺母、垫圈、橡胶密封和输出轴叉	拆下四轮驱动指示开关	拆下电力换挡电动机
序号4	序号5	序号6
记下内三角形轴和槽的位置	拆下前、后箱体的固定螺栓	打开箱体

续表

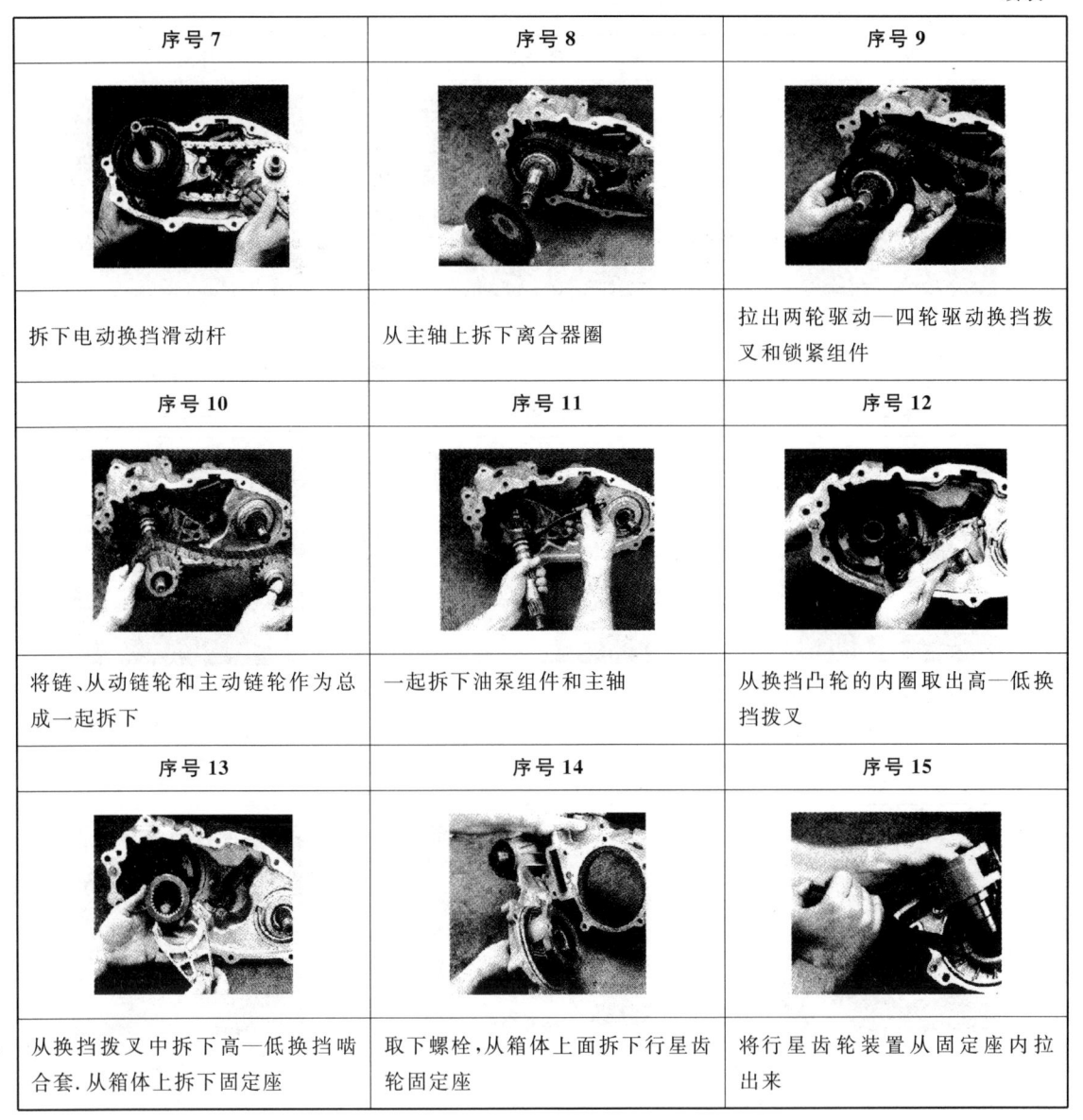

序号 7	序号 8	序号 9
拆下电动换挡滑动杆	从主轴上拆下离合器圈	拉出两轮驱动—四轮驱动换挡拨叉和锁紧组件
序号 10	序号 11	序号 12
将链、从动链轮和主动链轮作为总成一起拆下	一起拆下油泵组件和主轴	从换挡凸轮的内圈取出高—低换挡拨叉
序号 13	序号 14	序号 15
从换挡拨叉中拆下高—低换挡啮合套,从箱体上拆下固定座	取下螺栓,从箱体上面拆下行星齿轮固定座	将行星齿轮装置从固定座内拉出来

如果分动器是链传动型,应特别注意链轮两侧的薄、厚止推轴承座圈。薄轴承座圈通常和链轮固定在一起,而厚轴承座圈通常和箱体固定在一起。如果推力轴承座圈位置安装错误,会产生咔嗒声。

3. 分动器的装配

装配分动器前,应彻底检查,清洗全部零件,并涂上自动变速器油,更换全部衬垫和密封圈,螺纹涂上螺纹密封胶。

表 7-2 所示为某分动器的装配步骤。

表7-2 分动器的装配步骤

序号1	序号2	序号3
在壳体上装入输入轴和前输出轴的轴承	在内齿圈的外壳上涂密封胶	装入输入轴及行星齿轮装置,固定螺栓拧紧到规定力矩
序号4	序号5	序号6
将高—低换挡接合套装入换挡拨叉内	将高—低挡换挡组件装入分动器	将主轴及油泵组件装入分动器
序号7	序号8	序号9
将主动、从动链轮及链总成安装到分动箱内的指定位置	安装拨叉轴	在主轴上安装两轮驱动—四轮驱动换挡拨叉和锁紧组件
序号10	序号11	序号12
在主轴上安装离合器	清洁分动器的配合表面	对正装入后,将分动器合在一起,拧紧连接螺栓至规定力矩

续表

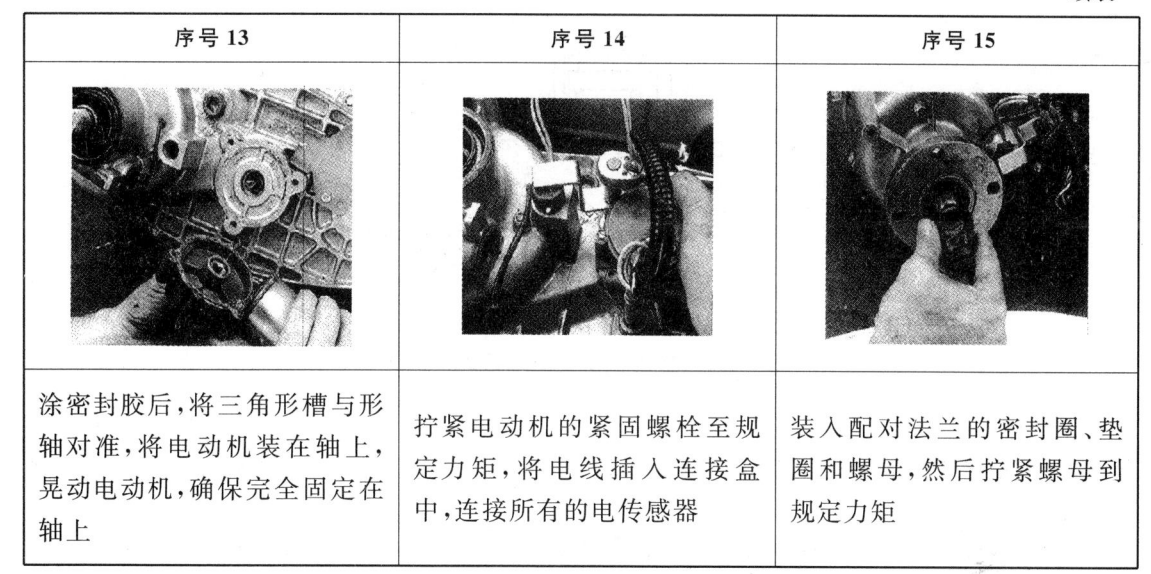

序号 13	序号 14	序号 15
涂密封胶后,将三角形槽与形轴对准,将电动机装在轴上,晃动电动机,确保完全固定在轴上	拧紧电动机的紧固螺栓至规定力矩,将电线插入连接盒中,连接所有的电传感器	装入配对法兰的密封圈、垫圈和螺母,然后拧紧螺母到规定力矩

4.分动器的工作原理

分动器的作用是把来自变速器的转矩传递到前、后驱动轴,是安装在主变速器侧面或后部的辅助变速器(见图7-32)。分动器的分类通常有三种:分时式,它提供了以下范围,空挡、两轮驱动高挡、四轮驱动高挡和四轮驱动低挡;全时式,它提供了两轮驱动高挡、四轮驱动高挡和四轮驱动低挡;分时/全时式,它提供了两轮驱动高挡、全时四驱高挡和分时四驱低挡。

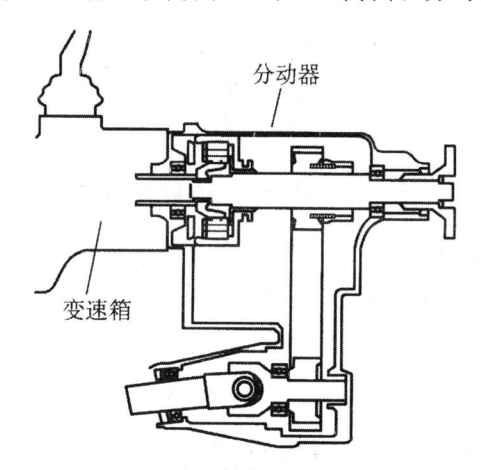

图7-32 变速箱上分动箱的位置

高速至低速之间的转换是通过分动器变速操纵杆完成的。高速为直接传动,$i=1$。低速通常产生约2∶1的传动比。

低速挡可实现减速增扭,是变速器和主减速器减速的补充。高挡时,无此作用。分动器还有一个空挡位置。有的四轮驱动汽车只有一个挡位,无低速挡。

大多数分动器使用行星齿轮组(见图7-33)提供不同的挡位。换挡机构有较大差异,但动力的传递基本相同。换挡机构使不同的齿轮接合或脱开,从而产生不同的挡位。两挡分动器的动力传递如下。

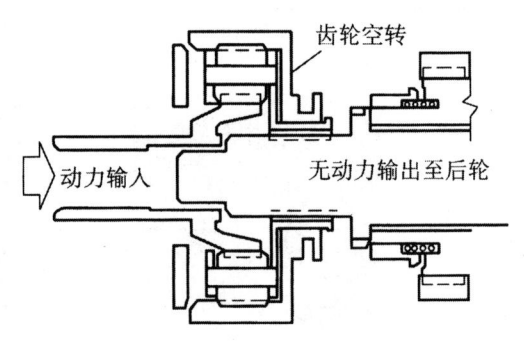

图 7-33 空挡时,通过分动器动力流线

在空挡位置,分动器由变速器输出轴直接驱动。分动器处于空挡,无动力传输到驱动桥。空挡时,太阳轮转动行星齿轮,行星齿轮驱动齿圈(常称为内齿轮),行星齿轮架保持不动,所以无动力传递。

高挡时,离合器拨叉把滑动离合器固定在两轮驱动位置。随着行星齿轮组向后移动,将行星架锁定,阻止了行星齿轮在其轴上转动,行星齿轮、行星架和齿圈以一个整体转动。输入轴与后传动轴以相同的转速旋转(见图 7-34),即为直接传动。

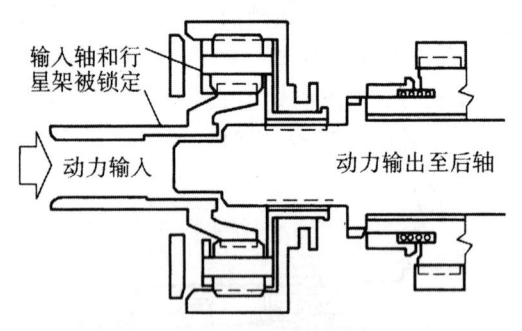

图 7-34 高挡两轮驱动时动力流线

当位于高挡时,若四轮驱动离合器拨叉向前移动。花键与传动链轮齿轮接合的滑动离合器接合(见图 7-35)。离合器弹簧把滑动离合器推进到与后输出轴接合,则链条驱动前输出轴,且与后输出轴的速度相同。将动力送至两驱动桥,向四个车轮提供动力。

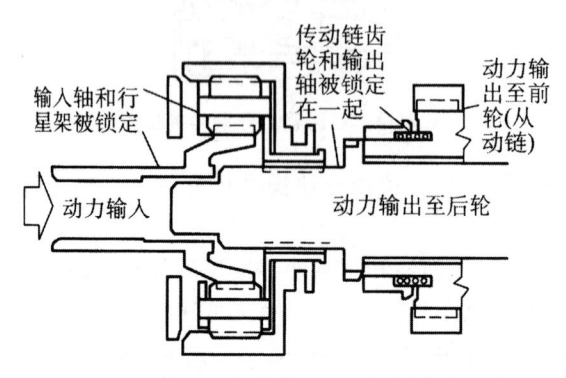

图 7-35 传动链轮齿轮和输出轴锁定在一起

低挡时,四轮驱动处于四轮驱动模式。换挡操纵杆将太阳轮和行星齿轮组件向后移动,使齿圈与轴承保持架组件的锁定环相啮合(见图7-36),固定齿圈,行星齿轮绕齿圈旋转。则行星架以比输入轴速度慢的速度转动,行星架用花键与输出轴连接,所以输出轴以较慢的速度旋转。即达到了减速增扭的作用。

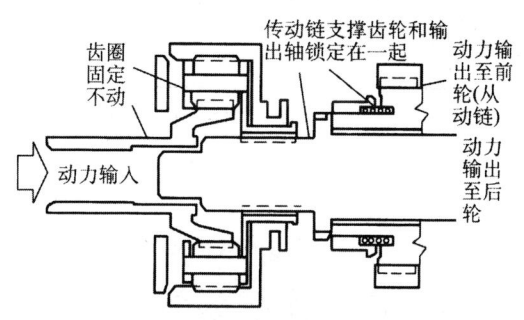

图 7-36 低挡四轮驱动时的传动路线

分动器也有采用直齿轮或斜齿轮组来进行变速及四轮驱动的接合与分离。通过改变滑动的或接合的齿轮,与分动器内的从动齿轮相啮合或分离,达到变速或四轮与两轮驱动之间的转换。滑动齿轮和接合器(即换挡接合套)通过轴上的花键进行驱动。

主轴上的滑动齿轮用来将低挡齿轮或高挡齿轮锁定到主轴上。在许多分动箱中,只有接合器处于空挡时才能实现这种换挡。因为分动器主轴和与其用花键相连的滑动齿轮会以与低挡或高挡齿轮不同的速度转动(即换挡时的不同步),此时会发生齿轮碰撞。

在一些四轮驱动系统上,汽车必须在换挡之前先被制动至停车状态。同样,换挡进入四轮驱动低挡时,通常也要求先制动汽车至停车,才能换入四轮驱动低挡。

有些分动器为单一速度,仅能在两轮驱动和四轮驱动之间进行变换。

5. 分动器的主要结构形式

有些分动器,特别是载货汽车完全靠齿轮组传递动力。

大多数吉普车使用齿轮和链条的组合。使用链条驱动,减少了分动器的质量,改善了燃料经济性。

链传动常用来连接分动器中的输入和输出轴。链条仅用作连接而不改变传动比。链传动通常与行星齿轮组一起使用。链传动效率高,无噪声,可适应分动器中部件的灵活定位。

行星齿轮传动可减少质量和提高效率:分时分动器的汽车以两轮驱动时,内部部件不发生旋转,可获得进一步的高效率。

简单的行星齿轮组的传动原理,可从机械设计原理中理解时更为清楚(见图7-37)。固定齿圈和驱动太阳轮,则行星架的输出便实现降速。

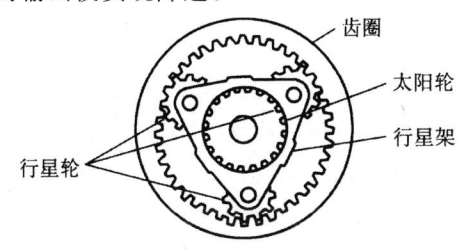

图 7-37 简单的行星齿轮组传动原理

7.3.4 限滑差速器

许多全时分动器装备了限滑差速器。使用黏液离合器、圆锥离合器（见图 7-38），或多片离合器来控制差速器的动作。当使用了限滑差速器，传递到附着力小的车轮上的转矩就会减小。这便使更多的转矩传递到附着力更大的轴上。

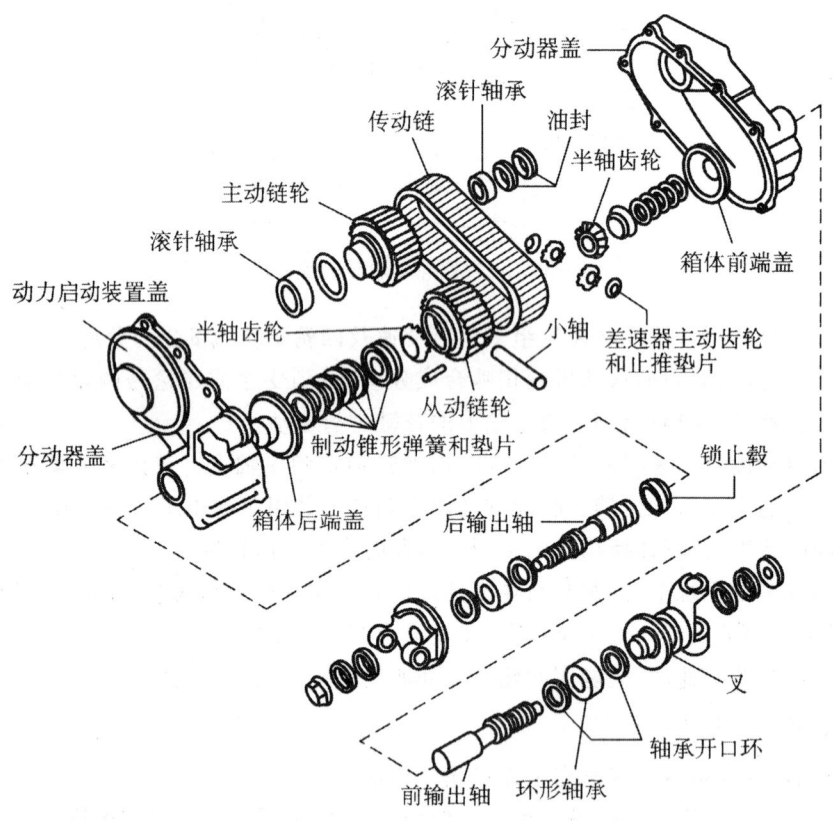

图 7-38　装备有限滑差速器的四轮驱动分动器，通常使用的分动箱中装备有限滑差速器的全轮驱动系统称为 Quadr-Trac

当不需要差速器动作的时候，一些中间差速器的模块会被锁止，使转矩传递到四个车轮上。锁定的位置只能使用在软的路面上，如沙地、泥地和雪地。通常差速器是由一个电磁离合器锁定的。离合器可能有仪表盘上的一个开关驱动或者由计算机根据轮速传感器的信号控制（通常和 ABS 的传感器相似）。

1. 中央差速器

当车辆处于四轮驱动工况，前后轴就会以相同的速度旋转，这会导致传动系干涉（终结）。全时四驱使用中央差速器来防止传动系干涉。它安装在分动器中，位于前桥输出轴和后桥输出轴之间。中央差速器允许前后桥以不同的速度旋转。消除了传动系干涉，并增加了转弯时的操控性能。中央差速器常安装在黏性联轴器上（见图 7-39）来传递转矩到另外一根轴上。

一些高性能的全轮驱动车辆使用真空系统让驾驶员锁止中央差速器或后差速器。这种控制使驾驶员能够选择哪个车轮接受大部分的转矩。

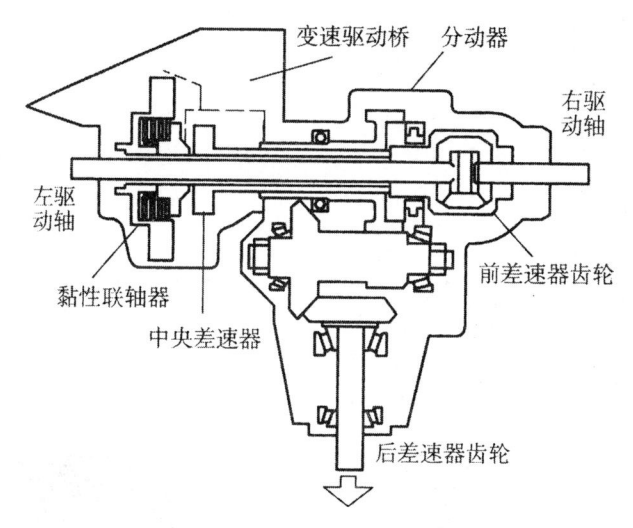

图 7-39 带黏性联轴器分动器

2. 黏性联轴器

黏性联轴器用在车辆的传动系中,用来驱动低牵引力作用的驱动桥,代替了中间轴差速器。安装黏性联轴器的目的是在艰难的驾驶条件下改善驾驶因素。黏性联轴器自动运行,一旦需要改善车轮的牵引力时,便不断地传递动力给驱动桥总成。也就是将驱动转矩偏置到驱动轴上的牵引力效应。黏性联轴器将动力传递到附着力最大的车轮或轴上。

黏性联轴器(见图 7-40)通常是一个鼓状物内部装有一些黏稠的液体,壳体上紧密地安装着薄钢片。一副盘片连接到前轮,另外一副连接到后轮。黏性联轴器的优点就是它能根据每根轴的需要分配发动机的转矩。

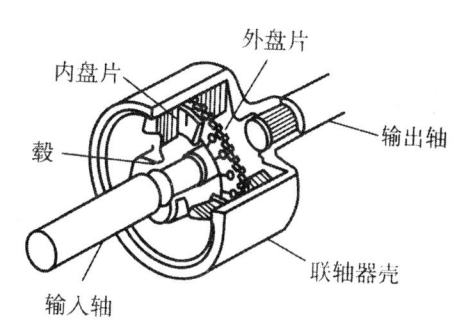

图 7-40 黏性联轴器主要组件

7.3.5 分动器的操纵机构

1. 换挡操控系统

换挡操纵装置(见图 7-41),应当保证不过紧也不太松。换挡操纵装置能防止分动器进入和脱离四轮驱动。经常润滑可保持分动器和变速器换挡操纵装置状态良好。

驾驶室内,可进行四轮驱动与两轮驱动的转换(见图 7-42)。

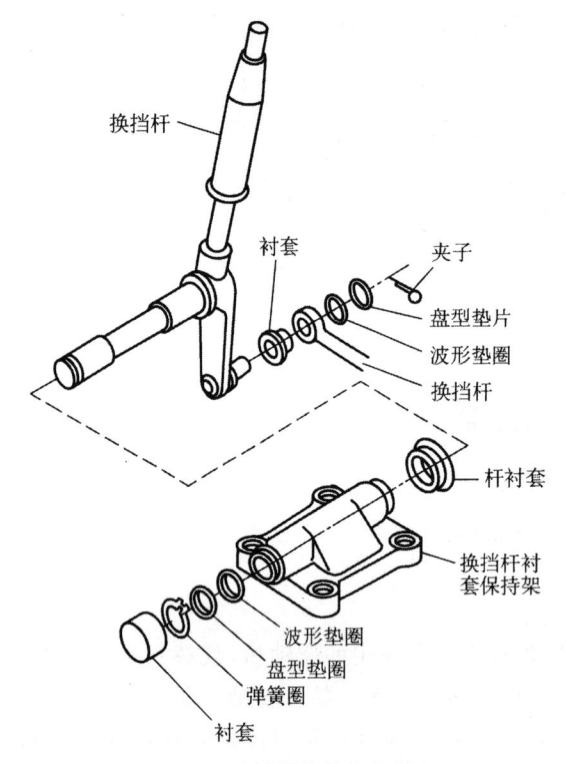

图 7-41　分动器换挡操纵装置

图 7-42　两轮与四轮驱动选择示意图

大多数四轮驱动装置都装备有使驾驶员来选择进入和退出四轮驱动的系统。两轮或四轮驱动的选择由转换器、电子开关或锁定毂（见图 7-43）来控制。换挡装置的换挡位置如图 7-44 所示。

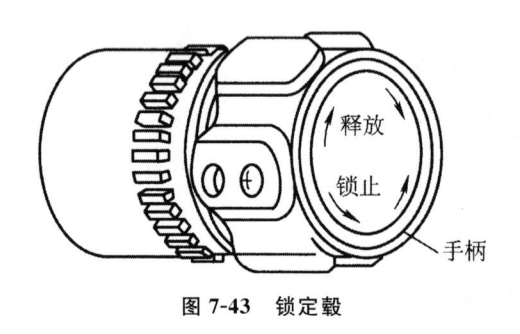

图 7-43　锁定毂

图 7-44　变速杆位置

2.锁定毂

载货汽车和轻型越野汽车上的大多数四轮驱动系统使用前轮驱动毂。在汽车以两轮驱动方式运行时，从前轮脱离接合。手动锁定毂要求驾驶员手动转动杆或转动按钮来进行两轮驱动或四轮驱动的锁定（见图 7-45）。

自动锁定毂可以自动转化到四轮驱动状态并向前缓慢行驶。有一些需要慢慢倒车来解除锁定状态。

锁定毂是使车轮毂与半轴外端啮合和分离用的离合器。转动位于手动毂中心的手柄可锁定毂或使毂脱离锁定状态。这个控制手柄可施加或释放在毂离合器上的弹簧张力。当毂处于锁定位置时,弹簧压力使离合器接合到与半轴相连的花键(见图7-46)。当毂处于未锁定位置时,弹簧的张力使离合器环脱离轴,由此分离轴毂和半轴。

图7-45 手动锁定毂旋钮的位置

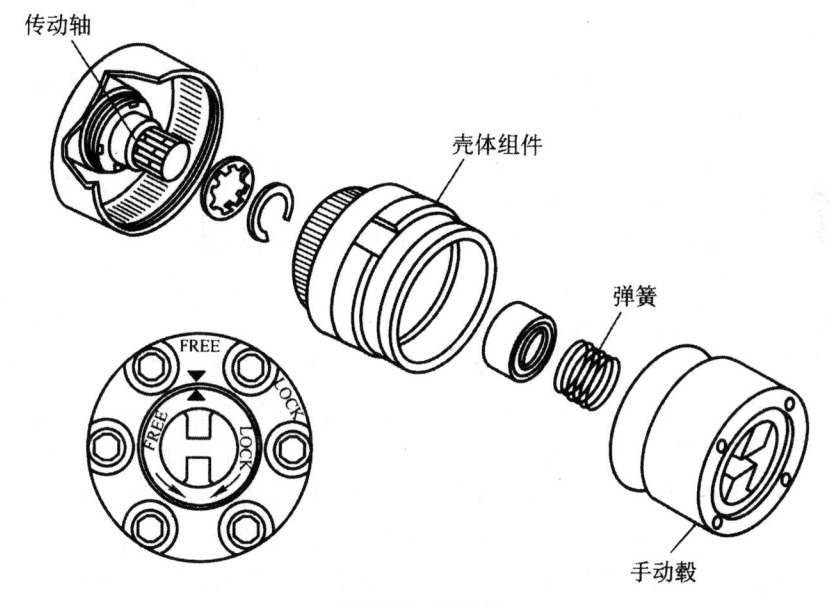

图7-46 锁定毂

自动毂(见图7-47)可能更为方便些。但当汽车倒车时,许多自动锁定毂的设计形式为脱离锁定状态。这样,如果汽车深陷而需要倒车来脱离困境时,只能采用后车轮驱动来开动汽车。当在不必倒车就脱离开四轮驱动状态时,自动毂立刻脱离锁定。在这些系统上,不论汽车正在行驶的方向如何,毂都自动地锁定。

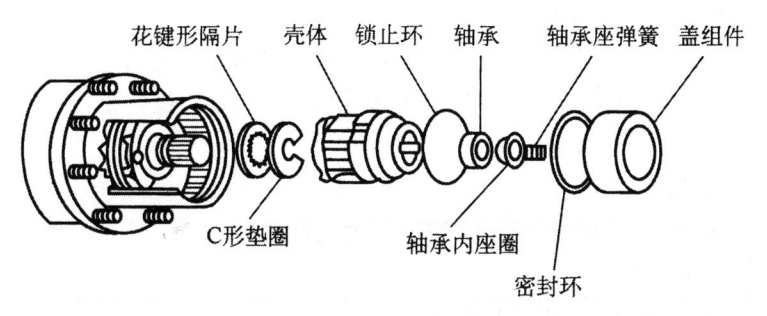

图7-47 自动锁定离合器

7.4 驱动桥常见故障的诊断与维修

7.4.1 驱动桥常见故障诊断

驱动桥的主减速器、差速器、半轴、轴承和油封等长期承受冲击载荷,使其各配合副磨损严重、各零部件损坏,导致驱动桥过热、异响和漏油等故障发生。

1. 过热

(1)现象

汽车行驶一段里程后,用手探试驱动桥壳中部或主减速器壳,有无法忍受的烫手感觉。

(2)原因

1)齿轮油变质、油量不足或牌号不符合要求。

2)轴承调整过紧。

3)齿轮啮合间隙和行星齿轮与半轴齿轮啮合间隙调整太小。

4)推力垫片与主减速器从动齿轮背隙过小。

5)油封过紧和各运动副、轴承润滑不良而产生干(或半干)摩擦。

(3)故障诊断与排除方法

检查驱动桥中各部分受热情况:

1)局部过热。油封处过热,则故障由油封过紧引起;轴承处过热,则故障由轴承损坏或调整不当引起;油封和轴承处均不过热,则故障由推力垫片与主减速器从动齿轮背隙过小引起。

2)普遍过热。检查齿轮油油面高度:油面太低,则故障由齿轮油油量不足引起;否则检查齿轮油规格、黏度或润滑性能。检查结果不符合要求,则故障由齿轮油变质或规格不符引起;否则检查主减速器齿轮啮合间隙的大小。松开驻车制动器,变速器置于空挡,轻轻转动主减速器的凸缘盘;若转动角度太小,则故障由主减速器齿轮啮合间隙太小引起;若转动角度正常,则故障由差速器行星齿轮与半轴齿轮啮合间隙太小引起。

2. 漏油

(1)现象

从驱动桥加油口、放油口螺塞处或油封、各接合面处可见到明显漏油痕迹。

(2)原因

1)加油口、放油口螺塞松动或损坏。

2)油封磨损、硬化,油封装反,油封与轴颈不同轴,油封轴颈磨成沟槽。

3)接合平面变形、加工粗糙,密封衬垫太薄、硬化或损坏,紧固螺钉松动或损坏。

4)通气孔堵塞。

5)桥壳有铸造缺陷或裂纹。

6)齿轮油加注过多,运转中壳体内压增高,使齿轮油渗出。

(3)故障诊断与排除方法

根据漏油痕迹部位判断漏油的具体原因。

3.异响

(1)现象

1)行驶时驱动桥有异响,脱挡滑行时异响减弱或消失。

2)行驶时驱动桥有异响,脱挡滑行时亦有异响。

3)汽车直线行驶时无异响,当汽车转弯时驱动桥处有异响。

4)汽车上坡或下坡时后桥有异响,或上、下坡时驱动桥都有异响。

5)车轮有运转噪声或沉重的异响。

(2)原因

1)圆锥和圆柱主从动齿轮、行星齿轮、半轴齿轮啮合间隙过大;半轴齿轮花键槽与半轴的配合松旷;主、从动锥齿轮啮合不良;圆锥和圆柱主从动齿轮啮合间隙不均齿轮齿面损伤或轮齿折断。

2)主动锥齿轮轴承松旷;主动圆柱齿轮轴承松旷;差速器圆锥滚子轴承松旷;后桥中某个轴承由于预紧力过大,导致间隙过小;主、从动锥齿轮调整不当,间隙过小。

3)差速器行星齿轮半轴齿轮不匹配,使其啮合不良;行星齿轮、半轴齿轮磨损或折断;差速器十字轴轴颈磨损;行星齿轮支承垫圈磨薄;行星齿轮与差速器十字轴卡滞或装配不当(如行星齿轮支承垫圈过厚),使行星齿轮转动困难;减速器从动齿轮与差速器壳的紧固铆钉松动。

4)驱动桥某一部位的齿轮啮合间隙过小,导致汽车上坡时发响;后桥某一部位的齿轮啮合间隙过大,导致汽车下坡时发响;后桥某一部位的齿轮啮合印痕不当或齿轮轴支承轴承松旷,导致汽车上、下坡时都发响。

5)车轮轮毂轴承损坏,轴承外圈松动;制动鼓内有异物;车轮轮辋破碎;车轮轮辋轮胎螺栓孔磨损过大,使轮辋固定不牢。

(3)故障诊断与排除方法

根据异响部位的不同判断异响的具体原因。

7.4.2 驱动桥的维修

丰田卡罗拉汽车差速器结构如图7-48所示。

1.实训器材

1)车辆:丰田卡罗拉汽车。

2)普通工具:组合工具、塑料锤、冲子、锤子、尖冲头(ϕ3 mm)、扭力扳手、百分表、螺旋测微器。

3)其他:齿轮油、加热器。

2.准备工作

1)汽车进入工位前,将工位清理干净,准备好相关的器材。

2)将汽车停驻在举升机中央位置。

3)拉紧驻车制动器操纵杆,并将变速杆置于空挡位置。

4)套上转向盘护套、变速杆手柄套和座位套,铺设脚垫。

5)在车内拉动发动机舱盖手柄,在车外打开并支撑发动机舱盖。

6)粘贴翼子板和前脸磁力护裙。

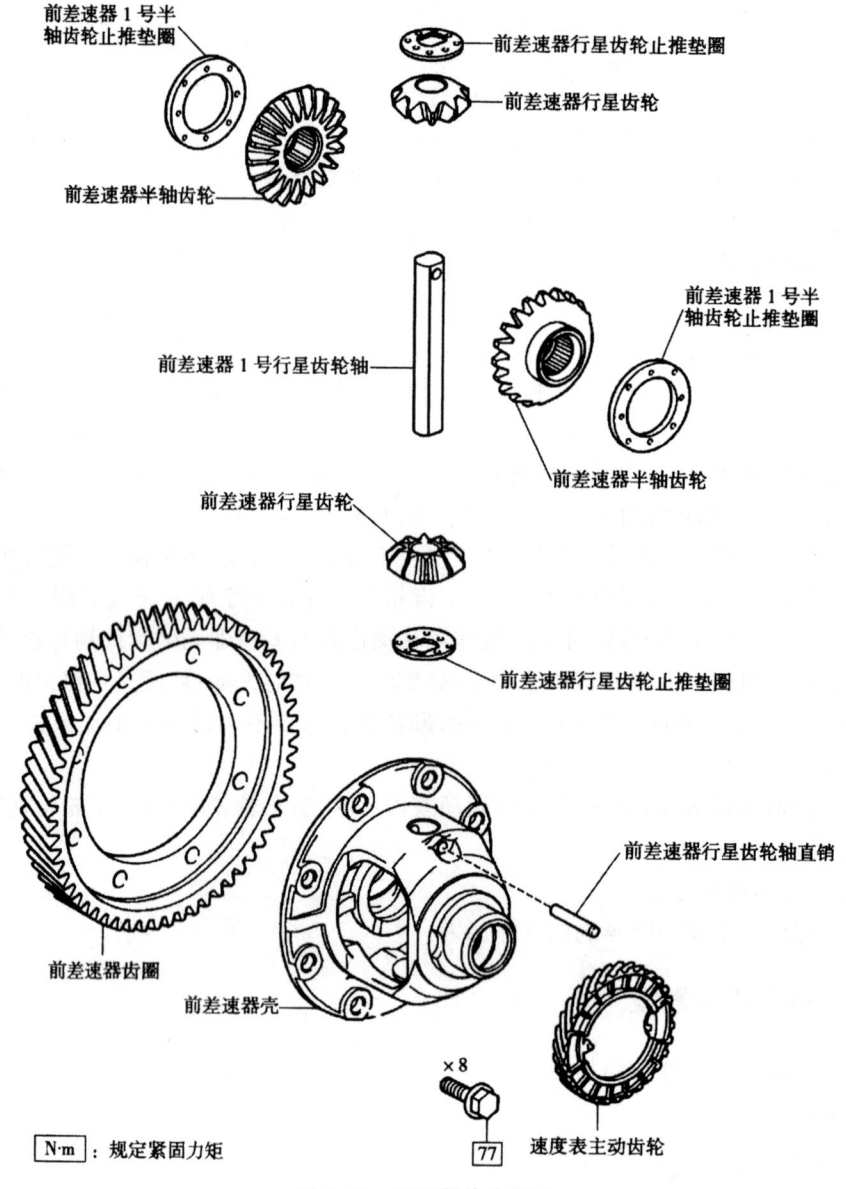

图 7-48 差速器的分解图

3. 操作步骤

(1) 差速器的拆解

1) 拆卸速度表主动齿轮。从前差速器壳上拆下速度表主动齿轮,如图 7-49 所示。

2) 拆卸前差速器齿圈。在前差速器齿圈和前差速器壳上做好装配标记,如图 7-50 所示。拆下 8 个螺栓。用塑料锤从前差速器壳上拆下前差速器齿圈,如图 7-51 所示。

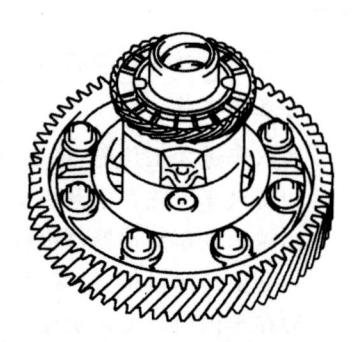

图 7-49 拆下速度表主动齿轮

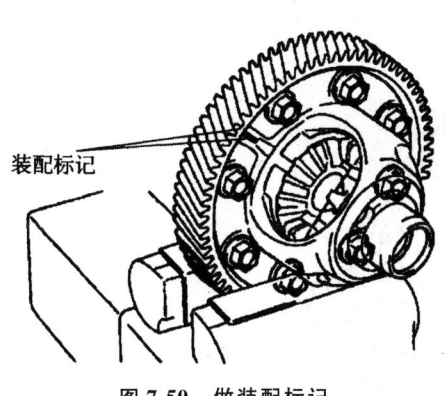

图 7-50 做装配标记 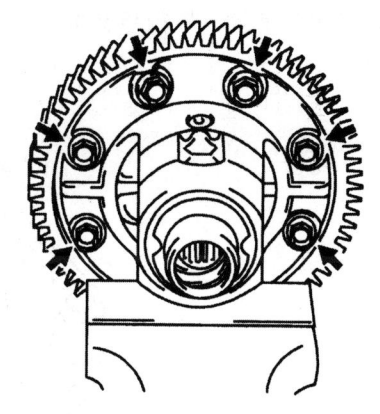　　　　　　图 7-51 拆下前差速器齿圈

3)检查前差速器半轴齿轮齿隙。将前差速器行星齿轮装配至前差速器壳侧。用百分表测量前差速器半轴齿轮齿隙,如图 7-52 所示。标准齿隙为 0.05~0.20 mm。如果齿隙超出规定范围,更换半轴齿轮止推垫圈。

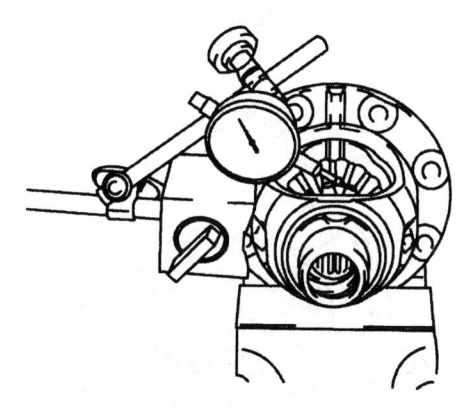

图 7-52 测量前差速器半轴齿轮齿隙

4)拆卸前差速器行星齿轮轴直销。用冲子和锤子松开前差速器壳的锁紧部件,如图 7-53 所示。用尖冲头(ϕ3 mm)和锤子从前差速器壳上拆下前差速器行星齿轮轴直销,如图 7-54 所示。

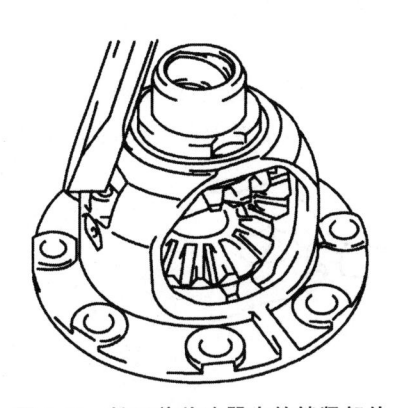

图 7-53 松开前差速器壳的锁紧部件 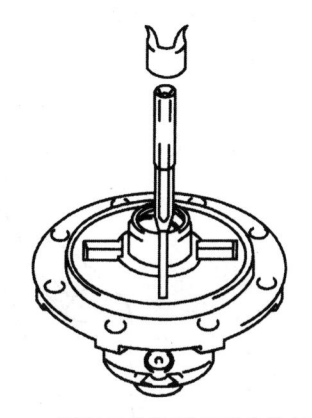　　　　　　图 7-54 拆下前差速器行星齿轮轴直销

5)拆卸前差速器1号行星齿轮轴。从前差速器壳上拆下前差速器1号行星齿轮轴,如图7-55所示。

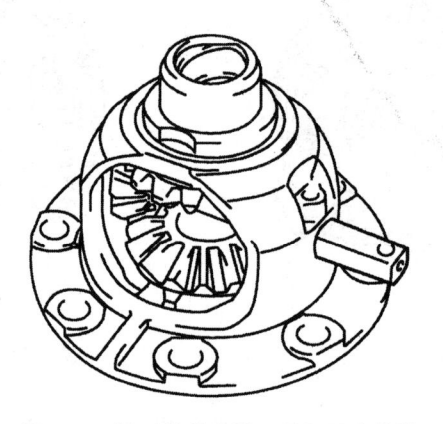

图 7-55 拆下前差速器 1 号行星齿轮轴

6)拆卸前差速器半轴齿轮。从前差速器壳上拆下2个前差速器行星齿轮、2个前差速器行星齿轮止推垫圈、2个前差速器1号半轴齿轮止推垫圈和2个前差速器半轴齿轮,如图7-56所示。

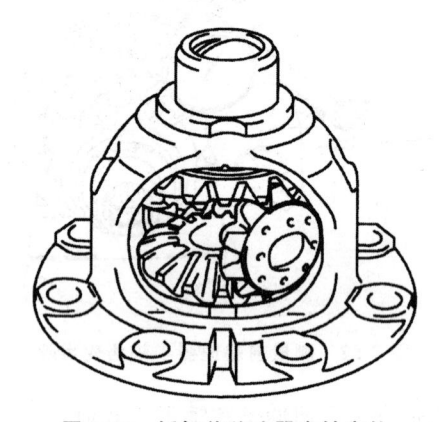

图 7-56 拆卸前差速器半轴齿轮

提示:转动前差速器行星齿轮,拆下2个行星齿轮和2个半轴齿轮。

(2)差速器的检查

1)检查前差速器行星齿轮止推垫圈。用螺旋测微器测量前差速器行星齿轮止推垫圈的厚度,如图7-57所示。最小厚度为0.92 mm。如果厚度小于最小值,更换前差速器行星齿轮止推垫圈。

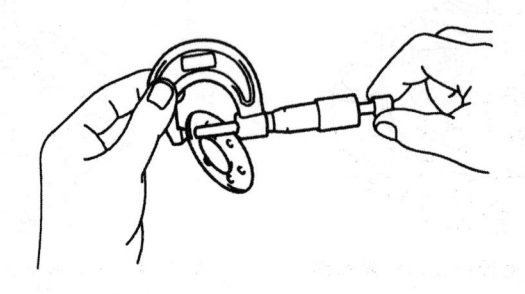

图 7-57 测量前差速器行星齿轮止推垫圈的厚度

2)检查前差速器1号行星齿轮轴。用螺旋测微器测量前差速器1号行星齿轮轴的外径,如图7-58所示。最小外径:16.982 mm。如果外径小于最小值,更换前差速器1号行星齿轮轴。

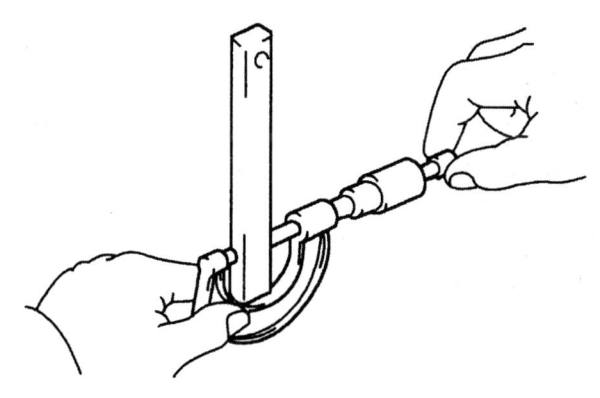

图 7-58 测量前差速器 1 号行星齿轮轴的外径

(3)差速器的装配

1)安装前差速器半轴齿轮。

提示:转动2个前差速器半轴齿轮,安装2个前差速器行星齿轮和2个前差速器行星齿轮止推垫圈。

2)安装前差速器1号行星齿轮轴。

3)调节前差速器半轴齿轮齿隙。将前差速器行星齿轮安装至前差速器壳侧,用百分表测量前差速器半轴齿轮齿隙。如图7-59所示。标准齿隙为0.05~0.20 mm。如果齿隙超出规定范围,更换半轴齿轮止推垫圈。

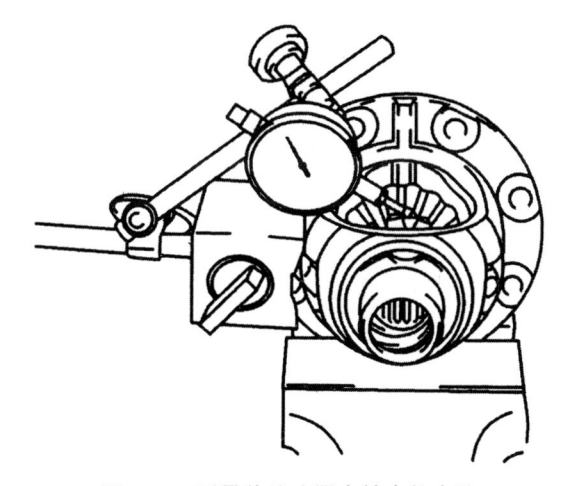

图 7-59 测量前差速器半轴齿轮齿隙

提示:由于止推垫圈没有任何可识别的标记,用螺旋测微器测量其厚度以选择合适的止推垫圈,为左右两侧选择厚度相同的垫圈。

4)安装前差速器行星齿轮轴直销。用尖冲头(ϕ3 mm)和锤子将前差速器行星齿轮轴直销安装至前差速器壳,如图7-60所示。用冲子和锤子锁紧前差速器壳孔,如图7-61所示。

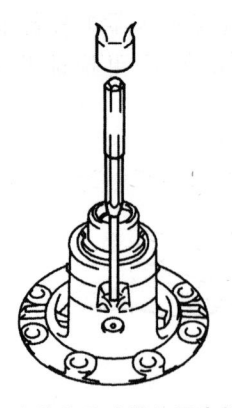

图 7-60　安装前差速器行星齿轮轴直销　　　　图 7-61　锁紧前差速器壳孔

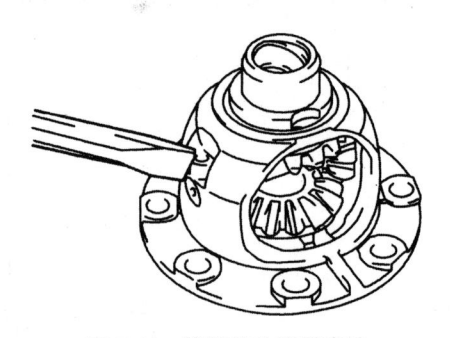

5)安装前差速器齿圈。

第3篇 汽车行驶系统

第8章 车桥与车轮定位

8.1 车桥

车桥位于悬架与车轮之间,其两端安装车轮,通过悬架与车架(或车身)相连,其功用是传递车架(或车身)与车轮之间各种载荷。

按悬架结构不同,车桥分为整体式和断开式两种。整体式车桥与非独立悬架配用;断开式车桥与独立悬架配用。

按车桥上车轮的作用不同,车桥分为转向桥、驱动桥、转向驱动桥和支持桥四种类型。其中转向桥和支持桥都属于从动桥。

在后轮驱动的汽车中,前桥不仅用于承载,而且兼起转向作用,称为转向桥;后桥不仅用于承载,而且兼起驱动的作用,称为驱动桥。

越野汽车和前轮驱动汽车的前桥,除了承载和转向的作用外,还兼起驱动作用,所以称为转向驱动桥。

只起支承作用的车桥称为支持桥。挂车的车桥就是支持桥。支持桥除不能转向外,其他功能和结构与转向桥相同。

8.1.1 转向桥

转向桥通常位于汽车前部,故也称为前桥。转向桥的作用是支承部分重量,安装前轮及制动器(前),连接车架,承受车架与车轮之间的作用力及其产生的弯矩和转矩,同时还要使前轮偏转以实现转向。转向桥基本结构由前轴、转向节、主销、轮毂等部分组成,如图8-1所示。前轴是转

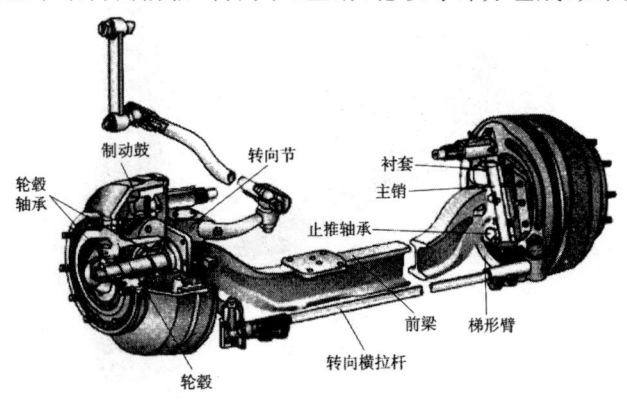

图8-1 汽车整体式转向桥结构

向桥的主体,根据断面形状分有"工"字梁式和管式两种。

8.1.2 转向驱动桥

转向驱动桥如图 8-2 所示,它同一般驱动桥一样,由主减速器、差速器、半轴和桥壳组成。但由于转向时转向车轮需要绕主销偏转一个角度,故与转向轮相连的半轴必须分成内外两段(内半轴和外半轴),其间用万向节(一般多用等角速万向节)连接,同时主销也因此而分制成两段(或用球头销代替)。转向节轴颈部分做成中空的,以便外半轴穿过其中。

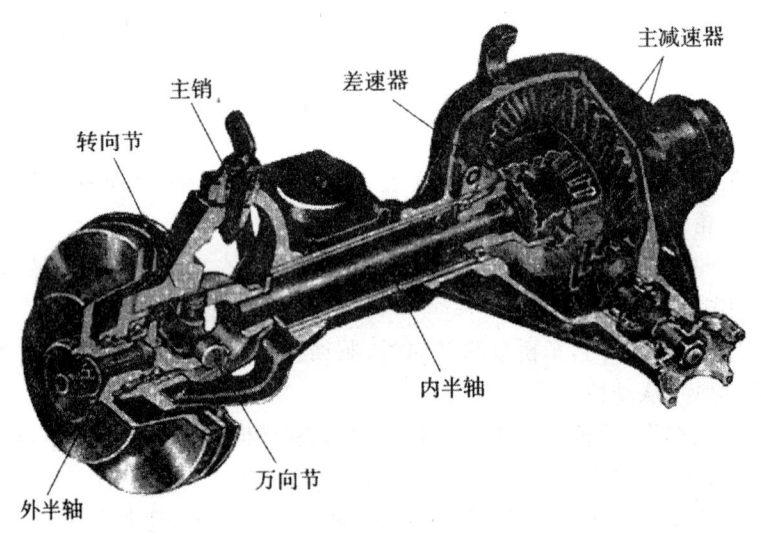

图 8-2 转向驱动桥示意图

如图 8-3 所示为桑塔纳 2000 车型的前桥总成,采用的是断开式、独立悬架转向驱动桥。车桥上端通过左、右悬架与承载式车身相连接,下端通过左、右下摆臂与固定在车身上的副车架相

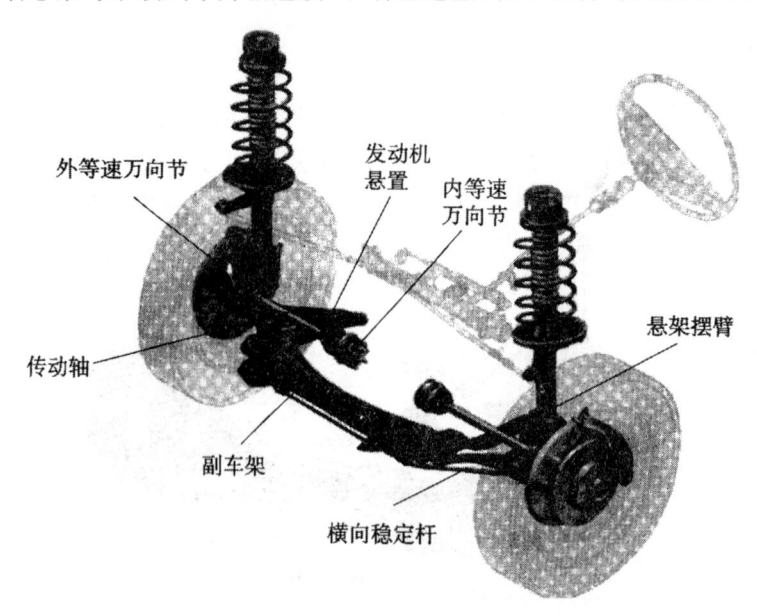

图 8-3 桑塔纳 2000 车型的转向驱动桥

连接。悬架车轮轴承壳与下摆臂之间通过可移动球形接头连接,从而使前轮固定,并通过下摆臂上的长孔可调整车轮外倾角,为了减小车辆转向时的车身倾斜,在副车架与下摆臂之间还装有横向稳定器。

8.1.3 支持桥

桑塔纳车型后桥是纵向摆臂式非驱动桥,其结构如图 8-4 所示。

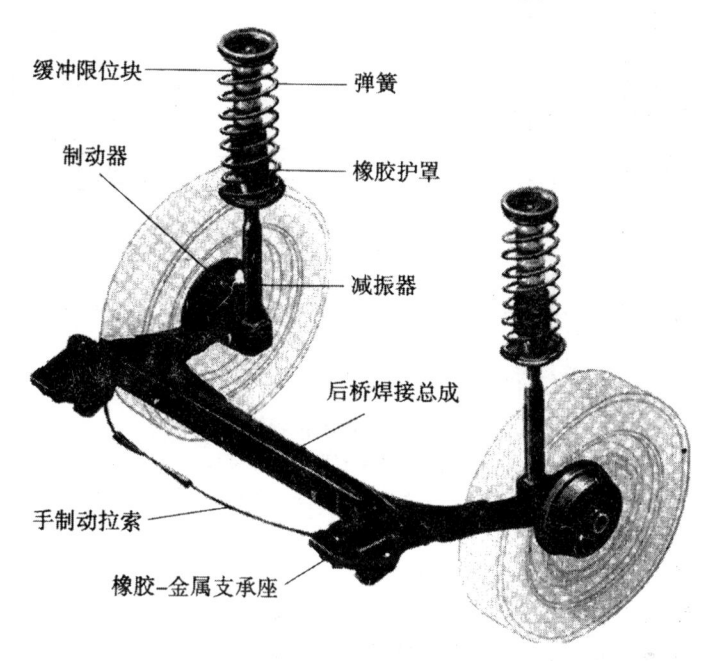

图 8-4 桑塔纳 2000GSi 车型后桥结构示意图

该车桥轮毂、制动鼓以及车轮与车桥的连接方式与转向桥一样,通过轴承支承,轴向定位。车桥只向其传递横、纵向推力或拉力,不传递转矩。

8.2 车轮定位

车轮定位包括转向轮定位和后轮定位两部分。

8.2.1 转向轮定位

为了保证汽车直线行驶的稳定性和操纵的轻便性,减少轮胎和其他机件的磨损,转向车轮、转向节、前轴三者与车架的安装应保持一定的相对位置关系,这种安装位置称为转向车轮定位。悬架类型不同,转向轴线结构有可能不同。对于非独立悬架,车桥每端都装有一个主销。转向主销轴线就相当于其他类型悬架中的转向轴线。在独立悬架中,上球节与下球节之间的连线便构成了主销轴线,如图 8-5 所示。

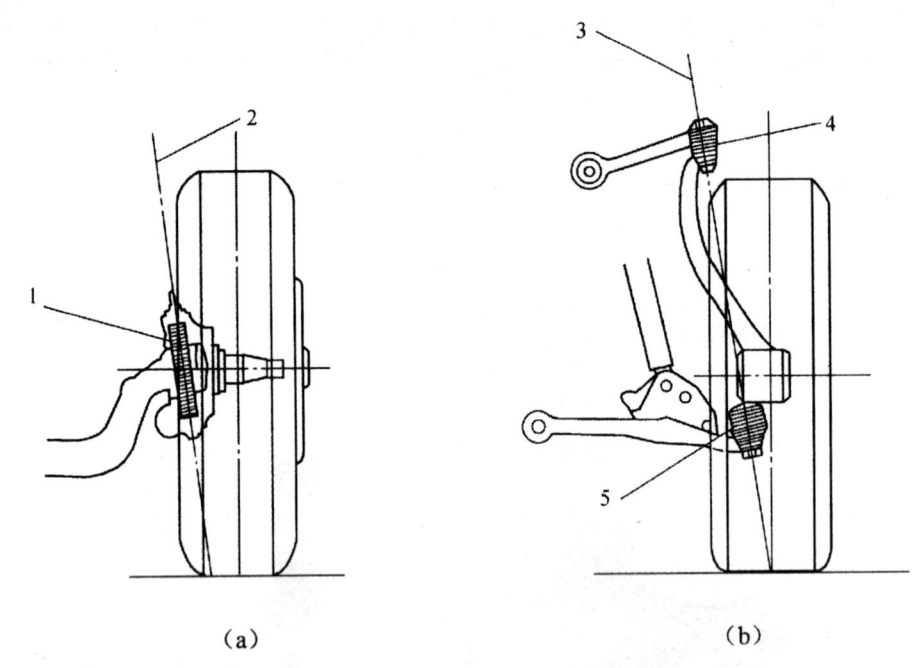

图 8-5　转向主销轴线
(a)非独立悬架;(b)独立悬架
1—转向主销;2、3—转向轴线;4—上球头销;5—下球头销

1. 主销后倾角 γ

主销后倾角是转向轴线向后倾斜的角度。主销后倾角是从汽车纵向平面观察时,测量转向轴线至垂直线之间的角度而得,用 γ 表示,如图 8-6 所示。

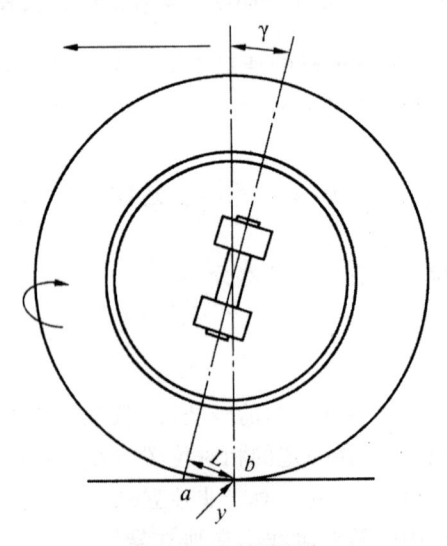

图 8-6　主销后倾角

从垂直线向后倾斜,称为正主销后倾角;向前倾斜则称为负主销后倾角。转向轴线的中心线与地面有一个交点,轮胎与路面接触面有一个中心点,该点到转向轴中心线之间的距离 L 称为

主销后倾移距。

主销后倾角 γ,能形成车轮自动回正的稳定力矩。如果车辆具有正主销后倾角,当汽车直线行驶时,若转向轮偶然受到外力作用而稍有偏转,将使汽车行驶方向向右偏离。这时,由于汽车本身离心力的作用,侧向推力就会对车轮形成绕主销轴线作用的力矩 YL,其方向正好与车轮偏转方向相反。在此力矩作用下,将使车轮回复到原来中间的位置,从而保证了汽车稳定的直线行驶。但此力矩不宜过大,否则在转向时为了克服此稳定力矩,驾驶员须在转向盘上施加较大的力(即所谓转向盘沉重)。

主销后倾角 γ,愈大,车速愈快,力矩 YL 愈大,转向轮偏转后自动回正的能力也愈强。一般 γ 角不超过 2°~3°。主销后倾角一般是将前轴连同悬架安装在车架上,使前轴向后倾斜而形成的。

2. 主销内倾角 β

在汽车的横向平面内(汽车的前后方向),主销上部向内倾斜一个角度,这个主销轴线与垂线之间的夹角 β 称为主销内倾角,车辆向左或向右转向时,车轮会围绕主销轴线转动,该轴线称为转向轴线。在减振器上支承轴承和下悬架臂球节之间,画一条假想直线,也是转向轴线,如图 8-7 所示。

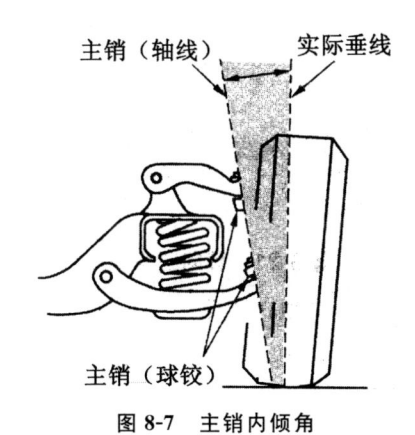

图 8-7 主销内倾角

主销内倾角 β 有使车轮自动回正的作用,如图 8-8(b)所示。当转向车轮在外力作用下由中间位置偏离左右一个角度时,车轮的最低点将陷入路面以下 h 处,但实际上车轮边缘不可能陷入路面以下 h 处,而是将转向轮连同整个汽车前部向上抬起一个相应的高度,这样汽车本身的重力有使转向轮回复到原来中间位置的效应,即能自动回正,主销内倾角愈大或转向轮偏转角愈大,汽车前部就被抬起得愈高,转向轮自动回正的作用就愈大。

主销内倾角的另一个作用是使转向轻便,见图 8-9(a),由于主销的内倾使得主销轴线与路面的交点到车轮中心平面与地面交线的距离 c 减小,转向时路面作用在转向轮上的阻力矩减小(因力臂 c 减小),从而可降低转向时驾驶员加在转向盘上的力使转向操作轻便,同时也可以减小因路面不平从转向轮传到转向盘上的冲击力。但 c 值也不宜过小,即内倾角不宜过大,否则在转向时,车轮绕主销偏转的过程中,轮胎与路面间将产生较大的滑动,因而增加了轮胎与路面的摩擦阻力,这不仅使转向变得很沉重,而且也加速了轮胎的磨损。故一般内倾角 β 不大于 8°,距离 c 一般为 40 mm~60 mm。但在一些发动机前置、前轮驱动的轿车上,为了使汽车具有良好的行驶稳定性,其主销内倾角均较大,如奥迪 100 型轿车为 14.2°;天津夏利 TJ7100 型轿车为 12°±30′。

主销内倾角通过前梁的设计来保证,由机械加工来实现。加工时将前梁两端的主销轴线上端向内倾斜就形成了内倾角。

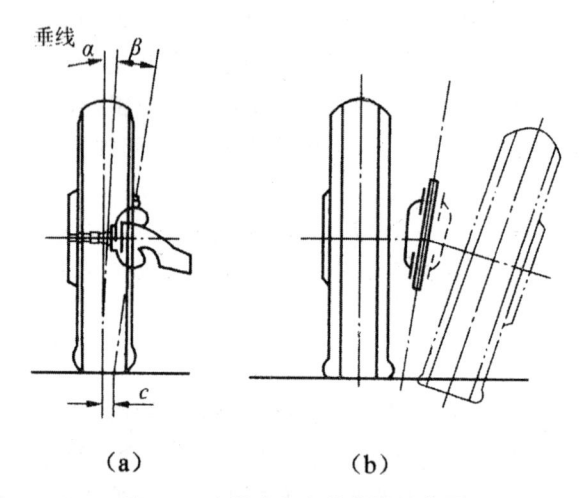

图 8-8 主销内倾角的作用示意图

(a)使转向轻便;(b)使平轮自动回正

3. 前轮外倾角 α

向汽车前后方向看车轮,轮胎并非垂直安装,而是稍微倾斜。在汽车的横向平面内,前轮中心平面向外倾斜一个角度 α,如图 8-9 所示,称为前轮外倾角。

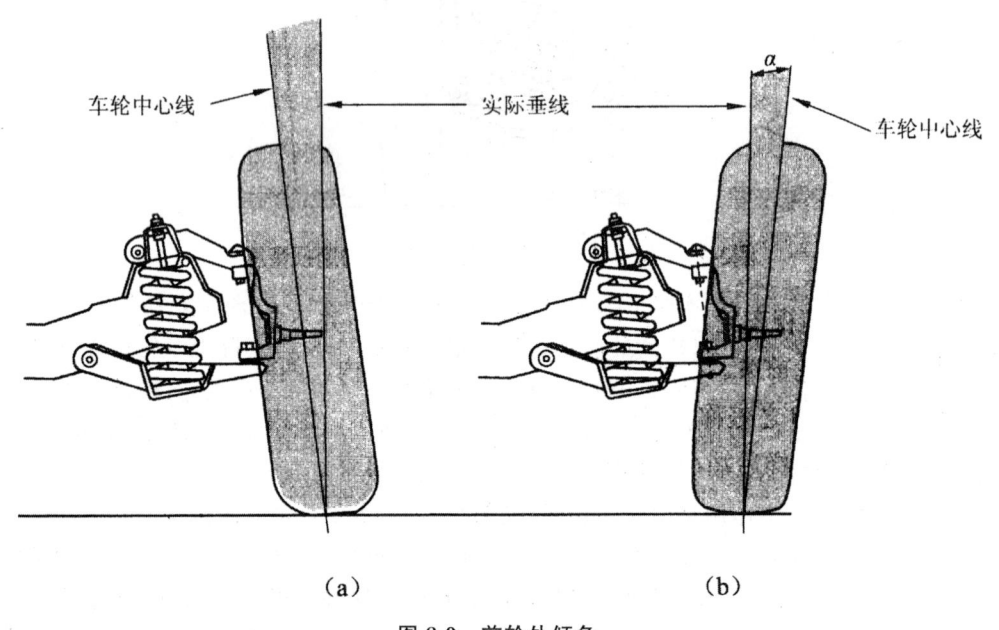

图 8-9 前轮外倾角

(a)车轮负外倾;(b)车轮正外倾

轮胎呈现"八"字形张开时称为负外倾,而呈现"V"字形张开时称正外倾。前轮外倾角 α 具有提高转向操纵轻便性和车轮工作安全性的作用。如果空车时车轮的安装正好垂直于路面,则满载时车桥将因承载变形而可能出现车轮内倾,这样将加速汽车轮胎的偏磨损。另外,路面对车轮的垂直反作用力沿轮毂的轴向分力将使轮毂压向轮毂外端的小轴承,加重了外端小轴承及轮毂紧固螺母的负荷,降低了它们的使用寿命,严重时还会损坏外端的锁紧螺母而使车轮松脱,造成交通事故。因此,为了使轮胎磨损均匀和减轻轮毂外轴承的负荷,安装车轮时可预先使其有一定的外倾角,以防止车轮内倾。

外倾角也不宜过大,否则也会使轮胎产生偏磨损。前轮的外倾角是在转向节的设计中确定的。设计时使转向节轴颈的轴线与水平面成一角度,该角度即为前轮外倾角 α。在使用不同斜交轮胎的时期,由于使轮胎倾斜触地便于转向盘的操作,所以外倾角设计得比较大。随着汽车装用的扁平子午线不断普及,并由于子午线轮胎的特性(轮胎花纹刚性大,胎体比较软,外胎面宽),若设定较大外倾角,会使轮胎偏磨,缩短轮胎的使用寿命。现在的汽车一般都将外倾角设定为 1°左右。为改善前桥的稳定性,早期汽车的车轮采用正外倾角,使轮胎与地面成直角,防止在中间高于两边的路面上行驶时,轮胎不均匀磨损。而在现代汽车中,由于悬架和车桥比过去的坚固,加之路面平坦,所以,采用正外倾角的必要性少了。故在车轮调整上,倾向于采用接近 0°的外倾角。某些车辆甚至采用负外倾角,以改善转向性能,如图 8-10 所示。

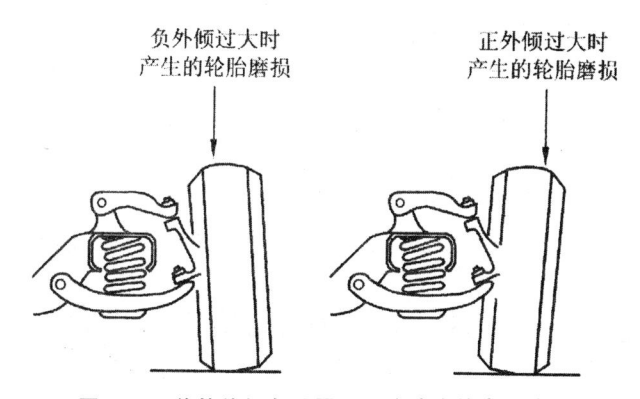

图 8-10 前轮外倾角设置不正确造成的磨损情况

4.前轮前束

俯视车轮,汽车的两个前轮的旋转平面并不完全平行,而是稍微带一些角度,这种现象称为前轮前束。在通过两前轮中心的水平面内,两前轮的前边缘距离 B 小于两前轮后边缘距离 A,AB 之差称为前轮前束,如图 8-11 所示。像内八字一样前端小后端大的称为前束,而像外八字一样后端小前端大的称为后束或负前束。

前轮前束的作用是为了消除由车轮外倾而引起的前轮"滚锥效应"。即车轮有了外倾角后,在滚动时就类似于圆锥滚动,从而导致两侧车轮向外滚开。由于转向横拉杆和车桥的约束使车轮不可能向外滚开,车轮将在地面上出现边滚边向内滑移的现象,从而增加了轮胎的磨损。为了消除车轮外倾带来的这种不良后果,在安装车轮时,使汽车两前轮的中心平面不平行,两轮前边缘距离 B 小于后边缘距离 A。这样可使车轮在每一瞬时滚动方向接近于向

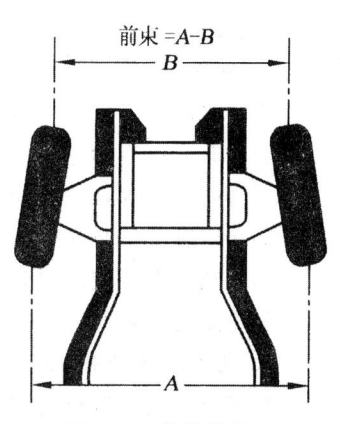

图 8-11 前轮前束

着正前方，从而在很大程度上减轻和消除了由于前轮外倾而产生的不良后果。

前轮前束可通过改变横拉杆的长度来调整。调整时，可根据各生产厂家所规定的测量位置，使两轮前后距离差 $A-B$ 符合规定的前束值。测量位置通常取两轮胎中心平面处的前后差值，也可以选取两车轮钢圈内侧面处的前后差值。一般前束值为 $0\sim12$ mm，有时汽车为与负前轮外倾角相配合，其前束也取负值即负前束（如上海桑塔纳轿车前束为 $-1\sim-3$ mm）。

车辆安全检测时需要检查侧滑，这是查看直线行驶时轮胎的横向侧滑率，也就是车轮外倾角与前轮前束的配合情况。检查标准规定，采用前束或后束发生的侧滑率，在汽车直线行驶 1 km 时，应在 5 m 以内（实际用仪器测量，行驶 1 m，应在 5 mm 以内）。这样，汽车在直线行驶状态下，轮胎稍微发生横向侧滑是属于正常的。

8.2.2 后轮定位

后轮与后轴之间的相对安装位置关系，称为后轮定位。随着车速的不断提高，为了提高汽车高速行驶的稳定性，在结构设计上应确保汽车具有不足转向特性。为此，转向轮定位的内容已扩展到非转向轮（后轮）。汽车后轮具有一定程度的外倾角和前束。

后轮定位内容主要包括后轮外倾角和后轮前束。

（1）后轮外倾角

为了对载荷进行补偿，采用独立后悬架的大多数车辆常带有一个较小的正后轮外倾角。

（2）后轮前束

后轮前束的作用与前轮前束基本相同。一般前驱汽车，前驱动轮宜采用正前束，后从动轮宜采用负前束；对于后驱汽车，前从动轮宜采用负前束，后驱动宜采用正前束。

8.3 车桥常见故障的诊断与排除

1. 转向沉重

(1) 故障现象

1) 汽车转弯时，转动方向盘感到沉重、费力。

2) 无回正感。

(2) 故障原因

除了转向器等故障外，转向桥部分的故障原因有如下。

1) 转向节臂变形。

2) 转向节止推轴承缺油或损坏。

3) 转向节主销与衬套间隙过小或缺油。

4) 前轴或车架变形引起前轮定位失准。

5) 轮胎气压不足。

(3) 故障诊断与排除

由于导致转向沉重的故障因素很多，诊断时应首先判明故障所在部位，然后再进一步确定为哪一个部件。诊断时先支起前桥，用手转动转向盘，若感到转向很容易，没有转动困难的感觉，这说明故障部位在前桥与车轮。因为支起前桥后，转向时已不存在车轮与路面的摩擦阻力，而只是取决于转向器等的工作状况。此时应仔细检查前轮胎气压是否过低、前轴有无变形；同时也要考虑检查前钢板弹簧是否良好、车架有无变形。必要时,检查车轮定位角度是否正确。

2.低速摆头

(1)故障现象

汽车低速直线行驶时前轮摇摆,感到方向不稳。转弯时大幅度转动方向。

(2)故障原因

除转向系统故障外,还有如下原因。

1)转向节臂装置松动。

2)转向节主销与衬套磨损松旷,配合间隙增大。

3)轮毂轴承间隙过大。

4)前束过大。

5)轮毂螺栓松动或数量不全。

(3)故障诊断与排除

前轮低速摆头和转向盘自由空程大,一般是各部分间隙过大或有连接松动现象,诊断时应采用分段区分的方法进行检查。可支起前桥,并用手在水平和竖直方向摆动前轮,凭感觉判断是否松旷。若水平方向松旷,竖直方向不松,说明横拉杆球头松旷。若水平不松旷,竖直方向松旷,说明下球头松旷,若水平和竖直方向同样松旷可能是轴承松。若非上述原因,应检查前轮定位是否正确、前轴是否变形。如果前轮轮胎异常磨损,则应检查前束是否正确。

3.高速摆振

(1)故障现象

高速摆振有两种情况:一种是随着车速的提高,摆振逐渐增大;一种是在某一较高车速范围内出现摆振,出现行驶不稳,甚至还会造成方向盘抖动。

(2)故障原因

高速摆振可能由以下原因引起。

1)轮毂轴承松旷,使车轮歪斜,在运行时摇摆。

2)轮盘不正或制动鼓磨损过度失圆,歪斜失正。

3)使用翻新轮胎。

4)转向节主销或止推轴承磨损松旷。

5)横、直拉杆弯曲。

6)前轮定位值调整不当。前束失调,两前轮主销后倾角或内倾角不一致等,汽车向前行驶时,前轮摇摆晃动。

7)轮胎钢圈偏摇,前轮胎螺栓数量不等引起车轮动不平衡。

8)转向节弯曲。

9)前钢板弹簧刚度不一致。

(3)故障诊断与排除

1)在进行高速摆振故障的诊断时,应先检查前桥、转向器以及转向传动机构连接是否松动,悬架弹簧是否固定可靠。

2)支起驱动桥,用楔块固定非驱动轮,起动发动机并逐步换入高速挡,使驱动轮达到产生摆振的转速。若这时转向盘出现抖动,说明是传动轴动不平衡引起的,应拆下传动轴进行检查;若此时不出现明显抖动,则说明摆振原因在汽车转向桥部分。

3)怀疑摆振的原因在前桥部分时,应架起前桥试转车轮,检查车轮是否晃动,车轮静平衡是否良好,以及车轮钢圈是否偏摆过大。

4)检查车架是否变形,铆钉有无松动以及前轴是否变形。另外还需检查前钢板弹簧的刚度。

5)检查前轮定位是否正确。

6)检查高速摆振的故障,有时还需借助一定的测试仪具。当缺少必要的测试仪具时,也可以采用替换法。例如在怀疑某车轮有动不平衡时,可以另换一车轮试验,或者将可能引起的高速摆振的车轮拆装到不发生摆振的车辆上进行对比试验。

4. 行驶跑偏

(1)故障现象

汽车在直线行驶时,必须紧握转向盘,才能保持直线行驶。若稍放松转向盘,汽车会自动偏向一侧行驶。

(2)故障原因

1)前轮定位值不正确,前束调整不当,过大或过小。

2)左、右前轮主销后倾角或车轮外倾角不相等。

3)制动鼓与制动蹄摩擦片间隙调整不均匀,一边过紧,一边过松。

4)钢板弹簧一边折断,造成两边弹力不等。

5)转向节或转向节臂弯曲变形。

6)前轴或车架弯曲或扭转。

7)右两边轮胎气压不相等,一边高,一边低。

8)车架变形或左、右轴距不相等。

9)前轮毂轴承调整不当,左、右轮毂轴承松紧度不一致。

(3)故障诊断与排除

1)检查左、右前轮轮胎气压是否一致。如果是在换上新轮胎后出现跑偏现象,则应检查左、右轮胎规格以及轮胎花纹是否一致。

2)检查跑偏一侧的制动鼓和轮毂轴承部位是否发热。若发热,说明制动拖滞或是车轮受轴承调整过紧,造成一边紧一边松的现象。

3)测量左右轴距是否相等。

4)检查前钢板弹簧有无折断,前轴是否变形。

5)若以上均正常,应对前轮定位进行检查调整。

5. 轮胎不正常磨损

(1)轮胎磨损特征

轮胎在使用中出现磨损速度加快,胎面形状异常磨损,如图8-12所示。

1)胎肩处磨损[见图8-12(a)]:轮胎长时间气压不足。

2)胎面中央磨损[见图8-12(b)]:轮胎长时间气压过高。

3)胎面内侧磨损[见图8-12(c)]:前轮负外倾或前束调整不当。

4)胎面外侧磨损[见图8-12(d)]:前轮外倾过大或前束调整不当。

5)胎面呈羽状磨损斜面[见图8-12(e)]:前束过大。

6）倒羽状磨损［见图8-12（f）］：前束过小。

7）胎肩碟片状磨损和波浪状磨损［见图8-12（g）］：车轮不平衡，轮毂轴承松旷，轮辋变形，经常使用紧急制动或制动拖滞。

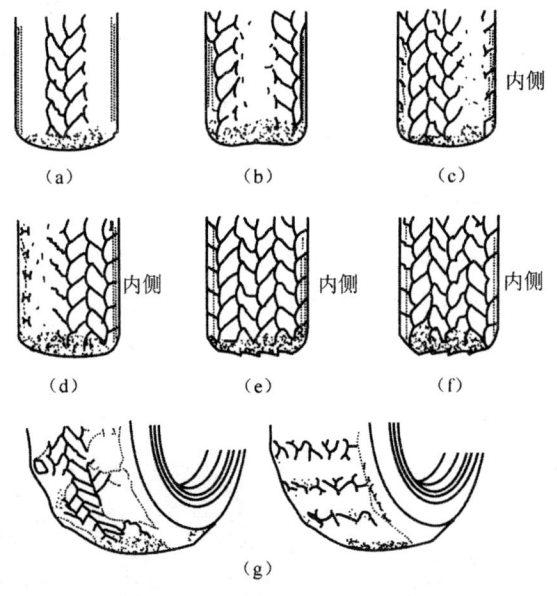

图 8-12 轮胎不正常磨损形式

（2）故障原因

轮胎不正常磨损与转向桥部分有关的故障原因如下。

1）前轮定位调整不正确，或其他零件有故障所造成的影响。
2）前轮轮毂轴承调整不当，过松或过紧。
3）转向节主销与前轴主销孔磨损，止推轴承磨损，止推轴承座孔不平整。
4）车轮盘的损伤或制动鼓磨损不匀。
5）制动鼓与制动蹄摩擦片调整不当，结合不紧密。
6）转向节臂弯曲变形。
7）转向节弯曲变形。
8）轮胎气压不足，或左、右两轮胎气压不相等。

由上可知，影响汽车操纵和行驶性能的故障因素很多与车桥有关，分析判断故障时，必须明确汽车操纵的稳定性主要取决于前轮定位参数的准确程度。前轮定位调整不准确，前桥各配合部位松旷，非独立悬架的前轴的变形，独立悬架支撑架、摆臂、稳定杆与支撑架的变形，以及车架的变形，都会破坏前轮定位的准确性，产生一系列故障，影响汽车操纵的稳定性和轻便性。

第 9 章　车轮与轮胎

9.1　车轮

9.1.1　车轮的功用、组成

车轮是介于轮胎和车桥之间承受负荷的旋转组件,其功用是安装轮胎,承受轮胎与车桥之间的各种载荷的作用。车轮一般是由轮毂、轮辋和轮辐组成,如图 9-1 所示。轮毂通过圆锥滚子轴承装在车桥或转向节轴径上,用于连接车轮与车桥。轮辐用于安装和固定轮胎,将轮毂和轮辋连接起来,并通过螺栓与轮毂连接起来。

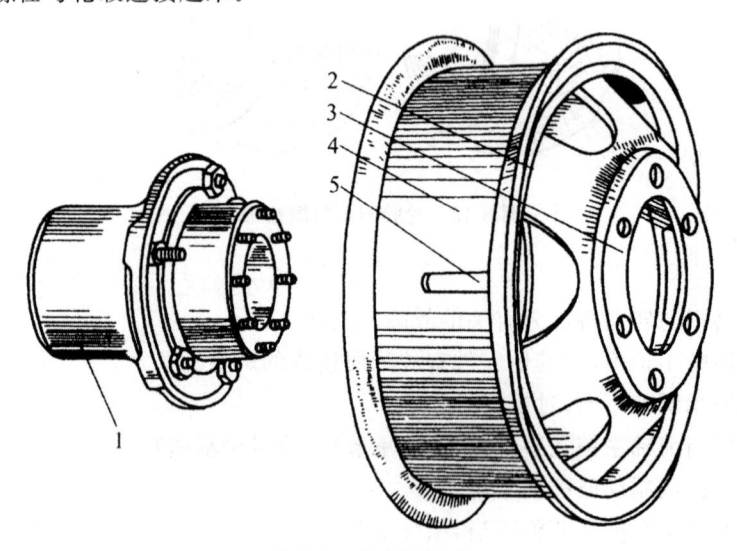

图 9-1　车轮的组成
1—轮毂;2—挡圈;3—轮辐(辐板式);4—轮辋;5—气门嘴伸出口

9.1.2　车轮的构造

1.轮辐

按轮辐结构的不同,车轮可以分为两种形式:辐板式车轮和辐条式车轮。

(1)辐板式车轮

目前,普通轿车和轻、中型货车普遍采用辐板式车轮,这种车轮如图 9-1 所示,它由挡圈、轮辋、辐板和气门嘴伸出口组成。车轮中用以连接轮毂和轮辐的钢质圆盘称为辐板,辐板大多是冲压制成的,少数是和轮毂铸成一体,后者主要用于重型汽车。

货车辐板式车轮如图 9-2 所示。辐板与轮辋通过焊接或铆接的方式固定成为一个整体,辐板通过螺栓安装在轮毂上,辐板上的孔可以减轻质量,有利于制动鼓的散热,便于接近气门嘴,同时可作为安装时的把手处。6 个孔加工成锥形,以便在用螺栓把辐板固定在轮毂上时对正中心。货车后桥负荷比前桥大得多,为使后轮轮胎不致过载,后桥一般装用双式车轮,在同一轮毂上安装了两套辐板和轮辋,如图 9-3 所示。为了防止汽车在行驶中固定辐板的螺母自行松脱,汽车两侧车轮上的辐板固定螺栓一般采用旋向不同的螺纹,左侧用左旋螺纹,右侧用右旋螺纹。

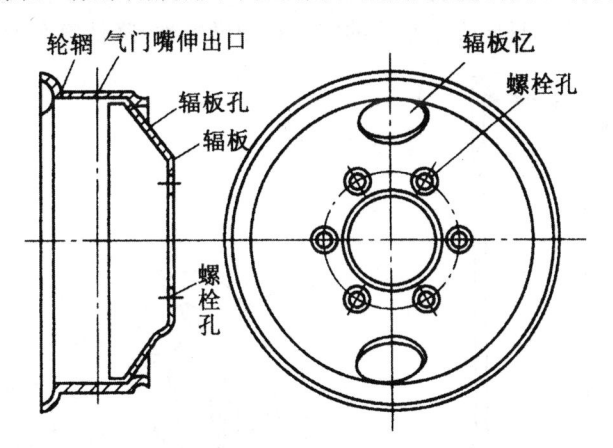

图 9-2 货车辐板式车轮

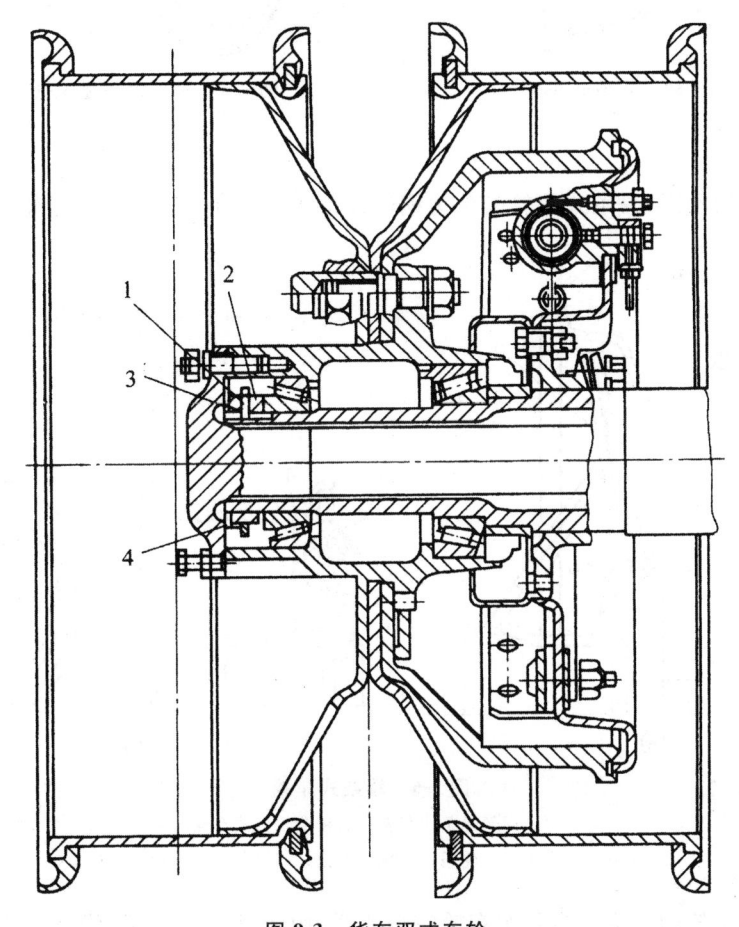

图 9-3 货车双式车轮

1—锁止垫片;2—调整螺母;3—锁紧螺母;4—锁钉

目前在一些载货汽车上(如黄河JN1150D型汽车)采用了球面弹簧垫圈,可以防止螺母自行松脱,故汽车左右车轮上固定辐板的螺栓均可用右旋螺纹,从而减少了零件。轿车的辐板所用板料较薄,常冲压成起伏多变的形状,以提高其刚度,如图9-4所示。目前广泛采用的轿车车轮为铝合金车轮,如图9-5所示,且多为整体式的,即轮辋和轮辐铸成一体。它质量轻,尺寸精度高,生产工艺好,美观大方,可以明显改善车轮的空气动力学特性,降低汽车油耗。

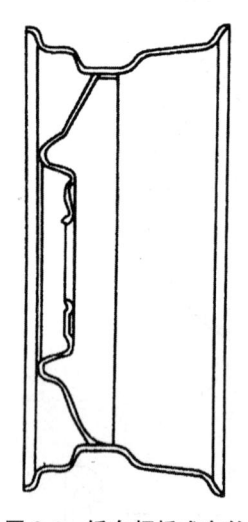

图9-4 轿车辐板式车轮

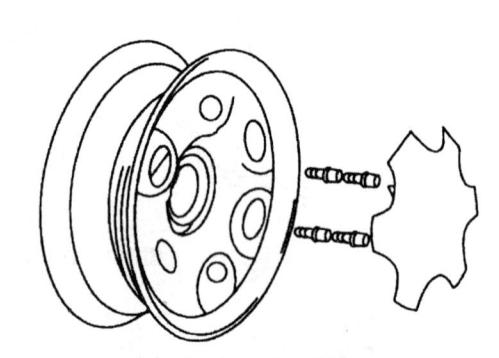

图9-5 轿车铝合金车轮

(2)辐条式车轮

按辐条结构的不同,辐条式车轮又分为钢丝辐条式车轮和铸造辐条式车轮,如图9-6所示。

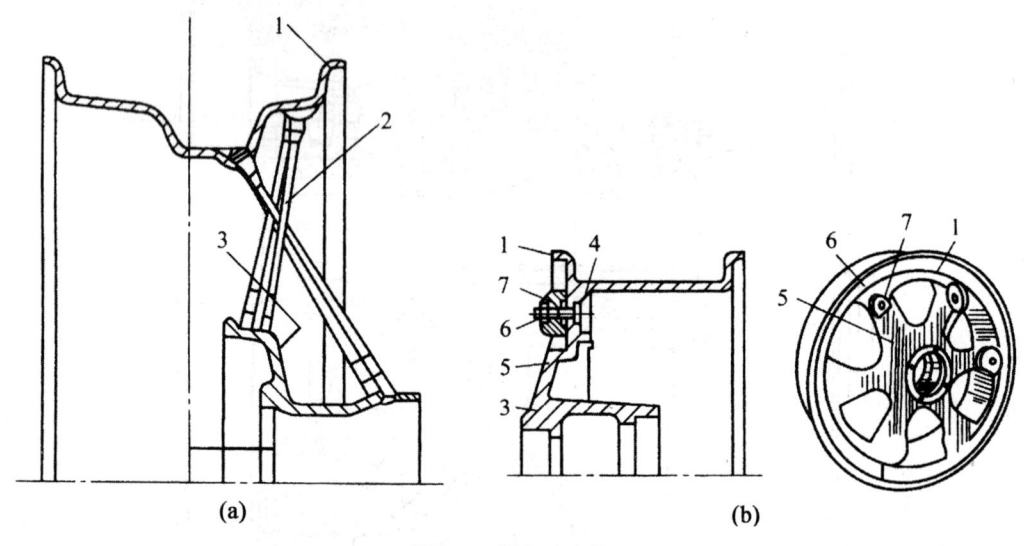

(a) (b)

图9-6 辐条式车轮

(a)钢丝辐条式车轮;(b)铸造辐条式车轮

1—轮辋;2—辐条;3—轮毂;4—配合锥面;5—辐条;6—螺栓;7—衬块

钢丝辐条式车轮的结构与自行车车轮完全一样,由于其价格昂贵、维修安装不便,故仅用于赛车和某些高级轿车上。另外,辐条式车轮还不能与无内胎轮胎组合使用。

铸造辐条式车轮常用于重型货车上,辐条与轮毂铸成一体,轮辋是用螺栓和特殊形状的衬块固定在辐条上,为了使轮辋和辐条很好地对中,在轮辋和辐条上都加工出配合锥面。

2. 轮辋

(1)轮辋的类型和结构

轮辋用于安装和固定轮胎。按其结构不同,轮辋的常见结构形式有深槽轮辋、平底轮辋和对开式轮辋,如图 9-7 所示。此外,还有半深槽轮辋、深槽宽轮辋、平底宽轮辋、全斜底轮辋等。

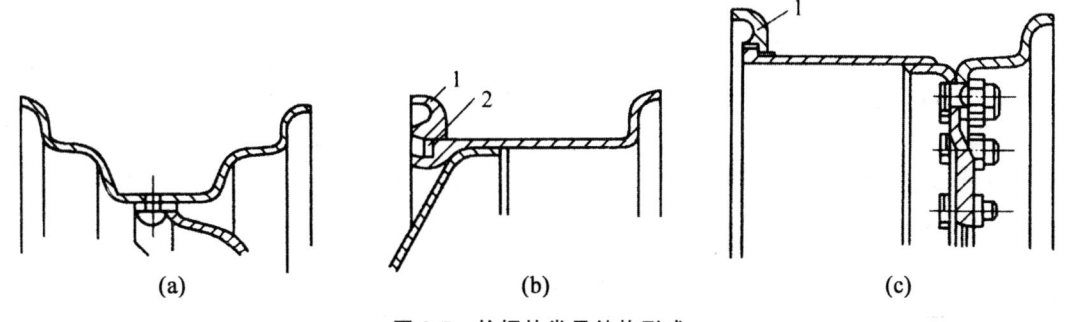

图 9-7 轮辋的常见结构形式
(a)深槽轮辋;(b)平底轮辋;(c)对开式轮辋
1—挡圈;2—锁圈

深槽轮辋如图 9-7(a)所示,这种轮辋主要用于轿车及轻型越野车,适宜安装尺寸小、弹性较大的轮胎。尺寸较大、较硬的轮胎则很难装进这样的整体轮辋内。深槽轮辋有带肩的凸缘,用以安放外胎的胎圈,其肩部通常略向中间倾斜,倾斜部分的最大直径即称为轮胎胎圈与轮辋的着合直径。为便于外胎的拆装,断面的中部制成深凹槽。深槽轮辋的结构简单,刚度大,质量较小。

平底轮辋如图 9-7(b)所示,多用于货车。其挡圈是整体的,且用一个开口锁圈来防止挡圈脱出。在安装轮胎时,先将轮胎套在轮辋上,而后套上挡圈,并将它向内推,直至越过轮辋上的环形槽,再将开口的弹性锁圈嵌入环形槽中。东风 EQ1090E 和解放 CA1091 型汽车均采用这种形式的轮辋。

对开式轮辋如图 9-7(c)所示。这种轮辋由内外两部分组成,其内外轮辋的宽度可以相等,也可以不相等,二者用螺栓连成一体。拆装轮胎时,拆卸螺栓上的螺母即可。图中所示挡圈是可拆的。有的无挡圈,而由与内轮辋制成一体的轮缘代替挡圈的作用,内轮辋与辐板焊接在一起。这种轮辋主要用于载质量较大的重型货车和大型客车。近几年来,为了适应提高轮胎负荷能力的需要,国内外均朝宽轮辋的方向发展,如美国的货车已全部采用宽轮辋,欧洲各国也在积极普及宽轮辋,我国也在进行由窄轮辋向宽轮辋的过渡。实验表明,采用宽轮辋可以提高轮胎的使用寿命,并可改善汽车的通过性和行驶稳定性。

(2)国产轮辋规格的表示方法

国产轮辋规格用一组数字、字母和符号组合表示,分为几部分,各部分的含义及具体内容为:

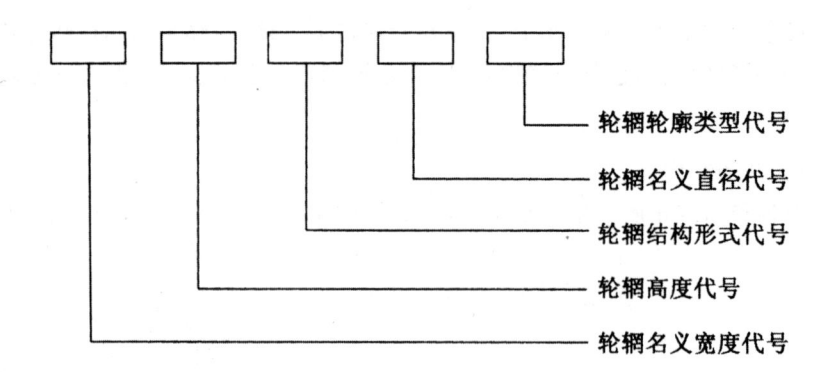

```
┌─── 轮辋轮廓类型代号
│┌── 轮辋名义直径代号
││┌─ 轮辋结构形式代号
│││┌ 轮辋高度代号
││││┌ 轮辋名义宽度代号
```

1)轮辋宽度代号。以数字表示,一般取小数点后两位,单位为英寸(当以 mm 表示时,要求轮胎与轮辋的单位一致)。

2)轮辋高度代号。用一个或几个拉丁字母表示,如 C、D、E、F、J、K、L、V 等。常用代号及相应高度值(mm)见表 9-1。

表 9-1 轮辋的高度代号及高度值

C	D	E	F	G	H	J	K
15.88 mm	17.45 mm	19.81 mm	22.23 mm	27.94 mm	33.73 mm	17.27 mm	19.26 mm
L	P	R	S	T	V	W	
21.59 mm	25.40 mm	28.58 mm	33.33 mm	38.10 mm	44.45 mm	50.80 mm	

3)轮辋结构形式代号。用符号"×"表示一件式轮辋;用"-"表示多件式轮辋。一件式轮辋是指轮辋为整体式的,只有一件;而多件式轮辋由轮辋体、挡圈、锁圈等多个部件组成。

4)轮辋直径代号。以数字表示,单位为英寸(当以 mm 表示时,要求轮胎与轮辋的单位一致)。

5)轮辋轮廓类型代号。用几个字母表示,每个代号所表示的轮辋轮廓类型如图 9-8 所示。

深槽轮辋(DC)　　　深槽宽轮辋(WDC)

半深槽轮辋(SDC)　　平底轮辋(FB)

平底宽轮辋(WFB)　　全斜底轮辋(TB)

对开式轮辋(DT)

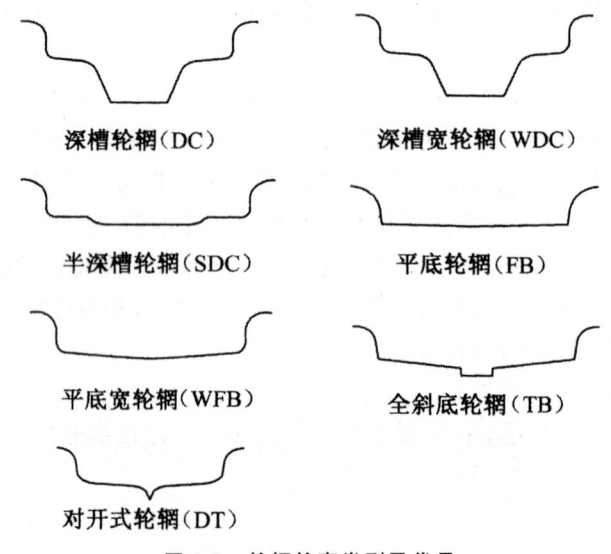

图 9-8 轮辋轮廓类型及代号

对于不同形式的轮辋,以上代号不一定同时出现。例如,解放 CA1092 型汽车轮辋的规格为 6.5－20,表明该轮辋宽度为 6.5 in.,轮辋直径为 20 in.,属于多件式轮辋;上海桑塔纳轿车轮辋的规格为 5.5J×13,表明其轮辋宽度为 5.5 in.,轮辋高度为 17.27 mm,轮辋直径为 13 in.,属于一件式轮辋;上海桑塔纳 2000GSi 轿车轮辋的规格为 6J×14,表明其轮辋宽度为 6 in.,轮辋高度为 17.27 mm,轮辋直径为 14 in.,属于一件式轮辋。

9.2 轮胎

现代车辆几乎都采用充气轮胎。轮胎安装在轮辋上,直接与路面接触。轮胎的功用是支承车辆的全部质量;保证和路面有良好的附着性,以提高车辆的牵引性、制动性、转向和通过性能;与悬架配合,减弱由于路面不平所造成的冲击和振动,改善车辆的平顺性。

9.2.1 轮胎的类型

按照轮胎的花纹,分为普通花纹轮胎、越野花纹轮胎和混合花纹轮胎,如图 9-9 所示。

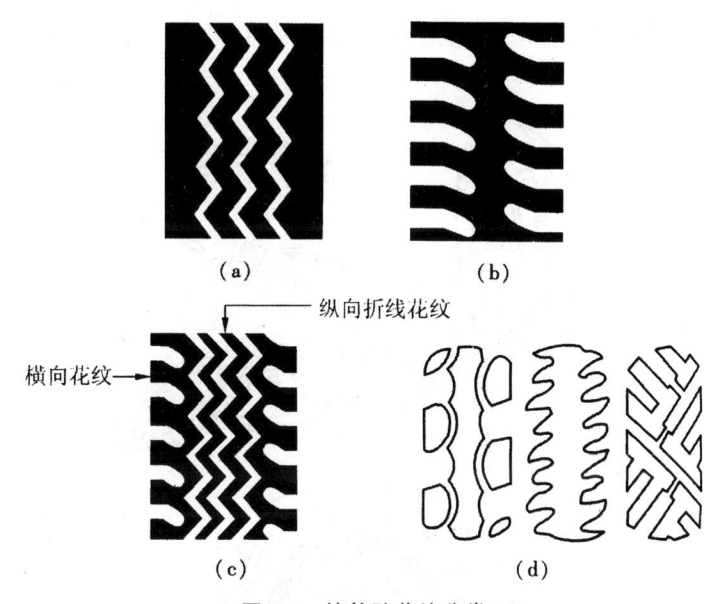

图 9-9 按轮胎花纹分类
(a)、(b)普通花纹;(c)组合花纹;(d)越野花纹

按照轮胎胎体帘布层,分为斜交轮胎和子午线轮胎,如图 9-10 所示。
按照轮胎的充气压力,分为高压胎(0.50～0.70 MPa)、低压胎(0.15～0.45 MPa)和超低压胎(0.15 MPa 以下);低压胎弹性好、断面宽、接地面积大、壁薄散热好,提高了汽车行使的平顺性、稳定性,提高了轮胎的使用寿命,所以汽车上几乎全部都使用低压胎。
按照保持空气方法的不同,分为有内胎轮胎和无内胎轮胎。

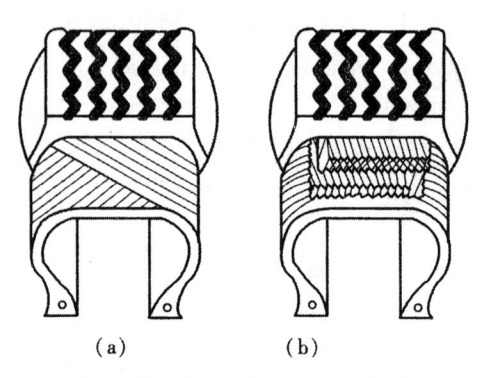

图 9-10 按轮胎胎体帘布层分类
(a)普通斜交轮胎;(b)子午线轮胎

9.2.2 轮胎的结构

1. 有内胎轮胎的结构

普通充气轮胎由外胎、内胎和垫带组成,使用时安装在汽车车轮的普通可拆卸轮辋上,如图 9-11 所示。

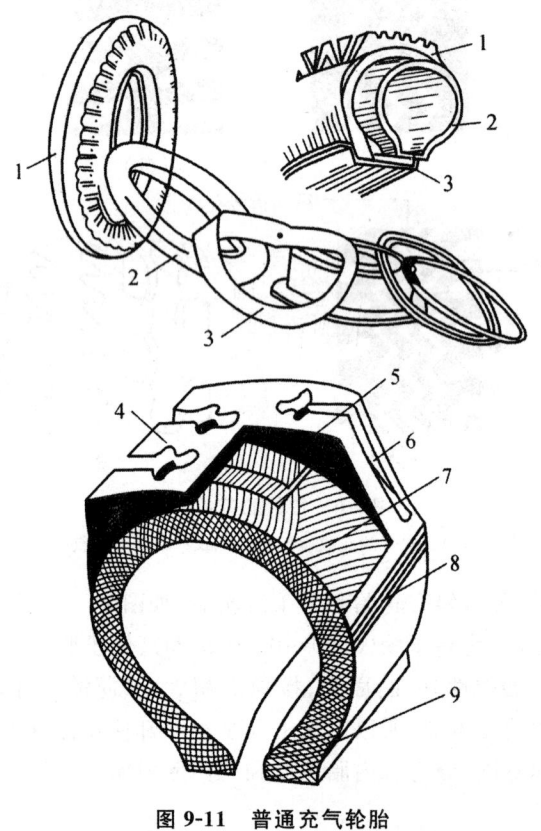

图 9-11 普通充气轮胎
1—外胎;2—内胎;3—垫带;4—胎冠;5—缓冲层;
6—胎肩;7—帘布层;8—胎侧;9—胎圈

(1) 外胎

外胎是轮胎的框架。它必须具有足够的刚性,以阻止高压空气外泄,又必须具有足够的弹性,以吸收载荷的变化和冲击。它由许多层与橡胶粘接在一起的轮胎帘线(多股平行的高强度材料层)构成。外胎由胎面、帘布层、缓冲层、胎圈4部分组成。

胎面的外部是橡胶层,保护胎体免受路面造成的磨损。它由胎冠、胎侧、胎肩组成6胎面与路面直接接触,产生摩擦阻力、驱动力和制动力。

胎冠亦称行驶面,它与路面接触,直接承受冲击和磨损,并与路面间产生很大的附着力,故胎冠应具有较高的强度、刚度、弹性和耐磨性。为增加轮胎的附着力,避免轮胎纵横向打滑,以及良好的排水性能,胎冠制有各种花纹。花纹按方向可分为横向花纹和纵向花纹。横向花纹耐磨性高,防纵向滑移性能好,不易夹石,但散热性能和防横向移动性能较差,滚动阻力较大;纵向花纹散热性能好,滚动阻力小,防横向滑移性能好,而且操纵性能好、噪声小,但防纵向滑移性能差,在泥泞路面和雨天行驶时,排水性能差,并且容易夹石,适用于高速行驶的车辆。越野花纹粗而深,附着力大,适用于松软和坏路面上行驶,但是如果在正常的路面上行驶,反会造成胎面过早磨损。越野花纹又分为无向花纹和有向花纹(人字花纹)两种。有向花纹在安装时必须注意花纹方向,用作驱动轮时花纹的尖端应与车轮旋转方向一致(人字向后),这样车轮在软路面上行驶时,泥土从花纹间排除,提高了轮胎在软路面上的附着力。用作从动轮时,应当反向安装,这样可减少滚动阻力和轮胎磨损。如果驱动轮方向装反,在泥泞的软路上行驶时,泥土会堵满花纹,使轮胎成为泥轮而打滑。

胎肩是较厚的胎冠与较薄的胎侧间的过渡部分,一般也制有各种花纹,以提高该部位的散热性能。

胎侧是贴在胎体帘布侧壁的薄橡胶层。它的主要作用是保护胎体侧部帘布层免受损伤。覆盖轮胎两侧,并保护胎体免受外部损坏。作为面积最大、弹性最强的轮胎部件,胎侧在行驶过程中,不断地在载荷作用下弯曲变形。胎侧标有厂家名称、轮胎尺寸及其他资料,如图9-12所示。

图9-12 胎侧标记

胎体是外胎的骨架,由帘布层和缓冲层组成,其作用是承受负荷,保持轮胎外缘尺寸和形状。而帘布层又是外胎的骨架,主要材料有棉线、人造丝、尼龙、聚酯纤维和钢丝等。为了保持外胎的形状和尺寸,使其具有足够的强度,帘布层由成双数的多层帘布用橡胶贴合而成,相邻的帘线交叉排列。帘布层数越多,轮胎的强度越大,而弹性下降。在帘布层与胎面之间,还有用上述材料制成的缓冲层。

缓冲层是夹在胎体与胎面之间的纤维层,它可增强胎体与胎面的附着力,同时也有助于减弱路面传至胎体的振动。缓冲层广泛地用于斜交轮胎中。大客车、货车及轻型卡车等所有的轮胎都采用尼龙缓冲层,小客车所有的轮胎则采用聚酯缓冲层。

为防止各种施加在轮胎上的作用力扯开轮辋,轮胎上设有固定边缘,即各层侧边都缠绕有坚固的钢丝,称为胎圈。轮胎内的加压空气迫使胎缘胀紧在轮辋边沿,使其牢固定位。

(2)内胎

内胎是装入外胎内部的一个环形橡胶管,外表面很光滑,上面装有气门嘴,以便充气。

(3)垫带

垫带是一个环形橡胶带,它垫在内胎和轮辋之间,保护内胎不被轮辋和胎圈磨损。

2. 无内胎轮胎的结构

无内胎轮胎俗称真空胎,它在外观上与普通轮胎相似,但是没有内胎及垫带。它的气门嘴用橡胶垫圈和螺母直接固定在轮辋上,空气直接充入外胎中,其密封性由外胎和轮辋来保证,如图9-13所示。

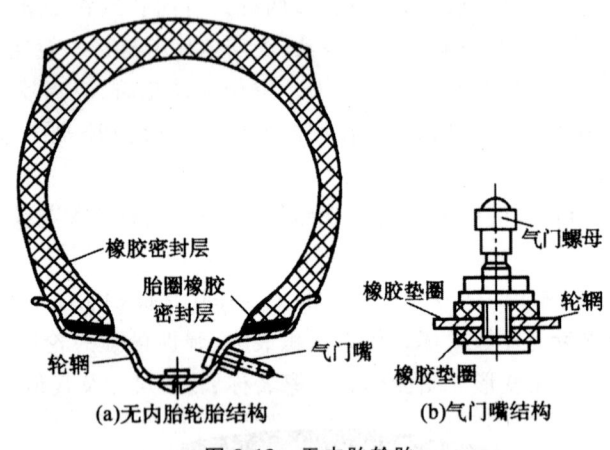

图 9-13 无内胎轮胎

无内胎轮胎的内壁有一层橡胶密封层,有的轮胎在该层下面还有一层自黏层,能自行将刺穿的孔黏合,这些措施是为了提高胎壁的气密性。在胎圈外侧也有一层橡胶密封层,用以加强胎圈与轮辋之间的气密性。轮辋底部是倾斜的,并涂有均匀的漆层。气门嘴固定在轮辋一侧,用橡胶垫圈和螺母拧紧密封。

无内胎轮胎一旦被刺破,穿孔不会扩大,故漏气缓慢,胎压不会急剧下降,仍能继续行驶一定距离,可消除爆胎的危险。因无内胎,摩擦生热少、散热快,适用于高速行驶;此外,结构简单,质量较小,维修也方便。但密封层和自黏层易漏气,途中修理也较困难。无内胎轮胎必须配用深槽轮辋,故目前在汽车上应用较多。

9.2.3 特殊功用的轮胎

为了需要,轮胎还包括应急轮胎和泄气保用轮胎两种。

1. 应急轮胎

汽车上装用的备胎是在汽车上的某一条轮胎爆破或漏气时才使用的。汽车的备胎随着时间的流逝发生着变化,以前汽车装备的备胎与正规轮胎规格大小相同。最近的轿车装备的备胎大都是 T 型备胎。T 型备胎的 T 是英语"Temporary"的开头字母,意思为"应急"或"临时"。轮胎爆破或漏气时,装上它后可以保证汽车行驶到维修站,并尽快修复故障轮胎或换上正规轮胎,因此称为应急轮胎,如图 9-14 所示。这种应急轮胎比正规轮胎的尺寸小,是高压轮胎,作为轮胎的性能不如标准轮胎。因此,在装用这种备胎时,需要避免高速行驶或紧急制动,而且最好不要用在驱动轮。但是,它具有可以缩小装备空间,加大行李舱,减轻车重的优点。另外,这种应急轮胎成本低。唯一不足的是爆破的轮胎无法装入原来存放备胎的地方。

此外,对于行李舱空间小的运动车,一般采用折叠备胎或紧凑型备胎。这种备胎也是应急用,必须避免高速行驶,轮胎的侧面(胎侧)为折叠结构,收装空间比 T 型备胎小。

折叠备胎在折叠状态下不能使用,需要专用的压缩机和气瓶充气,待轮胎膨胀后才可使用。收装时,只要将空气放掉,按原状折好,轮胎外径骤然变小,如图 9-15 所示。

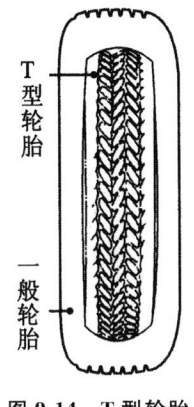

图 9-14　T 型轮胎

图 9-15　折叠式备胎

2. 泄气保用轮胎

轮胎制造商已经设计出在轮胎被刺穿、轮胎漏气时仍能安全运行的轮胎,这种泄气保用轮胎如图 9-16 所示。它有一个胎侧加强层,加强层使用了一种厚材料,这种材料有几个重要的特点。首先是它非常柔韧;其次这种材料使用的是低迟滞性橡胶,低迟滞性材料在放气后能很快恢复到原来的形状;最后这种材料还具有很好的耐热性。轮胎泄气时,轮胎材料有发热的趋势,泄气保用轮胎的耐热性可以保护轮胎免受这种额外热量的破坏;其胎面与标准轮胎一样,用来保持舒适性和操纵性,甚至在漏气的情况下仍能保持这些性能;为了保证轮胎气压降低后胎圈不与轮辋分离,还专门设计了一个特殊的胎圈。

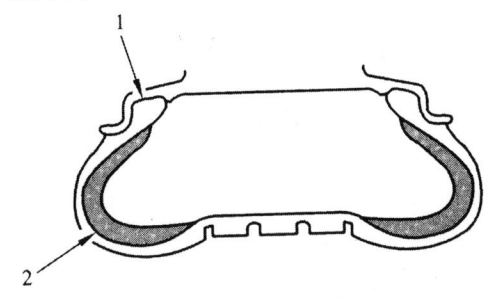

图 9-16　泄气保用轮胎
1—特别设计的胎圈;2—胎侧加强层

9.2.4 轮胎规格的表示方法

轮胎的尺寸标注如图 9-17 所示。

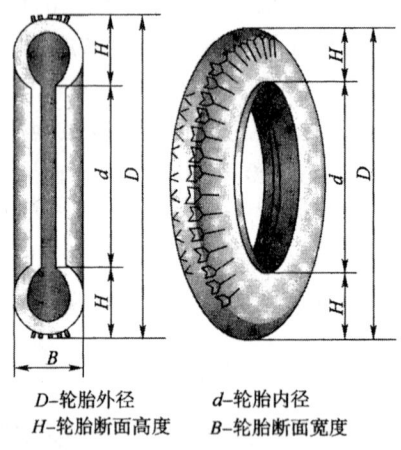

D—轮胎外径　　d—轮胎内径
H—轮胎断面高度　B—轮胎断面宽度

图 9-17　轮胎的尺寸标注

1. 斜交轮胎的规格

普通斜交轮胎的规格用 B-d 表示，载货汽车斜交轮胎和汽车斜交轮胎的尺寸 B 和 d 均使用英寸（inch）为单位。示例如下：

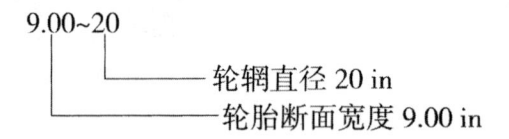

9.00~20
　　　└── 轮辋直径 20 in
└────── 轮胎断面宽度 9.00 in

2. 子午线轮胎的规格

子午线轮胎的规格如图 9-18 所示。

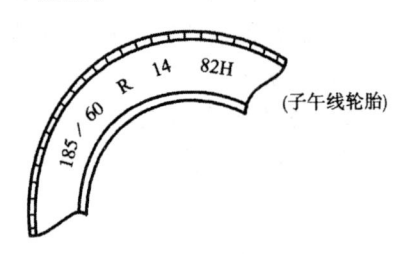

185 / 60 R 14 82H　（子午线轮胎）

图 9-18　子午线轮胎的风格

1）185——轮胎名义断面宽度代号，表示轮胎宽度 185 mm。

2）60——轮胎名义扁平比代号，表示扁平比为 60%。扁平比为轮胎高度 H 与宽度 B 之比，有 60、65、70、75、80 五个级别。

3）R——子午线轮胎结构代号，即"Radial"的第一个字母。

4）14——轮胎名义直径代号，表示轮胎内径 14 英寸（inch）。

5）82——荷重等级，即最大载荷质量。荷重等级为 82 的轮胎的最大载荷质量为 475 kg。

6) H——速度等级代号,表明轮胎能行驶的最高车速。常见的速度等级及对应的最高车速见表 9-2。

表 9-2 速度等级对应的最高车速(单位:km/h)

速度等级	最高车速	速度等级	最高车速
L	120	T	190
M	130	U	200
N	140	H	210
P	150	V	240
Q	160	Z	>240
R	170	W	<270
S	180	Y	<300

轮胎侧面标记如图 9-19 所示。在轮胎规格前加 P 表示轿车轮胎;在胎侧标有 REINFORCED 表示经强化处理,RADIAL 表示子午线胎,TUBELESS(或 TL)表示无内胎(真空胎),M+S(Mud and Snow)表示适于泥地和雪地,"→"表示轮胎旋向,不可装反。

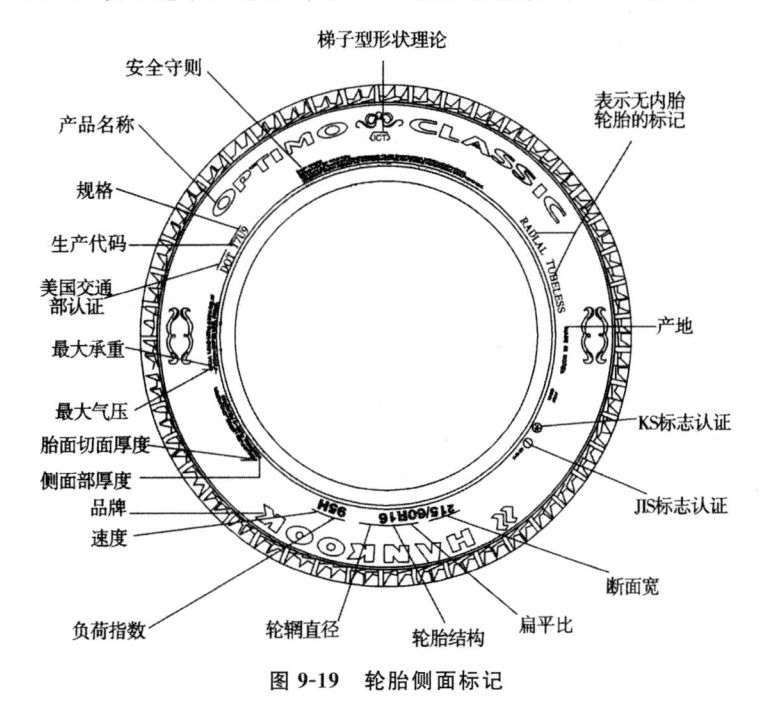

图 9-19 轮胎侧面标记

9.3 车轮及轮胎常见故障及排除

车轮及轮胎常见故障主要有:汽车跑偏、前轮摆振、轮胎异常磨损等。

1. 汽车跑偏

(1)汽车跑偏的现象

汽车行驶时偏向一侧,驾驶员要把住转向盘或把转向盘加力于一侧,汽车才能正常行驶,否则极易偏离行驶方向。

(2)可能导致汽车跑偏的轮胎原因

1)装用了不合乎规格的或磨损的轮胎,两侧轮胎大小不一(轮胎外径不相等)。车辆往往会向左或向右改变方向。

2)两侧轮胎气压不相等,或一侧轮胎磨损过甚,各轮胎的滚动阻力不同,车辆因此往往向左或向右改变方向。

(3)排除方法

轮胎换位,轮胎气压要一致。

2. 前轮摆振

(1)前轮摆振的现象

汽车行驶中前轮左右摆振,前轮垂直颠簸。严重时影响汽车速度发挥。乘坐不舒服(车辆在相对低速下 20~60 km/h 持续出现的振动;只在高于 80 km/h 的一定车速时才会出现的振动称为"颤动")。

(2)可能导致前轮摆振的轮胎原因

1)轮胎气压不一致;轮胎大小不一;磨损。

2)车轮动不平衡(车轮总成不平衡、偏摆过量或轮胎刚度均匀性不足)。

(3)排除方法

1)检查调整轮胎气压;更换新轮胎。

2)汽车行驶速度较高,一定要对车轮总成做动平衡试验,使不平衡量控制在允许值内。

3. 轮胎异常磨损

正常车况下的轮胎磨损应该是均匀的,如果发现磨损不均匀,就表示汽车的某个地方可能存在故障了,因此,可根据轮胎磨损情况来发现汽车隐藏故障。

(1)两边磨损严重

如果轮胎的两侧磨损过大,主要原因可能是轮胎充气量不足,或汽车长期超负荷行驶,当轮胎充气量不足或超负荷行驶时,轮胎与地面的接触面会增大,如此使得轮胎的两侧与地面长时间接触而形成早期磨损。

解决方法:定期检查轮胎胎压,保持胎压在规定范围内,且不要长期超载行驶。

(2)中部磨损异常

如果轮胎中央部分磨损异常,则可能是充气量过大。不可否认,适当提高轮胎的充气量,可减少轮胎滚动阻力,节约燃油。但当胎压过大时,不但会影响轮胎的减振性能,还会使轮胎变形量过大,与地面接触面积减小,因此轮胎与地面磨损只能由胎面中央部分承担,从而形成早期磨损。

解决办法:定期检查轮胎胎压,保持胎压在规定范围内。

(3)一侧磨损过大

如轮胎呈现一侧磨损过大,可能是前轮定位失准,而当前轮外倾角过大,轮胎外边过多地与地面接触,形成过度磨损。同理,当前轮外倾角过小或没有时,轮胎的内边容易形成过度磨损。

解决办法:检测前轮定位。

(4)个别轮胎磨损大

如果四个轮胎里,只有某个轮胎磨损量过大,则有可能是车轮的悬挂系统失常、支撑件弯曲或个别车轮不平衡从而造成个别轮胎早期磨损。

解决办法:检查磨损车轮的定位情况、独立悬挂弹簧和减振器的工作情况,同时应缩短车轮换位周期。

(5)斑秃状磨损

如果轮胎的个别部位出现斑秃状磨损,则有可能是轮胎平衡性差,当不平衡的车轮高速转动时,个别部位受力大,从而造成轮胎磨损加快。与此同时,车轮不平衡同样会造成转向不顺,操纵性能变差。

解决办法:若在行驶中发现某一个特定速度方向有轻微抖动时,就应该对车轮进行平衡,以防出现斑秃状磨损。

(6)锯齿状磨损

如果轮胎胎面出现锯齿状磨损,则有可能是前轮定位调整不当或前悬挂系统位置失常、球头松动等,从而使正常滚动的车轮发生滑动或行驶中车轮定位不断变动而形成轮胎锯齿状磨损。

解决办法:检测前轮定位以及前悬挂系统。

9.4 车轮和车胎的维修

9.4.1 车轮的拆装

1.实训器材

1)车辆:丰田卡罗拉汽车。

2)普通工具:车轮螺母拆装机或用套筒扳手、扭力扳手、三角木。

2.准备工作

1)汽车进入工位前,将工位清理干净,准备好相关的器材。

2)将汽车停驻在举升机中央位置。

3)拉紧驻车制动器操纵杆,并将变速杆置于空挡位置。

4)套上转向盘护套、变速杆手柄套和座位套,铺设脚垫。

3.操作步骤

(1)车轮总成的拆卸

1)停稳车辆,用三角木掩住各车轮。

2)取下车轮上的装饰罩,弄清汽车左右侧车轮与轮毂连接螺栓的螺旋方向,使用车轮螺母拆装机或用套筒扳手初步拧松各连接螺母,如图9-20所示。

3)将车辆停在举升架上,升起车辆,使车轮稍离开地面。也可用千斤顶顶在指定的位置,使被拆车轮稍离地面。

4)拧下车轮与轮毂连接的全部螺母,取下垫圈,并摆放整齐。

5)边向外拉边左右晃动车轮,从车轴上取下车轮总成。

图 9-20　拆卸车轮

(2)车轮总成的安装

1)顶起车桥,套上车轮,将螺母初步拧在螺柱上。

2)放下车轮并在车轮前后用三角木掩住,用扭力扳手或车轮螺母拆装机,按对角线顺序分 2～3 次拧紧车轮螺母,最后一次要按规定力矩拧紧,如图 9-21 所示。

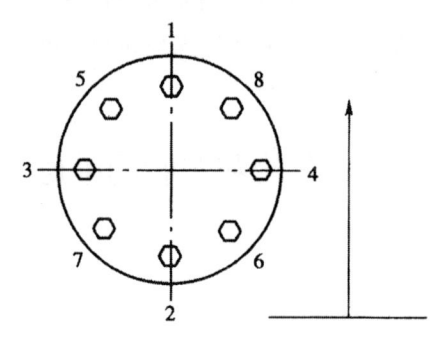

图 9-21　车轮螺母紧固顺序

3)安装后轮双胎时,要先拧紧内侧车轮的内螺母,再装外侧轮胎。在安装过程中,应用千斤顶分 2 次顶起车桥,分别安装内、外两个车轮。双轮胎高低搭配要合适,一般较低的胎装于里侧,较高的胎装于外侧。应注意内侧轮胎和外侧轮胎的气门嘴应互成 180° 位置。

9.4.2　轮胎的检查

1. 实训器材

1)车辆:丰田卡罗拉汽车。

2)普通工具:深度尺、直板尺、轮胎气压表、轮胎扳手。

2. 准备工作

1)汽车进入工位前,将工位清理干净,准备好相关的器材。

2)将汽车停驻在举升机中央位置。

3)拉紧驻车制动器操纵杆,并将变速杆置于空挡位置。

4)套上转向盘护套、变速杆手柄套和座位套,铺设脚垫。

3. 操作步骤

1)举升车辆,缓慢转动轮胎,检查轮胎是否有胎体变形、鼓包、橡胶开裂、异常磨损及穿刺异物等现象。检查并清除轮胎花纹中堆积的杂物等。

2)胎面花纹深度检查。具体方法:擦净轮胎花纹顶面及纹槽;将深度尺垂直插入纹槽中,保持深度尺的测量平面与两侧花纹顶面可靠接触;观察并读取深度尺外壳顶端与标尺对齐的刻度线指示的数值,该数值即为轮胎花纹深度值,如图 9-22 所示。

图 9-22 胎面花纹深度检查

如果轮胎花纹接近磨损指示器,应更换轮胎。如果经过测量,前轮轮胎比后轮轮胎花纹磨损严重,应进行车辆换位。这样可保持汽车各个轮胎磨损基本均匀,达到延长轮胎使用寿命的目的。

3)检查轮胎的径向跳动。如图 9-23 所示,用百分表检测轮胎的径向跳动。轮胎径向跳动小于等于 1.4 mm。

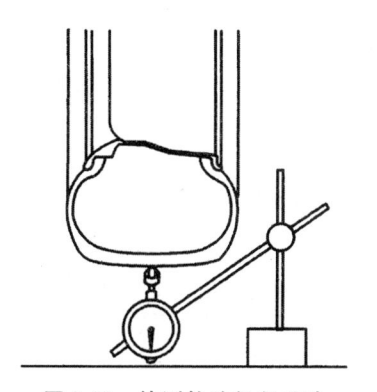

图 9-23 检测轮胎径向跳动

4)轮胎气压的检查。轮胎气压可用气压表进行检查。不同的车辆,轮胎的气压值也许不同,检查时应参看相应车辆的维修手册。丰田卡罗拉汽车轮胎气压值见表 9-3。

表 9-3 冷胎充气压力(单位:kPa)

轮胎尺寸	前	后
195/65R1591H	220	220
205/55R1691V	220	220

5) 轮胎换位。按时换位可使轮胎磨损均匀,约可延长 20% 的使用寿命,应结合车辆二级维护定期换位。在路面拱度较大的地区或夏季,轮胎磨损差别较大,可适当增加换位次数。

轮胎换位方法常用的有交叉换位法和单边换位法,如图 9-24 所示。

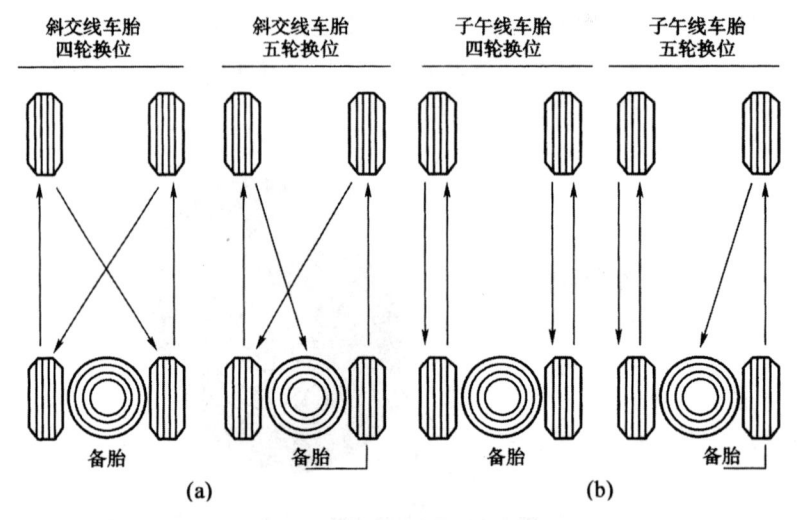

图 9-24 四轮二桥汽车轮胎换位法
(a)交叉换位;(b)单边换位

轮胎换位后,应按所换的胎位要求,重新调整气压。

轮胎换位后须作好记录,下次换位仍要按上次选定的换位方法换位。

9.4.3 轮胎的更换

目前汽车几乎都是采用无内胎的子午线轮胎,最常见的拆装轮胎的专用设备是轮胎拆装机,如图 9-25 所示。

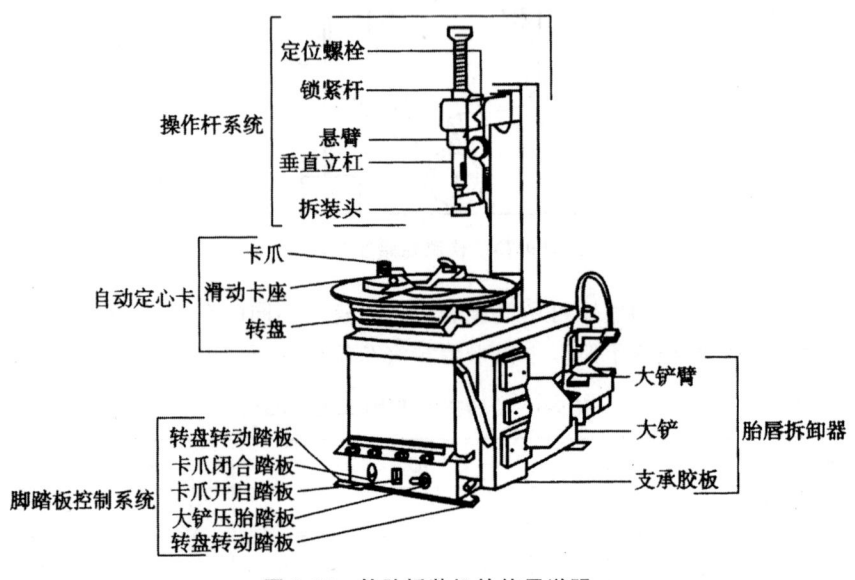

图 9-25 轮胎拆装机的使用说明

1. 实训器材

1)车辆:丰田卡罗拉汽车。

2)普通工具:轮胎拆装机、轮胎气压表、撬杠。

2. 准备工作

1)进入工位前,将工位清理干净,准备好相关的器材。

2)将轮胎内空气放尽,去掉车轮上的平衡块,以免发生危险。

3. 操作步骤

(1)轮胎脱开

把车轮竖起放在地上,靠近支承胶板,压好后,踩下踏板,慢慢转动车轮,重复上述动作,直到把胎唇全部撬开。

(2)车轮分解

1)扳动锁紧杆,松开垂直立杆。

2)将轮胎锁紧在转盘上,锁紧方式有两种:

外夹:将轮胎放于旋转工作台上,踩踏开启踏板,使卡爪将轮胎锁紧。

里夹:先将卡爪外张开,将轮胎放置转盘上,踩踏锁紧踏板,卡爪锁紧轮辋外缘。对胎口较紧的轮胎推荐里夹。

3)按下垂直立杆,使拆装头靠近轮胎边缘,并用锁紧杆锁紧垂直立杆。调整悬臂定位螺栓,使机头滚轮与钢圈外缘隔离间隙为 5~7 mm,上下提升 3 mm 左右。

4)用撬杠将胎缘撬在拆装头上,点踩踏板,让转盘顺时针旋转,直到胎缘脱落为止。

注意:如拆胎受阻,应立即停车,点踩踏板,让转盘逆时针转动,消除障碍。

(3)轮胎装备

1)用除锈机或钢丝刷除去轮辋、挡圈和锁圈上的锈迹。

2)将轮辋在转盘上锁定。

3)先给胎唇涂上润滑膏或肥皂水,然后把轮胎套在钢套上把拆装头固定到工作位置。

4)将胎缘置于拆装头尾部上面,机头下部,同时压低胎肚。

5)顺时针旋转转盘让胎缘落入钢圈槽内。

6)重复以上步骤,装上另一胎缘。

7)调整轮胎位置,使轮胎平衡点位置与气门嘴右 180°安装。

8)松开钳住钢圈的卡爪,给轮胎充气。

(4)轮胎充气

1)轮胎充气应按照该型汽车使用说明书上规定的标准气压执行,并在冷态时用气压表测量,若在热态时测量,应略高于标准气压,取适当的修正值。气压表应定期校准,以保证读数准确。

2)轮胎装好后,先充入少量空气,待内胎充气伸展后再继续充至要求气压。

3)充气前应检查气门芯与气门嘴是否配合平整,并擦净灰尘。充气后应检查是否漏气,并将气门帽装紧。

4)充入的空气不得含有水分和油雾。

5)充气时应注意安全防护,充气开始时用手锤轻击锁圈,使其平稳嵌入轮辋圈槽内,以防锁圈跳出。

9.4.4 车轮动平衡的检测

车轮的动平衡试验有离车式和就车式两种方法。常见的为离车式车轮的动平衡试验。

利用离车式车轮动平衡机对车轮进行动平衡检测时,需将车轮从车上拆下。图 9-26 所示为常见的车轮动平衡机。该动平衡机主要由驱动装置、转轴与支承装置、显示与控制装置、制动装置及防护罩组成。为了使显示的不平衡量恰是轮辋边缘所加平衡块的质量,必须将测得的轮辋直径、轮辋宽度和轮辋边缘至平衡机机箱的距离(轮辋外悬尺寸),通过键盘或选择器旋钮输入微机。

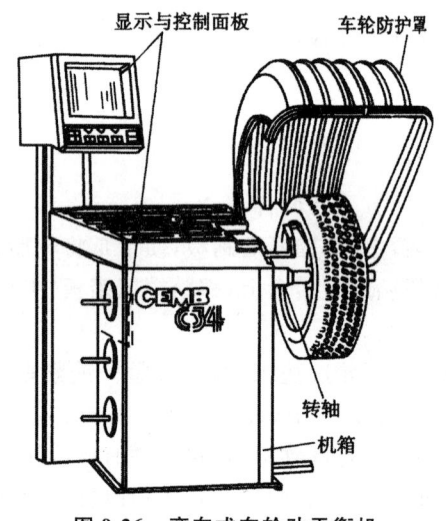

图 9-26 离车式车轮动平衡机

1. 实训器材

1)车辆:丰田卡罗拉汽车。

2)普通工具:车轮动平衡机、轮胎气压表、动平衡机专用卡尺、配重。

2. 准备工作

1)进入工位前,将工位清理干净,准备好相关的器材。

2)清除被测车轮上的泥土、石子和旧平衡块。

3)检查轮胎气压,视必要充至汽车制造厂的规定值。

3. 操作步骤

1)根据轮辋中心孔的大小选择锥体,仔细地装上车轮,用大螺距螺母上紧。

2)打开电源开关,检查指示与控制装置的面板是否指示正确。

3)用卡尺测量轮辋宽度、轮辋直径(也可由胎侧读出),用平衡机上的标尺测量轮辋边缘至平衡机机箱距离,再用键盘或选择器旋钮对准测量值的方法,将轮辋边缘至平衡机的距离、轮辋宽度、轮辋直径值输入到指示与控制装置中去。离车式车轮动平衡机的专用卡尺如图 9-27 所示,轮辋边缘至平衡机的距离、轮辋宽度、轮辋直径三尺寸如图 9-28 所示。为了适应不同计量制式,平衡机上的所有标尺一般都同时标有英制和米制刻度。

图 9-27　动平衡机专用卡尺

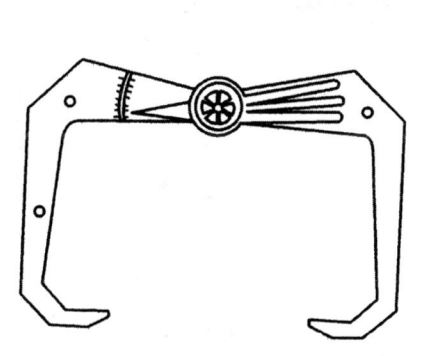

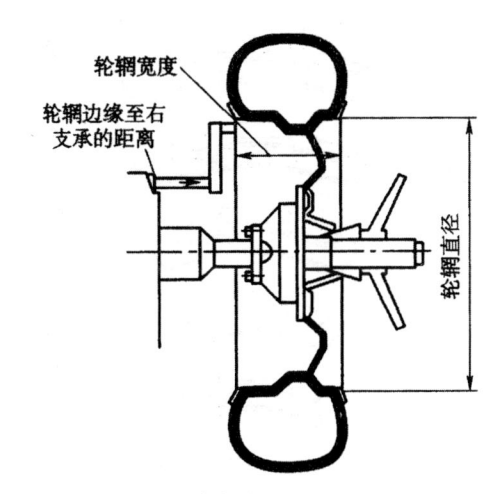

图 9-28　车轮在平衡机上的安装

4) 放下车轮防护罩,按下启动键,车轮旋转,平衡测试开始,微机自动采集数据。

5) 车轮自动停转或听到"笛"声按下停止键,并操纵制动装置使车轮停转后,从指示装置读取车轮内、外两侧不平衡量和不平衡位置。

6) 抬起车轮防护罩,用手慢慢转动车轮。当指示装置发出指示(音响、指示灯亮、制动、显示点阵或显示检测数据等)时停止转动。在轮辋的内侧或外侧的上部(时钟 12 点位置)加装指示装置显示该侧平衡块质量。内、外侧要分别进行,平衡块装卡要牢固。

7) 安装平衡块后有可能产生新的不平衡,应重新进行平衡试验,直至不平衡量小于 5g,指示装置显示 00 或 OK 时才能满意。当不平衡量相差 10g 左右时,如按图 9-29 沿轮辋边缘左右移动平衡块一定角度,将可获得满意的效果。平衡过程中,实践经验越丰富,平衡速度越快。

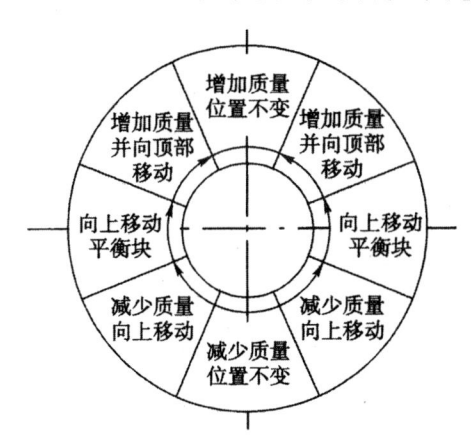

图 9-29　复查时平衡块质量和位置的调整方法

8) 测试结束,关闭电源开关。

车轮动平衡机的平衡重也称配重,通常有卡夹式和粘贴式,如图 9-30 所示。卡夹式配重适用于轮辋有卷边的车轮。对于铝镁合金轮辋,因无卷边可夹,可使用粘贴式配重。粘贴式配重的外弯面有不干胶,粘贴于轮辋内表面。

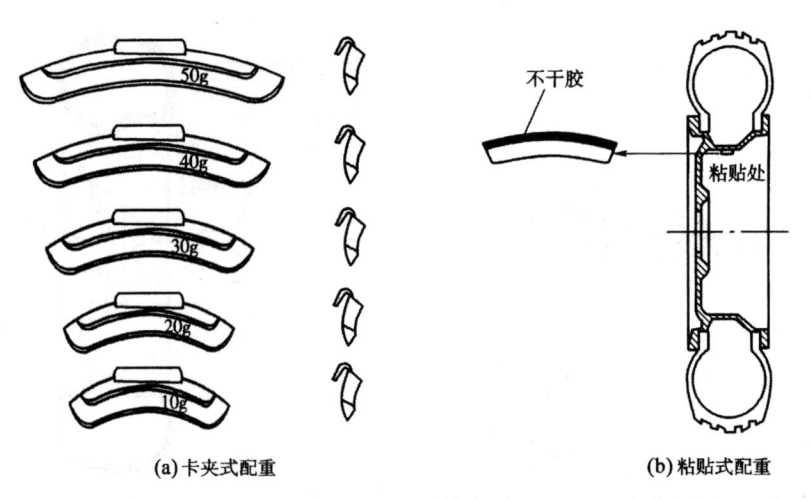

图 9-30 配重的类型

第 10 章　车架与悬架

10.1　车架

车架是支撑车身的基础构件,一般称为底盘大梁架,汽车的绝大部分部件和总成通过车架固定位置。通常车架由纵梁和横梁组成,一般跨接在前后车桥上。

10.1.1　车架的功能

车架是汽车的基体,如发动机、变速器、车身或驾驶室通过弹性支撑安装于车架上;前、后桥通过悬架连接在汽车车架上;转向器则直接安装在车架上。车架的功能为:

1)在良好路面行驶的汽车,汽车重心可降低,有利于汽车稳定行驶。

2)车架承受着全车的大部分重量,在汽车行驶时,它承受来自装配在其上的各部件传来的力及其相应的力矩作用。

3)车架的形状尺寸可保证前轮转向要求的空间。

4)当汽车行驶在崎岖不平的道路上时,车架在载荷作用下会产生扭转变形,使安装在其上的各部件相互位置发生变化。

10.1.2　车架的构造

车架按其结构形式不同可分为边梁式车架、中梁式车架和综合式车架。

1. 边梁式车架

边梁式车架由若干根横梁和位于左右两侧的两根纵梁构成,是用铆接法或焊接法将横、纵梁连接成坚固的刚性构架,如图 10-1 所示。

(1)横梁

横梁是用来连接纵梁,以保证车架的抗扭刚度和承载能力,同时用来安装总成和零部件。

前横梁一般用钢板冲压成槽形,作为发动机前悬置支座。横梁上布置驾驶室后悬置,下面安置传动轴中间支撑支架,所以制成拱形,以利于传动轴通过。同时,在车架前端装有横梁式保险杠和挂钩,以防汽车突然发生碰撞时损伤散热器等机件,并保证在汽车发生故障时,由别的汽车来拖带;其后横梁上装有拖带挂车用的拖钩,为了承受拖钩上传来的较大作用力,要以角支撑加强后横梁。

(2)纵梁

纵梁断面为槽形,也有的纵梁在受力最大的区段或全长采用封闭式断面,以提高其抗扭刚度,如图 10-2 所示。它可以在水平或纵向平面内作成弯曲的以及等断面或不等断面,其抗弯强度高,质量小,便于安装总成和部件。

图 10-1 边梁式车架

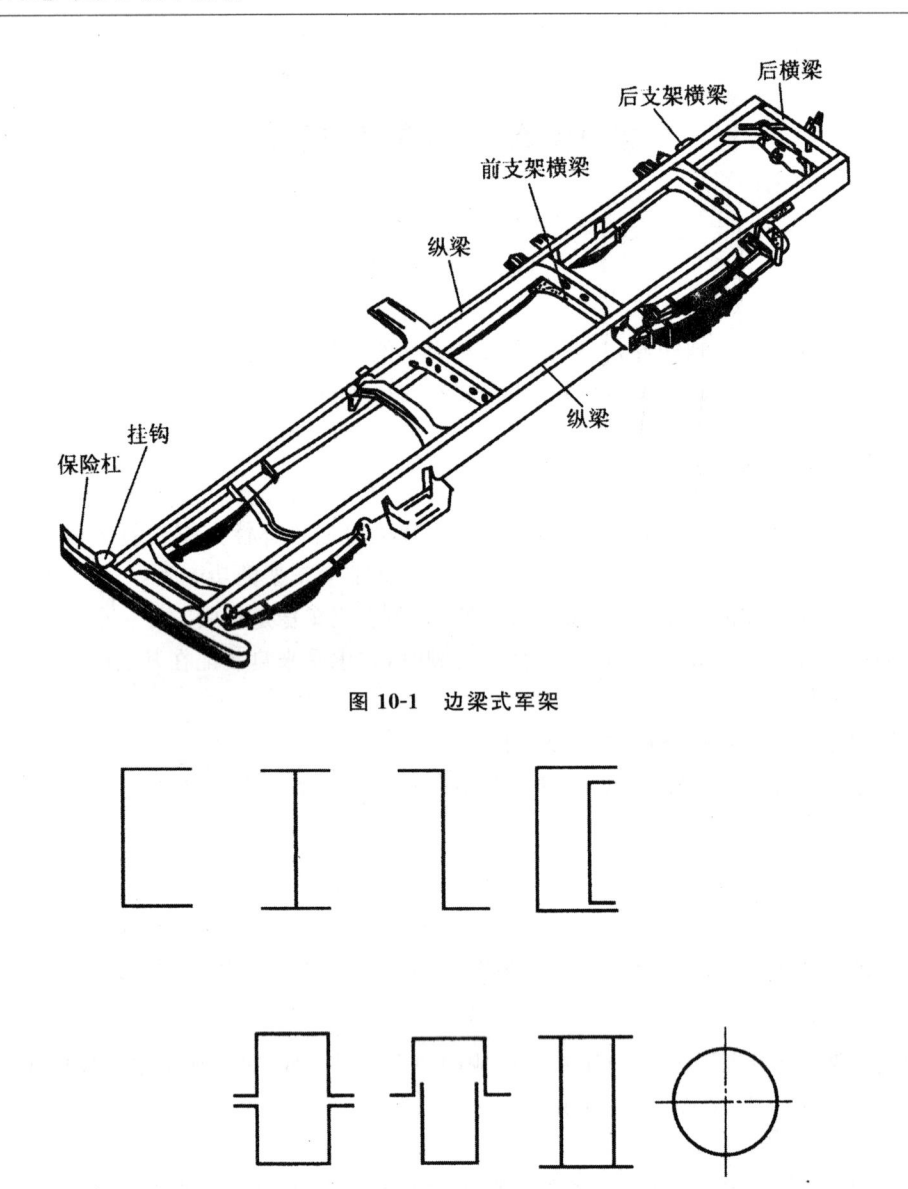

图 10-2 纵梁断面形式

为了固定转向器、钢板弹簧、蓄电池等的需要,在左右纵梁上各有 100 多个孔,用来安装转向器、汽油箱等。

(3)边梁式车架的应用

横梁、纵梁的断面形状、横梁的数量以及两者之间的连接方式,对车架的扭转刚度有很大的影响。

如图 10-3(a)所示的车架,常用于槽形纵梁、工字形横梁。对于以拉散装货为主,采用变形能力较小的钢板弹簧作悬架弹性元件的汽车可采用。

如图 10-3(b)所示的车架常用于槽形纵梁、管形横梁。当使用要求车架扭转刚度大时可采用,但相应要求悬架的弹性元件变形大,可以考虑使用螺旋弹簧作为弹性元件。

如图 10-3(c)所示的车架,常用于槽形纵梁和管形横梁。

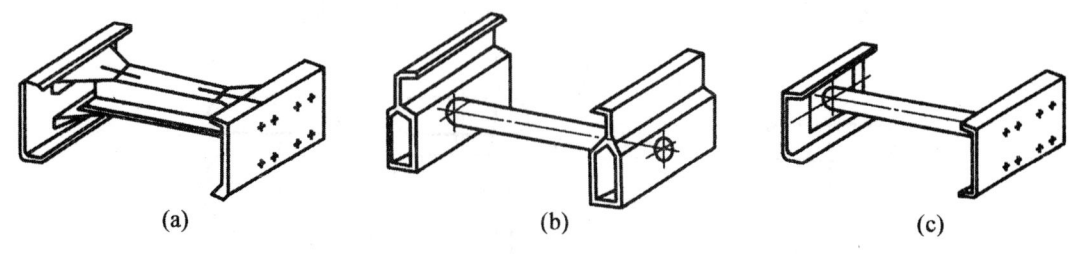

图 10-3 常用的车架形式

(a)常用于槽形纵梁、工字形横梁；(b)常用于箱形纵梁、管形横梁；
(c)常用于槽形纵梁、管形横梁

(4)边梁式车架的改进

边梁式车架可改进成 X 形车架,如图 10-4 所示。对于短而宽的汽车车架,为了降低重心高度和提高车架的扭转刚度,通常制成前窄后宽而后部向上弯曲的车架结构,且两根横梁制成 X 形,一般用于轿车中。

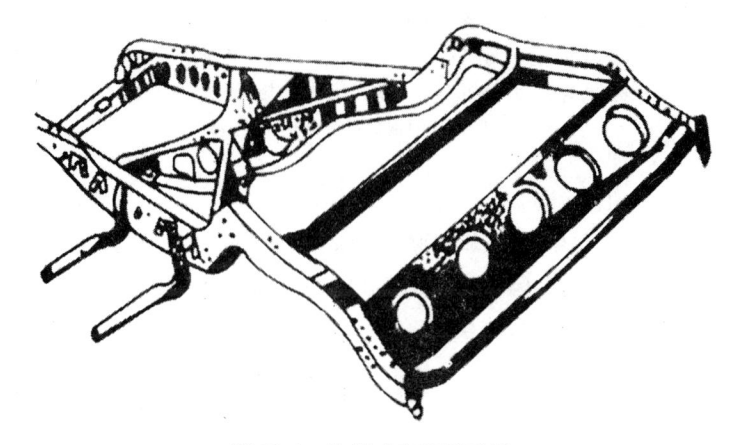

图 10-4 边梁式车架的改进

2. 中梁式车架

中梁式车架只有一根位于汽车中央的纵梁,如图 10-5 所示,其上固定有横向的托架或连接梁,使车架成鱼骨形,所以中梁式车架也称脊梁式车架。

(1)中梁式车架的特点

1)中梁式车架重量轻,行驶稳定性好。

2)中梁式车架结构使车轮跳动空间比较大,便于采用独立悬架系统。

3)车架刚度和强度较大。

4)能起封闭传动轴的防尘罩作用。

5)车架制造工艺复杂,安装困难,维护修理不方便。

6)横梁是悬臂梁,弯矩大,易在根部处损坏。

(2)中梁式车架结构

中梁式车架只有一根位于中央而贯穿汽车全长的纵向脊梁。纵梁的断面可做成管形、槽形或箱形,其前端做成伸出支架,用以固定发动机。纵梁上的悬伸托架用以支撑汽车车身和安装其他机件,而主减速器壳通常固定在中梁的尾端,形成断开式后驱动桥。

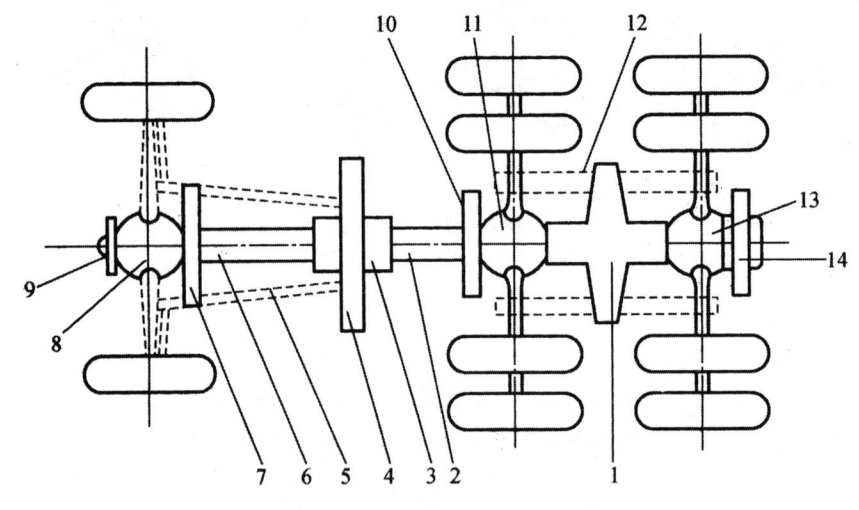

图 10-5 中梁式车架

1—连接桥;2—中央脊梁;3—分动器壳;4,7,14—托架;5—扭杆弹簧;
6—前脊梁;8—前桥壳;9—前托架;10—托梁;11—中桥壳;
12—后悬架的钢板弹簧;13—后桥壳

3. 综合式车架

综合式车架是由边梁式和中梁式车架联合构成的,如图 10-6 所示,其车架的前段或后段是边梁式结构,用以安装发动机或后驱动桥,而车架的另一段是中梁式结构的支架,可以固定车身。传动轴从中梁的中间穿过,使之密封防尘。

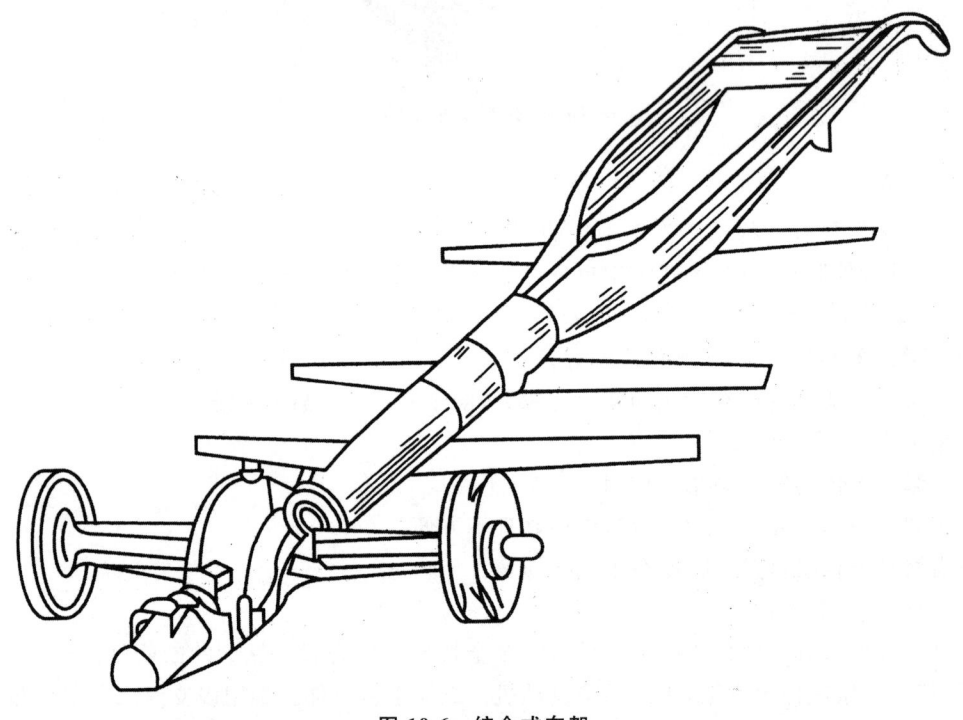

图 10-6 综合式车架

10.2 悬架

10.2.1 汽车悬架的基本组成与分类

1. 汽车悬架的组成

汽车前悬架(图 10-7)一般由弹性元件、减振器和导向机构(横向稳定杆、摆臂及纵向推力杆等)三部分组成。

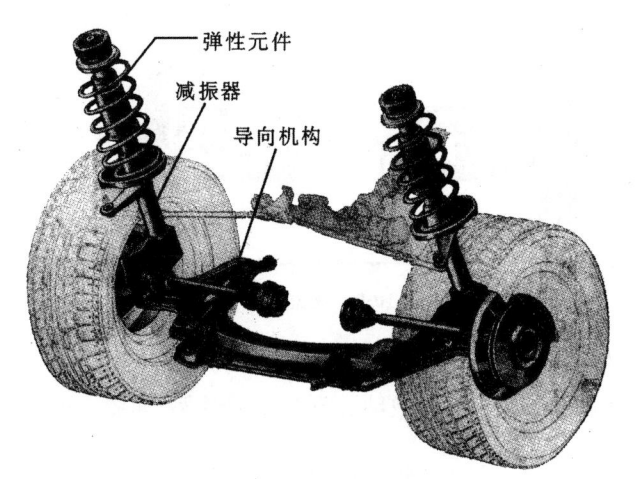

图 10-7 典型的汽车前悬架组成图

弹性元件的作用是使车架(或车身)与车桥(或车轮)之间成为弹性联接和弹性的充气轮胎一起缓和不平路面对车辆的冲击,提高乘员的乘坐舒适性,避免货物损伤,延长汽车使用寿命。

弹性系统受到冲击会产生振动,持续的振动容易使乘员感到不舒适或疲劳,为了尽快使弹性系统的振动迅速衰减,悬架还安装有减振器,使振动迅速衰减。

导向机构也是传力机构,其作用一是传递各个方向的力和力矩,二是使车轮按一定轨迹相对于车架和车身跳动。汽车在行驶过程中,车轮(特别是转向轮)的运动轨迹应符合一定的要求,否则对汽车的某些行驶性能(特别是操纵稳定性)有不利的影响。

横向稳定杆是为了增强汽车的横向刚度、防止车身在转弯等行驶情况下发生过大倾斜的辅助弹性元件。

2. 汽车悬架的分类

(1) 按照汽车导向机构分

汽车悬架按照导向机构的不同可将悬架分为非独立式悬架和独立式悬架,如图 10-8、图 10-9 所示。

非独立式悬架的结构特点是两侧的车轮由一根整体式车桥相连,车轮连同车桥一起通过弹性悬架与车架(或车身)连接。当一侧车轮因道路不平而发生跳动时,必然引起另一侧车轮在汽车横向平面内发生摆动。

独立式悬架的结构特点是车桥做成断开的,每一侧的车轮可以单独地通过弹性悬架与车架

（或车身）连接。

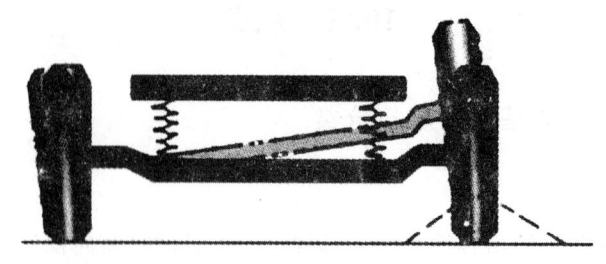

图 10-8 非独立悬架

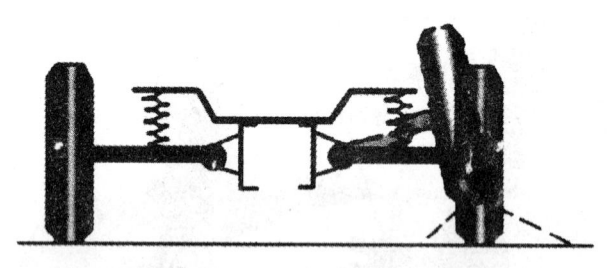

图 10-9 独立式悬架

(2)按照控制方式分

按照控制方式的不同可将悬架分为被动悬架和主动悬架，如图 10-10、图 10-11 所示。

图 10-10 被动悬架

图 10-11 主动悬架

传统的机械控制属于被动控制，即汽车的状态只能被动地取决于路面、行驶状况和汽车的弹性元件、减振器和导向机构等机械部件。而主动控制采用电子控制技术，它能根据路面和行驶状况，自动调节悬架刚度和阻尼，控制汽车的振动和状态，使汽车平顺行驶。

10.2.2 悬架的结构

现代汽车的悬架虽有不同的结构形式,但一般都由弹性元件、减振器、导向机构等组成,车型一般还有横向稳定器。悬架的组成如图10-12所示。

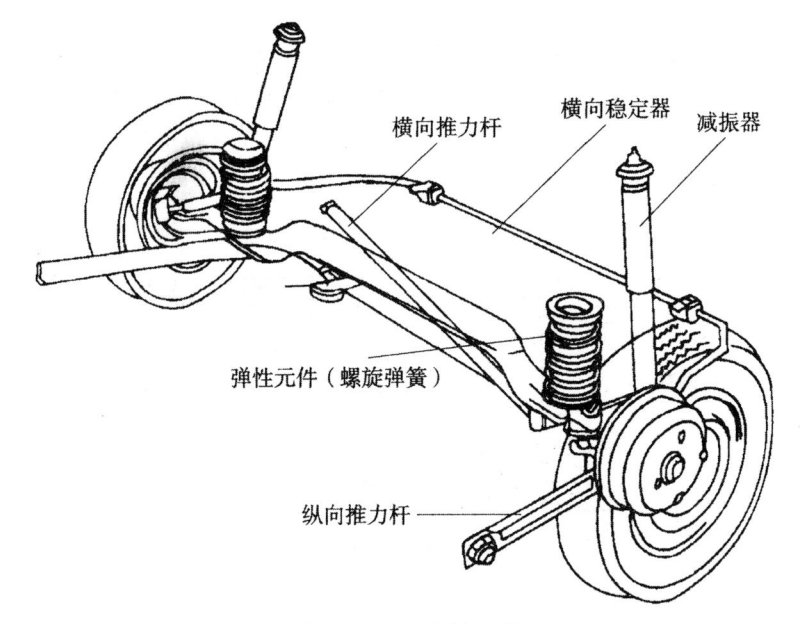

图 10-12 悬架的组成

弹性元件使车架(或车身)与车桥(或车轮)之间做弹性连接,可以缓和由于不平路面带来的冲击,并承受和传递垂直载荷。减振器可以衰减由于路面冲击产生的振动,使振动的振幅迅速减小。

导向机构包括纵向推力杆和横向推力杆,用于传递纵向载荷和横向载荷,并保证车轮相对于车架(或车身)的运动关系协调。

1. 弹性元件

汽车上常用的弹性元件包括钢板弹簧、螺旋弹簧、扭杆弹簧等。

(1) 钢板弹簧

钢板弹簧也称叶片弹簧,其结构如图10-13所示,在车桥靠近车架或车身时靠钢板弹簧的弹性形变来起缓冲作用,并在车桥靠近和离开车架或车身的整个过程中,通过各片相互之间的滑动摩擦,部分衰减路面的冲击作用。

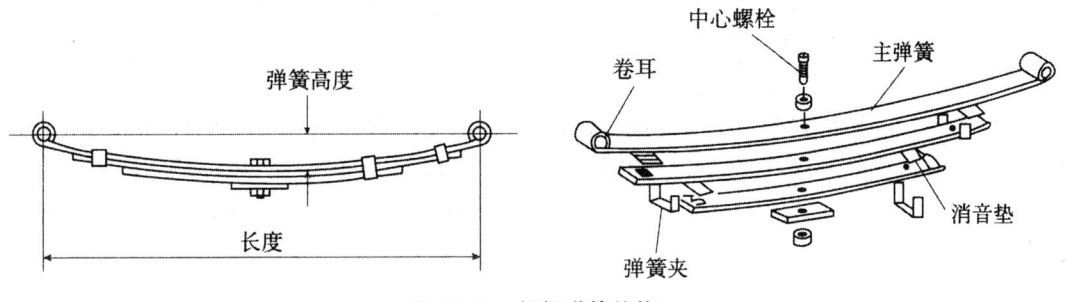

图 10-13 钢板弹簧结构

一副钢板弹簧通常由很多曲率半径不同、长度不等、宽度一样、厚度相等的弹簧钢板片叠成，在整体上近似等强度的弹性梁。第一片最长的钢板弹簧，称为主片，其两端或一端弯成卷耳状。在钢板弹簧全长内装有2~4个钢板夹。钢板弹簧的中部通过"U"形螺栓和压板与车桥刚性固定，两端用销子铰接在车架的支架和吊耳上。

(2)螺旋弹簧

螺旋弹簧广泛应用于独立悬架，有些车型的后轮非独立悬架也采用螺旋弹簧做弹性元件。螺旋弹簧如图10-14所示，由特殊的弹簧钢棒卷制而成，可以制成圆柱形或圆锥形，也可以制成等螺距或不等螺距式。圆柱形等螺距螺旋弹簧的刚度是不变的，圆锥形或不等螺距螺旋弹簧的刚度是可变的。

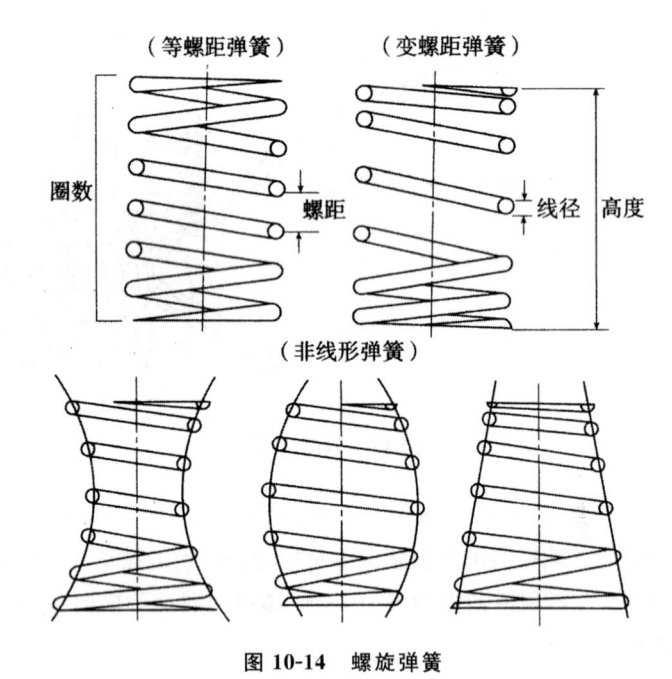

图10-14 螺旋弹簧

螺旋弹簧与钢板弹簧相比，无需润滑，防污能力强，质量小，单位质量的能量吸收率较高。但是，螺旋弹簧本身减振作用很差，因此在螺旋弹簧悬架中，必须另装减振器；螺旋弹簧只能承受垂直载荷，故必须加装导向装置，以传递垂直力以外的各种力和力矩。

(3)扭杆弹簧

扭杆弹簧是一根由铬钒弹簧钢制成的扭杆，如图10-15所示。扭杆一端固定在车架上，另一端固定在悬架的摆臂上，摆臂则与车轮相连。当车轮跳动时，摆臂便绕着扭杆轴线而摆动，使扭杆产生扭转导致弹性变形，以保证车轮与车架的弹性联系。

扭杆弹簧在制造时，经热处理后预先施加一定的扭转力矩，使之产生一个永久的扭转变形，从而使其具有一定的预应力。左、右扭杆的预加扭转的方向都与扭杆安装在车上后承受工作载荷时扭转的方向相同，目的是减少工作时的实际应力，以延长使用寿命。如果左、右扭杆换位安装，则将导致扭杆弹簧的实际工作应力加大，使用寿命缩短。因此，左右扭杆弹簧刻有不同的标记，不可互换。

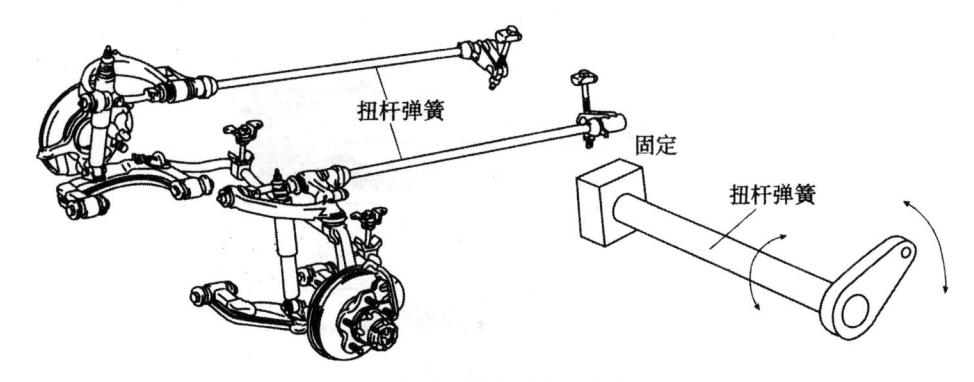

图 10-15　扭杆弹簧示意图

2.减振器

(1)减振器的功用及原理

减振器在汽车中的作用是迅速衰减由车轮通过悬架弹簧传给车身的冲击和振动,提高汽车行驶的平顺性能。减振器在汽车悬架中是与弹性元件并联安装的(图10-16)。

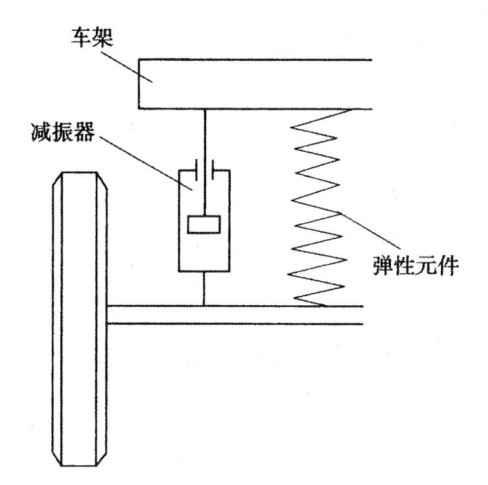

图 10-16　减振器和弹性元件的安装示意图

目前,汽车悬架系统中广泛采用液压减振器,其基本原理如图 10-17 所示。当车架与车桥作往复的相对运动而使活塞在缸筒内往复移动时,减振器壳体内的油液便反复地从内腔通过一些窄小的孔隙流入另一内腔,此时孔壁与油液间的摩擦及液体分子内的摩擦便形成对振动的阻尼力,使车身和车架的振动能量转化为热能被油液和减振器壳体所吸收,然后扩散到大气中。减振器阻尼力的大小随车架与车桥(或车轮)间相对速度的变化而增减,并且与油液的黏度有关。

阀门越大,阻尼力越小,反之亦然。相对运动速度越大,阻尼力越大,反之亦然。

阻尼力越大,振动的衰减越快,但悬架弹性元件的缓冲效果不能发挥,乘坐也不舒适,因此弹性元件的刚度与减振器的阻尼力要合理搭配,才能保证乘坐舒适性和操纵稳定性的要求。

(2)双向作用筒式减振器

液力减振器按作用方式可分为双向作用式减振器和单向作用式减振器。双向作用式减振器在伸张行程和压缩行程都具有阻尼减振作用,目前在汽车上应用最广泛。

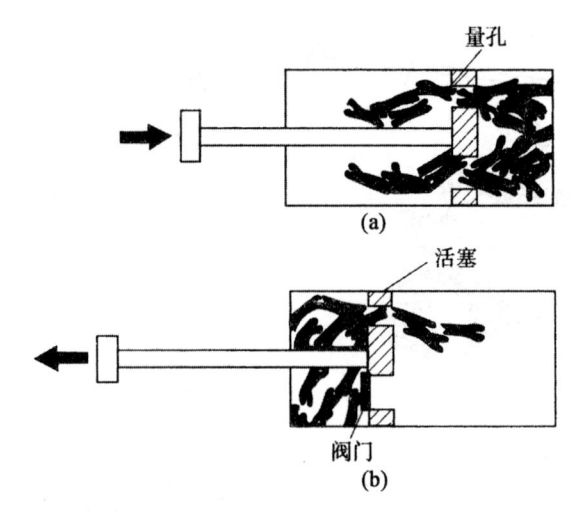

图 10-17 液压减振器的基本原理
(a)压缩行程；(b)伸张行程

双向作用筒式减振器如图 10-18 所示。双向作用筒式减振器在内筒和外筒之间设计了补偿孔，它可以调整油液量以适应活塞杆的移动体积。

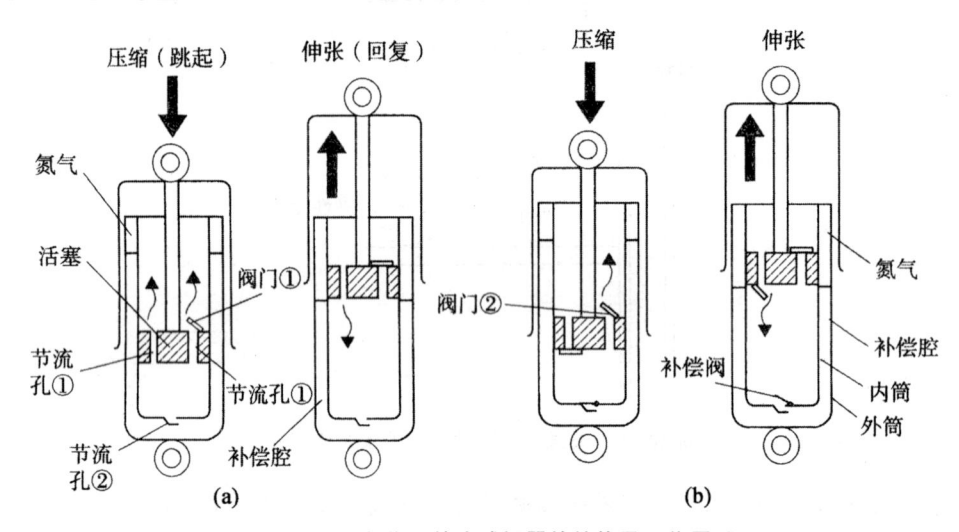

图 10-18 双向作用筒式减振器的结构及工作原理

如图 10-18(a)所示：在节流孔①上设置阀门，节流孔②没有阀门。压缩时，阀门①打开，下腔的油液通过节流孔①和②流到上腔，使活塞容易下行。伸张时，阀门①关闭，上腔的油液只能通过节流孔②流回下腔，使活塞上行阻尼增大。这样就实现了减振效果，它可以很快地吸收路面的冲击，但汽车在坏路面上行驶时的行驶平顺性较差。

如图 10-18(b)所示：在节流孔②上设计阀门②，伸张时油液通过节流孔②，压缩时油液通过节流孔①，因此在压缩和伸张时都受到阻尼力。对于激烈的车身振动，下腔的油液在伸张时通过补偿阀上的节流孔流入补偿腔，产生阻尼力；压缩时补偿阀打开，油液无阻尼地通过补偿阀。补偿腔的上部有氮气，可以被油液压缩。

3. 横向稳定器

横向稳定器如图10-19和图10-20所示。横向稳定器利用扭杆弹簧原理,将左右车轮通过横向稳定杆连接起来。在车身倾斜时,稳定杆两边的纵向部分向不同方向偏转,于是横向稳定杆便被扭转。弹性的稳定杆产生的扭转内力矩就阻碍了悬架弹簧的变形,从而减少车身的横向倾斜。

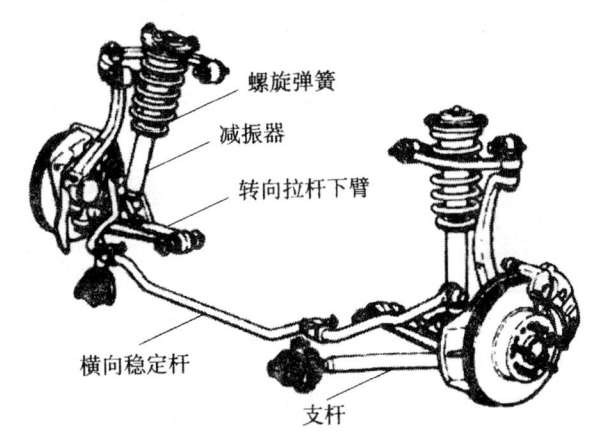

图10-19 横向稳定器

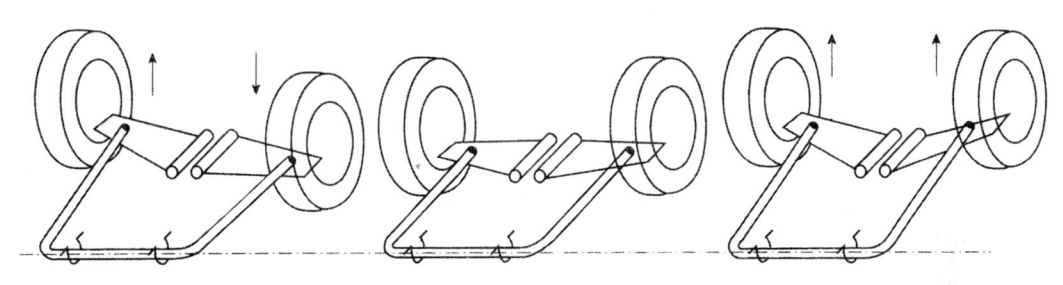

图10-20 横向稳定器的作用

10.2.3 非独立悬架

1. 钢板弹簧式非独立悬架

载货汽车上一般采用钢板弹簧式非独立悬架。因为这种悬架中的钢板弹簧既有缓冲、减振的功能,又能起传力和导向作用,使悬架结构较为简单。

钢板弹簧式非独立悬架其钢板弹簧被纵向布置,所以也称纵向布置钢板弹簧式非独立悬架。图10-21所示为解放CA1092型汽车的前悬架。钢板弹簧用两个U形螺栓3固定在前桥上。钢板弹簧的前卷耳用钢板弹簧销15与钢板弹簧前支架1相连,形成固定式铰接支点,起到传力和导向作用。后卷耳用吊耳销14与摆动式吊耳9相连,形成摆动式铰接支点。这种摆动式铰接支点在钢板弹簧变形时,两卷耳中心线间的距离可作相应改变。另外,钢板弹簧后端与车架的连接形式还有滑板支承式和橡胶块支承式等。

在钢板弹簧的两卷耳内压入粉末冶金衬套,使它与钢板弹簧销滑动配合,销上钻有径向和轴向润滑油道,钢板销端头安装有润滑脂嘴,定期注油润滑销与衬套。

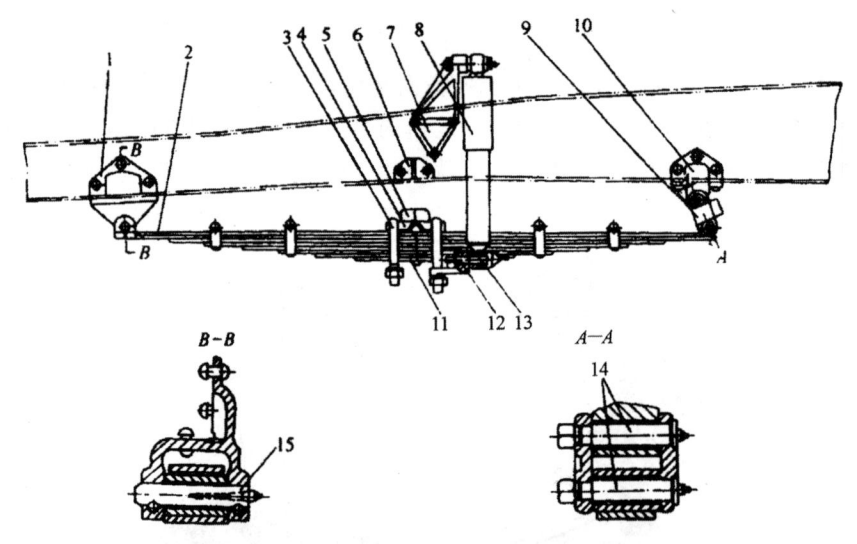

图 10-21 解放 CA1092 型汽车前悬架

1—钢板弹簧前支架；2—前钢板弹簧；3—U 形螺栓；4—盖板；5—橡胶缓冲块；
6—限位块；7—减振器上支架；8—减振器；9—吊耳；10—吊耳支架；11—中心螺栓；
12—减振器下支架；13—减振器连接销；14—吊耳销；15—钢板弹簧销

减振器的上下两个吊环用橡胶衬套和连接销分别与车架的上支架和车桥上的下支架连接。在盖板 4（见图 10-21）上安装有橡胶缓冲块 5，用于限制弹簧的最大变形并防止弹簧直接碰撞车架。

图 10-22 所示为东风 EQ1090E 型汽车后悬架。下面的主钢板弹簧后端采用滑板式支承，前端采用装配式结构，如图 10-22(b)所示，它用紧固螺栓 1 把吊耳 5 与钢板弹簧 2 连成一体，再用钢板弹簧销 6 与车架上的主钢板弹簧前支架 7 连接。为防止后端滑脱，第二片钢板后端折成直角弯边，用这种结构代替卷耳，可防止主片在卷耳处断裂。

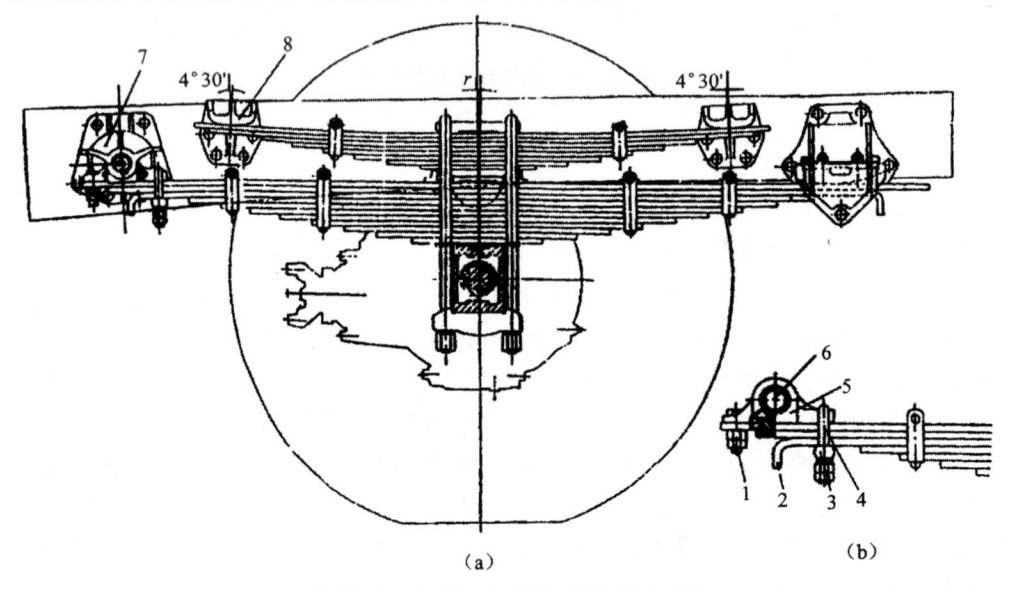

图 10-22 东风 EQ1090E 型汽车后悬架

1—紧固螺栓；2—钢板弹簧；3—压板；4—U 形螺栓；5—吊耳；6—钢板弹簧销；
7—主钢板弹簧前支架；8—副钢板弹簧托架

在钢板弹簧即主簧上面，还叠加安装了副钢板弹簧，即副簧。主副簧用 U 形螺栓紧固在后桥上，组成后悬架总成。在车架侧面有副钢板弹簧托架。当载荷不大时，车架相对于车桥下移量较小，副簧两端与托架不接触，这时副簧不起作用，只有主簧投入工作，此时悬架刚度较小。当满载或重载时，车架相对于车桥下移量增大，使车架上的托架压靠在副簧上，这时主、副簧同时参加工作，共同承受载荷，悬架的刚度也随之增大，保证车身的振动频率不会因载荷的增加而变化过大。

为了提高行驶平稳性，可采用渐变刚度钢板弹簧后悬架，其特点是副簧置于主簧的下面，如图 10-23 所示。

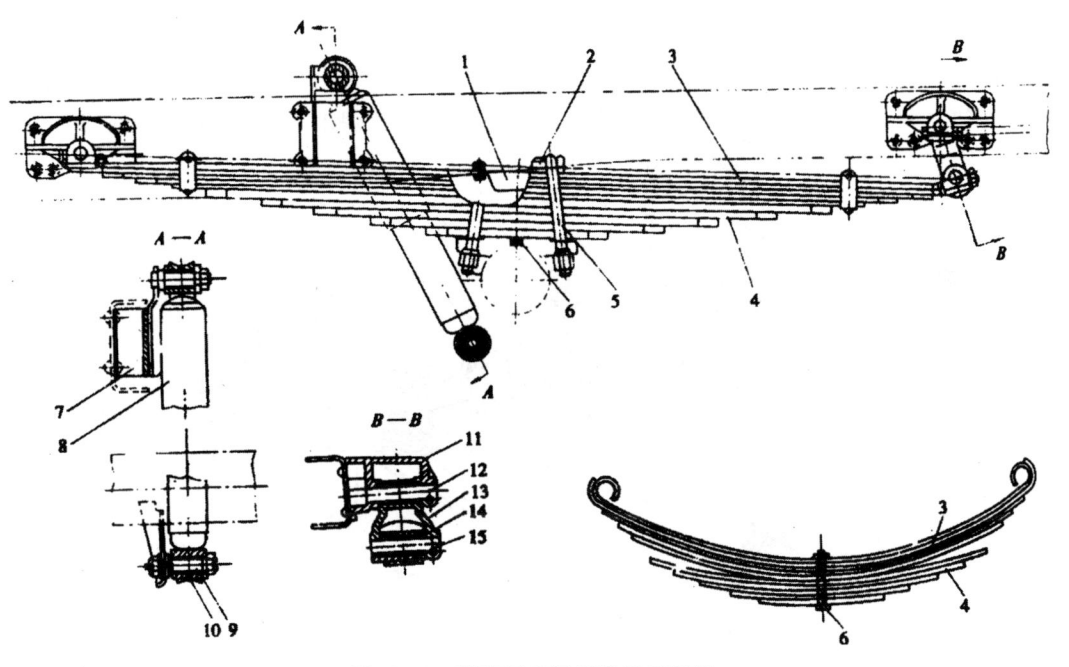

图 10-23 渐变刚度钢板弹簧后悬架
1—缓冲块；2—上盖板；3—主钢板弹簧；4—副钢板弹簧；5—U 形螺栓；6—中心螺栓；
7—减振器支架；8—筒式减振器；9—减振器下轴销；10—橡胶衬套；
11—支架；12—吊耳销；13—吊耳；14—尼龙衬套；15—钢板弹簧销

主钢板弹簧由一组较薄的弹簧片组成，副钢板弹簧则由一组较厚的弹簧片组成，主副弹簧用中心螺栓穿在一起，并紧固。载荷小时，只有主簧起作用，当载荷增大到一定值时，主簧开始逐渐接触副簧，悬架刚度随之提高。由于副簧是逐渐进入工作的，所以悬架的刚度变化均比较平缓。当主副簧全部接触后，其刚度也不再发生变化。这种钢板弹簧能改善汽车行驶平稳性，但主副簧之间容易存在泥垢，对刚度变化会有影响，使用中应注意清除泥垢。

连接钢板弹簧与车桥的两个 U 形螺栓之间的距离应尽可能小，目的是增加钢板弹簧的有效长度，减小弹簧应力。所以，U 形螺栓可安装成倾斜的，如图 10-23 所示中的 5，使上端距离小于下端距离，这样可以增加上部弹簧的有效工作长度。

有的汽车，将钢板弹簧安装在车桥下方，这种布置会使 U 形螺栓受力增加，但汽车的质心则可以降低。

2. 螺旋弹簧式非独立悬架

图 10-24 所示为螺旋弹簧式非独立悬架，这种悬架常用在轿车的后桥上。螺旋弹簧上端安装在车身上的支座中，下端安装在纵向推力杆上。螺旋弹簧只承受垂直载荷，所以必须设置导向装置用于承受和传递纵向力和横向力。导向装置有纵向推力杆和横向推力杆。两根纵向推力杆的一端与车身相铰接，另一端则与后桥相铰接。纵向推力杆用于传递牵引力、制动力等纵向力和力矩。当车轮上下跳动而使后桥与车身之间的距离发生变化时，纵向推力杆可绕其车身的铰接点上下纵向摆动，以控制后桥的运动规律。横向推力杆的一端与车身铰接，另一端与后桥铰接，用于传递悬架系统的横向力。当后桥与车身之间的距离发生变化时，横向推力杆也可以绕铰接点做左右横向摆动。在这一过程中，为了不致使车身与后桥在横向产生过大的相对位移，要求横向推力杆与后桥之间的空间夹角尽可能小。加强杆的作用是加强横向推力杆的安装强度，使车身受力均匀。两个减振器穿在弹簧中间，其上端铰接在车身支架上，下端铰接在车桥的支架上。

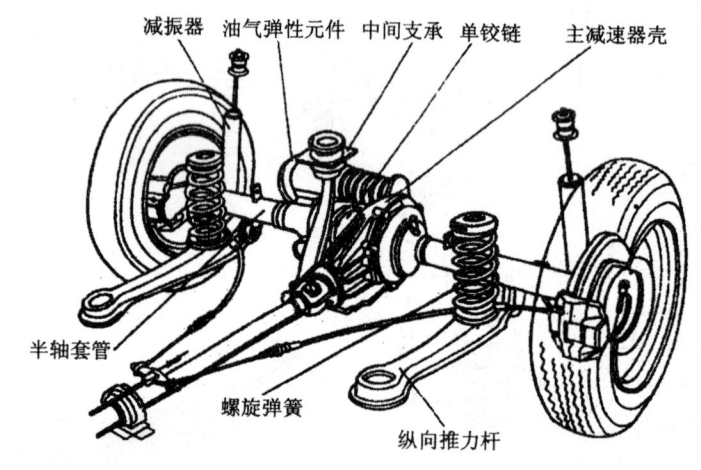

图 10-24 螺旋弹簧式非独立悬架

图 10-25 所示为上海桑塔纳轿车的后悬架。它的两根纵向推力杆的中部与后桥焊接成一

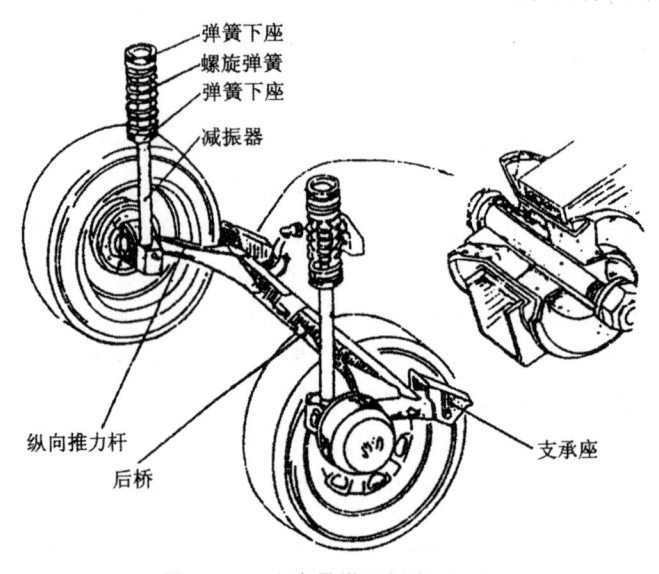

图 10-25 上海桑塔纳轿车后悬梁

体,前端通过带橡胶的支座与车身铰接,后端与轮毂连接。纵向推力杆用来传递纵向力及力矩。整个后桥、纵向推力杆及车轮可以绕支座铰接点连线相对车身上下纵向摆动。螺旋弹簧的上端装在弹簧座的上座中,下端支承在减振器外壳上的弹簧下座上,它只承受垂直力。减振器的上端与弹簧上座一起装在车身底部的悬架支座中,下端与纵向推力杆连接。这种布置,在两侧车轮上的螺旋弹簧因路面不平而产生不同的变形量,后桥发生扭转变形时,可以起横向稳定器的作用。

10.2.4 独立悬架

1. 独立悬架的分类

独立悬架的结构特点是两侧车轮可以各自独立地与车架或车身连接,如图 10-26 所示。独立悬架广泛使用在小轿车上,有的小轿车前后车轮全部采用独立悬架。独立悬架很少用钢板弹簧做弹性元件,多采用螺旋弹簧或扭杆弹簧作为弹性元件,所以必须增设导向机构。独立悬架有以下优点。

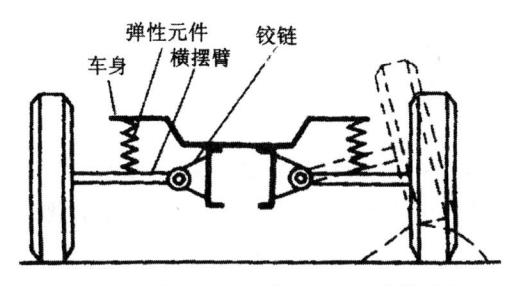

图 10-26 独立悬架结构示意图(单横臂式)

① 在悬架弹性元件变形范围内,两侧车轮可单独运动,互不影响,可以减小行驶中车架和车身的振动,还可防止转向轮偏摆。

② 汽车的非簧载质量小。汽车上凡由弹性元件支承的质量称为簧载质量,如车架、车身等都属于簧载质量;不由弹性元件支承的质量称为非簧载质量,如车桥、车轮等。采用非独立悬架时,车桥和车轮均属于非簧载质量部分。采用独立悬架时,驱动桥中的主减速器、差速器及外壳都固定在车架上,所以是簧载质量;而对于转向桥,它具有转向节和主销,中部的整体梁不存在。所以对独立悬架,非簧载质量只包括车轮质量和悬架系统中部分零件质量,因而比非独立悬架的非簧载质量小得多。在道路条件和车速相同时,非簧载质量愈小,悬架受到的冲击载荷也愈小,所以采用独立悬架可以提高汽车行驶的平稳性。

③ 由于采用断开式车桥,发动机的重心可下降,有利于提高行驶稳定性。车轮上下运动空间大,悬架刚度可设计得较小,车身振动频率可降低,可改善行驶平稳性。

④ 采用独立悬架,车轮与路面接触好,可增加驱动力。越野汽车采用独立悬架,可增大离地间隙,提高通过性。

独立悬架的分类如图 10-27 所示。

车轮在汽车横向平面内摆动的悬架,叫做横臂式独立悬架[见图 10-27(a)];车轮在汽车纵向平面内摆动的悬架,叫做纵臂式独立悬架[见图 10-27(b)];车轮沿主销轴线移动的悬架,包括烛式和麦弗逊式两种独立悬架[见图 10-28(c)、(d)]。

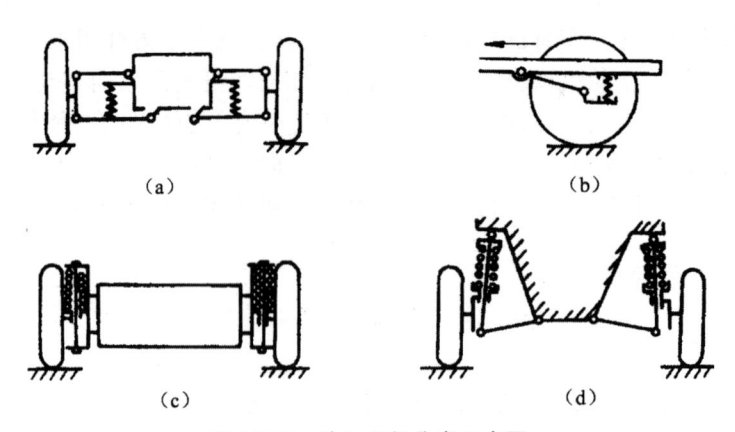

图 10-27　独立悬架分类示意图

(a)横臂式；(b)纵臂式；(c)烛式；(d)麦弗逊式

2. 横臂式独立悬架

横臂式独立悬架可分为单横臂式和双横臂式两种。这两种独立悬架也可称为单横摆臂式和双横摆臂式独立悬架。

（1）单横臂式独立悬架

单横臂式独立悬架如图 10-26 所示，横摆臂的内端与车身铰接，外端与车轮连接，弹性元件安装在摆臂与车身之间。当弹性元件变形时，摆臂以铰链为中心带动车轮在横向平面内摆动。

采用这种结构形式，有许多不足，目前已很少使用。原因是当弹性元件变形、车轮横向摆动时，车轮平面将产生倾斜而改变两侧车轮与路面接触点间的距离，从而使轮胎侧向滑移，破坏了轮胎与地面的附着，会增加轮胎磨损。若用于转向轮，当车轮横向摆动时还会引起主销内倾角和车轮外倾角的变化，会影响汽车操纵稳定性。

（2）双横臂式独立悬架

如图 10-28 所示。悬架中的两个横摆臂的长度可以等长，也可以不等长。图 10-28(b) 所示为两个横摆臂等长的悬架。

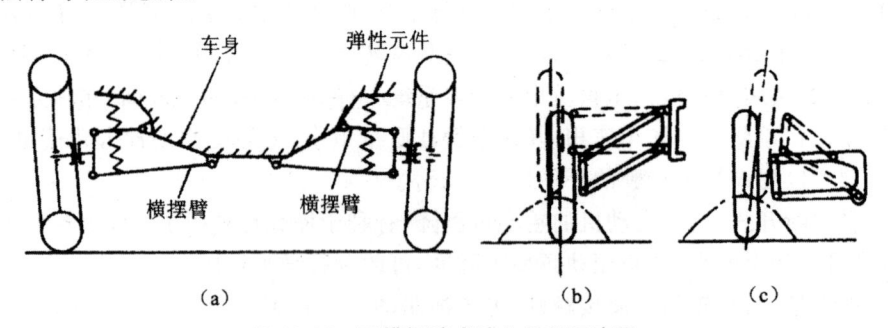

图 10-28　双横摆臂式独立悬架示意图

(a)双横摆臂式独立悬架；(b)两横摆臂等长；(c)两横摆臂不等长

两个横摆臂等长的悬架，当车轮上下跳动时，车轮平面不倾斜，主销轴线的方向也保持不变，但轮距变化大，会引起车轮侧向滑移和加速轮胎的磨损。

两横摆臂不等长的独立悬架[见图 10-28(c)]，在车轮上下跳动时车轮的平面、主销轴线和轮距都会发生变化，但只要两臂长短选择适当，就可把上述变化控制在允许范围内。

这种悬架结构简单,工作可靠。红旗 CA7560、丰田皇冠 2800、凌志 LS400 型轿车均采用这种不等长双横摆臂式螺旋弹簧独立悬架。

图 10-29 所示为红旗 CA7560 型轿车前悬架的结构。上摆臂 11 和下摆臂 4 的内端分别通过上摆臂轴 15 和下摆臂轴 1 与车架横梁 16 铰接,二者的外端分别通过上球头销 14 和下球头销 3 与转向节 9 相连接。上摆臂 11 与上球头销 14 铆接成不可拆式,其内装有弹簧 13,能自动消除销与座的间隙。下摆臂 4 与下球头销 3 是可拆的,减少垫片 2 可以消除销头处的磨损间隙。

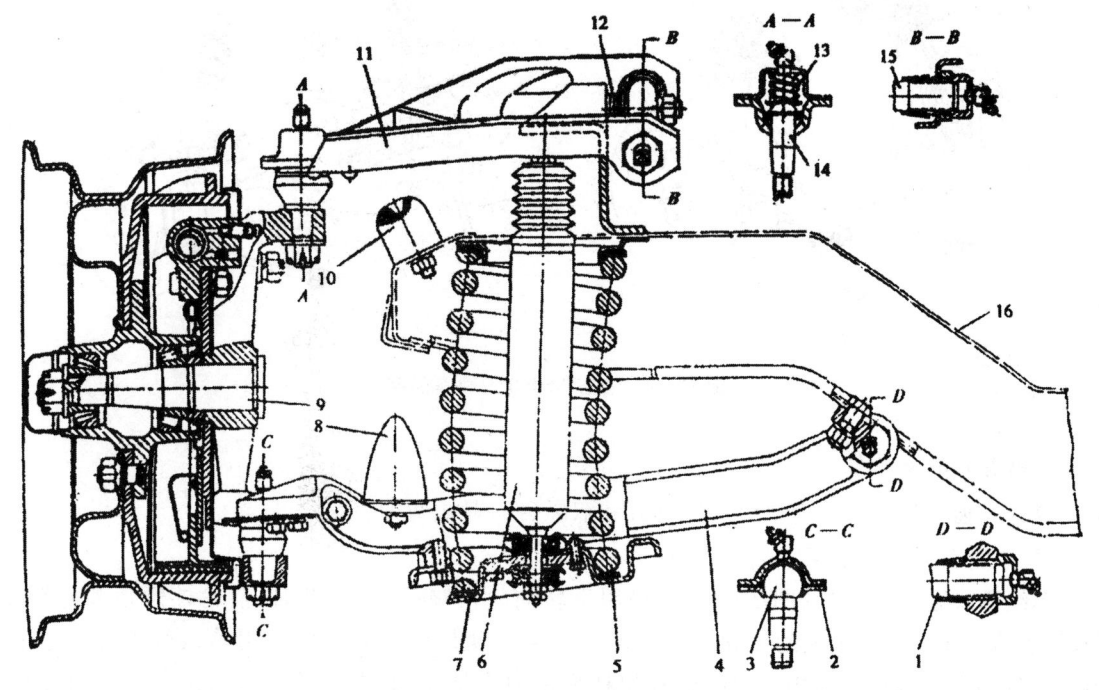

图 10-29 红旗 CA7560 型轿车前悬架
1—下摆臂轴;2—垫片;3—下球头销;4—下摆臂;5—螺旋弹簧;6—筒式减振器;
7—橡胶垫圈;8—下缓冲块;9—转向节;10—上缓冲块;11—上摆臂;12—调整垫片;
13—弹簧;14—上球头销;15—上摆臂轴;16—车架横梁

螺旋弹簧 5 的上下两端分别通过橡胶垫圈 7 支承在车架横梁 16 上的支承座和下摆臂 4 的支承盘内。双向作用筒式减振器 6 的上下端分别通过橡胶衬垫与车架横梁 16 和下摆臂 4 上的支承盘相连。悬架的最大变形由缓冲块 10 和 8 加以限制。

路面对车轮的垂直力通过转向节 9、下球头销 3、下摆臂 4 和螺旋弹簧 5 传递给车架。纵向力、侧向力以及其力矩由转向节、导向装置(上下摆臂)及上下球头销传递。上下摆臂都是叉形钢架,它的内端宽,外端窄,可以保证具有足够的纵向和侧向刚度,可靠地传递纵向力、侧向力及其力矩。

红旗轿车转向节主销用球头销代替,它的上下球头销的连心线相当于主销轴线,转向时车轮会绕此轴线偏转。

对于前轮定位的调整,其主销后倾角可通过纵向移动上摆臂 11 实现,上摆臂轴 15 的外表面上带有螺纹,转动该轴即可使上摆臂 11 沿着上摆臂轴 15 纵向移动。车轮外倾角可通过横向移动上摆臂 11 进行调整,增减上摆臂轴与固定支架之间的调整垫片 12。主销内倾角和车轮外倾角的关系已被转向节9的结构所确定,只要调整好车轮外倾角,主销内倾角必然正确。

对于采用不等长双横摆臂独立悬架的汽车,其车轮外倾角和主销后倾角的调整有相同规律,日本丰田皇冠2800、凌志LS400等轿车的前悬架即采用这种结构。图10-30所示为凌志LS400型轿车悬架,其前后悬架为不等长的双横摆臂扭杆弹簧独立悬架。

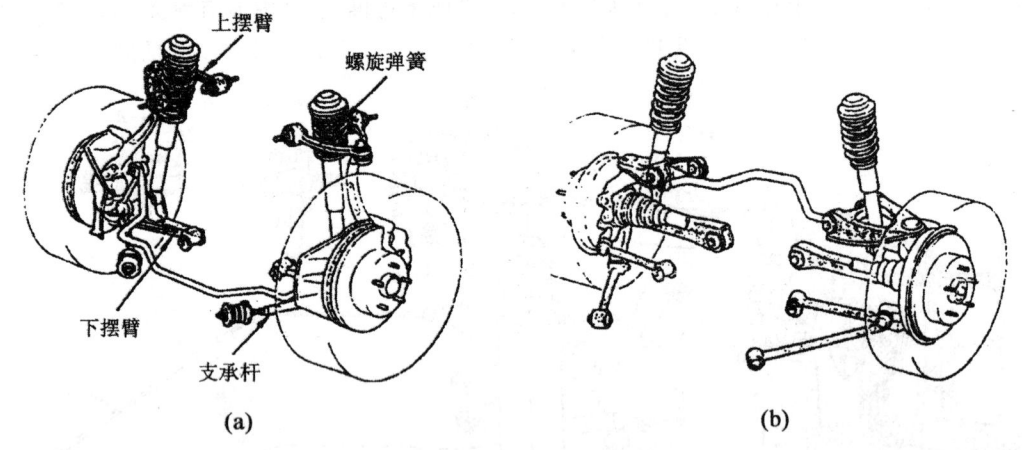

图 10-30　凌志 LS400 型轿车悬架

3.纵臂式独立悬架

纵臂式独立悬架可分为单纵(摆)臂式和双纵(摆)臂式两种。

(1)单纵臂式独立悬架

单纵臂式独立悬架(见图10-31)如果用于转向轮,车轮上下跳动时,前轮外倾角和轮距不变,但主销后倾角会有很大的变化[见图10-31(a)]。所以转向轮一般不用单纵臂式独立悬架。图10-31(b)所示为后轮所用的单纵臂式扭杆弹簧独立悬架,其纵摆臂所用钢板宽而薄,它的一端与半轴套管铰接,另一端带有套筒,套筒通过花键与扭杆弹簧的外端相连。扭杆弹簧装在套管中,扭杆的内端固定在车架上。车轮跳动时,纵摆臂绕套筒和扭杆中心线纵向摆动,使扭杆产生扭转变形以缓和冲击,这时纵摆臂也会略有扭转和侧向弯曲。富康—雪铁龙ZX型轿车的后桥即为单纵臂式扭杆弹簧独立悬架。

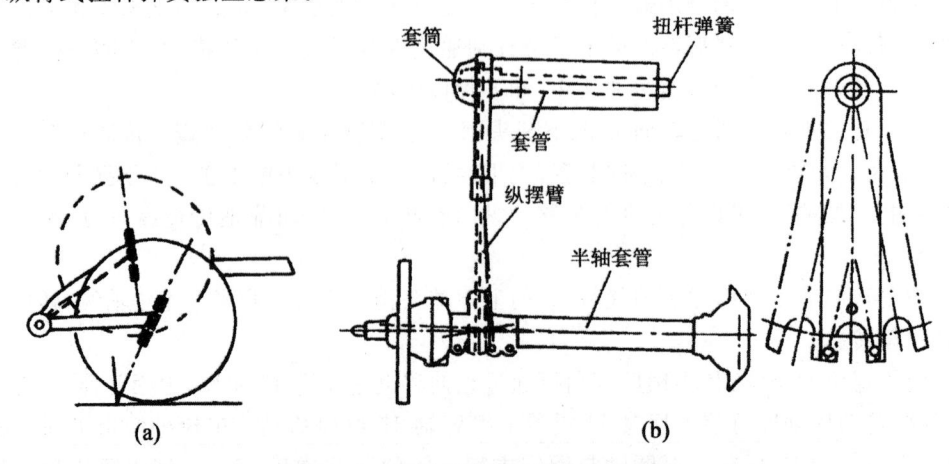

图 10-31　单纵臂式扭杆弹簧独立悬架

另有一种单斜臂式独立悬架,如图10-32所示。它的结构特点是车轮上下跳动时,摆臂的摆动轴线与车轴的轴线斜交叉,所以叫做单斜臂式独立悬架。选择摆臂摆动轴线的夹角,可使这种悬架接近单横臂式独立悬架,所以它有单横臂式和单纵臂式独立悬架的共同特点,可适用于轿车的后悬架。

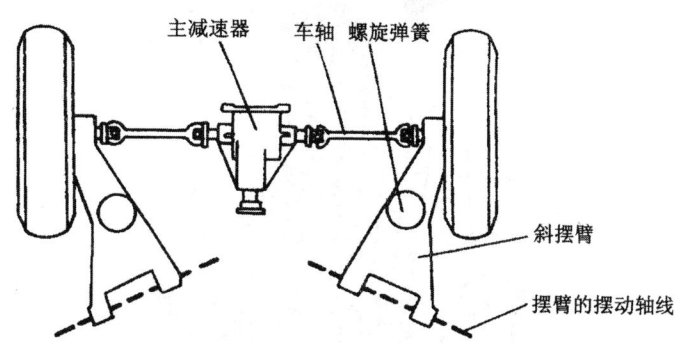

图 10-32 单斜臂式独立悬架

(2) 双纵臂式独立悬架

图10-33所示为双纵臂式扭杆弹簧独立悬架。转向节与两个纵摆臂用铰链连接。在车架和两根管状横梁内装有片状扭杆弹簧。扭杆弹簧的内端用螺钉固定在横梁中部,外端插入摆臂轴的矩形孔内。与纵摆臂刚性连接摆臂轴用衬套支承在管状横梁内。扭杆弹簧只承受垂直载荷,车轮所受的纵向力、侧向力及其力矩均由纵摆臂传递给车架的管状横梁。

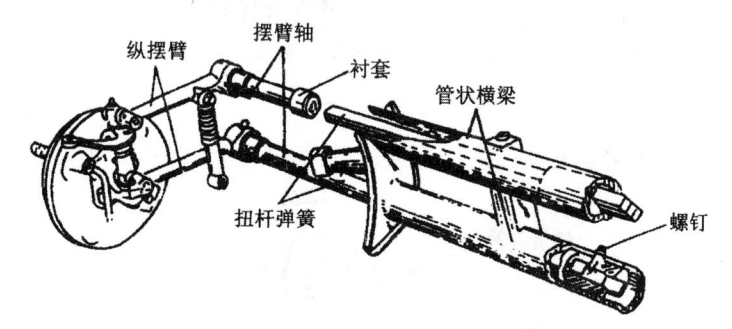

图 10-33 双纵臂式扭杆弹簧独立悬架

两个摆臂的长度一般相等,形成平行四连杆结构。这种结构,当车轮上下跳动时,除车轮外倾角和轮距不变之外,主销后倾角也保持不变,所以这种悬架适用于转向轮。

4. 车轮沿主销移动的独立悬架

车轮沿主销移动的独立悬架有两种形式,一种是车轮沿固定不动的主销轴线移动的烛式悬架;另一种是车轮沿摆动的主销轴线移动的麦弗逊(Macpherson)式独立悬架。

(1) 烛式独立悬架

图10-34所示为烛式独立悬架,它的结构特点是车轮沿固定不动的主销轴线移动,主销刚性地固定在车架上,转向轮、转向节则安装在套筒上。这种悬架对于转向轮来说,当悬架变形时,仅轮距、轴距稍有变化,主销和车轮的倾角不会变化,所以使汽车的转向操纵性及行驶稳定性较好。但是,侧向力全部由套在主销上的套筒和主销承受,使套筒与主销之间的摩擦阻力加大,磨损较为严重。

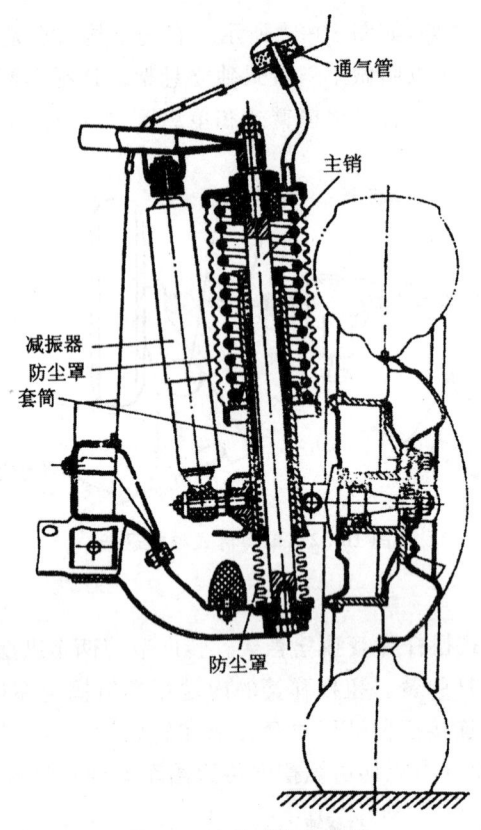

图 10-34　烛式独立悬架

(2) 麦弗逊式独立悬架

现代小轿车上广泛使用着麦弗逊式独立悬架,它的结构如图 10-35 所示。

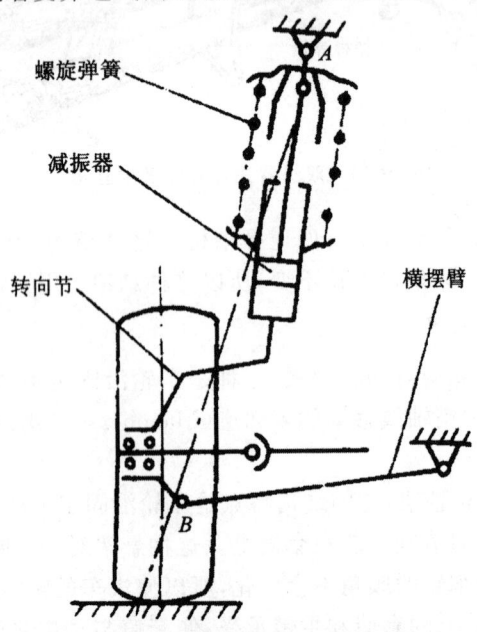

图 10-35　麦弗逊式独立悬架结构示意图

这种悬架由减振器、螺旋弹簧、横摆臂、横向稳定杆（图中未画出）等组成。减振器与套在它外面的螺旋弹簧合为一体，构成悬架的弹性支柱，支柱上端与车身连接，支柱的下端与转向节连接。横摆臂的外端通过球头销 B 与转向节的下部连接，内端与车身铰接。车轮所受的侧向力经转向节大部由横摆臂承受，其余部分由减振器承受。这种悬架较烛式悬架在一定程度上减少了滑动磨损。

麦弗逊式独立悬架没有主销实体，转向轴线为上下铰接中心的连线 AB。当车轮上下跳动时，B 点随横摆臂摆动，所以主销轴线 AB 也随之摆动。说明车轮沿着摆动的主销轴线而运动。当悬架变形时，车轮、主销的倾角和轮距都会发生变化，但杆系布置和调整合理可将这些变化控制在很小的范围内。麦弗逊式悬架结构较简单，布置紧凑，用在前悬架上能增大两前轮内侧的空间，所以在发动机前置、前轮驱动的轿车上被广泛应用。

图 10-36 所示为天津夏利 TJ7100 型轿车前轮所使用的麦弗逊式独立悬架。它的结构特点是减振器和螺旋弹簧组成弹性支柱，其上端通过悬架座与车身挠性连接，而下端用螺栓与转向节刚性连接。横摆臂为工字形断面，外端用球头与转向节连接。内端通过横摆臂支架与车身连接。横向稳定杆两端分别从两个摆臂中部通孔穿出，并用螺母固定在横摆臂上，横向稳定杆的中部用固定夹支承在车身的橡胶套内。横向稳定杆的作用是减少汽车行驶时的横向倾斜力，还可以传递纵向力。

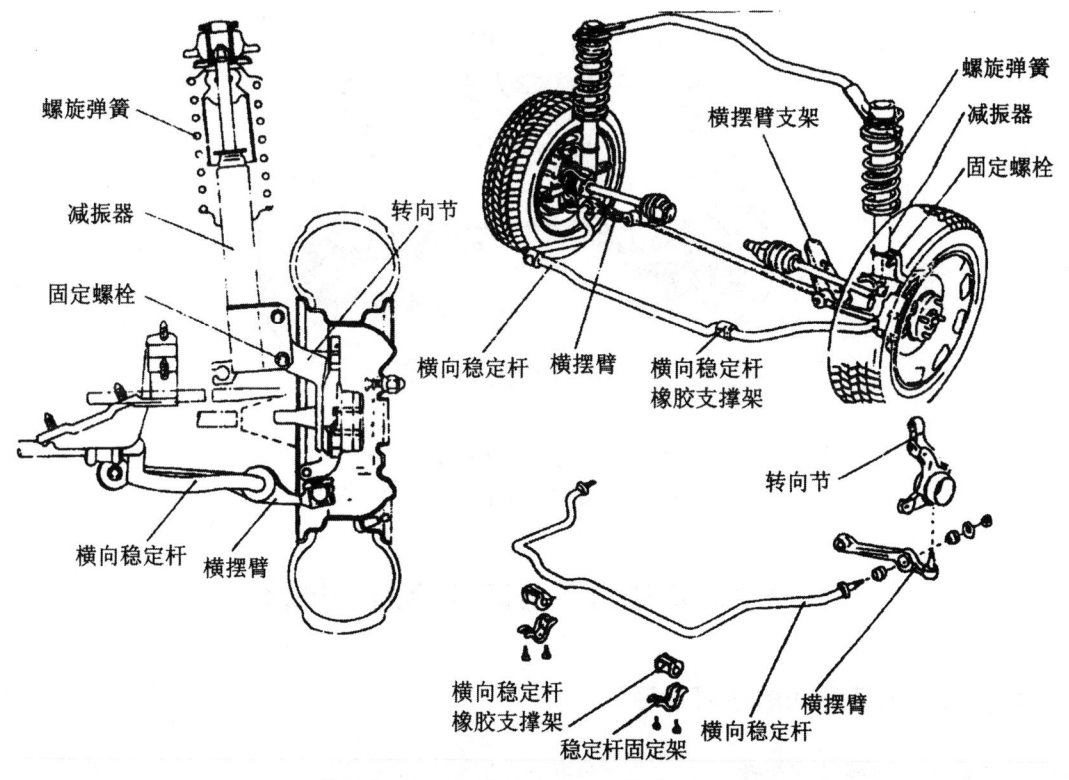

图 10-36　天津夏利 TJ7100 型轿车前悬架

为了更好地传递车轮所受的纵向力，可在悬架中增加支承杆，如图 10-37(a) 所示。支承杆的一端与横摆臂连接，另一端与车身连接。丰田和尼桑等轿车的前悬架采用这种结构形式。

马自达 626 和上海桑塔纳轿车前悬架也为麦弗逊式,它的结构特点是不设置支承杆,将横摆臂制成叉形,如图 10-37(b)所示。它的外端与转向节铰接,内端的两叉与车身铰接,形成三角形结构形式,它能有效地传递车轮所受的纵向、侧向力,又能控制车轮上下跳动时所走过的轨迹。

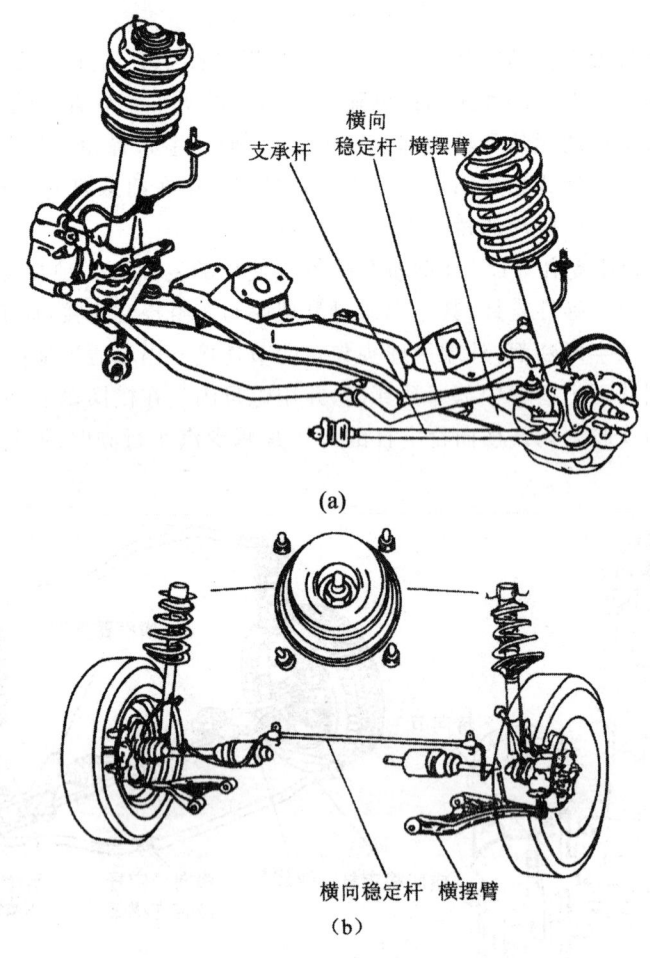

图 10-37 麦弗逊式独立悬架
(a)丰田轿车前悬架;(b)马自达 626 轿车前悬架图

10.3 悬架常见故障的诊断与维修

10.3.1 悬架系统的故障诊断

1. 非独立悬架的常见故障

(1)钢板弹簧折断

钢板弹簧折断,尤其是主片折断,会因弹力不足等原因,使车身歪斜。前钢板弹簧一侧主片折断时,车身在横向平面内倾斜;后钢板弹簧一侧主片折断时,车身在纵向平面内倾斜。

(2)钢板弹簧弹力过小或刚度不一致

当某一侧的钢板弹簧由于疲劳导致弹力下降,或者更换的钢板弹簧与原弹簧刚度不一致时,会使车身倾斜。

(3)钢板弹簧销、衬套和吊耳磨损过量

此时,会出现故障现象:①车身倾斜(不严重)。②行驶跑偏。③汽车行驶摆振。④异响。

(4)U形螺栓松动或折断

此时,会由于车辆移位倾斜,导致汽车跑偏。

2.独立悬架和减振器的常见故障

(1)独立悬架总成常见故障

独立悬架总成主要由螺旋弹簧、上下摆臂、横向稳定杆及减振器等组成,总成铰接点多。

总成常见的故障有如下几项:

1)现象。异响,尤其在不平路面上转弯时;车身倾斜,汽车在转弯时车身过度倾斜等;前轮定位参数改变;轮胎异常磨损;车辆摆振及行驶不稳。

2)原因。螺旋弹簧弹力不足;稳定杆变形;上、下摆臂变形;各铰接点磨损、松旷。

当汽车产生上述现象时,应对悬架系统进行仔细检查,即可发现故障部位及原因。

(2)减振器的常见故障

减振器的常见故障为衬套磨损和泄漏。衬套磨损后,因松旷易产生响声。减振器轻微的泄漏是允许的,但泄漏过多会使减震器失去减震作用。

10.3.2 悬架装置的维修

别克凯越车型的前悬架装置,由支柱总成和转向节总成组成。支柱总成包括支柱减振器和弹簧,安装在车身上。支柱上端采用橡胶垫隔离,并有一个轴承,以便使支柱能够转动。转向节连接在支柱总成上,能在用螺栓与控制臂连接的球节上转动。控制臂采用橡胶衬套在车身上转动。球节用夹紧螺栓和螺母紧固在转向节上,用铆钉与下控制臂连接。稳定杆通过稳定连杆与车辆的两个支柱总成互连,并与前悬架横梁连接。影响一个车轮的振动和回弹移动被部分传递到车辆的另一车轮,起到稳定车身滚动的作用。

别克凯越车型的后悬架为全独立式,包括一个横梁及4只平行连杆、两根牵引杆、带螺旋弹簧和绝缘体的两个支柱总成和包括轮毂和轴承总成在内的两个转向节。支柱总成利用分布在支柱减振器周围的螺旋弹簧支撑汽车重量。螺旋弹簧位于与支柱总成上支座和下弹簧座连接的绝缘体上。平行连杆和牵引杆支架两端拥有橡胶减震套,连接在横梁和转向节上。后平行连杆通过用于调节前束的调节凸轮,与横梁连接。牵引杆一端通过牵引杆支架与车身连接,另一端与转向节连接。锻造转向节通过螺栓与每个支柱总成连接。转向节的横向移动受平行连杆控制。转向节的前后移动由牵引杆控制。

1.悬架控制臂及球节的更换

(1)技术标准与要求

1)更换别克凯越车型配套的悬架控制臂及球节。

2)更换悬架控制臂及球节后,必须进行车轮定位的检查与调整。

3)车轮固定螺栓应按照"对角多遍"的要求拧松或拧紧。

4）自锁螺母只作一次性使用,拆卸后更换新件。

5）相关螺栓(螺母)紧固力矩为:球节夹紧螺栓螺母紧固力矩为 60 N·m;前控制臂至横梁螺栓紧固力矩为 125 N·m;后控制臂至横梁螺栓紧固力矩为 110 N·m;球节至控制臂螺母紧固力矩为 100 N·m。

(2)实训器材

KM-507-B 球节拆卸工具、12 mm(0.47inch)钻头、车轮扳手、扭力扳手、组合工具。

(3)作业准备

1)汽车进入工位前,将工位清理干净,准备好相关的器材。

2)将汽车停驻在举升机中央位置。

3)拉紧驻车制动器操纵杆,并将变速杆换入空挡位置(图 10-38)。

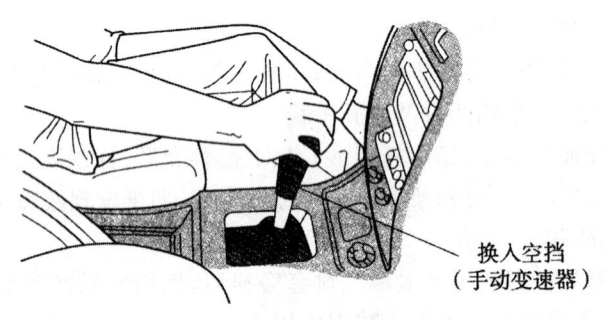

图 10-38 换入空挡

4)套上转向盘护套、变速杆手柄套和座位套,铺设脚垫。

(4)操作步骤

悬架控制臂的拆卸:

1)举升并妥善支承车辆。让控制臂自由下垂。

2)拆卸车轮。

3)拆卸球节夹紧螺栓和螺母,如图 10-39 所示。

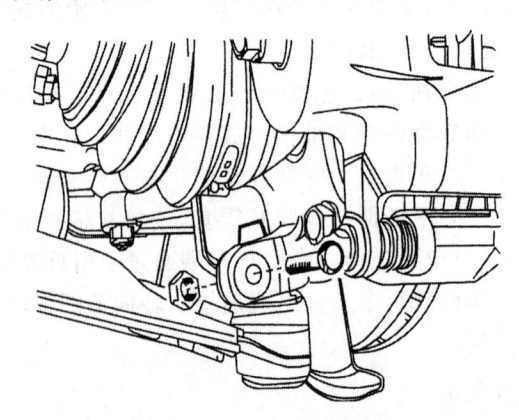

图 10-39 拆卸螺栓和螺母

4)用球节拆卸工具 KM-507-B 从转向节总成上断开球节,如图 10-40 所示。

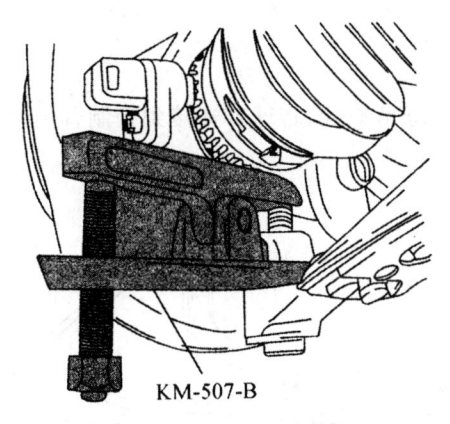

图 10-40　断开球节

5）拆卸控制臂至横梁螺栓。
6）从车上拆卸控制臂，如图 10-41 所示。

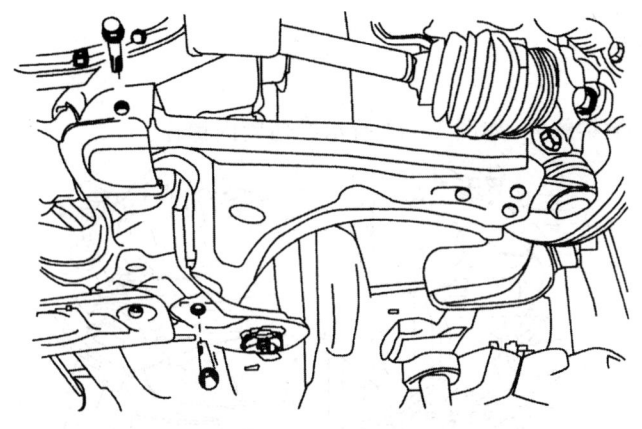

图 10-41　拆卸控制臂

球节的拆卸：
1）拆卸控制臂。
2）用 12 mm(0.47in)钻头钻掉两条铆钉头，如图 10-42 所示。

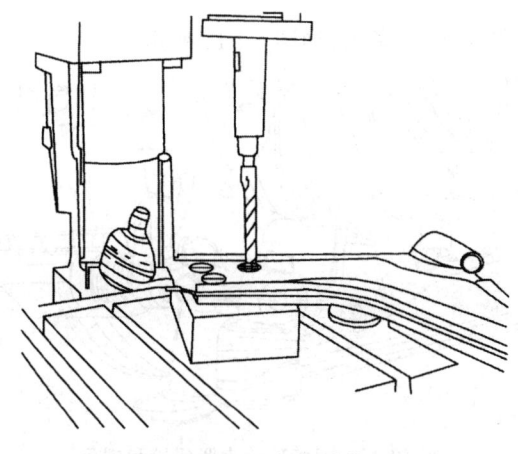

图 10-42　拆卸球节

3)用冲子冲出铆钉。

球节的装配：

1)从控制臂下部插入两只球节螺栓，将球节连接到控制臂上，并紧固，如图10-43所示。

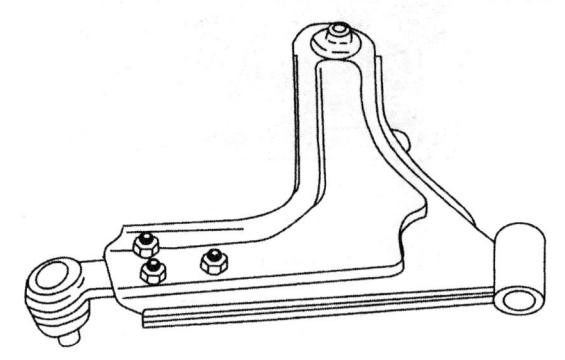

图 10-43 安装球节

2)安装控制臂。

悬架控制臂的安装：

1)安装控制臂。

2)安装控制臂至横梁螺栓，如图10-44所示。勿紧固螺栓。

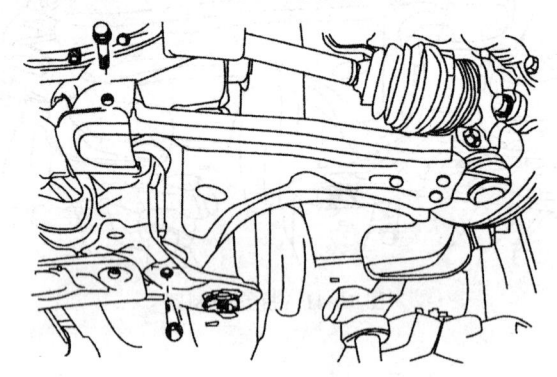

图 10-44 安装控制臂至横梁螺栓

3)将球节连接到转向节上。

4)安装球节夹紧螺栓和螺母，并紧固，如图10-45所示。

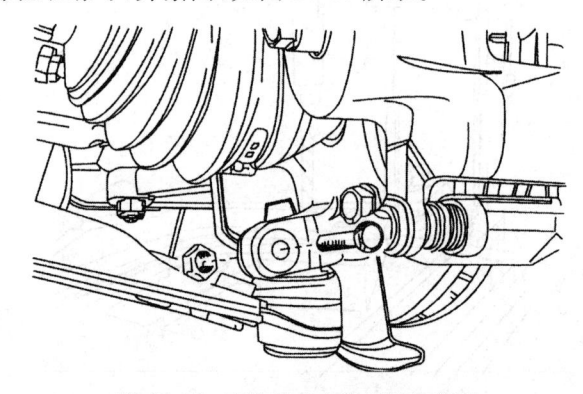

图 10-45 安装球节夹紧螺栓和螺母

5)安装控制臂至横梁螺栓并紧固,如图10-46所示。

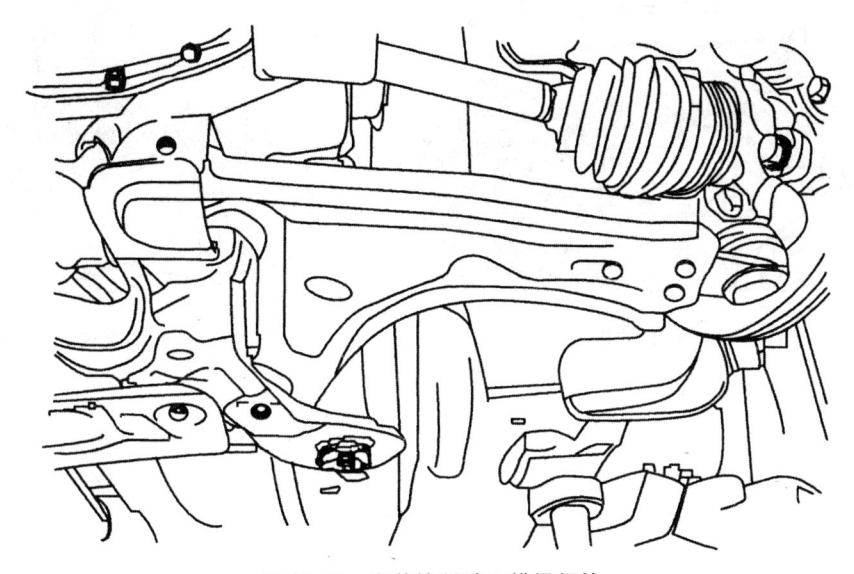

图10-46 安装控制臂至横梁螺栓

6)安装车轮。

7)降下车辆。

2.前减振器的更换

(1)技术标准与要求

1)更换别克凯越车型配套减振器。

2)减振器轻微渗油时,可以继续使用。若严重漏油,应更换新件。

3)自锁螺母仅作一次性使用,拆卸后更换新件。

4)相关螺栓(螺母)紧固力矩为:活塞杆螺母紧固力矩为75 N·m;转向节至支柱总成螺母和螺栓紧固力矩为120 N·m;稳定连杆至支柱螺母紧固力矩为47 N·m;支柱总成至车身螺母紧固力矩为65 N·m。

(2)实训器材

弹簧压缩工具(DW320-010或KM-329-A)、双环扳手、组合工具。

(3)作业准备

1)汽车进入工位前,将工位清理干净,准备好相关的器材。

2)将汽车停驻在举升机中央位置。

3)拉紧驻车制动器操纵杆,并将变速杆换入空挡位置。

4)套上转向盘护套、变速杆手柄套和座位套,铺设脚垫。

5)在车内拉动发动机舱盖手柄,在车外打开并支撑发动机舱盖(图10-47)。

6)粘贴翼子板和前脸磁力护裙。

(4)操作步骤

前支柱总成的拆卸:

1)拆卸支柱上盖和螺母,如图10-48所示。

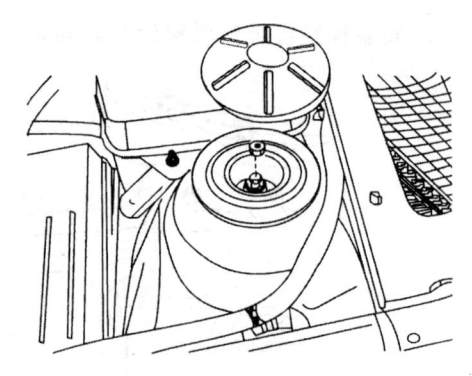

图 10-47　支撑发动机舱盖　　　　　　图 10-48　拆卸支柱上盖和螺母

2）举升并妥善支承车辆。

3）拆卸车轮。

4）在装备防抱死制动系统（ABS）的车辆上，从支柱总成上断开 ABS 传感器线路。

5）从支柱总成的固定架上拆卸制动油管，如图 10-49 所示。

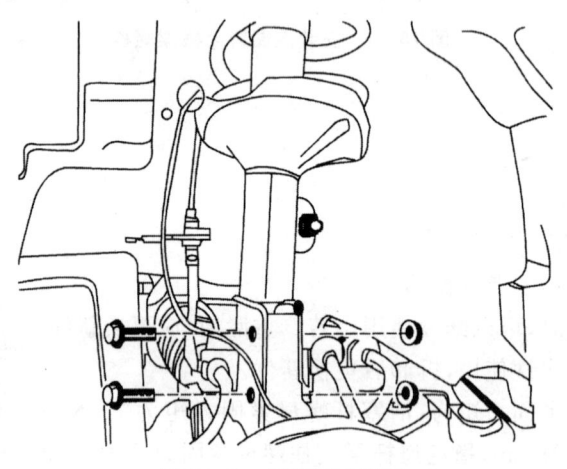

图 10-49　拆卸制动油管

6）拆卸稳定连杆至支柱总成螺母，断开稳定连杆，如图 10-50 所示。

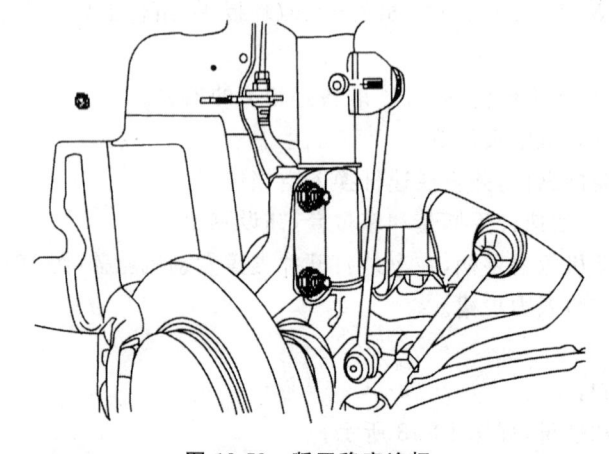

图 10-50　断开稳定连杆

7)拆卸转向节至支柱总成螺母和螺栓,以便断开转向节,如图 10-51 所示。

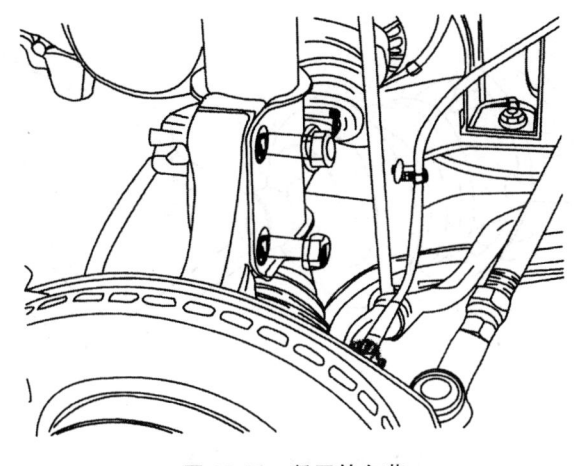

图 10-51 断开转向节

8)拆卸支柱总成,如图 10-52 所示。

前减震器的分解:

1)拆卸支柱总成。

2)将支柱总成固定到弹簧压缩工具(或 KM-329-A)上,如图 10-53 所示。确保挂钩正确支撑在支柱弹簧上。

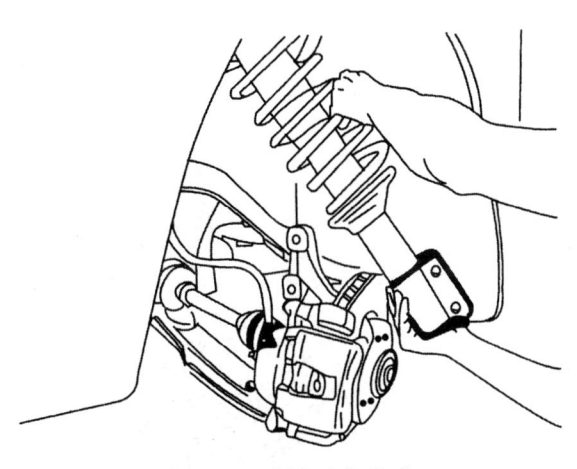

图 10-52 拆卸支柱总成

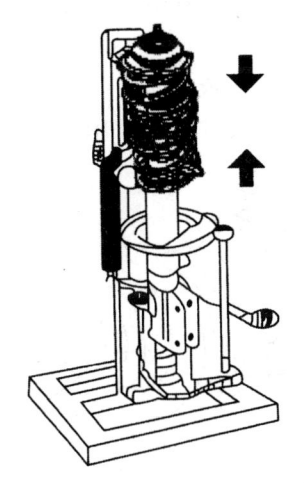

图 10-53 弹簧压缩工具的安装

3)用弹簧压缩工具压缩前弹簧。

4)用开口扳手握住螺纹活塞杆,同时用可以在市场上买到的双环扳手拆卸活塞杆螺母和垫圈,应快速拆下,如图 10-54 所示。

注意事项:记录前弹簧定位器相对于支柱总成至转向节托架的位置。在装配时,将前弹簧定位器放回原来位置。

5)拆卸上支柱座、座轴承、上弹簧座、上环减振垫和空心保险杠。

6)松开弹簧。

7)拆卸弹簧和下环减振垫。

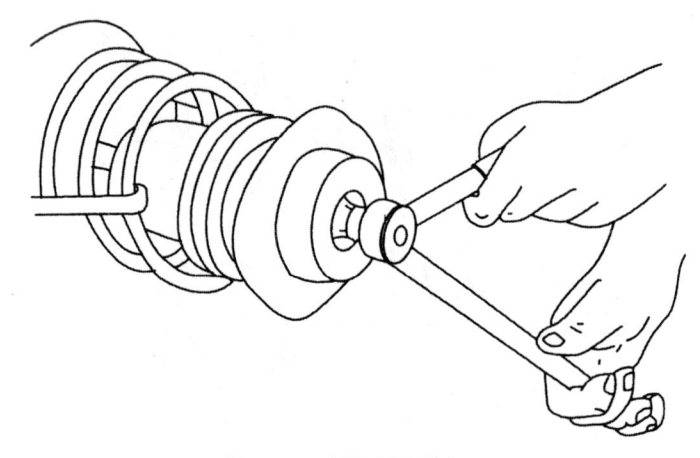

图 10-54　拆卸活塞杆螺母

前减振器的组装：
1)安装下环减振垫和弹簧。
2)用弹簧压缩工具 KM-329-A 压缩弹簧。
3)安装空心保险杠、上环减振垫、前弹簧定位器、上弹簧座、上支柱座和座轴承。确保上弹簧座卡在前弹簧定位器上。
4)安装活塞杆螺母并紧固，如图 10-55 所示。
5)松开弹簧压缩工具 KM-329-A。

前支柱总成的安装：
1)安装支柱总成，如图 10-56 所示。

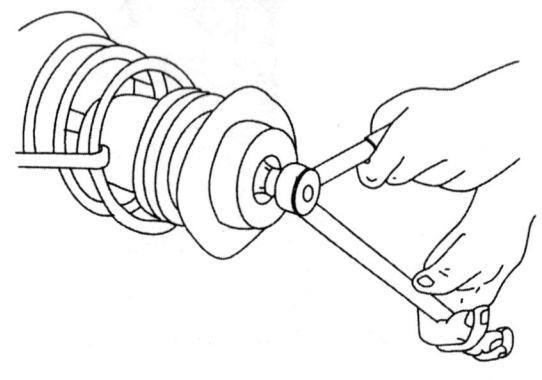

图 10-55　安装活塞杆螺母　　　　图 10-56　安装支柱总成

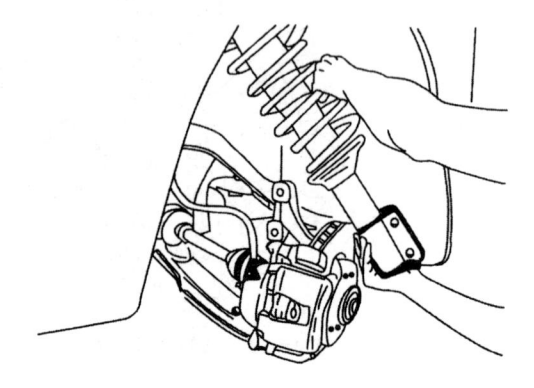

2)安装转向节至支柱总成螺母和螺栓,将支柱总成连接到转向节上,如图 10-57 所示。紧固转向节至支柱总成螺母和螺栓。

3)连接稳定连杆至支柱总成螺母,将稳定连杆连接到支柱总成上,如图 10-58 所示。紧固稳定连杆至支柱螺母。

第 10 章　车架与悬架

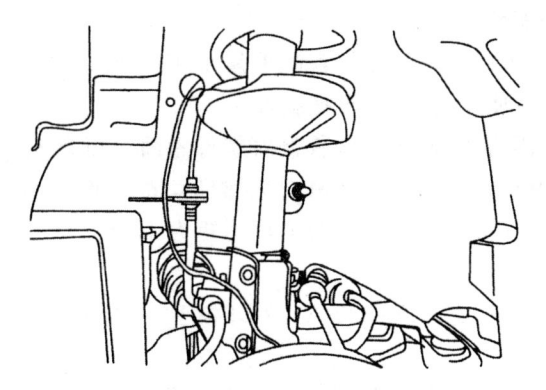

图 10-57　安装支柱总成到转向节

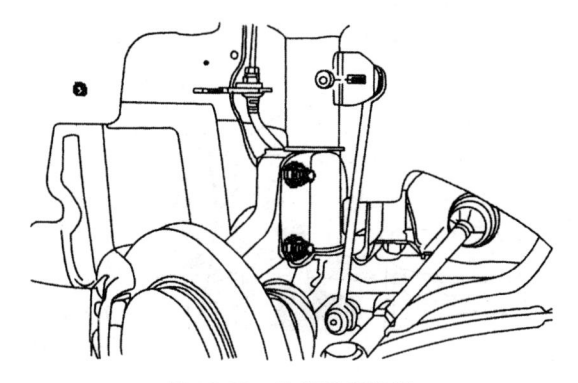

图 10-58　连接稳定连杆

4) 将制动器油管安装到支柱总成固定架上。
5) 在装备防抱死制动系统(ABS)的车辆上,将 ABS 传感器线路连接到支柱总成上。
6) 安装车轮。
7) 降下车辆。
8) 安装支柱总成至车身的固定螺母,如图 10-59 所示。紧固支柱总成至车身螺母。

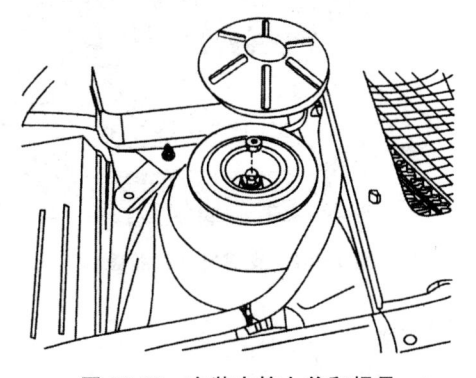

图 10-59　安装支柱上盖和螺母

3.后减振器的更换
(1)技术标准与要求

215

1)更换别克凯越车型配套减振器。
2)减振器轻微渗油时,可以继续使用。若严重漏油,应更换新件。
3)自锁螺母仅作一次性使用,拆卸后更换新件。
4)相关螺栓(螺母)紧固力矩为:球节至控制臂螺母紧固力矩为 100 N·m,支柱减震器至支柱座螺母紧固力矩为 75 N·m,转向节至支柱总成螺母紧固力矩为 100 N·m,支柱座至车身螺母紧固力矩为 30 N·m,稳定连杆至支柱螺母紧固力矩为 47 N·m。

(2)实训器材

弹簧压缩工具(DW320-010 或 KM-329-A)、双环扳手、组合工具。

(3)作业准备

1)汽车进入工位前,将工位清理干净,准备好相关的器材。
2)将汽车停驻在举升机中央位置。
3)拉紧驻车制动器操纵杆,并将变速杆换入空挡位置(图 10-60)。

图 10-60 换入空挡

4)套上转向盘护套、变速杆手柄套和座位套,铺设脚垫。
5)在车内拉动发动机舱盖手柄,在车外打开并支撑发动机舱盖(图 10-61)。

图 10-61 支撑发动机舱盖

6)粘贴翼子板和前脸磁力护裙。

(4)操作步骤

后支柱总成的拆卸:

1)取出后支柱安装螺母上覆盖的行李箱地毯。对于(客货两用)旅行小车型,拆卸行李箱轮罩装饰板上覆盖的面板。

2)拆卸后支柱安装螺母,如图10-62所示。

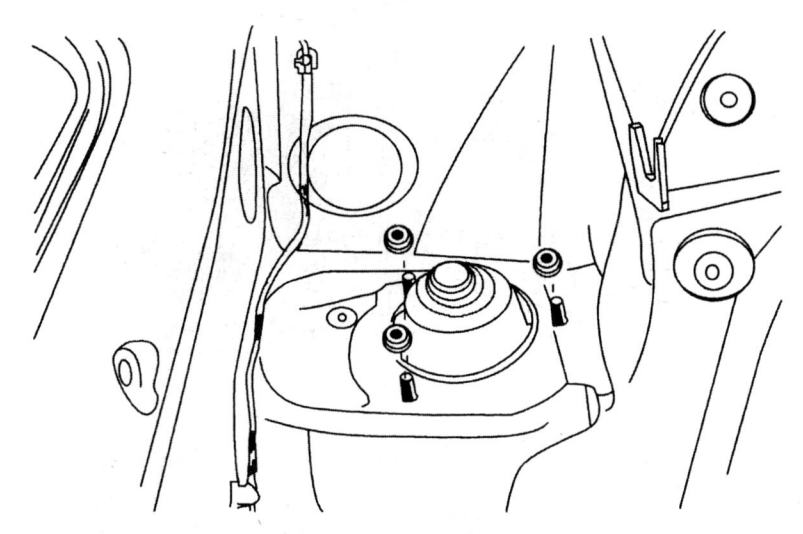

图 10-62 拆卸后支柱安装螺母

3)举升并妥善支承车辆。
4)拆卸车轮。
5)断开驻车制动器。

注意事项:在装备后鼓式制动器的车辆上,从车上拆卸总成时,制动软管很容易从支柱总成上断开。在装备后盘式制动器的车辆上,可随时从支柱总成上断开制动软管。

6)拆卸制动软管至支柱总成卡夹,如图10-63所示。

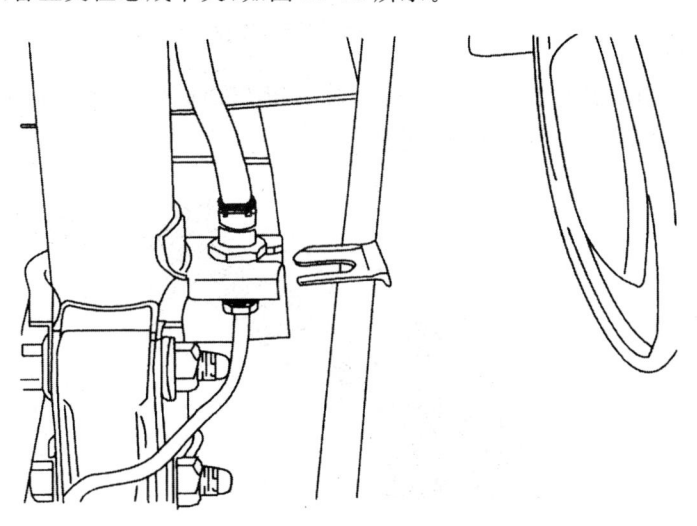

图 10-63 拆卸制动软管卡夹

7)拆卸稳定连杆至支柱总成螺母,从支柱总成上断开稳定连杆,如图10-64所示。
8)拆卸转向节至支柱总成螺母和螺栓,如图10-65所示。

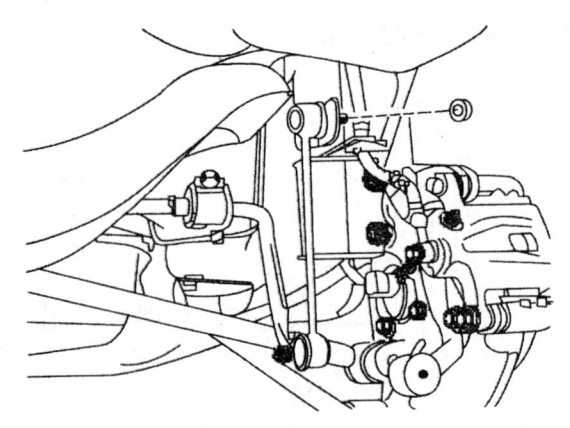

图 10-64 断开稳定连杆

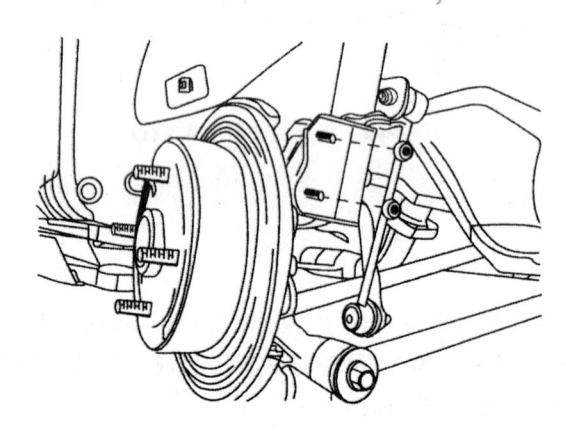

图 10-65 拆卸螺母和螺栓

9)在装备后鼓式制动器的车辆上,降下支柱总成并从支柱总成上拆开制动油管。

10)从车上拆卸后支柱总成,如图 10-66 所示。

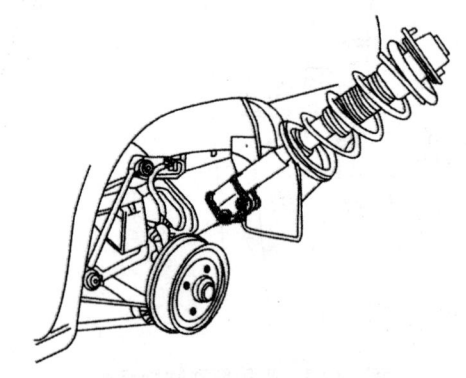

图 10-66 拆卸后支柱总成

后减振器的分解:

1)从车上拆卸后支柱总成。

2)将后支柱总成固定到弹簧压缩工具(KM-329-A 或 DW320-010)上,如图 10-67 所示。确保挂钩正确挂接。

3)压缩弹簧。

4)从支柱减振器杆上拆卸锁止螺母,如图10-68所示。

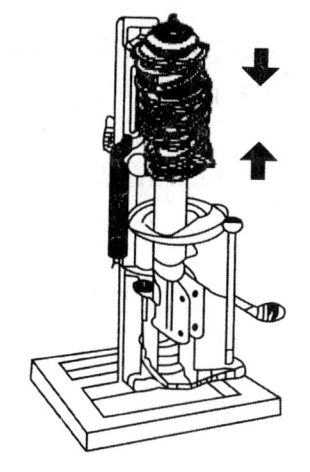

图10-67 弹簧压缩工具安装　　图10-68 拆卸锁止螺母

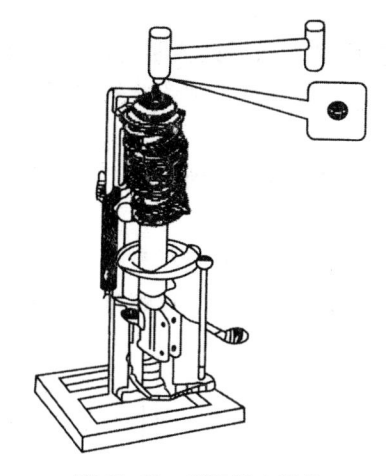

5)拆卸后支柱座。

6)拆卸后弹簧上座、防尘罩和空心保险杠。

7)松开弹簧。

8)拆卸后弹簧和后弹簧下座。

后减振器的组装:

1)安装后弹簧下座和后弹簧。

2)压缩弹簧。

3)安装空心保险杠、防尘罩和后弹簧上座。

4)安装后支柱座。

5)将锁止螺母安装到支柱减振器杆上,如图10-69所示。紧固球节至控制臂螺母,紧固支柱减振器至支柱座螺母。

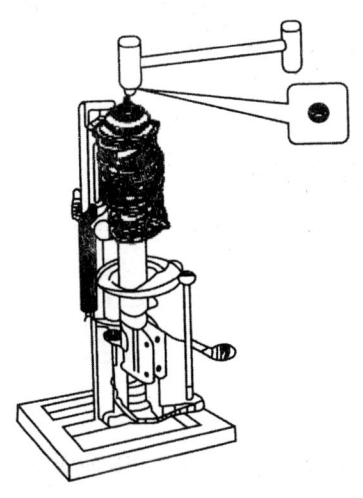

图10-69 安装锁止螺母

6)松开弹簧。

7)从弹簧压缩工具拆卸支柱总成,将支柱总成安装到车上。

后支柱总成的安装:

注意事项:在装备后鼓式制动器的车辆上,在车上安装总成时,制动软管将很容易连接到支柱总成上。在装备后盘式制动器的车辆上,在将总成安装到车上后,可随时将制动软管连接到支柱总成上。

1)将后支柱总成安装到车上。在装备后鼓式制动器的车辆上,在总成就位后,将制动油管固定到支座上。

2)松弛地套上支柱座至车身螺母,固定支柱总成。

3)安装转向节至支柱总成螺母和螺栓,如图10-70所示。此时,勿紧固螺母、螺栓。

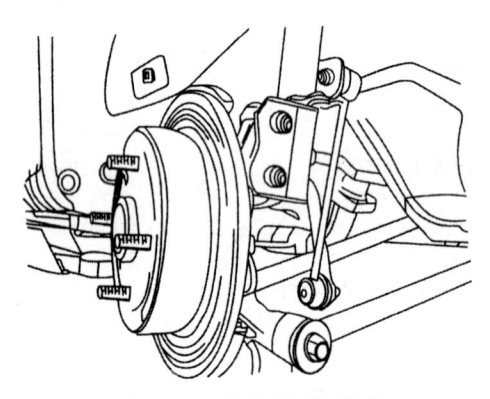

图10-70 安装螺母和螺栓

4)安装制动软管至支柱总成的固定卡夹,如图10-71所示。紧固转向节至支柱总成螺母。

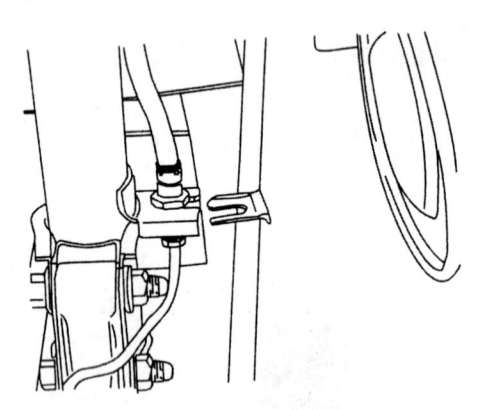

图10-71 安装制动软管固定卡夹

5)连接稳定连杆至支柱总成,安装稳定连杆至支柱总成螺母,如图10-72所示。紧固稳定连杆至支柱螺母。

6)连接驻车制动器。

7)安装车轮。

8)降下车辆。紧固支柱座至车身螺母,如图10-73所示。

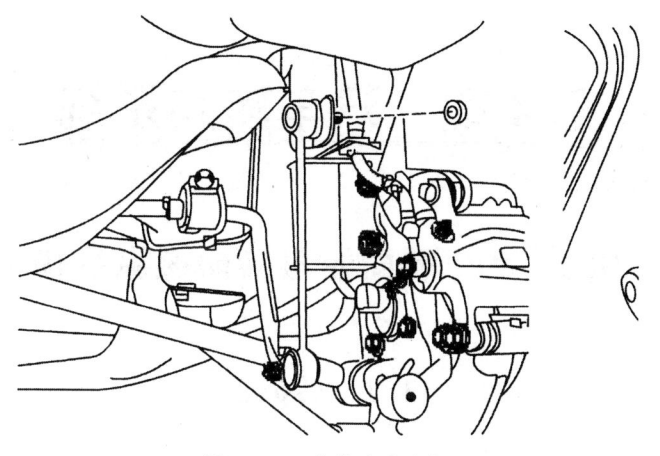

图 10-72 安装稳定连杆

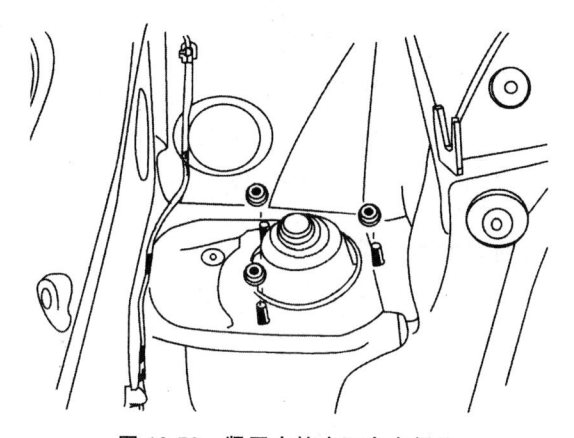

图 10-73 紧固支柱座至车身螺母

9)装上后支柱安装螺母上覆盖的行李箱地毯。对于(客货两用)旅行车,拆卸行李舱轮罩装饰板上覆盖的面板。

第4篇　汽车转向系统

第11章　转向器与转向操纵机构

11.1　转向器

转向器是完成旋转运动到直线运动的一组齿轮机构，同时转向器是转向系的减速传动装置，一般有1～2级减速传动副。

11.1.1　转向器的功能与传动效率

1. 转向器的功能

转向器的功能为：
1) 将转向盘传到转向节的力增大。
2) 改变力的传递方向，获得所要求的摆动速度和角度。
3) 将转向盘的转动变为齿条轴的直线运动或转向摇臂的摆动，以降低运动速度。

2. 转向器传动效率

转向器传动效率为转向器的输出功率与输入功率之比。当转向操纵力由转向盘传到转向摇臂(正向传动)时，相应的传动效率称为正传动效率；当转向摇臂将地面的冲击力传到转向盘时(逆向传动)，相应的传动效率称为逆传动效率。

所有的转向器都要求转向力通过转向器时损失少(即正传动效率要高)，以使转向操纵灵活。同时，转向器应有适当的逆传动效率，以使驾驶员通过操纵转向盘，既能对道路情况有明显的路感，但又不能使路面不平对转向盘产生过大的冲击。

11.1.2　机械式转向器的形式

机械式转向器是转向系中的减速传动装置，其结构形式很多。

1. 按作用力传递形式分

按机械式转向器的作用力传递形式可分为可逆式、半可逆式和不可逆式转向器三种。

(1) 可逆式转向器

作用力在转向盘和转向摇臂之间传递都很容易的转向器称为可逆式转向器，其有利于车轮自动回正，但也容易出现打手现象。可逆式转向器一般正传动效率和逆传动效率都高，多用于在良好路面上行驶的汽车。

(2)半可逆式转向器

当作用力由转向盘很容易传到转向摇臂,而转向摇臂只有在受到的冲击很大时才能传到转向盘上,这种转向器称为半可逆式转向器。这种转向器,驾驶员有一定路感,可实现自动回正。

半可逆式转向器正传动效率高,但逆传动效率较低,多在中型以上越野汽车和工矿用自卸汽车上使用。

(3)不可逆式转向器

不可逆式转向器正传动效率高,逆传动效率为零,现代汽车上一般很少采用不可逆式转向器。

2.按转向器输出端的运动形式分

按转向器输出端的运动形式,可分为两种,一种是角位移式(循环球式、曲柄指销式转向器);另一种是线位移式(齿轮齿条式转向器)。目前广泛采用的有循环球式、蜗杆曲柄指销式、齿轮齿条式等几种。

11.1.3 循环球式转向器

循环球式转向器中一般有两级传动副,第一级是螺杆螺母传动副,第二级是齿条齿扇传动副(如解放 CA1091、北京 BJ1041、BJ2023、黄河 JN1181C13 等型汽车的转向器)或滑块曲柄销传动副(如延安 SX2150 型汽车的转向器)。

1.结构

图 11-1 所示为解放 CA1091 型汽车的循环球式转向器。转向螺杆 23 的轴颈支承在两个推力球轴承上。轴承紧度可用调整垫片 21 调整。转向螺母 3 的下平面上加工成齿条,与齿扇轴(摇臂轴)14 内端的齿扇部分啮合。可见转向螺母既是第一级传动副的从动件,也是第二级传动

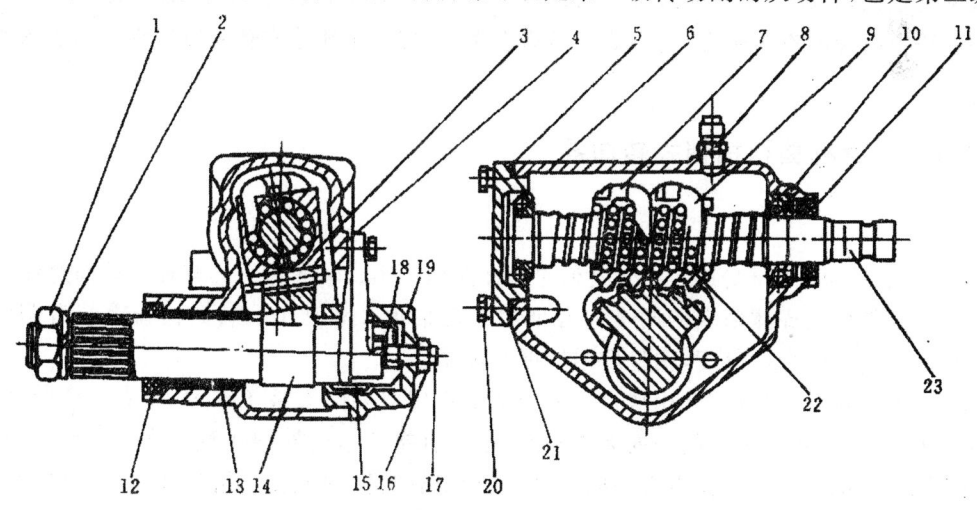

图 11-1 解放 CA1092 型汽车循环球式转向器

1—螺母;2—弹簧垫圈;3—转向螺母;4—转向器壳体垫片;5—转向器壳体底盖;
6—转向器壳体;7—导管夹子;8—加油螺塞;9—钢球导管 10—球轴承;11、12—油封;
13—滚针轴承;14—摇臂轴;15—滚针轴承;16—锁紧螺母;17—调整螺钉;
18—调整垫片;19—侧盖;20—螺钉;21—调整垫片;22—钢球;23—转向螺杆

副(齿条齿扇传动副)的主动件(齿条)。通过转向盘和转向轴转动转向螺杆时,转向螺母不能转动,只能轴向移动,并驱使齿扇轴转动。

为了减少转向螺杆和转向螺母之间的摩擦,二者的螺纹并不直接接触,其间装有许多钢球22,以实现滚动摩擦。转向螺母的内径大于转向螺杆的外径,故能松套在螺杆上。转向螺杆和螺母上都加工出断面轮廓为两段或三段不同心圆弧组成的近似半圆的螺旋槽。二者的螺旋槽能配合形成近似圆形断面的螺旋管状通道。螺母侧面有两对通孔,可将钢球从此孔塞入螺旋形通道内。转向螺母外有两根钢球导管9,每根导管的两端分别插入螺母侧面的一对通孔中。导管内也装满了钢球。这样,两根导管和螺母内的螺旋管状通道组合成两条各自独立的封闭的钢球"流道"。

2. 工作情况

转向螺杆转动时,通过钢球将力传给转向螺母,螺母即沿轴向移动。同时,在螺杆与螺母二者和钢球间的摩擦力作用下,所有钢球便在螺旋管状通道内滚动,形成"球流"。钢球在管状通道内绕行两周后,流出螺母而进入导管的一端,再由导管另一端流回螺旋管状通道。故在转向器工作时,两列钢球只是在各自的封闭流道内循环而不致脱出。

3. 调整

转向螺母上的齿条是倾斜的,因此与之啮合的齿扇应当是沿齿条倾斜节线上的齿厚相等,而在分度圆上的齿厚沿齿扇轴线按线性关系变化而变厚。只要使摇臂轴14相对于齿条做轴向移动,即能调整二者的啮合间隙。调整螺钉17旋装在侧盖19上。摇臂轴14内侧端部有切槽,调整螺钉17的圆柱形端头即嵌入此切槽中,由弹性挡圈防止它脱出。将调整螺钉17旋入,则啮合间隙减小,反之则啮合间隙增大。

循环球式转向器的正传动效率很高(最高可达90%~95%),故操纵轻便,使用寿命长。但其逆效率也很高,容易将路面冲击力传到转向盘。不过,对于较轻型的、前轴轴载质量不大而又经常在好路上行驶的汽车而言,这一缺点影响不大。因此,循环球式转向器广泛应用于各类各级汽车上。

11.1.4 蜗杆曲柄指销式转向器

1. 结构

图11-2所示为东风EQ1090E型汽车的蜗杆曲柄指销式转向器。具有梯形截面螺纹的转向螺杆3支承于转向器壳体两端的两个向心推力滚动轴承2和9上。转向器盖上装有调整螺塞7,用以调整上述二轴承的紧度,调整后用螺母8锁紧。

蜗杆与两个锥形的指销13相啮合。两个指销均用双列圆锥滚子轴承14支于摇臂轴11内端的曲柄上,其中靠指销头部的一列无内座圈,滚子直接与指销轴颈接触。这样,所受剪切载荷最大的这段轴颈的直径可以做得大一些,以保证指销有足够的强度。指销装在滚动轴承上可以减轻蜗杆和指销的磨损,并提高传动效率。螺母15用以调整双列圆锥滚子轴承14的紧度,以使指销能自由转动且无明显的轴向间隙为宜。

安装指销和双排圆锥滚子轴承的曲柄制成叉形,并与摇臂轴制成一体。摇臂轴用粉末冶金衬套19和20支承在壳体中。指销同蜗杆的啮合间隙用侧盖16上的调整螺钉17调整,调整后用螺母18锁紧。

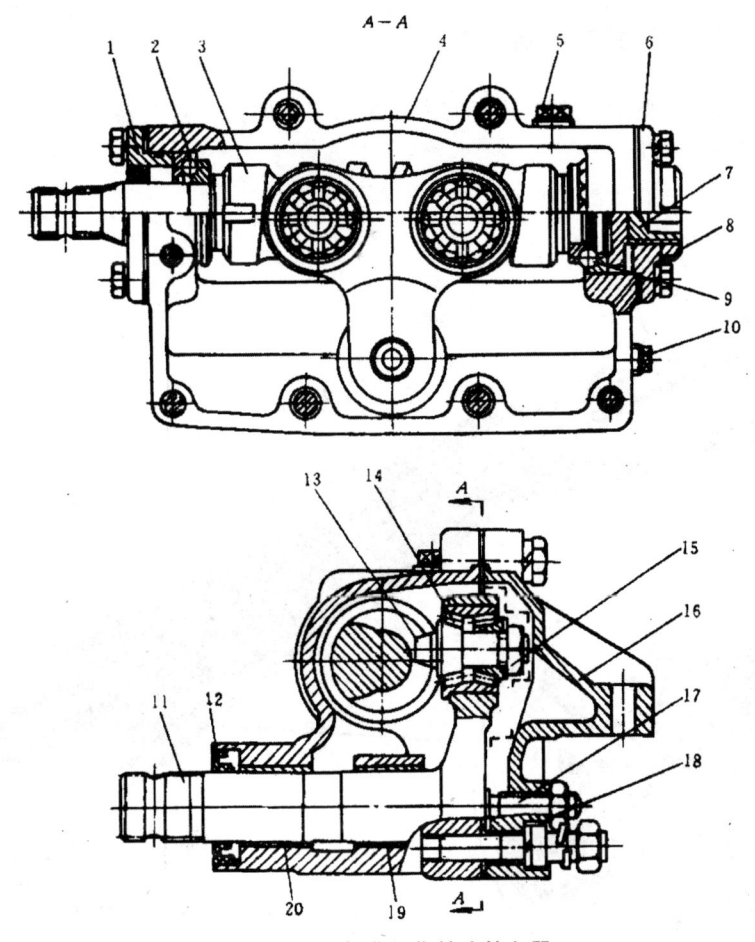

图 11-2　蜗杆曲柄指销式转向器

1—上盖；2、9—滚动轴承；3—转向螺杆；4—壳体；5—加油螺塞；6—下盖；7—调整螺塞；
8、15、18—螺母；10—放油螺塞；11—摇臂轴；12—油封；13—指销；
14—双列圆锥滚子轴承；16—侧盖；17—调整螺钉；19、20—衬套

2．工作情况

当汽车直线行驶时，两个指销分别与蜗杆的螺旋槽相啮合。在汽车转向时，蜗杆轴转动，嵌于蜗杆螺旋槽内的指销一边自转，一边使转向摇臂轴转动，并通过转向传动机构使汽车转向轮偏转而实现汽车转向。

双指销式转向器在中间及其附近位置时，其两指销均与蜗杆啮合，故单个指销所受载荷较单指销式转向器的指销载荷小，因而其工作寿命较长。当摇臂轴转角相当大时，一个指销与蜗杆脱离啮合，另一指销仍保持啮合。因此双指销式的摇臂轴转角范围较单指销式为大。但双指销式结构较复杂，对蜗杆的加工精度要求也较高。

3．调整

指销与蜗杆的啮合间隙是用转向器侧盖上的调整螺钉来调整的。调整时，将转向盘置于中间位置，先将固定螺母松开，用螺钉旋具将调整螺钉拧到底，再退回 1/8 圈左右，然后将固定螺母锁紧。

11.1.5 齿轮齿条式转向器

图 11-3 所示为一汽奥迪 100 型轿车的齿轮齿条式转向器。转向器壳体 28 两端借支架用螺栓与车身连接(见图 11-4)。

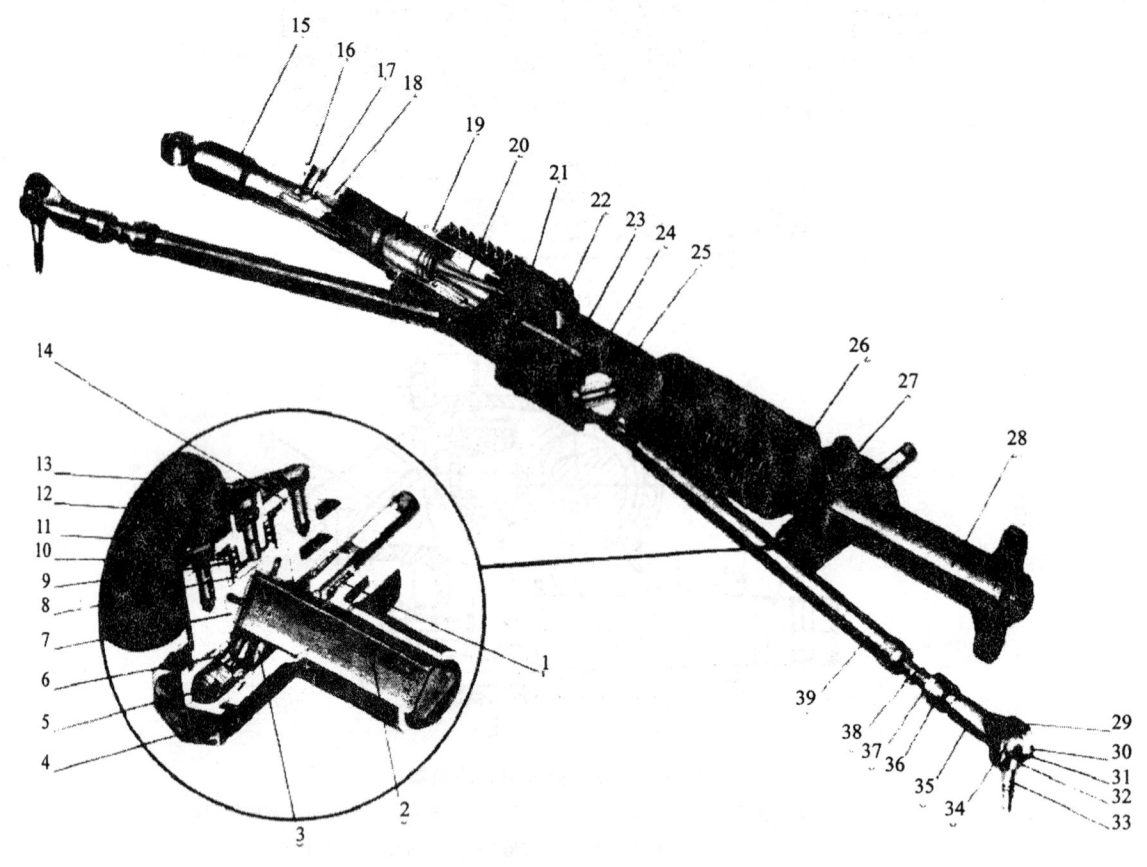

图 11-3 一汽奥迪 100 型轿车的齿轮齿条式转向器

1—滚针轴承总成;2—转向齿条;3—转向齿轮;4—螺塞;5—紧固转向齿轮螺母;
6—单列向心球轴承;7—压块;8—垫片;9—压缩弹簧;10—隔套;11—紧固侧盖螺栓;
12—O 形橡胶密封圈;13—调整螺栓;14—侧盖 O 形橡胶密封圈;15—转向减振器总成;
16—钢丝挡圈;17—转向器堵塞;18—缓冲块;19—右环箍;20—衬套总成;
21—转向器防尘套;22—紧固转向减振器螺母;23—转向拉杆外托架;24—转向拉杆内托架;
25—转向拉杆连接螺栓;26—左环箍;27—转向器侧盖;28—转向器壳体;29—转向拉杆接头;
30—密封罩大端卡箍;31—拉杆接头密封罩;32—密封罩小端卡箍;33—拉杆球头销;
34—拉杆球头销座;35—转向拉杆接头;36—拉杆锁紧套;37—锁紧螺母;38—拉杆连接螺栓;39—转向拉杆

作为传动副主动件的转向齿轮 3 垂直地安装在壳体中,其上端通过花键与转向轴上的柔性万向节连接(见图 11-4)。与转向齿轮啮合的转向齿条 2 水平布置。压缩弹簧 9 通过压块 7 将齿条压靠在转向齿轮 3 上,保证无间隙啮合。压缩弹簧的预紧力可用调整螺栓 13 调整。

在转向齿条的中部用螺栓(图中未标出)与转向拉杆内托架 24 和外托架 23 连接,借此与转向左右横拉杆相连。当转动转向盘时,转向齿轮 3 转动,与之啮合的转向齿条 2 沿轴向移动,从而使左右横拉杆带动转向节左右转动,使转向车轮偏转,以实现汽车转向。

为了避免转向轮的摆振,在该结构中装有转向减振器总成15。

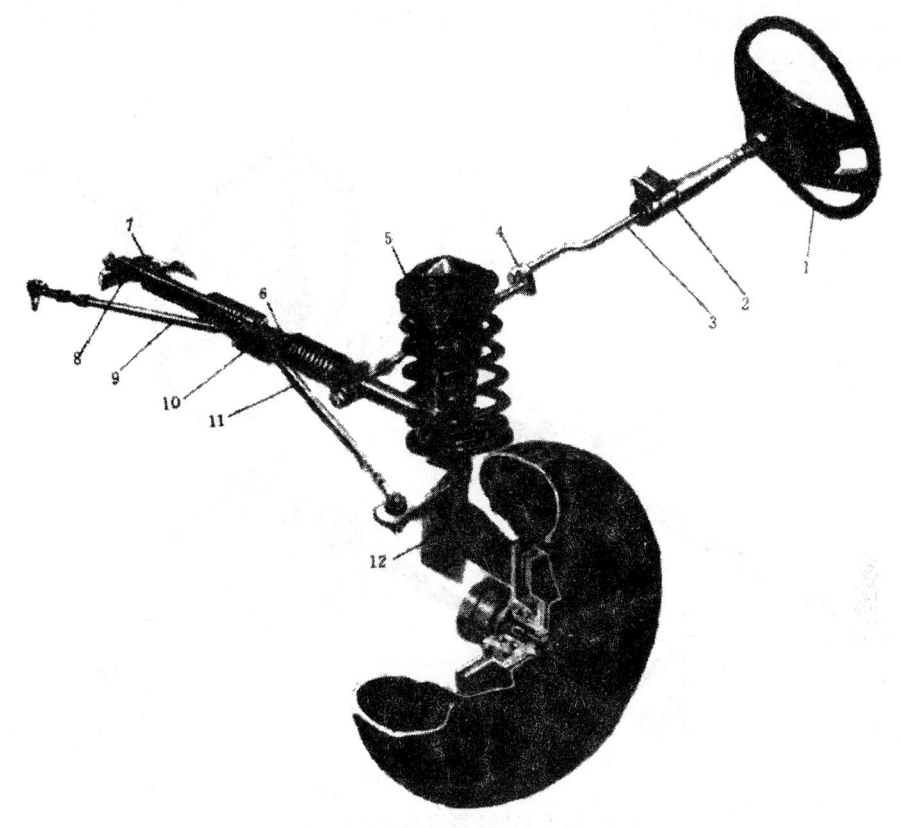

图 11-4 奥迪轿车转向传动机构
1—转向盘;2—转向管柱;3—转向轴;4—柔性万向节;5—悬架总成;6—转向器;7—支架;
8—转向减振器;9—右横拉杆;10—托架;11—左横拉杆;12—转向节

采用齿轮齿条式转向器可以使转向传动机构简化(不需转向摇臂和转向直拉杆等)。故多用于前轮为独立悬架的轻型及微型轿车和货车上。例如,上海桑塔纳轿车、天津夏利轿车、天津TJ1010型微型货车以及南京依维柯轻型货车等都采用了齿轮齿条式转向器。

11.2 转向操纵机构

11.2.1 转向操纵机构的组成

如图 11-5 所示,转向操纵机构一般由转向盘1、上转向轴总成11、转向管柱9、转向传动轴27、转向万向节叉总成20、滑动叉万向节总成28组成。转向盘1由塑料制成,内有钢制骨架,通过花键将转向盘毂与上转向轴11相连,用螺母18固定,上转向轴上端支承在衬套12内,下端支承在轴承13中,由孔用弹性挡圈14和轴用钢丝挡圈16进行轴向定位。转向管柱9下端压配在下固定支架8中,并通过两个螺栓将下固定支架紧固在驾驶室地板上;上端通过橡胶套3、盖板2,由两个螺栓固定在驾驶室仪表板上。弹簧41可消除转向管柱与上转向轴间的轴向间隙。

下端的转向万向节叉20通过花键与转向器的转向螺杆相连接,滑动叉28通过内花键与转向传动轴 27 的外花键相连,转向传动轴可轴向移动,以适应驾驶室与车架的相对位移。滑动叉一端焊有塞片,另一端装油封 29 和防尘套 30 防止灰砂和泥水进入,并由滑脂嘴 31 对滑动叉与转向传动轴的花键进行润滑。

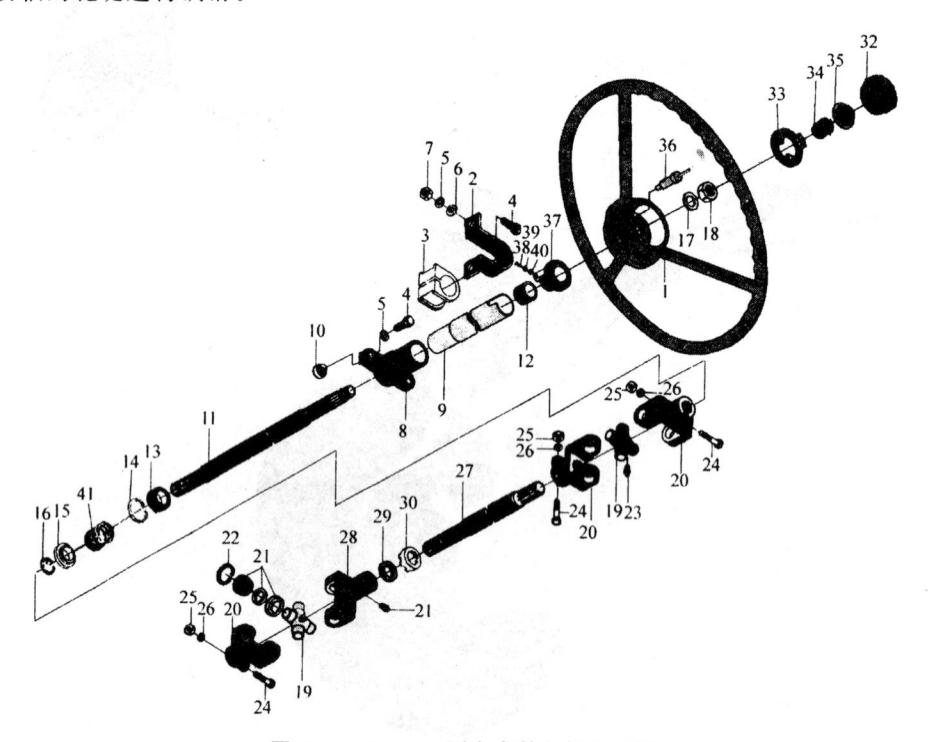

图 11-5　CA1091 型汽车转向操纵机构

1—转向盘总成；2—盖板；3—橡胶套；4、24—螺栓；5、26、40—弹簧垫圈；
6、39—垫圈；7、18、25—螺母；8—下固定支架；9—转向管柱；10—楔形螺母；
11—上转向轴；12—衬套；13—球轴承；14、22—孔用弹性挡圈；15—轴承挡圈；
16—轴用钢丝挡圈；17—平垫圈；19—十字轴；20—转向万向节叉；21—滚针轴承总成；
23、31—滑脂嘴总成；27—转向传动轴；28—转向万向节滑动叉；29—油封；30—防尘套；
32—喇叭按钮盖；33—搭铁接触板总成；34—接触弹簧；35—接触罩；36—电刷总成；
37—集电环总成；38—螺钉；41—弹簧

十字轴 19 有两个,上装滑脂嘴 23,润滑 4 个滚针轴承 21,由弹性挡圈 22 固定在万向节叉上。万向节叉的结构与滑动叉基本相同,只是多一锁紧螺栓与上端的万向节叉和转向轴相连。

11.2.2　可分离安全转向操作机构

上海桑塔纳轿车采用了可分离式安全转向操纵机构,如图 11-6 所示。

如图 11-6(a)所示为转向操纵机构的正常工作位置。此类转向操纵机构的转向轴分为上下两段,两段用安全联轴节连接,上转向轴 2 下部弯曲并在端面上焊接有半月形凸缘盘 8,盘上装有两个驱动销 7,与下转向轴 1 上端凸缘 6 压装有尼龙衬套和橡胶圈的孔相配合,形成安全联轴节。一旦发生撞车事故,驾驶者因惯性而以胸部扑向转向盘 5 时,迫使转向柱管 3 压缩位于转向柱上方的安全元件 4 而向下移动,使两个销子 7 迅速从下转向轴凸缘 6 的孔中退出,从而形成缓冲,减少对驾驶者的伤害。

图 11-6(b)为转向盘受撞击时,安全元件被折叠、压缩和安全联轴节脱开使转向柱产生轴向移动的情形。

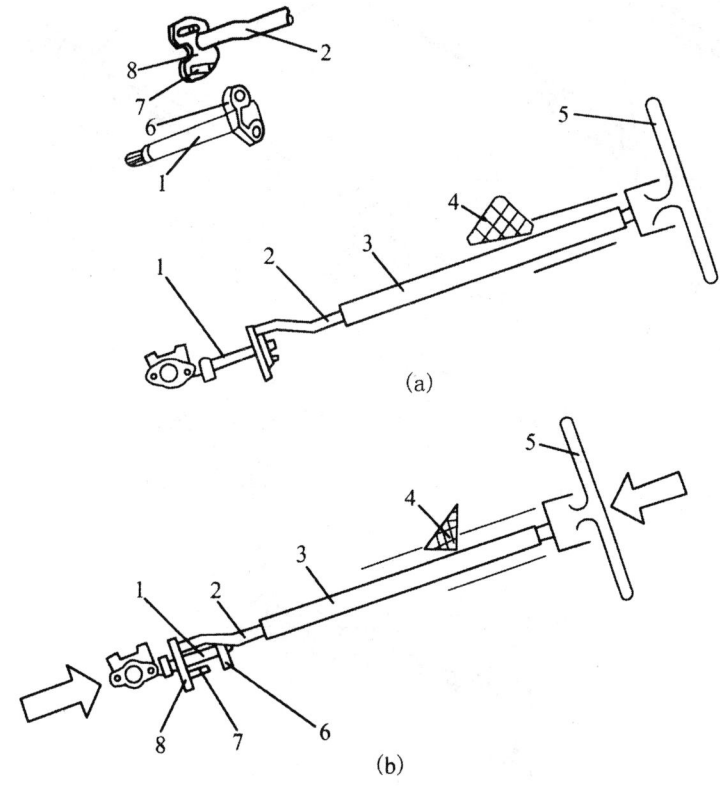

图 11-6　上海桑塔纳轿车可分离式安全转向操纵机构
1—下转向轴;2—上转向轴;3—转向管柱;4—可折叠安全元件;
5—转向盘;6—凸缘;7—驱动销;8—半月形凸缘盘

11.2.3　缓冲吸能式转向操纵机构

缓冲吸能式转向操纵机构从结构上能使转向轴和转向管柱在受到冲击后,轴向收缩并吸收冲击能量,从而可以有效地缓和转向盘对驾驶者的冲击,减轻其所受伤害的程度。

1. 网状管柱变形式转向操纵机构

这种转向操纵机构的转向轴分为上、下两段,如图 11-7(a)所示。上转向轴 2 套装在下转向轴 3 的内孔中,两者通过塑料销 1 结合在一起(也有采用细花键结合的),以传递转向力矩。塑料销在受到冲击时被剪断,因此,它起安全销的作用。这种转向操纵机构的转向管柱 6 的部分管壁制成网格状,使其在受到压缩时很容易轴向变形,并消耗一定的变形能量,如图 11-7(b)所示。另外,车身上固定管柱的上托架 8 也是通过两个塑料安全销 7 与管柱连接的。当这两个安全销被剪断后,整个管柱就能前后自由移动。

2. 钢球滚压变形式转向管柱

如图 11-8(a)所示为一种用钢球连接的分开式转向柱。转向轴分为上转向轴和套在轴上的

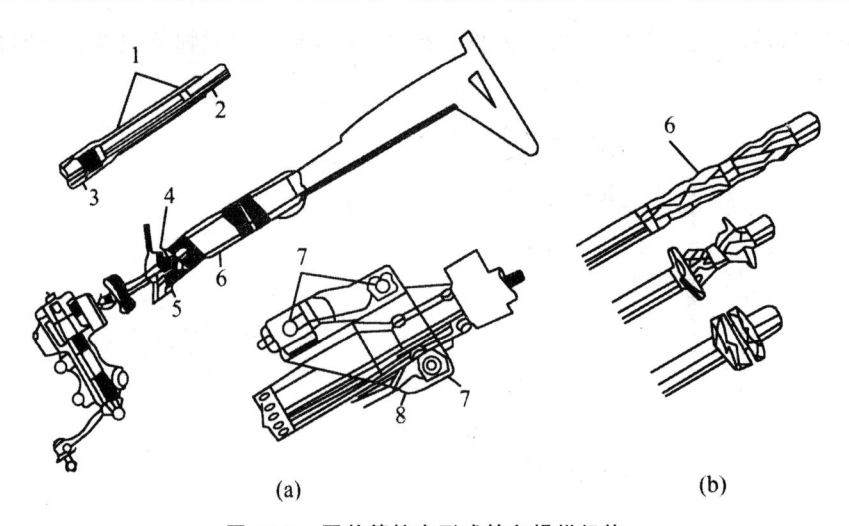

图 11-7　网状管柱变形式转向操纵机构

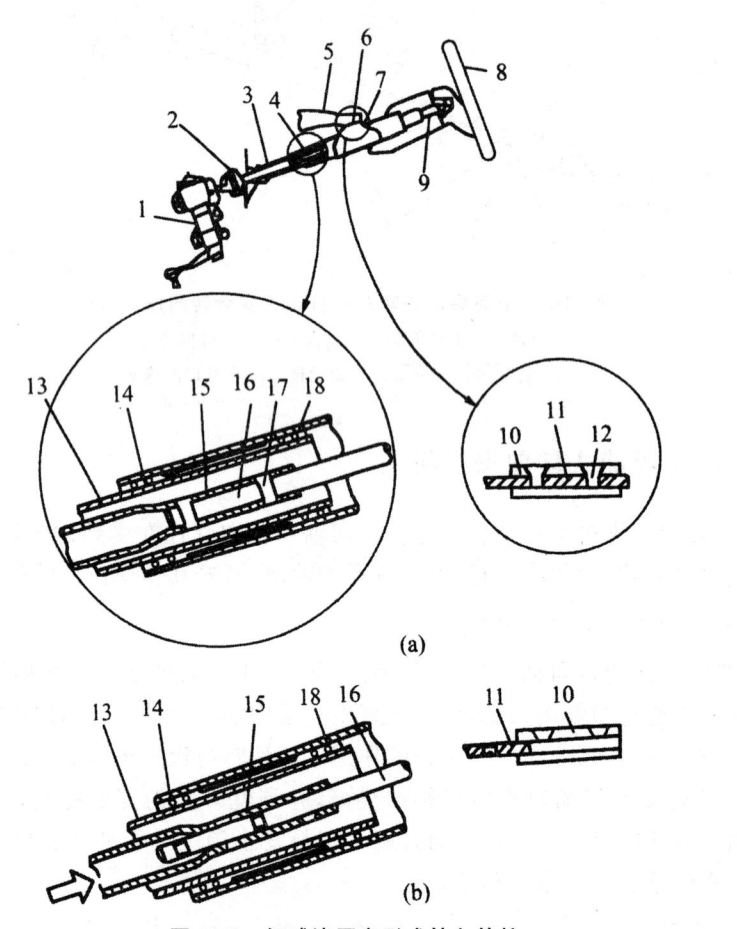

1—塑料销；2—上转向轴；3—下转向轴；4—凸缘盘；
5—下托架；6—转向管柱；7—塑料安全销；8—上托架

图 11-8　钢球滚压变形式转向管柱

1—转向器总成；2—挠性联轴节；3、13—下转向管柱；4、14—上转向管柱；5—车身；6、10—橡胶垫；
7、11—转向管柱托架；8—转向盘；9、16—上转向轴；12、17—塑料销钉；15—下转向轴；18—钢球

下转向轴两部分,二者用塑料销钉连成一体。转向柱管也分为上柱管和下柱管两部分,上、下柱管之间装有钢球,下柱管的外径与上柱管的内径之间的间隙比钢球直径稍小。上、下柱管连同柱管托架,通过特制橡胶垫固定在车身上,橡胶垫则利用塑料销钉与托架连接。当发生碰撞时,连接上、下转向轴的塑料销钉被切断,下转向轴便套在上转向轴上向上滑动,避免转向盘上移使驾驶者受到伤害。连接橡胶垫与管柱托架的塑料销钉被切断,托架脱离橡胶垫,即上转向轴和上转向管柱连同转向盘、托架一起,相对于下转向轴和下转向管柱向下滑动,从而减缓了对驾驶者胸部的冲击。上、下转向管柱之间产生相对滑动对钢球的挤压,使冲击能量在挤压的过程中被吸收。

3. 波纹管变形吸能式

如图 11-9 所示,波纹管变形吸能式转向操纵机构的转向轴和转向管柱都分成两段,上转向轴 3 和下转向轴 1 之间通过细齿花键 5 结合并传递转向力矩,同时它们两者之间可以做轴向伸缩滑动。在下转向轴 1 的外边装有波纹管 6,它在受到冲击时能轴向收缩变形并消耗冲击能量。下转向管柱 7 的上端套在上转向管柱里面,但两者不直接连接,而是通过管柱压圈和限位块 2 分别对它们进行定位。当汽车撞车时,下转向管柱 7 向上移动,在碰撞力的作用下,限位块 2 首先被剪断并消耗能量,同时转向管柱和转向轴都做轴向收缩。上转向轴 3 下移,压缩波纹管 6,使之收缩变形并消耗冲击能量。

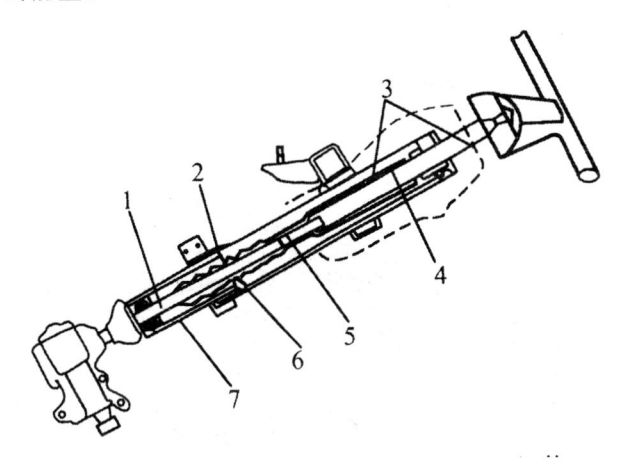

图 11-9 波纹管变形吸能式转向操纵机构
1—下转向轴;2—限位块;3—上转向轴;4—上转向管柱;
5—细齿花键;6—波纹管;7—下转向管柱

11.2.4 可调节式转向柱

驾驶者不同的驾驶姿势和身材对转向盘的最佳操纵位置有不同的要求。为此,一些汽车装设了可调节式转向柱,使驾驶者可以在一定的范围内调节转向盘的位置。

转向柱调节的形式分为倾斜角度调节和轴向位置调节两种。

如图 11-10 所示为转向轴倾斜角度调整机构。转向管柱 2 的上段和下段分别通过倾斜调整支架 7 和下托架 6 与车身相连。倾斜调整用锁紧螺栓 5 穿过调整支架 7 上的长孔 3 和转向管柱,螺栓的左端为左旋螺纹,调整手柄 4 即拧在该螺纹上。当向下扳动手柄时,锁紧螺栓的螺纹放松，转向管柱即可以下托架上的枢轴1为中心，在装有螺栓的支架长孔范围内上下调节。

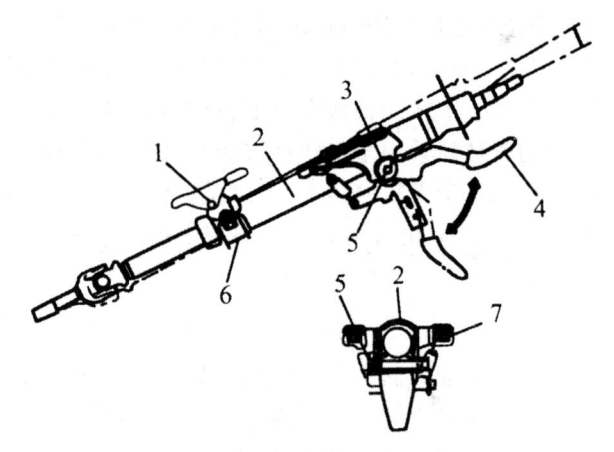

图 11-10　转向轴倾斜角度调整机构
1—枢轴；2—转向管柱；3—长孔；4—调整手柄；
5—锁紧螺栓；6—下托架；7—倾斜调整支架

如图11-11所示的是一种转向轴伸缩机构。转向轴分为上、下两段，二者通过花键连接。上转向轴2由调节螺栓4通过楔状限位块5夹紧定位，调节螺栓的一端拧有调节手柄3。当需要调整转向轴的轴向位置时，先向下推调节手柄3，使限位块松开，再轴向移动转向盘，调到合适的位置后，向上拉调节手柄，将上转向轴锁紧定位。

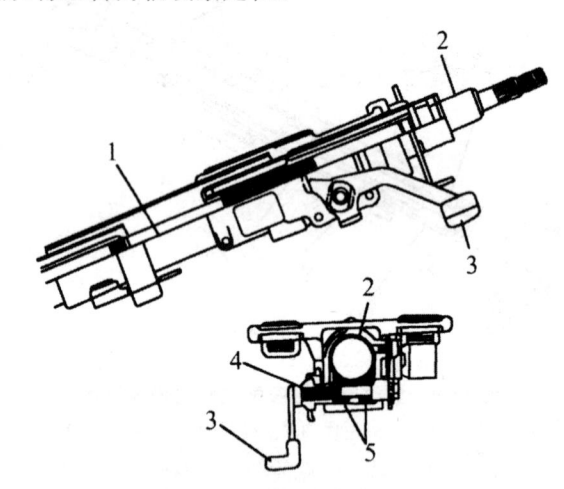

图 11-11　转向轴伸缩机构
1—下转向轴；2—上转向轴；3—调节手柄；4—调节螺栓；5—楔状限位块

11.2.5　转向操纵装置的检修

下面以本田雅阁轿车为例讲述如何进行转向操纵装置的检修。

1.方向盘的拆装

（1）方向盘的拆卸

方向盘拆卸过程如下：

1) 使前车轮处于直线行驶位置,将驾驶席侧气囊总成从方向盘上拆下。
2) 断开收音机遥控开关插头和定速巡航控制开关的插头。
3) 拆下方向盘螺栓,如图 11-12 所示。
4) 用方向盘拉出器,拆下方向盘,如图 11-12 所示。

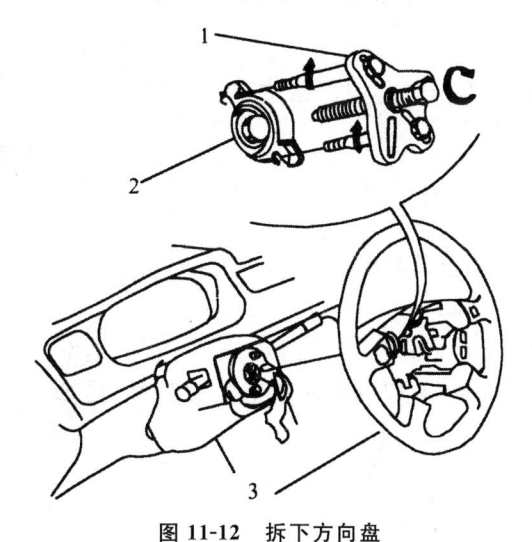

图 11-12　拆下方向盘
1—方向盘拉出器;2—方向盘螺栓;3—方向盘

(2) 方向盘的安装

方向盘的安装过程如下:

1) 将车轮调至直线行驶位置。
2) 如图 11-13 所示,将转向线盘安装至中心位置。先顺时针转动转向线盘直至停止不动,然后逆时针转回大约两圈半,使得转向线盘标记上的箭头正好向上。
3) 将方向盘安装到转向柱轴上,如图 11-14 所示,先使转向信号解除套 1 的两个锁片 2 就位,然后将方向盘装到转向柱上,并确认方向盘轴与转向线盘的销及解除套的锁片相啮合。安装时不要敲击方向盘及转向柱轴。

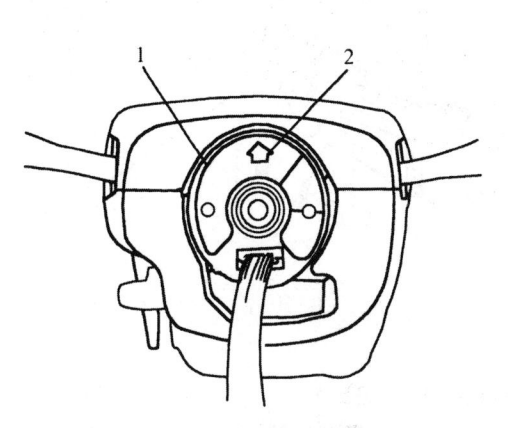

图 11-13　转向线盘的安装
1—转向线盘;2—箭头

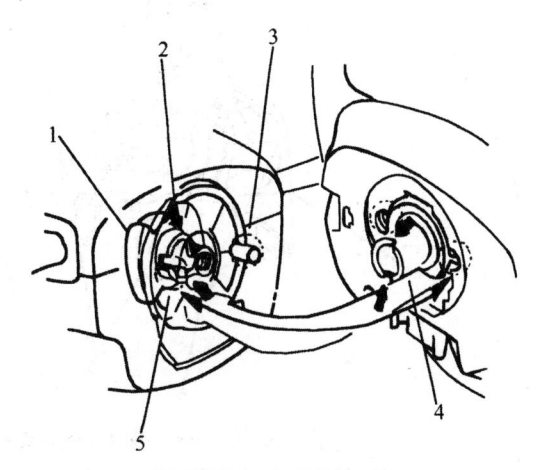

图 11-14　安装方向盘
1—转向信号解除套;2—锁片;3—销;4—方向盘轴;5—销

4)安装方向盘螺栓,用 39 N·m 的力矩将其拧紧。
5)接上收音机遥控开关插头和定速巡航控制开关插头。
6)安装驾驶席侧气囊总成,并确认系统工作正常。
7)检查喇叭、收音机遥控开关、定速巡航控制设置准复开关等工作是否正常。

2.转向柱的检修

本部位安装有 SRS 部件,在拆装时应严格按照拆装 SRS 有关部件的注意事项及操作步骤进行。

(1)转向柱的拆卸

转向柱的拆卸过程如下:

1)拆下驾驶气囊总成、方向盘及转向线盘。
2)拆下驾驶席侧仪表板下盖。
3)拆下转向柱上、下盖(2、4),如图 11-15 所示。
4)先断开插头,然后从转向柱上拆下组合开关 3,如图 11-15 所示。

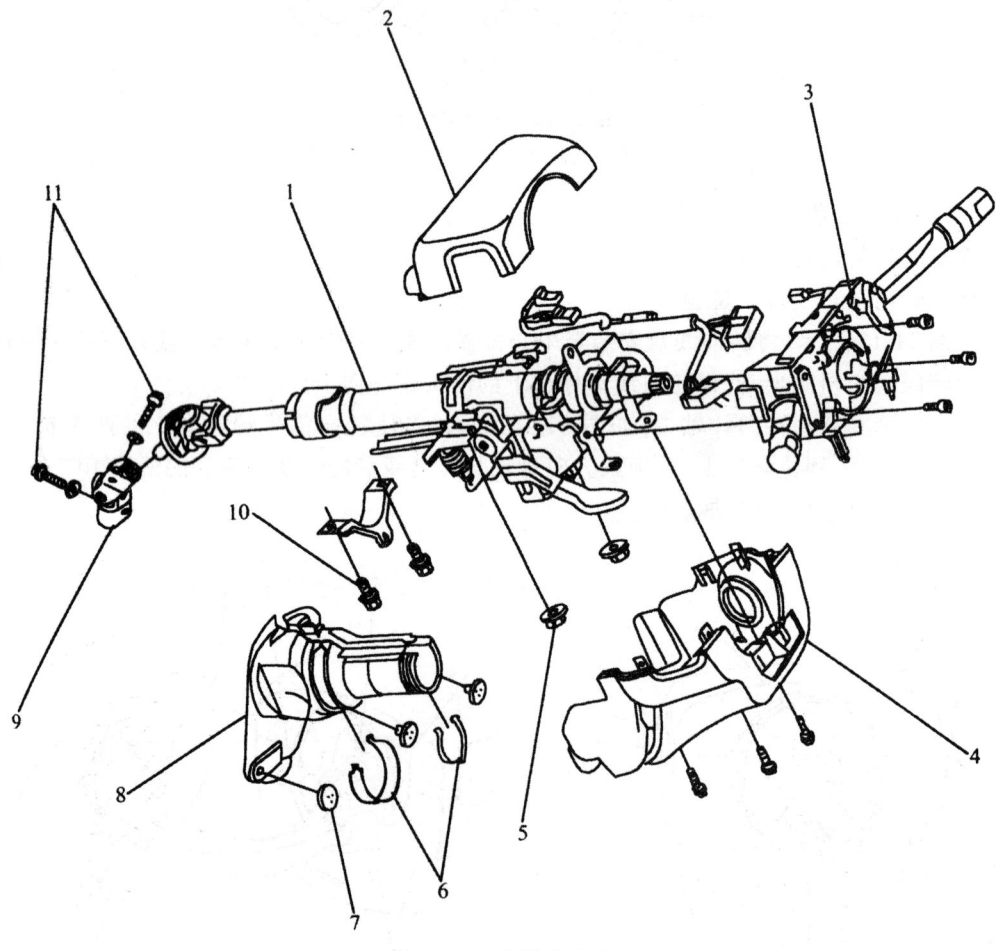

图 11-15 安装方向盘

1—转向柱;2—转向柱上盖;3—组合开关;4—转向柱下盖;5—螺母(16 N·m);
6—卡箍;7—卡扣;8—万向节盖;9—万向节;10—螺栓(22 N·m);11—螺栓(22 N·m)

第11章 转向器与转向操纵机构

5）断开点火开关插头。

6）拆下万向节盖，如图11-16所示。

7）拆下万向节螺栓，然后向转向柱方向移动万向节，断开万向节，如图11-17所示，并将其从转向柱轴中取出。

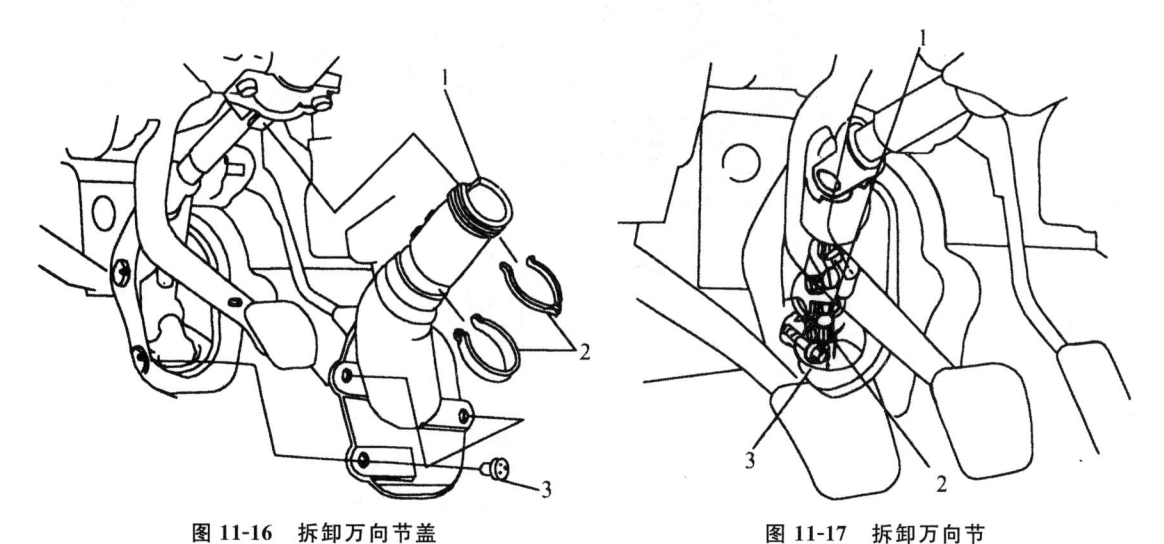

图11-16 拆卸万向节盖

1—转向万向节盖；2—卡箍；3—夹子

图11-17 拆卸万向节

1—小齿轮；2—槽；3—转向万向节螺栓 22 N·m

8）拆下转向柱的固定螺母、螺栓，拆下转向柱，如图11-18所示。

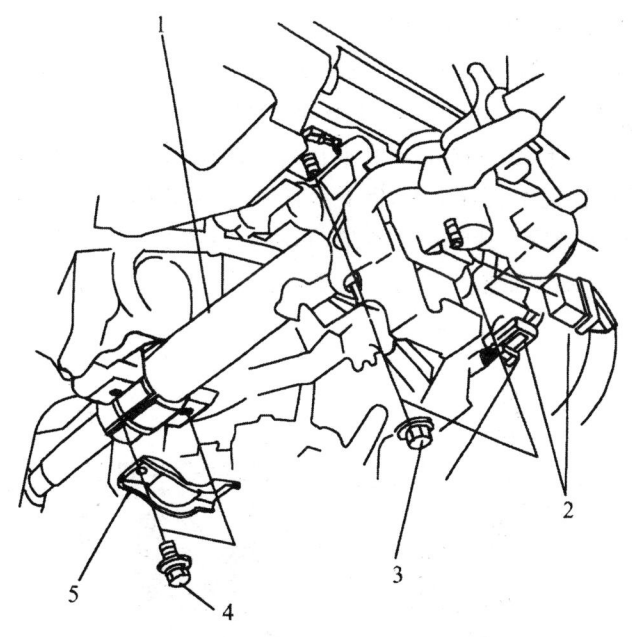

图11-18 拆卸转向柱

1—转向柱；2—点火开关接头；3、4—凸缘螺母；5—转向柱固定架

(2) 转向柱的检查

转向柱的检查步骤如下：

235

1）检查转向柱滚动轴承8和转向万向节轴承4（图11-19）的间隙和运动情况，如有噪声或间隙过大，则更换万向节或转向柱总成。

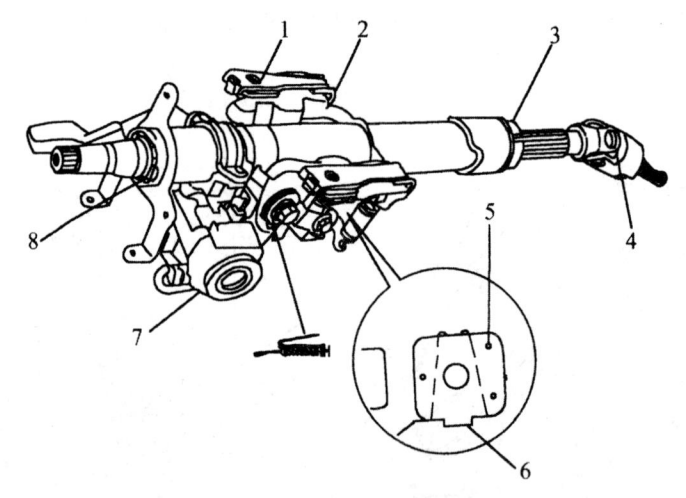

图11-19 转向柱的检查
1—减振板；2—减振板的导向元件；3—固定套；4—转向万向节轴承；
5—注塑剂；6—滑盖；7—点火开关；8—转向柱滚珠轴承

2）检查万向节花键有否变形和裂纹，如有则更换。
3）检查固定套3是否损坏，如果损坏，则更换定位套。
4）检查减振板是否变形损坏，如有变形损坏，则更换。
5）检查倾斜调节杆的预紧力：①从松动位置到锁紧位置扳动倾斜调节杆3～5次，然后用弹簧测力计测量倾斜调节杆端部10 mm处的倾斜调节杆的预紧力，如图11-19所示。其预紧力的规定值为：70～90 N。②如测量的预紧力值不在规定的范围内，则按以下步骤调整其预紧力。松开倾斜调节杆，将转向柱置于中间位置；拆下锁紧螺栓2，如图11-20所示；拆下限位器3，如图11-20所示；左右转动锁紧螺栓1来调整其预紧力；将倾斜调节杆拉到最高位置，并安装限位器。然后再次检查其预紧力。如测量值仍不符合要求，则重复进行上述的调整。

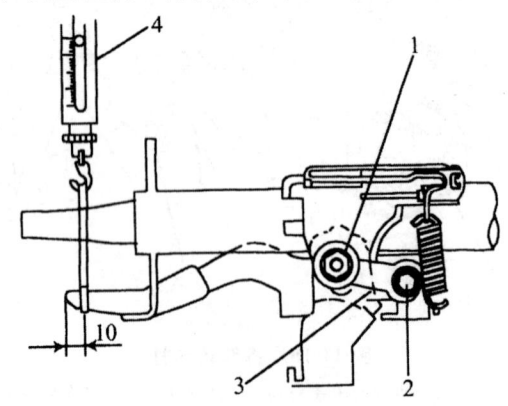

图11-20 倾斜调节杆预紧力测量
1—倾斜调节杆锁紧螺栓；2—锁紧螺栓M6(9.8 N·m)；
3—限位器；4—弹簧测力计

(3)转向柱的安装

转向柱的安装按其拆卸的反向顺序进行,但应注意下列问题:

1)转向柱安装时,任何零件均不得碰挤导线。

2)线束必须安装正确、固定可靠。

3)确保插头连接适当。

4)装万向节时,应先将万向节上端按规定方向装到转向轴上,并安装上部的万向节螺栓,如图 11-21 所示。然后将万向节下端装到小齿轮轴上,将螺栓孔与轴的槽对齐,并装上下部螺栓。

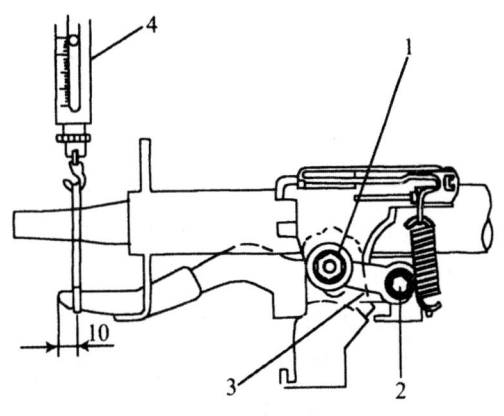

图 11-21　万向节的安装

5)各紧固螺栓按图 11-20 所规定的力矩拧紧。

11.3　转向传动机构

11.3.1　转向传动机构的功用

转向传动机构的作用是将转向器输出的力和运动传给转向轮,使两侧转向轮偏转以实现汽车转向,并保证左、右转向轮的偏转角按一定关系变化。

11.3.2　转向传动机构的构造

1. 与非独立悬架配用的转向传动机构

与非独立悬架配用的转向传动机构如图 11-22 所示,它一般由转向摇臂 2、转向直拉杆 3、转向节臂 4、两个梯形臂 5 和转向横拉杆 6 等组成,各杆件之间都采用球形铰链连接,并设有防止松脱、缓冲吸振、自动消除磨损后的间隙等结构措施。

当前桥仅为转向桥时,由左、右梯形臂 5 和转向横拉杆 6 组成的转向梯形一般布置在前桥之后,如图 11-22(a)所示,称为后置式。这种布置简单方便,且后置的横拉杆 6 有前面的车桥作保护,可避免直接与路面障碍物相碰撞而损坏。当发动机位置较低或前桥为转向驱动桥时,往往将转向梯形布置在前桥之前,如图 11-22(b)所示,称为前置式。若转向摇臂 2 不是在汽车纵向平面内前后摆动而是在与路面平行的平面内左右摆动(如北京 BJ2020N 型汽车),则可将转向直拉杆 3 横向布置,并借球头销直接带动转向横拉杆 6,从而使左右梯形臂 5 转动,如图 11-22(c)所示。

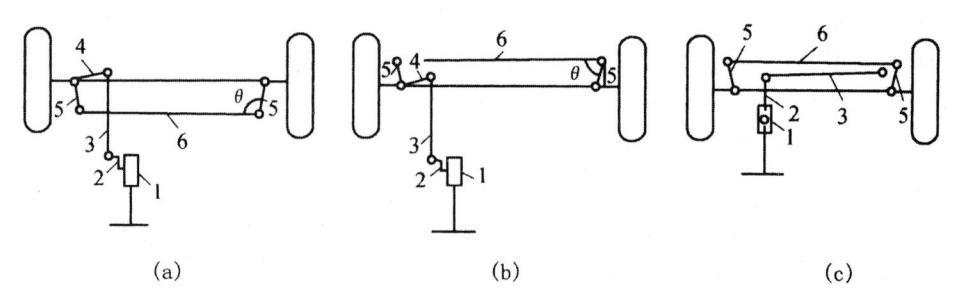

图 11-22　与非独立悬架配用的转向传动装置
(a)后置式；(b)前置式；(c)横置式
1—转向器；2—转向摇臂；3—转向直拉杆；4—转向节臂；5—梯形臂；6—转向横拉杆

(1)转向摇臂

如图 11-23 所示为常见转向摇臂的结构形式。其大端具有三角细花键锥形孔,用以与转向摇臂轴外端相连接,并用螺母固定；其小端带有球头销,以便与转向直拉杆作空间铰链连接。转向摇臂安装后从中间位置向两边摆动的角度应大致相等,故在把转向摇臂安装到摇臂轴上时,两者相应的角位置应正确。为此,常在摇臂大孔外端面上和摇臂轴的外端面上各刻有短线,或是在两者的花键部分上都少铣一个齿,作为装配标记。装配时应将标记对齐。

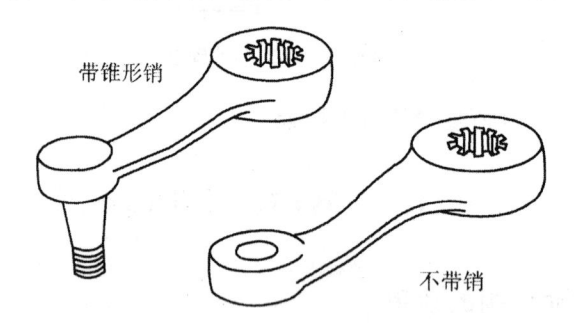

图 11-23　常见转向摇臂的结构形式

(2)转向直拉杆

如图 11-24 所示为解放 CA1092 型汽车的转向直拉杆。直拉杆体由两端扩大了的钢管制成,在扩大的端部里,装有由球头销、球头座、弹簧座、压缩弹簧和螺塞等组成的球铰链。球头销的锥形部分与转向摇臂连接,并用螺母固定。其球头部分的两侧与两个球头座配合,前球头座靠在端部螺塞上,后球头座在弹簧的作用下压靠在球头上,这样,两个球头座就将球头紧紧夹持住。为保证球头与座的润滑,可从油嘴注入润滑脂。拆装时供球头出入的直拉杆体上的孔口用油封垫的护套封盖住,以防止润滑脂流出和污物侵入。

压缩弹簧能自动消除因球头与座磨损而产生的间隙,并可缓和由转向轮经转向节臂球头销传来的向前(图中为向左)的冲击。弹簧座的小端与球头座之间留有不大的间隙,作为弹簧缓冲的余地,并可限制缓冲时弹簧的压缩量(防止弹簧过载)。此外,当弹簧折断时此间隙可保证球头销不致从管孔中脱出。端部螺塞可以调整此间隙。调整间隙的同时也调整了前弹簧的预紧度,调好后用开口销固定螺塞的位置,以防松动。为了使转向直拉杆在受到向前或向后的冲击力时,都有一个弹簧起缓冲作用,两端的压缩弹簧应装在各自球头销的同一侧。由球头销传来的向后(图中为向右)的冲击力由前压缩弹簧承受。当球头销受到向前的冲击力时,冲击力依次经前球头座、前端部螺塞、直拉杆体和后端部螺塞传给后压缩弹簧。

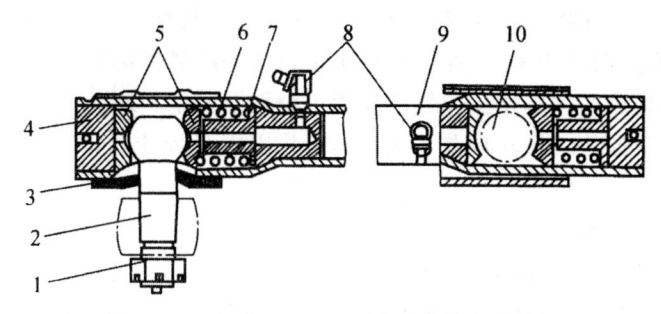

图 11-24 解放 CA1092 型汽车的转向直拉杆
1—螺母；2—球头销；3—橡胶防尘垫；4—端部螺塞；5—球头座；
6—压缩弹簧；7—弹簧座；8—滑脂嘴；9—直拉杆体；10—转向摇臂球头销

(3)转向横拉杆

如图 11-25(a)所示为解放 CA1092 型汽车转向横拉杆。横拉杆体用钢管制成，其两端切有螺纹，一端为右旋，一端为左旋，与横拉杆接头旋装连接。接头的螺纹孔壁上开有轴向切口，故具有弹性，旋装到杆体上后可用螺栓夹紧。两端接头结构相同，如图 11-25(b)所示。由于横拉杆体两端是正反螺纹，因此，在旋松夹紧螺栓以后，转动横拉杆体，即可改变转向横拉杆的总长度，从而调整转向轮前束。

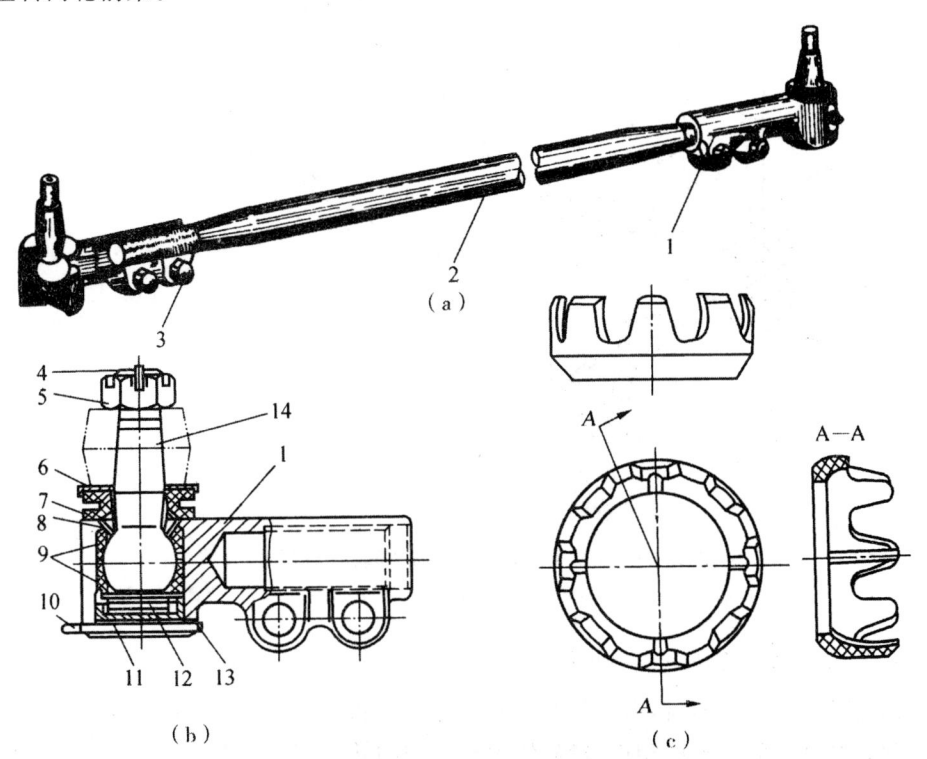

图 11-25 解放 CA1092 型汽车转向横拉杆
(a)转向横拉杆；(b)接头的构造；(c)球头座
1—横拉杆接头；2—横拉杆体；3—夹紧螺栓；4—开口销；5—槽形螺母；6—防尘垫座；7—防尘垫；
8—防尘罩；9—球头座；10—限位销；11—螺塞；12—弹簧；13—弹簧座；14—球头销

在横拉杆两端的接头上都装有由球头销等零件组成的球形铰链。球头销的球头部分被夹在上、下球头座内,球头座用聚甲醛制成,有较好的耐磨性。装配时上、下球头座凹凸部分互相嵌合。弹簧通过弹簧座压向球头座,以保证两球头座与球头的紧密接触,在球头和球头座磨损时能自动消除间隙,同时还起缓冲作用。弹簧的预紧力由螺塞调整。球铰上部有防尘罩,以防止尘土侵入。球头销的尾部锥形柱与转向梯形臂连接,并用螺母固定、开口销锁紧。如图11-25(c)所示。

(4)转向节臂和梯形臂

解放CA1092型汽车的转向节臂和梯形臂如图11-26中所示。转向直拉杆通过转向节臂与转向节相连。转向横拉杆两端经左、右梯形臂与转向节相连。转向节臂和梯形臂带锥形柱的一端与转向节锥形孔相配合,用键防止螺母松动。臂的另一端带有锥形孔,与相应的拉杆球头销锥形柱相配合,同样用螺母紧固后插入开口销将螺母锁住。

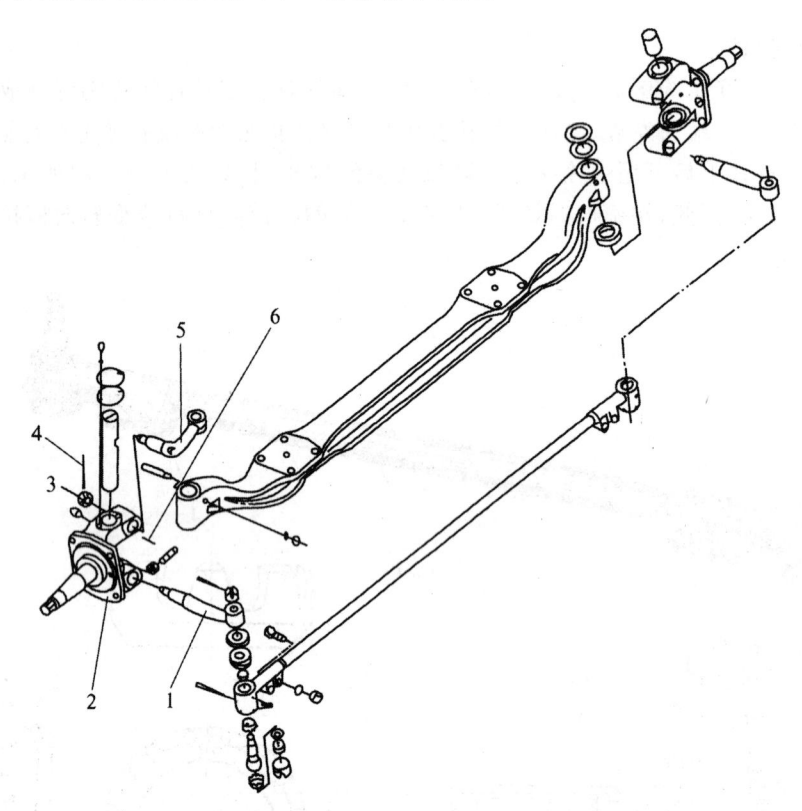

图11-26 解放CA1092型汽车的转向节臂和梯形臂
1—左转向梯形臂;2—转向节;3—锁紧螺母;4—开口销;5—转向节臂;6—键

2.与独立悬架配用的转向传动机构

当转向轮采用独立悬架时,由于每个转向轮都需要相对于车架(或车身)做独立运动,所以,转向桥必须是断开式的。与此相应,转向传动机构中的转向梯形也必须分成两段[图11-27(a)]或三段[图11-27(b)],转向摇臂1在平行于路面的平面中左右摆动,传递力和运动。天津夏利TJ7100型轿车的转向传动机构如图11-28所示。转向器齿条的两端制有内螺纹。转向横拉杆的内端装有带螺纹的球头,并将其旋入齿条中。横拉杆的外端也通过螺纹与横拉杆接头连接,并用螺母锁紧。横拉杆接头外端通过球头销与转向节连接。松开锁紧螺母,转动转向横拉杆(左、右两侧横拉杆的转动量应相同)可以调整前轮前束。南京依维柯轻型货车的转向传动机构与其类似。

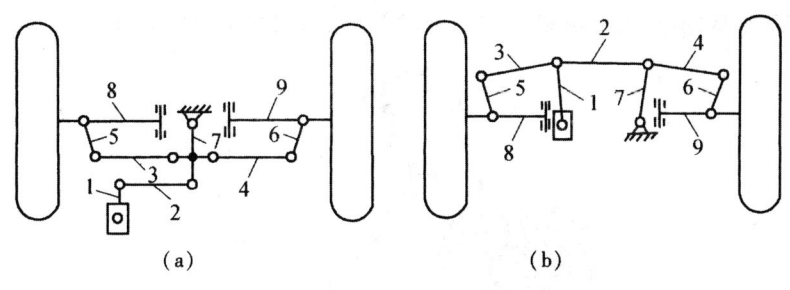

图 11-27　与独立悬架配用的转向传动机构示意图
(a)两段式;(b)三段式
1—转向摇臂;2—转向直拉杆;3—左转向横拉杆;4—右转向横拉杆;
5—左梯形臂;6—右梯形臂;7—摇杆;8—悬架左摆臂;9—悬架右摆臂

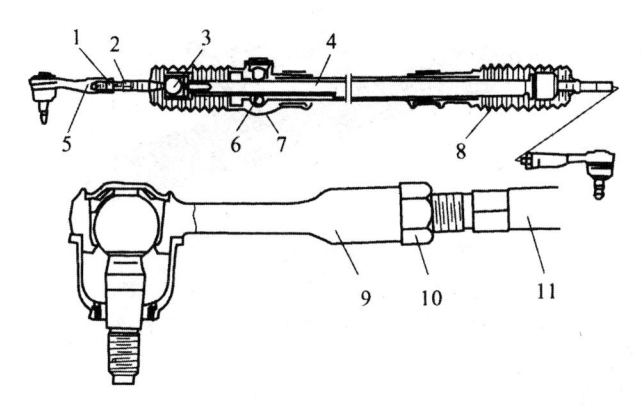

图 11-28　天津夏利 TJ7100 型轿车的转向传动机构
1、10—锁紧螺母;2、11—转向横拉杆;3—球头;4—转向器齿条;
5、9—转向横拉杆接头;6—转向器齿轮;7—转向器壳体;8—防尘罩

为了避免转向轮的摆振、减缓传至转向盘上的冲击和振动,转向器上还装有转向减振器。减振器缸筒端固定在转向器壳体上,其活塞杆端经减振支架与转向齿条连接。

11.4　动力转向装置与动力转向器

11.4.1　动力转向装置的功用、组成和类型

1. 动力转向装置的功用

转向轻便和转向灵敏对转向系角传动比 i_w 的要求是互相矛盾的。在机械转向系中,单靠选择 i_w、改善转向器本身的结构,以同时满足转向轻便和转向灵敏是很有限的。为了减轻驾驶员的疲劳强度,改善转向系统的技术性能,采用动力转向装置。采用动力转向的汽车转向时,所需的能量只有小部分是驾驶员提供的体能,而大部分是发动机驱动转向油泵旋转,将发动机输出的

部分机械能转化为压力能,并在驾驶员的控制下对转向传动装置或转向器传力,从而实现转向。

2. 动力转向装置的组成

动力转向装置由机械转向器、转向控制阀、转向动力缸以及将发动机输出的部分机械能转换为压力能的转向油泵(或空气压缩机)、转向油罐等组成,如图11-29所示。

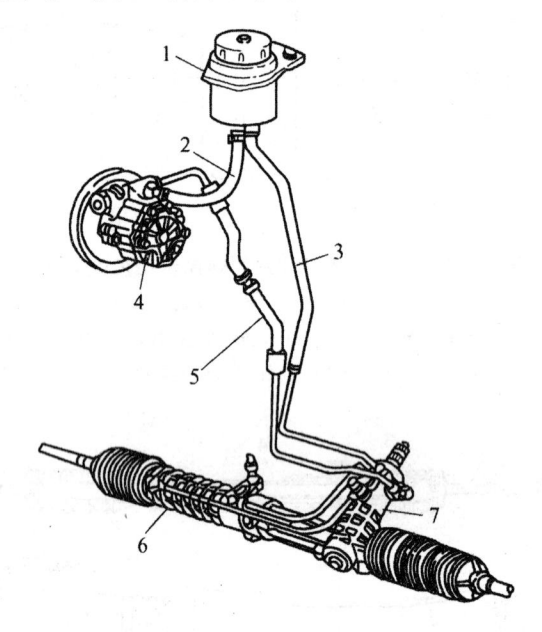

图11-29 动力转向装置的组成
1—储油罐;2—泵的进油管;3—储油罐回油管;
4—转向油泵(叶片泵);5—高压油管;6—动力转向器;7—分配阀

3. 动力转向装置的类型

动力转向装置按传能介质的不同,可以分为液压式和气压式两种。液压式动力转向装置按液流形式分为常流式和常压式两种,如图11-30和图11-31所示。液压式动力转向装置按其转向控制阀阀心的运动方式可分为滑阀式和转阀式两种形式。

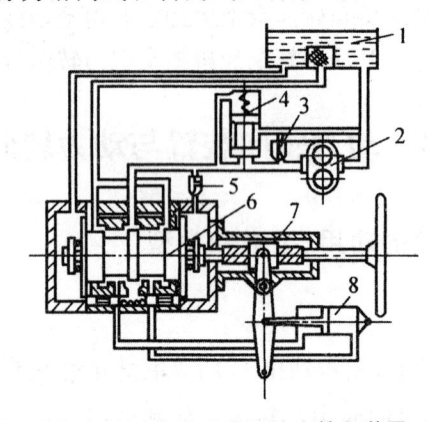

图11-30 常流式液压动力转向装置
1—转向油罐;2—转向油泵;3—安全阀;4—流量控制阀;5—单向阀;
6—转向控制阀;7—机械转向器;8—动力缸

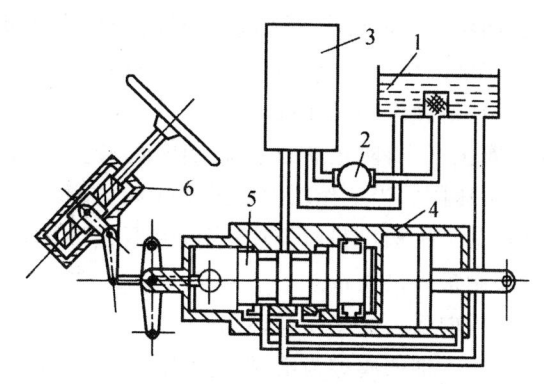

图 11-31 常压式液压动力转向装置

1—转向油罐;2—转向油泵;3—储能器;4—动力缸;5—控制阀;6—机械转向器

11.4.2 液压式动力转向器的工作原理

1. 滑阀式动力转向系统

桑塔纳轿车液压式动力转向系统采用滑阀式动力转向器。如图 11-32 所示,该车的液压动力转向系统主要由叶片式液压泵、分配阀、溢流阀、限压阀、储油罐、转向器、动力缸和软管等组成。其中转向器与助力装置为整体式,即动力缸、分配阀和转向器装配在一起。

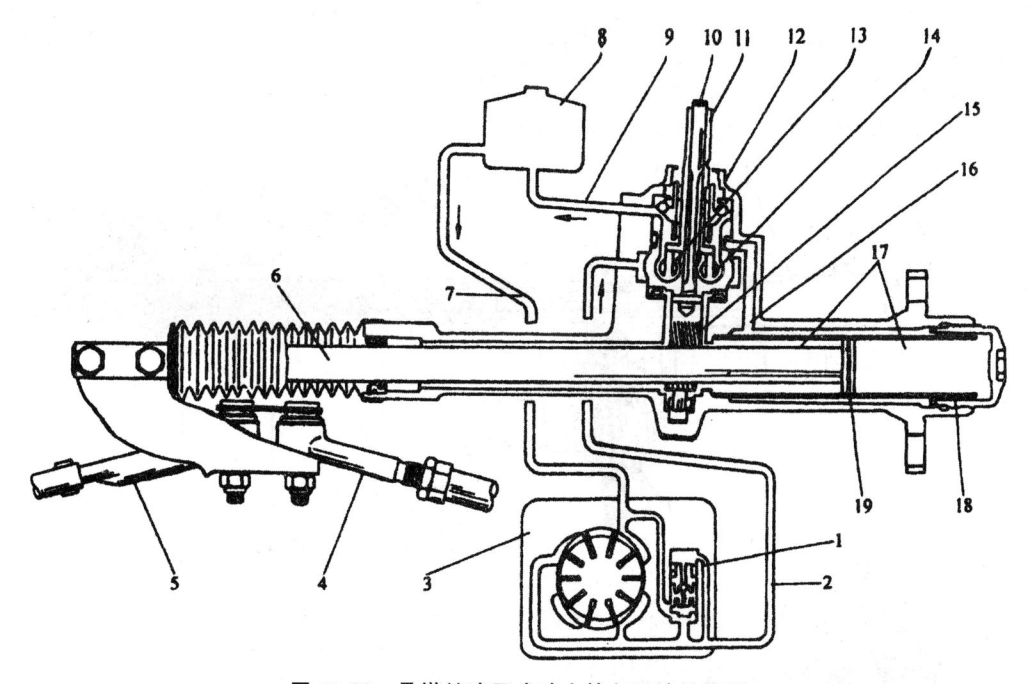

图 11-32 桑塔纳液压式动力转向系统结构图

1—限压阀或溢流阀;2—高压油管;3—叶片泵;4—左横拉杆;5—右横拉杆;6—齿条;7—油管;8—储油罐;9—回油管;10—扭力杆;11—转向轴;12—分配阀;13—右阀芯;14—左阀芯;15—活塞左腔进油管;16—活塞右腔进油管;17—压力腔;18—动力缸;19—活塞

叶片泵在发动机传动带的驱动下,从油罐中吸进液压油,并将具有压力的液压油输入到动力转向器的柱塞阀处。根据转向盘输出的转向力矩的大小和方向,柱塞阀控制液压油,并使适当的液压油进入工作缸。在油压的助力作用下,推动转向器的齿条。工作缸另一边的液压油在转向器活塞和油压的作用下,通过柱塞阀流回储油罐。

为了确保动力转向系统安全工作,防止液力系统工作压力超过系统要求的最大工作压力,在叶片泵内装有一个溢流阀或限压阀。当工作压力超过限压阀的额定值时,压力油通过限压阀卸荷返回进油口,以避免油泵及其他机构过载而损坏;当叶片泵供油量超过某一定值时,多余的油经此阀流回油泵入口处,以限制最大供油量。

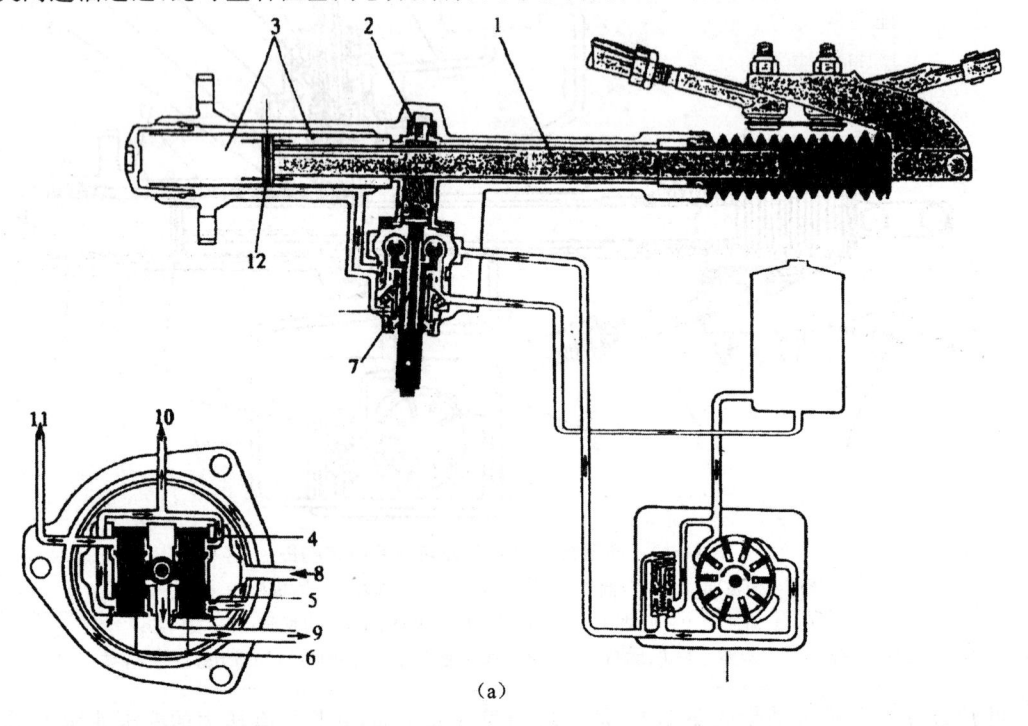

桑塔纳 2000 型轿车动力转向系统的工作原理如图 11-33 所示。

动力转向器为齿轮齿条式,上部的阀体为滑阀式结构。滑阀的阀体与小齿轮设计加工成为一体,阀体内左右柱塞阀芯与转向柱呈垂直放置。阀芯上有磨削的控制槽。阀芯通过转向轴上的拨叉来拨动。

转向轴用销钉与阀中的弹性扭力杆相连,该扭力杆的刚度决定了阀的特性,同时也起到阀的中心定位作用。系统的最大工作压力设定为 104 kPa,在原地转向时,系统的工作压力为 0.8×10^4 kPa。此时所对应的转向盘转向力矩为 5.5 N·m。

在直线行驶时,如图 11-33(a)所示,转向盘处于中间位置,转向盘辐条处于水平位置,阀芯和阀套之间也处于中间位置,所有控制口接通,液压油毫无阻碍地流经转向阀返回到储油罐。转向盘转动时,转向轴带动阀芯相对于阀套运动,由于阀的控制口位置的变化,液压油将进入转向器的油缸内,推动活塞运动而产生推力。

当向右行驶时,如图 11-33(b)所示,转向力矩使得弹性扭力杆扭转,并且转向管柱的转角要比转向器小齿轮转得多一点,这就使得右边柱塞阀芯下移,使得进油通道开大;左边柱塞阀芯上移,关闭进油通道,此时左右柱塞阀芯分别打开和关闭各自的回油通道。

(a)

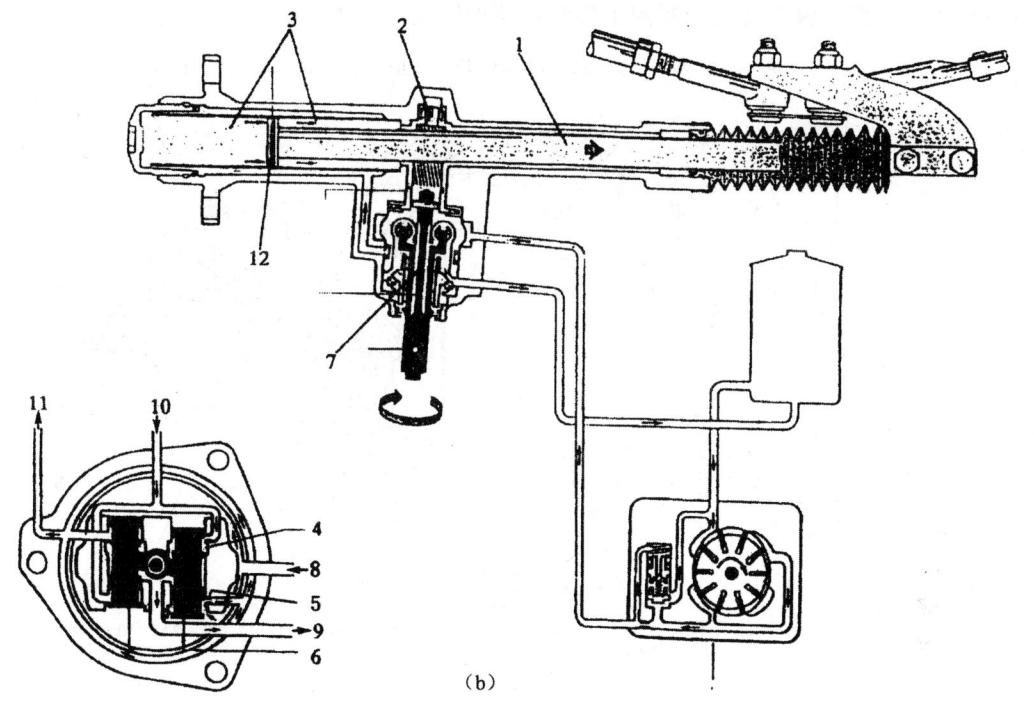

图 11-33 桑塔纳 2000 型轿车动力转向系统工作原理图

(a)直线行驶；(b)向右行驶

1—齿条；2—齿轮；3—工作油缸；4—回油节流阀；5—出油节流阀；6—柱塞阀芯；
7—弹性扭力杆；8—进油口；9—出油口；10—通向工作缸右腔；11—通向工作缸左腔；12—活塞

根据右边柱塞阀芯进油通道开度的大小，来控制流入工作缸左边的液压油的流量和油压，工作缸左边的液压油推动转向器活塞向右运动，起到助力作用。转向器活塞移动距离的大小，则取决于施加在转向盘上的转向力矩的大小。

转向器工作缸右边的液压油在转向器活塞的作用下，通过打开的回油环槽返回到储油罐中。

当向左转动转向盘时，情况与向右转动转向盘时相反，这里不再赘述。

动力转向器的阀孔同时也具有节流阻尼作用，不需要像机械转向器那样另外加转向避振器。在转向回正时，通过阀的阻尼力来防止转向回正速度过快，增加转向回正的舒适性，通过阻尼作用，还可以减小汽车直线行驶时，由于路面不平对前轮的冲击引起转向盘的抖动或打手，提高其保持直线行驶的能力。

桑塔纳轿车使用的动力转向系统属于常流式滑阀结构。

2. 转阀式动力转向器

北京切诺基吉普车采用转阀式动力转向器。该动力转向器由循环球—齿条齿扇式机械转向器、转阀式转向控制阀和转向动力缸三部分组成，并且为整体式结构，如图 11-34 所示。

循环球—齿条齿扇式机械转向器的转向螺母和齿条制成圆柱形（称为齿条—活塞 19），安装在转向器壳体的油压缸筒内，将缸筒分为左右（对应于车上的安装位置分别为上、下）两腔室，构成转向动力缸。在齿条—活塞 19 左部的圆柱形表面上加工有环槽，槽内套有 O 形橡胶密封圈，在密封圈的外面还套有活塞环 20，以保证活塞在动力缸中工作时的密封和耐磨。

转向控制阀主要由阀体 13、转阀 12、短轴组件（短轴 3、弹性扭杆 4 和下端轴盖 14 等）及密封圈、轴承等零件组成。整个转向控制阀组件装在动力转向器壳体右端孔内。

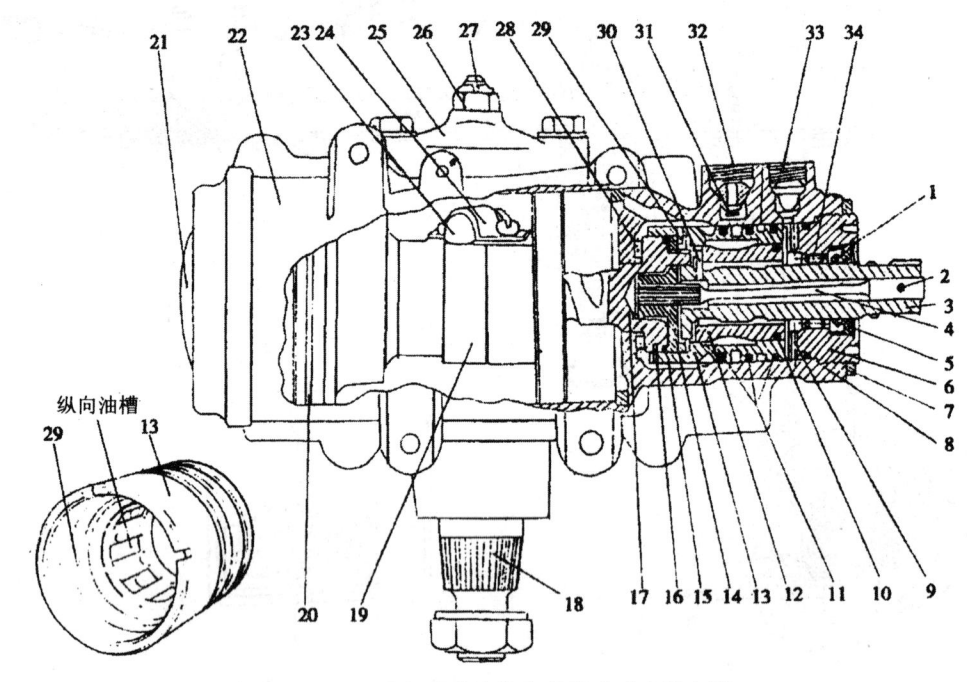

图 11-34　北京切诺基吉普车转阀式动力转向器

1—卡环；2—短轴与弹性扭杆的传力销；3—短轴；4—弹性扭杆；5—骨架油封；
6—调整螺塞；7—锁止螺母；8、10、15—O 形密封圈；9—推力滚针轴承；
11、20—四氟乙烯环和 O 形密封圈组件；12—转阀；13—阀体；14—下端轴盖；
16—转向螺杆与阀体的锁定销；17—转向螺杆；18—转向摇臂轴；19—齿条——活塞；
20—活塞环；21—转向器端盖；22—壳体；23—循环球导管；24—导管压紧板；
25—侧盖；26—锁紧螺母；27—调整螺钉；28—推力滚针轴承；29—下轴承座与阀体的锁定销；
30—转阀与阀体的锁定销；31—进油口座及止回阀；32—进油口；33—出油口；34—滚针轴承

阀体 13 制成圆桶形，外表面切有六道环槽。其中三道宽深的槽为油槽，每道油槽底部均加工有四个间隙相等的径向通孔作为油道，中间油槽上的四个通孔直径较大，与进油口 32 相通，是进油道，两边油槽的四个通孔直径较小，经转向器壳体内的油道分别与转向动力缸左、右腔相通；另外三道浅窄的环槽用来安装密封圈组件 11。阀体左边缘处开有矩形缺口，转向螺杆 17 的锁定销 16 卡入此缺口中，形成阀体 13 带动转向螺杆 17 的传力连接。靠近阀体左端固定有锁定销 29，此销外端阀体外圆表面以下，内端伸出少许，与下端轴盖 14 外圆上的缺口相卡，形成下端轴盖 14 带动阀体 13 的传力连接。阀体内表面切有八条互不贯通的纵向槽，并形成八道槽肩。

转阀 12 也制成圆桶形，其外圆与阀体 13 高精度间隙配合（转阀与阀体组成精密偶件，不可单独互换）。转阀外表面切有与阀体对应的八条互不贯通的纵槽，其相应的槽肩与阀体内表面上的槽肩相配合，形成油液流动的间隙。在转阀的八道槽肩中，相间的四道槽肩上开有径向通孔，形成回油孔。转阀右端外圆处切有环槽，用来安装 O 形密封圈 10。转阀左端内圆柱面上开有缺口，短轴 3 左端安装的锁定销 30 即卡入此缺口中，以保证短轴 3 和转阀 12 同步转动，相互之间不发生角位移。在短轴和转阀之间留有较大的径向间隙，供低压油流通。

短轴 3 为空心管形轴件，其中穿有弹性扭杆 4。短轴右端外表面制有三角形花键，与转向轴下端的万向节相连接，驾驶员转动转向盘的作用力即由此输入；短轴左端凸缘盘上制有弧形缺口。弹性扭杆 4 的右端经传力销 2 与短轴固定；弹性扭杆 4 左端通过三角形花键与下端轴盖 14 相连接。下端轴盖 14 为圆盘形零件，其外圆与阀体 13 左端内表面滑动配合；圆盘上也开有弧形槽孔。转向螺杆 17 右端凸缘的外圆滑动配合在阀体 13 左端内圆表面中，转向螺杆 17 凸缘上的叉形凸块插入下端轴盖 14 和短轴 3 的弧形缺口中，并有一定的相对角位移量，以保证和限制转向时弹性扭杆的扭转。

调整螺塞 6 旋装在转向器壳体右端的螺纹孔中，其左端和中部装有推力滚针轴承 9 和滚针轴承 34。该螺塞支承着短轴并在轴向对阀体 13 定位，使装在阀体上的锁定销 29 与下端轴盖 14 之间、装在转向螺杆 17 上的锁定销 16 与阀体 13 之间轴向靠紧。调整螺塞 6 左端还装有弹簧，以压紧转阀 12，阻止转阀轴向移动，并使转阀与短轴 3 左端上的锁定销 30 轴向靠紧。转向螺杆 17 右端凸缘的左侧装有轴向推力滚针轴承 28，以保证螺杆与转阀组件转动灵活和轴向定位。

在动力转向器壳体上对应于转向控制阀的部位，开有与转向油泵相通的两个油管接口，分别为进油口 32 和出油口 33，在进油口内还装有止回阀 31。

转向器侧盖上旋装有调整螺钉 27，旋进或旋出调整螺钉 27 可以改变转向摇臂轴 18 的轴向位置，从而调整齿条与齿扇的啮合间隙，调好后用锁紧螺母 26 锁紧。

11.5 典型转向系统

11.5.1 电子控制动力转向系统

动力转向系统转向操纵灵活、轻便，能吸收路面对前轮的冲击，因此被许多汽车使用。但传统的动力转向系统仍然存在一些缺点，如果所设计的助力放大倍数是为了适应汽车在低速行驶状态下转动转向盘的操纵力，则当汽车高速行驶时，转动转向盘的操纵力就显得太小，不利于对高速行驶的汽车进行方向控制。如果所设计的助力放大倍数是为了适应汽车在高速行驶状态下转动转向盘的操纵力，则当汽车停驶或低速行驶时，转动转向盘就显得非常吃力，即转向沉重。为了实现在各种转速下转向的操纵力都是最佳值，电子控制动力转向系统是最好的选择。它可以随行驶条件及时调整转向助力放大倍数，适合在轿车上使用。

电子控制动力转向系统简称为 EPS，即 Electronic Control Power Steering 的英文缩写。

电子控制动力转向系统可分为液压式电控动力转向系统和电动式电子控制动力转向系统等多种形式。

1. 液压式电控动力转向系统

液压式电子控制动力转向系统是在传统的液压动力转向系统的基础上增设了电子控制装置而构成的，根据控制方式的不同，可分为流量控制式、反力控制式和阀灵敏控制式三种形式。本部分仅介绍反力控制式电控动力转向系统。

(1) 基本组成

如图 11-35 所示为反力控制式动力转向系统，主要由转向控制阀、电磁阀、分流阀、转向动力缸、转向油泵、储油罐、车速传感器和电子控制单元组成。

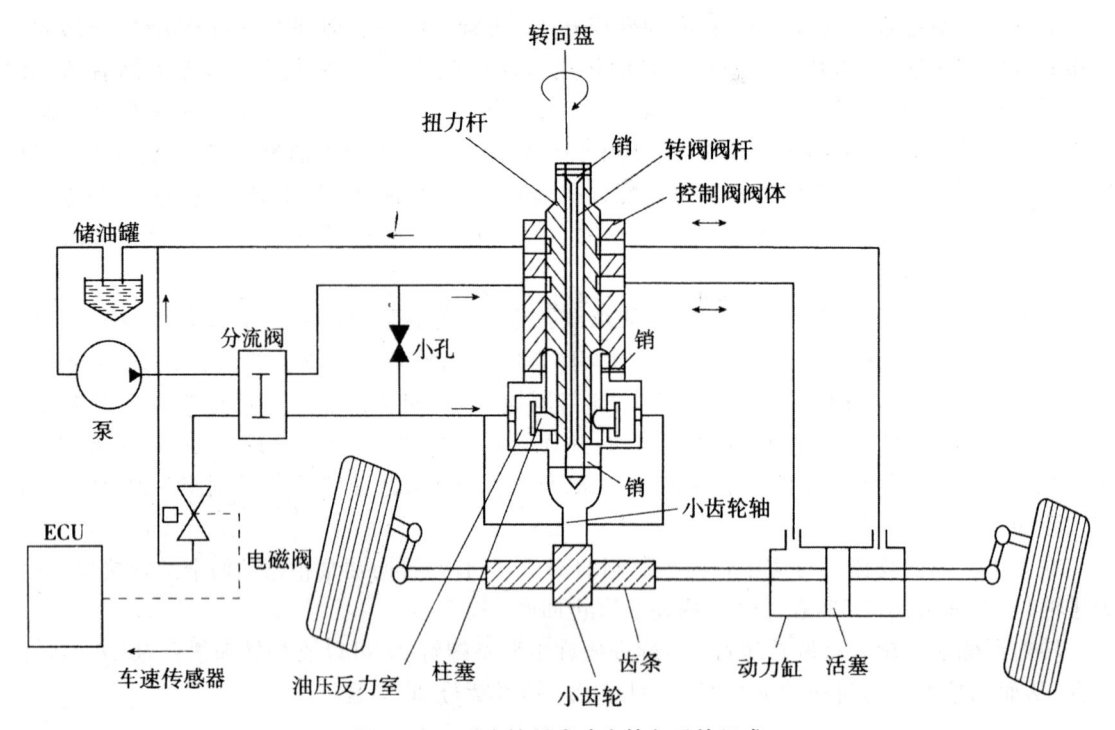

图 11-35　反力控制式动力转向系的组成

反力控制式动力转向系统是按照车速的变化,由电子控制油压反力,调整动力转向器,从而使汽车在各种条件下转向盘上所需的转向操纵力都达到最佳状态。有时也把这种动力转向系统称为渐进型动力转向系统 PPS(Progressive Power Steering)。

电子控制式渐近型动力转向系统结构如图 11-36 所示,除了旧式动力转向装置中用来控制加力的主控制阀之外,又增设了反力油压控制阀和油压反力室。

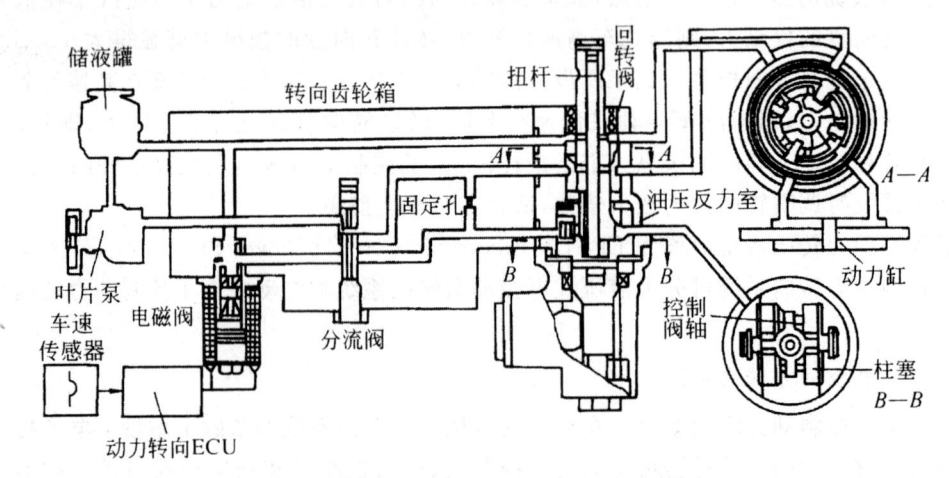

图 11-36　电子控制式渐进型动力转向系统结构

经反力油压控制阀调整后的油压加到油压反力室内,扭杆与转向轴相连,当 PPS 根据油压反力的大小改变转向扭杆的扭曲量时,就可以控制转向时所要加的力。动力转向用的微机安装在电子控制单元(ECU)内,微机根据车速传感器的信号控制电磁阀的输入电流;电磁阀设在反力控制阀上。

(2)工作原理

1)汽车静止或低速行驶时。如图11-37所示,汽车在低速范围内运行时,ECU输出一个大的电流,使电磁阀的开度增加,由分流分出的液体流过电磁阀回到储油罐中的流量增加。油压反力室的压力减小,柱塞推动控制阀杆的力减小,因此只需要较小的转向力就可使扭杆扭转变形,使阀体与阀杆发生相对转动而使控制阀打开,油泵输出油压作用到动力缸右室(或左室),使动力缸活塞左移(或右移),产生转向助力。

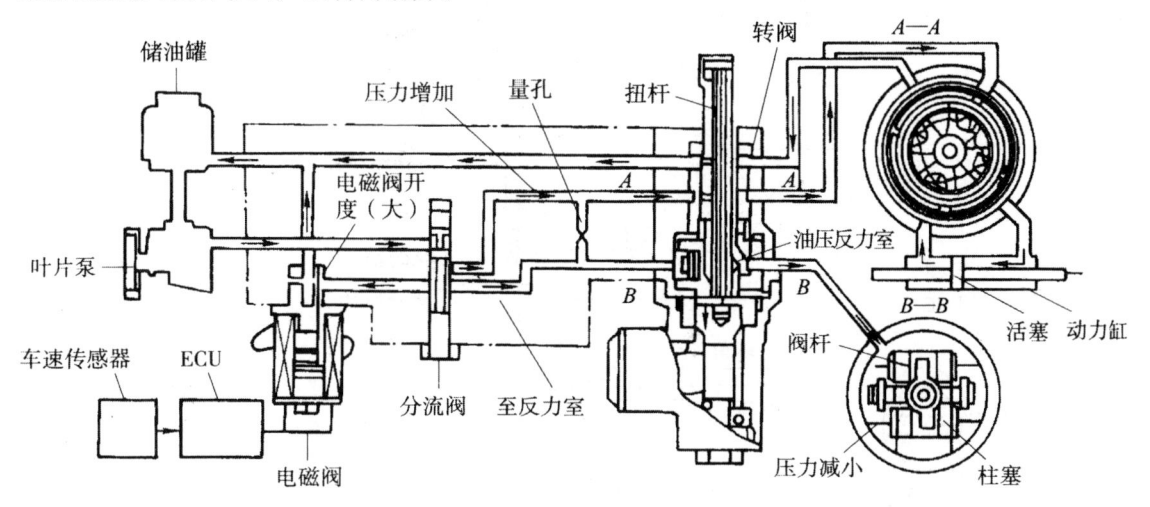

图 11-37 停车或低速行驶时的工作情况

2)汽车中、高速行驶时。如图11-38所示,此时转向盘微量转动时,控制阀杆根据扭转角度而转动,转阀的开度减小,转阀里面的压力增加,流向电磁阀和油压反力室中的液流量增加。当车速增加时,ECU输出电流减小,电磁阀开度减小,流入油压反力室中的液流量增加,反力增大,使得柱塞推动控制阀杆的力变大。液流还从量孔流进油压反力室中,这也增大了油压反力室中的液体压力,故转向盘的转动角度增加时,将要求有一个更大的转向操纵力,使得在中高速时驾驶人可获得良好的转向手感和转向特性。

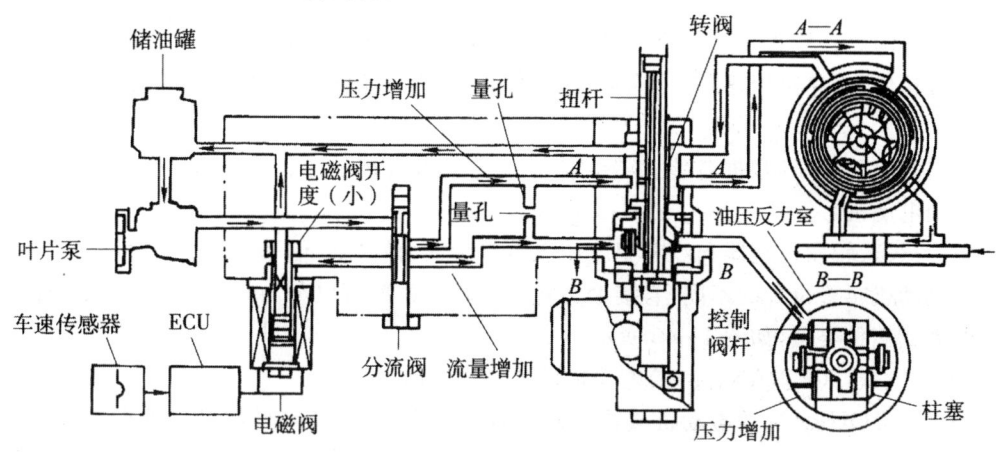

图 11-38 中、高速行驶时的工作情况

3)中高速直行状态。车辆直行时,转向偏摆角小,扭杆相对转矩小,控制阀油孔开度减小,控制阀侧油压升高。由于分流阀的作用,使电磁阀侧油量增加。同时,随着车速的升高,通电电流减小,通过电磁阀流回油箱的阻尼增大,油压反力室的反力增大,使柱塞推动控制阀阀杆的力矩增大,转向盘手感增强。

2. 电动式电控动力转向系统

(1)基本组成和工作原理

电动式动力转向系统的基本组成如图 11-39 所示,主要由转矩传感器、转角传感器、车速传感器、电动机、电磁离合器、减速机构、电子控制单元等组成。

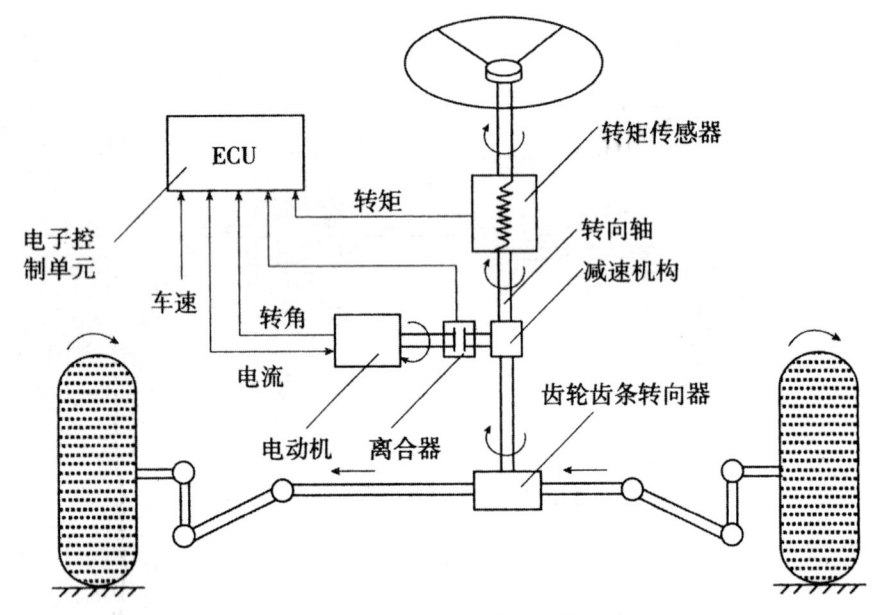

图 11-39 电动式动力转向系的组成

电动式动力转向系统的基本原理是根据汽车行驶速度(车速传感器输出信号)及转矩、转向角信号,由 ECU 控制电动机及减速机构产生助力转矩,使汽车在低、中和高速下都能获得最佳的转向效果。

电动机连同离合器和减速齿轮一起,通过一个橡胶底座安装在左车架上。电动机的输出转矩由减速齿轮增大,并通过万向节、转向器中的助力小齿轮把输出转矩送至齿条,向转向轮提供转矩。

电子控制单元 ECU 根据各传感器的信号确定助力转矩的幅值和方向,并且直接控制驱动电路去驱动电动机。

转矩传感器、转角传感器和汽车速度传感器等为助力转矩的信号源。

根据电动机布置位置的不同,直接助力式电动转向系统可以分为转向轴助力式、齿轮助力式和齿条助力式三种类型,如图 11-40 所示。

(2)上海大众 TOURAN(途安)电控机械式助力转向系统

上海大众 TOURAN 的电动机械转向助力器与传统的液压转向器相比,具有许多优点。它可以协助驾驶人行车,并减轻身体和心理负担。同时,它仅在需要时进行工作,也就是说,只有当驾驶人需要转向助力时,它便会自动提供帮助。此外,转向助力与车速、转向力矩和转向角等有关。

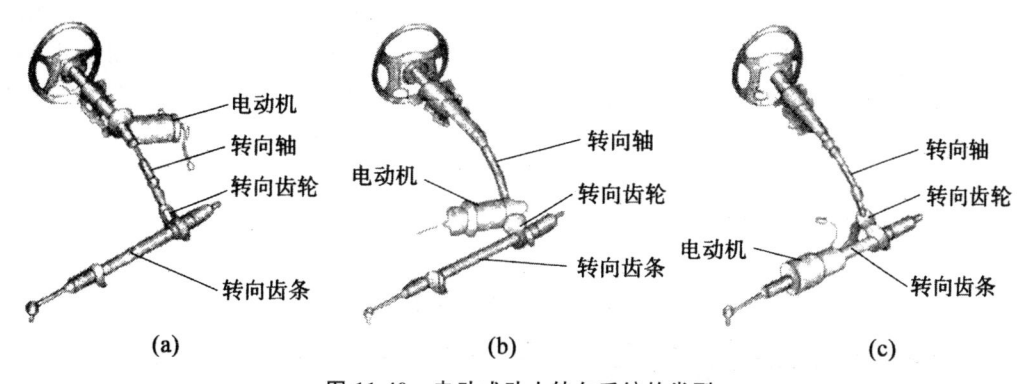

图 11-40 电动式动力转向系统的类型
(a)转向轴助力式;(b)齿轮助力式;(c)齿条助力式

带双小齿轮的电动机械转向助力系统如图 11-41 所示。转向系统的部件主要包括:转向盘、带转向角度传感器 G85 的组合开关、转向柱 G527、转向力矩传感器 G269、电动机械转向助力器电动机 V187、转向器、转向辅助控制单元 J500 等。转向器由一只转向力矩传感器 G269、一根扭转棒、一只转向齿轮和一只驱动小齿轮、一只蜗轮传动装置,以及一只带控制单元的电动机组成。电动机械转向助力器的核心部件是一根齿条,它有两只花键啮合在转向器中。

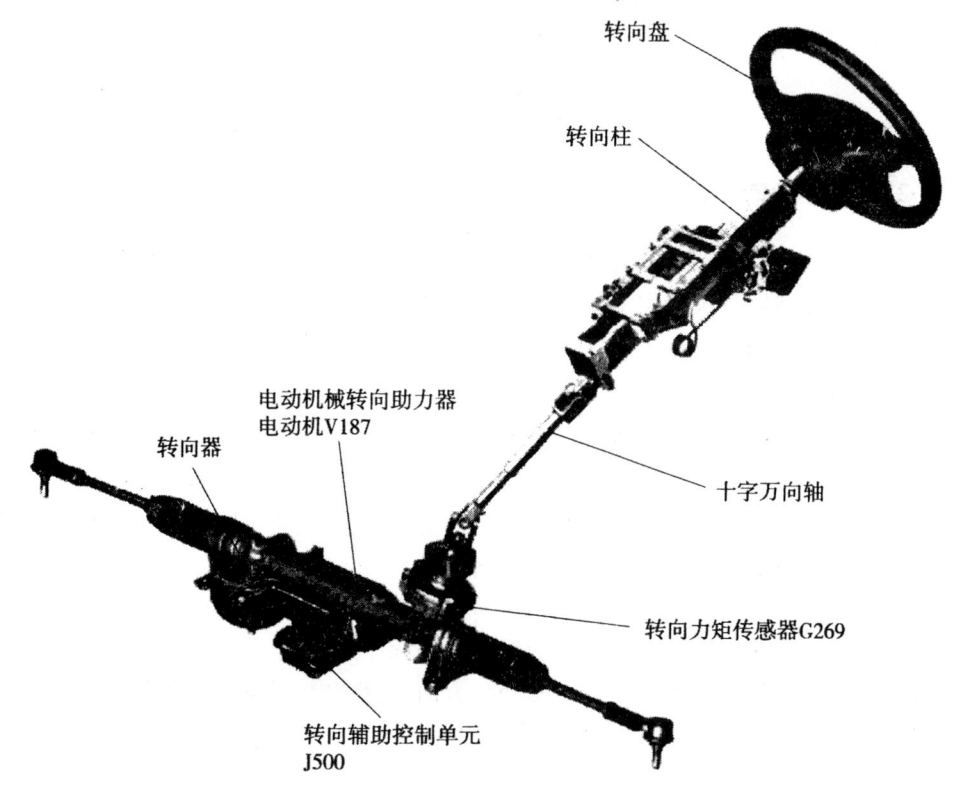

图 11-41 TOURAN 电动机械转向助力系统组成

如图 11-42 所示,在带双小齿轮的电动机械转向助力器上,需要的转向力是通过转向小齿轮和驱动小齿轮传送到齿条上。转向小齿轮负责传送驾驶人施加的转向力矩,驱动小齿轮则通过一只蜗轮传动装置,传送由电动机械转向助力器电动机提供的助力力矩。该电动机具有用于转向助力的控制单元和传感装置,并安装在第二只小齿轮上。这种结构可以使转向盘和齿条之间形成机械连接。所以,当伺服电动机失灵时,可以确保车辆仍能够进行机械转向,但此时不具备转向助力的功能,转向时会感到很沉重。

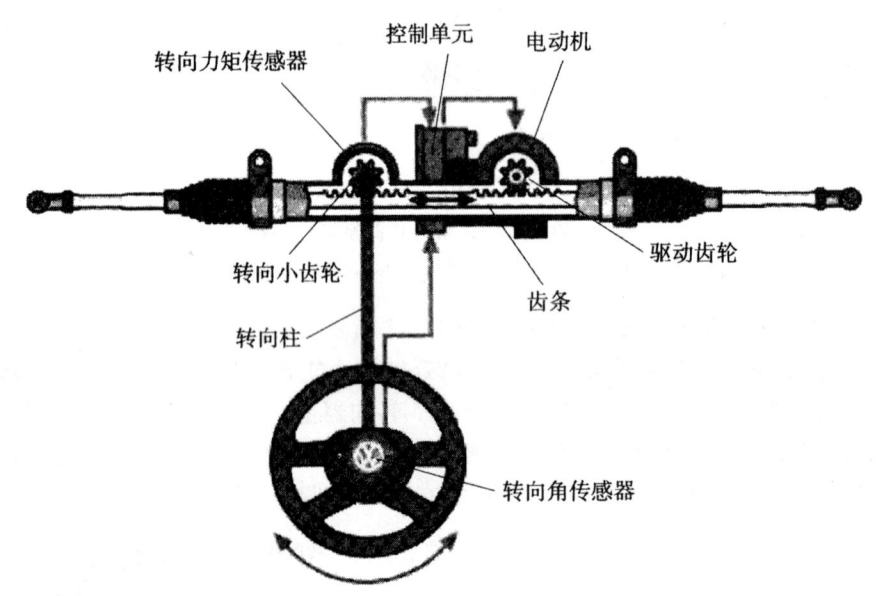

图 11-42 电动机械转向助力系统各零件的布置

11.5.2 四轮转向系统

汽车四轮转向系统有机械式四轮转向系统、液压式四轮转向系统、电子控制液压式四轮转向系统和电子控制四轮转向系统等类型,在此只介绍后两种类型。

1. 电子控制液压式四轮转向系统

(1)组成及结构

如图 11-43 所示,该系统主要由转向盘、转向油泵、前动力转向器、后轮转向传动轴、车速传感器、电子控制单元、后轮转向系统组成。

1)转向油泵。转向油泵为一带驱动的串列式同轴叶片泵,它由前后两个油泵组合而成,分别向前、后轮转向系统供油,并且含有两套流量控制阀,如图 11-44 示。

2)前轮转向器和后轮转向传动轴。前轮转向器为齿轮齿条式,但将齿条加长,它与固定在后轮转向传动轴上的小齿轮啮合。当转动转向盘使齿条水平移动时,齿条一方面控制前轮转向动力缸的工作,推动前轮转向,同时将转向盘转动的方向、快慢和转动的角度传给后轮转向传动轴,驱动该轴转动,以控制后轮转向,如图 11-45 所示。

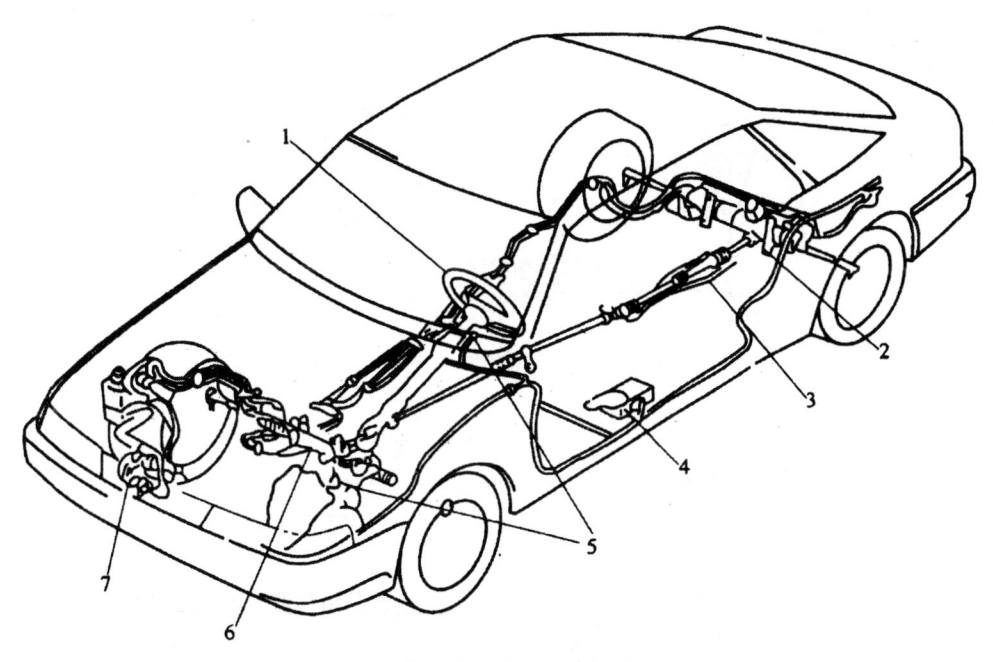

图 11-43　电子控制液压式四轮转向系统

1—转向盘；2—后轮转向系统；3—后轮转向传动轴；4—电子控制单元；
5—车速传感器；6—前动力转向器；7—转向油泵

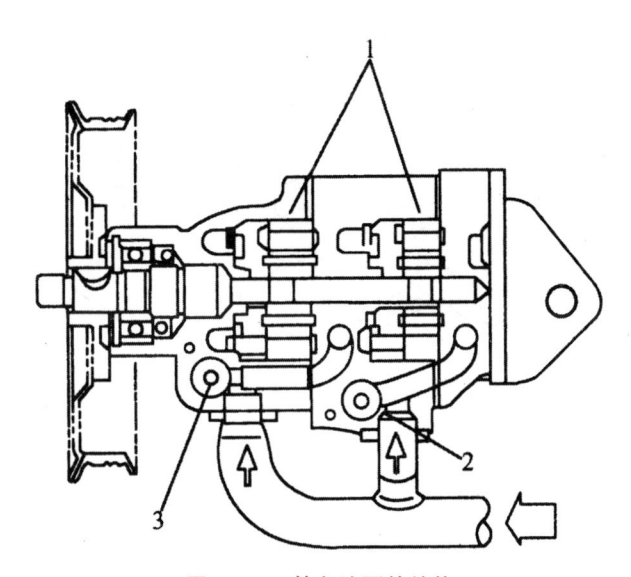

图 11-44　转向油泵的结构

1—吸油腔；2—第二出油口；3—第一出油口

后轮转向传动轴的结构如图 11-46 所示。

3) 车速传感器。电子控制液压式四轮转向系统装有两个车速传感器,它们分别设置在汽车车速表内和变速器的输出轴端,如图 11-47 所示。其结构为舌簧触点开关式,检测轴的转速,并向四轮转向控制系统输送车速脉冲信号。

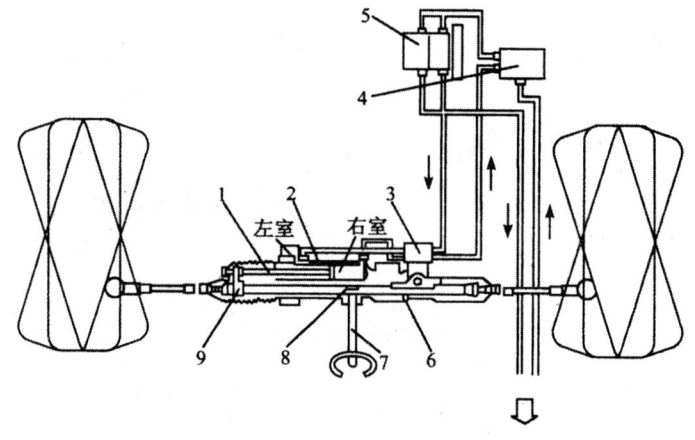

图 11-45 前轮转向器

1—转向动力缸活塞杆；2—转向动力缸；3—转向控制阀；4—转向油泵；
5—储油罐；6—齿条；7—后轮转向传动轴；8—小齿轮；9—连接板

图 11-46 后轮转向传动轴

A—接前轮转向系统；B—接后轮转向系统

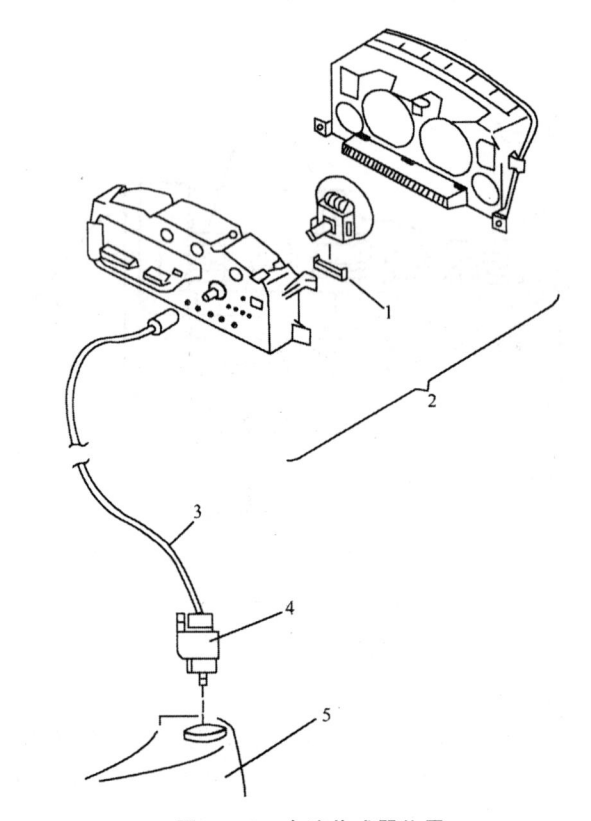

图 11-47 车速传感器位置

1—车速传感器；2—仪表组件；3—二车速表传动软轴；4—车速传感器；5—变速器

4) 后轮转向系统。后轮转向系统如图 11-48 所示,它主要由相位控制系统、液压控制阀、后轮转向动力缸组成。

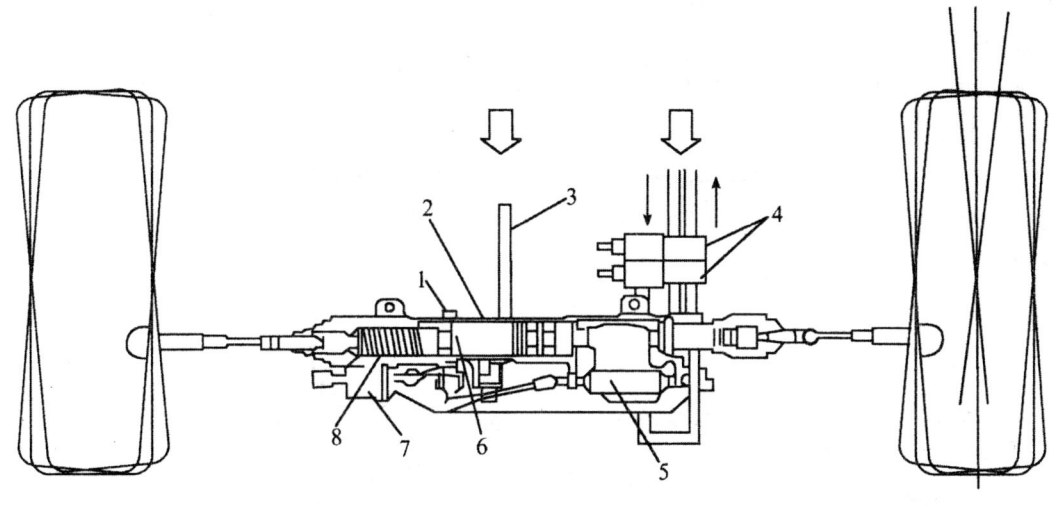

图 11-48 后轮转向系统
1—转向角比传感器;2—后轮转向动力缸;3—后轮转向传动轴;4—电控制阀;
5—液压控制阀;6—动力输出杆;7—步进电动机;8—回位弹簧

相位控制系统由步进电动机、扇形控制齿板、摆臂、大锥齿轮、小锥齿轮、液压控制阀连杆等组成,如图 11-49 所示。后轮转向传动轴与小齿轮连接并输入前转向齿条的运动状态。一个前、后车轮转向角比传感器安装在扇形控制齿板旋转轴上。

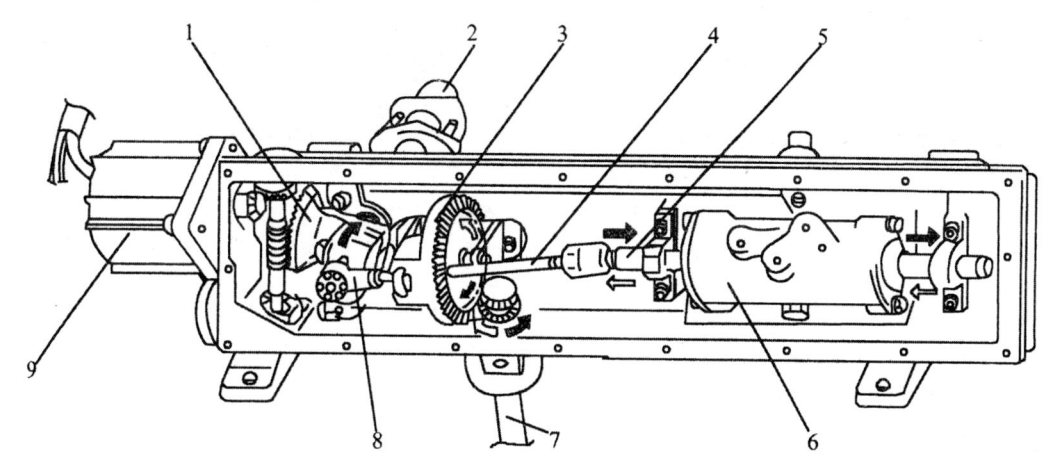

图 11-49 相位控制系统
1—扇形控制齿板;2—转向角比传感器;3—大锥齿轮;4—液压控制阀连杆;
5—液压控制阀主动杆;6—液压控制阀;7—后轮转向传动轴;8—摆臂;9—步进电动机

步进电动机用螺栓固定在壳体一端,电动机输出轴装一锥齿轮,与固定在蜗杆轴上的另一锥齿轮啮合,蜗杆轴的转动将使扇形控制齿板摆动。步进电动机接受车速传感器的电信号而转动,转动结果使扇形控制齿板正向摆动或逆向摆动一定角度,从而将摆臂拉向或推离步进电动机。

液压控制阀连杆一端连接摆臂,中间穿过大锥齿轮上的孔,另一端与液压控制阀主动杆连接。大锥齿轮的旋转运动是由小锥齿轮驱动的,而小锥齿轮的转动是由后轮转向传动轴驱动的。由此可见,液压控制阀连杆的运动是摆臂运动和大锥齿轮运动的合成,即液压控制阀连杆的运动受车速和前轮转向运动的综合影响。

如图11-50所示,液压控制阀是一滑阀结构,其滑阀的位置取决于车速和前轮转向系统的转角。图中表示滑阀向左移动的过程,此时油泵送来的油液通过液压控制阀进入动力缸右腔,同时动力缸左腔通过液压控制阀与储油罐相通。在动力缸左、右腔压力的作用下,动力输出杆左移,使后轮向右偏转。因为阀套与动力输出杆固定在一起,所以,当动力输出杆左移时将带动阀套左移,从而改变油路通道的大小,当油压与回位弹簧及转向阻力的合力达到平衡时动力输出杆(连同阀套)停止移动。

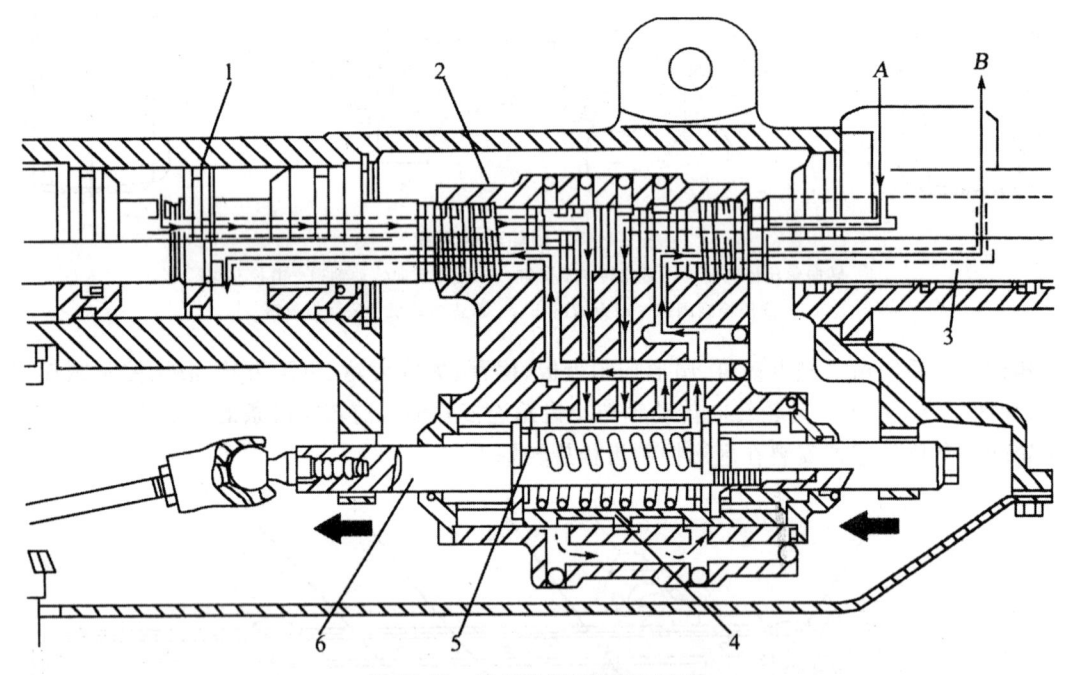

图 11-50　液压控制阀结构示意图
1—动力缸活塞;2—阀套;3—动力输出杆;4—滑阀;5—回油道;6—液压控制阀主动杆

5)控制系统。电子控制系统由四轮转向控制器、转角比传感器和电控油阀组成。

四轮转向控制器的作用有下列三点:

①根据车速传感器送来的电脉冲信号计算汽车的车速,再根据车速的高低计算汽车转向时前后轮的转角比。

②比较前后轮理论转角比与当时的前后轮实际转角比,并向步进电动机发出正转或反转及转角大小的运转指令。另外还起监视控制四轮转向电子线路工作是否正常的作用。

③发现四轮转向机构工作出现异常时,起动警告信号灯,并断开电控油阀的电源,使四轮转向处于两轮转向状态。

转角比传感器的作用是检测相位控制器中的扇形控制齿板的转角位置,并将检测出的信号反馈给四轮控制器,作为监督和控制信号使用。

电控油阀的作用是控制由转向油泵输向后轮转向动力缸的油路通断。当液压回路或电子控制线路出现故障时,电控油阀就切断由转向油泵通向液压控制阀的油液通道,使四轮转向装置处于两轮转向工作状态,起到失效保护的作用。

(2)后轮转向系统的工作原理

①当车速低于 35 km/h 时,如图 11-51(a)所示,扇形控制齿板在步进电动机的控制下向负方向偏转。假设转向盘向右转动,则小锥齿轮、大锥齿轮分别向空白箭头方向转动,摆臂在扇形齿板和大齿轮的带动下最终向右上方摆动,液压控制阀输入杆和滑阀也向右移动,由转向油泵输送的高压油液进入后轮转向动力缸的左腔,使后轮向左偏转,即后轮相对于前轮反向偏转。使车辆转向半径减小,从而提高了低速时的机动性。

②当车速高于 35 km/h 时,如图 11-51(b)所示,扇形控制齿板在步进电动机的控制下向图中正方向移动。假设这时转向盘仍向右转动,摆臂向左上方摆动,将液压控制阀输入杆和滑阀向左拉动,由转向油泵输送的高压油液进入后轮转向动力缸的右腔,结果使后轮向右偏转,即后轮相对于前轮同向偏转,因而使汽车高速行驶时的操纵稳定性显著提高。

③当车速等于 35 km/h 时,如图 11-51(c)所示,扇形控制齿板处于中间位置,摇臂处于与大锥齿轮轴线垂直的位置。不管转向盘向左还是向右转动,液压控制阀输入杆均不产生轴向位移,后轮保持与汽车纵向轴线平行的直线行驶状态。

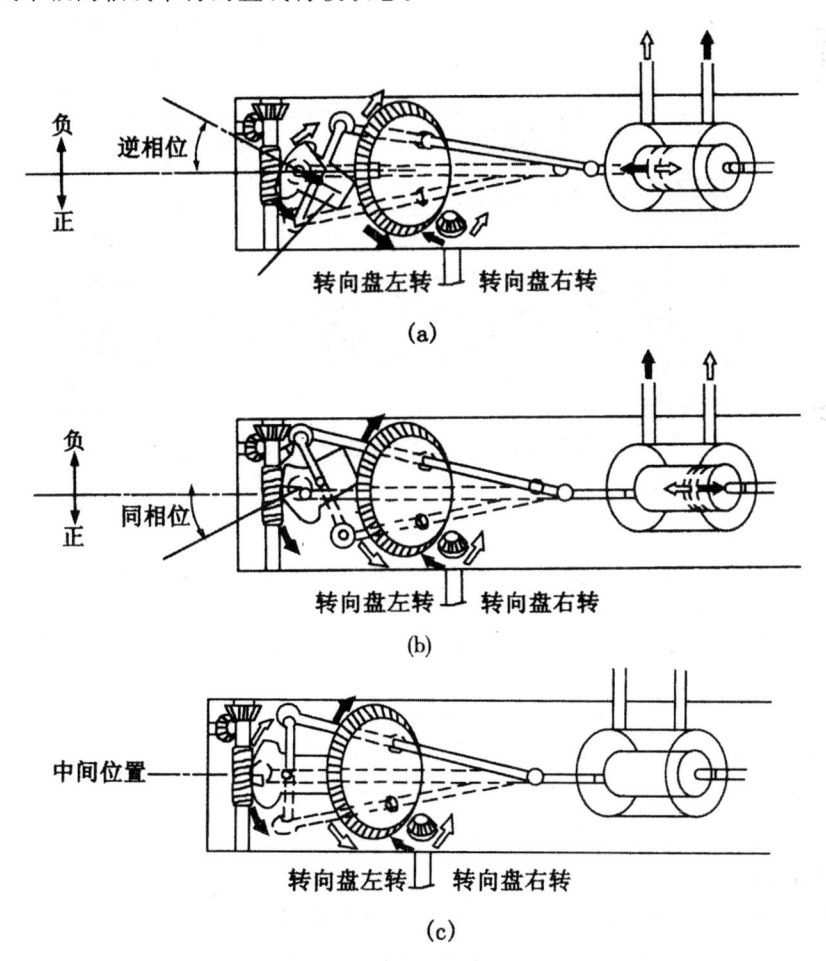

图 11-51 后轮转向系统的工作原理

(a)逆相位;(b)同相位;(c)中间位置

1—大锥齿轮;2—扇形控制齿板

2.电子控制四轮转向系统

(1)电子控四轮转向系统的组成

电子控四轮转向系统主要由后轮转向执行器、输入传感器和电控单元组成(图 11-52)。这里主要介绍后轮转向执行器和输入传感器。

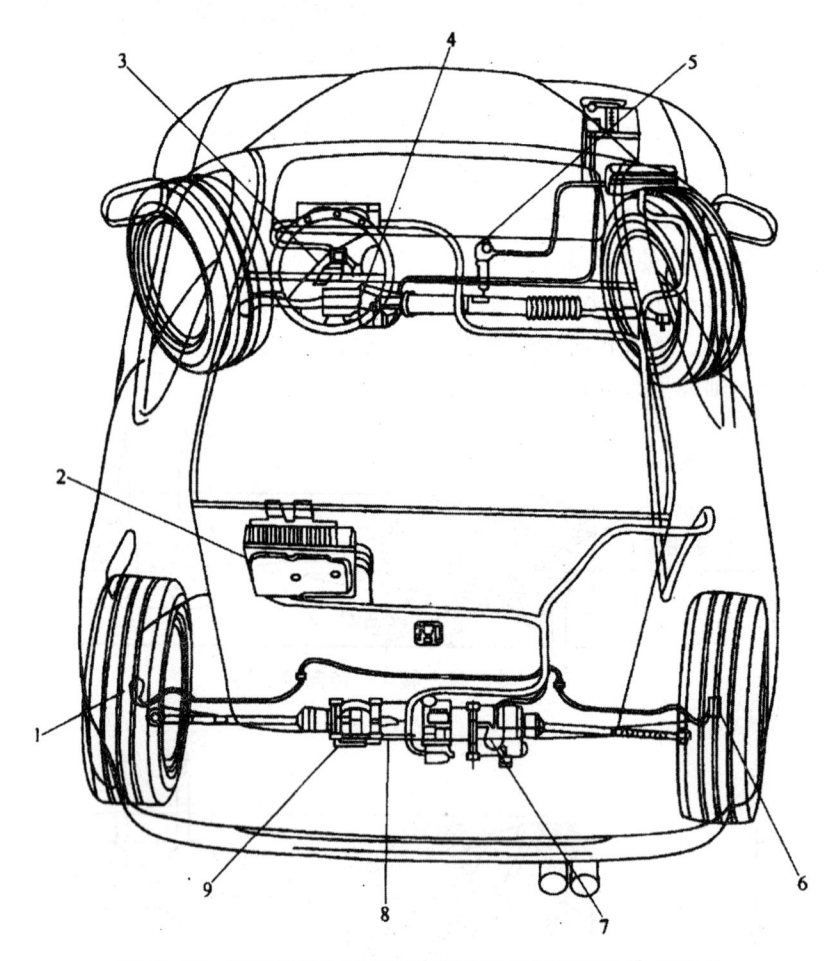

图 11-52 控制单元安装在行李箱的电子控制四轮转向系统
1、6—后轮转速传感器;2—四轮转向控制单元;3—主前轮转角传感器;4—副前轮转角传感器;
5—车辆速度传感器(VSS);7—副后轮转角传感器;8—后轴转向执行器;9—主后轮传感器

1)后轮转向执行器。如图 11-53 所示,后轮转向执行器包含一个通过循环球螺杆驱动转向齿条的电动机。常规的转向横拉杆从转向执行器连接到后轮转向臂和转向节处。执行器内的复位弹簧在点火开关关闭或四轮转向系统失效时,将后轮推向直线行驶位置。一个后轮转角传感器和一个副后轮转角传感器安装在后轮转向执行器的顶端。

2)输入传感器。

①主后轮转角传感器位于后轮转向执行器的左侧,如图 11-54 所示,包含一个随循环球螺杆旋转的脉冲环,一个电子传感器直接安装在脉冲环上部。当循环球螺杆旋转时,这个传感器向控制单元发出数字信号,指示后轮转角。

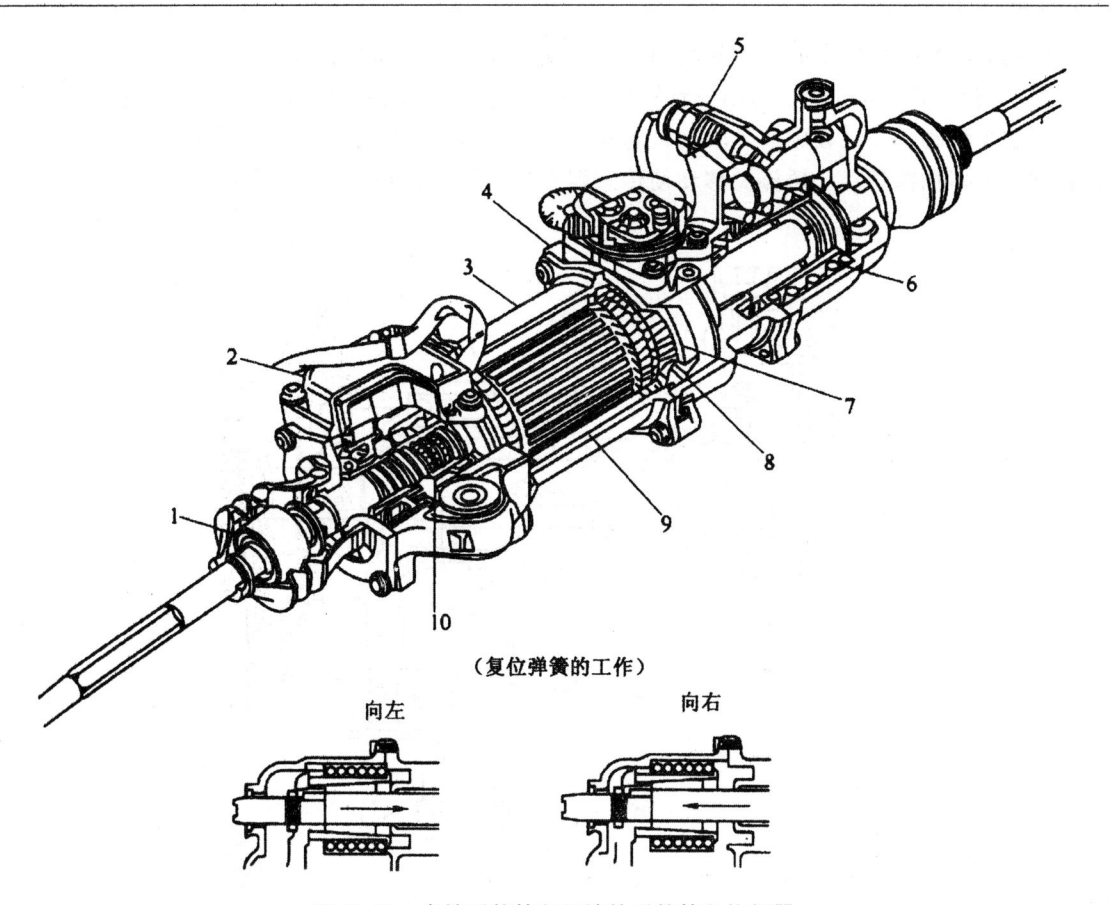

图 11-53 电控四轮转向系统的后轮转向执行器

1—转向轴螺杆；2—主后轮转角传感器；3—定子；4—执行器壳体；
5—副后轮转角传感器；6—复位弹簧；7—换向器；8—电刷；9—转子；10—循环球螺杆

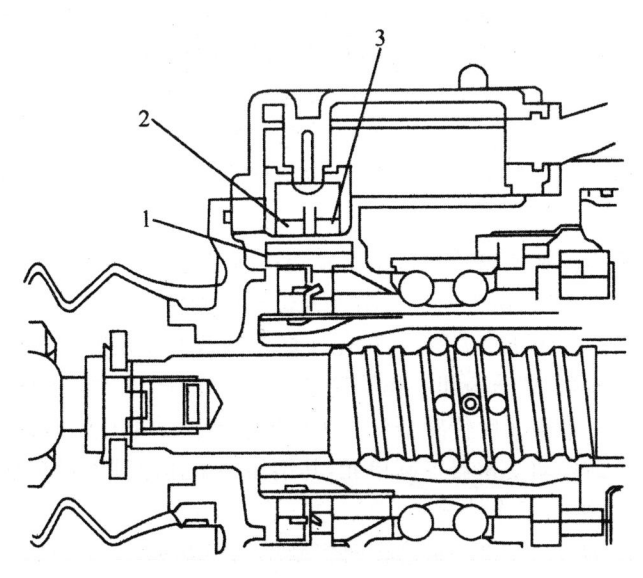

图 11-54 主后轮转角传感器

1—电磁转子；2—霍尔集成电路片；3—监测记录元件

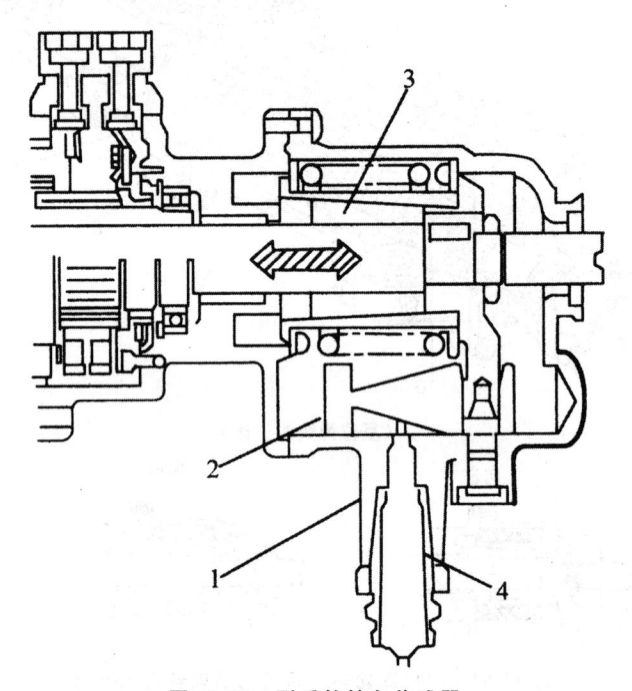

②副后轮转角传感器。副后轮转角传感器安装在后轮转向执行器上,与主后轮转角传感器相反的一端。如图 11-55 所示,副后轮转角传感器含有一根连接在齿条上的锥形轴,锥形轴与齿条同一水平移动。一根在副后轮转角传感器上的插棒与锥形轴锥面接触,当锥形轴水平移动时,锥面使传感器插棒移动。插棒的移动使传感器产生模拟电压信号,将后轮转角信号传送到控制单元。

图 11-55　副后轮转角传感器
1—副后轮转角传感器;2—锥形轴;3—转向轴螺杆;4—插棒

3)主前轮转角传感器。主前轮转角传感器也称转向盘转动传感器,安装在组合开关下方的转向柱上。如图 11-56 所示,转动速度传感器和转向盘方向传感器安装在主前轮转角传感器内。转动速度传感器包含一排在传感器下方转动的、变换磁性的磁铁。当转向盘转动时,转动速度传感器向控制单元发送与转向盘转速和前轮转角相关的信号。转动方向传感器包含一个绕转向柱的环形磁铁,这个磁铁有一个 N 极和一个 S 级。控制单元利用方向传感器传来的信号确定转向盘的转动方向。

4)副前轮转角传感器。副前轮转角传感器安装在前齿轮—齿条转向器内。这个传感器的原理与副后轮转角传感器一致,它用于向控制单元发送与前轮转向角相关的信号。

5)后轮转速传感器。如图 11-57 所示,后轮转速传感器安装在每个后轮上,它是与防抱死制动系统(ABS)共用的传感器,其结构和工作原理参考防抱死制动系统(ABS)。

6)车辆速度传感器。车辆速度传感器将与车辆速度相关的电压信号送到四轮转向系统控制单元。这个信号也被送到自动变速器控制单元,其结构和工作原理参考自动变速器部分。

(2)电控四轮转向系统的工作情况

如图 11-58 所示,发动机工作时,四轮转向控制单元不断地从所有输入传感器处收到信号。如果转向盘转动,四轮转向控制单元就会对车辆速度传感器、主前轮转角传感器、副前轮转角传感器、主后轮转角传感器、副后轮转角传感器以及后轮转速传感器传来的信号进行分析,并计算出适当的后轮转向角,然后将蓄电池电压输入到后轮转向执行电动机中,使后轮转向。

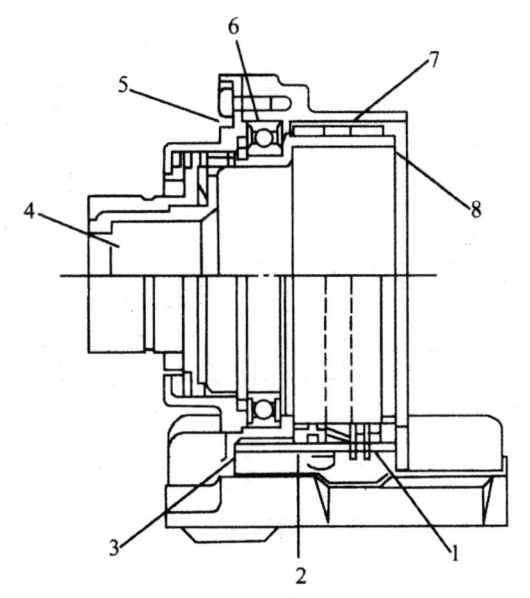

图 11-56 含有转动速度传感器和方向传感器的主前轮转角传感器
1—霍尔集成电路片;2—监测记录元件;3—输出线路;4—锁颈;
5—锁壳;6—轴承;7—塑料磁铁;8—磁转子

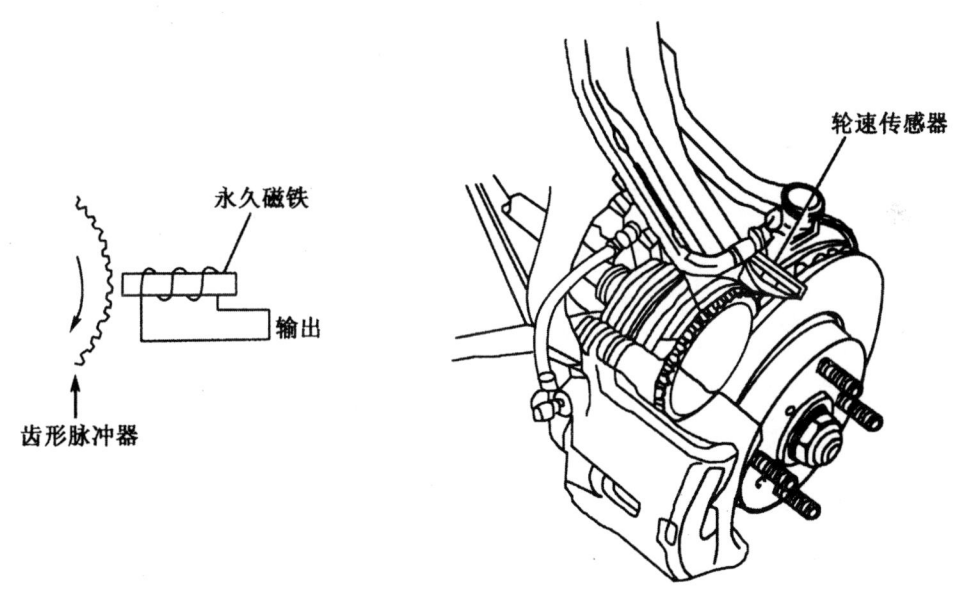

图 11-57 后轮转速传感器

蓄电池电压通过两只大功率三极管输送到后轮转向执行器电动机处。其中一只三极管在右转弯时导通,而另一只在左转弯时导通。主、副后轮转角传感器将反馈信号送到四轮转向驱动控制单元,以指示后轮转角已被执行。

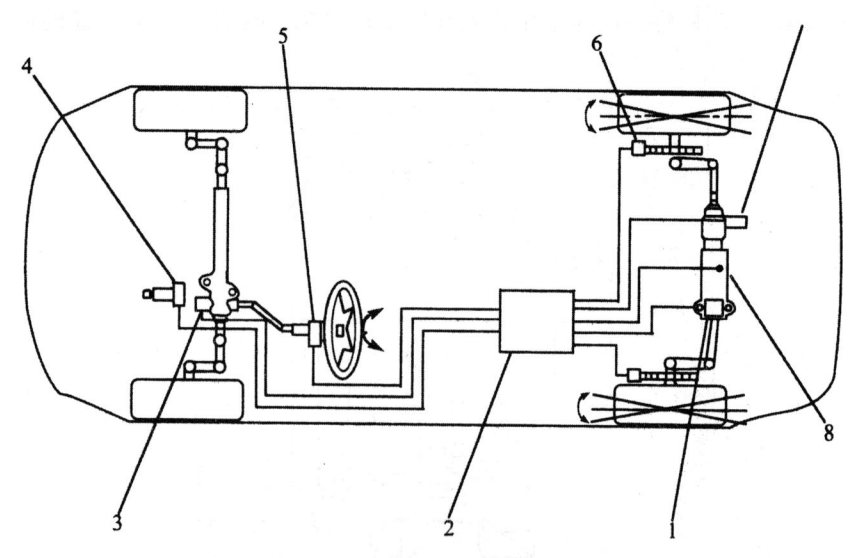

图 11-58 电控四轮转向系统的工作情况

1—主后轮转角传感器；2—四轮转向控制单元；3—副前轮转角传感器；
4—车辆速度传感器；5—主前轮转角传感器；6—后轮转速传感器；
7—副后轮转角传感器；8—后轮转向执行器

第 12 章　汽车转向系的故障诊断与维修

12.1　机械式转向系的故障诊断

1. 转向沉重故障诊断方法

在汽车转向转动转向盘时,感到比平时沉重费力。主要原因是由于各部间隙过紧、运动机件变形、缺油以及其他方面的原因,造成机件运动阻力增大甚至运动发卡所致,具体原因如下:

(1)转向器方面

啮合间隙过小;转向器各轴承轴向间隙过小;转向器缺油;转向轴弯曲、柱管凹陷导致与转向轴碰擦等。

(2)转向传动机构方面

各拉杆球头销配合处过紧,或者缺油;横、直拉杆或者转向节变形;转向节止推轴承缺油、损坏,或者轴承轴向间隙过小。

(3)其他方面原因

前轮胎气压过低;前轮定位失准;前轮毂轴承过紧;前桥或者车架变形。

故障诊断与排除方法如下:

应先诊断出故障的大概原因,再进一步继续诊断。

(1)大概诊断

顶起前桥,使前轮悬空,转动转向盘。若感到明显轻便省力,则故障在前轮、前桥或车架。若转向仍然沉重费力,应将垂臂拆下,继续转动转向盘,若明显轻便省力,则故障在转向传动机构;若仍沉重费力,则故障在转向器。

(2)转向器检查

若故障在转向器,则应对转向器进行检查。先检查外部转向轴,有无变形凹陷等。再检查啮合间隙是否过小,轴承间隙是否过小,是否缺油,有无异响等。

(3)转向传动机构检查

检查各部连接处是否过紧而运动发卡,检查各拉杆及转向节有无变形,检查转向节主销轴向间隙是否过小。

(4)其他方面检查

检查轮胎气压、轮毂轴承松紧程度,前轮定位等。必要时,应对前轮及车架是否变形进行检查。

2. 转向不灵敏,操纵不稳定故障诊断方法

操纵转向盘时感觉旷量很大,需用较大幅度转动转向盘,才能控制汽车行驶方向;汽车在直线行驶时又感到行驶不稳。

原因是由于磨损和松动导致的各部间隙过大所致,主要有以下几个方面:

1)转向器啮合间隙过大,安装松动。

2)转向轴与转向盘配合松动。

3)转向传动机构各球头销处配合松动。
4)前轮毂轴承间隙过大。
5)汽车前轮前束过大。
故障诊断与排除方法如下：
采用分段方法,诊断出何处间隙过大。
1)应先检查转向盘的自由转动量,若过大,说明转向系内存在间隙过大的故障;若正常,故障原因可能是前轮毂轴承间隙过大、主销与转向节衬套孔间隙过大、主销与转向节轴向间隙过大及前束过大等原因。
2)一人原地转动转向盘,另一人观察垂臂摆动,当垂臂开始摆动时转向盘自由转动量不大,说明是转向传动机构松旷;否则,为转向器松旷。
3)检查前轮毂轴承、主销等处,找出松旷部位。
4)必要时应检查前束,前束值过大时,伴随有轮胎异常磨损。

3. 汽车行驶跑偏故障诊断方法

汽车在直线行驶时,驾驶员需不断向一边轻拉转向盘,方能保持直线行驶,否则,汽车自动向另一边跑偏。
主要原因是由于汽车左右两边几何尺寸或滚动阻力不相等所致,具体如下：
1)左右两轮气压不等、轮胎磨损情况及规格不等,造成滚动半径不等,汽车自动向滚动半径小的一边跑偏。
2)两前轮的定位角不等。
3)两前轮轮毂轴承的松紧程度不等。
4)一边车轮的制动器拖滞。
5)车架变形,一边钢板弹簧折断或过软,某一车桥歪斜等。
6)前束值不准,过大或者过小。
故障诊断与排除方法如下：
1)应先检查跑偏一侧的车轮毂和制动器是否温度过高,若温度过高,则为轮毂轴承过紧和制动拖滞。
2)检查轮胎气压和轮毂轴承松紧程度。
3)新换轮胎出现跑偏,多为轮胎规格不等。
4)检查钢板弹簧有无松动、断裂,车桥有无歪斜移位,车架有无变形等。
5)检查前轮定位情况。

4. 汽车高速摆振故障诊断方法

汽车出现转向盘发抖,车头在横向平面内左右振动、行驶不稳等现象,有下面两种情况：
1)在高速范围内某一转速时出现。
2)转速越高,上述现象越厉害。
主要有以下几方面原因：
1)前轮动不平衡。
2)前轮辋变形。
3)转向传动机构运动的干涉。

4)车架、车桥变形。

5)悬架装置出现故障,如左、右悬架刚度不等,减振器失效,导向装置失效等。

故障诊断与排除方法如下:

1)若摆振是随车速提高而增大,多为车轮动不平衡和轮辋变形所致,应检查轮胎平衡和轮辋变形情况。

2)若在某一转速时摆振出现,则情况比较复杂,应对转向系、前桥及悬挂等进行全面检查,以发现造成摆振的原因。

5. 转向发卡故障诊断方法

在转动转向盘时,某一位置出现卡滞,必须费较大力气方能通过,有时甚至完全不能转动。

主要有以下几方面原因:

1)转向器内异物掉入。

2)循环球式转向器的钢球破裂。

3)转向器轴承破裂。

4)啮合间隙调整不当。

故障诊断与排除方法如下:

通过对转向器检查,可发现造成转向器发卡的原因。

12.2　动力转向装置常见故障

由于动力转向系的广泛使用,对其常见故障的研究也是必要的。下面就动力转向系的常见故障作分析。

1. 转向沉重或助力不足

其主要原因是:

1)转向油泵皮带松弛。

2)储液罐内油面过低。

3)转向器内部泄漏过大。

4)转向油泵磨损严重,导致压力过低或者油液泄漏过甚。

5)转向控制阀发卡。

2. 转向盘回正过度

其主要原因是:

1)转向液压系统内有空气。

2)转向器固定松动。

3)转向器啮合间隙过大。

3. 转向时有噪声

其主要原因是:由于控制阀性能不良所致。尤其当转向盘处于极限位置时或原地转动转向盘更为明显。当油面过低时,油泵会在工作时吸进空气而产生噪声。油泵皮带过松,也会使油泵发出"嘶嘶"的皮带啸叫声。

4. 发动机工作时转向,转向盘颤抖或振动

其主要原因是:

1)油面过低。

2)油泵皮带松弛。

3)油泵泵油压力不足。

4)转向油泵流量控制阀卡住。

5. 左右转向时轻重不同

其主要原因是:

1)控制阀的滑阀偏离中间位置。

2)滑阀内有脏物,使左右移动时阻力不一样。

6. 转向盘不能自动回到中间位置

其主要原因是:

1)转向油泵流量控制阀有卡滞。

2)转向器转阀有阻塞或卡滞。

3)回油软管扭曲阻塞。

4)转向系其他方面故障等。

7. 转向时转向盘瞬间转向力增大

其主要原因是:

1)油面低。

2)转向泵皮带打滑。

3)转向泵内泄漏量过大。

12.3 转向系的维护

12.3.1 转向系的一级维护

检查转向器、转向摇臂、转向直拉杆的连接情况,并紧固各部连接螺栓,检查转向器有无漏油情况。

检查前轴及转向节主销的间隙。

检查转向盘的自由行程。

检查转向器各齿轮油油平面,视需要添加齿轮油。

12.3.2 转向系的二级维护

完成一级维护的内容。

检查转向节主销与前工字梁配合情况,检查转向节及横、直拉杆各球头销技术状况。

视情况拆检转向器总成。

12.4 机械式转向系的维修

12.4.1 循环球机械转向器的维修

1. 循环球机械转向器主要零件的检修

(1) 转向器壳体的检修

①壳体、侧盖产生裂纹需更换,二者结合平面的平面度公差为 0.10 mm。

②修整壳体变形。壳体变形的特点是摇臂轴轴承承孔的公共轴线对于转向螺杆两轴承承孔公共轴线的垂直度误差逾限(公差为 0.04~0.06 mm),两轴线的轴心距变大(公差为 0.10 mm)。壳体变形不但会引起转向沉重的故障,同时减少了转向器传动副传动间隙可调整的次数,缩短了转向器的使用寿命。修整变形时,先修整结合平面;然后更换摇臂轴衬套,在图 12-1 所示的镗模上镗削摇臂轴衬套,利用镗模校正两衬套的同轴度(公差为 0.10 mm)和两轴线的垂直度与轴心距。

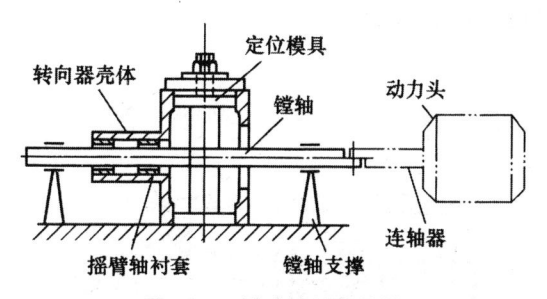

图 12-1 摇臂轴衬套镗模

摇臂轴衬套镗削后与摇臂的配合间隙较原厂规定其增大量不得大于 0.005 mm,使用滚针轴承其配合间隙不得大于 0.10 mm。汽车二级维护时应检查摇臂轴与衬套的配合间隙,使用限度:轿车为 0.15 mm,载货汽车为 0.20 mm。配合间隙逾限后更换衬套,衬套与承孔的配合过盈为 0.110~0.051 mm。

(2) 转向螺杆与转向螺母的检修

1) 转向螺杆与转向螺母的钢球滚道无疲劳磨损、划痕等耗损,钢球与滚道的配合间隙不得大于 0.10 mm。检验钢球与滚道配合间隙的方法有两种:一种方法是把转向螺母夹持固定后,把转向螺杆旋转到一端止点,然后检验转向螺杆另一端的摆动量,其摆动量不得大于 0.10 mm,转向螺杆的轴向窜动量也不得大于 0.10 mm。另一种方法是将转向螺杆和转向螺母配合副清洗干净后,把转向螺杆垂直提起,转向螺母在重力作用下,应能平稳地旋转下落,说明配合副的传动间隙合格。若无其他耗损,传动副组件一般不进行拆检。

2) 总成修理时,应检查转向螺杆的隐伤,若产生隐伤、滚道疲劳剥落、三角键有台阶形磨损或扭曲,应更换。

3) 转向螺杆的支撑轴颈若产生疲劳磨损,会引起明显的转向盘沉重、转向迟钝,可按原厂规定的锥角磨削修整轴颈,然后刷镀修复。实践证明,其耐久性可达 100 000 km 以上。

(3)摇臂轴的检修

1)总成大修时,必须进行隐伤检验,产生裂纹后更换,不许焊修。

2)轴端花键出现台阶形磨损、扭曲变形,应更换。

3)支撑轴颈磨损逾限,但无其他耗损可进行刷镀修复或喷焊修复。

2.循环球转向器的装配与调整

1)安装转向螺杆组件。转向螺杆螺母组件维修时一般不拆散。若拆散重新组装时,先平稳地逐个装入钢球,装钢球的过程中,转向螺杆和转向螺母不要相对运动。必要时,只能稍许转动转向螺母(图12-2)或用塑料棒将钢球轻轻冲进滚道内,然后给装满钢球的导管口涂压润滑脂防止钢球脱出,用导管卡将导管固定在转向螺母上。所装钢球的直径和数量必须符合原厂规定。如 EQD131 型汽车安装 ⌀ 450 mm 转向盘的转向器的钢球为 ⌀ 7.144 mm,共 2×49+1 粒;EQ140/47 型长轴汽车安装 ⌀ 550 mm 转向盘的转向器的钢球为 ⌀ 7.144 mm,共 2×58+1 粒。

图12-2 刚球的装入

2)装入钢球后,转向螺母的轴向窜动量不得大于 0.10 mm。

3)将轴承内圈压在转向螺杆的轴颈上。

4)组装摇臂轴(图12-3)。

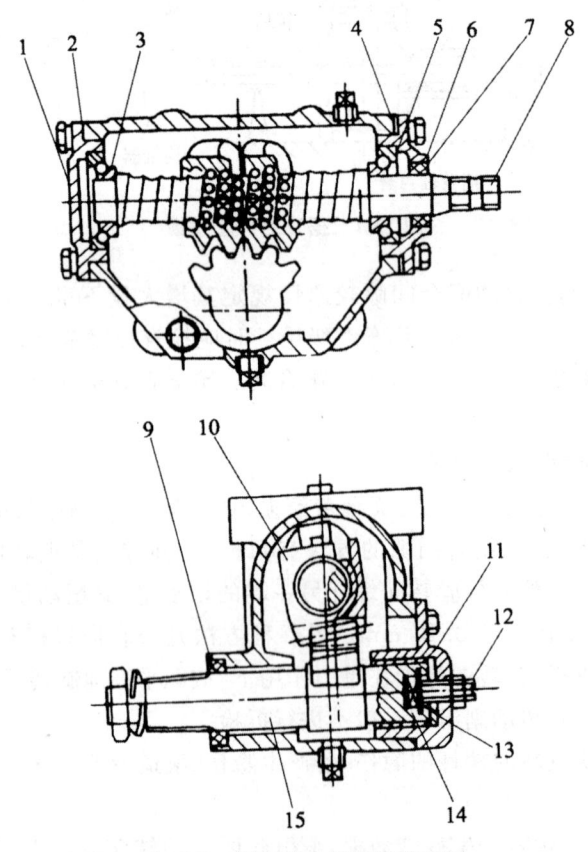

图12-3 循环球式转向器装配图

1—下盖;2—调整垫片;3、5—螺杆轴承;4—上盖调整垫片;6—上盖;7—螺杆油封;8—转向螺杆;9—摇臂轴油封;10—转向螺;11—侧盖;12—调整螺钉;13—孔用弹簧挡圈;14—止推垫片;15—摇臂轴

①检查用于转向螺母与齿扇啮合间隙的调整螺钉的轴向间隙,此间隙若大于 0.12 mm,在调整螺钉与摇臂上的承孔端面间加止推垫片调整。

②摇臂轴承预润滑之后,将摇臂装入壳体内,并按顺序装入止推垫片、调整螺钉、垫圈、孔用弹性挡圈。

5)安装转向器下盖、上盖。

①把轴承装入下盖承孔中(见图 12-3)。

②安装调整垫片 2 和下盖 1,从壳体孔中放入转向螺杆组件,安装下盖。装下盖之前在结合平面上涂以密封胶。

③把轴承外圈和转向螺杆油封 7 压入上盖,并装入上盖调整垫片 4 和上盖 6。

④通过增减下盖调整垫片或用下盖上的调整螺塞调整转向螺杆的轴承紧度,然后检查转向盘的转向力矩,一般为 0.6～0.9 N·m。

6)安装转向器侧盖。

①给油封 9 涂密封胶后,油封唇口向内,均匀地压入壳体上的承孔内。

②将转向螺母移至中间位置(转向器总圈数的 1/2),使扇形齿的中间齿与转向螺母的中间齿相啮合,装入摇臂轴组件。

③侧盖密封垫涂以密封胶,安装紧固。

7)调整转向器的转向间隙。

①使转向器的传动副处于中间位置(直行位置)。

②通过调整螺钉 12,调整转向器传动副的啮合间隙,在直行位置上应呈无间隙啮合。

③中间位置上,转向器转动力矩应为 1.5～2.0 N·m。转向器转动力矩调整合格后,按规定扭转锁紧调整螺钉。

8)安装摇臂时,注意摇臂与摇臂轴二者的装配记号对正。特别注意摇臂固定螺母应确实做到紧固、锁止可靠。

9)按原厂规定加注润滑油。

10)有条件时,检查转向器反驱动力矩(转向轴处于空载状态时,使摇臂轴转动的力矩)。转向器的反驱动力矩应符合原厂规定。

12.4.2 双销式转向器维修

双销式转向器传动效率较高,转向轻便,结构简单,调整方便。EQ1090 型汽车采用此种转向器。

1. 拆卸

1)拆下侧盖时,先拆下双头螺栓及其余的固定螺栓。

2)拔出摇臂轴。

3)拆卸转向螺杆下轴承盖及其附件,取出转向螺杆。

4)拆下转向螺杆上轴承盖组件。

拆卸转向器时,不能用汽油或煤油清洗橡胶类密封件,禁止用蒸汽或碱溶液清洗轴承;结合平面上的纸垫及固态胶状物必须清除干净,必要时用木棒、塑料棒冲击拆卸零件,但不得用榔头直接敲击,防止砸伤零件表面。

2. 主要零件的检修

(1) 转向螺杆的检修

1) 传动副已丧失传动间隙调整能力时应更换。

2) 滚道表面严重磨损或出现严重压痕、疲劳剥落和裂纹等耗损应更换。

3) 轴承轴颈出现疲劳磨损,磨削后刷镀修复。

(2) 摇臂轴的检修

摇臂轴的检修如图12-4所示。

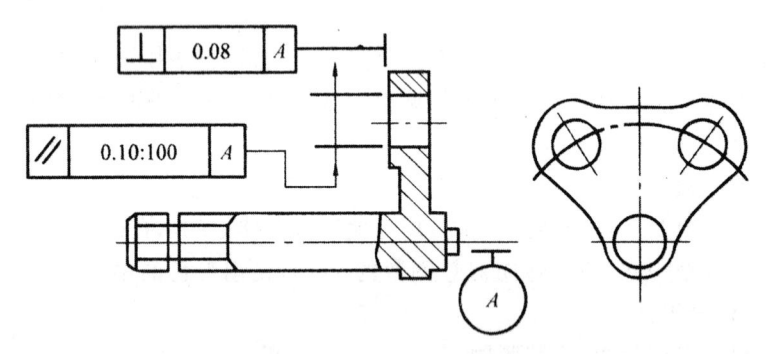

图12-4 摇臂轴技术条件

1) 扇形块、花键出现明显的扭曲应更换。$\phi 42$ mm两孔的轴线与$\phi 35$ mm轴的轴线平行度误差不得大于不得大于0.10：100 mm；$\phi 42$ mm两孔端面在同一平面里的位置度误差不得大于0.08 mm；花键安装记号（刻线）与扇形块中线之夹角不得超过13°。

2) 摇臂轴任何部位出现裂纹都应更换,禁止焊修。

3) 支承轴颈磨损逾限刷镀修理或更换。

(3) 检查主销轴承组件

1) 主销头部产生疲劳剥落或已经产生偏磨或破裂,应更换组件。

2) 用两个手指捏住主销头部转动,应转动自如；主销在轴承内若有轴向窜动,视情况进行调整。

(4) 摇臂轴衬套

摇臂轴衬套间隙使用限度为0.20 mm。

3. 转向器的装配

如图12-5所示,装配前应复查所更换的零件和修复零件,复检合格的零件清洗后用压缩空气吹干。在装配中,应尽可能地使用专用工具,相关螺栓、螺母的紧固扭转应符合原厂规定。

(1) 安装转向器下盖

1) 先把轴承14(9168306)的外座圈压入壳体5,有滚道的一面沉入壳体下端面距离为12.5～13.0 mm。

2) 把O形密封圈压入轴承垫块的槽内,密封圈不得产生扭曲,不得损伤密封圈外缘,防止漏油。

3) 安装下盖8,下盖中心的凸台向外。

4) 在下盖上面装好调整螺钉9和锁止螺母10。下盖紧固螺栓暂勿完全拧紧,待上盖紧固螺栓紧固后再完全紧固下盖紧固螺栓。

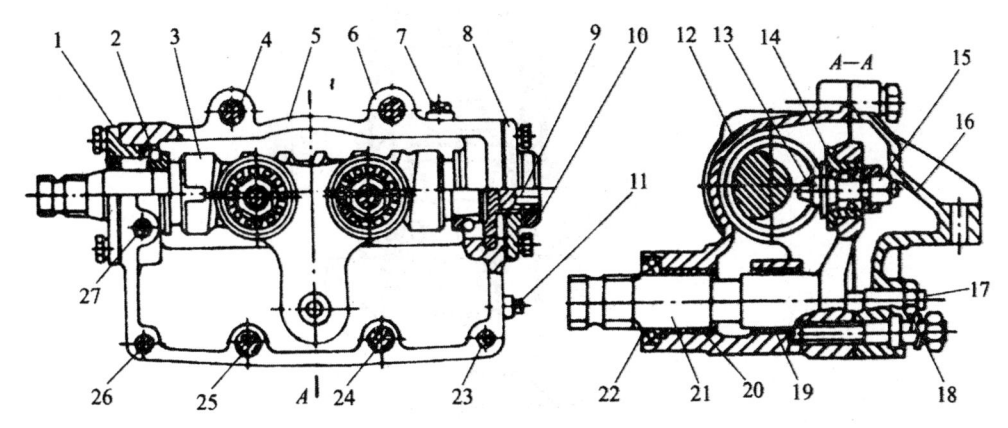

图 12-5 双销式转向器
1—上盖；2、14—轴承；3—转向螺杆；4、6—六方头长螺栓；5、12—壳体；
7—加油孔螺塞；8—下盖；9—调整螺钉；10—锁止螺母；11—放油螺塞；13—主销；
15—固定螺；16—侧盖；17—调整螺钉；18—锁止螺母；19、20—摇臂轴衬套；
21—摇臂轴；22—油封；23、26、27—六方头短螺栓；24、25—双头螺栓

(2) 安装转向螺杆 3

1) 将轴承 2 和 14 的内圈压入转向螺杆 3 的上、下支承轴颈。

2) 把转向螺杆放入壳体 5。

3) 放入上轴承保持架。

(3) 安装上盖 1

1) 先把上轴承外座圈压入壳体上端承孔内，外座圈平面沉入承孔与壳体上端面距离为 12.5～13.0 mm。

2) 换装上盖 O 形密封圈和上盖油封。

3) 将原调整垫片按原有的顺序和数量放回转向器上盖。该调整垫片是用来调整转向螺杆中点位置的，制造厂家已经调好，维修不需要重新调整，仍需保持原调整垫片的总厚度。EQ1090 型汽车转向器垫片厚度分别为 0.5 mm 1 张，0.2 mm 2 张，0.1 mm 1 张，4 张交错叠压，其总厚度不得大于 1.2 mm。

4) 紧固上盖固定螺栓。

5) 将下盖固定螺栓拧紧。

(4) 检查调整转向螺杆轴承紧度

用下盖上的调整螺钉 9 进行调整。轴承紧度合格时，转向螺杆的转动力矩符合原厂规定 (EQ1090 型汽车转向器为 1.0～1.7 N·m)。调整结束，锁紧锁止螺母 10。

(5) 组装主销 13

1) 主销必须成对更换，防止造成左、右转向间隙不等，引起转向力不均匀的故障，还应同时更换主销轴承。

2) 按图 12-6 所示组装主销与轴承组件，再用专用压套压住轴承外圈将组件压入(压出)承孔。

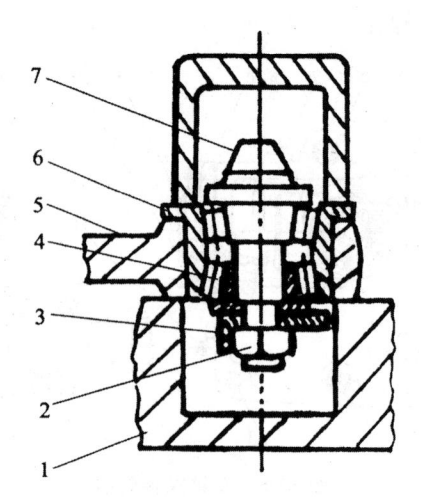

图 12-6 主销组件压装

1—压套；2—锁止螺母；3—止动锁片；4—轴承内座圈；
5—扇形块；6—轴承块；7—转向器主销

(6) 将摇臂轴组件预润滑

摇臂轴组件预润滑后装入壳体，使主销与转向螺杆啮合。啮合后转向螺杆应转动自如，转动总圈数不少于 8 圈。

(7) 安装侧盖 16

注意两个双头螺栓要旋入指定的螺孔内。

(8) 调整传动间隙

使摇臂轴与转向螺杆必须处于中间位置，然后手握转向螺杆端部来回转动，通过调整螺钉 17 调整主销的啮合间隙直至有摩擦力矩的感觉为止，此时转向螺杆的转动力矩应不大于 2.7 N·m。若转向螺杆的中点位置不准确，变更上盖垫片总厚度进行调整。

汽车在二级维护时应检查调整转向器转动间隙。

4. 安装摇臂

1) 摇臂与摇臂轴的安装标记要对正。

2) 摇臂紧固螺母的紧固力矩应符合原厂规定，而且锁止可靠。

3) 按原厂规定加注润滑油。改装车若转向器的安装角度有所变化，加注润滑油的容量必须满足转向螺杆上端轴承的润滑需要。

12.4.3 齿轮齿条式机械转向器的维修

齿轮齿条式机械转向器因其结构简单，可靠性好，转向结构又几乎完全封闭，维修工作量少，也便于独立悬架的布置，转向齿条和转向齿轮直接啮合，无须中间传动，因此，操纵的灵敏性很好，同时转向齿条的节距由齿条端头起至齿条中心逐渐由大变小，转向齿轮与转向齿条的啮合深度逐渐变大，在转向盘转动量相同的条件下，齿条的移动距离在靠近齿条端头要比靠近齿条中心部位稍短些，从而使转向力变化微小，使转向器转矩传递性能好，而且转向非常轻便。转向器的这种传动比称为"可变传动比"。轿车已经广泛采用可变传动比的齿轮齿条式转向器(图 12-7)。

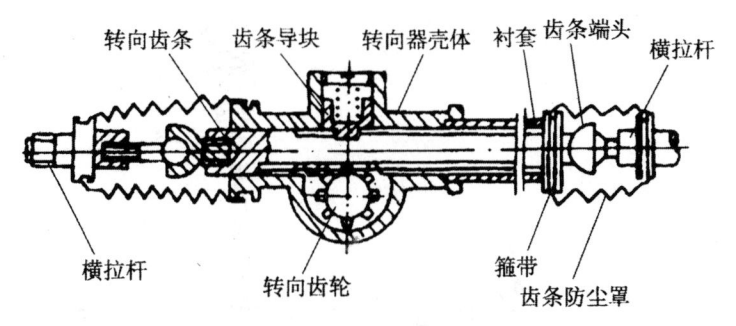

图 12-7　齿轮齿条式转向器

1. 拆卸

拆卸分解中,先在转向齿条端头与横拉杆联接处打上安装标记,然后拆卸转向齿条端头,但不能碰伤转向齿条的外表面。拆下转向齿条导块组件后,拉住转向齿条,使牙齿对准转向齿轮,再拆卸转向齿轮,最后抽出转向齿条。抽出时,注意不能让转向齿条转动,防止碰伤齿面。

2. 主要零件的检修

1) 零件出现裂纹应更换,横拉杆、齿条在总成修理时应进行隐伤检验。

2) 转向齿条的直线度误差不得大于 0.30 mm。

3) 齿面上无疲劳剥蚀及严重的磨损,其转向角与转向力的关系应符合图 12-5 所示。若出现左、右大转角时转向沉重,且又无法调整时应更换。

4) 更换转向齿轮轴承。

3. 齿轮齿条式机械转向器的装配与调整

齿轮齿条式机械转向器的装配与调整如图 12-8 所示。

1) 安装转向齿轮 6。

①将上轴承 5 和下轴承 7 压在转向齿轮轴颈上,轴承内座圈与齿端之间应装好隔圈。②把油封 3 压入调整螺塞 4。③将转向齿轮及轴承一块压入壳体 11。④装上调整螺塞及油封,并调整转向齿轮轴承紧度。手感应无轴向窜动,转动自如,转向齿轮的转动力矩符合原厂规定,一般约 0.5 N·m。⑤按原厂规定扭矩紧固锁紧螺母 2,并装好防尘罩 1。

2) 装入转向齿条 13。

3) 安装齿条衬套 23,转向齿条与衬套的配合间隙不得大于 0.15 mm。

4) 装入转向齿条导块 29、隔环 28、导块压紧弹簧 27、调整螺塞弹簧帽 26 及锁紧螺母 25。

5) 调整转向齿条与转向齿轮的啮合间隙,也称为"转向齿条的预紧力",其调整机构如图 12-9。因结构的差异,调整方法也有所不同,常见的有两类:一是改变转向齿条导块与盖之间的垫片厚度来调整转向齿条与转向齿轮轮齿的啮合深度,完成预紧力的调整;另一种方法是用盖上的调整螺塞改变转向齿条导块与弹簧座之间的间隙值,完成啮合深度,即预紧力的调整图 12-9 所示的结构形式,其预紧力的调整步骤是:先不装弹簧以及壳体与盖之间的垫片,进行 x 值的调整,使转向齿轮轴上的转动力矩为 1~2 N·m,然后用厚薄规测量 x 值;第三步在 x 值上加 0.05~0.13 mm,此值就是应加垫片的总厚度,也就是转向齿条和转向齿轮的啮合间隙所要求的垫片总厚度。

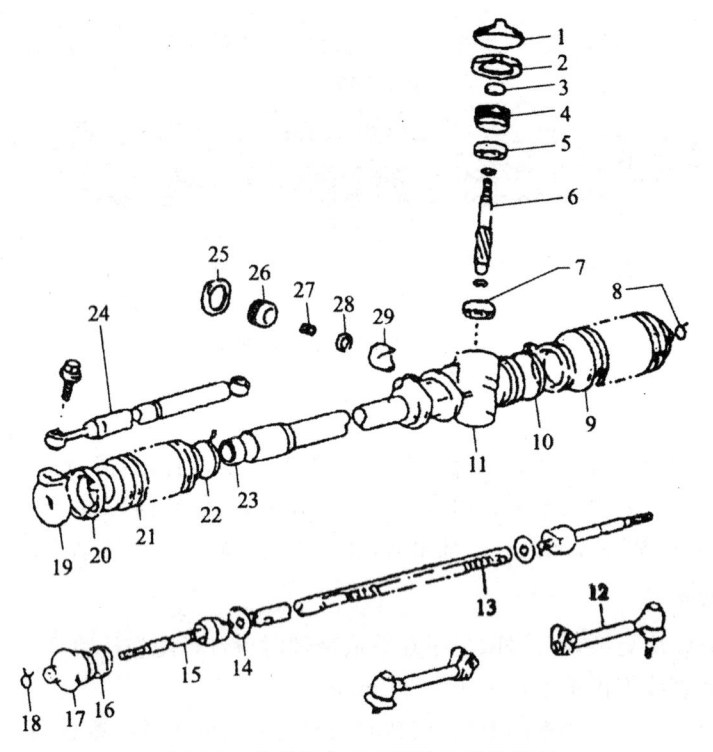

图 12-8 齿轮齿条式机械转向器分解图

1—防尘罩；2—锁紧螺母；3—油封；4—调整螺塞；5—上轴承；6—转向齿轮；7—下轴承；8—夹子；9—齿条防尘罩；10—箍带；11—齿条壳体；12—横拉杆；13—转向齿条；14—垫圈；15—齿条端头；16—固定环；17—防尘罩；18—夹子；19—减振器支架；20—防尘套护圈；21—防尘罩；22—箍带；23—齿条衬套；24—转向减振器；25—螺母；26—弹簧帽；27—弹簧；28—隔环；29—齿条导块

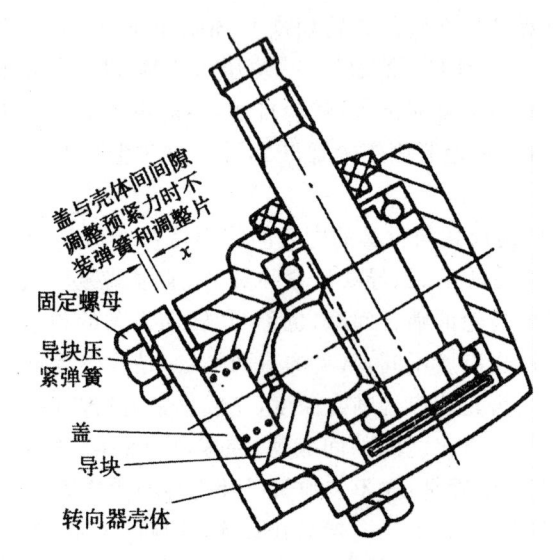

图 12-9 预紧力调整机构

1—转向器壳体；2—导块；3—盖；4—导块压紧簧；5—固定螺母

结构有弹簧座时,先旋转盖上的调整螺塞,使弹簧座与导块接触,在将调整螺塞旋出30°～60°之后,检查转向齿轮轴的转动力矩,如此重复操作,直至转向齿轮的转动力矩符合原厂规定,最后紧固锁紧螺母。

6)安装垫圈 14 和转向齿条端头 15 时注意转向齿条端头和齿条的联接必须紧固、锁止可靠。

7)安装横拉杆和横拉杆端头,并按原厂规定检查调整左、右横拉杆 12 的长度,以保证转向轮前束正确。另外,横拉杆端头球销的夹角应符合原厂规定;调整合格后,必须按原厂规定的扭矩紧固并锁止横拉杆夹子。

12.5 动力转向装置的维修

动力转向系是兼用驾驶员体力和发动机动力为能源的转向系统,广泛采用机械转向器、转向动力缸和转向控制阀三者合成一体的整体式转向器。这种动力转向器的结构紧凑、质量轻、传动效率高、操纵轻便、反应灵敏、寿命长且易于调整,能满足在高速公路上高速行驶的需要。但是结构复杂,制造精度高。图 12-10 所示为循环球转阀整体式动力转向器。

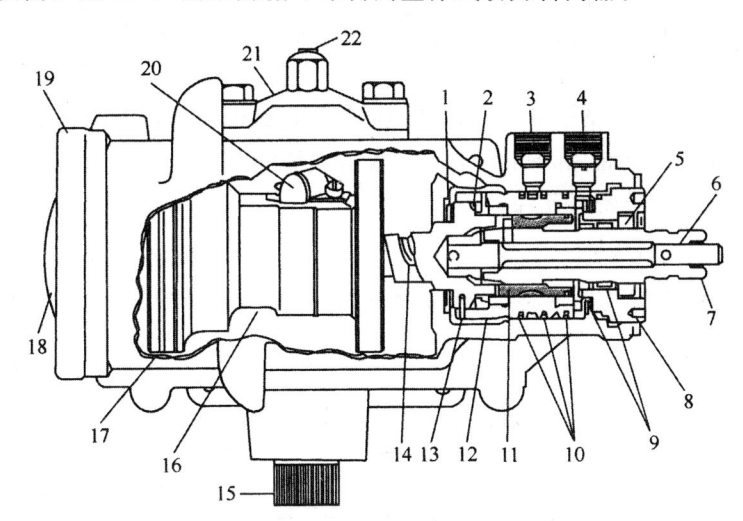

图 12-10 循环球转阀整体式动力转向器

1—推力轴承;2—密封圈;3—进油口;4—出油口;5—油封;6—扭杆;7—枢轴;
8—调整螺塞;9—轴承;10—密封圈;11—滑阀;12.阀体;13—定位销;14—转向螺杆;
15—摇臂轴;16—转向齿条活塞;17—齿条活塞密封圈;18—端盖;19—壳体;20—钢球导管;21—侧盖;22—调整螺栓

12.5.1 动力转向器的检修

1.动力转向器拆卸注意事项

在拆卸分解之前,应先放掉润滑油,检查转向器的转动力矩,若转动力矩不符合原厂规定又无法调整时,应考虑更换转向器总成。在 360°位置时,将枢轴 7(图 12-10)分别向左、向右从头至尾地转动数次,在360°处的转动力矩一般应在 0.7～1.2 N·m 之间。然后在正中位置测量转动力矩,所谓正中位置就是枢轴从闭锁状态转过一圈再加上 360°,正中位置的转动力矩应比 360°处的转动力矩大 0.1～0.4 N·m。否则,调整转向器传动副的啮合间隙,当转动力矩已无法调整到规定的范围时,可以考虑更换转向器总成或拆散进行检修。拆散时,先将壳体可靠地夹持在虎钳上。如图12-10所示,拆卸顺序如下:

(1)拆卸摇臂轴

将摇臂轴上的扇形齿置于中间位置,先拆下摇臂轴油封;接着拆下侧盖固定螺栓,将摇臂轴压出约 20 mm;然后给摇臂轴支撑轴颈端套上约 0.1 mm 厚的塑料筒,用手抓住侧盖抽出摇臂轴,同时用另一只手从另一端压入塑料筒,防止轴承滚棒散落到壳体内,引起拆卸不便。若是滑动轴承(衬套),就不需加塑料筒了。

(2)拆前端盖 18

用冲头冲击前端盖 18 的弹簧挡圈,然后逆时针转动控制阀阀芯的枢轴 7,取下前盖。

(3)拆卸转向齿条活塞 16

把有外花键的专有心轴从前端插入转向齿条活塞 16 的中心孔,直至顶住转向螺杆 14 的端部。然后逆时针转动控制阀阀芯枢轴 7,将专用心轴、齿条活塞 16、钢球作为一个组件整体取出。

(4)拆卸调整螺塞 8(上端盖)

应先在螺塞和壳体上作对位标记,以便装配时易于保证滑阀的轴向间隙。然后用专用扳手插入螺塞端面上的拆卸孔内,拆下调整螺塞,拆下时应防止损坏调整螺塞。

(5)拆下阀体 12

滑阀 11 与阀体 12 都是精密零件,其公差为 0.0025 mm,并且经过严格的平衡,在拆卸中不得磕碰,以防止损伤零件表面,拆下后应合理地堆放在清洁处。

(6)拆下所有的橡胶类密封元件。

2.动力转向器零件的检验

1)滑阀与阀体的定位孔出现裂纹、明显的磨损,滑阀在阀体内发卡,应更换阀体组件,如图 12-11 所示。

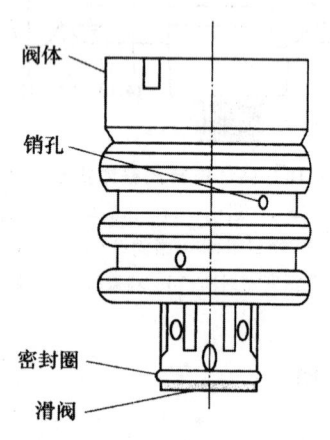

图 12-11 转向控制阀的检验

2)输入轴配合表面不得有明显的磨痕、划伤和毛刺,否则,应更换。

3)修理时,必须更换所有的橡胶类密封元件。

4)壳体上的球堵、堵盖之类的密封件不得有渗漏现象。

3.动力转向器的装配

动力转向器的装配如图12-12所示。

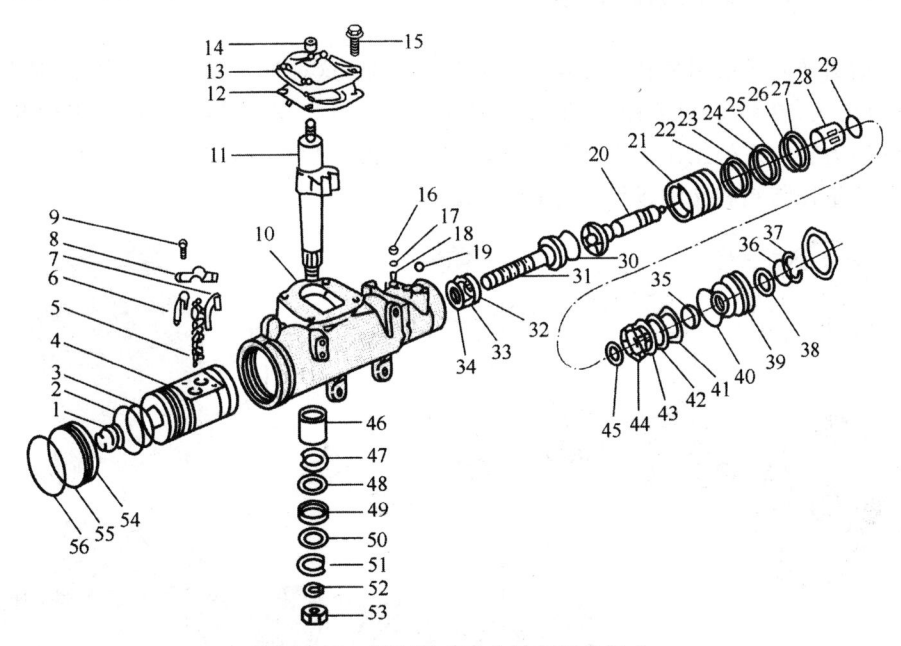

图12-12 循环球式动力转向器的组成

1—活塞端堵头;2—聚四氟乙烯密封环;3、29、30、40、54—"O"形密封环;
4—齿条活塞;5—钢球;6—刚球导管(半边);7—钢球导管(另半边);8—导管固定夹;
9—导管固定夹螺栓;10—转向器壳体;11—摇臂轴;12—侧盖衬垫;13—侧盖;
14—锁紧螺母;15—螺栓;16—软管接头座;17—止回阀;18—弹簧;19—软管接头座;
20—输入轴总成;21—阀体;22、26—密封圈;23、25、27—聚四氟乙烯密封圈;
24—密封圈;28—阀芯;31—转向螺杆;32—锥形推力轴承座圈;33、42—推力轴承;
34—轴承座圈;35、46—滚针轴承;36—防尘密封圈;37、51、56—卡环;38—油封;
39—调整螺塞;41—大止推挡圈;43—小推力轴承;44—隔圈;45—卡圈;
47、49—单唇油封;48、50—支撑挡圈;52.垫圈;53—螺母;55—壳体前端盖

1)装配前,应将各零件清洗干净,并用压缩空气吹干,不得用其他织物擦拭。

2)组装转向螺杆、齿条活塞组件:①将转向螺杆装入齿条活塞4中,然后将黑色间隔钢球和白色承载钢球间隔从齿条活塞背上的两个钢球导孔装入滚道。②将钢球装满钢球导管7,再将导管插入导孔,按规定扭矩用导管夹8固定好导管。③将专用心轴从齿条活塞前端装入齿条活塞,直至顶住转向螺杆31。

3)安装阀体21与螺杆,阀体上的凹槽与螺杆的定位销必须对准。

4)安装阀芯28,输入轴20,并装好推力轴承33及所有的橡胶密封圈和聚四氟乙烯密封圈。

5)把阀体推入转向器壳体10中,把专用心轴与齿条活塞一并装入壳体,待与螺杆啮合后,顺时针转动输入轴20,将齿条活塞拉入壳体后,再取出专用心轴。

6)安装调整螺塞39,并调整好调整螺塞的预紧度。

7)安装摇臂轴组件,注意对正安装记号和按规定力矩紧固侧盖。并注意用适当厚度的垫片调整"T"形销与销槽之间的间隙,达到控制摇臂轴轴向窜动量的目的。

8)调整摇臂轴扇形齿与齿条活塞的啮合间隙,检验输入轴的转动力矩应符合原厂规定。

12.5.2 动力转向油泵的检修

汽车的动力转向系所用的转向油泵多为叶片式油泵,这种油泵具有结构紧凑、质量轻、性能稳定、转速范围大、效率高、可靠耐用、维修方便等特点。因此,动力转向系广泛采用叶片式转向油泵来保证动力转向系的工作压力。叶片式转向油泵俗称刮片泵,主要部件包括壳体、转子、叶片、凸轮环、流量控制阀和储油罐等,如图 12-13 所示。

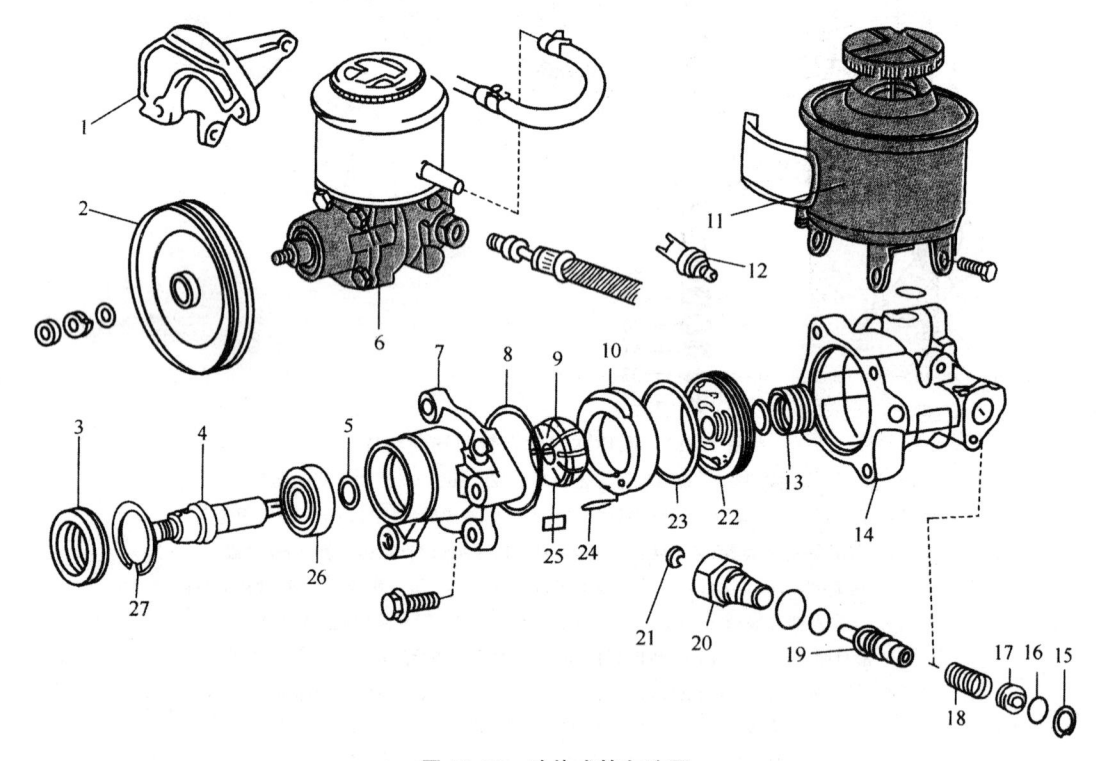

图 12-13 叶片式转向油泵

1—支架;2—皮带盘;3—油封;4—转子轴;5、15—卡环;6—泵;7—前壳;
8、16、23—密封圈;9—转子;10—凸轮环;11—储液罐;12—通风阀;13、18—弹簧;
14—后壳体;17—弹簧座;19—流量控制阀;20—阀座;21—接头座;22—后板;
24—直销;25—叶片;26—轴承;27—锁环

1. 叶片式转向油泵的拆卸

转向油泵壳体接合面、泵轴、储液罐与泵的连接处、流量控制阀等部位出现渗漏时,应拆卸分解转向油泵,进行检修。

1)将泵内机械油排放干净后,从发动机上拆下转向油泵。
2)拆散转向油泵时应在前、后壳体接合面处打上装配记号后,再拆开壳体。
3)在拆下偏心壳时,务必使叶片不要脱开转子。
4)拆下卡环和油封时应使用专用工具。
5)拆下转子时,必须打上包括转子旋转方向的安装记号,皮带盘也应打上安装记号后,才能拆下皮带盘及转子轴。

2. 转向油泵的检修

1）更换油封和橡胶类密封圈。

2）叶片与转子上的滑槽表面应无划痕、烧灼以及疲劳磨损；其配合间隙一般应不大于 0.035 mm；叶片磨损后的高度与厚度不得小于原厂规定的使用限度。否则更换叶片或总成。

3）转子轴径向配合间隙约为 0.03～0.05 mm，间隙过大，应视情况更换轴承。

4）转子与凸轮环的配合间隙约 0.06 mm。工作面上应光滑，无疲劳磨损和划痕等缺陷。转子与凸轮环一般为非互换性配合，若间隙过大，通常更换总成。

5）皮带轮有缺损或其他原因而丧失平衡性能之后，应更换。

6）流量阀弹簧的弹力或自由长度应符合原厂规定；并应检修流量阀球阀的密封性，检验时，先堵塞进液孔，然后从旁通孔通入 0.39～0.49 MPa 的压缩空气，其出孔处不得漏气。否则，更换流量阀。

3. 转向油泵的装配

转向油泵附流量阀在装配时，必须保持严格的清洁；不得因装配工作而损伤叶片、转子、凸轮环等精密零件的工作面；零件的装配标记和平衡标记相对应且位置正确；要求密封严格的接合面及其他密封部位，必须在衬垫上涂抹密封胶。

转向油泵装配后应进行部件性能试验，即功率—流量试验，试验规范应符合原厂规定，无部件性能试验条件时，必须进行动力转向系统性能的试验。

12.5.3 动力转向系的试验与调整

动力转向系装配完毕后，应进行油量、油压试验，排除系统内的空气，调整转向油泵皮带紧度等作业，以保证动力转向系良好的工作性能。无动力转向系试验台时，可进行就车试验，就车试验按下列程序进行。

1）检查调整轮胎气压。

2）检查调整转向桥、转向系各部位配合间隙以及转向盘的自由转动量。

3）检查调整转向车轮定位。

4）检查调整转向油泵皮带张力。以原厂规定的压力（约 98 N），在皮带中部按下皮带，皮带的挠度应符合原厂规定，一般新皮带挠度约为 7～9 mm，在用皮带轮挠度约在 10～12 mm 范围内。

5）检查发动机怠速提高能力。在发动机性能正常、怠速稳定的条件下，转向盘转至极限位置；此时，夹紧空气量控制阀软管，发动机转速应急速下降；放松空气量控制阀软管时，发动机转速应急速上升。

6）检查储油罐液位：①保持转向车轮与地面接触，在发动机维持怠速转动（约 1 000 r/min）条件下，将转向盘反复从一侧极限位置转至另一侧极限位置，使液压油的温度升至 323～353K。②储油罐中油面应在上下限标线（或 HOT 和 COLD）之间，且油中无气泡。③检查各部确无泄漏后，若需补给液压油，按原厂规定牌号补给液压油。④更换液压油的程序。若需要更换液压油，先顶起转向桥，从储油罐及回油管排出旧油；同地使发动机怠速运转（约 1 000 r/min），排放旧液压油，同时将转向盘向左、向右反复转到极限位置，直至旧液压油排尽后 1～2 s，再加注新液压油。

7) 动力转向系统中空气的排放。动力转向系统更换液压油之后和检查储油罐中油位时发现有气泡冒出，说明系统内已渗入了空气，将会引起转向沉重、前轮摆动、转向油泵产生噪声等故障，必须将系统内的空气排放干净。排程序如下：①架起转向桥。②发动机怠速运转（1000 r/min），反复向左、向右转动转向盘到极限位置，直至储油罐内无泡沫冒出并消除乳化现象，表明液力转向系统内的空气已基本排净。③发动机刚刚熄灭火后，储油罐中应无气泡，液面不得超过上限，停机 5 min 之后，液面应升高约 5 mm。

8) 检查动力转向系统的油压。动力转向系统的油压，可以表征转向油泵和流量控制阀的技术状况。为了检查系统油压，在检查储油罐液位之前，应在系统内装入油压测试器，油压测量器由油压表和截止阀并联而成，如图 12-14 所示。①将油压测试器串联在动力转向器的进油管道上。②转动转向盘，使转向车轮向右转至极限位置。③起动发动机，使其转速稳定在 1 500～1 600 r/min。④关闭截止阀，油压表指示压力应符合原厂规定（一般不低于 7 MPa）。截止阀关闭时间不宜超过 10 s，以免对转向油泵造成不良影响。

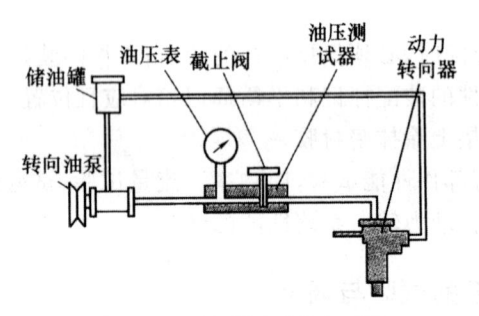

图 12-14 油压测试接入系统

9) 测量动力转向器的有效油压：①发动机维持怠速转动。②截止阀完全打开，将转向盘转至极限位置，此时油压表指示压力应符合原厂规定（一般不小于 7 MPa）。若油压过低或油压表指针抖动，说明转向器内部有泄漏。

10) 检验流量控制阀的工作性能。检查流量控制阀工作性能的方法有两种：一种方法是检验发动机在怠速范围内急加速时系统内的油压回降情况；另一种方法是检验无负荷时的油压差。

检查系统油压降：仍将油压测试器安装在动力转向器的进油管道上，使发动机处于稳定怠速工况。用截止阀开度调整油压表指示油压为 3 MPa。转向盘不动，在怠速范围内急加速，指示压力应随发动机转速增大而提高。突然放松加速踏板，使发动机恢复稳定怠速工况，油压表指示油压仍能回复到 3 MPa，说明流量控制阀性能可靠。否则，表明流量控制阀卡死或堵塞，进行检修或更换流量控制阀。

流量无负荷油压差：完全打开截止阀。分别测量发动机转速在 1000 r/min 和 3000 r/min 两个转速下的油压差应小于 0.49 MPa，表明流量控制阀性能良好，动作灵活。否则，表明流量控制阀需检修或更换。

11) 系统防过载装置的调整。系统防过载装置由转向器限位螺栓和车轮最大转向角限位螺栓组成。前者用于限制扇形齿即摇臂轴的最大摆角，后者用于限制转向时转向轮的最大转角。要求在转向盘转到左、右极限位置时摇臂轴先碰抵转向器限位螺钉之后，转向节才碰抵最大转向角限位螺栓，防止转向车轮转角过大，造成液力转向系统油压突然过高而产生过载，损坏密封件或使管道胀裂。调整程序如下：①油压测试器仍然装在液力转向器进油管路上，并使发动机继续处在稳定怠速工况。②松开转向器限位螺栓,再将转向盘转至一侧极限位置。③将转向器限位螺栓拧进至与齿扇刚刚接触后,再退回约 1/3 圈,此时指示油压应在 0.2 MPa 范围内。④调整最大转向角限位螺栓,使转向轮与最大转向角限位螺栓抵触时,指示油压应不小于 7 MPa。

12)检查动力转向器的回油压力。把油压测试器装在动力转向器回油管路中,发动机处于怠速工况,此时指示油压应小于 0.5 MPa。若回油压力过大,会造成转向盘自动向左方转动,说明回油管堵塞或压瘪,回油阻力过大。

13)测量转向力:①落下前桥,使汽车停放在平坦地面上,两转向车轮处于平行位置。②发动机怠速运转。③测量转向盘从直行(中间位置)向左、向右转动转向盘所需的力矩。装有安全气囊的动力转向系,其转向盘周缘的转动力一般不大于 39 N,无安全气囊的一般不大于 7.5 N。

第 5 篇　汽车制动系统

第 13 章　车轮制动器与制动传动装置

13.1　盘式车轮制动器

将旋转元件固装在车轮或半轴上，将制动力矩直接作用于两侧车轮上的制动器称为车轮制动器，其作用是使车轮减速。汽车上采用的车轮制动器分为盘式和鼓式两种，如图 13-1 所示。

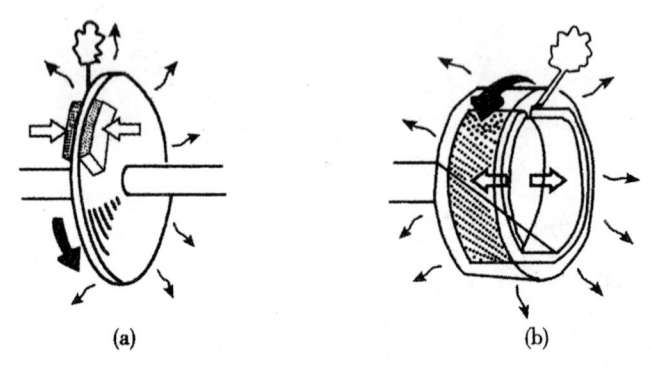

图 13-1　制动器的类型
(a)盘式制动器；(b)鼓式制动器

根据摩擦副中旋转元件的结构形式不同，它们的区别在于盘式制动器的旋转元件为圆盘状的制动盘，以端面为工作表面，如图 13-1(a)所示。

鼓式制动器的摩擦副中旋转元件为制动鼓，其工作表面为圆柱面，如图 13-1(b)所示。

13.1.1　盘式车轮制动器的类型及特点

1. 类型

盘式制动器根据其固定元件的结构形式可分为钳盘式制动器和全盘式制动器。

钳盘式制动器的固定元件为制动钳，制动钳中的制动块由工作面积不大的摩擦块与其金属背板组成，每个制动器中有 2~4 块。钳盘式制动器按制动钳固定在支架上的结构型式可分为：定钳盘式和浮钳盘式。

全盘式制动器的固定元件的金属背板和摩擦片都做成圆盘形，因而其制动盘的全部工作面可同时与摩擦片接触。全盘式制动器由于制动钳的横向尺寸较大，主要应用在重型车上。

2. 特点

1)散热能力强，热稳定性好。受热后，制动盘只在径向膨胀，不会影响制动间隙。

2)抗水衰退能力强。受水浸后,在离心力作用下被很快甩干,摩擦衬片上的剩水也由于压力高而容易挤出,一般一到二次制动后即可恢复正常。

3)制动时的平顺性好。

4)结构简单,维修方便。

5)制动间隙小,便于自动调节。

盘式制动器的不足之处是制动时无助势作用,因此要求管路液压较高,防污性差,制动衬片磨损较快。

13.1.2 定钳盘式制动器

定钳盘式制动器的制动钳固定在车桥上,它由两部分组成,既不能旋转,也不能沿制动盘轴线方向移动,如图13-2所示。制动盘伸入制动钳内的两个制动块之间。制动盘用合金钢制成,有的为了加强散热,盘上径向开许多通风孔,称为通风盘;有的高速轿车为了减轻制动盘重量,制作出若干轴向小孔和径向槽,兼有导屑作用。制动块通过两根制动块导向销15悬装在钳体上,且可沿导向销移动,内外钳体连接成一体,实际上是两个液压制动分泵泵体,其内都有活塞。钳体相互连通,体内有油道通向活塞后面,制动时将活塞压向制动块,两侧的制动块夹紧制动盘,即产生制动作用,因此,有人称这种制动器为夹板式、卡钳式,如图13-3(a)所示。

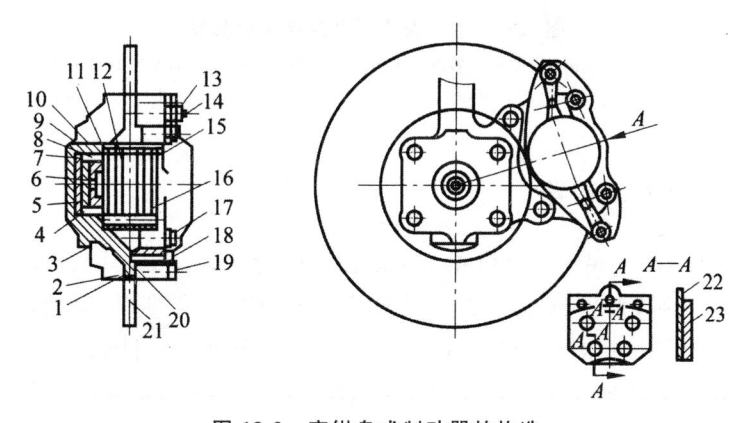

图13-2 定钳盘式制动器的构造

1—内侧钳体;2—外侧钳体;3—制动块;4—活塞;5—活塞垫圈;6—压圈;
7—压圈密封圈;8—活塞密封圈;9—橡胶防护罩;10—防护罩锁圈;11—消声片;
12—弹簧;13—放气阀;14—放气阀防护罩;15—制动块导向销;16—R形销;
17—进油口垫塞;18—防污螺钉;19—螺钉;20—橡胶垫圈;21—制动盘;
22—制动块垫板;23—制动块摩擦片

活塞的回位是靠活塞密封圈完成的。如图13-3(b)所示,泵体(制动钳)5内缸壁上有梯形截面环槽,用以嵌入矩形截面活塞密封圈7。制动时,活塞在油液压力的作用下,推动制动块并将其紧压在制动盘上的同时,矩形橡胶密封圈的内边在摩擦力的作用下可产生微量弹性变形 Δ。制动解除时,向右的液压力消失,活塞在橡胶密封圈回弹的弹力作用下复位,如图13-3(c)所示,变形 Δ 也消失。这种制动器活塞靠密封圈弹性变形恢复来实现复位,活塞行程就等于密封圈的变形量 Δ,复位后制动器间隙保持为 Δ,即制动器的间隙值就是密封圈的变形量。

制动器的间隙调整也是靠活塞密封圈实现的。当制动器因摩擦磨损导致间隙变大时,活塞行程便有所增加。制动时,活塞在油液压力的作用下移动,一直到密封圈的变形量已达到极限值 Δ 以后,活塞克服密封圈的摩擦力仍继续移动,直到制动块压紧制动盘为止,才完成制动过程。此时矩形橡胶密封圈内边的弹性变形量 Δ 小于活塞行程,活塞在密封圈内产生滑移。这一滑移过程即为消除过多间隙的过程。当解除制动时,活塞在橡胶密封圈的弹力作用下复位,复位距离仍然为橡胶密封圈的弹性变形量 Δ。因此,矩形橡胶密封圈除了起密封作用外,还起到使活塞复位和自动调整间隙的作用。

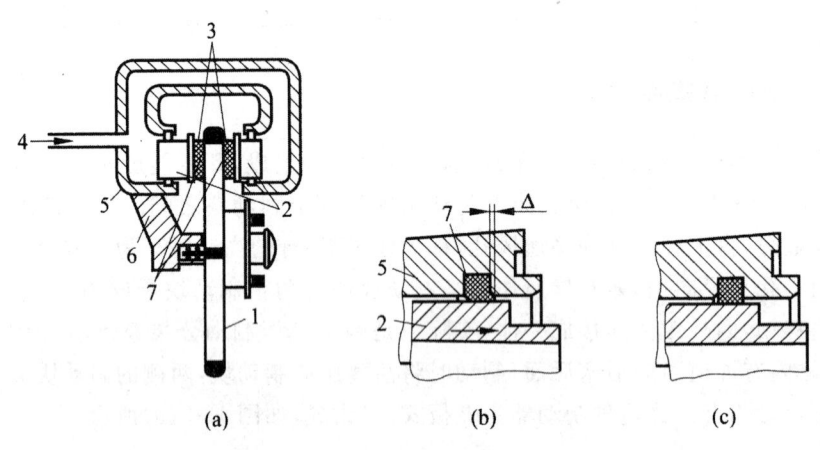

图 13-3 定钳盘式制动器结构示意图

(a)结构简图;(b)制动时,活塞密封圈的工作情况;(c)解除制动时,活塞密封圈的工作情况
1—制动盘;2—活塞;3—制动块;4—进油口;5—制动钳;6—车桥;7—密封圈

13.1.3 浮钳盘式制动器

浮钳盘式制动器的制动钳一般可以相对制动盘轴向滑动。其中,只在制动盘的内侧设置液压缸,而外侧的制动块则附装在钳体上。其结构示意图如图 13-4 所示,制动钳支架 3 固定在转向节或车轴上,制动钳体 1 相对于支架 3 可沿导向销 2 轴向滑动。制动时,活塞 8 在液压力 p_1 的作用下,将活动制动块 6 推向制动盘 4。与此同时,作用在制动钳体 1 上的反作用液压力 p_2 推动制动钳体沿导向销 2 向右移动,使固定在制动钳体上的固定制动块 5 压靠到制动盘上。于

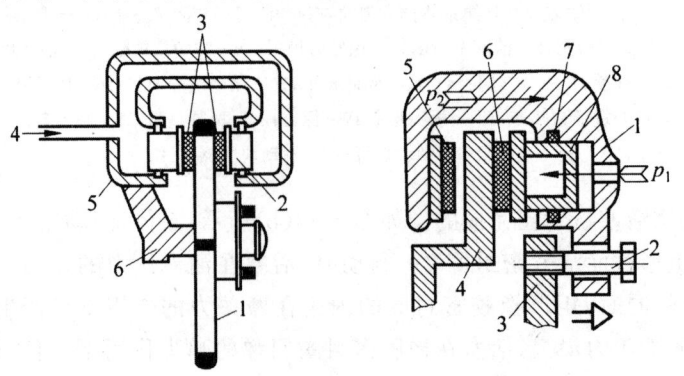

图 13-4 浮钳盘式制动器结构示意图

1—制动钳体;2—导向销;3—支架;4—制动盘;5—固定制动块;
6—活动制动块;7—活塞密封圈;8—活塞

是,制动盘两侧的摩擦块在 p_1 和 p_2 的作用下夹紧制动盘,使之在制动盘上产生与运动方向相反的制动转矩,产生制动作用。

有的汽车如奥迪、桑塔纳轿车等,内侧的制动块处安装了摩擦片磨损报警装置,当制动摩擦片磨损到允许极限厚度时,报警开关便接通电路而对驾驶员发出警报信号。这种指示器可以是机械式或电子式的,如图 13-5 所示。前者是一块铆接在金属底板上的弹簧钢片,一旦制动摩擦片磨损到极限厚度,弹簧钢片将与制动盘接触,在制动器起作用时产生高频或低频报警声,如图 13-4(a)所示。后者将敷料电极埋入摩擦块,当摩擦片磨损达到极限时,电极通过制动盘构成封闭电子回路,从而点亮仪表板上的报警灯,向驾驶员报警。如图 13-4(b)所示的奥迪轿车报警开关 16 及传感器 13。当摩擦片磨损到厚度小于 7 mm 时接触到传感器,制动报警灯点亮,此时需要更换摩擦片。若制动盘有通风孔,当制动盘厚度磨损到极限值 20 mm 时,就应当更换新制动盘。

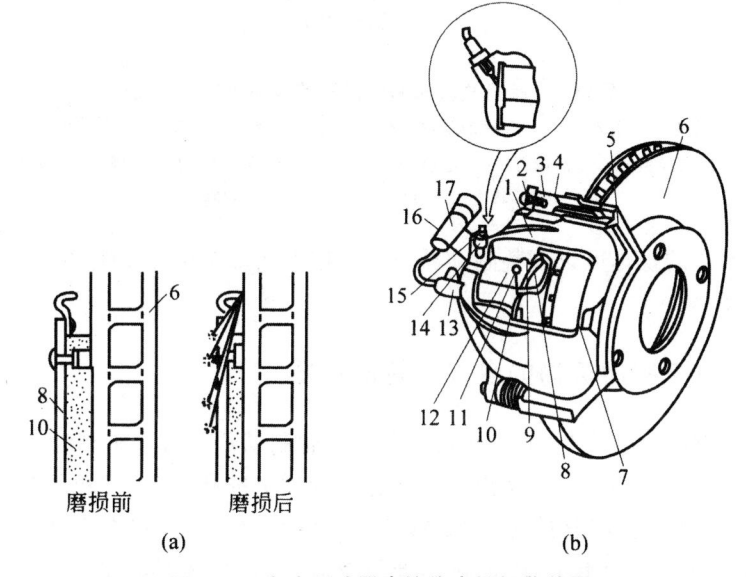

图 13-5　盘式制动器摩擦片磨损报警装置
(a)机械式磨损指示装置;(b)电子式磨损传感器
1—制动钳体;2—紧固螺栓;3—导向销;4—防护套;5—制动钳支架;6—通风式制动盘;
7—固定制动块;8—制动块底片;9—防尘套;10—活动制动块;11—密封圈;12—活塞;
13—传感器;14—放气螺钉;15—放气螺钉帽;16—报警开关;17—电线夹

13.1.4　蹄盘式驻车制动器

如图 13-6 所示为蹄盘式驻车制动器及其传动机构示意简图。制动蹄支架用螺钉固定在变速器壳体的后面,制动盘 2 与变速器输出轴凸缘连接,传动拉杆 12 用销轴与固定于驾驶室底板的扇形棘齿 14 铰接,下端有棘爪 13。手柄上有棘爪拉杆和弹簧及按钮,便于锁止或解除锁止制动器。

进行驻车制动时,驻车制动手柄 15 通过传动拉杆带动拉杆臂 11 逆时针摆动,推动前制动蹄臂 10 和前制动蹄 16 后移(图中为右移);同时,通过拉杆拉动后制动蹄臂 7,压缩定位弹簧,后制动蹄前移;两制动蹄即夹紧制动盘,产生制动作用,这时棘爪 13 卡入棘齿,制动器锁止。

取消驻车制动时,按下手柄上端的按钮,棘爪脱出棘齿,将手柄推回,各零件回复原位,制动作用解除。

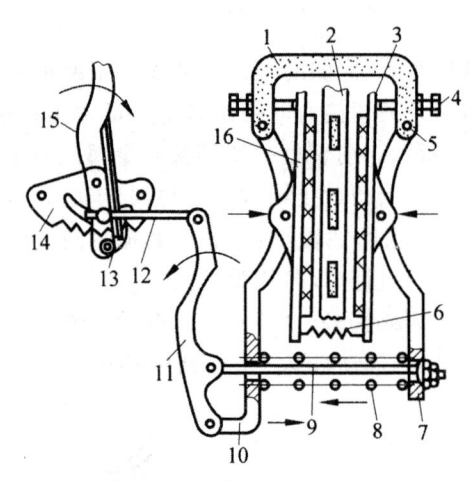

图 13-6　蹄盘式驻车制动器及其传动机构示意图

1—支架；2—制动盘；3—后制动蹄；4—调整螺钉；5—销；6—拉簧；7—后制动蹄臂；
8—定位弹簧；9—蹄臂拉杆；10—前制动蹄臂；11—拉杆臂；12—传动拉杆；13—棘爪；
14—扇形棘齿；15—驻车制动手柄；16—前制动蹄

蹄臂拉杆 9 右端的螺母可以调整制动器间隙。拧入螺母使拉杆变短，制动间隙减小；反之拧出螺母制动间隙增大。

13.1.5　带驻车制动机构的盘式车轮制动器

四轮都是盘式制动器的汽车，有时也需要利用车轮制动器兼做驻车制动。如图 13-7 所示为带驻车制动机构的盘式制动器。自调螺杆 9 穿过制动钳 1 的孔，其左端粗牙螺纹部分旋装着自调螺母 12，螺纹的凸缘左边部分被扭簧 13 紧箍着。扭簧的一端固定在活塞 14 上，而另一端则自由地抵靠螺母。推力球轴承 11 固定在螺母凸缘的右侧，并被固定在活塞 14 上的挡片 10 密封。膜片弹簧 8 使自调螺杆 9 右端斜面与驻车制动拉杆 7 的凸轮斜面始终贴合。在制动间隙大于标准值的情况下进行行车制动时，活塞 14 在液压作用下左移。由于自调螺杆 9 受凸轮斜面和膜片弹簧 8 的限制，不能转动，也不能轴向移动，当挡片 10 与推力球轴承 11 间的间隙消失后，活塞所受液压推力便通过推力球轴承作用在自调螺母 12 的凸缘上。这一轴向推力便迫使自调螺母 12 转动，并且随活塞 14 相对于自调螺杆 9 左移到制动器过量间隙消失为止。由于此时扭簧 13 张开，且其螺圈直径略有增大，撤除液压后，活塞密封圈 3 使活塞退回到制动器间隙等于标准值的位置，而扭簧 13 的自由端则由于所受摩接力矩的消失而转回原位。这样，自调螺母 12 即保持在制动前的轴向位置不动，从而保证了挡片 10 与推力球轴承 11 之间的间隙不变。

当需要进行驻车制动时，通过操纵手柄使驻车制动拉杆 7 的凸轮向左推动，自调螺杆 9 连同自调螺母 12 一起左移到自调螺母 12 接触活塞 14 底部。此时限于扭簧 13 的阻碍，自调螺母不可能倒转着相对于螺杆向右移动，于是轴向推力通过活塞传到制动块上而实现驻车制动。

需要解除驻车制动时，自调螺杆 9 在膜片弹簧 8 的作用下随着驻车制动拉杆复位，活塞离开制动块，驻车制动解除。

另外，有的轿车采用盘式行车制动器，其中部复合制作出鼓式驻车制动器。

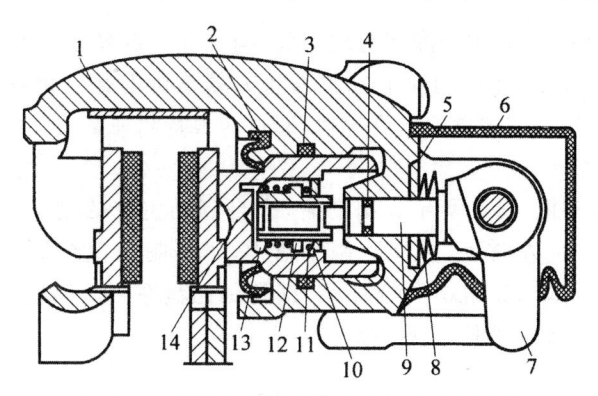

图 13-7 带驻车制动机构的盘式车轮制动器

1—制动钳;2—活塞护罩;3—活塞密封圈;4—自调螺杆密封圈;5—膜片弹簧支撑座圈;6—驻车制动杠杆护罩;
7—驻车制动拉杆;8—膜片弹簧;9—自调螺杆;10—挡片;11—推力球轴承;12—自调螺母;13—扭簧;14—活塞

13.1.6 盘式制动器的结构及检修

下面以桑塔纳轿车前轮制动器为例进行分析。

1. 制动器的结构

桑塔纳轿车前轮采用的是浮钳盘式盘式制动器,由制动盘、内外摩擦块、制动钳壳体、制动钳支架、前制动轮缸等组成,如图 13-8 所示。

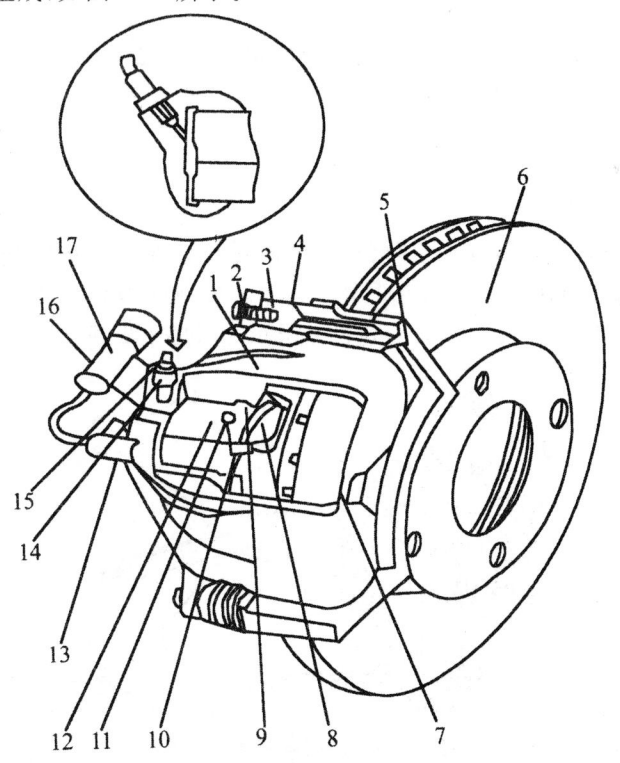

图 13-8 桑塔纳轿车前轮制动器

1—制动钳体;2—紧固螺栓;3—导向销;4—防护套;5—制动钳支架;6—制动盘;7—固定制动块;8—消声片;9—防尘套;
10—活动制动块;11—密封圈;12—活塞;13—电线导向夹;14—放气螺钉;15——放气螺钉帽;16—报警开关;17—电线夹

制动盘固定在轮毂上,夹在内外摩擦衬块中间,与前轮一起转动。制动钳通过螺栓(兼作导向销)与制动钳支架相连(支架固定于转向节凸缘上),钳体可沿螺栓相对于制动盘做轴向移动。轮缸布置在制动钳的内侧。固定支架上有导轨,通过两根特制弹簧安装内、外制动块,内、外制动块可沿导轨做轴向移动。

制动器的工作情况如图 13-9 所示。制动时,来自制动主缸的制动液通过油道进入制动轮缸,推动活塞及其制动块向左移动,并压到制动盘上,于是制动盘给活塞一个向右的反作用力 p_2,使得活塞连同制动钳体沿导向销向右移动,直到制动盘左侧的制动块也压到制动盘上。此时,两侧的制动块都压在制动盘上,夹住制动盘使其制动。

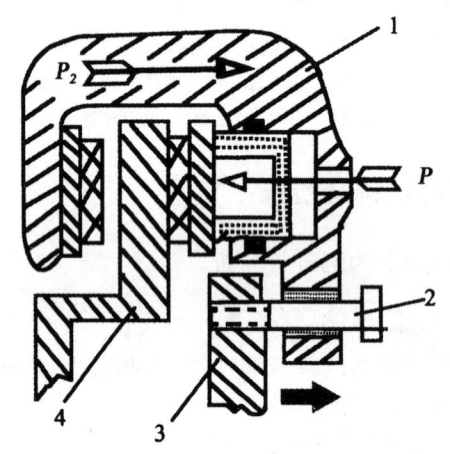

图 13-9 浮钳盘式制动器工作原理
1—制动钳体;2—导向销;3—制动钳支架;4—制动盘

2.制动器的检修

(1)制动盘厚度的检查

制动盘使用磨损会使其厚度减小,厚度过小会引起制动踏板振动、制动噪声及颤动。

检查制动盘厚度时,可用游标卡尺或千分尺直接测量,如图 13-10 所示。桑塔纳轿车前制动盘标准厚度为 10 mm,使用极限为 8 mm,超过极限尺寸时应予更换。

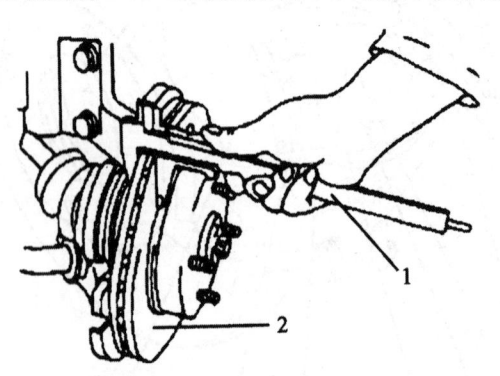

图 13-10 制动盘厚度的检查
1—游标卡尺;2—制动盘

提示:制动盘厚度的测量位置应在制动衬片与制动盘接触面的中心部位。

(2)制动盘端面圆跳动的检查

制动盘端面圆跳动过大,会使制动踏板抖动或使制动衬片磨损不均匀。

检查制动盘端面圆跳动可用百分表进行,如图 13-11 所示。轴向跳动量应不大于 0.06 mm。不符合要求可进行机加工修复(加工后的厚度不得小于 8 mm)或更换。

(3)制动块厚度的检查

制动块厚度的检查如图 13-12 所示。若制动块已拆下,可直接用游标卡尺测量。制动块摩擦片的厚度为 14 mm(不包括底板),使用极限为 7 mm。若车轮未拆下,对外侧的摩擦片,可通过轮辐上的检视孔,用手电筒目测检查。内侧摩擦片,利用反光镜进行目测。

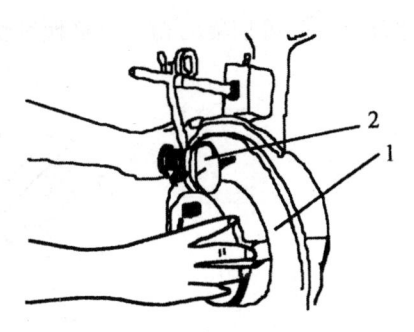

图 13-11 制动盘端面圆跳动的检查
1—制动盘;2—百分表

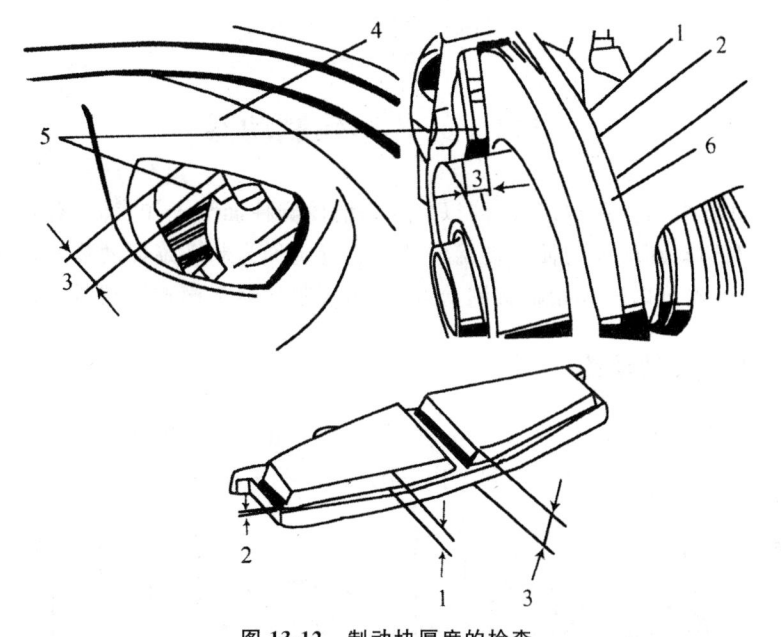

图 13-12 制动块厚度的检查
1—制动块摩擦片厚度;2—制动块摩擦片磨损极限厚度;3—制动快的总厚度;
4—轮辐;5—外制动块;6—制动盘

(4)制动器间隙的调整

制动过程中,制动块与制动盘间存在着相对的运动,两者均有不同程度的磨损,制动盘、制动块磨损后,制动器的间隙会增大,制动时活塞的行程增加,制动器开始起作用的时间滞后,制动效果下降。因此,制动器的间隙应随时调整。

以桑塔纳轿车为例,其前轮制动器制动间隙为自动调整,工作过程如图 13-13 所示。

矩形密封圈 3 嵌在制动轮缸的矩形槽内,密封圈内圆与活塞外圆配合较紧。制动时,活塞 1 被压向制动盘,密封圈发生了弹性变形;解除制动时,密封圈要恢复原状,于是将活塞拉回原位。当制动盘与制动块磨损后,制动器的制动间隙增大,若间隙大于活塞的设置行程 δ 时,活塞在制动液压力的作用下,克服密封圈的摩擦阻力而继续前移,直到实现完全制动为止。解除制动时,由于密封圈弹性变形量的限制,密封圈将活塞拉回的距离小于活塞前移的距离,则活塞与密封圈之间这一不可恢复的相对位移便补偿了过量的间隙。

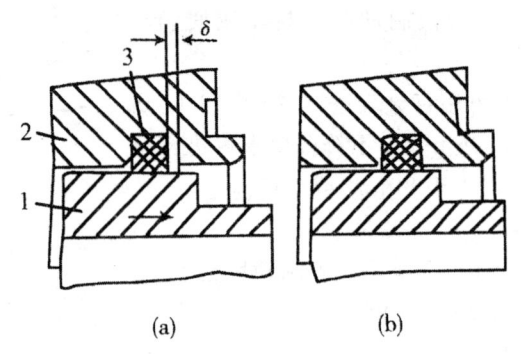

图 13-13 桑塔纳轿车前轮盘式制动器制动间隙的自动调整
(a)制动时;(b)解除制动
1—活塞;2—制动钳;3—密封圈

13.2 鼓式车轮制动器

鼓式车轮制动器多为内张双蹄式,即以制动鼓的内圆柱面为工作表面,有两个制动蹄与其配合使用。我们将对制动蹄端加力使制动蹄转动的装置统称为制动蹄促动装置。根据促动装置的不同,鼓式车轮制动器可以分为轮缸式制动器、凸轮式制动器和楔式制动器三种。

13.2.1 轮缸式制动器

轮缸式制动器通常由固定元件、旋转元件、促动装置和调整装置四部分组成。我们以桑塔纳轿车后轮鼓式制动器为例介绍其结构和工作情况。如图 13-14 所示。

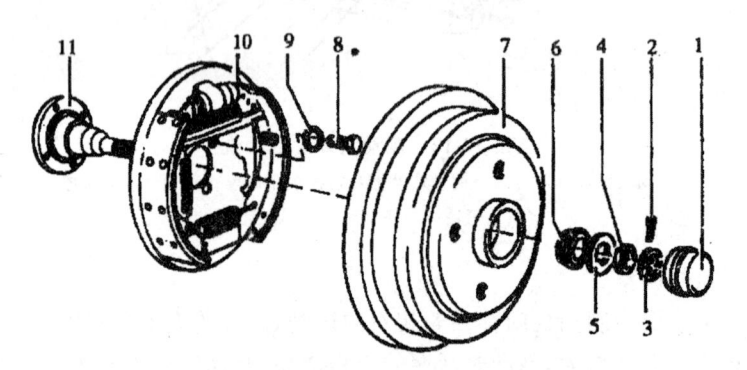

图 13-14 桑塔纳轿车后轮鼓式制动器
1—润滑脂盖;2—开口销;3—锁止环;4—六角螺母;5—止推垫圈;6—车轮外轴承;
7—制动鼓;8—六角螺栓;9—碟形垫圈;10—制动底板和制动蹄片;11—短轴

1.基本结构

作为旋转元件的制动鼓和轮毂制成一个整体,和车轮用螺栓连接在一起,汽车行驶中随车轮一起旋转。如图 13-15 所示。

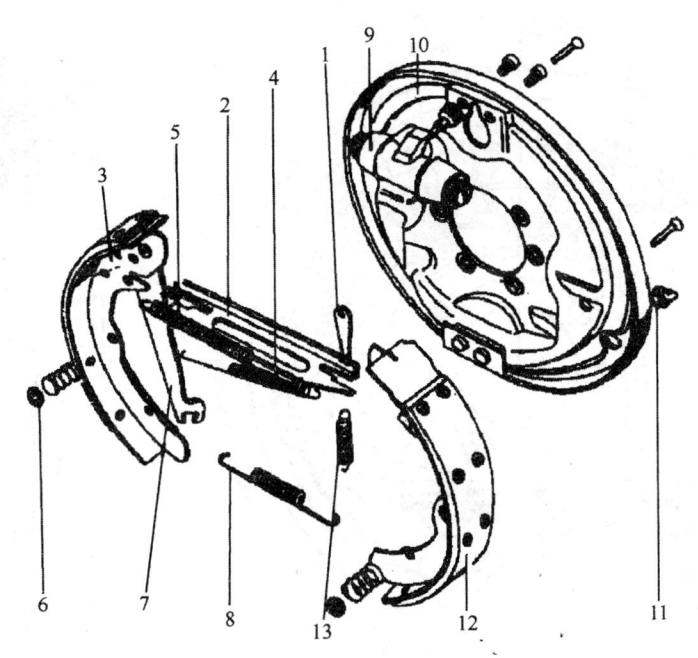

图 13-15 鼓式制动器的固定元件

1—调整楔；2—推杆；3—制动蹄；4—连接弹簧；5—上回位弹簧；6—弹簧座；7—手制动拉杆；
8—回位弹簧；9—制动轮缸；10—制动底板；11—栓塞；12—制动摩擦片；13—弹簧

固定元件为制动底板和制动蹄等零件,如图 13-15 所示。它们和短轴固定在车桥端头凸缘上,两制动蹄的下端插在制动底板相应槽内,上端靠在作为促动装置的制动轮缸活塞上,制动蹄用上下两个回位弹簧拉紧,制动蹄通过限位螺钉和限位弹簧使其压靠在制动底板上。在制动蹄的外圆面上铆有摩擦衬片。

2．工作情况

制动时,驾驶员踩下制动踏板,制动液通过主缸进入制动轮缸,使轮缸两活塞向外移动,并推动两制动蹄克服弹簧的拉紧力使两制动蹄向外张开,紧紧压在制动鼓上,使制动鼓和车轮停止转动,则汽车停止。

解除制动时,驾驶员松开踏板,制动蹄在回位弹簧的作用下,离开制动鼓,回到原来的位置,使制动液流回主缸,从而制动蹄和制动鼓之间保持一定的间隙,制动鼓恢复自由转动,制动解除。

3．制动间隙的调整

桑塔纳轿车鼓式制动器的蹄鼓间隙是自动调节的。如图 13-16 所示,弹簧 8 的作用是拉紧左右制动蹄,弹簧 9 的作用是拉紧楔形调节块和中间杆,弹簧 9 的弹性系数比弹簧 8 的弹性系数大,在正常的制动间隙下制动弹簧 8 被拉长,其拉长量为蹄与中间杆的间隙,即正常制动间隙。当制动间隙过大时,制动弹簧 8 先被拉至一定程度时,弹簧 9 也被拉长,使中间杆和楔形块之间出现间隙,于是楔形调节块在弹簧 10 的拉力下,向下移动以填补中间杆和楔形块之间的间隙,从而达到自动调节制动间隙的目的。正常的制动间隙为 0.2～0.3 mm。观察孔用以检查制动蹄摩擦片的磨损情况,其磨损极限为 2.5 mm。

另外在一些汽车中使用的轮缸式制动器的制动蹄与制动鼓之间的制动间隙不能够自动调节,需要手动调节。

图 13-16 后轮制动器的结构

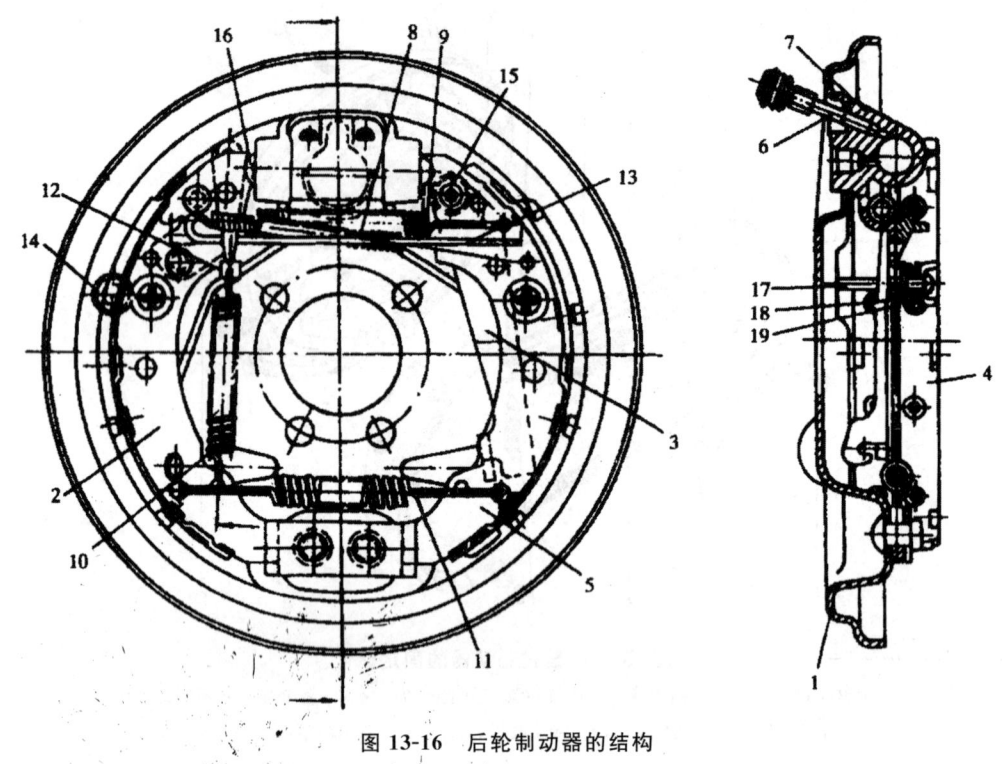

1—底板；2—左制动蹄；3—杠杆；4—固定块；5—右制动碲；6—放气螺钉；
7—制动轮缸；8、9、10、11—弹簧；12—楔形调节块；13—中间杆；14—观察孔；
15—销；16—活塞；17—圆销；18—弹簧；19—压板

4. 轮缸式制动器的类型

(1) 领从蹄式制动器(非平衡式)

设汽车前进时制动鼓旋转方向如图 13-17 中箭头所示(这称为制动鼓正向旋转)。沿箭头方向看去，制动蹄 1 的支承点在其前端，轮缸所施加的促动力作用于其后端，因而该制动蹄张开时的旋转方向与制动鼓的旋转方向相同。具有这种属性的制动蹄称为领蹄。与此相反，制动蹄 2 的支承点在后端，促动力加于其前端，其张开时的旋转方向与制动鼓的旋转方向相反。具有这种属性的制动蹄称为从蹄。当汽车倒驶，即制动鼓反向旋转时，蹄 1 变成从蹄，而蹄 2 则变成领蹄。这种在制动鼓正向旋转和反向旋转时，都有一个领蹄和一个从蹄的制动器即称为领从蹄式制动器。

等促动力制动器的制动蹄受力情况如图 13-17 所示。制动时，领蹄 1 和从蹄 2 在相等的促动力风的作用下，分别绕各自的支承点 3 和 4 旋转紧压在制动鼓 5 上。旋转着的制动鼓即对两制动蹄分别作用着微元法向反力的等效合力(以下简称法向反力)N_1 和 N_2，以及相应的微元切向反力(即微元摩擦力)的等效合力(以下简称切向反力)T_1 和 T_2。为解释方便起见，姑且假定这些力的作用点和方向如图 13-17 所示。两蹄上的这些力分别为各自的支承点 3 和 4 的支承点反力 S_1 和 S_2 所平衡。由图可见，领蹄上的切向合力 T_1 所造成的绕支承点 3 的力矩与促动力 F_s 所造成的绕同一支承点的力矩是同向的。所以力 T_1 的作用结果是使领蹄 1 在制动鼓上压得更紧，即力 N_1 变得更大，从而力 T_1 也更大。这表明领蹄具有"增势"作用。与此相反，切向合力

T_2 则使从蹄 2 放松制动鼓,即有使 N_2 和 T_2 本身减小的趋势。故从蹄具有"减势"作用。

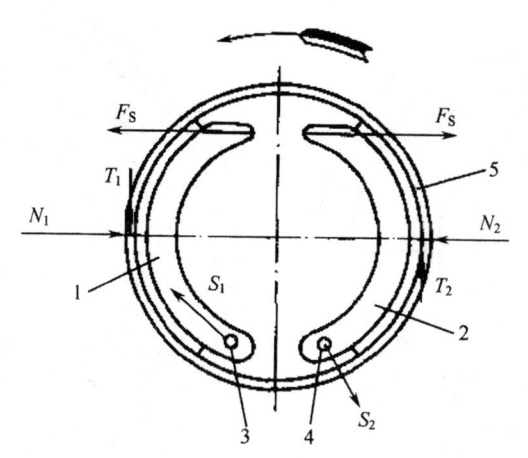

图 13-17 等促动力制动器的制动蹄受力示意图
1—领蹄;2—从蹄;3、4—支承点;5—制动鼓

由上述可见,虽然领蹄和从蹄所受促动力相等,但所受制动鼓法向反力 N_1 和 N_2 却不相等,且 $N_1 > N_2$。相应地 $T_1 > T_2$。故二制动蹄对制动鼓所施加的制动力矩不相等。一般说来,领蹄制动力矩为从蹄制动力矩的 2~2.5 倍。倒车制动时,虽然蹄 2 变成领蹄,蹄 1 变成从蹄,但整个制动器的制动效能还是同前进制动时一样。

显然,由于领蹄与从蹄所受法向反力不等,在两蹄摩擦片工作面积相等的情况下,领蹄摩擦片上的单位压力较大,因而磨损较严重。为了使领蹄和从蹄的摩擦片寿命相近,有些领从蹄制动器的领蹄摩擦片的周向尺寸设计得较大。但是这样将使得二蹄摩擦片不能互换,从而增加了零件种数和制造成本。

此外,领从蹄式制动器的制动鼓所受到的来自两蹄的法向力(数值上分别等于力 N_1 和 N_2)不相平衡,则此二法向力之和只能由车轮的轮毂轴承的反力来平衡。这就对轮毂轴承造成了附加径向载荷,使其寿命缩短。凡制动鼓所受来自二蹄的法向力不能互相平衡的制动器均属于非平衡式制动器。

(2)双领蹄式和双向领蹄式制动器(平衡式)

在制动鼓正向旋转时,两蹄均为领蹄的制动器称为双领蹄式制动器。如图 13-18 所示的北京 BJ2020N 型汽车前轮制动器。两制动器各用一个单活塞式制动轮缸 2,且两套制动蹄、轮缸、支承销和调整凸轮等在制动底板上的布置是中心对称的,以代替领从蹄式制动器中的轴对称布置。两个轮缸可借轮缸连接油管 13 连通,使其中油压相等。这样,在前进制动时,两蹄都是领蹄,制动器的效能因而得到提高。但也必须看到,在倒车制动时,两蹄将都变成从蹄。

可以设想,在倒车制动时,如果能使制动器的两个制动蹄的支承点和促动力作用点互换位置,就可以得到与前进制动时相同的制动效能。

红旗 CA7560 型轿车的前后轮制动器即是根据上述设想制成的一种双向双领蹄式制动器。其中前轮制动器的结构如图 13-19 所示。制动底板 3 上的所有固定元件,如制动蹄、制动轮缸、回位弹簧等都是成对的,而且是既按轴对称,又按中心对称布置。两制动蹄的两端都采用浮式支承,且支承点的周向位置也是浮动的。

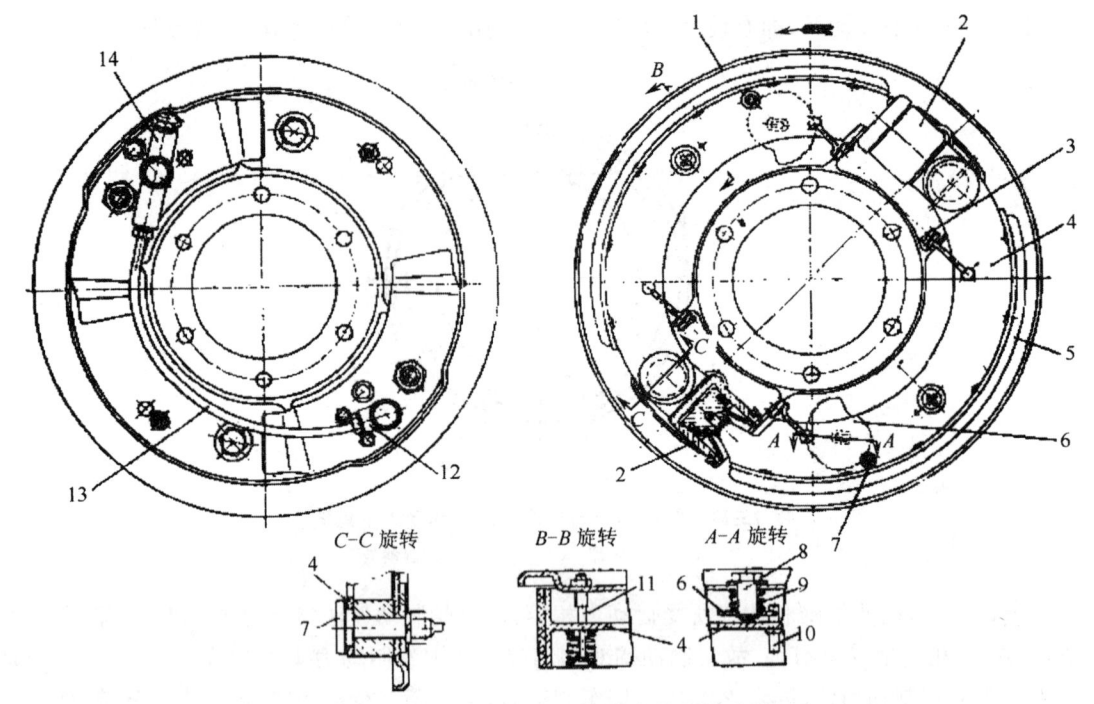

图 13-18 北京 BJ2020N 型汽车前轮制动器

1—制动底板；2—制动轮缸；3—制动蹄回位弹簧；4—制动蹄；5—摩擦片；6—调整凸轮；7—支承销；8—调整凸轮轴；9—弹簧；10—调整凸轮锁销；11—制动蹄限位杆；12、14—油管接头；13—轮缸连接油管

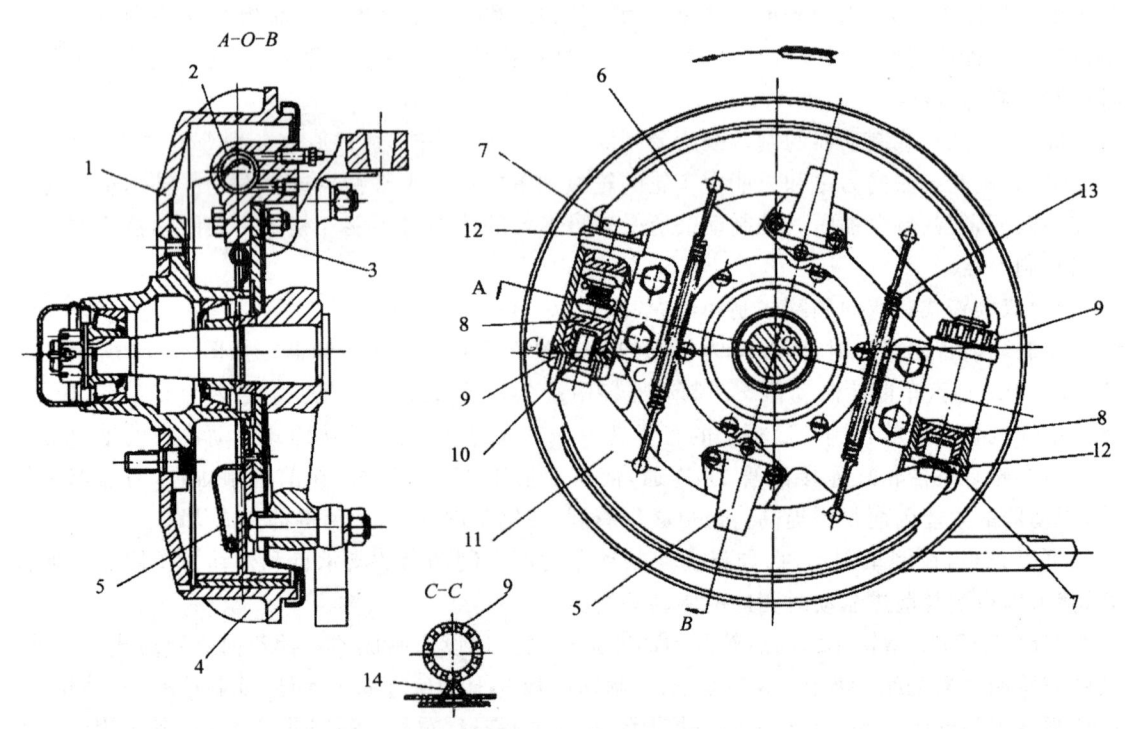

图 13-19 红旗 CA7560 型轿车前轮制动器

1—制动鼓；2—制动轮缸；3—制动底板；4—制动鼓散热肋片；5—制动蹄限位片；6—上制动蹄；7—支座；8—轮缸活塞；9—调整螺母；10—可调支座；11—下制动蹄；12—防护套；13—回位弹簧；14—锁片

在前进制动时,所有的轮缸活塞8都在液压作用下向外移动,将两制动蹄6和11压靠到制动鼓1上。在制动鼓的摩擦力矩作用下,两蹄都绕车轮中心O,朝箭头所示的车轮旋转方向转动,将两轮缸的活塞外端的支座7推回,直到顶靠着轮缸端面为止。此时两轮缸的支座7成为制动蹄的支承点,制动器的工作情况便同图13-18所示的制动器一样。

倒车制动时,摩擦力矩方向改变,使两制动蹄绕车轮中心D逆箭头方向转过一个角度,将可调支座10连同调整螺母9一起推回原位,于是两个可调支座10便成为蹄的新支承点。这样,每个制动蹄的支承点和促动力作用点的位置都与前进制动时相反,其制动效能同前进制动时完全一样。

制动器间隙可以用调整螺母9来调整。拨动调整螺母头部的齿槽,使螺母转动,带螺杆的可调支座10便向内或向外做轴向移动。间隙调整好以后,将锁片14插入调整螺母的齿槽中,使螺母的角位置固定。

(3) 自动增力式制动器

自动增力式制动器可分为单向自动增力式制动器和双向自动增力式制动器两种。

单向自动增力式制动器的结构原理示意图如图13-20所示。第一制动蹄1和第二制动蹄2的下端分别浮支在浮动的顶杆6的两端。制动器只在上方有一个支承销4。不制动时,两蹄上端均借各自的回位弹簧拉靠在支承销上。制动鼓正向旋转方向如箭头所示。

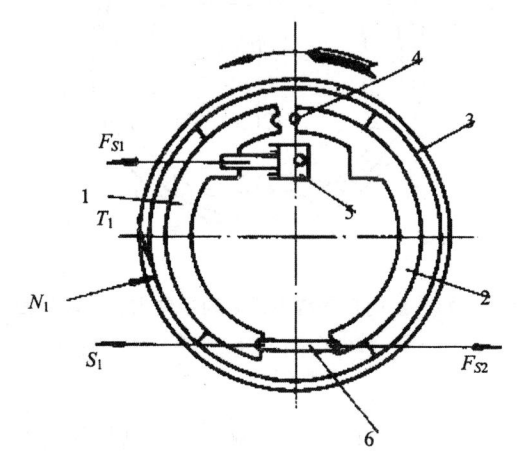

图 13-20 单向自动增力式制动器结构原理示意图
1—第一制动蹄;2—第二制动蹄;3—制动鼓;
4—支承销;5—轮缸;6—顶杆

汽车前进制动时,单活塞式轮缸5只将促动力F_{s1}加于第一蹄,使其上端离开支承销,整个制动蹄绕顶杆左端支承点旋转,并压靠到制动鼓3上。显然,第一蹄是领蹄,并且在促动力风F_{s1}、法向合力N_1、切向(摩擦)合力T_1和沿顶杆轴线方向的反力S_1的作用下处于平衡状态。顶杆6由于是浮动的,自然成为第二蹄的促动装置,而将与力S_1大小相等,方向相反的促动力施于第二蹄的下端,故第二蹄也是领蹄。正因为顶杆是完全浮动的,不受制动底板约束,作用在第一蹄上的促动力和摩擦力的作用,没有如一般领蹄那样完全被制动鼓的法向反力和固定于制动底板上的支承件反力的作用所抵消,而是通过顶杆传到第一蹄上,形成第二蹄促动力F_{s2}。所以F_{s2}大于F_{s1}。此外,力F_{s2}对第二蹄支承点的力臂也大于力F_{s1}对第一蹄支承点的力臂。因此,第二蹄的制动力矩必然大于第一蹄的制动力矩。由此可见,在制动鼓尺寸和摩擦系数相同的条件下,这种制动器的前进制动效能不仅高于领从蹄式制动器,而且高于两蹄中心对称的双领蹄式制动器。

倒车制动时,第一蹄上端压靠支承销不动。此时第二蹄虽然仍是领蹄,且促动力 F_{s1} 仍可能与前进制动时的相等,但其力臂却大为减小,因而第一蹄此时的制动效能比一般领蹄的低得多。第二蹄则因未受促动力而不起制动作用。故此时整个制动器的制动效能甚至比双从蹄式制动器的效能还低。

双向自动增力式制动器结构原理示意图如图 13-21 所示。其特点是制动鼓正向和反向旋转时均能借蹄鼓摩擦起自增力作用。它的结构不同于单向自增力式之处主要是采用双活塞式制动轮缸 4,可向两蹄同时施加相等的促动力 F_s。制动鼓正向(如箭头所示)旋转时,前制动蹄 1 为第一蹄,后制动蹄 3 为第二蹄;制动鼓反向旋转时则情况相反。由图可见,在制动时,第一蹄只受一个促动力 F_s,而第二蹄则有两个促动力 F_s 和 F'_s,且 $F'_s > F_s$。考虑到汽车前进制动的机会远多于倒车制动,且前进制动时制动器工作负荷也远大于倒车制动,故后蹄 3 作为第二蹄的摩擦片面积做得较大。

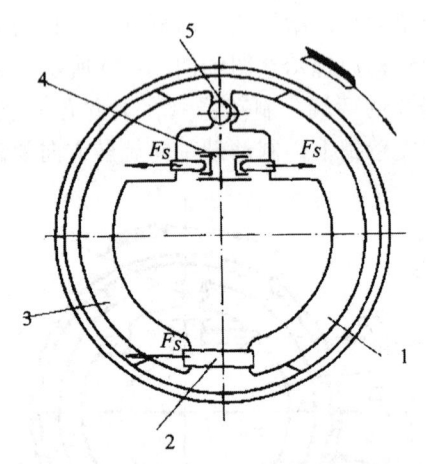

图 13-21 双向自动增力式制动器结构原理示意图

1—第一制动蹄;2—推杆;3—第二制动蹄;
4—制动轮缸;5—支承销

图 13-22 所示为日本丰田——王冠轿车后轮制动器,即属于双向自动增力式制动器,而且还加装了机械促动装置而兼充驻车制动器。在这一点上,双向自动增力式制动器更为优越,因为其前进制动和倒车制动的效能一致。

我国南京汽车制造厂生产的依维柯轻型汽车和北京吉普车有限公司生产的切诺基 BJ2021 轻型越野车的后轮制动器,也是双向自动增力式制动器,其结构与上述丰田——王冠轿车后轮制动器基本相同。

以上介绍的各种轮缸式制动器各有利弊。就制动效能而言,在基本结构参数和轮缸工作压力相同的条件下,自动增力式制动器由于对摩擦助势作用利用得最为充分而居首位,以下依次为双领蹄式、领从蹄式、双从蹄式。蹄鼓之间的摩擦系数本身是一个不稳定的因素,随制动鼓和摩擦片的材料、温度和表面状况(如是否沾水、沾油,是否有烧结现象等)的不同可在很大范围内变化。自动增力式制动器的效能对摩擦系数的依赖性最大,因而其效能的热稳定性最差。此外,在制动过程中,自动增力式制动器制动力矩的增长在某些情况下显得过于急速。双向自动增力式制动器多用于轿车后轮,原因之一是便于兼充驻车制动器。单向自动增力式制动器只用于中轻型汽车的前轮,因其倒车制动时对前轮制动器效能的要求不高。

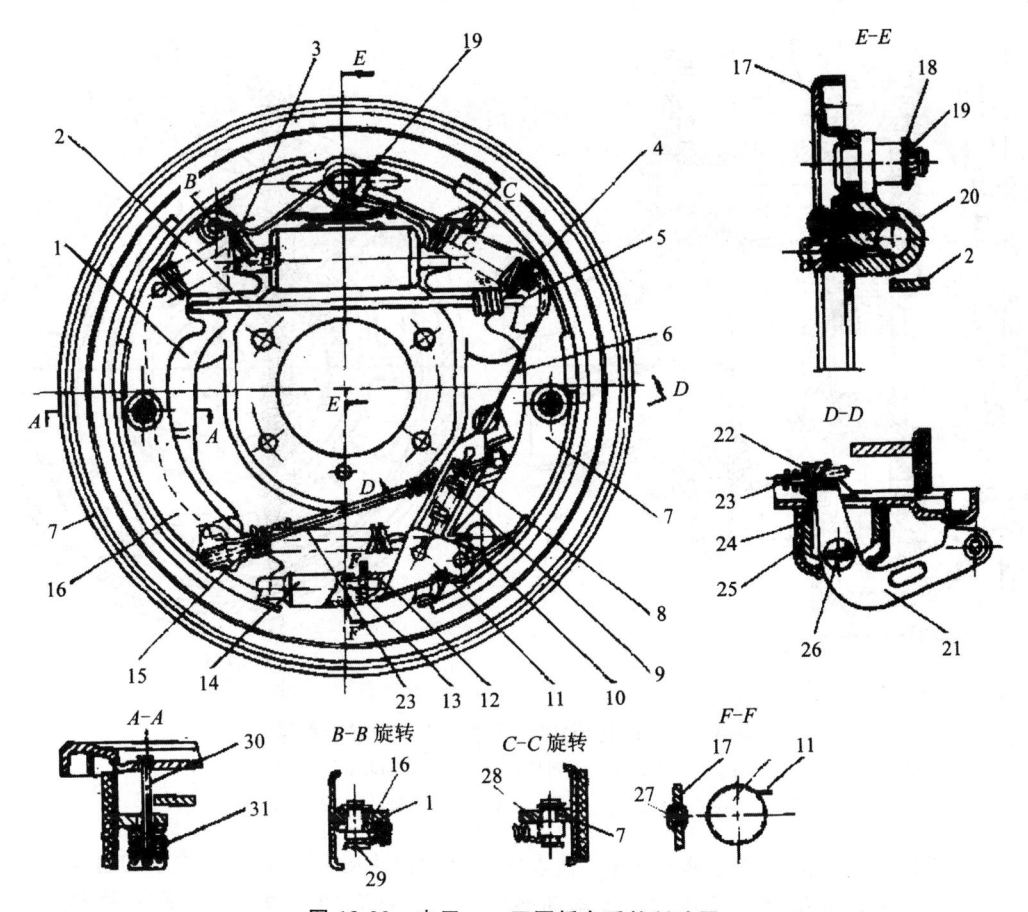

图 13-22　丰田——王冠轿车后轮制动器

1—驻车制动杠杆;2—驻车制动推杆;3—制动蹄回位弹簧;4—推杆弹簧;
5—自调拉绳导向板;6—自调拉绳;7—后制动蹄;8—弹簧支架;9—自调拉绳弹簧;
10—自调拨板回位弹簧;11—自调拨板;12—可调顶杆套;13—调整螺钉;14—可调顶杆体;
15—拉紧弹簧;16—前制动蹄;17—制动底板;18—垫圈;19—自调拉绳吊环;
20—制动轮缸;21—驻车制动摇臂;22—驻车制动限位板;23—驻车制动拉绳;
24—摇臂支架;25—防护罩;26—摇臂销轴;27—调整孔堵塞;28—后蹄回位弹簧固定销;
29—前蹄回位弹簧固定销;30—制动蹄限位杆;31—制动蹄限位弹簧

13.2.2　凸轮式制动器

目前,所有国产汽车和部分外国汽车的气压制动系统中,都采用凸轮促动的车轮制动器,而且大都设计成领从蹄式。解放 CA1091 型、东风 EQ1090 型等载货汽车的车轮制动器均采用这种结构。

1. 基本结构

如图 13-23 所示为东风 EQ1090 型载货汽车前轮使用的凸轮式制动器。

前后两制动蹄用可锻铸铁制成,均以下端支承孔与偏心支承销间隙配合,并用挡板及锁销轴向限位。不制动时两制动蹄由回位弹簧拉靠在制动凸轮上。

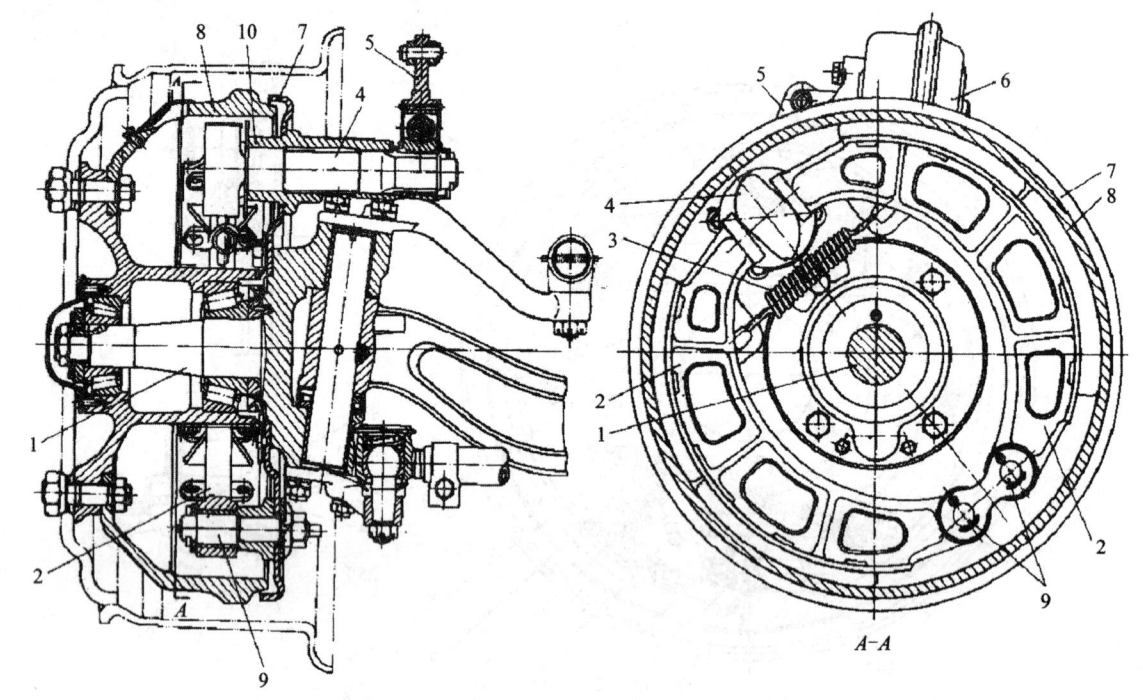

图 13-23　东风 EQ1090 型载货汽车前轮制动器
1—转向节轴颈；2—制动蹄；3—回位弹簧；4—制动凸轮轴；5—制动调整臂；
6—制动气室；7—制动底板；8—制动鼓；9—支承销；10—制动凸轮轴支座

　　凸轮与轴制成一体，多为中碳钢材料，其表面经高频淬火处理。制动凸轮轴通过支座支承在制动底板上，制动凸轮轴的尾端花键插入制动调整臂的花键孔中。为了减少凸轮轴与支座之间的磨损，在支座的两端装有青铜或粉末冶金衬套，并有润滑脂嘴可定期进行润滑。在衬套外端装有密封垫圈，并用推力垫片和调整垫片限制和调整凸轮轴的轴向窜动量。这种制动器的凸轮具有对称的断面形状，制动时可使两制动蹄得到相等的位移，因此这种制动器又可称为等位移式制动器。

　　2．工作情况

　　不制动时，在回位弹簧的作用下两制动蹄压靠在制动凸轮上。

　　制动时，制动调整臂在制动气室推杆的推动下，带动制动凸轮轴转动，凸轮迫使两制动蹄张开并压在制动鼓上，产生制动作用。

　　由于凸轮的工作表面轮廓中心对称，且凸轮只能绕固定轴线转动而不能移动，因此当凸轮转过一定角度时，两制动蹄张开的位置是相等的。在制动蹄与制动鼓之间摩擦力的作用下，前蹄（助势蹄）力图离开制动凸轮，而后蹄（减势蹄）却更加靠近制动凸轮，造成制动凸轮对助势蹄的张开力小于减势蹄。从而使两蹄所受到的制动鼓的法向反力近似相等，使两蹄的制动力矩也近似相等。但由于这种制动器结构上不是中心对称的，两蹄作用于制动鼓的法向等效合力虽然大小近似相等，但其作用线不在一直线上，不能相互平衡，所以这种制动器仍是非平衡式的。

　　3．制动间隙的调整

　　　凸轮式车轮制动器的间隙调整部位一般有三处：一是偏心支承销；二是制动调整臂；三是凸

轮轴支座。凸轮轴支座的调整作用是靠它的固定螺栓与制动底板之间的较大间隙来实现的。制动蹄与制动鼓之间的间隙可以根据情况进行局部调整或全面调整。

局部调整只是利用制动调整臂来改变制动凸轮的原始位置,一般当制动蹄摩擦片磨损后,制动气室推杆行程超过 40 mm 时,为了减小制动蹄与制动鼓的间隙,即需要进行局部调整(此时不能转动支承销,以免破坏良好的接触状态)。东风 EQ1090E 型载货汽车进行局部调整时,面向调整臂蜗杆,前轮两处顺时针方向拧动蜗杆为紧,逆时针拧动蜗杆为松;后轮两处逆时针方向拧动蜗杆为紧,顺时针方向拧动蜗杆为松。

全面调整通常是在更换制动蹄摩擦片,重新加工了制动鼓的摩擦表面后或因拆卸制动底板致使制动蹄支承销和制动凸轮的位置改变,破坏了制动蹄摩擦片与制动鼓的正确接触状态时进行。全面调整的方法有如下几点。

1)首先取下制动鼓检视孔的盖片,松开制动蹄偏向支承销的固定螺母和凸轮轴支架紧固螺栓的螺母。

2)转动偏心支承销,使两支承销端的标记向内相对,如图 13-24 所示。

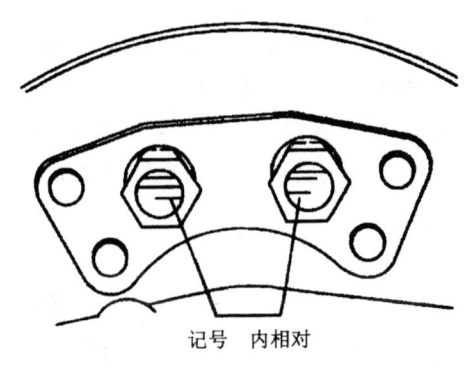

图 13-24 标记向内相对

3)反复拧动支承销和制动调整臂的蜗杆轴,使两制动蹄摩擦片和制动鼓完全贴合。
4)小心拧紧支架的紧固螺母和制动蹄支承销的锁紧螺母。
5)将蜗杆轴拧松 3~4 响(1/2~2/3 圈),制动鼓应能自由转动,又不与制动蹄摩擦片或其他零件碰擦。

东风 EQ1090E 型汽车制动蹄与制动鼓之间的间隙范围为:支承销端 0.25~0.40 mm;凸轮端 0.40~0.55 mm,同一端两间隙之差不应大于 0.10 mm。

13.3 驻车制动器

13.3.1 驻车制动器的功用

驻车制动器的功用是使停驶后的汽车驻留原地不动;便于坡道起步;当行车制动效能失效后临时使用或配合行车制动器进行紧急制动。

13.3.2 驻车制动器的类型

驻车制动器按其安装位置可分为中央制动式和车轮制动式两种。中央制动式通常安装在变速器的后面,制动力矩作用在传动轴上;车轮制动式通常与车轮制动器共用一个制动器总成,只是传动机构是相互独立的。

驻车制动器按其结构形式可分为鼓式、盘式、带式和弹簧作用式。其中鼓式和盘式应用最广。

13.3.3 中央制动式驻车制动装置

如图 13-25 所示为凸轮张开式中央制动器。制动鼓(为便于观察内部结构,图中没画制动鼓)通过螺栓与变速器输出轴后端的凸缘盘紧固在一起,与输出轴同步旋转,制动底板由底板支座通过螺栓固定在变速器输出轴轴承盖上,两制动蹄下端松套在固定于制动底板的偏心支撑销上,制动蹄上端装有滚轮,在复位弹簧的作用下滚轮紧靠在凸轮的两侧,制动凸轮轴通过制动底板支座支撑在制动底板上部,其外端与摆臂的一端细花键连接,摆臂的另一端与穿过压紧弹簧的拉杆相连。拉杆再通过摇臂、传动杆与驻车制动杆相连,驻车制动杆与固定于变速器壳体上的齿扇铰链,驻车制动杆上还连有棘爪,驻车制动工作时,棘爪嵌入齿扇上的棘齿内,起锁止作用,解除驻车制动时,需按下驻车制动杆上的按钮使棘爪脱离棘齿才能扳动驻车制动杆。

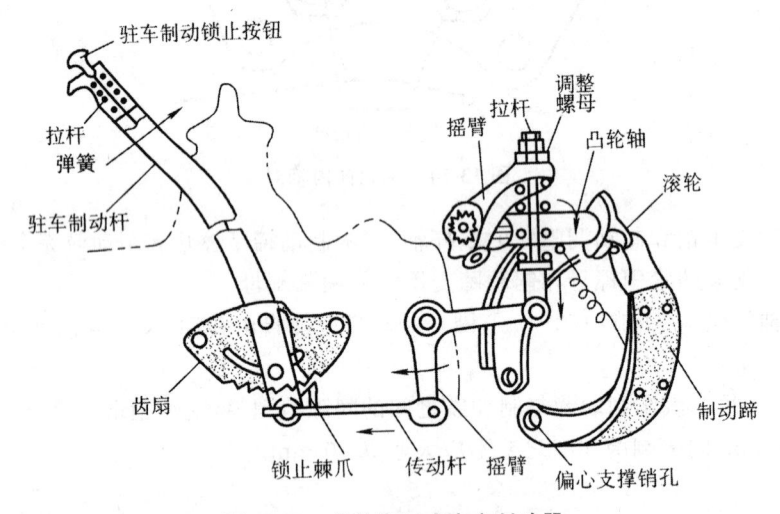

图 13-25 凸轮张开式中央制动器

进行驻车制动时,将驻车制动杆上端向后拉动,制动杆的下端向前摆动,传动杆带动摇臂顺时针转动,拉杆则带动摆臂顺时针转动,凸轮轴也顺时针转动,凸轮则使两制动蹄以支撑销为支点向外张开,压靠到制动鼓上,产生制动作用。

当制动杆拉到制动位置时,棘爪嵌入齿扇上的棘齿内,起锁止作用。

解除制动时,按下驻车制动杆上的按钮使棘爪脱离棘齿,向前推动制动杆,则传动杆、拉杆、凸轮轴按逆时针方向转动,制动蹄在复位弹簧的作用下回位,制动蹄与制动鼓间恢复制动间隙,解除制动。

驻车制动指示灯开关在全制动位置导通指示灯,以提醒驾驶员制动未解除,不能起步。

当制动摩擦片磨损后,蹄鼓间隙增大,需要进行调整,可通过传动机构上的调整机构进行调整,要求棘齿拉杆拉出 5～11 个牙齿时,驻车制动器处于全制动状态。具体的调整步骤如下:

1)松开蹄片支撑销锁紧螺母,用 29.4 N 的力量在摇臂末端转动摇臂,在此状态下,摩擦片中部应与制动鼓接触。否则,转动支撑销达到上述标准,然后拧紧锁紧螺母。

2)将摇臂与拉杆连接。

3)将驻车制动器手柄推至最前端,然后向后拉,棘爪只能有两个齿的自由行程。拉到第三齿时,应有制动感觉,拉到第五齿时,汽车应能完全被制动住。如果自由行程过小,可拧进拉杆上的调整螺母。

4)如自由行程仍大,可以改变摇臂与凸轮轴的相对位置。调整时,将驻车制动手柄放松至最前位置,松开夹紧螺母,取下摇臂,逆时针方向转动几个齿再重新装上,重复上述试验和调整,直至达到要求为止。最后用锁紧螺母锁紧调整螺母的位置。

5)驻车制动手柄放松后,用塞尺在测量摩擦片和制动鼓这间必须留有 0.1～0.4 mm 的间隙。

6)用 294 N 的力拉紧驻车制动手柄、棘爪在齿板上只能滑过 5 个齿。

13.3.4 车轮制动式驻车制动装置

车轮制动式驻车制动装置根据制动器类型有鼓式和盘式两大类。

1. 后轮驻车制动装置(鼓式)

如图 13-26 所示为广本飞度的后轮驻车制动装置(鼓式)。

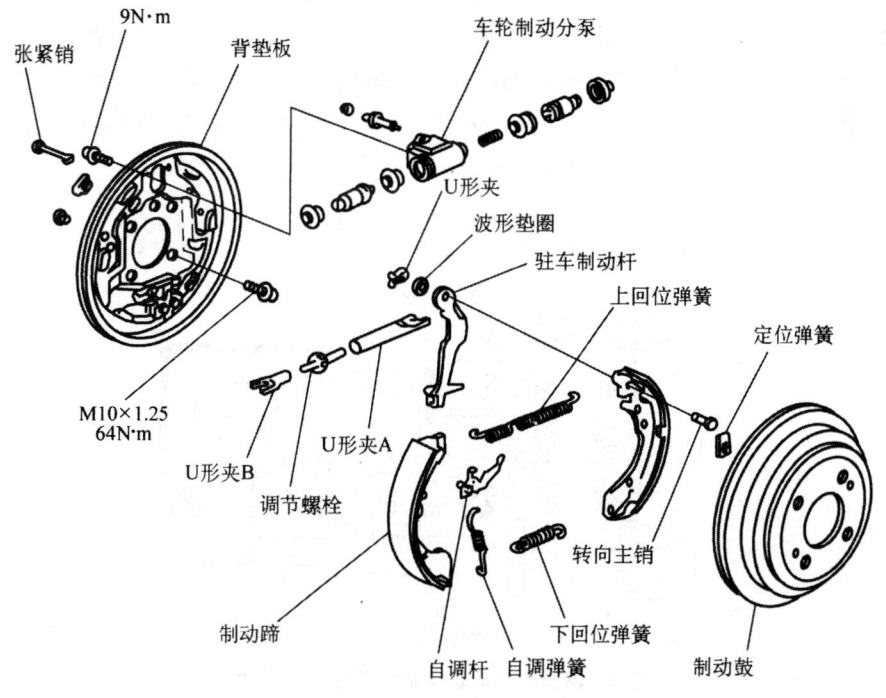

图 13-26 广州本田飞度驻车制动装置示意图

驻车制动器与行车制动器共用一套制动器,只是传动装置不同,如图13-27所示。当在驾驶室内拉驻车制动时,通过拉线拉动制动器内的驻车制动杆下端往前推,这样驻车制动杆以上端为支点,逆时针转动,推动U形夹及调节螺栓,从而使制动蹄向外张开压紧制动鼓,实现制动。当松开驻车制动时,制动蹄在回位弹簧的作用下回位,驻车制动解除。

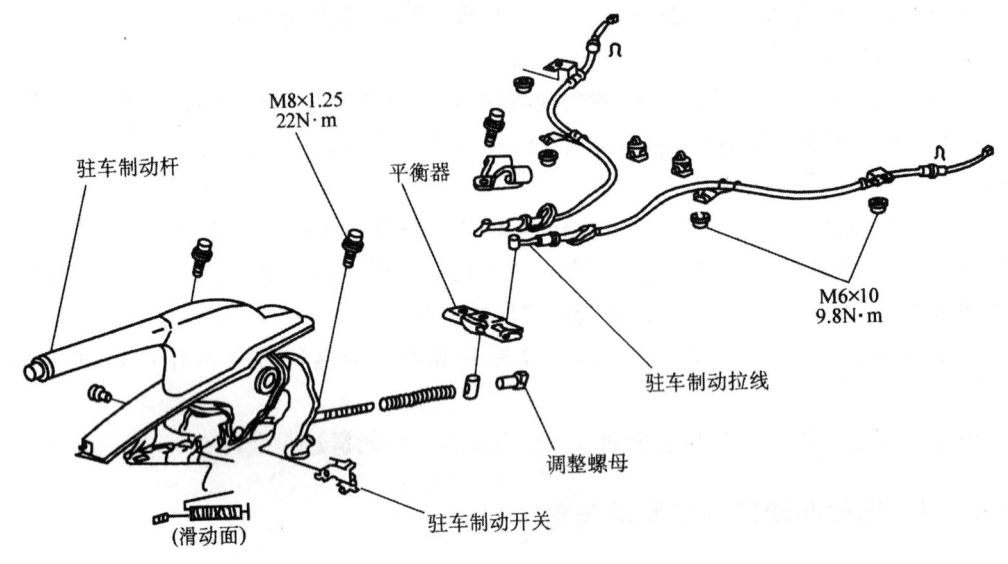

图13-27 广州本田飞度驻车制动装置传动装置

2. 凸轮促动式驻车制动装置

如图13-28所示为一种带凸轮促动机构的盘式制动器的浮式制动钳。自调螺杆穿过制动钳体的孔旋装在切有粗牙螺纹的自调螺母中,螺母凸缘的左边部分被扭簧紧箍着。扭簧的一端固定在活塞上,而另一端则自由地抵靠螺母凸缘。推力球轴承固定在螺母凸缘的右侧,并被固定在活塞上的挡片封闭。轴承与挡片之间的装配间隙即等于制动器间隙为标准值时完全制动所需的活塞行程。膜片弹簧使螺杆右端斜面与驻车制动杠杆的凸轮斜面始终贴合。

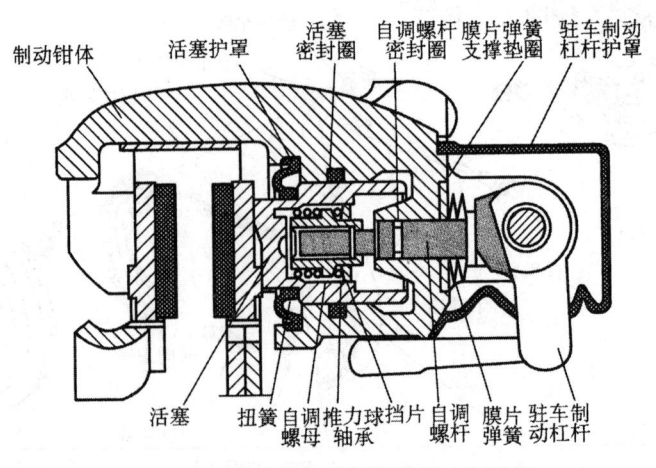

图13-28 带凸轮促动机构的浮式制动钳

实行驻车制动时,在驻车制动杠杆的凸轮推动下,自调螺杆连同自调螺母一直左移到螺母接触活塞的底部。此时,由于扭簧的妨碍,自调螺母不可能倒转着相对于螺杆向右移动,于是轴向推力便通过活塞传到制动块上而实现制动。解除驻车制动时,自调螺杆在膜片弹簧的作用下,随着驻车制动杠杆回位。

制动间隙的自动调整。在制动间隙大于标准值的情况下实行行车制动时,活塞在液压作用下左移。到挡片与轴承间的间隙消失后,活塞所受液压推力便通过推力轴承作用在自调螺母凸缘上。因为自调螺杆受凸轮斜面和膜片弹簧的限制,不能转动,也不能轴向移动,所以这一轴向推力便迫使自调螺母转动,并且随活塞相对于螺杆左移到制动器过量间隙消失为止。此时扭簧张开,且其螺圈直径略有增大。撤除液压后,活塞密封圈使活塞退回到制动器间隙等于标准值的位置,而扭簧的自由端则由于所受摩擦力矩的消失而转回原位。这样,自调螺母保持在制动前的轴向位置不动,从而保证了挡片与推力轴承之间的间隙为原值。

3. 钢球促动式驻车制动机构

如图 13-29 所示,驻车制动杠杆用螺栓固定在凸缘短轴上,凸缘短轴和凸缘螺杆的凸缘端面上各有三个倾斜凹坑,二者通过凹坑中的钢球传力,凸缘螺杆通过粗牙螺纹拧在活塞组件的螺母上。进行驻车制动时,拉绳拉动驻车制动杠杆摆动,凸缘短轴也随之转动,于是钢球在倾斜凹坑内滚动,同时推动凸缘螺杆带动活塞组件移动,压向制动盘实现制动。

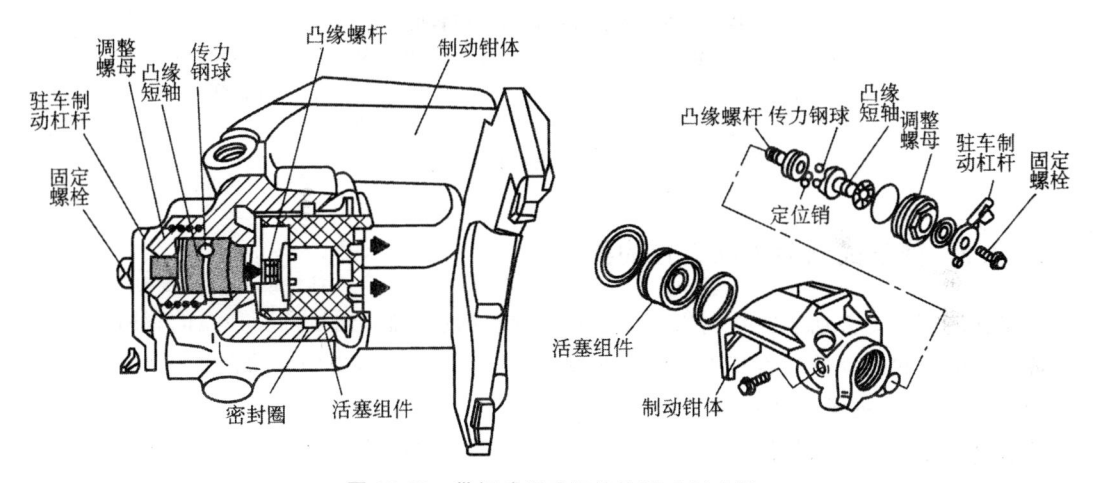

图 13-29 带钢球促动机构的浮式制动钳

13.4 液压制动传动装置

13.4.1 液压式制动传动装置的基本组成

液压式制动传动装置由制动踏板、主缸推杆、制动主缸、储液罐、制动轮缸、油管、制动灯开关、指示灯和比例阀等组成,如图 13-30 所示。

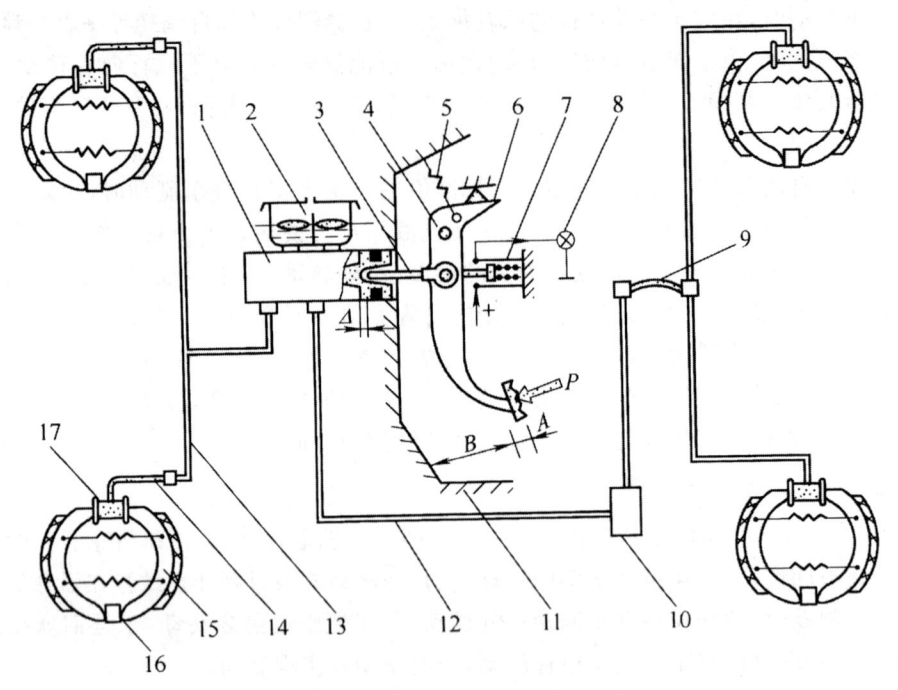

图 13-30 液压式制动传动装置的组成

1—制动主缸;2—储液罐;3—主缸推杆;4—支承销;5—回位弹簧;6—制动踏板;
7—制动灯开关;8—指示灯;9、14—软管;10—比例阀;11—地板;12—后桥油管;
13—前桥油管;15—制动蹄;16—支承座;17—制动轮缸;
Δ—自由间隙;A—自由行程;B—有效行程

13.4.2 液压式制动传动装置的类型

双管路液压制动传动装置是利用彼此独立的双腔制动主缸,通过两套独立的管路,分别控制两桥或三桥的车轮制动器。若其中一套管路发生故障而失效时,另一套管路仍能继续起制动作用,提高了汽车制动的可靠性和行车的安全性。

双管路的布置方案在各型汽车上各有不同,常见的有前后独立式和交叉式两种形式。

1. 前后独立式

前后独立式双管路液压制动传动装置是由双腔制动主缸通过两套独立的管路分别控制前桥和后桥的车轮制动器,如图 13-31 所示。这种布置方式结构简单,如果其中一套管路损坏漏油,另一套仍能起作用,但会破坏前后桥制动力分配的比例。主要用于发动机前置后轮驱动的汽车。

2. 交叉式

交叉式双管路液压制动传动装置是由双腔制动主缸通过两套独立的管路分别控制前后桥对角线方向的两个车轮制动器,如图 13-32 所示。这种布置方式在任一管路失效时,仍能保持一半的制动力,且前后桥制动力分配比例保持不变,有利于提高制动方向的稳定性。主要用于发动机前置前轮驱动的轿车。

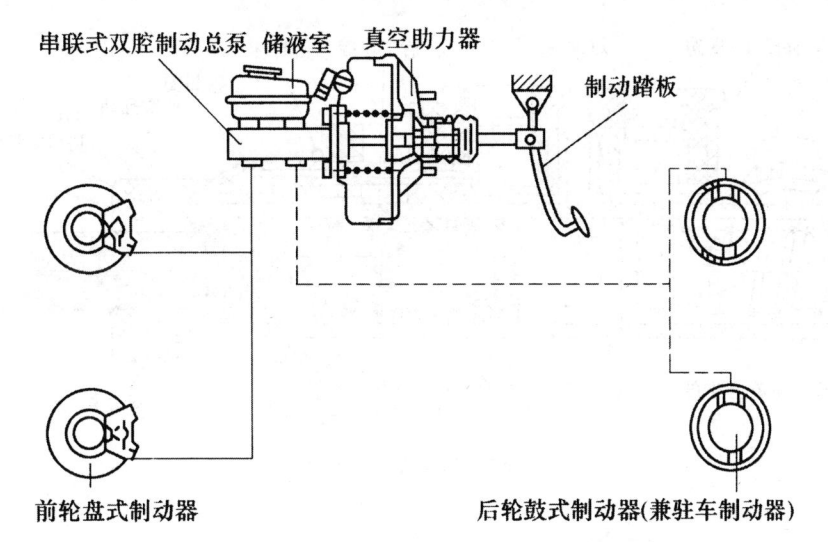

图 13-31 前后独立式的双管路液压制动传动装置

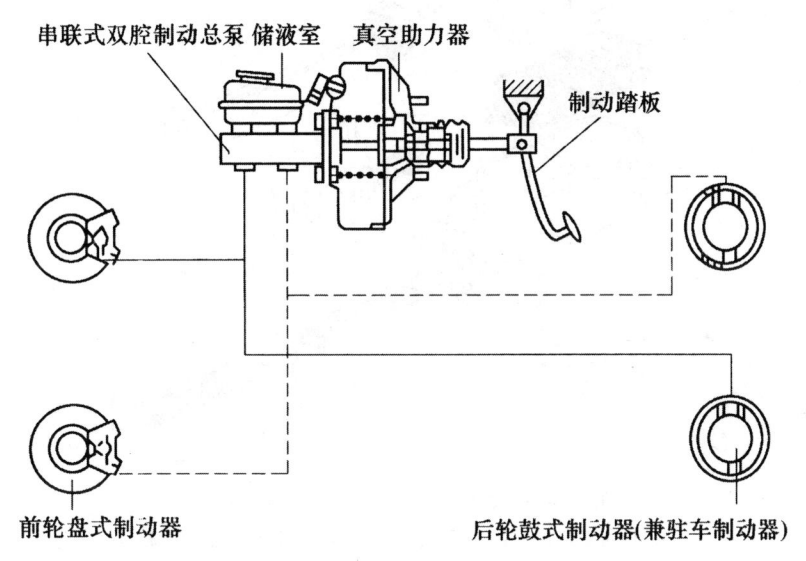

图 13-32 交叉式的双管路液压制动传动装置

13.4.3 液压式制动传动装置的主要部件

1. 制动主缸

制动主缸又称为制动总泵，它处于制动踏板与管路之间，其功用是将制动踏板输入的机械力转换成液压力。

(1) 结构

串联式双腔制动主缸主要由储液罐、制动主缸外壳、前活塞、后活塞及前后活塞弹簧、推杆、皮碗等组成，如图 13-33 和图 13-34 所示。

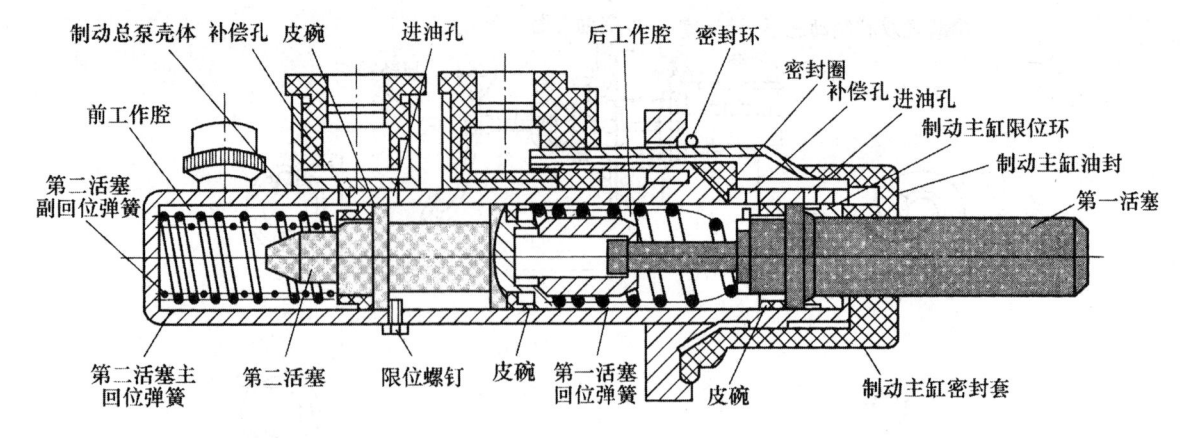

图 13-33 串联式双腔制动主缸

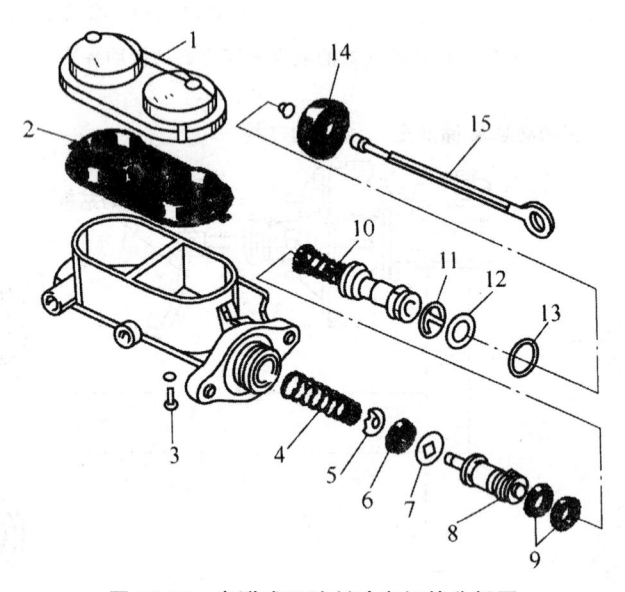

图 13-34 串联式双腔制动主缸的分解图
1—储液罐盖；2—膜片；3—限位螺钉；4—弹簧；5—皮碗护圈；
6—前皮碗；7、12—垫圈；8—前活塞；9—后皮碗；10—后活塞；
11—推杆座；13—锁圈；14—防尘套；15—推杆

主缸的壳体内装有第一(后)活塞、第二(前)活塞及回位弹簧，前后活塞分别用皮碗密封，前活塞用限位螺钉保证其正确位置。储油罐分别与主缸的前、后腔相通，前出油口、后出油口分别与轮缸相通，前活塞由后活塞的液力推动，而后活塞直接由推杆推动。

(2)工作原理

不制动时，两活塞的前部皮碗均遮盖不住其旁通孔，制动液由储液罐进入主缸。

正常状态下制动时，操纵制动踏板，经推杆推动后活塞左移，在其皮碗遮盖住旁通孔之后，后腔制动液压力升高，制动液一方面经出油阀流入制动管路，一方面推动前活塞左移。在后腔液压和弹簧弹力的作用下，前活塞向左移动，前腔制动液压力也随之升高，制动液推开出油阀流入管路，于是两制动管路在等压下对汽车制动。

解除制动时，抬起制动踏板，活塞在弹簧作用下复位，高压制动液自制动管路流回制动主缸。如活塞复位过快，工作腔容积迅速增大，而制动管路中的制动液由于管路阻力的影响，来不及充分流回工作腔，会使工作腔内油压快速下降，形成一定的真空度，于是储液罐中的油液便经补偿孔和活塞上的轴向小孔推开垫片及皮碗进入工作腔。当活塞完全复位时，旁通孔开放，制动管路中流回工作腔的多余油液经补偿孔流回储液罐。

若与前腔连接的制动管路损坏漏油，则在踩下制动踏板时只有后腔中能建立液压，前腔中无压力。此时，在压力差的作用下，前活塞迅速移到其前端顶到主缸缸体上。此后，后工作腔中的液压方能升高到制动所需的值。

若与后腔连接的制动管路损坏漏油，在踩下制动踏板时，开始只是后活塞前移，而不能推动前活塞，因而后腔制动液压不能建立。但在后活塞直接顶触前活塞时，前活塞便前移，使前腔建立必要的制动液压而制动。

2．制动轮缸

制动轮缸的作用是将制动主缸传来的液压力转变为使制动蹄张开的机械推力。

(1) 结构

制动轮缸主要由缸体、活塞、皮碗、弹簧和放气螺钉组成，如图13-35所示。

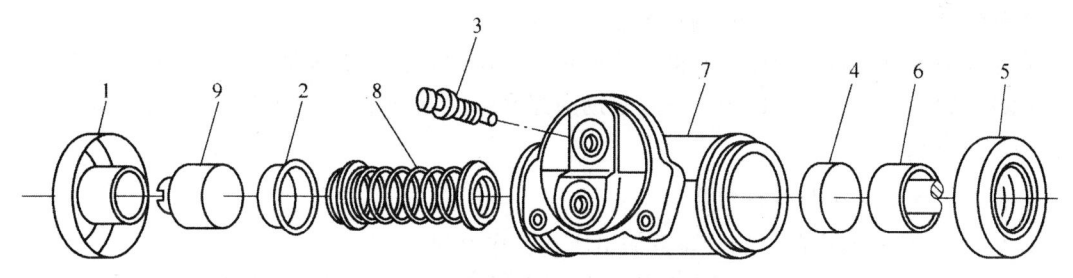

图13-35 双活塞制动轮缸的分解图
1、5—防尘罩；2、4—皮碗；3—放气螺钉；6、9—活塞；7—轮缸体；8—回位弹簧总成

制动轮缸的缸体通常用螺钉固装在制动底板上，位于两制动蹄之间。内装铝合金活塞，密封皮碗的刃口方向朝内，并由弹簧压靠在活塞上与其同步运动。活塞外端压有顶块并与制动蹄的上端抵紧。在缸体的另一端装有防护罩，可防止尘土及泥土的侵入。缸体上方装有放气螺塞，以便放出液压系统中的空气。

(2) 制动轮缸的类型

常见的制动轮缸类型有双活塞式、单活塞式和阶梯式。单活塞制动轮缸多用于单向助势平衡式车轮制动器，目前趋于淘汰；阶梯式轮缸用于简单非平衡式车轮制动器；应用最为广泛的是双活塞式，如图13-36所示。

(3) 制动轮缸的工作情况

如图13-37所示，制动轮缸受到液压作用后，顶出活塞，使制动蹄扩张。松开制动踏板，液压力消失，靠制动蹄回位弹簧的力，使活塞回位。

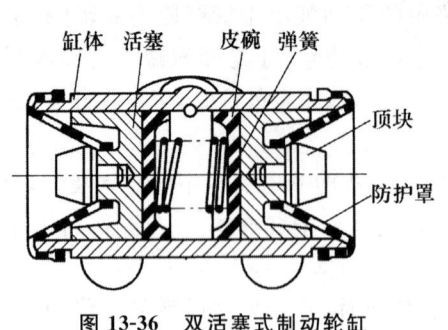

图 13-36 双活塞式制动轮缸 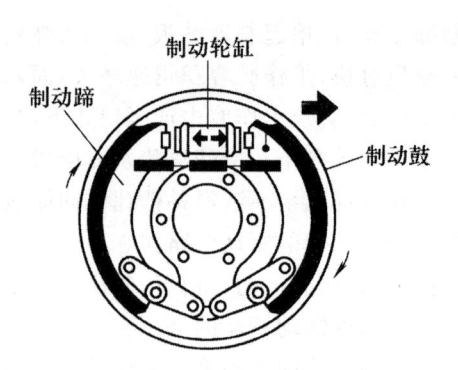　　图 13-37 制动轮缸工作情况

13.4.4 真空液压制动传动装置

汽车高速化后,高速行驶的汽车要求制动液压升高方能产生与车速相适应的制动力矩,靠人力制动是难以实现的。特别是盘式制动系统,因制动器无助势作用,必须加大制动液压力。

在普通的液压制动系统中,加装真空加力装置,可以减轻驾驶员施加于制动踏板上的力,增加车轮的制动力,达到操纵轻便、制动可靠的目的。

真空加力装置可分为增压式和助力式两种。增压式是通过增压器将制动主缸的液压进一步增加,增压器装在主缸之后;助力式是通过助力器来帮助制动踏板对制动主缸产生推力,助力器装在踏板与主缸之间。

1. 真空增压式液压制动传动装置

(1) 真空增压式液压制动传动装置的组成和工作原理

图 13-38 所示为跃进 NJ1061A 型汽车的真空增压式液压制动传动装置。它在液压制动传动装置中加装了一套真空增压系统,包括由发动机进气歧管、真空单向阀和真空罐组成的供能装置,作为控制装置的控制阀以及作为传动装置的真空伺服室、辅助缸和安全缸。

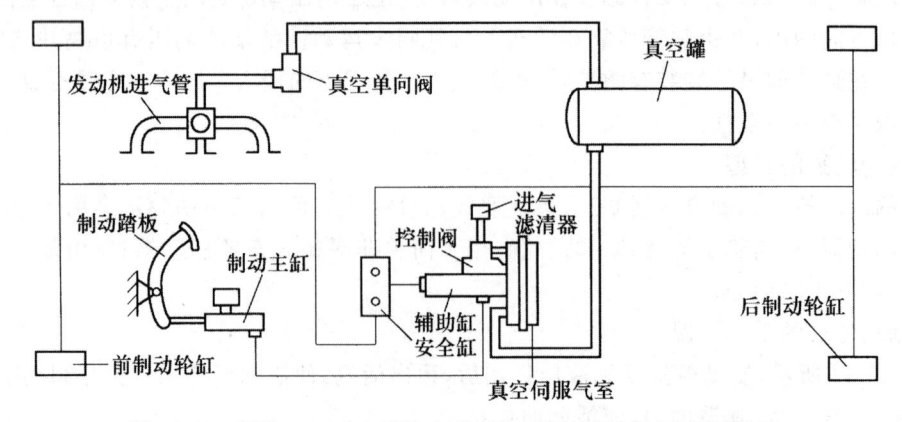

图 13-38 跃进 NJ1061A 型汽车的真空增压式液压制动传动装置

发动机工作时,在进气歧管真空度作用下,真空罐中的空气经真空单向阀被吸入发动机,因而罐中也产生并积累一定的真空度,作为制动加力的力源。

踩下制动踏板时,制动主缸输出的制动液先进入辅助缸,由此一方面传入前后轮制动轮缸作为促动力,另一方面又作为控制压力输入控制阀,起动控制阀使真空伺服室产生的推力与来自制动主缸的液压力一起作用在辅助缸活塞上,从而使辅助缸输送到各制动轮缸的压力远高于制动主缸的压力。

安全缸的作用是当前后轮制动管路之一损坏漏油时,该管路上的安全缸自动封堵,保证另一管路仍能保持其中的压力。

(2)真空增压器

真空增压器的作用是将发动机产生的真空度转变为机械推力,使制动主缸输出的液力进行增压后再输入到各轮缸,增大制动力。

真空增压器的结构如图 13-39 所示,它由辅助缸、控制阀和伺服气室等组成。

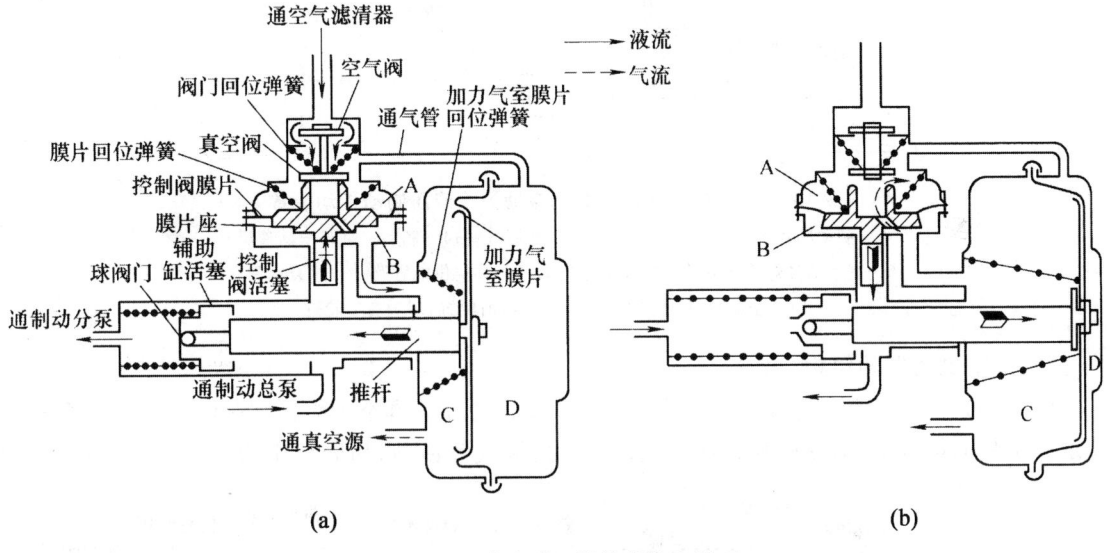

图 13-39 真空增压器的结构和原理

辅助缸是将低压制动液变为高压的装置。装有皮圈的辅助缸活塞将辅助缸内腔分隔为两部分,左腔经出油管通向前后制动轮缸,右腔经进油接头与制动主缸相通。推杆后端与伺服气室的膜片相连,前端嵌装着球阀,其球座在辅助缸活塞上。不制动时,推杆前部的球阀与阀座之间保持一定距离,保证辅助缸两腔相通。

控制阀是控制伺服气室的随动机构,由真空阀和空气阀组成双重阀门。不制动时,空气阀在弹簧的作用下处于关闭状态,真空阀在膜片回位弹簧的作用下处于开启状态。膜片座中央有孔道使气室 A 和气室 B 相通,因此不制动时四个气室 A、B、C 和 D 相通,且具有相等的真空度。

伺服气室是将进气歧管产生的真空度与大气压力的压力差,转变为机械推力的总成。膜片将伺服气室分成前后两腔,前腔 C 经前壳体端面上的真空管接头通向真空源,后腔 D 与控制阀上腔 A 相通,并通过真空阀与前腔 C、下腔 B 相通。

2. 真空助力式液压制动传动装置

(1)真空助力式液压制动传动装置的组成

图 13-40 所示为奥迪 100 型轿车双管路真空助力式液压制动传动装置。串联双腔制动主缸的前腔通向右前轮制轮器的轮缸 12,经感载比例阀 9 通向右后轮制动器的轮缸 13。主缸的后腔通向右前轮制动器的轮缸 12,经感载比例阀 9 通向左后轮制动器轮缸 11。真空伺服气室 3 和控

制阀 2 组成一个整体部件,称为真空助力器。制动主缸直接装在真空伺服气室的前端,真空单向阀 7 装在伺服气室上。真空伺服气室工作时产生的推力,也同踏板力一样直接作用在制动主缸 4 的活塞推杆上。

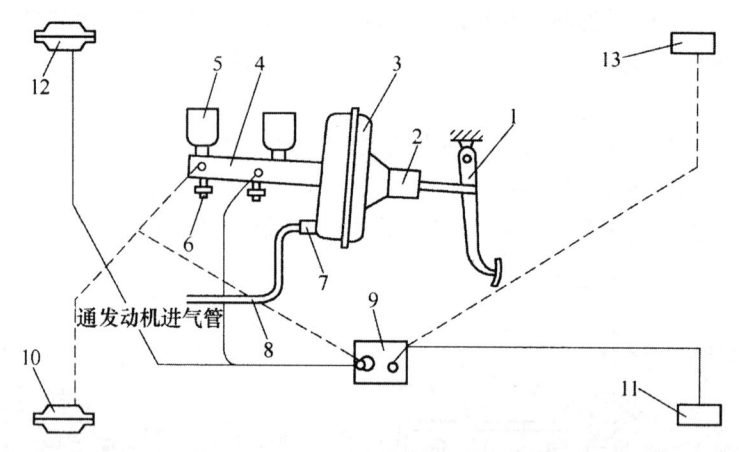

图 13-40 奥迪 100 型轿车真空助力式液压制动传动装置
1—制动踏板机构;2—控制阀;3—真空伺服气室;4—制动主缸;5—储液罐;
6—制动信号灯液压开关;7—真空单向阀;8—真空供能管路;9—感载比例阀;
10—左前轮;11—左后轮缸;12—右前轮缸;13—右后轮缸

(2)真空助力器的结构

图 13-41 所示为桑塔纳轿车所用的单膜片真空助力器。真空助力器和制动主缸用 4 个螺钉固定在车身的前围上,借推杆与制动踏板连接。伺服气室由前、后壳体组成,其间夹装有膜片和

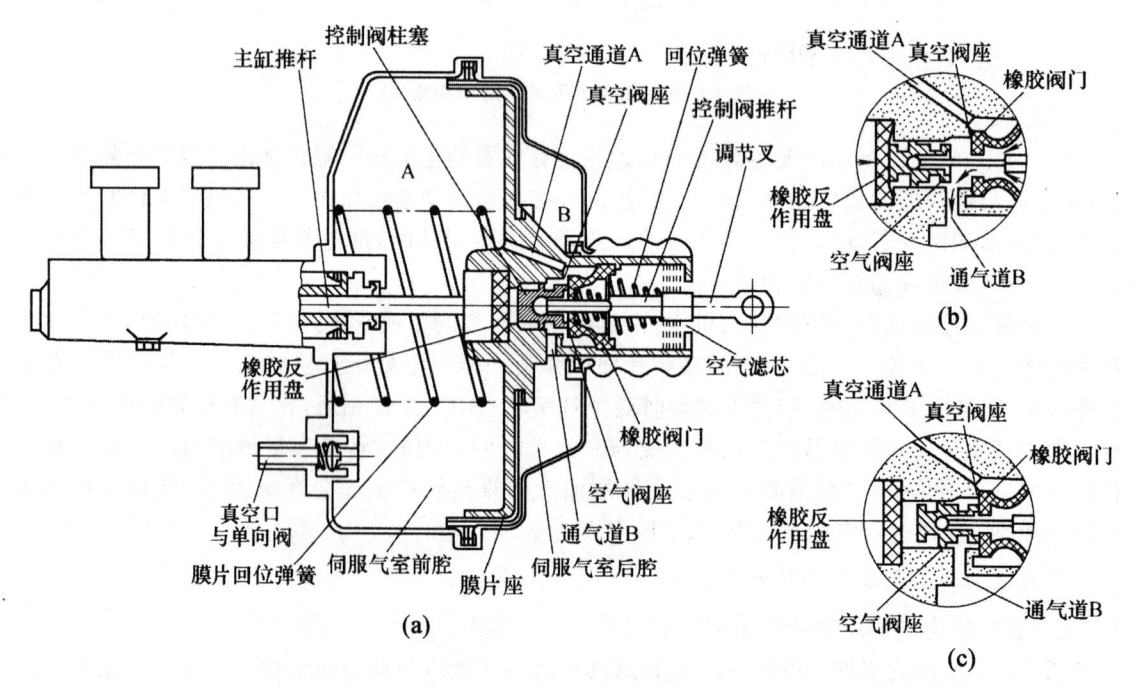

图 13-41 真空助力器结构
(a)未制动时;(b)制动时;(c)维持制动时

座,它的前腔经单向阀通进气歧管或真空罐,后腔膜片座毂筒中装有控制阀,空气阀与推杆固接,橡胶阀门与在膜片座上加工出来的阀座组成真空阀。

(3)真空助力器的工作原理

1)不制动时,未踩下制动踏板,控制阀处于非工作状态。回位弹簧将控制阀推杆连同控制阀柱塞推至右极限位置,控制阀柱塞紧压空气阀座而关闭;橡胶阀门被压缩离开真空阀座而开启。真空通道 A 开启,伺服气室 A、B 两腔相通,并与大气隔绝。发动机运转后,真空单向阀被吸开,A、B 两腔内均具有一定的真空度。

2)制动时,控制阀推杆连同控制阀柱塞向左移动,消除了与橡胶反作用盘的间隙后,压缩橡胶反作用中心部分产生压凹变形,并推动主缸推杆向左移动,使制动主缸油压上升。与此同时,控制阀推杆通过弹簧先将橡胶阀门压向真空阀座而关闭,使 A 腔与 B 腔隔绝。进而空气阀座与橡胶阀门分离而开启,外界空气经空气滤芯、通气道 B 进入 B 腔。随着空气的进入,在加力气室膜片的两侧出现压力差而产生推力,此推力通过膜片座、橡胶反作用盘推动主缸推杆左移。此时,主缸推杆上的作用力为踏板力和伺服气室推力之和,但伺服气室推力较踏板力大得多,从而使制动主缸输出的液压成数倍地增高。

3)维持制动时,踏板踩下停止在某一位置,控制阀推杆和空气阀座推压橡胶反作用盘的推力不再增加,膜片两边压力差使橡胶反作用盘中心部分的凹下变形恢复平,空气阀重新落座而关闭,出现"双阀关闭"的平衡状态。

4)放松制动时,回位弹簧使控制阀推杆和空气阀座后移,橡胶阀门离开真空阀座,伺服气室A、B 相通,成为真空状态。膜片和膜片座在膜片回位弹簧的作用下回位,主缸即解除制时。

5)真空助力器失效时,控制阀推杆将通过空气阀座直接推动膜片座和主缸推杆移动,使主缸产生制动液压,但踏板力要大得多。

13.4.5 制动力分配调节装置

汽车前、后轮的实际载荷是不同的,要想达到车轮的最佳制动状态,汽车前、后轮制动力的比例应是变化的。为使前后轮获得理想的制动力,现代汽车上采用了各种制动力调节装置,用以调节前后车轮制动管路的工作压力。

常用的调节装置有限压阀、比例阀、感载比例阀和惯性阀等。

1. 限压阀

限压阀串联在制动主缸与后轮制动器的管路之间,其功用是当前、后制动管路压力 p_1 和 p_2 由零同步增长到一定值后,自动将 p_2 限定在该值不变,如图 13-42 所示。

2. 比例阀

比例阀也串联在制动主缸与后轮制动器的管路之间,其功用是当前、后制动管路压力 p_1 和 p_2 由零同步增长到一定值 p_s 后,即自动对 p_2 的增长加以限制,使 p_2 的增量小于 p_1 的增量。

如图 13-43 所示为比例阀的结构原理,比例阀通常采用两端承压面积不等的活塞。不工作时,活塞 2 在弹簧 3 的作用下处于上极限位置。此时阀门 1 保持开启,因而在输入控制压力 p_1 与输出压力 p_2 从零同步增长的初始阶段,$p_1 = p_2$。但是压力 p_1 的作用面积小于压力 p_2 的作用面积,故活塞上方液压作用力大于活塞下方的液压作用力。在 p_1、p_2 同步增长的过程中,活塞上、下两端的液压作用力之差超过弹簧 3 的预紧力时,活塞便开始下移。当 p_1 和 p_2 增长一定值

p_s 时,活塞内腔中阀座与阀门接触,进油腔与出油腔被隔绝,此时为比例阀的平衡状态。

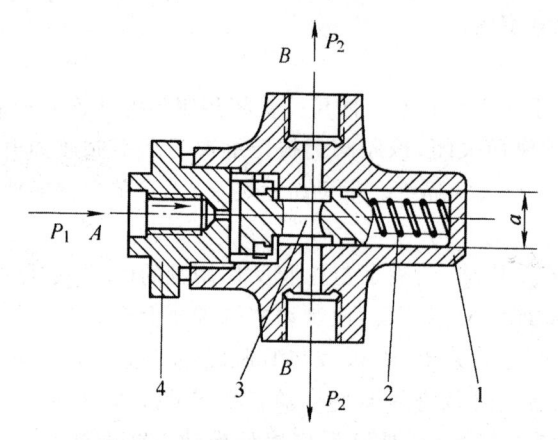

图 13-42 液压式限压阀及特性曲线
1—阀体;2—弹簧;3—滑阀;4—接头
A—通制动主缸;B—通制动轮缸

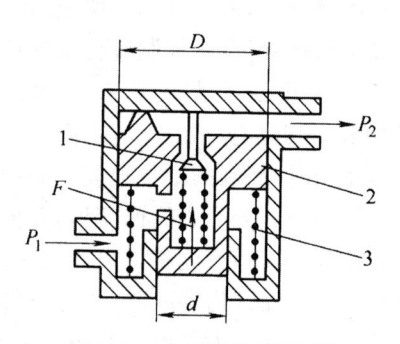

图 13-43 比例阀的结构原理
1—阀门;2—活塞;3—弹簧

若进一步提高 p_1,则活塞上升,阀门再度开启,油液继续流入出油腔,使 p_2 也升高,但由于活塞的下端面积小于其上端面积,因此 p_2 尚未增加至新的 p_1 值,活塞又下降到平衡位置。

3. 感载比例阀

有些车辆在实际的载重量不同时,其总重力和重心位置变化较大。因此,满载和空载时的前后轮制动力分配差距也较大,应采用随汽车实际装载质量变化而改变的感载比例阀。

图 13-44 所示为液压式感载比例阀。阀体 3 安装在车身上,活塞 4 为两端承压面积不等的差径结构,其右部空腔内有阀门 2。

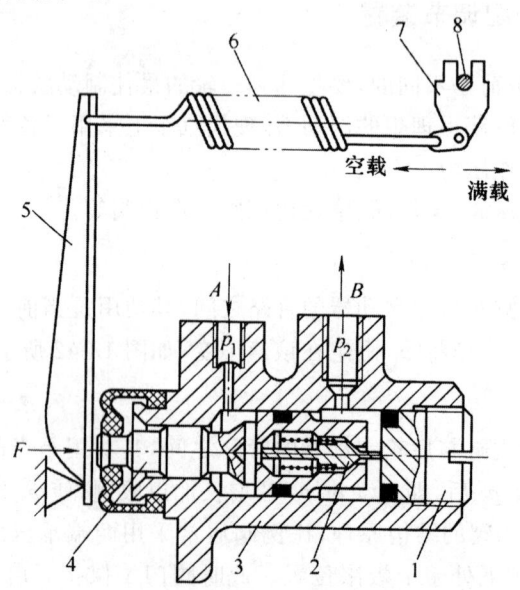

图 13-44 液压式感载比例阀及其感载控制机构
1—螺塞;2—阀门;3—阀体;4—活塞;5—杠杆;
6—拉力弹簧;7—摇臂;8—后悬架横向稳定杆

不制动时，活塞在拉力弹簧 6 通过杠杆 5 施加的推力 F 作用下处于右极限位置。阀门 2 因其杆部顶触螺塞 1 而开启，左右阀腔连通。

轻微制动时，来自制动主缸的液压 p_1，由进油口 A 进入，并通过阀门 2 从出油口 B 输出至后轮缸，出油口 B 处液压 $p_2 = p_1$。

重踩制动踏板时，制动管路的液压 p_2 和 p_1 将同步增长，当增长至活塞左右两端面的液压之差大于推力 F 时，活塞即左移一定距离。阀门 2 落座，将左右两腔隔绝。此时的液压为限压点的液压 p_s，活塞处于平衡状态。若进一步提高 p_1，活塞将右移，阀门 2 再度开启，油液继续流入出油腔使 p_2 也升高。

当汽车的轴载变化时，车身和车桥间的距离发生变化，利用此变化来改变弹簧的预紧力，即能实现感载调节。拉力弹簧 6 的右端经吊耳与摇臂 7 相连，而摇臂则夹紧在汽车后悬架的横向稳定杆 8 的中部。当汽车的轴载质量增加时，后桥向车身移近，后悬架的横向稳定杆带动摇臂 7 逆时针转过一个角度，将弹簧 6 进一步拉伸，作用于活塞 4 上的推力 F 便增加；反之，轴载质量减小，弹簧 6 的拉伸量和推力 F 减小。因而，调节作用点 p_s 随轴载质量的变化而变化。

4. 惯性阀

汽车轴载质量的变化不仅与汽车总质量和实际装载质量有关，还与汽车制动时的减速度的大小有关。当汽车制动减速度增加时，前轴的轴载质量增大，而后轴的轴载质量减小。

惯性阀的作用是使限压点的液压值 p_s 取决于汽车制动时作用在汽车重心上的惯性力。即 p_s 不仅与汽车的实际质量有关，还与汽车制动减速度有关。

如图 13-45 所示，惯性限压阀内有一个惯性钢球 2，惯性钢球的支承面相对于水平面的仰角 θ 必须大于零，惯性阀方可起作用。汽车在水平路面上时，θ 应为 $10° \sim 13°$。

通常惯性钢球在其本身重力作用下处于下极限位置，并将阀门 4 推到与阀盖 5 接触，使得阀门 4 与阀座 3 之间保持一定的间隙，此时进油口 A 与出油口 B 相通。

当汽车在水平路面上施行制动时，来自主缸方面的压力由进油口 A 输入惯性阀，再从油口 B 进入后制动管路，输出压力 p_2 即等于输入压力 p_1。当

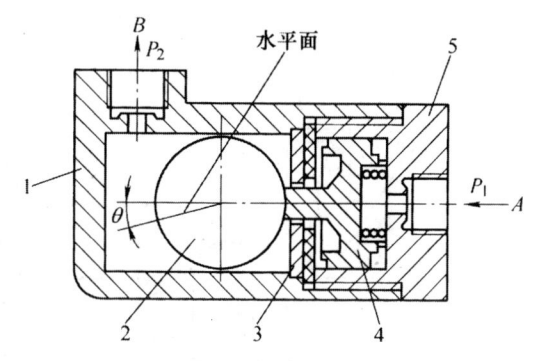

图 13-45 惯性限压阀
1—阀体；2—惯性钢球；3—阀座；4—阀门；5—阀盖

路面对车轮的制动力使汽车产生减速度时，作为汽车零件的惯性钢球也具有相同的减速度。在控制压力 p_1 较低，减速度较小时，惯性钢球向前的惯性力沿支承面的分力不足以平衡钢球的重力沿支承面的分力时，阀门仍保持开启状态，输出压力 p_2 仍等于输入压力 p_1。当 p_1 上升到一定值 p_s 时，制动减速度增大到足以实现上述的二力平衡时，阀门弹簧便通过阀门将钢球推向前方，使阀门压靠阀座，切断液流通路。此后 p_1 继续升高，前轮制动力（即汽车总制动力）继续增大，钢球的惯性力使钢球滚到上极限位置不动。阀门对阀座的压紧力也因 p_1 的升高而加大，但 p_2 就保持在 p_s 值不变。

当汽车在上坡路上施行制动时，由于支承面仰角 θ 增大，惯性钢球重力沿支承面的分力也增大，使得惯性阀开始起作用所需的控制压力值 p_s 也升高，即所限定的输出压力 p_2 值更高，这正与汽车上坡时后轮附着力加大相适应。相反，当汽车在下坡路上施行制动时，后轮附着力减小，

惯性阀所限定的 p_s 也相应地降低。

13.5 气压制动传动系统

以发动机的动力驱动空气压缩机作为制动器制动的能源,而驾驶员的体力仅作为控制能源的制动系称为气压制动系统。

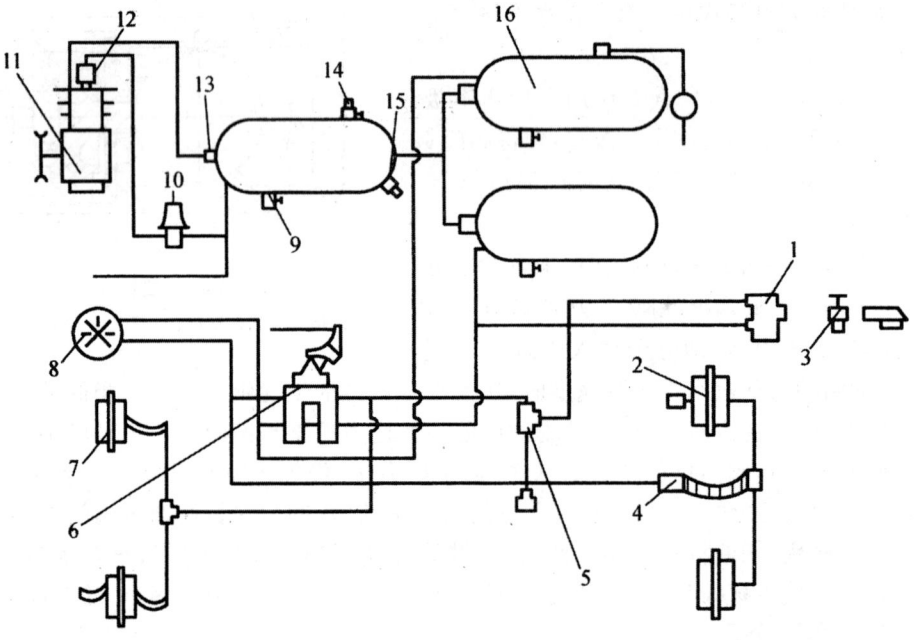

13.5.1 气压制动传动系统

1. 气压制动传动系统的特点

1)操作比较轻便,制动力较大。

2)气压制动传动系统结构复杂。

3)制动时不如液压制动平稳柔和,一般装载质量在 8 000 kg 以上的载货汽车和大客车使用气压制动传动系统。

4)消耗发动机的动力;踏板行程较短。

2. 气压制动传动系统的形式

气压制动传动系统的形式有双管路气压制动传动系统和单管路气压制动传动系统两种。

(1)双管路气压制动传动系统

双管路气压制动传动系统一般由控制部分和气源两部分组成,如图 13-46 所示。控制部分包括制动阀、双腔制动阀等;气源包括制动气室、调压器、气压表、放水阀和安全阀等部件。

图 13-46 管路气压制动传动系统

1,6—制动控制阀;2,7—制动气室;3—分离开关;4—快放阀;5—双通单向阀;
8—气压表;9—放水阀;10—调压器;11—空气压缩;12—卸荷阀;
13—单向阀;14—取气阀;15—安全阀;16—储气筒

(2)单管路气压制动传动系统

单管路气压制动传动系统由空气压缩机、制动气室、储气筒、气压表和管路等组成,现已很少应用。

3.气压制动传动系统的工作原理

气压制动传动系统是用压缩空气做动力源的动力,使车轮产生制动。驾驶员只须按不同的制动要求,控制踏板的行程,释放出不同数量的压缩空气,便可控制制动气压的大小来获得制动力。

如图13-47所示,发动机驱动的空气压缩机将压缩空气经单向阀输入气罐,压缩空气在气罐内冷却并进行油水分离之后,分成两个回路:一个回路经储气筒、双腔制动阀的后腔通向前制动气室。另一个回路经储气筒、双腔制动阀的前腔和快放阀,通向后制动气室。

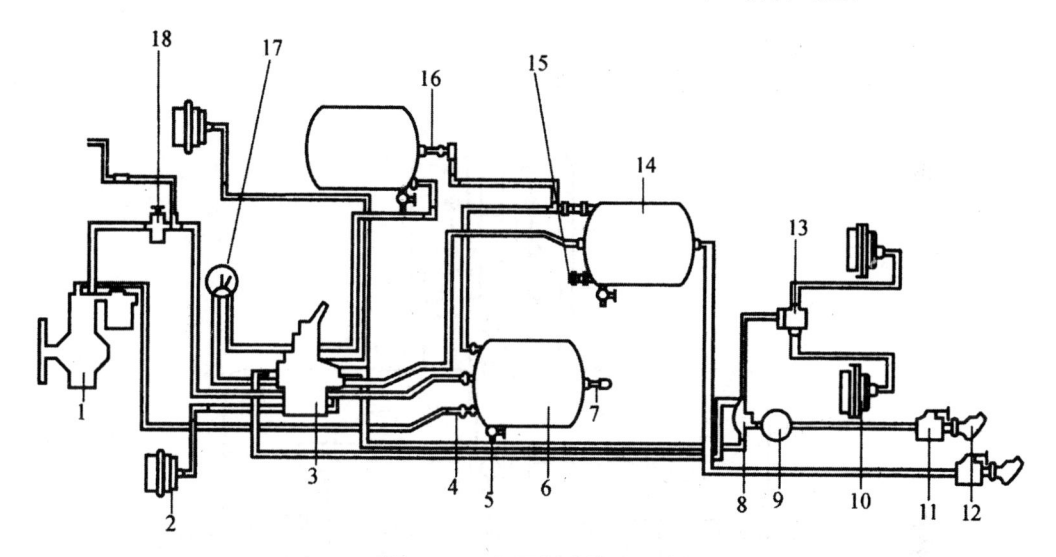

图13-47 气压制动传动系统

1—空气压缩机;2—前制动气室;3—双腔制动阀;4—单向阀;5—放水阀;6—储气筒;
7—安全阀;8—梭阀;9—挂车制动阀;10—后制动气室;11—分离开关;12—接头;
13—快放阀;14—主储气筒;15—低压报警器;16—取气阀;17—针式压表;18—调压器

当其中一个回路失效时,另一个回路仍能正常工作,以维持汽车具有一定的制动能力,从而提高了汽车行驶的安全性。

4.气压制动传动系统的工作过程

(1)制动过程

当驾驶员踩下制动踏板时,双腔制动阀切断各制动气室与空气的通道,并接通与压缩空气的通道,于是两个主储气筒便各自独立地经双腔制动阀向前、后制动气室供气,促使前、后制动器产生制动。

(2)解除过程

不制动时,前、后制动气室分别经双腔制动阀和快放阀与空气相通,与来自储气筒的压缩空气隔绝,因此所有车轮制动器都不制动。

13.5.2 双管路气压制动传动系统

双管路气压制动传动系统主要由并列双腔制动阀、制动气室、调压器、空气压缩机等几部分组成。

1. 并列双腔制动阀

(1) 并列双腔制动阀的组成

并列双腔制动阀主要由上壳体、下壳体、平衡臂、膜片及阀门等部件组成。

(2) 并列双腔制动阀的功用

从储气筒进入制动气室和挂车制动阀的压缩空气,由并列双腔制动阀控制,即控制制动气室的工作气压,保证制动气室的工作气压与制动踏板的行程有一定的比例关系,确保制动的稳定、可靠、安全。

(3) 并列双腔制动阀的工作过程

并列双腔制动阀的工作过程如图 13-48 所示。

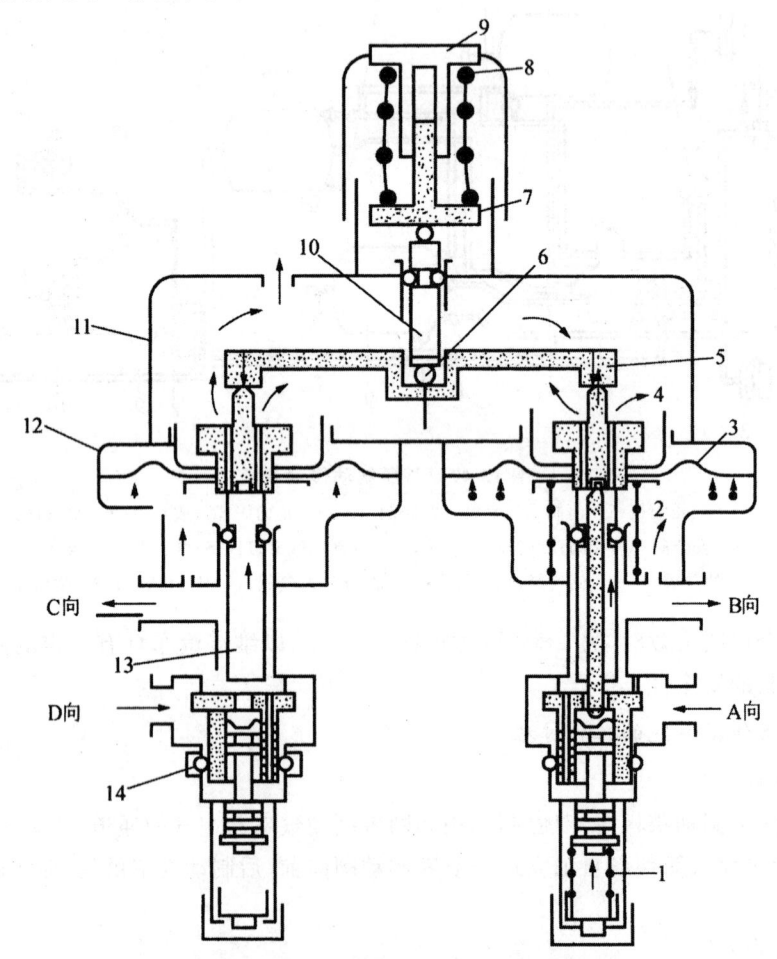

图 13-48 并列双腔制动阀的工作过程

1—滞后弹簧;2—平衡腔;3—膜片;4—排气;5—平衡臂;6—钢球;7—平衡弹簧下座;8—平衡弹簧;
9—平衡弹簧上座;10—推杆;11—上壳体;12—下壳体;13—排气阀;14—密封圈
A 向—通前桥储气筒;B 向—通前桥制动气室;C 向—通后桥制动气室;D 向—通后桥储气筒

1)制动过程。当踩下制动踏板时,拉动制动阀拉臂,将平衡弹簧上座下压。绎平衡弹簧、下座、钢球,通过推杆及钢球压下平衡臂,推动两腔膜片总成下移。消除间隙后,先关闭排气阀口,再打开进气阀口,储气筒内的压缩空气经制动阀进入各制动气室,使凸轮转动,产生制动。

当踩下踏板某一位置不动时,由于压缩空气不断输送到前、后制动气室,同时压缩空气经节流孔进入平衡腔的气压也随之增大。

2)平衡过程。当膜片下方的总压力和回位弹簧的弹力之和大于平衡弹簧的弹力时,膜片总成上移,通过平衡臂平衡弹簧下座上移,平衡弹簧被压缩,阀门将进气阀和排气阀同时关闭,储气筒停止对制动气室输送压缩空气,处于一种平衡状态,车轮保持一定的制动强度,此时称为平衡过程。

3)解除制动过程。放松制动踏板时,拉臂在回位弹簧的作用下回位,平衡弹簧座上端面的压力消除,平衡臂、推杆、膜片都在平衡腔内压缩空气及回位弹簧的作用下向上移,排气阀口打开,制动气室及制动管路的压缩空气便经排气阀口,从上体排气口排入空气,同时摩擦片与制动鼓分离,解除制动。

2.制动气室

制动气室分膜片式和活塞式两种。制动气室的功用是将输入的空气压力转变为制动凸轮的机械力,使制动器产生摩擦力矩。

(1)制动气室的结构

制动气室主要由盖、膜片、支撑盘、壳体及回位弹簧等部件组成,如图13-49所示。

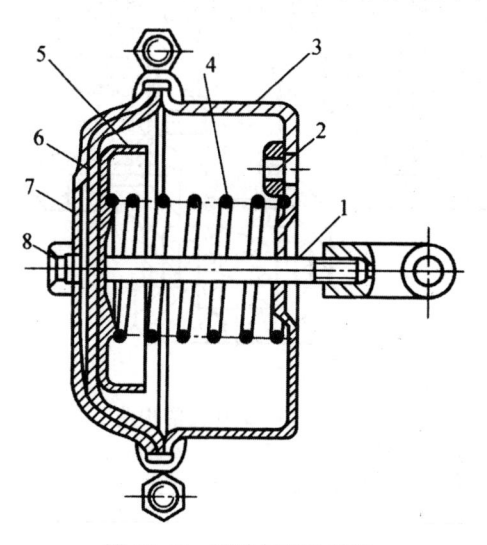

图13-49 制动气室的结构
1—推杆;2—固定螺孔;3—壳体;4—回位弹簧;5—支撑盘;
6—膜片;7—盖;8—进气孔

(2)制动气室的工作过程

制动时,踩下制动踏板,压缩空气经制动阀进气口充入工作腔,膜片向右将推杆推出,使制动调整臂带动制动凸轮转动,从而推动制动蹄张开压向制动鼓,实现制动。

松开制动踏板,工作腔中的压缩空气经制动控制阀排入空气,膜片和推杆在弹簧作用下回位,从而解除制动。

3.调压器

调压器壳体上装有两个带滤芯的管,接头分别与卸荷室和储气筒相通。壳体和盖之间装有膜片和调压弹簧,膜片中固连着空心管,空心管可以在壳体中央孔中滑动,其中间有密封圈,上部的侧面有径向孔与轴向孔相通。调压器下部装有与空气相通的排气阀。调压器的结构如图13-50 所示。

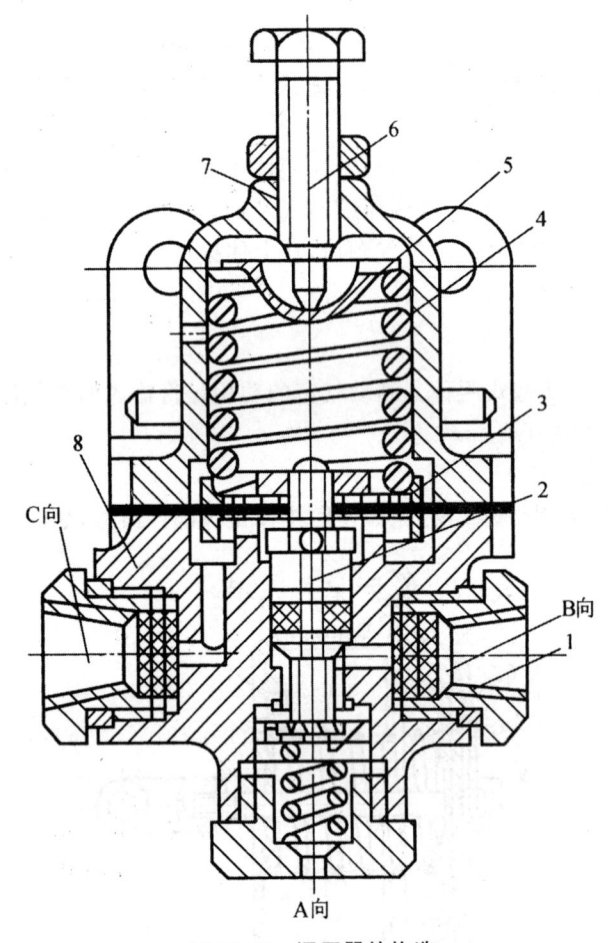

图 13-50 调压器的构造

1—排气阀;2—空心管;3—膜片;4—调压弹簧;5—弹簧座;6—调压螺钉;7—盖;8—壳体;
A 向—通空气源;B 向—通卸荷室管接头;C 向—通储气筒管接头

(1)调压器的形式

调压器是使储气筒内气压能控制在规定的范围内,并在超过规定气压时,使空气压缩机能卸荷空转,以减少发动机的功率损失。调压器的形式通常有并联和串联两种。

(2)调压器的工作过程

正常充气:当储气筒内气压低于规定值时,膜片下腔气压较低,不能克服调压弹簧的预紧力,膜片连同空心管被调压弹簧压到下极限位置。空心管下端面紧压着排气阀。此时,由储气筒至卸荷室的通路被隔断,卸荷阀在最高位置,进气阀处于密封状态,空气压缩机对储气筒正常充气。

停止充气:当储气筒气压达到规定值时,膜片下方气压便克服了调压弹簧的预紧力而推动膜片上移,空心管和排气阀也上移,直到排气阀移靠阀座,切断卸荷室与空气的通路,并且空心管下端面也离开排气阀,而出现相应的间隙,卸荷室即与储气筒相通,压缩空气便经气管进入卸荷室,压下卸荷阀和进气阀,使两气缸相通,停止通气并卸掉载荷,如图 13-51 所示。

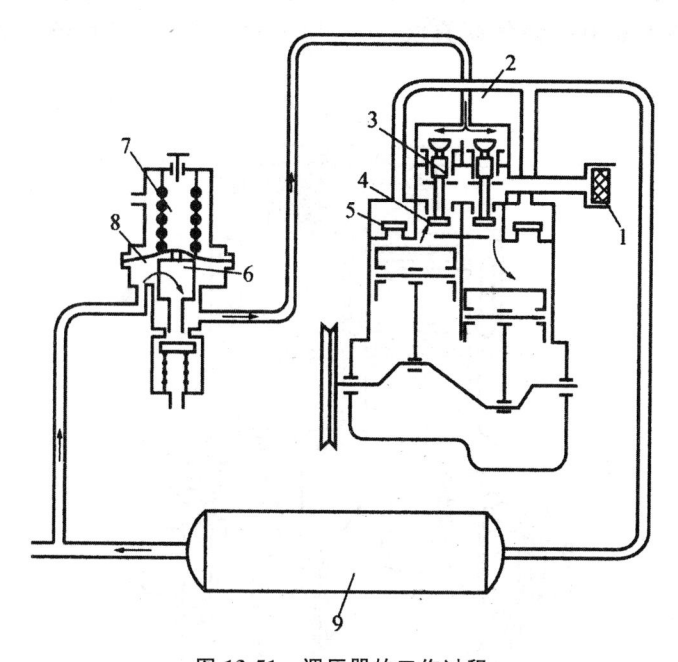

图 13-51 调压器的工作过程
1—空气滤清器;2—出气管;3—卸荷阀;4—进气阀;5—排气阀;
6—空心管;7—调压弹簧;8—膜片;9—储气筒

恢复充气:随着储气筒内压缩空气不断消耗,膜片下面的气压降低,膜片和空心管即在调压弹簧作用下下移。当气压降到关闭气压时,空心管下端将排气阀压开,卸荷室与储气筒的通路与空气相通,卸荷室内的压缩空气即排入空气,卸荷阀在其弹簧作用下升高,空气压缩机正常供气。

4. 空气压缩机

空气压缩机有单缸式和双缸式压缩机两种。

(1)空气压缩机的功用

空气压缩机固定于发动机一侧支架上,由曲轴带轮通过 V 带驱动,其功用为产生压缩空气,是气压制动整个系统的动力源。

(2)单缸空气压缩机

单缸空气压缩机是由铸铁制造的气缸体,其下端用螺栓与曲轴箱连接,缸体外铸有散热片,上端面固定有铝制的气缸盖。气缸体具有与发动机类似的曲柄连杆机构。

气缸体内装有密封缸垫、排气室、片状阀等,其中片状阀用弹簧压紧于阀座上。排气阀经排气管与储气筒相通,进气阀经进气道与空气相通,进气阀上方装有卸荷系统。当储气筒气压达到规定值后,由调压器进入卸荷室,使卸荷阀下移,压开进气阀使空气压缩机卸荷空转。

进气过程:当活塞由上止点向下止点运动时,气缸内产生真空,迫使进气阀打开,排气阀关闭,外界空气经空气滤清器、进气阀进入气缸。当活塞运动到接近下止点时,由于真空度的减弱,进气过程结束。

泵气过程：当活塞由下止点向上止点运动时，气缸内的空气被压缩，进气阀门关闭。当被压缩的空气压力超过排气阀回位弹簧预紧力时，排气阀打开，空气被压送到储气筒，压缩过程结束。

双缸空气压缩机：双缸空气压缩机结构与单缸空气压缩机基本相同，主要区别是泵气效率高，其是两个缸交替不断地向储气筒充气，供气压力稳定均匀，因此被广泛应用，如图 13-52 所示。

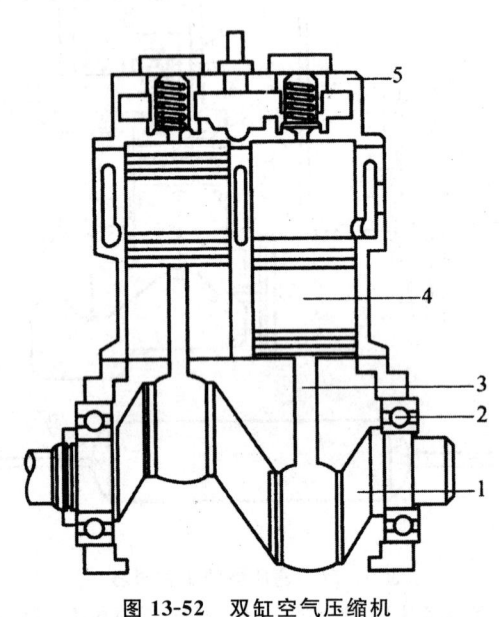

图 13-52　双缸空气压缩机
1—曲轴；2—轴承；3—连杆；4—活塞；5—气缸

5. 双管路气压制动的工作过程

当踩下制动踏板时，前桥储气筒与并列双腔制动控制阀的右腔室相连，后桥储气筒与控制阀的左腔室相连；拉杆拉动制动阀使之工作，前、后桥储气筒的压缩空气便通过制动控制阀进入前、后轮制动气室，使前、后轮制动。

第14章 汽车防抱死制动系统

14.1 汽车防抱死制动系统概述

14.1.1 功用

行驶中的车辆在制动过程中车轮抱死后,车辆的运动情况会出现以下情况:

当对行驶中车辆进行适当制动时,如果左、右车轮产生的制动力对称,车辆能够在行驶方向上停止下来。

如果左、右车轮产生的制动力不对称,就会产生车辆绕重心旋转的力矩,此时,如果轮胎与地面的侧向反力能阻止旋转力矩的作用,则车辆仍能保持直线行驶。如果轮胎与地面的侧向反力很小,则车辆就有可能出现如图14-1所示的不规则运动。

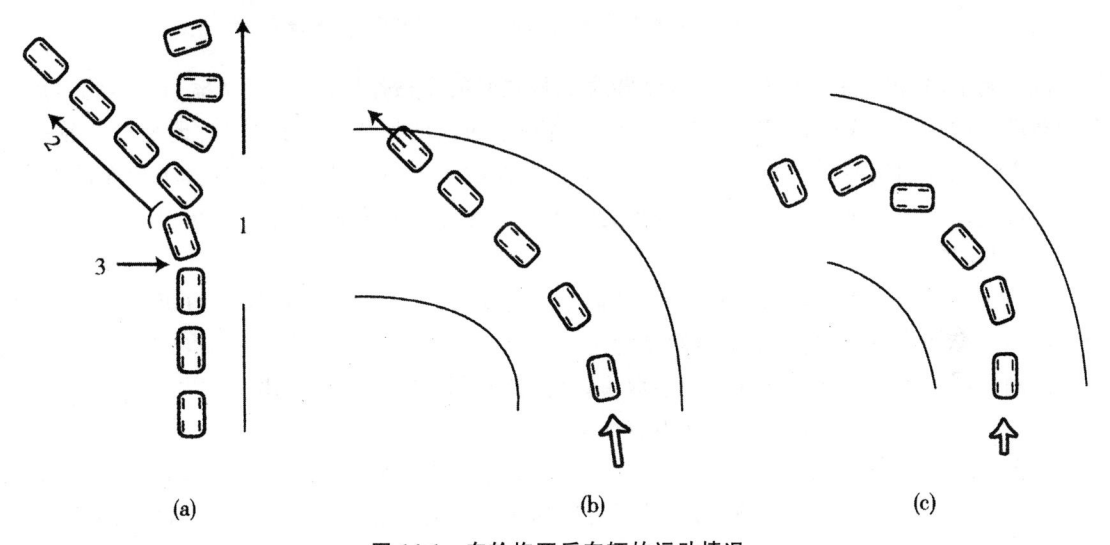

图14-1 车轮抱死后车辆的运动情况
(a)车辆直线行驶车轮抱死时;(b)车辆弯道行驶前轮抱死时;(c)车辆弯道行驶仅后轮抱死时

当车辆直线行驶车轮抱死时,车辆出现了制动跑偏或甩尾侧滑的现象,如图14-1(a)所示。

当车辆弯道行驶仅前轮抱死时,车辆出现了失去转向能力的现象,如图14-1(b)所示。

当车辆弯道行驶仅后轮抱死时,车辆出现了甩尾侧滑的现象,如图14-1(c)所示。

现代汽车上普遍安装防抱死制动系统,简称ABS(Antilock Braking System)。汽车防抱死制动系统的作用是防止在制动过程中车轮抱死(即停止滚动),从而保证驾驶者在制动时还能控制汽车的行驶方向,保证行车安全。

行驶中的车辆在制动过程中,驾驶者只需踩住制动踏板不动,ABS系统通过电脑自动控制制动系统的油压,系统就能自动地快速调节制动力,在获得最大制动效能的同时,防止车轮抱死。

1. 制动时车轮受力分析

(1) 地面制动力 (F_B)

汽车在良好的路面上制动时,车轮的受力情况如图 14-2 所示,图中忽略了滚动阻力矩和减速时的惯性力矩。

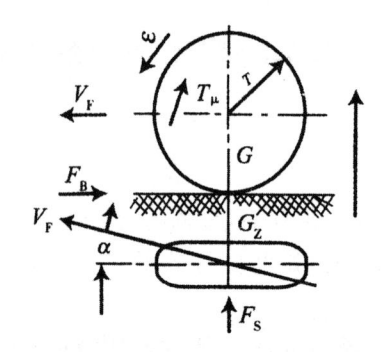

图 14-2 制动时车轮受力分析

T_μ—制动中的摩擦力矩;V_F—汽车瞬时速度;F_B—地面制动力;
G—车轮垂直载荷;G_Z—地面对车轮的反作用力;r—车轮的滚动半径;
V_R—车轮的圆周速度;F_S—侧向力;ω—车轮的角速度;α—侧偏角

汽车制动时,由于制动鼓(盘)与制动蹄摩擦片之间的摩擦作用,形成了摩擦力 T_μ,此力矩与车轮转动方向相反。车轮在 T_μ 的作用下给地面一个向前的作用力,与此同时地面给车轮一个与行驶方向相反的切向反作用力 F_B,这个力就是地面制动力,它是迫使汽车减速或停车的外力。

地面制动力的大小取决于制动器制动力的大小和轮胎与地面之间的附着力。

(2) 制动器制动力

当汽车制动时,阻止车轮转动的是制动器摩擦力矩 T_μ。将制动器的摩擦力矩 T_μ 转化为车轮周缘的一个切向力,称其为制动器制动力 F_μ。

制动器制动力是由制动器的结构参数决定的,并与制动踏板力成正比。

(3) 地面制动力、制动器制动力和附着力的关系

如图 14-3 所示为不考虑制动过程中附着系数变化的地面制动力、制动器制动力以及附着力三者的关系。在制动过程中,车轮的运动只有减速滚动和抱死滑移两种状态。当驾驶者踩制动踏板的力较小,制动摩擦力矩较小时,车轮只作减速滚动,并且随着摩擦力矩的增加,制动器制动力和地面制动力也随之增长,且在车轮未抱死前,地面制动力始终等于制动器的制动力。此时,制动器的制动力可全部转化为地面制动力,但地面制动力不可能超过附着力。

当制动系统液压力(制动踏板力)增大到某一值,地面制动力达到附着力,即地面制动力达到最大值。此时,车轮即开始抱死不转而出现拖滑的现象。当再加大制动系统液压力时,制动器制动力随着制动器摩擦力矩的增长仍按直线关系继续上升,但是,地面制动力已不再随制动器制动力的增加而增加。

要想获得好的制动效果,必须同时具备两个条件,即汽车具有足够的制动器制动力,同时又要有附着系数较高的路面提供足够的地面制动力。

影响附着系数的因素很多,如路面的状况、轮胎的花纹、车辆的行驶速度、轮胎与路面的运动状态等。在诸因素中,车轮相对于路面的运动状态对附着力有着重要的影响,特别是在湿路面

上,其影响更为明显。

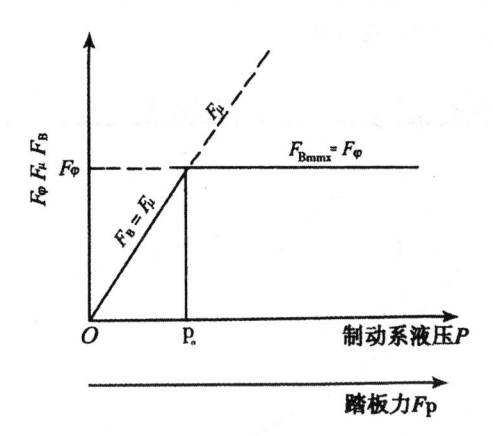

图 14-3 地面制动力、制动器制动力和附着力的关系

2. 滑移率

汽车匀速行驶时,汽车的实际车速与车轮滚动的圆周速度(也称车轮速度)是相同的。在驾驶者踩制动踏板使车轮的轮速降低时,车轮滚动的圆周速度(轮胎胎面在路面上移动的速度)也随之降低了,但由于汽车自身的惯性,汽车的实际车速与车轮的速度不再相等,使车速与轮速之间产生一个速度差。此时,轮胎与路面之间产生相对滑移现象,其滑移程度用滑移率表示。

滑移率是指车轮在制动过程中滑移成分在车轮纵向运动中所占的比例,用"S"表示。其定义表达式为:

$$S=(v-\omega r)\times 100\%$$

式中:S 为车轮的滑移率;r 为车轮的滚动半径;ω 为车轮的转动角速度;v 为车轮中心的纵向速度。

由上式可知,当汽车的实际车速等于车轮滚动时的圆周速度时,滑移率为零,车轮为纯滚动;当汽车制动时,逐渐踩下制动踏板,车轮边滚动边滑动,滑移率为 0%~100%;当制动踏板完全踩到底,车轮处于抱死状态,而车身又具有一定的速度时,车轮滚动圆周的速度为零,则滑移率为 100%。

大量的试验证明,在汽车的制动过程中,附着系数的大小随着滑移率的变化而变化。如图 14-4 所示为干路面上附着系数与滑移率的关系。对于纵向附着系数,随着滑移率的迅速增加,并在 S=20% 左右时,纵向附着系数最大;然后随着滑移率的进一步增加,当 S=100%,即车轮抱死时,纵向附着系数有所下降,制动距离会增加,制动效能下降。对于横向附着系数,S=0 时,横向附着系数最大;然后随着滑移率的增加,横向附着系数逐渐下降,并在 S=100%,即车轮抱死时横向附着系数下降为零左右。此时车轮将完全丧失抵抗外界侧向力作用的能力。稍有侧向力干扰(如路面不平产生的侧向力、汽车重力的侧向分力、侧向风力等),汽车就会产生侧滑而失去稳定性,而转向轮抱死后将失去转向能力。因此,车轮抱死将导致制动时汽车的方向稳定性变差。

从以上分析可知,制动时车轮抱死,制动效能和制动方向稳定性都将变坏。而如果制动时将车轮的滑移率 S 控制在 15%~30%,此时纵向附着系数最大,可得到最好的制动效能。同时横向附着系数也保持较大值,使汽车也具有较好的制动方向稳定性。

在汽车的制动过程中,若能将滑移率控制在最大附着系数所对应的滑移率范围的,汽车将处于最佳制动状态,但如何才能控制滑移率呢?

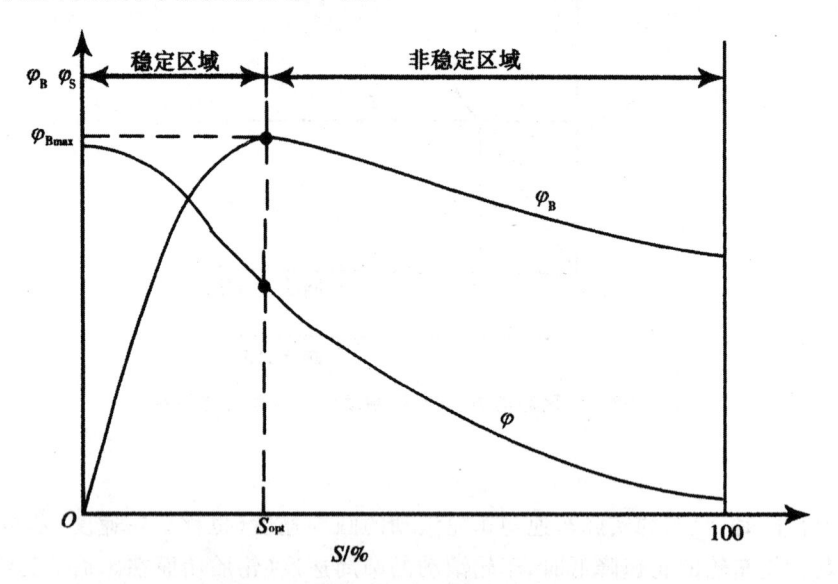

图 14-4 附着系数与滑移率的关系曲线

要控制滑移率就要对作用于车轮上的力矩进行瞬时的自适应调节。防抱死制动系统就是通过电子控制单元、车轮转速传感器和制动压力调节器,对作用于制动轮缸内的制动液压力进行瞬时的自动控制(每秒约 10 次),从而控制制动车轮上的制动器压力,使制动车轮尽可能保持在最佳的滑移率范围内运动,从而使汽车的实际制动过程接近于最佳制动状态成为可能。

14.1.2 基本组成及原理

1. 基本组成

车轮防抱死制动系统由传统的普通制动系统和防止车轮抱死的电子控制系统组成,下面提到的 ABS 单指电子控制系统。电子控制系统一般由传感器、电子控制器(ECU)、执行器及警告灯等组成,其中传感器主要指车轮转速传感器,执行器主要指制动压力调节器,如图 14-5 所示。

(1)车轮转速传感器

车轮转速传感器是 ABS 系统中最主要的一个传感器,其作用是检测车轮速度信号,简称轮速传感器。

(2)电子控制器

ABS 电子控制器,常用 ECU 表示,俗称 ABS 电脑。它是系统的神经中枢,接受传感器信号,通过计算、分析、判断后对执行器发出控制指令,另外还有监测功能。

(3)制动压力调节器

制动压力调节器的作用是接受 ECU 的指令,驱动调节器中的电磁阀动作(或电机转动),调节制动轮缸的制动压力,使车轮始终处于边滚边滑状态。

(4)警告灯

警告灯包括仪表板上的制动警告灯和 ABS 警告灯。制动警告灯为红色,通常用 BRAKE 做标识,由制动液面开关、手制动开关及制动液压开关并联控制;ABS 警告灯为黄色,由 ABS 电子控制器控制,通常用 ABS、ALB 或 ANTILOCK 做标识。ABS 系统具有失效保护和自诊断功能,当 ECU 监测到系统出现故障时,将自动关闭 ABS,恢复常规制动;存储故障信息,并将 ABS 警告灯点亮,提示驾驶员尽快进行修理。

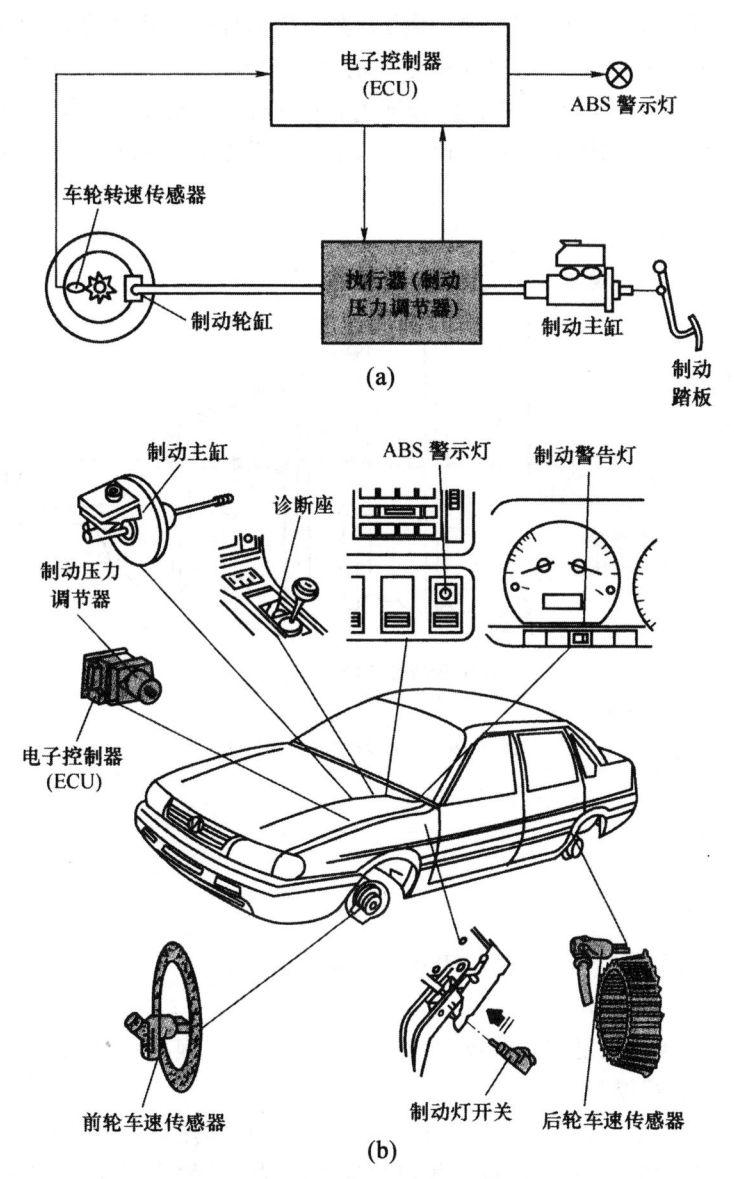

图 14-5 防抱死制动系统(ABS)的基本组成
(a)原理框图;(b)桑塔纳 GSI ABS 元件图

2.基本原理

在一般的制动情况下,驾驶员踩在制动踏板上的力较小,车轮不会被抱死,ABS 不工作,这时就如常规的制动系统,制动力完全由驾驶员踩在制动踏板上的力来控制。当在紧急制动或松滑路面制动时,ABS 将工作,如图 14-6 所示,制动开始时,制动压力急剧升高,车轮速度迅速下降,车轮的滑移率在极短时间到达稳定区,当轮速传感器检测到车轮的滑移率刚刚超过 SP 出现抱死趋势时,ABS 控制器输出信号到制动压力调节器降低制动压力,减小车轮制动力矩,使车轮滑移率恢复到靠近稳定界限 SP 的稳定区域内,保持压力,车轮速度上升。当车轮的加速度超过某一值时,再次将制动压力提高到使车轮滑移率稍微超过稳定界限,保持压力,车轮速度又下降。ABS 系统按上述"压力降低—压力保持—压力升高—压力保持—压力降低"循环反复将车轮滑移率控制在 SP 附近的狭小范围内,以获得最佳的制动效能和制动时的方向稳定性和转向操纵能力。需要指出的是,为避免 ABS 在较低的车速下制动时因制动压力的循环调节而延长制动距离,ABS 有最低工作车速的限制,一般来说当汽车行驶速度超过 8 km/h 时,ABS 才起作用。

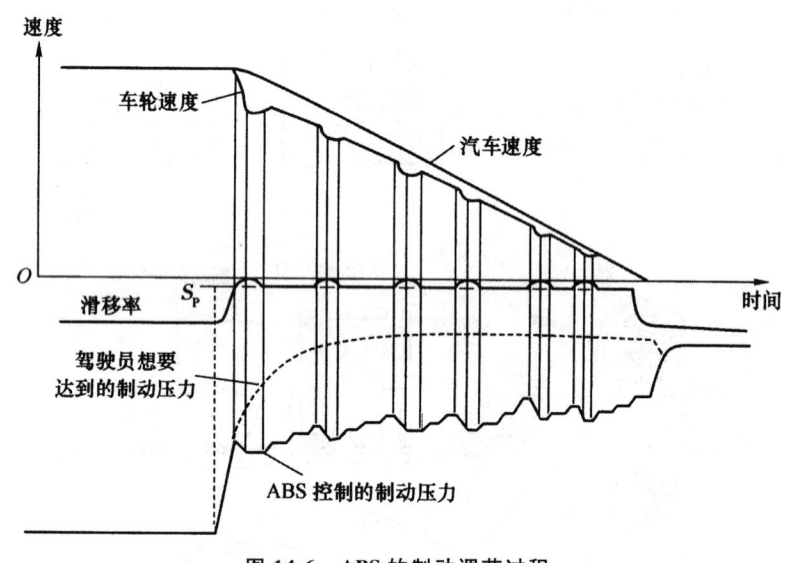

图 14-6 ABS 的制动调节过程

14.1.3 分类

1. 按控制方式分类

ABS 按控制方式可分预测控制方式和模仿控制方式两种。

(1) 预测控制方式

预测控制方式是预先规定控制参数和设定值等条件,然后根据检测的实际参数与设定值进行比较,对制动过程进行控制。

控制参数有车轮减速度、车轮加速度及车轮滑移率。根据控制参数不同,预测控制可分为以车轮减速度为控制参数的控制方式、以车轮滑移率为控制参数的控制方式、以车轮减速度和车轮加速度为控制参数的控制方式、以车轮减速度、加速度以及滑移率为控制参数的控制方式。

(2) 模仿控制方式

模仿控制方式是在控制过程中,记录前一控制周期的各种参数,再按照这些参数值,规定出下一个控制周期的控制条件。此类控制方式在控制时需要准确和实时测定汽车瞬时速度,其成本较高,技术复杂,已较少使用。

2. 按控制通道及传感器数目分类

根据控制通道数可分为四通道、三通道、二通道和一通道四种;根据传感器数主要可分为四传感器和三传感器两种。控制通道是指能够独立进行制动压力调节的制动管路。如果一个车轮的制动压力占用一个控制通道,可以进行单独调节,称为独立控制;如果两个车轮的制动压力是一同调节的,称为一同控制;两个车轮一同控制时有两种方式:如果以保证附着系数较小车轮不发生抱死为原则进行制动压力调节,则称这两个车轮按低选原则一同控制;如果以保证附着系数较大车轮不发生抱死为原则进行制动压力调节,则称这两个车轮按高选原则一同控制;按低选原则一同控制较常见。

目前汽车上应用较多的为三通道(前轮独立控制、后轮低选控制)四传感器式、三通道三传感器式和四通道四传感器式。

(1) 三通道四传感器式

三通道四传感器 ABS 如图 14-7 所示,一般采用两个前轮独立控制,两个后轮按低选原则进行一同控制。对两个前轮进行独立控制,主要是考虑轿车,特别是前轮驱动的汽车,前轮制动力在汽车总制动力中所占的比例较大(可达 70%),可以充分利用两前轮的附着力。这种形式的 ABS 制动方向稳定性较好,但制动效能稍差。

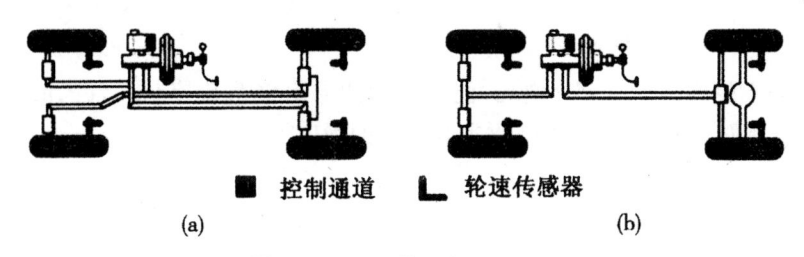

图 14-7 三通道四传感器 ABS
(a) 双管路交叉布置;(b) 双管路前后布置

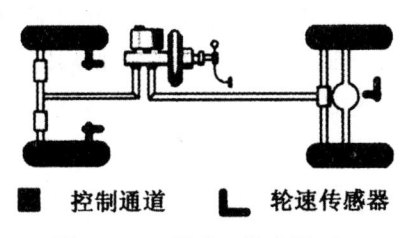

(2) 三通道三传感器式

三通道三传感器 ABS 如图 14-8 所示,也是采用两个前轮独立控制,两个后轮按低选原则进行一同控制。与三通道四传感器 ABS 的不同是后桥只有一个轮速传感器,装在差速器附近。这种形式的 ABS 制动方向稳定性较好,但制动效能稍差。

图 14-8 三通道三传感器 ABS

(3) 四通道四传感器式

四通道四传感器 ABS 如图 14-9 所示,每个车轮都有一个轮速传感器,且每个车轮的制动压力都是独立控制。这种形式的 ABS 制动效能好,但在不对称路面上制动时的方向稳定性差。

■ 控制通道　　┗ 轮速传感器

(a)　　　　　　　(b)

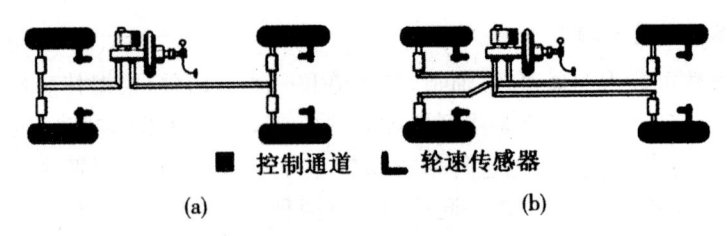

图 14-9　四通道四传感器 ABS
(a)双管路前后布置；(b)双管路交叉布置

14.1.4　ABS 的优点

1. 缩短制动距离

ABS 可以将滑移率控制在最大附着系数范围内，从而可获得最大的纵向制动力。

2. 改善了轮胎的磨损状况

ABS 可以防止车轮抱死，从而避免了因制动车轮抱死造成的轮胎局部异常磨损，延长了轮胎的使用寿命。

3. 提高了汽车制动时的稳定性

ABS 可防止车轮在制动时完全抱死，能将车轮侧向附着系数控制在较大的范围内，使车轮具有较强的承受侧向力的能力，以保证汽车制动时的稳定性。

4. 使用方便、工作可靠

ABS 的运用与常规制动系统的运用几乎没有区别，制动时驾驶者踩下制动踏板，ABS 就根据车轮的实际转速自动进入工作状态，使车轮保持在最佳工作状态。

14.2　汽车防抱死制动系统的结构

14.2.1　传感器

ABS 系统的传感器是感受汽车运动参数(车轮转速)的元件，用来感受系统控制所需的基本信号，其作用如同人的眼睛和耳朵。通常 ABS 系统中所使用的传感器主要包含有以变换车轮转速信号为目的的轮速传感器和以感受车身加速度为目的的加速度传感器。

1. 轮速传感器

轮速传感器的功用是检测车轮的旋转速度，并将速度信号输入电子控制单元。目前，常用的轮速传感器主要有电磁式和霍尔式两种。

电磁式轮速传感器结简单，成本低，但存在以下缺点：

1)其输出信号的幅值是随转速变化而变化的。在规定的转速范围内，其输出信号的幅值一般在 1~15 V 范围内变化，若车速过低，其输出信号甚至低于 1 V，电子控制单元无法检测。

2)频率相应不高。当转速过高时，传感器的频率响应跟不上，容易产生误信号。

3)抗电磁波干扰能力差。

(1)电磁式轮速传感器

①结构。电磁式轮速传感器主要由传感器头和齿圈两部分组成,如图 14-10 所示。

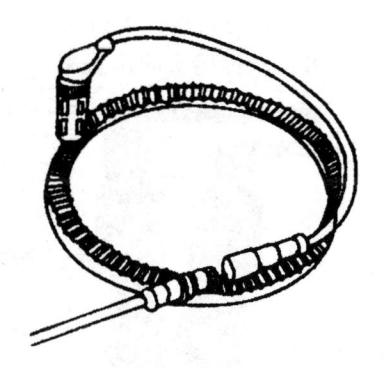

图 14-10　轮速传感器外形

齿圈一般安装在轮毂或轴座上,如图 14-11 所示。对于后轮驱动且后轮采用同时控制的汽车,齿圈也可安装在差速器或传动轴上,如图 14-12 所示。

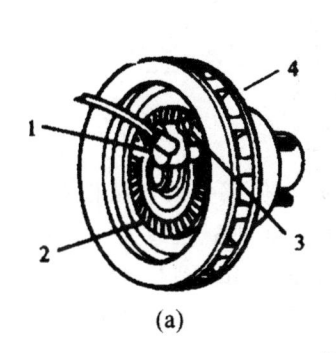

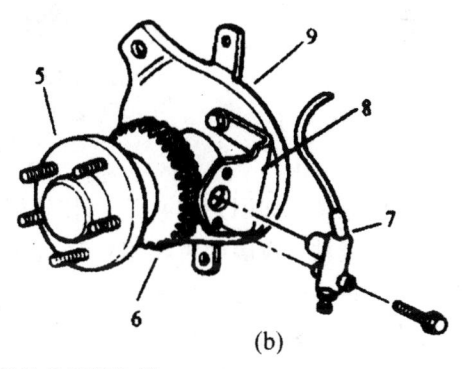

图 14-11　轮速传感器在车轮处的安装位置
(a)前轮;(b)后轮
1、7—传感;2、6—传感器齿;3—定位螺;4—轮毂和组件;5—半轴;
8—传感器支架;9—后制动器连接装置

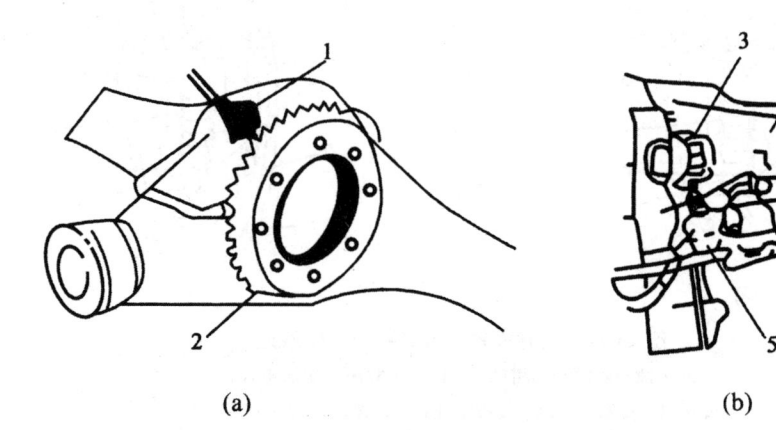

图 14-12　轮速传感器在传动系中的安装位置
(a)主减速器;(b)变速器
1—传感器头;2—主减速器从动齿轮;3—齿圈;4—变速器输出部位;5—传感器头

齿圈随车轮或传动轴一起转动,通常用磁阻很小的铁磁材料制成。传感头通常由永久磁铁、电磁线圈和磁极等组成,如图14-13所示。它对应安装在靠近齿圈而又不随齿圈转动的部件上,如转向节、制动底板、驱动轴套管或差速器、变速器壳体等固定件上。传感头与齿圈的端面有一空气间隙,此间隙一般为1 mm,通常可移动传感头的位置来调整间隙。

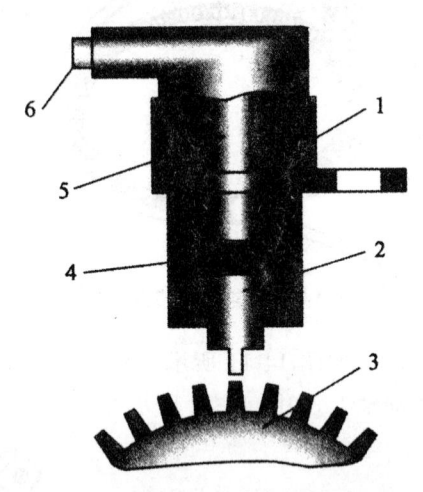

图14-13 电磁式轮速传感器的结构
1—传感器外壳;2—极轴;3—齿圈;4—电磁线圈;
5—永久磁铁;6—导线

②工作原理。如图14-14所示,传感器齿圈随车轮旋转的同时,与传感头极轴做相对运动。当传感头的极轴与齿圈的齿隙相对时,极轴距齿圈之间的空气间隙最大,即磁阻最大。传感头的磁极磁力线只有少量通过齿圈而构成回路,在电磁线圈周围的磁场较弱,如图14-14(a)所示;当传感头的极轴与齿圈的齿顶相对时,两者之间的空隙较小,即磁阻最小。传感头的磁极磁力线通过齿圈的数量增多,在电磁线圈周围的磁场较强,如图14-14(b)所示。

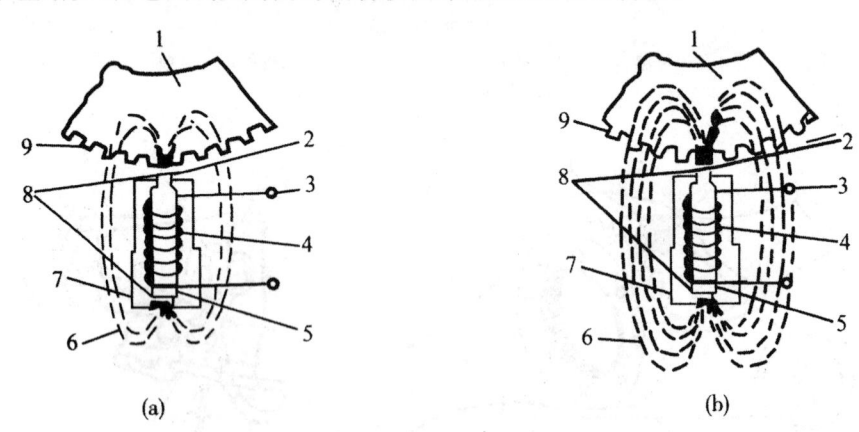

图14-14 电磁式轮速传感器的工作原理
(a)齿隙与磁芯端部相对时;(b)齿顶与磁芯端部相对时
1—齿圈;2—极轴;3—电磁线圈引线;4—电磁线圈;5—永久磁体;
6—磁力线;7—电磁式传感器;8—磁极;9—齿圈齿顶

齿圈随车轮不停地旋转,就使传感头电磁线圈周围的磁场以强—弱—强—弱……周期性地变化,因此电磁线圈就感应出交变电压信号,即车轮转速信号,如图14-15所示。

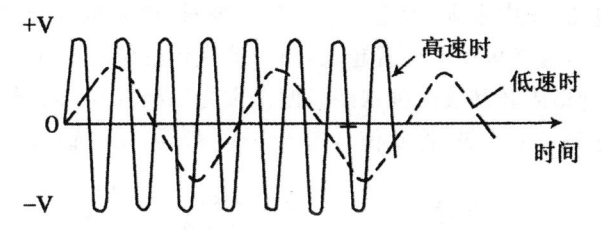

图 14-15　电磁式轮速传感器输出电压信号

交变电压信号的频率与齿圈的齿数和转速成正比,因齿圈的齿数一定,因而车轮转速传感器输出的交流电压信号频率只与相应的车轮转速成正比。

轮速传感器由电磁线圈引出两根导线,将其速度变化产生的交变电压信号送至ABS的电子控制单元(ECU)。为防止外部电磁波对速度信号的干扰,传感器的引出线采用屏蔽线,以保证反映车轮速度变化的交变电压信号准确地送至ABS的电子控制单元(ECU)。

(2)霍尔式轮速传感器

霍尔式车轮转速传感器克服了电磁式传感器的缺点,其输出信号电压幅值不受转速的影响,频率响应高,抗电磁波干扰能力强。因而,霍尔传感器在ABS系统中应用越来越广泛。

①组成。霍尔式轮速传感器也是由传感头、齿圈组成,其齿圈的结构及安装方式与电磁式轮速传感器的齿圈相同,传感头由永磁体、霍尔元件和电子电路等组成。

②工作原理。传感器的工作原理如图14-16所示,永磁体的磁力线穿过霍尔元件通向齿圈,齿圈相当于一个集磁器。当齿圈位于图14-16(a)所示位置时,穿过霍尔元件的磁力线分散,磁场相对较弱;而当齿圈位于图14-16(b)所示位置时,穿过霍尔元件的磁力线集中,磁场相对较强。

齿圈转动时,使得穿过霍尔元件的磁力线密度发生变化,因而引起霍尔元件电压的变化,霍尔元件将输出一毫伏级的准正弦波电压。此信号由电子电路转化成标准的脉冲电压。

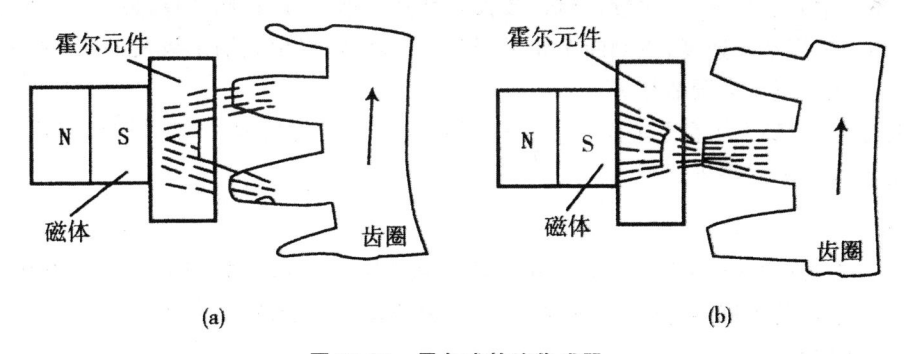

图 14-16　霍尔式轮速传感器
(a)霍尔元件磁场较弱;(b)霍尔元件磁场较强

2.减速度传感器

目前在一些四轮驱动的汽车上,还装有汽车减速度传感器,又称G传感器。其作用是在汽车制动时,获得汽车减速度信号,用以判定路面附着系数的高低情况:汽车减速度大,则路面附着系数高;汽车减速度小,则路面附着系数低。减速度传感器有光电式、水银式、差动变压器式和半导体式等。

光电式减速度传感器的基本结构如图 14-17 所示,由两个发光二极管、两个光电三极管、一个透光板和一个信号电路(图中未画出)组成。汽车行驶时,透光板则随着减速度的变化沿汽车的纵轴摆动,减速度越大,透光板摆动位置越大,由于透光板的位置不同,光电三极管上接收到的光线不同,使光电三极管形成开和关两种状态。两个发光二极管和两个光电三极管的组合作用,可将汽车的减速度区分为 4 个等级,将此信号送入电子控制器就能感知路面附着系数情况。

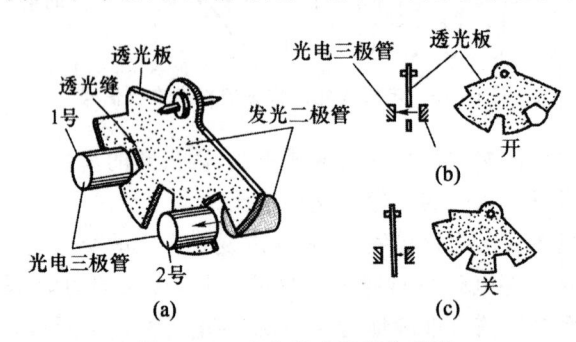

图 14-17 光电式减速度传感器
(a)整体结构;(b)透光时(开);(c)避光时(关)

此外,有些高级轿车和跑车上还装有横向加速度传感器,也称为横向加速度开关,用于检测汽车横向加速度范围,从而修正制动控制指令,以便调节左右车轮制动轮缸的制动压力,使 ABS 更有效地工作。

14.2.2 电子控制单元

1.功用

电子控制单元(ECU)是 ABS 的控制中枢,其功用是接收轮速传感器及其他传感器输入的信号,对这些输入信号进行测量、比较、分析、放大和判别处理,通过精确计算,得出制动时车轮的滑移率、车轮的加速度和减速度,以判断车轮是否有抱死趋势,再由其输出级发出控制指令,控制制动压力调节器去执行压力调节任务。

电子控制单元(ECU)还具有监控和保护功能,当系统出现故障时,能及时转换成常规制动,并以故障灯点亮的形式警告驾驶者。

2.组成

电子控制单元(ECU)内部电路通常包括输入级电路、运算电路、电磁阀控制电路和安全保护电路。常见的四传感器四通道 ABS 的 ECU 电路连接方式如图 14-18 所示。

(1)输入级电路

输入级电路的功用是将轮速传感器输入的正弦波信号转换成脉冲方波信号,经整形放大后输入运算电路。

不同的 ABS 轮速传感器的数量不同,输入级放大电路的个数也不同。

(2)运算电路

运算电路的功用主要是进行车轮线速度、初始速度、滑移率、加速度和减速度的运算,调节电磁阀控制参数的运算和监控运算。

经转换放大后的轮速传感器信号输入车轮线速度运算电路,由电路计算出车轮的瞬时速度。

初始速度、滑移率及加减速度运算电路根据车轮瞬时线速度加以积分,计算出初速度,再把初速度和车轮瞬时线速度进行比较运算,最后得到滑移率和加速度、减速度。电磁阀控制参数运算电路根据计算出的滑移率、加减速度信号,计算出电磁阀控制参数输入到输出级。

电子控制单元中一般设有两套运算电路,同时进行运算和传递数据,利用各自的运算结果相互比较、相互监视,确保可靠性。

(3) 电磁阀控制电路

电磁阀控制电路的功用是接受运算电路输入的电磁阀控制参数信号,控制大功率三极管向电磁阀提供控制电流。

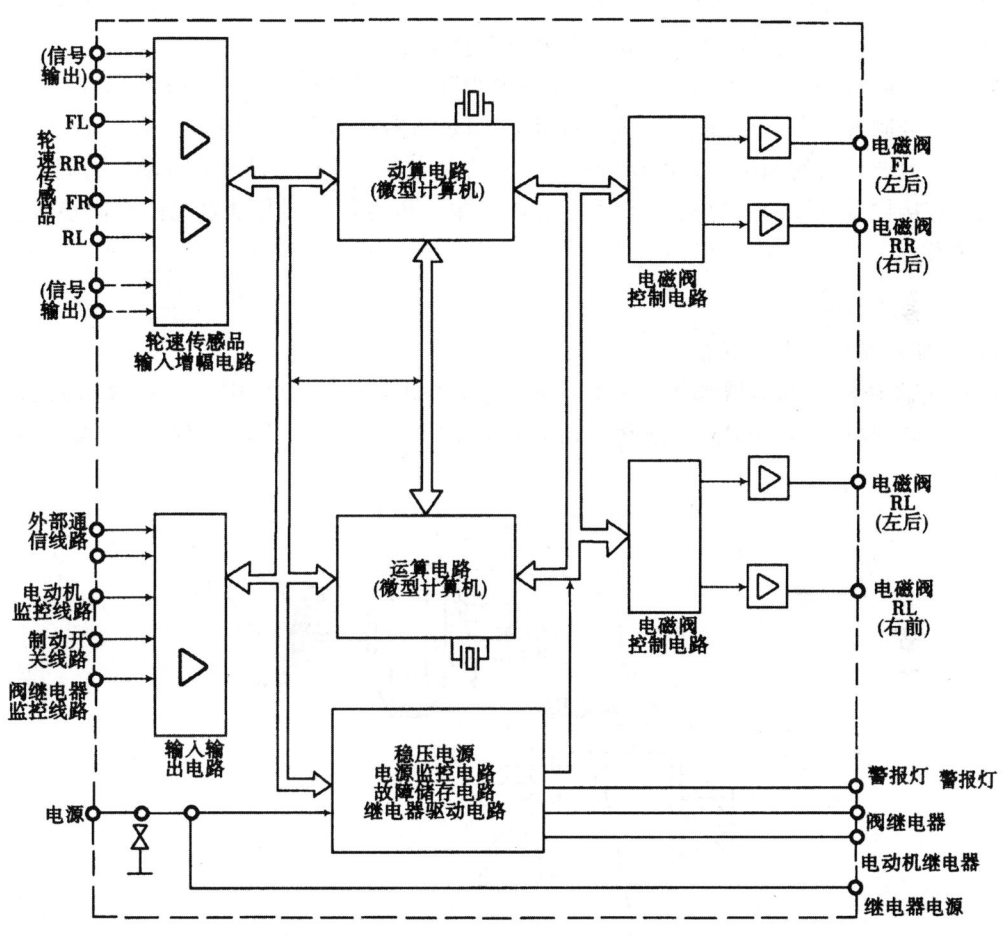

图 14-18　电子控制单元内部电路连接方式

(4) 安全保护电路

安全保护电路的功用:①将汽车电源(蓄电池、发电机)提供的 12 V 或 14 V 的电压变为 ECU 内部所需的 5 V 标准稳定电压,同时对电源电路的电压是否稳定在规定的范围进行监控。②对轮速传感器输入放大电路、运算电路和输出级电路的故障信号进行监视。当出现故障信号时,关闭继动阀门,停止 ABS 的工作,转入常规制动状态。同时点亮仪表盘上的 ABS 警告灯,提示驾驶者 ABS 出现故障,并将故障信息以故障码的形式储存在存储器中,以诊断时调取。

14.2.3 制动压力调节器

1. 功用和类型

(1)功用

制动压力调节器的功用是在制动时根据 ABS 电子控制单元(ECU)的控制指令,自动调节制动轮缸制动压力的大小,防止车轮抱死,并处于理想滑移率的状态。

(2)类型

根据压力调节器的动力源不同,分为液压式和气压式两种。液压式主要用于轿车和一些轻型载货汽车上;气压式主要用在大型客车和载货车汽车上。

根据压力调节器与制动主缸的结构关系可分为整体式和分离式两种。整体式制动压力调节器与制动主缸制成一体;分离式制动压力调节器自成一体,通过制动管路与制动主缸相连。

根据压力调节器的调压方式可分为循环式和可变容积式两种。循环式制动压力调节器是通过电磁阀直接控制轮缸的制动压力,而可变容积式制动压力调节器是通过电磁阀间接改变轮缸的制动压力。

2. 组成和工作原理

(1)循环式制动压力调节器

循环式制动压力调节器如图 14-19 所示,它主要由制动踏板机构、制动主缸、回油泵、储液器、电磁阀、制动轮缸组成,在制动主缸与轮缸之间串联一电磁阀,直接控制轮缸的制动压力。

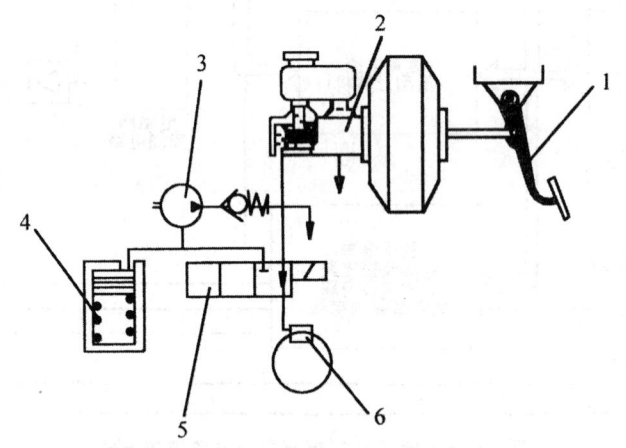

图 14-19 循环式制动压力调节器的组成
1—制动踏板机构;2—制动主缸;3—回油泵;4—储液器;
5—电磁阀;6—制动轮缸

其工作原理如下:

1)常规制动过程。如图 14-20 所示,在常规制动过程中,ABS 不工作,电磁线圈中无电流通过,电磁阀柱塞在回位弹簧的作用下处于"下端"位置。此时制动主缸与轮缸相通,由制动主缸来的制动液直接进入轮缸,轮缸压力随主缸压力的升高而升高。

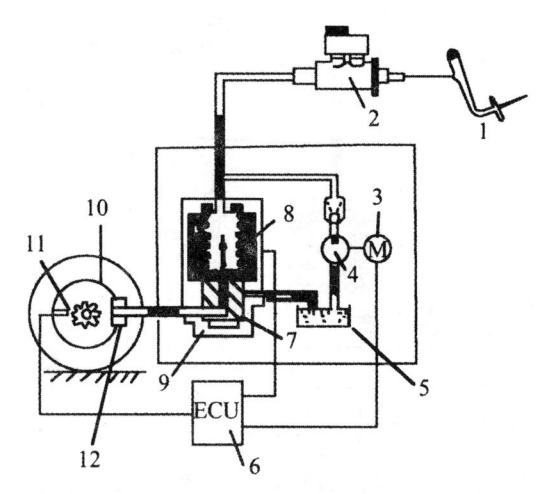

图 14-20　循环式制动压力调节器常规制动过程

1—制动踏板；2—制动主缸；3—电动；4—电动泵；5—储液器；
6—电子控制单；7—柱塞；8—电磁线圈；9—电磁阀；10—车轮；
11—轮速传感器；12—制动轮缸

2）保压制动过程。如图 14-21 所示，当电子控制单元向电磁线圈输入一个较小的电流时（约为最大电流的 1/2），电磁线圈产生较小的电磁力，使柱塞处于"中间"位置。此时制动主缸、制动轮缸和回油孔相互隔离，轮缸中的制动压力保持一定。

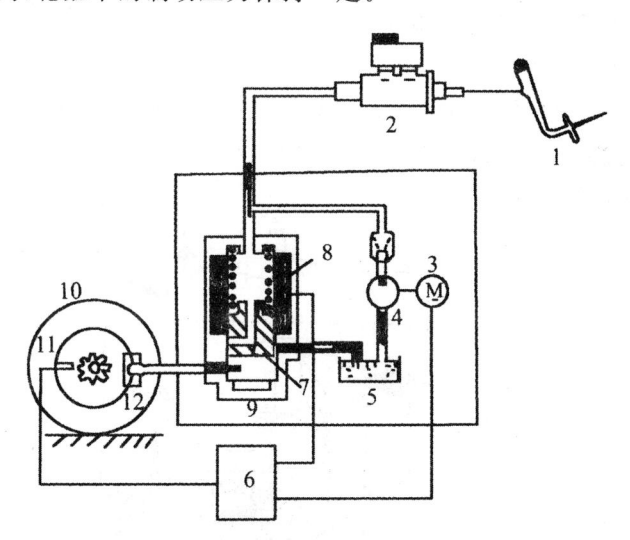

图 14-21　循环式制动压力调节器保压制动过程

1—制动踏板；2—制动主缸；3—电动；4—电动泵；5—储液器；
6—电子控制单；7—柱塞；8—电磁线圈；9—电磁阀；10—车轮；
11—轮速传感器；12—制动轮缸

3）减压制动过程。如图 14-22 所示，当电子控制单元向电磁线圈输入一个最大电流时，电磁线圈产生更大的电磁力，使柱塞处于"上端"位置。此时电磁阀柱塞将轮缸与回油通道或储液器接通，轮缸中的制动液经电磁阀流入储液器，轮缸压力下降。与此同时，电动机起动，带动液压泵工作，将流回储液器的制动液输送回主缸，为下一个制动周期做好准备。

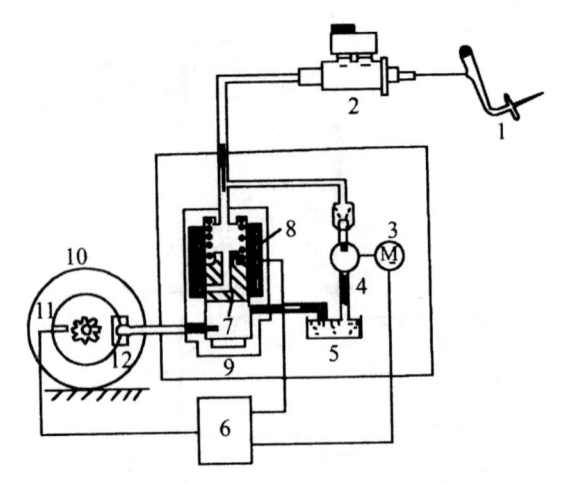

图 14-22　循环式制动压力调节器减压制动过程

1—制动踏板；2—制动主缸；3—电动；4—电动泵；5—储液器；
6—电子控制单；7—柱塞；8—电磁线圈；9—电磁阀；10—车轮；
11—轮速传感器；12—制动轮缸

4)增压制动过程。当制动压力下降后,车轮的转速增加,当电控制单元检测到车轮转速增加太快时,便切断通往电磁阀的电流,使制动主缸与制动轮缸再次相通,制动主缸的高压制动液再次进入制动轮缸,制动力增加。

制动时,上述过程反复进行,直到解除制动为止。

(2)可变容积式制动压力调节器

如图 14-23 所示,可变容积式制动压力调节器是在汽车原有制动管路上增加一套液压控制装置,用它控制制动管路中制动液容积的增减,从而控制制动压力的变化。它主要由电磁阀、控制活塞、液压泵、蓄能器等组成。

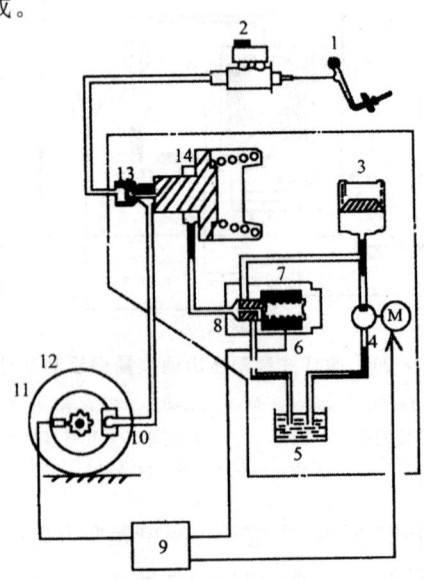

图 14-23　可变容积式制动压力调节器的组成

1—制动踏板；2—制动主缸；3—蓄能器；4—电动泵；5—储液器；6—电磁线圈；7—电磁阀；
8—柱塞；9—电子控制单元；10—制动轮缸；11—轮速传感器；12—车轮；13—单向阀；14—控制活塞

工作原理如下：

1) 常规制动过程。如图 14-23 所示，电磁线圈中无电流通过，电磁阀柱塞在回位弹簧作用下使柱塞处于"左端"位置，将控制活塞的工作腔与回油管路接通，控制活塞在弹簧的作用下被推至最左端，活塞顶端推杆将单向阀打开，使制动主缸与制动轮缸的制动管路接通，制动主缸的制动液直接进入制动轮缸，制动轮缸内制动液的压力随制动主缸的压力升高而升高。

2) 减压制动过程。如图 14-24 所示，当电子控制单元向电磁线圈输入一强电流时，电磁阀内的柱塞在电磁力作用下克服弹簧弹力移到右边，将蓄能器与控制活塞的工作腔管路接通，制动液进入控制活塞工作腔，推动活塞右移，单向阀关闭，制动主缸与制动轮缸之间的通路被切断。同时，由于控制活塞右移，使制动轮缸侧容积增大，制动压力减小。

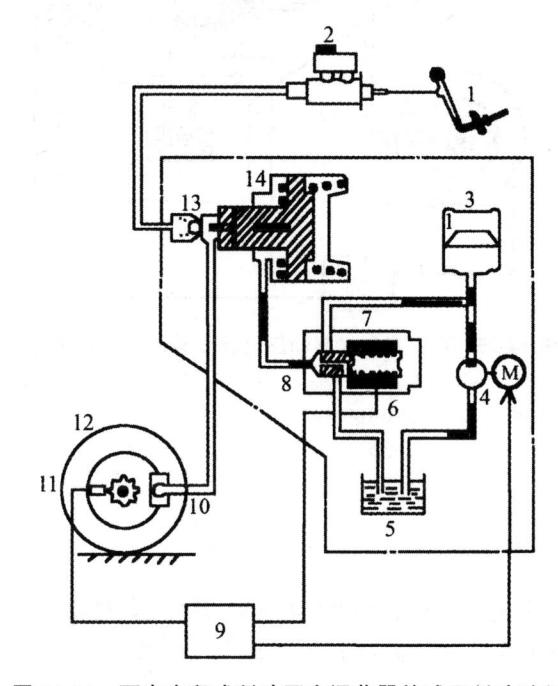

图 14-24 可变容积式制动压力调节器的减压制动过程
1—制动踏板；2—制动主缸；3—蓄能器；4—电动泵；5—储液器；6—电磁线圈；
7—电磁阀；8—柱塞；9—电子控制单元；10—制动轮缸；11—轮速传感器；
12—车轮；13—单向阀；14—控制活塞

3) 保压制动过程。如图 14-25 所示，当电子控制单元向电磁线圈输入一弱电流时，由于电磁线圈的电磁力减小，柱塞在弹簧力的作用下左移，将蓄能器、回油管及控制活塞工作腔管路相互关闭。此时，控制活塞左侧的油压保持一定，控制活塞在油压和强力弹簧的共同作用下，保持在一定的位置，而此时单向阀仍处于关闭状态，制动轮缸的容积也不发生变化，制动压力保持一定。

4) 增压状态。需要增压时，电子控制单元切断电磁线圈中的电流，柱塞回到左端的初始位置，控制活塞工作腔与回油管路接通，控制活塞左侧控制油压解除，控制活塞左移至最左端时，单向阀被打开，制动轮缸内的制动液压力将随制动轮缸的压力增大而增大。

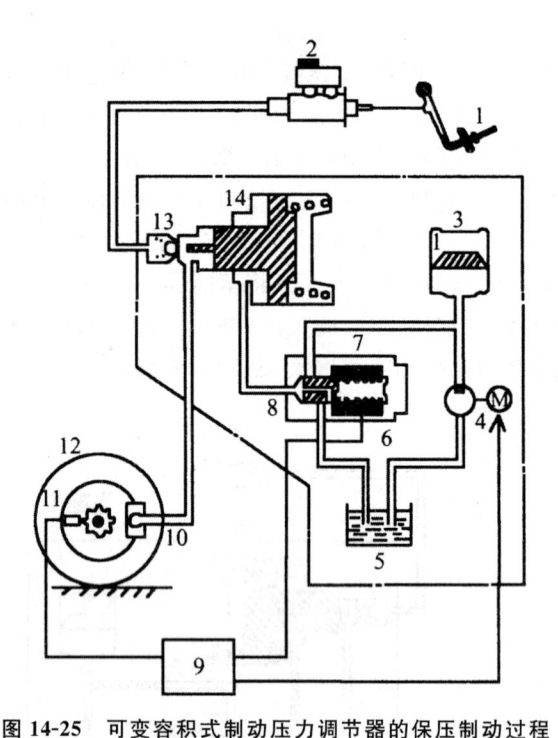

图14-25 可变容积式制动压力调节器的保压制动过程

1—制动踏板；2—制动主缸；3—蓄能器；4—电动泵；5—储液器；6—电磁线圈；
7—电磁阀；8—柱塞；9—电子控制单元；10—制动轮缸；11—轮速传感器；
12—车轮；13—单向阀；14—控制活塞

3.制动压力调节器

制动压力调节器主要由电磁阀体、制动液储液罐、蓄能器、双腔制动主缸与液压助力器、电动泵等组成。如图14-26所示为制动压力调节器的零件分解图。

(1)制动主缸与液压助力器

制动主缸与液压助力器组成为一体，它是常规制动系统的液压部件。双腔制动主缸分别向左、右两前轮的制动轮缸提供制动液，而液压助力器一是向两后轮的制动轮缸提供制动液，二是对双腔制动主缸提供制动助力。

(2)电动液压泵

电动液压泵的功用是提高液压制动系统内的制动液压力，为ABS系统正常工作提供基础压力。

电动液压泵通常是直流电动机和柱塞泵的组合体，如图14-27所示。其中直流电动机的工作由安装在柱塞泵出液口处的压力控制开关控制。当出液口处的压力低于设定的控制压力(14 000 kPa)时，压力开关触点闭合，电动机即通电转动，带动柱塞泵运转，将制动液泵送到蓄能器中；当出液口处的压力高于设定的控制压力时，开关触点断开，电动机及柱塞泵因断电而停止工作。如此往复，将柱塞泵出液口和蓄能器处的制动液压力控制在设定的标准值之内。

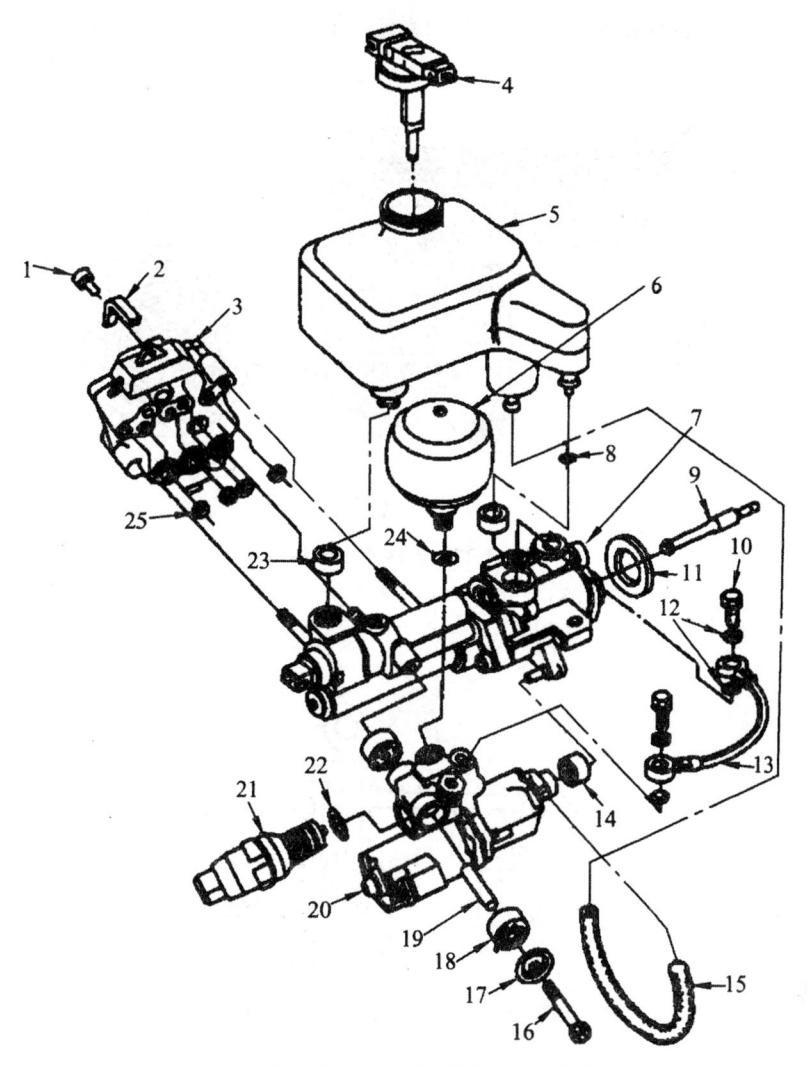

图 14-26 制动压力调节器零件分解图

1—固定螺栓；2—储液罐固定架；3—电磁阀体；4—组合液位开关；5—储液罐；
6—蓄能器；7—制动主缸与液压助力器；8、12、22、24、25—O 形密封圈；
9—制动踏板推杆；10—高压管接头；11—密封圈；13—高压管；14—隔离套；
15—回液管；16—电动泵固定螺栓；17—垫圈；18—隔离套；19—螺栓套筒；
20—电动泵；21—组合压力开关；23—密封垫

(3) 储液器和蓄能器

1) 储液器。如图 14-28 所示为常见的活塞—弹簧式储液器,该储液器位于电磁阀和回油泵之间,由制动轮缸来的制动液进入储液器,进而压缩弹簧使储液器液压腔容积变大,以暂时存储制动液,压力较低。

2) 蓄能器。蓄能器的功用是向车轮制动轮缸、制动助力装置供给高压制动液,作为制动能源。如图 14-29 所示为气囊式蓄能器,其内部用隔膜分成上、下两腔室,上腔室充满氮气,下腔室与电动液柱塞泵出液口相通,电动液压泵将制动液泵入蓄能器下腔室,使隔膜上移。蓄能器上腔室的氮气被压缩后产生压力,反过来推动隔膜下移,使下控室制动液在平时始终保持 14 000～

18 000 kPa的压力。在常规制动和防抱死制动系统工作时,蓄能器均可提供较大压力的制动液。

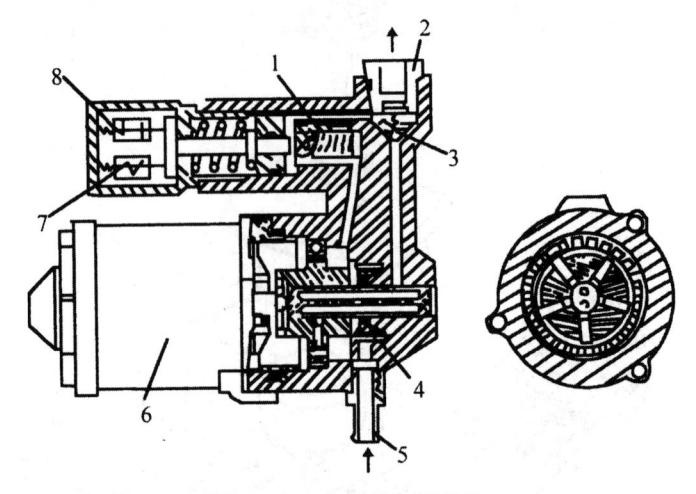

图 14-27 电动液压泵结构
1—限压阀;2—出液口;3—单向阀;4—滤芯;5—进液口;
6—电动机;7—压力控制开关;8—压力警告开关

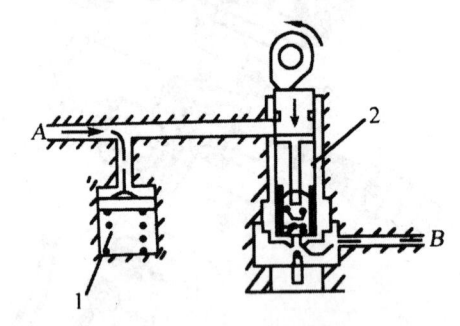

图 14-28 活塞—弹簧式储液器
1—储液器;2—回油泵

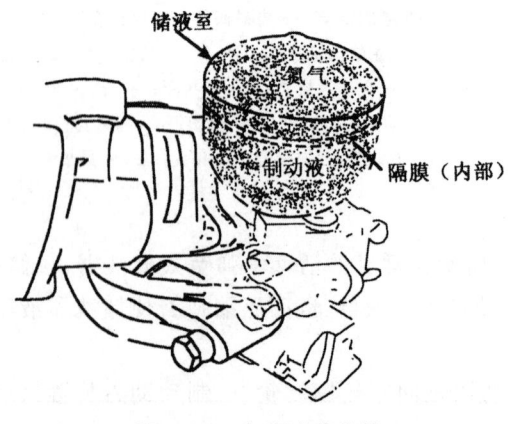

图 14-29 气囊式蓄能器

提示:蓄能器中的氮气压力在平时有较大的压力(8 MPa左右),因此禁止拆卸和分解。

(4)电磁阀

电磁阀是制动压力调节器的重要部件,常用的电磁阀为三位三通阀和二位二通阀。

三位三通电磁阀主要由阀体、供油阀、卸荷阀、单向阀、弹簧、无磁支撑环和电磁线圈等组成,如图 14-30 所示。

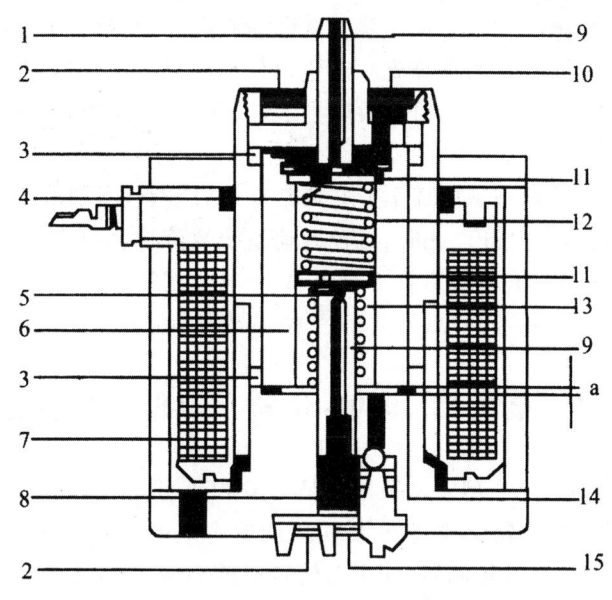

图 14-30 三位三通电磁阀

1—回油口接口;2—滤芯;3—无磁支撑环;4—卸荷环;5—进油阀;6—柱塞;
7—电磁线圈;8—限压阀;9—阀座;10—出油口;11—承接盘;
12—副弹簧;13—主弹簧;14—凹槽;15—进油口

该电磁阀的工作原理如图 14-31 所示,当电磁线圈中无电流通过时,由于主弹簧力大于副弹簧弹力,进油阀被打开,卸荷阀关闭,制动主缸与轮缸油路相通。当向电磁线圈输入 1/2 最大电流时(保持电流),电磁力使柱塞向上移动一定距离将进油阀关闭。此时,电磁力不足以克服两个弹簧的弹力,柱塞便保持在中间位置,卸荷阀仍处于关闭状态。此状态时,三孔间相互密封,轮缸压力保持一定值。当电子控制单元向电磁线圈输入最大工作电流时,电磁力足以克服主、副弹簧的弹力,使柱塞继续上移将卸荷阀打开,此时轮缸通过卸荷阀与储液器相通,轮缸中制动液流入储液器,压力降低。

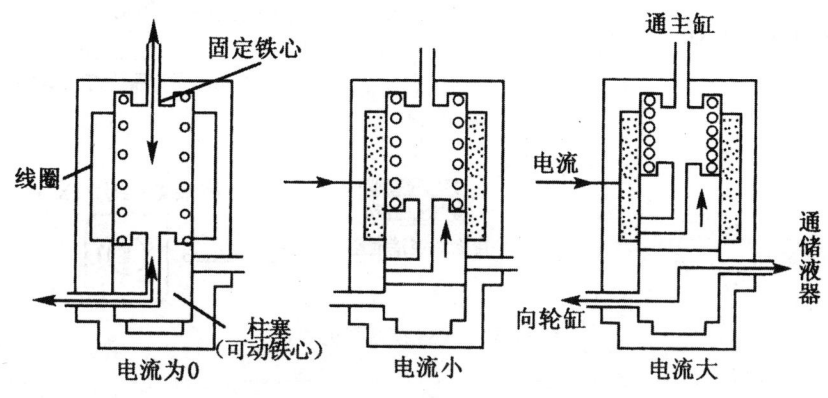

图 14-31 三位三通电磁阀的工作原理

(5)压力控制、压力警告和液位指示开关

压力控制开关和压力警告开关安装在压力调节器的电动液压泵一侧。

压力控制开关的功用是监视蓄能器下腔的压力。它由一组触点组成,且独立于ABS电子控制单元(ECU)而工作。当液压压力下降到约14 000 kPa时,开关闭合,使电动液压泵继电器通电,触点闭合,电源通过继电器触点向液压泵直流电动机供电,电动液压泵运转工作。

压力警告开关的功用是当压力下降到一定值(14 000 kPa以下)时,先点亮红色制动系统故障指示灯,紧接着点亮琥珀色或黄色ABS故障指示灯,同时ABS电子控制单元停止防抱死制动系统的工作。

液位指示开关位于制动储液室的盖上。它通常有两对触点,当制动液面下降到一定程度时,上面的触点闭合,下面的触点打开。此时,红色制动系统故障指示灯亮,它提醒驾驶者要对车辆的制动液进行检查,而断开的下触点切断了通向ABS电子控制单元的电路,发出使电子控制单元停止防抱死制动控制的信号,同时点亮琥珀色ABS故障指示灯。

14.3 桑塔纳2000GSI轿车ABS控制系统

桑塔纳2000GSI和GSI-AT型轿车采用的是美国ITT公司MK20-1型ABS系统。该系统是三通道的ABS调节回路,前轮单独调节,后轮以两轮中地面附着系数低的一侧为依据进行统一调节。ABS系统主要由ABS控制器、四个车轮转速传感器、液控单元、液压泵、ABS故障警告灯、制动装置警告灯等组成,如图14-32所示。

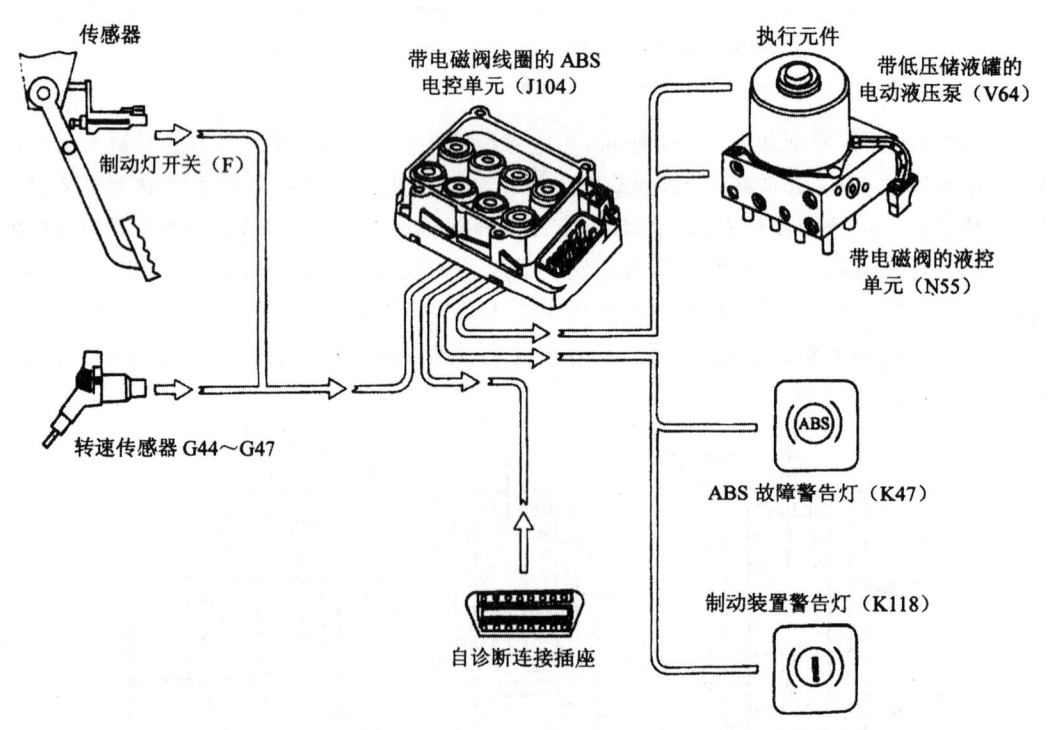

图14-32 ABS控制器的组成

14.3.1 液控单元和液压泵

液控单元安装在制动主缸与制动轮缸之间,采用整体式结构。其作用是转换执行 ABSECU 的指令,自动调节制动器中的液压压力。

低压储液灌与电动液压泵合为一体安置在液控单元上。低压储油罐的作用是暂时存储从制动轮缸中流出的制动液,以缓和制动液从制动轮缸中流出时产生的脉动。电动液压泵的作用是将在制动压力阶段流入低压储油罐中的制动液及时送至制动主缸,同时在施加压力阶段,从低压储液灌中吸取剩余制动力,泵入制动循环系统,给液压系统以压力支持,增加制动效能。电动液压泵的运转是由 ABS ECU 控制的。

液控单元阀体内包括 8 个电磁阀,每个回路各一对,其中一个是常开进油阀,一个是常闭出油阀。它在制动主缸、制动轮缸和回油路之间建立联系,实现压力升高、压力保持和压力降低的功能,防止车轮抱死,其工作原理如下。

1. 常规制动

如图 14-33 所示,开始制动时,驾驶员踩下制动踏板,ABS 尚未工作,两电磁阀均不通电,进油阀开启,出油阀处于关闭状态,制动轮缸与低压储液器隔离,与制动主缸相通。制动主缸里的制动液被推入制动轮缸产生制动。

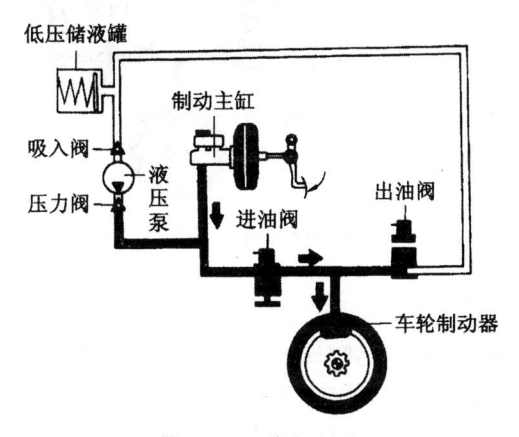

图 14-33 常规制动

2. 油压保持

驾驶员继续踩下制动踏板时,油压继续升高,当 ABS ECU 通过轮速传感器检测到车轮趋于抱死时,ABSECU 发出指令使进油阀通电而关闭进油阀,出油阀保持关闭,轮缸中的制动液处于不流通状态,系统油压保持不变,如图 14-34 所示。

3. 油压降低

当 ABSECU 通过轮速传感器检测到车轮趋于抱死时,进出油阀均通电,进油阀关闭,出油阀开启,这时,制动轮缸与低压储液罐相通,制动轮缸中的制动液在制动蹄回位弹簧的作用下流到低压储液灌,制动压力减小,有抱死趋势的车轮被释放,车轮转速开始上升。如图 14-35 所示,与此同时,电动液压泵开始启动,将制动液由低压储液灌送至制动主缸,制动踏板有回弹的感觉。当制动压力减小到车轮的滑移率在设定的范围内时,进油阀通电,出油阀断电,两个阀均处于关闭状态,制动压力保持。

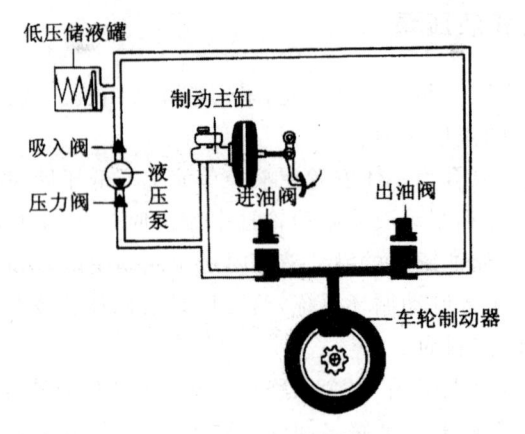

图 14-34　油压保持

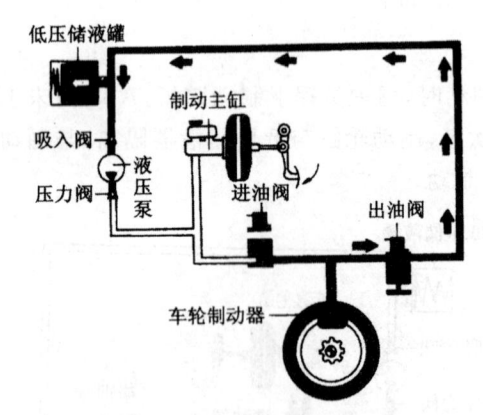

图 14-35　油压降低

4．油压增加

当 ABSECU 通过轮速传感器检测到车轮的加速度达到设定值时,进出油阀均断电,进油阀开启,出油阀关闭,同时电动液压泵从低压储液灌中吸取制动液泵入液压制动系统,使制动轮缸中的油液压力增加,如图 14-36 所示。随着制动压力的增加,车轮转速又降低。这样反复循环地控制(一V 作频率每秒 5～6 次),将车轮的滑移率控制在 20％左右。

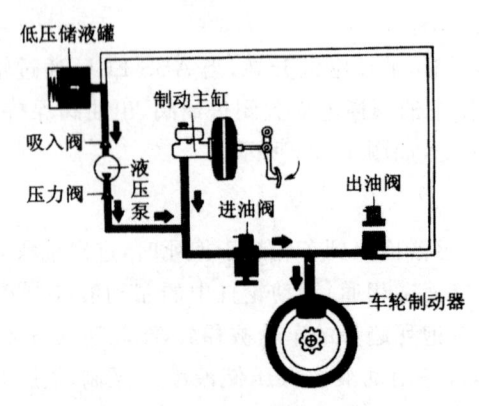

图 14-36　油压增加

当 ABS 出现故障,进油阀始终常开,出油阀始终常闭,使常规制动可以继续工作。

14.3.2　故障警告灯

在仪表板及仪表板附加部件上安置有两个警告灯,一个是 ABS 故障警告灯,另一个是制动装置警告灯。

两个警告灯正常点亮的情况是:当点火开关打开启动至自检结束。在拉紧驻车制动杆时,制动装置警告灯点亮。如果上述情况灯不亮,说明故障警告灯本身或线路有故障。

如果 ABS 故障警告灯常亮,说明 ABS 出现故障;如果制动装置警告灯常亮,说明制动液缺乏。

14.3.3　电子控制制动力分配装置

ABS 中采用的是电子控制制动力分配装置,代替了制动力调节器和后轴上的降压阀的作用,如图 14-37 所示。

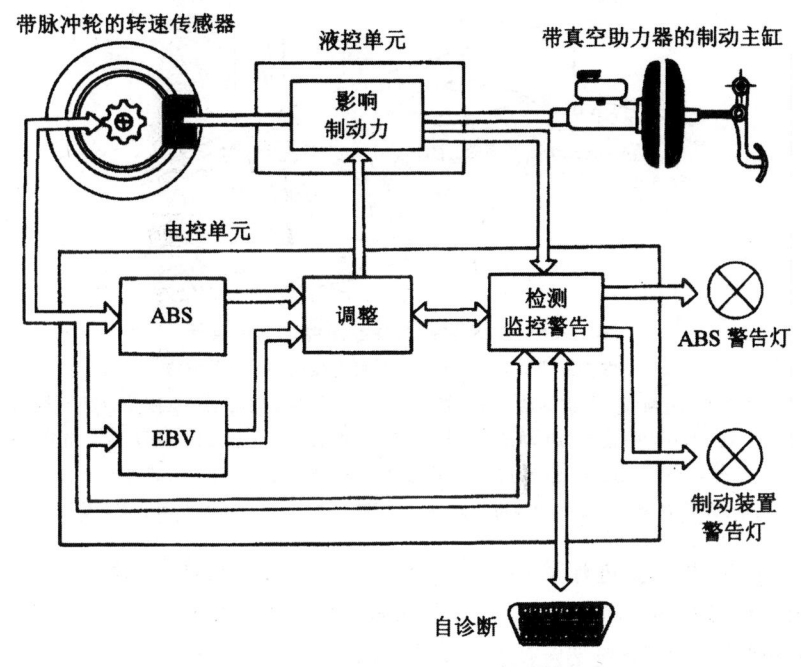

图 14-37　电子控制制动力分配装置

在轻微制动过程中,特别是在转弯行驶时,EBV 都起作用。转速传感器检测四个车轮的转速信号,ABS ECU 由此计算各个车轮的转速,如果后轮的制动滑移率太大,制动压力就会被调整至车轮抱死时的压力极限值,EBV 就会提供大的侧向力及进行很好的制动力分配。

在 ABS 调节进入工作状态后,EBV 的工作就结束,也就是说,车轮抱死的趋势已克服。

14.4 汽车防抱死制动系统的拆装

1. ABS控制器的拆装

（1）ABS控制器的拆卸

ABS控制器各零部件之间的连接如图14-38所示。

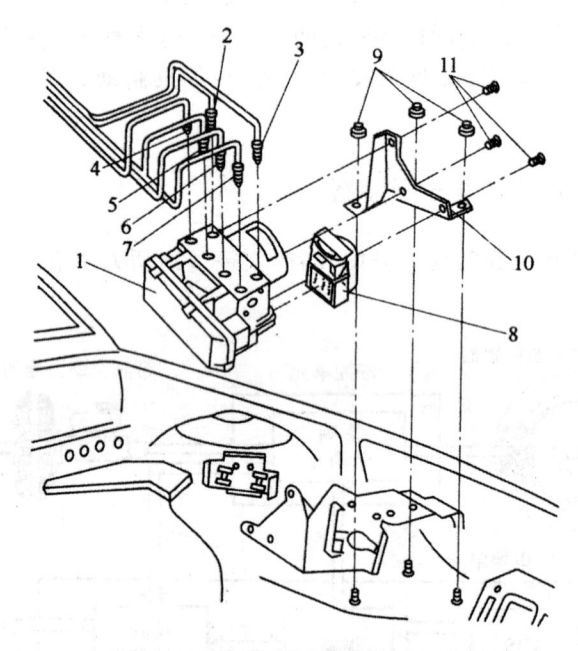

图14-38 ABS控制器各零部件之间的连接
1—ABS控制器；2—与制动主缸后腔连接的制动油管与接头；
3—与制动主缸前腔连接的制动油管与接头；4—与右前制动轮缸连接的制动油管与接头；
5—与左后制动轮缸连接的制动油管与接头；6—与右后制动轮缸连接的制动油管与接头；
7—与左前制动轮缸连接的制动油管与接头；8—控制器线束插头（25个端子）；
9—ABS控制器支架紧固螺母；10—ABS控制器支架；11—筒玛控制器安装螺栓

1）关闭点火开关，拆下蓄电池及支架。

2）从ABS电子控制单元上拔下25端子线束插头。

3）踩下制动踏板，并用踏板架定位。

4）在ABS控制器下垫一块布。拆下连接制动主缸和控制器的油管2和3，并做标记，拆下油管后立即用密封塞将接口堵住。把制动油管用绳索挂在高处，使油管接头处高于制动储液罐的油平面。

5）拆下控制器与各制动轮缸的制动油管4～7，并做标记，拆下油管后立即用密封塞将接口堵住。

6）把ABS控制器从支架上拆下来。

（2）ABS控制器的分解

1）压下接头侧的锁止扣，拔下电子控制单元上液压泵电线插头。

2）用专用套筒扳手拆下ABS电子控制单元与压力调节器的4个连接螺栓，如图14-39

所示。

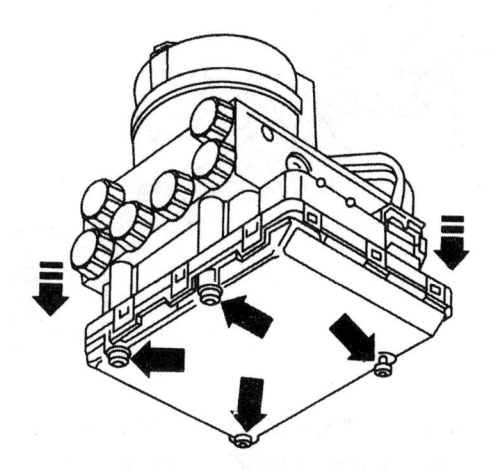

图 14-39　拆下 ABS 电子控制单元与压力调节器的连接螺栓

3）将压力调节器与 ABS 电子控制单元分离。注意：拆下压力调节器时要直拉，别碰坏阀体。

4）在 ABS 电子控制单元的电磁阀上盖一块干净且不起毛的布。

5）压力调节器和液压泵安放在专用支架上，以免在搬运时碰坏阀体。

(3) ABS 控制器的装配

1）把压力调节器和 ABS 电子控制单元装成一体，用专用套筒扳手拧紧螺栓，拧紧力矩不得超过 4 N·m。

2）插好液压泵电线插头，注意锁扣必须到位。

(4) ABS 控制器的安装

1）将 ABS 控制器装到支架上，以 10 N·m 的力矩拧紧固定螺栓。

2）拆下接口处的密封塞，装上连接各制动轮缸的制动油管，检查油管位置是否正确，以 20 N·m 的力矩拧紧管接头。

3）装上连接制动主缸的制动油管，检查油管位置正确后以 20 N·m 的力矩拧紧管接头。

4）插上 ABS 电子控制单元线束插头。

5）对 ABS 系统充液和放气。

6）如果 ABS 电子控制单元更换新的，必须对电子控制单元重新编码。

7）打开点火开关，ABS 警告灯须亮 2 s 后再熄灭。

8）使用 V·A·G1552 故障诊断仪，先清除故障存储，再查询故障码。

9）试车检测 ABS 功能，须感到踏板有反弹。

2. 前轮转速传感器的拆装

前轮转速传感器和前轮轴承的分解如图 14-40 所示。

(1) 前轮转速传感器的拆卸

1）拆卸前轮毂及齿圈。如图 14-41 所示，在前轮毂的中心放一块专用压块，再用拉具的两个活动臂先钩住前轮轴承壳的两边，转动顶尖，使拉具顶住专用压块，将前轮毂连同齿圈一起顶出，并拆下齿圈的十字槽固定螺栓。

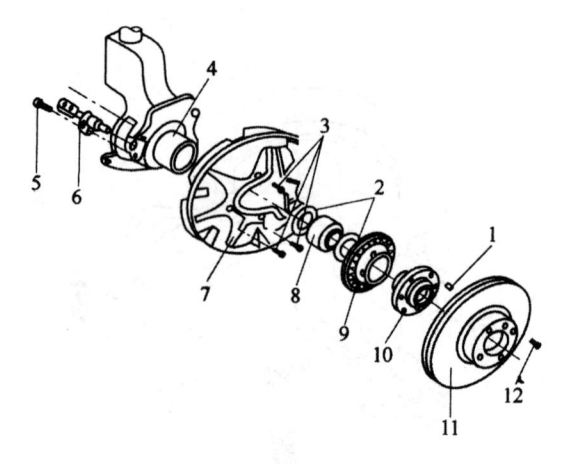

图 14-40 前轮转速传感器和前轮轴承分解
1—固定齿圈螺钉套；2—前轮轴承弹性挡圈；3—防尘板紧固螺栓；4—前轮轴承壳；
5—转速传感器紧固螺栓；6—转速传感器；7—防尘板；8—前轮轴承；9—齿圈；
10—轮毂；11—制动盘；12—十字槽螺栓

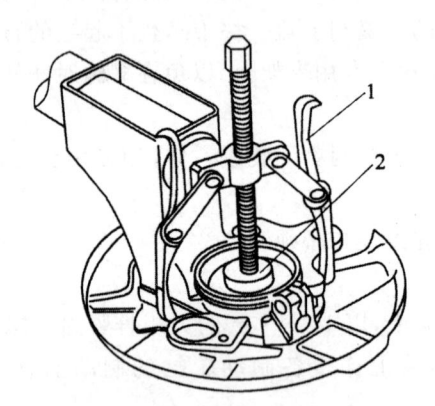

图 14-41 拆卸前轮毂及齿圈
1—拉具；2—专用压块

2) 拆卸前轮转速传感器。如图 14-42 所示，先拔下传感器导线插头，在拧下内六角禁锢螺栓，取下前轮转速传感器。

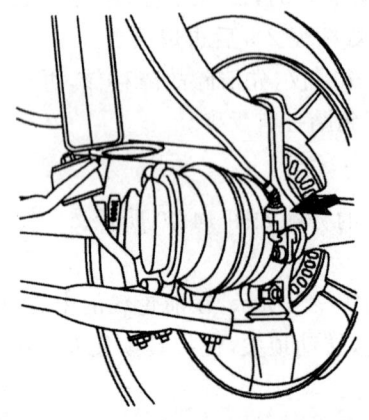

图 14-42 拆卸前轮转速传感器

（2）前轮转速传感器的安装

安装与拆卸顺序相反。先清洁前轮转速传感器的安装孔内表面,并涂上固体润滑膏,然后装入转速传感器,以 10 N·m 的力矩紧固内六角螺栓,最后插上导线插头。

3. 后轮转速传感器的拆装

后轮转速传感器和后轮轴承的分解如图 14-43 所示。

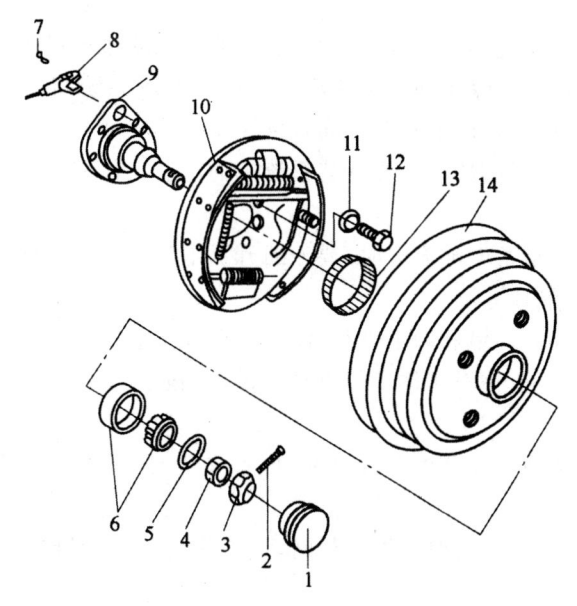

图 14-43 后轮转速传感器和后轮轴承分解

1—轮毂盖;2—开口销;3—螺母防松罩;4—六角螺母;5—止推垫圈;6—锥轴承;
7—内六角螺栓;8—转速传感器;9—车轮支承短轴;10—后轮制动器总成;
11—弹性垫圈;12—六角螺栓;13—齿圈;14—制动鼓

（1）后轮转速传感器的拆卸

1）先翻起汽车后座垫,拔下后轮转速传感器的连接插头。

2）拧下传感器的内六角紧固螺栓,然后拆下后轮转速传感器。

3）按图 14-44 箭头所示方向取下后梁上的转速传感器导线保护罩,拉出导线和导线插头。

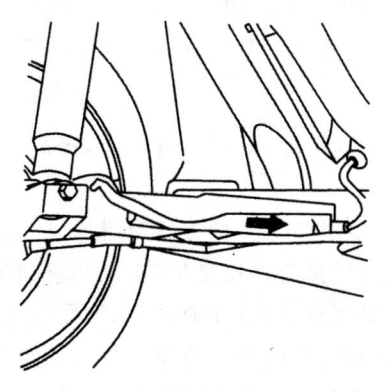

图 14-44 取下转速传感器导线保护罩

(2) 后轮转速传感器的安装

安装与拆卸顺序相反。先清洁后轮转速传感器的安装孔内表面，并涂上固体润滑膏，然后装入转速传感器，以10 N·m的力矩紧固内六角螺栓，最后插上导线插头。

14.5 汽车防抱死制动系统的故障诊断

大多数ABS系统都具有较高的工作可靠性，但在使用过程中仍免不了出现工作不良的情况，对此应及时进行检修，以确保制动系统的正常工作。ABS系统与普通的制动系统相比，有其自身的特点，在检修过程中应在以下几个方面特别注意：

1) 在点火开关处于点火位置时，不要拆装系统中的电器元件和线束插头，以免损坏电子控制任务。

2) 在车上用外接电源给蓄电池充电时，要先断开蓄电池正（负）极柱上的电缆线，然后对蓄电池充电，以免损坏电子控制任务。

3) 电子控制任务对高温环境和静电都很敏感，为防止其损坏，在对汽车进行烤漆作业时，应将电子控制单元从车上拆下；在对车体进行电焊之前，应拔下电子控制任务的插接器，并戴好防静电器。

4) 在拆卸制动管路或与其关联的部件之前，应首先释放ABS系统蓄电器内的压力，防止高压制动液喷射伤人。

5) 在更换ABS系统的制动管路或橡胶件时，应按规定使用标准件（高压耐腐蚀件），以免管路破损而引起制动突然失灵。

6) 为保证维修质量，应保持维修场地和拆卸之器件的清洁干净，防止尘埃物进入压力调节器或制动管路中。

7) 制动液侵蚀油漆能力较强，因此在维修液压部件和加注制动液时，应防止制动液溅污油漆表面而使油漆失去光泽和变色。

8) 在维修车轮转速传感器时，应防止碰伤齿圈的轮齿和传感头；也不可将齿圈作为支点撬动。否则，将造成轮齿变形，致使车轮转速传感器信号不正常，影响ABS系统的正常工作。

1. ABS故障诊断的一般程序

不同车型，甚至同一系列不同年代生产的汽车，由于装用的ABS型号不一样，其具体诊断方法与步骤均不尽相同。ABS故障诊断的一般程序如图14-45所示。

2. 常规检查

做好常规检查，发现比较明显的故障，可以节省时间，提高效率。常规检查主要包括以下几个方面：

①检查制动液面是否在规定范围内。②检查所有继电器、熔断丝是否完好，插接是否牢固。③检查电子控制装置导线插头、插座是否连接良好，有无损坏，搭铁是否良好。④检查下列各部件导线插头、插座和导线的连接是否良好；电动液压泵；液压任务；四个车轮转速传感器；制动液面指示灯开关。⑤检查传感器头与齿圈间隙是否符合规定，传感头有无脏污。⑥检查蓄电池电压是否在规定范围内。⑦检查驻车制动器是否完全释放。⑧检查轮胎花纹高度是否符合要求。

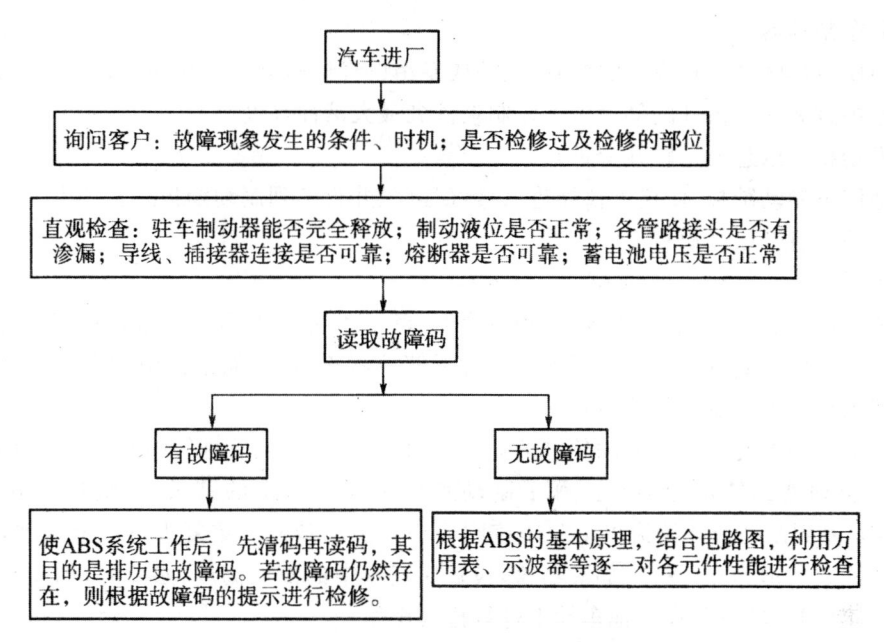

图 14-45　ABS 故障诊断的一般程序

(1) 制动液的更换与补充

更换或补充制动液的程序如下：

①先将新制动液加至储液室的最高液位标记处，如图 14-46 所示中的"∧"标记处。②如果需要对制动系统中的空气进行排除，应按规定的程序进行空气排除。③将点火开关置于点火位置，反复踩下和放松制动踏板，直到电动泵开始运转为止。④待电动泵停止运转后，再对储液室中的液位进行检查。⑤如果储液室中的制动液液位在最高液位标记以上，先不要泄放过多的制动液，而应重复以上的 3 和 4 过程。⑥如果储液室中的制动液液位在最高液位标记以下，应向储液室再次补充新的制动液，使储液室中的制动液液位达到最高标记处，但切不可将制动液加注到超过储液室的最高标记，否则，当蓄能器中的制动液排出时，制动液可能会溢出储液室。

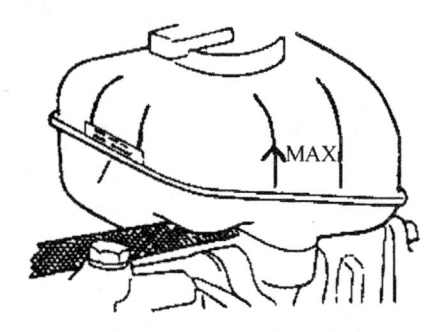

图 14-46　储液室最高液位标记

(2) 制动系统的排气

ABS 系统的排气方法有仪器排气和手动排气等。应根据不同的车型和条件进行选择。

1) 仪器排气。

将车辆停放在水平地面上，抵住车轮前后，将变速器置于停车位置。

松开驻车制动器。

安装 ABS 检测仪(具有排气的控制功能)或专用放气试验器的接线端子。

向用于主缸和液压组件的储液器加注制动液到最大液面高度。

启动发动机并以怠速运转几分钟。

稳稳地踩下制动踏板,使检测仪器进入排气程序,并且感到制动踏板有反冲力。

按规定顺序打开放气螺钉。

2)手动排气。

排气前的准备:准备必要的工具、制动液容器、擦布和软管等,仔细阅读对应车型的维修手册中的相关内容。清洗储液器盖及周围区域。拆下储液器盖,检查储液器中的液面高度,必要时,加注到正确液面高度。安装储液器盖。

制动压力调节器与主缸及制动轮缸的排气:将排气软管装到后排气阀上,将软管的另一端放在装有一些制动液的清洁容器中。踩下制动踏板并保持一定的踏板力,缓慢拧开后排气阀1/2~3/4圈,直到制动液开始流出。关闭该阀后松开制动踏板。重复进行以上步骤,直到流出的制动液内没有气泡为止。拆下储液器盖,检查储液器中的液面高度,必要时,加注到正确液面高度。按规定的排气顺序,在其他车轮上进行排气操作。

3. 警告灯诊断

装有 ABS 系统的汽车在仪表盘上设有制动警告灯(红色)和 ABS 系统故障警告灯(黄色)。正常情况下,点火开关打开,ABS 故障警告灯和制动装置警告灯应闪亮一下(约 2 s),一旦发动机运转起来,驻车制动杆在释放位置,两个警告灯应熄灭,否则说明 ABS 系统有故障。可利用两灯的闪亮规律,粗略地判断出系统发生的故障的部位。警告灯诊断见表 14-1。

表 14-1 警告灯诊断表

警告灯	故障现象	可能原因
ABS 故障警告灯亮	ABS 不起作用	①车轮转速传感器不起作用 ②液控任务不良 ③ABS 电子控制任务不良
ABS 故障警告灯不亮	踩制动踏板时,踏板振动强烈	①制动开关失效或调整不当 ②制动开关线路或插接件脱落 ③制动鼓(盘)变形 ④车轮转速传感器信号不良 ⑤液控任务不良
ABS 警告偶尔或间歇点亮	ABS 作用正常,只要点火开关关闭后再打开,ABS 故障警告灯即会熄灭	①ABS 电子控制任务插接器松动 ②车轮速度传感器导线受干扰 ③车轮速度传感器内部工作不良 ④车轮轮毂轴承松旷 ⑤制动管路中有空气 ⑥制动轮缸工作不良 ⑦制动蹄衬片不良

续表

警告灯	故障现象	可能原因
制动装置警告灯亮	制动液缺乏或驻车制动拖滞	①驻车制动器调整不当 ②制动油管或制动轮缸漏油 ③制动装置警告灯搭铁
ABS故障警告灯和制动装置警告灯亮	ABS不起作用	①两个以上车轮转速传感器故障 ②ABS电子控制任务故障 ③液控任务工作不良

4. 故障码诊断

大多ABS系统具有自诊断和故障保险功能,当点火开关开始处于点火位置时,电子控制任务将会自动地对自身、车轮转速传感器、制动压力调节器中的电器元件进行静态测试。在此期间,如果ABS电子控制任务发现系统中存在故障,则电子控制任务会以故障代码的形式储存记忆故障情况,持续点亮ABS警告灯。当汽车的速度达到一定值时,ABS系统的电子控制任务还要对系统中的一些电器元件进行动态测试,如果发现系统中有故障存在,电子控制任务会以故障码的形式存储记忆故障情况。

诊断ABS系统故障时,按照设定的程序和方法可读取故障码。维修人员可根据故障码的含义确定故障的范围。

(1)故障码的读取与清除

故障码的读取方法有人工和仪器两种,具体应用根据车载电子控制任务的功能及维修设备条件选择。

1)人工读取故障码。

人工读取故障码的方式通常有:通过ABS警告灯闪烁读取、通过电子控制任务盒上的二极管灯读取、通过自制的发光管灯读取、通过自动空调面板读取等几种。但读取故障码的一般程序是:

①将点火开关置于断开位置。②用跨接线跨接诊断插座中的相应端子。③将点火开关置于点火位置,以正确的方法计数警告灯或发光二极管的闪烁次数,确定故障代码。④从维修手册中查找故障码所代表的故障情况。⑤排除故障后,按规定程序清除故障码。

丰田车系ABS故障代码的读取方法如下:

将维修连接器接头分开或将 W_A 与 W_B 之间的短接插销拔出,如图14-47所示。接通点火

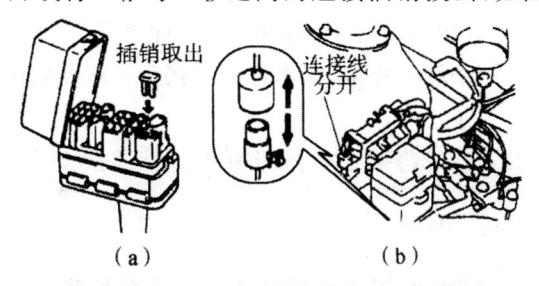

图14-47 维修连接器接头和 W_A、W_B 接头

(a)驾驶室内的诊断座;(b)发动机室内的诊断座

开关,将发动机室内的故障诊断座或驾驶室内的 TDCL 连接器的 T_C 与 E_1 端子用跨接线连接,如图 14-48 所示。仪表盘上的 ABS 警告灯即可闪烁出故障码。

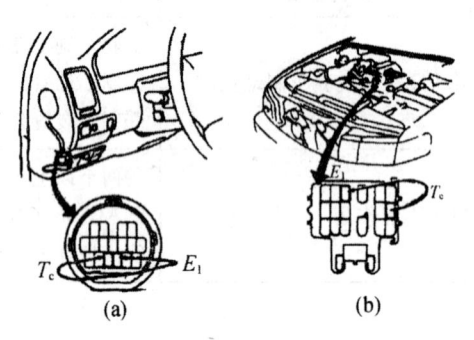

图 14-48　跨接 T_C 与 E_1 端子
(a)驾驶室内的诊断座;(b)发动机室内的诊断座

如果电子控制任务存储有故障码,ABS 警告灯先以 0.5 秒的间隔闪烁显示故障代码的十位数,在十位数闪烁显示结束后,再隔 1.5 秒开始以 0.5 秒的间隔闪烁显示个位数。两个故障代码之间的闪烁间隔为 2.5 秒。如果电子控制任务中没有故障代码,则 ABS 警告灯以 0.25 秒的间隔连续闪烁。

图 14-49 所示为正常代码和代码"11"和"12"的闪烁方式。

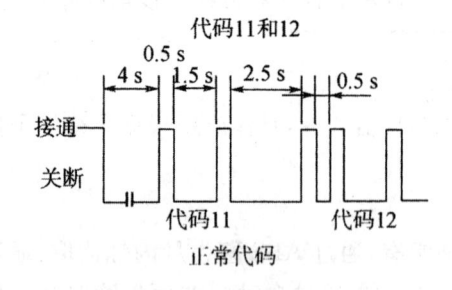

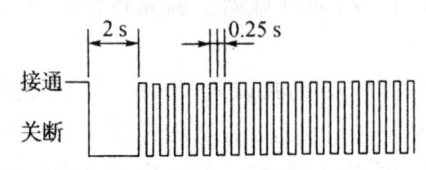

图 14-49　正常代码及"11"和"12"的闪烁方式

ABS 系统的故障排除后,应将电子控制任务所存储的故障码清除。清除故障码的方法是在满足下列条件的情况下,在 3 s 内连续踩制动踏板 8 次,即可清除故障码。

汽车停稳;诊断座 T_C 与 E_1 端子跨接;维修连接器接头分开或将 W_A 与 W_B 之间的短接插销拔出;点火开关接通。

清除故障码后,再将 T_C 与 E_1 跨接线拆去,将维修连接器接头插好或将 W_A 与 W_B 短接销插好。

2)仪器读取故障码。

故障代码扫描仪可以从 ABS 电子控制器存储器中读取故障代码,同时还具有故障代码翻译、检测步骤指导和基本判断参数提供等功能。

用 V.A.G1552 车辆系统测试仪读取桑塔纳 2000 俊杰轿车 ABS 系统的故障码程序如下：

a. 检查车辆是否符合检测条件。

b. 关闭点火开关，打开诊断接口盖板（位于换挡杆前端的防尘罩下），将故障诊断仪 V.A.G1552 用诊断连接线连接在诊断接口上，如图 14-50 所示。

图 14-50 连接仪器

c. 打开点火开关，显示屏显示：

```
Test of vehicle systems    HELP
Insert address word    ××
```

```
汽车系统测试    帮助
输入地址指令    ××
```

d. 按"0"或"3"键选择"制动系电控系统"，此时显示屏显示：

```
Test of vehicle systems    Q
03-Brake electronics
```

e. 按"Q"键确认输入，此时显示屏显示 ABS 电子控制任务识别码：

```
3A0 907 379 ABS ITT AE20GI    VOD
Coding 04505    WCS××××
```

f. 按"→"键，此时显示屏显示：

```
Test of vehicle systems    HELP
Select function    ××
```

```
汽车系统测试    帮助
选择功能    ××
```

g. 按"0"和"02"键选择"查询故障存储器"，此时显示屏显示：

```
Test of vehicle systems    Q
02-Interrogate fault memory
```

```
汽车系统测试    确认
02-查询故障存储器
```

h. 按"Q"键确认输入,显示屏上显示所存储故障的数量或"未发现故障"。

```
X Faults recognized    →
```

```
发现 X 个故障    →
```

i. 按"→"键,故障依次显示出来。

```
No fault recognissed    →
```

```
未发现故障    →
```

j. 故障显示完毕后,按"→"键返回到初始位置,此时显示屏显示与第 f 相同。故障排除后,按以下步骤清除故障码。

k. 按"0"和"5"键选择"清除故障存储器",此时显示屏显示:

```
Test of vehicle systems    Q
05-Erase fault memory
```

```
汽车测试系统    确认
05-清除故障存储器
```

l. 按"Q"键确认输入,此时显示屏显示:

```
Test of vehicle systems    →
Fault memory is erased!
```

```
汽车测试系统    →
故障存储器已被清除
```

m. 按"→"键,此时显示屏上的显示与"6"相同。

n. 按"0"和"6"键选择"结束输出",此时显示屏显示:

```
Test of vehicle systems    Q
06-end output
```

```
汽车测试系统    确认
06-结束输出
```

o. 按"Q"键确认,此时显示屏上显示与"3"相同。

p. 关闭点火开关,ABS 故障警告灯和制动装置警告灯亮约 2 s 后必须熄灭。

故障代码表示了故障的性质和范围,这些内容一般由汽车制造厂提供,列入维修手册中,表 14-2 为桑塔纳 2000 俊杰轿车 ABS 系统故障码的内容。

表 14-2　ABS 故障码表

V. A. G1552 显示屏显示	可能的故障原因	故障排除方法
未发现故障	如果在维修完毕后,用 V. A. G1552 查询故障后未发现故障,自诊断结束 如果显示屏显示出"未发现故障",但 ABS 系统不能正常工作,则应按以下步骤操作: ①以大于 20 km/h 的车速,进行紧急制动试车 ②重新用 V. A. G1552 查询故障器,仍无故障显示 ③在无自诊断的情况下着手寻找故障,全面进行电气检查	
00668 汽车 30 号线线终端电压信号超差	电压供应线路、连接插头、熔丝故障	检查电控任务供电线路、熔丝和连接插头
01276 ABS 液压泵(V64)信号超差	电动机与电控任务连接线路对正极或对地短路、断路;液压泵电动机故障	检查线路、进行执行元件诊断
65535 电控任务	电控任务故障	更换电控任务
01044 电控任务编码不正确	电控任务 25 针插头端子 6 和 22 之间断路或短路	检查线路、线束的插头
01130 ABS 工作,信号超差	与外界干涉信号源发生电气干涉(高频发射),例如:非绝缘的点火电缆线	检查所有线路连接对正极或对地是否短路 清除故障码 在车速大于 20 km/h 的车速时,进行紧急制动试车 再次查询故障码
00283 左前轮转速传感器(G47)	转速传感器导线、传感器线圈、传感器的线路短路或断路;连接插头松动;传感器和齿圈的间隙超差	检查转速传感器与电控任务的线路和连接插头 检查传感器和齿圈的安装间隙 读取测量数据流
00285 右前轮转速传感器(G45)	同上	同上
00287 右后轮转速传感器(G44)	同上	同上

续表

V. A. G1552 显示屏显示	可能的故障原因	故障排除方法
00290 左后轮转速传感器(G46)	同上	同上

(2)根据故障码诊断故障

故障代码能够显示故障的性质和范围,维修人员可根据故障码的提示迅速、准确地确定故障的性质和部位,有针对性地检查有关部位、元件和线路,将故障排除。

根据故障码进行故障的诊断与排除时,调出故障码后应对照《维修手册》查看故障码的含义,结合该车电路和有关元件的检测方法,按相应步骤诊断和排除故障。以下为桑塔纳2000俊杰轿车依据故障码内容诊断和排除故障的流程。

1)故障码01276。

可能原因:电源供应短路或搭铁。电动机线束松脱。电动机损坏。

故障诊断:故障码01276的诊断步骤如图14-51所示。

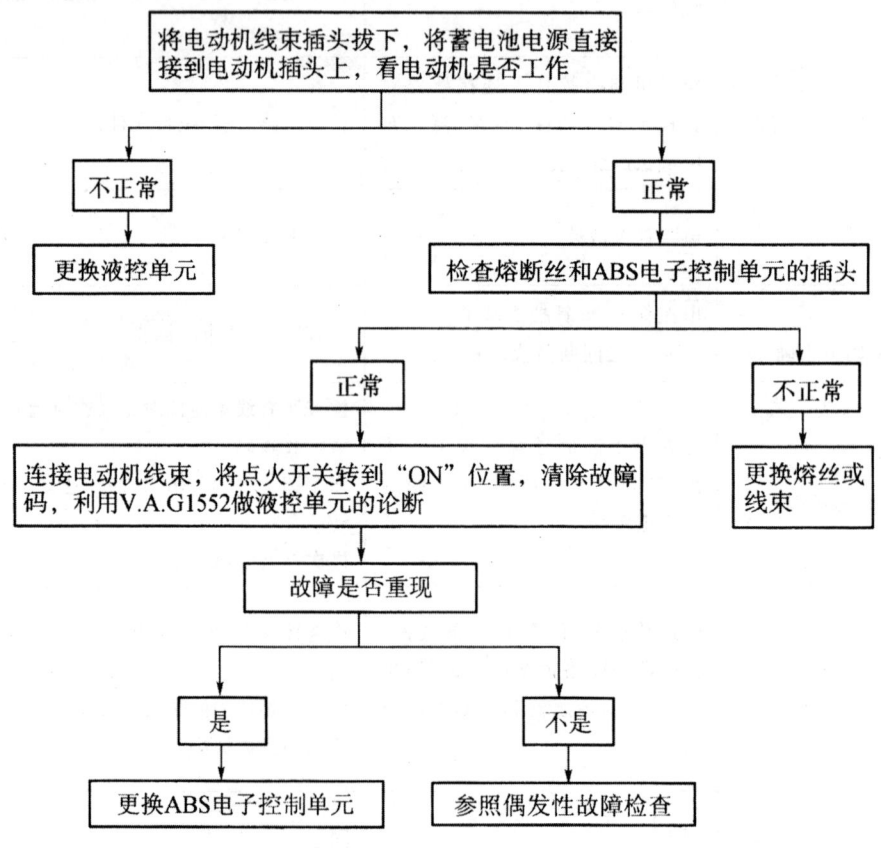

图 14-51 故障码 01276 的诊断

2)故障码00283、00285、00290、00287。

可能原因:车轮转速传感器漏装;传感器线圈或线束短路;传感器与齿圈之间间隙过大或是齿圈损坏;ABS电子控制任务故障。

故障诊断:故障码 00283、00285、00290、00287 的诊断步骤如图 14-52 所示。

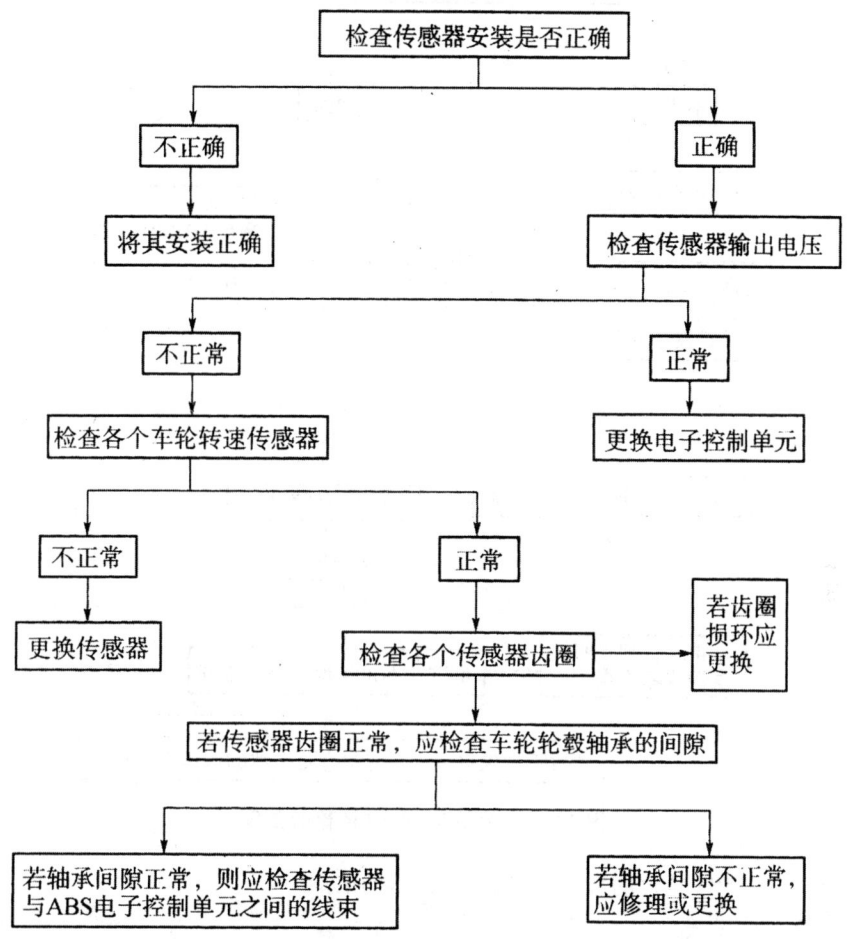

图 14-52　故障码 00283、00285、00290、00287 的诊断步骤

3)故障码 00668。

可能原因:熔丝烧断;蓄电池电压太低或太高;ABS 电线线束插接件损坏;ABS 电子控制任务损坏。

故障诊断:故障码 00668 的诊断步骤如图 14-53 所示。

(3)无故障码时的故障诊断

电子控制任务的故障诊断系统是检测它的输入、输出信号是否在规定的范围内变化,若信号超出了规定的范围,则判定为故障。但有时输入、输出信号虽然在规定范围内,却不能正确的反应系统的工况,造成 ABS 系统工作不良。此时应借助测试仪读取系统各传感器的数据并与标准数据比较,进一步检查各传感器或开关信号是否正常,以确认故障原因和部位。而且,系统中的机械故障也不能通过电子回路反映出来。因此,应根据其表现出来的现象进行分析,以确认故障原因和部位。

1)ABS 工作异常。

可能原因:传感器安装不当;传感器线束有问题;传感器损坏;传感器沾附异物;车轮轴承损坏;液控任务损坏;ABS 电控任务损坏。

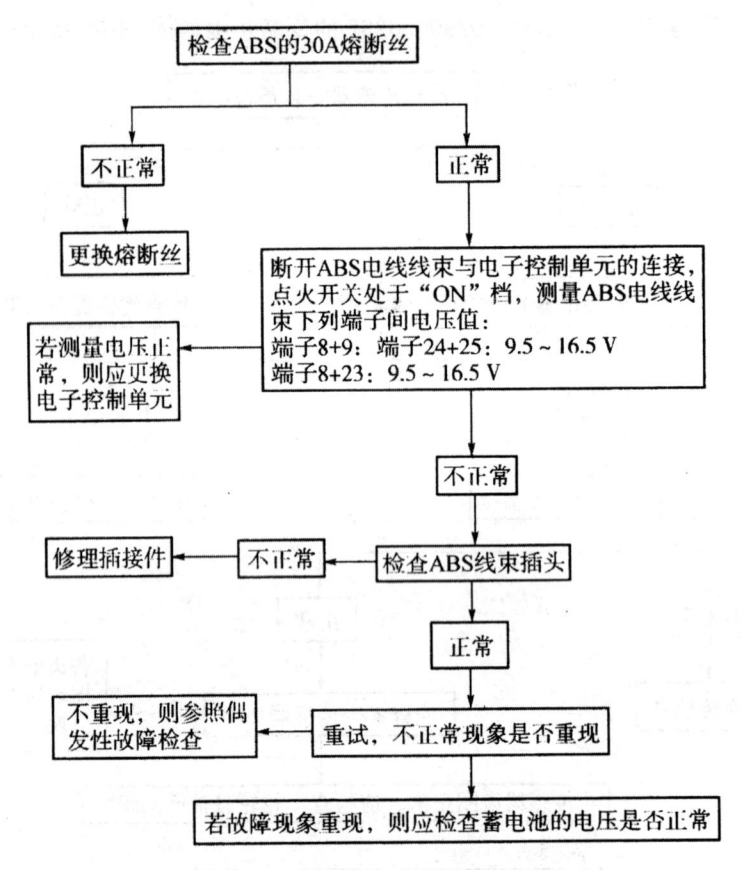

```
                    ┌─────────────────────┐
                    │  检查ABS的30A熔断丝  │
                    └──────────┬──────────┘
                ┌──────────────┴──────────────┐
              不正常                          正常
                │                              │
          ┌─────┴─────┐         ┌──────────────┴──────────────┐
          │ 更换熔断丝 │         │ 断开ABS电线线束与电子控制单元的连接，│
          └───────────┘         │ 点火开关处于"ON"档，测量ABS电线线 │
                                │ 束下列端子间电压值：                │
     ┌──────────────┐           │ 端子8+9：端子24+25：9.5~16.5 V     │
     │ 若测量电压正  │           │ 端子8+23：9.5~16.5 V               │
     │ 常，则应更换  │           └──────────────┬──────────────┘
     │ 电子控制单元  │                          │
     └──────────────┘                        不正常
                                               │
                ┌──────────┐   ┌────────┐   ┌──────────────┐
                │ 修理插接件 │◄─│ 不正常 │◄──│ 检查ABS线束插头│
                └──────────┘   └────────┘   └──────────────┘
                                               │
                                              正常
                                               │
        ┌──────────────┐              ┌──────────────────┐
        │ 不重现，则参照偶│◄────────────│ 重试，不正常现象是否重现 │
        │ 发性故障检查   │              └──────────────────┘
        └──────────────┘                       │
                              ┌────────────────┴────────────────┐
                              │ 若故障现象重现，则应检查蓄电池的电压是否正常 │
                              └──────────────────────────────────┘
```

图 14-53　故障码 00668 的诊断步骤

故障诊断：ABS 工作异常的故障诊断如图 14-54 所示。
2）制动踏板行程过长。
可能原因：制动液渗漏；出油阀泄漏；系统中有空气；制动盘严重磨损；驻车制动器调整不当。
故障诊断：制动踏板行程过长诊断如图 14-55 所示。

(4) 偶发性故障

在电子控制系统中，在电气线路和输入、输出信号的地方，可能出现瞬时接触不良问题，从而导致偶发性故障或在 ABS 电子控制任务自检时留下故障码。如果故障原因持续存在，那么只要按照故障码诊断步骤就可以发现不正常的部位，不过有时候故障发生的原因会自行消失，所以不容易找出问题的原因。在这种情况下，可按下列方式模拟故障，检查故障是否再现。

当振动可能是主要原因时：将接头轻轻地上下左右摇动；将线束轻轻地上下左右摇动；将传感器轻轻地上下左右晃动。

当过热或过冷可能是主要原因时：用吹风机加热被怀疑有故障的部件；用冷喷雾剂检查是否有冷焊现象。

如果此时故障没有出现，则应等到下次故障再次出现时才能诊断故障。

第 14 章　汽车防抱死制动系统

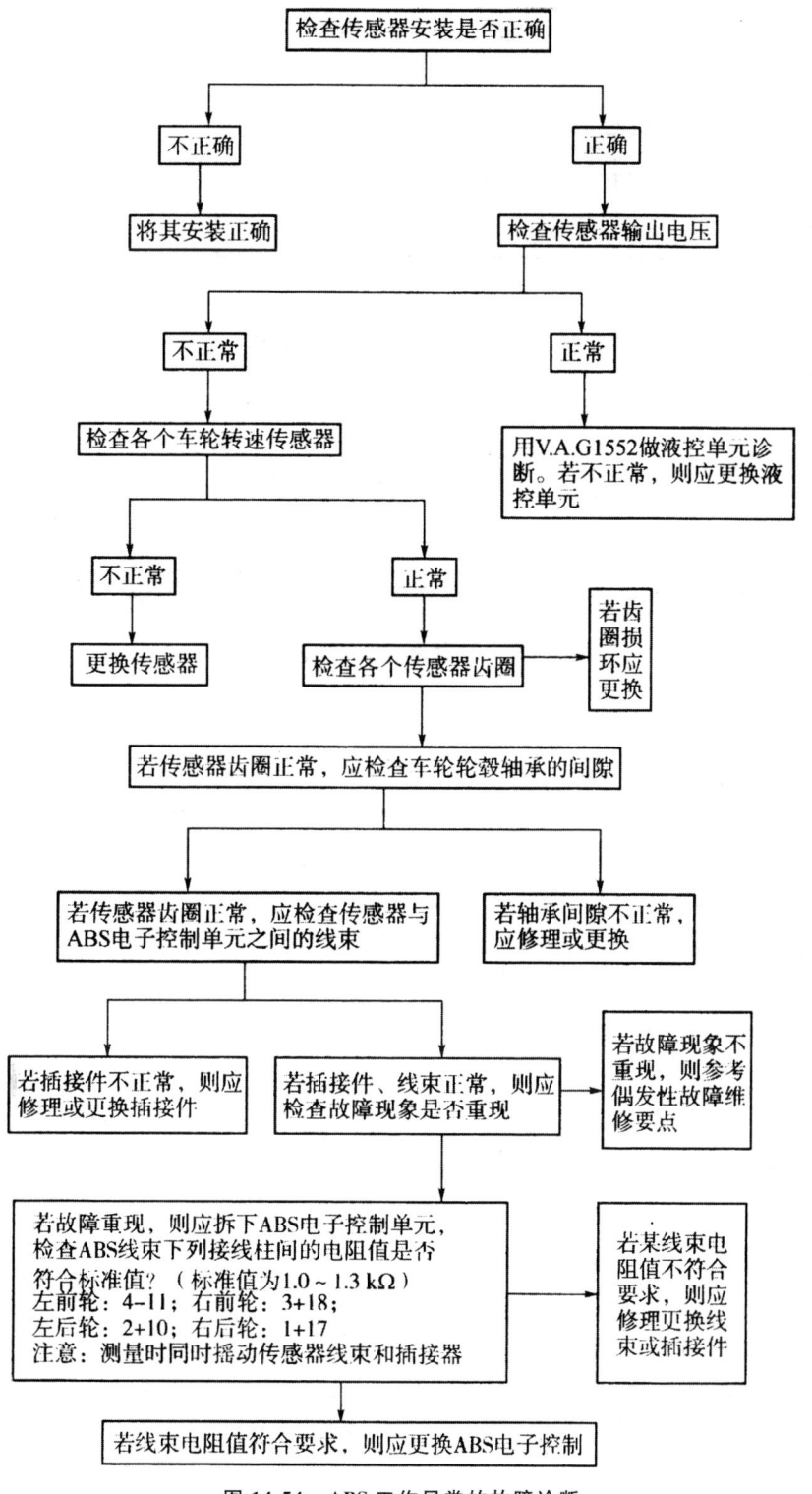

```
                    ┌─────────────────────┐
                    │ 检查传感器安装是否正确 │
                    └──────────┬──────────┘
                   不正确        │         正确
              ┌─────────────────┴─────────────────┐
              │                                   │
      ┌───────▼───────┐                 ┌─────────▼─────────┐
      │  将其安装正确  │                 │ 检查传感器输出电压 │
      └───────────────┘                 └─────────┬─────────┘
                                    不正常         │         正常
                              ┌─────────────────┬─┴────────────────┐
                              │                                    │
                   ┌──────────▼──────────┐              ┌──────────▼──────────┐
                   │ 检查各个车轮转速传感器 │              │ 用V.A.G1552做液控单元诊 │
                   └──────────┬──────────┘              │ 断。若不正常，则应更换液 │
                      不正常   │   正常                  │ 控单元              │
                   ┌──────────┴──────────┐              └─────────────────────┘
                   │                     │                      ┌──────────┐
           ┌───────▼───────┐   ┌─────────▼─────────┐            │ 若齿圈损 │
           │   更换传感器   │   │ 检查各个传感器齿圈 │────────────▶│ 坏应更换 │
           └───────────────┘   └─────────┬─────────┘            └──────────┘
                                         │
                       ┌─────────────────▼─────────────────┐
                       │ 若传感器齿圈正常，应检查车轮轮毂轴承的间隙 │
                       └─────────────────┬─────────────────┘
                         ┌───────────────┴───────────────┐
              ┌──────────▼──────────┐           ┌────────▼────────┐
              │ 若传感器齿圈正常，应检查传感器与 │           │ 若轴承间隙不正常，│
              │ ABS电子控制单元之间的线束      │           │ 应修理或更换    │
              └──────────┬──────────┘           └─────────────────┘
                ┌────────┴────────┐
    ┌───────────▼──────┐  ┌───────▼─────────────┐    ┌─────────────┐
    │ 若插接件不正常，则应│  │ 若插接件、线束正常，则应│───▶│ 若故障现象不 │
    │ 修理或更换插接件   │  │ 检查故障现象是否重现   │    │ 重现，则参考 │
    └──────────────────┘  └───────┬─────────────┘    │ 偶发性故障维 │
                                   │                 │ 修要点      │
                                   │                 └─────────────┘
          ┌────────────────────────▼──────────────────┐   ┌──────────────┐
          │ 若故障重现，则应拆下ABS电子控制单元，       │   │ 若某线束电   │
          │ 检查ABS线束下列接线柱间的电阻值是否          │──▶│ 阻值不符合   │
          │ 符合标准值？（标准值为1.0~1.3 kΩ）          │   │ 要求，则应   │
          │ 左前轮：4-11； 右前轮：3+18；               │   │ 修理更换线   │
          │ 左后轮：2+10； 右后轮：1+17                │   │ 束或插接件   │
          │ 注意：测量时同时摇动传感器线束和插接器      │   └──────────────┘
          └────────────────────────┬──────────────────┘
                                   │
              ┌────────────────────▼────────────────────┐
              │ 若线束电阻值符合要求，则应更换ABS电子控制  │
              └─────────────────────────────────────────┘
```

图 14-54　ABS 工作异常的故障诊断

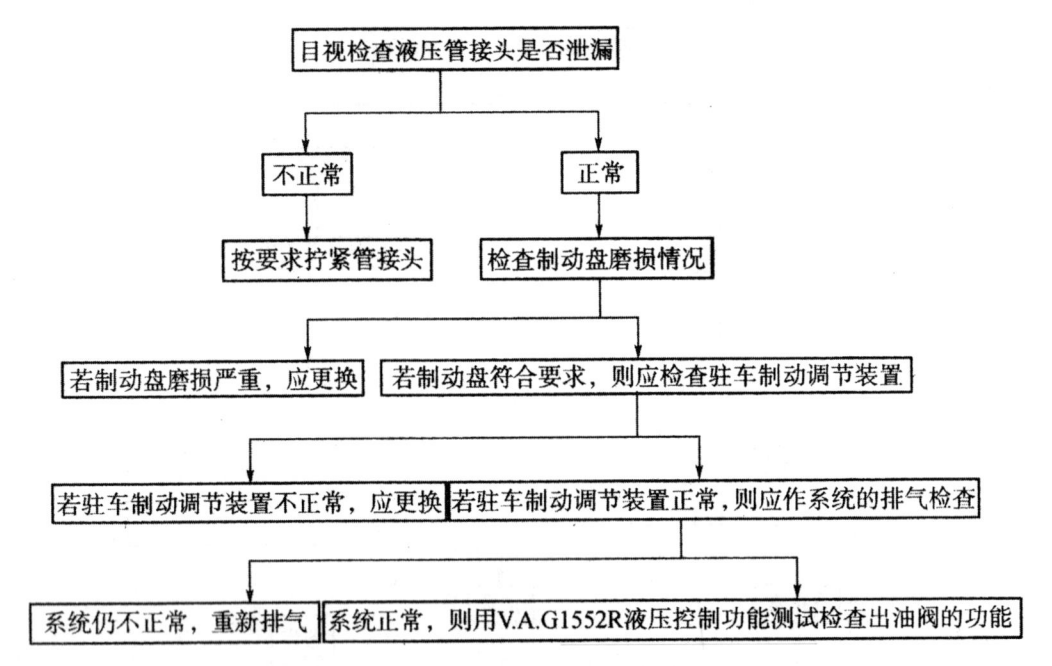

```
                    ┌─────────────────────────┐
                    │ 目视检查液压管接头是否泄漏 │
                    └─────────────────────────┘
                         │              │
                    ┌────┴───┐      ┌───┴────┐
                    │ 不正常 │      │  正常  │
                    └────────┘      └────────┘
                         │              │
                 ┌───────────────┐  ┌──────────────────┐
                 │ 按要求拧紧管接头 │  │ 检查制动盘磨损情况 │
                 └───────────────┘  └──────────────────┘
                                        │         │
        ┌──────────────────────┐  ┌──────────────────────────────┐
        │ 若制动盘磨损严重，应更换 │  │ 若制动盘符合要求，则应检查驻车制动调节装置 │
        └──────────────────────┘  └──────────────────────────────┘
                                        │         │
   ┌──────────────────────────┐  ┌────────────────────────────────────┐
   │ 若驻车制动调节装置不正常，应更换 │  │ 若驻车制动调节装置正常，则应作系统的排气检查 │
   └──────────────────────────┘  └────────────────────────────────────┘
                                        │         │
        ┌────────────────────┐  ┌──────────────────────────────────────────┐
        │ 系统仍不正常，重新排气 │  │ 系统正常，则用V.A.G1552R液压控制功能测试检查出油阀的功能 │
        └────────────────────┘  └──────────────────────────────────────────┘
```

图 14-55　制动踏板行程过长的诊断

第 15 章　汽车制动系统的维修

15.1　车轮制动器的维修

15.1.1　影响车轮制动器工作性能的主要因素

汽车制动性能的好坏,主要取决于制动器摩擦副产生的制动力矩和车轮对路面的附着条件。因此,车轮制动器的修理质量至关重要。下面以鼓式车轮制动器为例,介绍影响车轮制动器修理质量的主要因素。

1. 摩擦衬片的摩擦系数

摩擦系数是产生摩擦力的二要素之一。影响它的主要因素有以下几点:

(1)衬片的材料

衬片的材料是影响摩擦系数的主要因素。在更换摩擦衬片时,应选择厂家推荐使用的衬片,以保证原车的制动性能。厂牌的材料,它是保证各轮制动力均衡协调的重要因素。

(2)摩擦衬片和制动鼓的工作温度

制动器的工作温度过高时,摩擦衬片会产生热衰退现象,使摩擦系数明显降低。所谓衬片热衰退,是指高温下衬片材料聚合物分解产生一些气体和液体,气体和液体在摩擦面间起润滑作用,使摩擦系数降低,制动性能变差。

(3)摩擦衬片的表面质量

摩擦衬片表面油污、烧蚀均会使摩擦系数降低,修理时应注意清除。

2. 制动蹄与制动鼓的修理质量

(1)制动蹄和制动鼓的形位误差

制动蹄和制动鼓有椭圆和锥形,会使蹄鼓的靠合面积减小,降低制动效能。另外,二者出现椭圆或不同轴会在制动时蹄鼓间接触不平稳,产生震动冲击,也使制动效能降低。

(2)制动鼓的刚度

制动鼓的刚度不足,制动时会产生较大变形,使蹄鼓的压紧力减小而影响制动功能。影响制动鼓刚度的因素主要有制动鼓的工作温度和它的壁厚。工作温度过高和壁厚减小,都会使刚度降低。因此,在修理加工时,应控制内径尺寸在允许限度内,保证制动鼓的壁厚。

(3)制动蹄和制动鼓的表面粗糙度

制动蹄和制动鼓的表面粗糙度过大,会使二者实际接触面积变小,负荷集中于凸点上,造成接触点温度过高而烧蚀,降低制动效能并使零件损坏。目前加工制动蹄的方法有镗削和磨削。磨削的制动蹄表面粗糙度小,制动效果较好。

3. 蹄鼓间隙

蹄鼓间隙过小,不制动时二者不能彻底脱离,不仅会使车辆行驶增大阻力,并且使制动温度过高,制动效能降低;间隙过大,使制动力降低,甚至不能制动。因此,在制动器维修时,必须仔细检查和调整制动器间隙,使之符合标准,而且同轴的左、右轮间隙一致。

4. 制动蹄与制动鼓的靠合情况

在其他条件相同的情况下,制动蹄和制动鼓的靠合情况对制动效能影响甚大。蹄鼓靠合有3种情况:二者同时全面靠合、蹄的中间与鼓先靠合(先中间、后两头,俗称"吃中间")、蹄的两头与鼓先靠合(先两头、后中间,俗称"吃两头")。

5. 同轴两侧车轮制动力不平衡

同轴两侧车轮制动力应相等,以保证制动的稳定性。如果同轴两侧车轮制力不等,两轮制动减速度不等,汽车会产生跑偏。造成左右车轮制动力不等的原因主要有以下几点:

(1)两边车轮制动器的摩擦系数不同

如前所述,摩擦副材料及表面质量不同、制动器工作温度不同等,均会造成摩擦系数的差异。

(2)两轮制动蹄对鼓的压力不等

蹄鼓之间的压力是决定制动力矩的主要因素之一。造成左右轮鼓压力不等的原因主要包括两轮制动管路阻力不同,左、右制动气室或轮缸的技术状况不同,蹄片回位弹簧弹力不等或蹄鼓间隙不等。另外,上述因素不但影响制动力矩的大小,而且也会影响制动作用的开始时刻。

(3)制动鼓的内径不同

两制动鼓内径不同,蹄鼓的靠合面积不同,制动鼓的刚度也不同,均会造成制动力矩的差异。因此,加工制动鼓时应保证同轴两侧制动鼓内径一致,相差应不大于 1 mm。

除以上原因之外,左右车轮轮胎技术状况(磨损情况及气压等)不同、装载质量不均、悬架状况差异等,均会破坏左右车轮制动力平衡。

15.1.2 鼓式车轮制动器的维修

1. 制动鼓的检修

制动鼓的圆度和圆柱度可用弓形内径规测量,如图 15-1 所示。制动鼓对轮毂轴承承孔辅线的径向跳动量可用百分表测量,如图 15-2 所示。当制动鼓的圆度误差超过 0.125 mm、工作表面有较深的沟槽、对轴承孔轴线的径向圆跳动超过 0.50 mm 时,可进行镗削修理。镗削制动鼓应以轮毂轴承孔轴线为定位基准,以保证对轮毂轴承孔轴线的同轴度。制动鼓修后的其他主要技

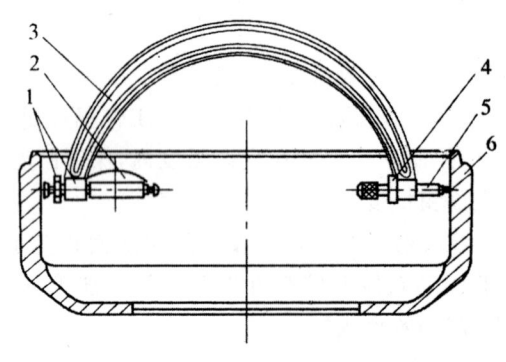

图 15-1 弓形内径规测量制动鼓

1—锁紧装置;2—百分表;3—弓形规;4—锁紧螺母;5—N量调整杆;6—制动鼓

术要求是:制动鼓不得有裂纹和变形,圆柱度误差不大于 0.01 mm,同轴承孔轴线的径向圆跳动不大于 0.10 mm,同轴左右轮制动鼓内径相差不大于 1 mm。

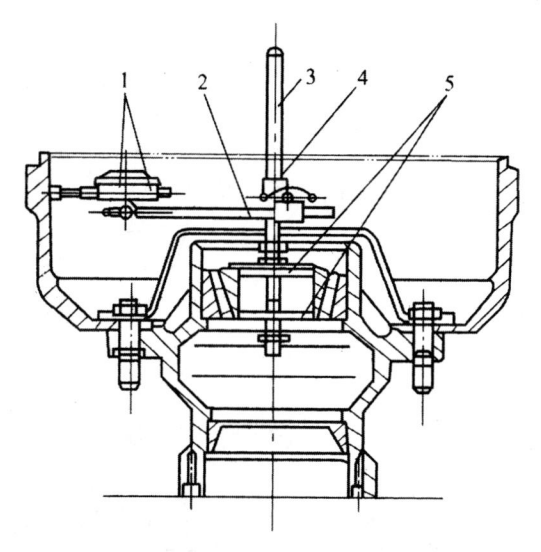

图 15-2 测量制动鼓同轴度
1—百分表及锁紧装置;2—支架;3—中心杆;4—接连装置;5—轴承卡板

2.制动蹄检测

制动蹄的常见失效有衬片磨损、烧蚀、破裂和油污,蹄铁变形和销孔磨损等。衬片烧蚀可用砂纸或钢锯条打磨清除;轻微油污可用汽油清洗后用喷灯烘干。油污严重或磨损到极限或破裂时,应更换衬片或制动蹄。更换衬片时可用铆合、螺栓连接,也有的用胶粘结。

(1)摩擦衬片的铆合

选择衬片时要使同一车桥上左右轮的衬片材料和厚度相同,以保证摩擦系数和制动力相等,制动蹄摩擦片铆合与离合器摩擦片的铆合基本相同,但应注意以下问题:

1)摩擦衬片与蹄铁应贴合良好,间隙不大于 0.12 mm,以防折断和散热不良。为此,铆合时应用专用工具夹紧。

2)衬片两端锉成斜角,防止衬片两头与制动鼓相卡。

3)铆钉头或螺栓头应埋入 2/3 片厚,保证其使用寿命。

摩擦片与蹄铁胶粘连接的,一般将制动蹄整体更换。如用胶粘法修复,应进行加热和强度试验。

(2)制动蹄的加工及磨合

摩擦衬片加工多用车削法或镗削法。车削法噪声小,对环境污染小,但加工表面粗糙度大,制动效果差。镗削法噪声大,对环境污染大,但加工表面粗糙度小,制动效果优于车削法。加工后的制动蹄和制动鼓的表面粗糙度较大。为进一步提高制动效果,可对加工后的蹄鼓进行磨合。

3.制动器其他零件的检修

制动蹄回位弹簧的自由长度和弹力应符合技术要求,否则应更换。制动蹄支承销磨损,与制动底板销孔或制动蹄销孔间隙超过极限应更换。

4. 鼓式车轮制动器检修实例

下面以桑塔纳2000型轿车的后轮鼓式制动器为例,介绍其拆装步骤。

(1)拆卸(图15-3)

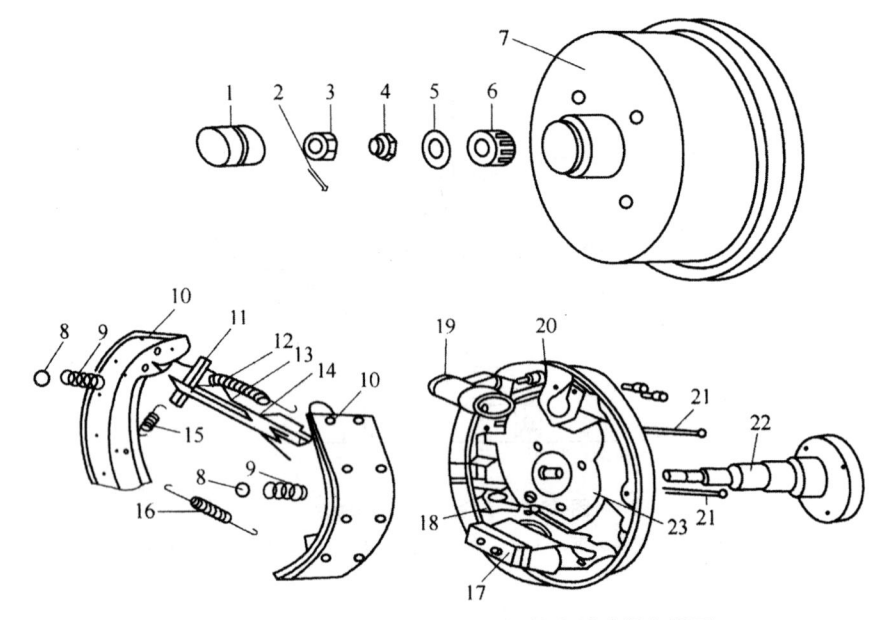

图15-3 桑塔纳2000型轿车后轮鼓式制动器分解图

1—轮毂盖;2—开口销;3—开槽垫圈;4—调整螺母;5—止推垫圈;6—轴承;
7—制动鼓;8—弹簧座;9—压簧;10—制动蹄;11—楔形块;12—回位弹簧;
13—上回位弹簧;14—压力杆;15—楔形块回位弹簧;16—下回位弹簧;17—固定板;
18—螺栓;19—制动轮缸;20—制动底板;21—定位销;22—后轮支撑短轴;
23—观察孔橡胶塞

1)拧松车轮螺母(拧紧力矩为110 N·m),将车举起后拧下车轮螺母并取下车轮。

2)用专用工具VW673/2卸下轮毂盖1。

3)取下开口销及开槽垫圈,旋下后车轮轴承调整螺母,取出止推垫圈。

4)用螺钉旋具通过制动鼓螺孔向上拨动楔形块,使制动蹄与制动鼓放松,如图15-4所示,然后取下制动鼓。

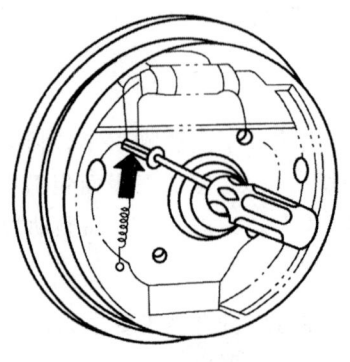

图15-4 拨动楔形块

第15章 汽车制动系统的维修

5)用鲤鱼钳拆下压簧座圈,用手从下面的支架上提起制动蹄,取出下回位弹簧。

6)取下制动杆上的驻车制动拉索,用鲤鱼钳取下楔形块回位弹簧和上回位弹簧。

7)拆下制动蹄并把带压力杆的制动蹄夹紧在台虎钳上,拆下回位弹簧,取下制动蹄,如图15-5所示。

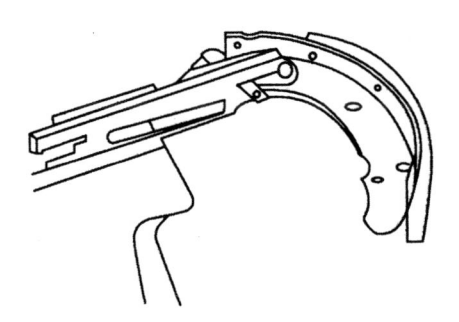

图 15-5 拆卸制动蹄回位弹簧

8)如有必要,拆下制动轮缸并解体,如图15-6所示。

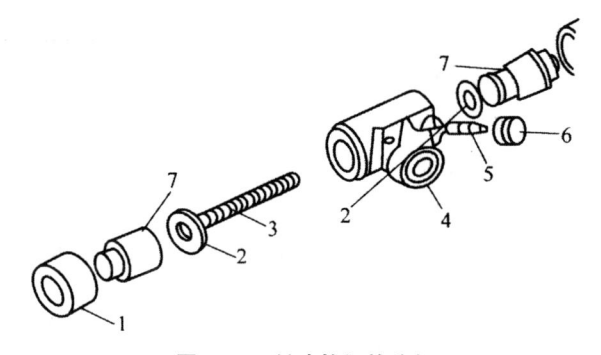

图 15-6 制动轮缸的分解
1—防尘罩;2—密封圈;3—弹簧;4—轮缸外壳;
5—放气阀;6—防尘罩;7—活塞

(2)装配

1)装上回位弹簧,将制动蹄装在压力杆上。

2)装上楔形件,将凸块朝向制动底板。

3)将制动蹄装在压力杆上,如图15-7所示。

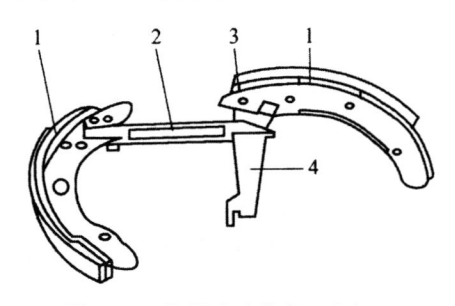

图 15-7 将制动蹄装在压力杆上
1—制动蹄;2—压力杆;3—销轴;4—制动杆

4) 装入上回位弹簧,在传动臂上套上驻车制动拉索。
5) 把制动蹄装在制动轮缸的活塞外槽上。
6) 装入下回位弹簧,并把制动蹄提起,装到下面的支座上。
7) 装上楔形块回位弹簧。
8) 装上制动鼓、后轮轴承及止推垫圈,调整好轮毂轴承的间隙后再装上开口垫圈及新的开口销。
9) 装好后踩一下制动踏板,使制动蹄正确到位,摩擦片与制动鼓的间隙得到自动调整(若制动轮缸进行了分解,装配后则要进行传动系统排气)。

15.2 液压制动传动装置的维修

15.2.1 维护

液压制动系的维护包括检查管路渗漏、排空气和制动踏板的调整等几个方面的内容。

1. 管路检查

整个制动系统的管路、接头应无凹瘪、严重锈蚀、裂纹现象,连接应可靠无渗漏。金属管路用的管夹固定牢靠,不得与车架及其他部件相碰擦,在行车过程中不得产生较大振幅的振抖。制动软管应舒展无折叠,无脱皮、老化、膨胀等缺陷,否则应采用相应的措施进行维修。

2. 排空气

制动系统中渗入空气,会影响制动效果。在维修过程中,由于拆检液压系统、接头松动或制动液不足等原因,造成空气进入管路时,应及时将系统中的空气排出。

制动系统空气排气工作必须由两人配合完成,具体排放步骤如下:
1) 一人在驾驶室内连续踩制动踏板数次,直到踏板变硬踩不下去为止,然后踩住不动。
2) 另一人在车下,将放气螺钉旋松,让空气与一部分制动液排出(为避免制动液溅洒,应用透明橡胶管一端接放气螺钉,另一端接盛液器),待踏板降低到底时拧紧放气螺钉,松开踏板。
3) 重复1)、2)两步,直到放气螺钉处排出的全是制动液为止。
4) 检查并拧紧所有放气螺钉。检查并加注主缸制动液位到标准液位。

排空气过程中的注意事项如下:
1) 排空气前,储液罐应加入足够的制动液,并注意制动液的清洁,防止灰尘和水分进入制动液。此外,制动液对涂层的腐蚀性很大,要避免制动液滴溅在油漆表面上。
2) 排空气的顺序对于大多数车辆而言,先从离制动主缸最远的轮缸开始按由远到近的顺序排气。对于装有真空增压器的应先从离制动主缸最近地方开始,然后再排离制动主缸最远的轮缸的空气。
3) 排空气过程中应注意随时检查主缸液位,及时补充。
4) 在放气螺钉未拧紧以前,切不可抬起踏板,否则空气又会侵入。

3. 制动踏板调整

轿车的制动器均采用带有真空助力的液压系统,制动踏板调整包括踏板自由高度的调整、自由行程的调整和剩余高度的调整等。

(1)制动踏板自由高度的调整

制动踏板的自由高度为解除制动时踏板的高度,其测量基准为去除驾驶室内地毯等覆盖后的车厢底板。

揭开踏板下的地板覆盖物,测量踏板高度。如高度与该车型的原设计规定不符合,应进行调整。首先,拆下制动灯导线,拧松制动灯开关锁紧螺母,视调整要求将制动灯开关旋进或旋出。用直尺测量踏板高度,直到调整至标准值为止。其次,锁紧制动灯锁紧螺母。检查制动灯开关与踏板的接触情况,应确保制动灯熄灭。

调整踏板自由高度后,必须按下述步骤调整踏板的自由行程。因为踏板位置移动后,推杆的长度没变,会使踏板自由行程变化。

(2)制动踏板自由行程的调整

在发动机不工作的状态下,反复踩制动踏板多次,将真空助力器内的残余真空释放。

用手轻推踏板,直至感到有阻力为止,此位置与踏板自由高度之差即为踏板自由行程,如图15-8所示。

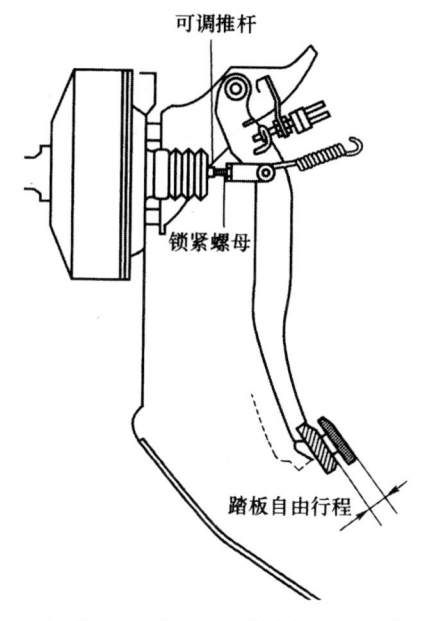

图 15-8 制动踏板自由高度及自由行程的检查

如踏板自由行程超过规定,可拧松推杆的锁紧螺母,转动推杆调整至符合规定为止。拧紧锁紧螺母,复查自由行程是否正确。

复查踏板自由高度,检查制动灯是否能正常工作。

(3)制动踏板剩余高度的检查

用掩木塞在前后轮下,松开驻车制动器,起动发动机运转 2 min。用 490 N 的力踩下制动踏板,测量此时踏板至地板之间的距离,即为踏板的剩余高度。如踏板的剩余高度低于该车型的标准值,说明制动器蹄鼓间隙过大,应按车轮制动器有关内容进行蹄鼓间隙的调整。

15.2.2 主要零件的检修

1. 制动主缸的检修

(1)制动主缸的分解(见图15-9)

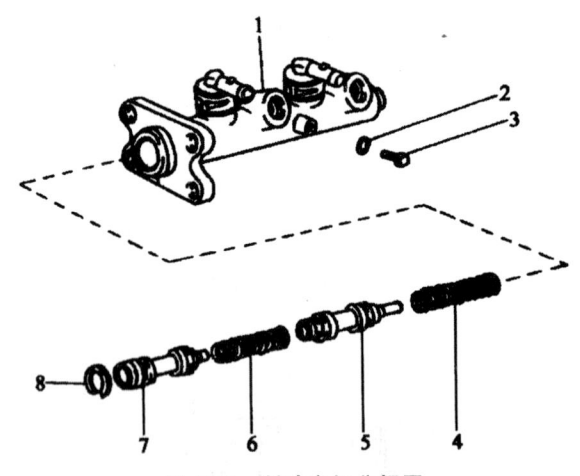

图 15-9 制动主缸分解图

1—主缸体;2—垫片;3—限位螺栓;4、6—弹簧;5—2号活塞;7—1号活塞;8—弹簧卡环

(2)制动主缸主要零件的检修

1)用制动液清洗所拆下的零件。

2)检查活塞与缸筒的配合间隙,如超过 0.13 mm 时,应更换主缸;主缸壁上有明显的划痕,应更换主缸。

3)主缸活塞回位弹簧损伤、变形或弹性下降时应更换。

4)检查阀门、弹簧、垫圈是否完好,若损坏必须更换。

5)皮碗和皮圈维修时应全部更换。

注意:上海桑塔纳轿车的制动主缸不允许分解,如果在制动液充足的情况下,车辆的制动性能不良,松开制动轮缸上的放气阀时出油无力,或车辆出现全轮卡滞现象,表明制动主缸损坏,应更换主缸总成。

2. 真空助力器的检修

(1)真空助力器的结构

真空助力器的结构如图15-10所示。

(2)真空助力器主要零件的检修

1)真空助力器壳体如有变形或裂纹应更换。

2)活塞和膜片若有老化或磨损时应更换。

3)膜片回位弹簧若有变形、损伤或弹性下降时应更换。

4)推杆有变形应校正或更换。

(3)真空助力器性能的检查

1)发动机不工作,以相同的踏板力踩下制动踏板几次,以消除真空增压器中原有的真空。

2)踩下制动踏板不放,启动发动机,此时制动踏板应少许向前移动,如图15-11所示。否则应检查真空管路。如果真空增压器已损坏,则应更换。

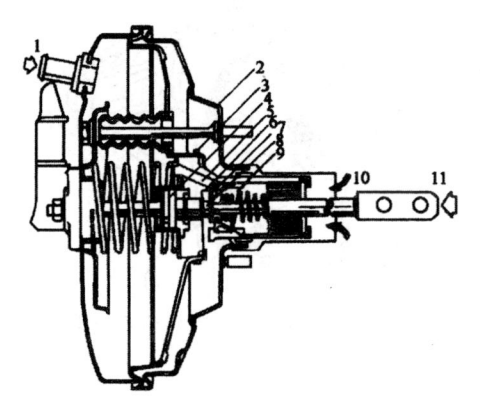

图 15-10 真空助力器结构图
1—真空管;2—助力气室;3—膜片;4—反应片;5—进气压力管;6—控制阀;
7—盘阀;8—阀活塞;9—活塞杆;10—外界空气;11—踏板压力

图 15-11 真空助力器功能的检查

3)启动发动机1~2 min后踩下制动踏板,在保持踏板力不变的条件下关闭发动机,在30 s内踏板高度应无变化。

4)发动机运转1~2 min后熄火,以同样的力量踩下制动踏板数次,踏板的高度应一次比一次逐渐提高,每次踩踏板时间间隔应为5 s以上。

5)真空系统密封性的检查:启动发动机并加速到中速后,关闭点火开关,同时迅速抬起油门踏板,使进气管产生较高的真空度。发动机熄火1.5 min后快速踩下制动踏板,此时真空增压器进气口听到"呼"的一声进气声,然后抬起制动踏板,再重复踩下制动踏板仍能听到第一次踩下踏板时的进气声,则说明密封性良好。如听不到进气声则说明密封性不良,应检查单向阀和真空管路中有无堵塞或泄漏现象,如有应及时进行修理。如果未制动或制动时都能听到增压器处有进气声,应更换增压器总成。

3. 制动轮缸的检修

(1)桑塔纳轿车前轮缸的检修

前轮轮缸的拆卸步骤:

1)放出制动液,然后拆下制动钳体。

2)拆除制动软管,取下制动钳体及轮缸。

3)在活塞对面垫上木块(以防损坏活塞),然后向轮缸进油口通入压缩空气,将活塞从缸筒中压出,如图15-12所示。

4)从活塞上取下防尘罩,用螺丝刀小心地从缸筒中取出密封圈。

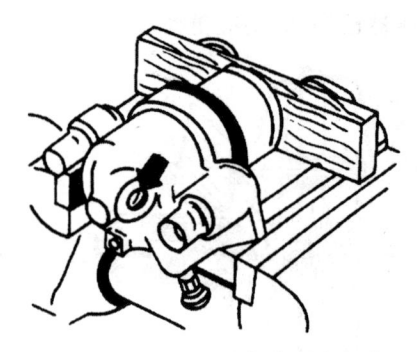

图 15-12 用压缩空气将活塞压出

前轮轮缸主要零件的检修步骤:
1)活塞于缸筒配合面出现划痕、缸筒直径磨损超过 0.10 mm 或缸筒与活塞配合间隙大于 0.15 mm 时,应更换制动钳总成。
2)拆卸后,活塞密封圈及防尘罩应换用新件。

前轮缸的安装步骤:
1)在活塞外表面及轮缸工作表面涂抹一层制动液,并将活塞密封圈装入缸筒的切槽中。
2)将防尘罩套装在活塞底部(注意安装方向),如图 15-13(a)所示。然后用螺丝刀将防尘罩的内密封唇边压入缸筒的槽口内,如图 15-13(b)所示。

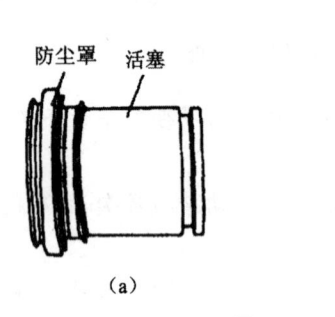

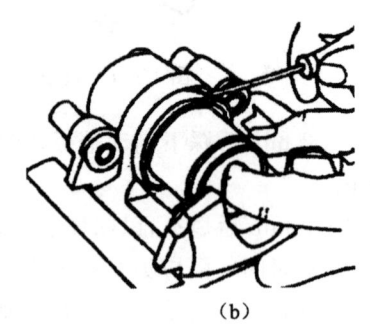

图 15-13 防尘罩的安装
(a)将防尘罩套装在活塞底部;(b)用螺丝刀将防尘罩的内密封唇边压入缸筒的槽口内

3)将活塞压入制动钳缸筒中。
4)按拆卸的相反顺序将制动钳安装到车上。

(2)后轮缸的检修

后轮轮缸的拆卸步骤:
1)放出制动液后,按照拆卸后轮制动器的方法拆卸车轮制动毂及制动蹄。
2)拆卸与后轮相连的制动管接头,拧下轮缸固定螺栓,从制动底板上取下制动轮缸。
3)取下轮缸两端的防尘罩,按图 15-14 所示顺序取出轮缸活塞、皮圈及弹簧。

后轮轮缸主要零件的检修步骤:
1)防尘罩破裂、密封圈出现膨胀卡滞或磨损严重造成轮缸漏油时,均应换用新件。
2)缸筒磨损超过 0.08 mm 或缸筒与活塞配合面出现划痕及锈蚀时,应更换轮缸总成。

后轮缸的装配步骤:
1)将皮圈安装到活塞上(刃口向内),并在活塞及皮圈上涂抹一层制动液,然后将弹簧、轮缸活塞及防尘罩依次安装到轮缸中。
2)将后轮缸安装在制动底板上,并接好制动管路。

图 15-14　后轮制动轮缸的分解
1—防尘罩;2—活塞;3—密封圈;4—轮缸壳体;5—弹簧

4. 制动液的更换

制动液储液罐位于制动总泵上方,其上有制动液的最高(MAX)与最低(MIN)标记,如制动液过少,应及时添加。如液面在短时间内出现明显下降,应立刻检查渗漏处,恢复正常后才能使用。

制动液有毒性和腐蚀性,不可与油漆相接触。它还具有较强的吸湿性,能吸收周围空气中的水分。过多的水分会降低制动效能。所以制动液应两年更换一次。

不管是添加还是更换制动液,都应使用生产厂家规定的制动液。不同厂家生产的制动液有不同的化学成分,混加制动液有可能损坏制动系统中的零件,特别是橡胶件,从而影响行车安全。

5. 液压系统的放气

制动系统维修、更换制动液后,或者踏下制动踏板软弱无力有弹性,都要对制动系统进行放气。制动系统放气的操作方法有压力法和人工法两种。

(1)压力法

将 VW1238/1 加液——放气装置连接到储液罐上,在轮缸放气阀上接一软管,以收集从放气阀处流出的制动液。然后依次拧开各轮缸放气阀,利用加液——放气装置将制动液以一定的压力压充到制动系统中,并使制动系统中的空气排出,最后将储液罐的液面高度调整合适(与储液罐上的标记"MAX"齐平)。

(2)人工法

1)在储液罐中加足制动液,将一根软管一头接在放气螺栓上,一头插进一个容器中,如图15-15 所示。

图 15-15　液压系统的放气

2)一人用力迅速踩下并缓慢放松制动踏板,如此反复数次后,踩下制动踏板,用力踩住使踏板不动。

3)另一人拧松分泵上的放气螺栓,管路中的空气随着制动液顺着软管排出制动系统,排出空气后再将放气螺栓拧紧。

4)制动液排出时,制动踏板会随着制动液的排出而下降,此时应踩住制动踏板到底,当拧紧放气螺栓后再抬起制动踏板。

5)重复2)、3)步骤多次直到从放气螺栓中放出的制动液无气泡为止。

6)放气的同时应注意储液罐中的液面高度。

7)用同样的方法对其他分泵进行放气。

8)取下橡胶软管,套上防尘罩,将总泵储液罐中的制动液添加到规定的高度。

制动系统放气应先远后近,其顺序是:右后轮分泵—左后轮分泵—右前轮分泵—左前轮分泵。

15.3 气压式制动传动装置的维修

15.3.1 维护

气压式制动传动装置二级维护时,应进行下列作业:

1)制动控制阀、储气筒、制动气室、管路及接头等部位应不漏气。

2)制动软管应无老化。气压制动系各部的连接软管经长期使用后,会老化变质而漏气。因此,必须每年或每行驶 50 000 km 更换一次。

3)制动控制阀进气迅速、排气畅通。

4)制动气室推杆行程符合规定。例如,解放 CA1091 汽车前制动器的推杆行程为 20~25 mm,最大不得超过 30 mm,后轮制动器为 25~30 mm,最大不得超过 40 mm;东风 EQ1090 汽车前后轮制动器推杆行程均为 20~30 mm,同一车桥相差不得大于 5 mm。

15.3.2 空气压缩机的检修

1. 空气压缩机的拆卸

EQ1092 型汽车的空气压缩机的解体顺序如下。

1)从空气压缩机上拆下空气滤清器总成,并进行分解,如图 15-16 所示。

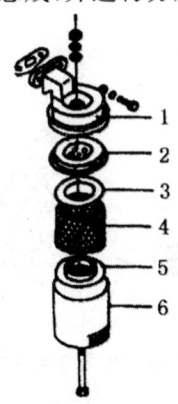

图 15-16 空气压缩机空气滤清器总成

1—底座;2—隔板;3—滤芯上垫圈;4—滤芯;5—滤芯下垫圈;6—外壳

2)拧下缸盖螺栓,取下空压机缸盖总成,按顺序从缸盖上拆下进气阀、排气阀及松压阀,如图 15-17 所示。

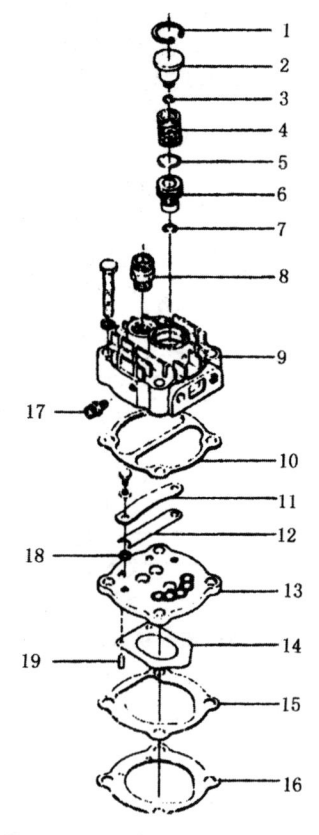

图 15-17　空气压缩机缸盖总成

1—弹性挡圈;2—柱塞限位轴;3—密封圈;4—松压阀复位弹簧;5—密封圈;
6—柱塞;7—密封圈;8—管接头;9—气缸盖;10—密封垫;
11—排气阀片限位板;12—进气阀片;13—阀板;14—上密封垫;
15—下密封垫;16—下密封垫;17—管接头;18—垫圈;19—销

3)拆下空压机底盖,转动皮带轮,使曲轴连杆轴颈处于最下端位置,按照与发动机相同的操作方法拆下活塞连杆组并解体如图 15-18 所示。

注意:活塞、连杆及连杆盖的安装方向标记,必要时应重新做出标记。

4)拆下皮带轮紧固螺母及开口销,用拉器拉下皮带轮,如图 15-19 所示。

5)拆下曲轴前后轴承盖,并取出油堵及油堵弹簧。

6)拆下轴承卡环,用铜棒或木锤由前向后敲击曲轴,并用拉器拉下曲轴后轴承,然后再向前压动曲轴,使之与曲轴箱分离。

2.空气压缩机主要零件的检修

(1)机体的检修

1)用直尺、厚薄规进行检验或将零件扣在平台上用厚薄规检验,缸体、缸盖、曲轴箱及底盖各接合平面的平面度误差应不大于 0.05 mm,否则,应更换新件或进行磨削加工。

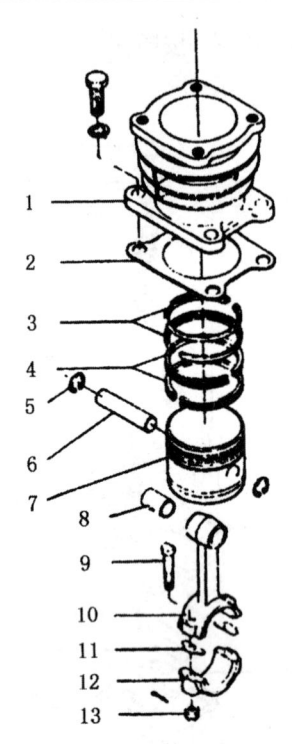

图 15-18　空气压缩机缸体活塞连杆组

1—气缸体；2—气缸体衬垫；3—气环；4—油环；5—卡簧；6—活塞销；7—活塞；
8—连杆衬套；9—连杆螺栓；10—连杆；11—垫片；12—连杆盖；13—螺母

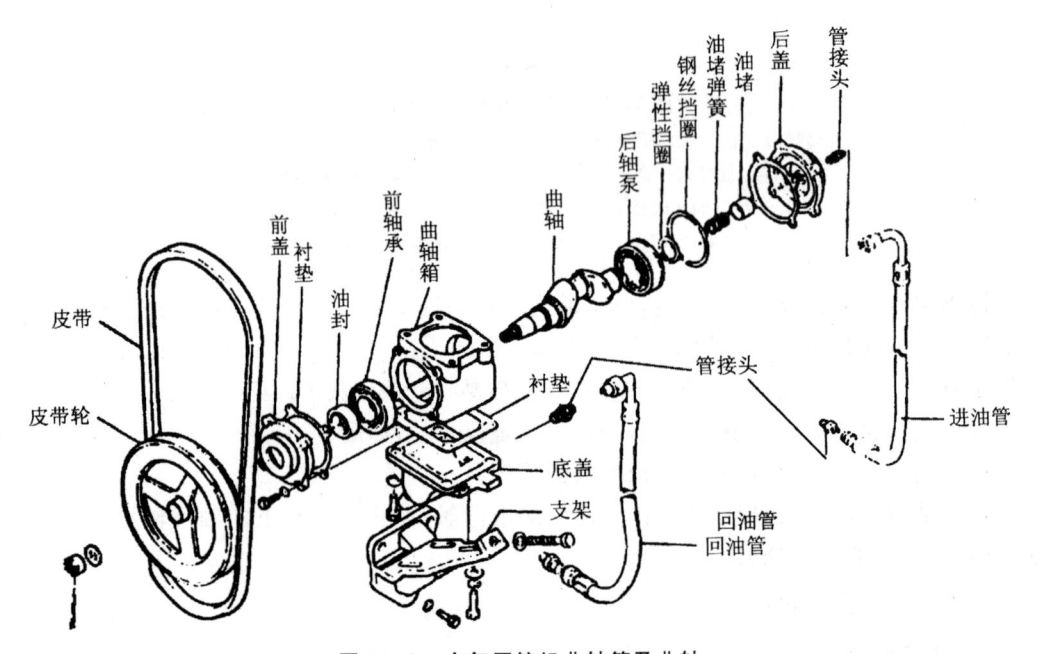

图 15-19　空气压缩机曲轴箱及曲轴

2）缸体出现裂纹应更换新件。

3）用量缸表测量气缸的磨损情况，当圆度误差超过 0.08 mm，圆柱度误差超过 0.25 mm 时，应更换新件。也可用修理尺寸法修复,EQ1092型汽车空压机有两级修理尺寸(+0.40 mm、+0.80 mm),超过修理尺寸时,应重新镶套修复。进行镶套修复时,其配合过盈量应为0.03~0.06 mm。

(2)曲轴的检修

1)空气压缩机曲轴出现裂纹或轴颈与前后支承轴承的配合间隙超过0.02 mm时,均应换用新件。

2)连杆轴颈的圆柱度误差超过0.10 mm时,应换新件或磨削修复,超过极限磨损量(1 mm)时,必须换用新件。

(3)活塞连杆组的检修

1)连杆出现弯扭变形,应进行校正。

2)连杆衬套与活塞销配合间隙超过0.10 mm时,应更换衬套。新衬套与连杆承孔的配合过盈量应为0.06~0.15 mm,衬套铰削后与活塞的配合间隙应为0.004~0.010 mm。

3)连杆出现裂纹、活塞环磨损严重或折断,均应更换新件。

4)连杆轴承与轴颈的配合间隙大于0.12 mm时(标准配合间隙为0.020~0.063 mm),应换用新轴承。

(4)其他零件的检修

1)进排气阀及松压阀复位弹簧、油堵弹簧弹力减弱或折断,应更换新件。

2)进排气阀阀板出现磨损凸痕,应更换阀板总成。

3)后盖油堵磨损严重、各密封圈、密封垫及松压阀失效,均应更换新件。

4)空气滤清器滤芯脏污时,可用清洗剂清洗干净。

3.空气压缩机的装配与试验

(1)空气压缩机的装配

空气压缩机在装配前,各零件应清洗干净,装配过程中,各摩擦表面应涂抹适量润滑油。其装配步骤如下:

1)将曲轴装入曲轴箱中,并依次装好前后轴承。

2)安装曲轴油堵、油堵弹簧及曲轴箱后盖。

3)安好曲轴油封及曲轴箱前盖,紧固好皮带轮。

4)将气缸体及其衬垫紧固到曲轴箱上。

5)组装好活塞连杆组,使活塞环开口相互错开180°(活塞环的端隙、侧隙、背隙应符合要求),然后按活塞、连杆及连杆盖上的装配标记将其装入气缸中,以15~20 N·m的力矩拧紧连杆螺栓。此时,曲轴的旋转力矩应不大于8 N·m,活塞在气缸内应升降灵活,无卡滞及划伤缸壁现象,否则应查明原因予以排除。

6)将空气压缩机底盖紧固到曲轴箱上。

7)将松压阀安装到气缸盖上,并组装好阀板总成,然后将阀板总成、气缸盖及相应的密封垫用缸盖螺栓紧固到气缸体上(缸盖螺栓应以18~22 N·m的力矩对角均匀拧紧)。

8)组装好空气滤清器,并将其安装到空气压缩机上。

9)将空气压缩机装车并拧动调整螺栓调整皮带预紧度。顺时针拧动螺栓时皮带张紧,反之则松弛。调整至用拇指以40 N的力垂直按压皮带中部时,其挠度为10~15 mm为止,然后拧紧空压机固定螺栓。

(2)空气压缩机的试验

空气压缩机的性能试验可在车上进行:启动发动机使之带动空压机运转,当空压机转速达到1 200 r/min(相当于发动机转速为1 714 r/min)时,气压表指示的储气筒气压与充气时间应符合其充气特性。气压上升到784 kPa时,松压阀应能自动卸荷,气压表所指示的气压不再升高。

15.3.3 制动控制阀的检修

1. 制动阀的分解与清洗

EQ1090E型汽车用的双腔膜片式制动阀的分解如图15-20所示。

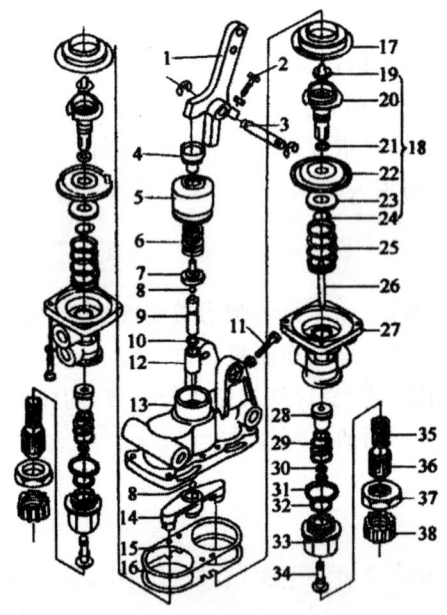

图15-20 东风EQ1090E型汽车并列双腔膜片式制动控制阀的分解
1—拉臂;2—调整螺钉;3—拉臂轴;4—平衡弹簧上座;5—防尘罩;6—平衡弹簧;
7—平衡弹簧下座;8—钢球;9—推杆;10、21、30、32—O形密封圈;11—调整螺钉;
12—衬套;13—上体;14—平衡臂;15—橡胶垫;16—钢垫;17—膜片压紧圈;
18—膜片总成;19—推杆头;20—推杆;22—膜片;23—夹片;24—卡环;
25—膜片回位弹簧;26—顶杆;27—下体;28—进气阀;29—进气阀回位弹簧;
31—密封圈;33—柱塞座;34—柱塞;35—调整弹簧;36—调整螺栓;37—锁紧螺母;38—塑料罩

1)分解阀体。拧下上体和下体的连接螺栓,卸掉拉臂1与上体13连接的拉臂轴3,即可将整个阀体分开。

2)分解下体总成。拧下柱塞座33,松开螺母37,拧下调整螺栓36,取下零件。

3)拆卸膜片总成。用卡簧钳卸掉卡环24,取出膜片。

4)在托盘内清洗全部零件。

2. 制动阀零件的检修

1)壳体破裂或变形严重,需更换。上下体接触面的平面度误差应不大于0.10 mm,否则应修平。

2)检查制动阀各阀门的密封性,如有轻微沟槽,可用砂布打磨平整,若阀门压痕超过 0.50 mm 应更换,如图 15-21 所示。

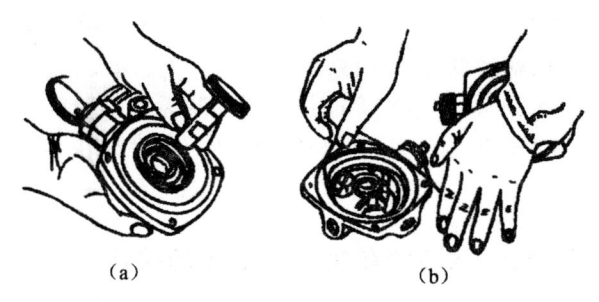

图 15-21 检查阀门的密封性
(a)检查阀门座口；(b)检查密封圈

3)在弹簧试验台上测试平衡弹簧的刚度,标准值为 216 N/mm。若弹性不足、长度变短或变形应更换,如图 15-22 所示。

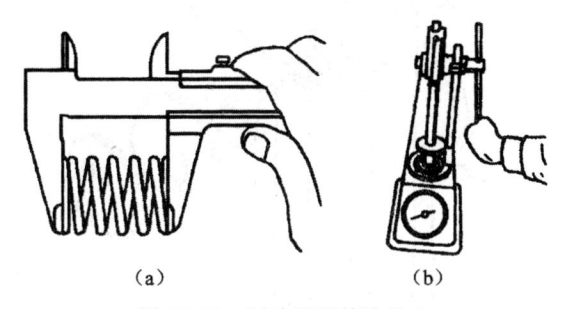

图 15-22 制动阀弹簧的检查
(a)测量长度；(b)测量刚度

4)大修解体后,必须更换全部密封圈、橡胶膜片和阀门。

制动阀的组装顺序可按拆卸的相反顺序进行。要特别注意,不能将润滑脂堵塞进气阀工作表面上的小孔。

3. 制动阀的调整

(1)自由行程(排气间隙)的调整

拆下前后腔柱塞总成,用深度游标卡尺分别测量排气间隙,均应为 1.5 mm。调整时,可拧动拉臂上调整螺钉,拧进螺钉时自由行程减小,拧出时增大。调整好后,拧进锁紧螺母,装上柱塞总成。

(2)最大制动气压的调整

1)最大制动气压的调整必须在储气筒空气压力达 687 kPa～726 kPa 时进行。

2)将制动踏板踩到底,同时拧动上体上的调整螺钉 11(见图 15-20),当制动输出气压为 539 kPa～647 kPa 时,调整螺钉 11 应当正好与拉臂 1 上的限位块接触。

3)放松制动踏板,待制动阀排气后,再重新踩到底,制动输出气压仍为此值后,即可拧紧锁紧螺母。否则仍需重新调整,直至合格。

(3)两腔随动气压的调整(见图 15-20)

1)两腔随动气压的调整是在完成自由行程的调整和最大制动气压的调整后进行的。

2)调整时,需在前腔和后腔的输出管路中分别接入量程相同的两个气压表。

3)调整时,拆下后腔的塑料罩38,拧松锁紧螺母37,踩下制动踏板到任一位置,旋动调整螺栓36,拧进时,后腔输出气压就降低,拧出时则升高。

4)当后腔输出低于前腔20 kPa~30 kPa时,预紧锁紧螺母37。

5)松开踏板,待排气后再踩下制动踏板,当两腔气压差仍保持在20 kPa~30 kPa后,再拧紧锁紧螺母,装好防尘罩。

15.3.4 制动气室、制动调整臂和气压调节阀的检修

1. 制动气室的检修

(1)制动气室分解(见图15-23)

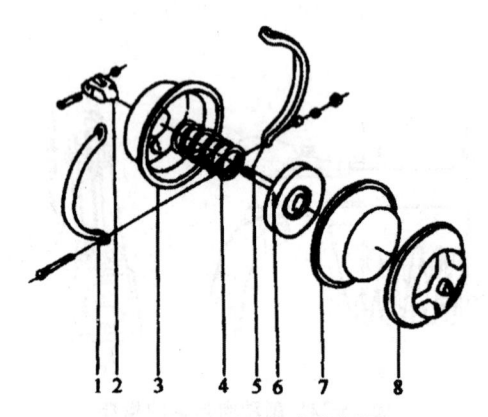

图 15-23 制动气室分解图

1、5—卡箍;2—连接叉;3—外壳;4—回位弹簧;6—推杆;7—膜片;8—外壳盖

1)拆下与制动气室相连的制动软管,拆除制动气室连接叉与制动调整臂的连接销。

2)拆下制动气室的固定螺栓,从支架上取下制动气室。

3)将制动气室夹在台钳上,拧下夹箍螺栓,轻轻敲击夹箍并将其取下,使制动气室外壳与盖分离,如图15-24所示。

图 15-24 制动气室解体

4)取出膜片,拧下推杆连接叉,取下复位弹簧和推杆。

(2)制动气室主要零件的检修

1)制动气室壳体和盖如有裂纹或推杆磨损过多,应更换。

2)膜片如有裂纹、老化或变形应更换。

3)回位弹簧如有明显变形、严重锈蚀、弹性降低或折断时,应更换;推杆如有变形或磨损呈台阶状,应更换。

(3)制动气室的装配

1)将清洁后的推杆、复位弹簧及推杆连接叉安装到制动气室外壳上,放好膜片,并扣合外壳盖。

2)将制动气室夹在台钳上,紧固好制动气室夹箍。

3)通入 784 kPa 的压缩空气进行检验,制动气室不得有漏气现象。出现漏气时,可进一步拧紧夹箍螺栓。拧紧无效时,应更换相应零件。

4)将制动气室安装到支架上,并使推杆连接叉与制动调整臂连接(用拧动推杆连接叉改变推杆的长度的方法对正销孔)。

5)安装完毕后调好车轮制动器间隙。

2.制动调整臂的检修

制动调整臂的结构如图 15-25 所示。制动调整臂主要零件的检修见如下步骤。

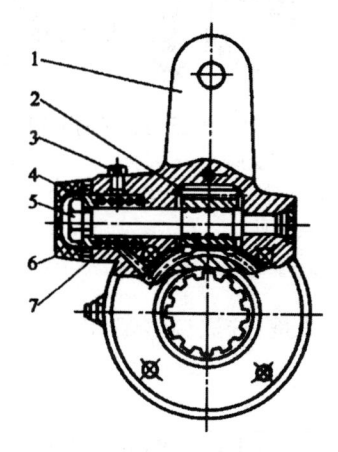

图 15-25 制动调整臂结构图

1—外壳;2—蜗杆;3—锁紧螺母;4—锁止套;5—蜗杆轴;6—防尘罩;7—弹簧

1)调整臂蜗杆上的齿轮磨损严重时,应更换。

2)调整臂壳体破裂或变形严重时,应更换。

3)调整臂与凸轮轴配合的花键孔严重磨损或扭曲变形时,应更换调整臂总成。

3.气压调节阀的检修

调节阀与空气压缩机的松压阀配合工作,控制储气筒的气压在 550 kPa~726 kPa,调节阀的开启压力为 687 kPa~726 kPa,关闭压力为 550 kPa~589 kPa。其分解如图 15-26 所示。

气压调节阀的维修步骤:

1)调节阀的壳体不得有裂纹和严重变形。

2)调压弹簧 4 和阀门弹簧 13 不得锈蚀、变形和折断。
3)膜片 7 变形、老化、有裂痕应更换。
4)每行驶 12 000 km 后要清洗、检查进气口上的滤芯 18。
5)检查阀门总成 12 的密封性,必要时应更换。

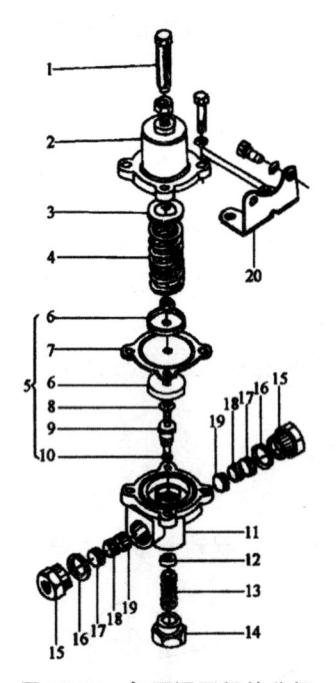

图 15-26 气压调压阀的分解

1—调整螺钉;2—盖;3—弹簧座;4—调压弹簧;5—芯杆总成;6—上下夹圈;7—膜片;8—密封垫圈;9—芯杆;10—芯杆密封圈;11—本体;12—阀门总成;13—阀门弹簧;14—放气螺母;15—接头螺母;16—密封垫圈;17—滤芯上罩;18—滤芯;19—滤芯下罩;20—支架

气压调节阀控制压力调整的方法是:拧进调整螺钉 1,储气筒的压力增高,反之拧出调整螺钉,压力降低。

15.4　驻车制动器的维修

15.4.1　维护

驻车制动器维护时,应检查各支架螺母的紧固是否可靠;除进行上述作业外,还要调整驻车制动器的间隙。如调整无效,应拆检摩擦片,必要时更换。

15.4.2　东风 EQ1092 型汽车驻车制动器的检修

1. 驻车制动器的拆卸

东风 EQ1092 型汽车采用鼓式驻车制动器,其拆卸步骤如下:
(1)驻车制动操纵机构的拆卸

1)先拆除各铰接销轴的开口销,使驻车制动操纵机构各机件分离,如图15-27所示。

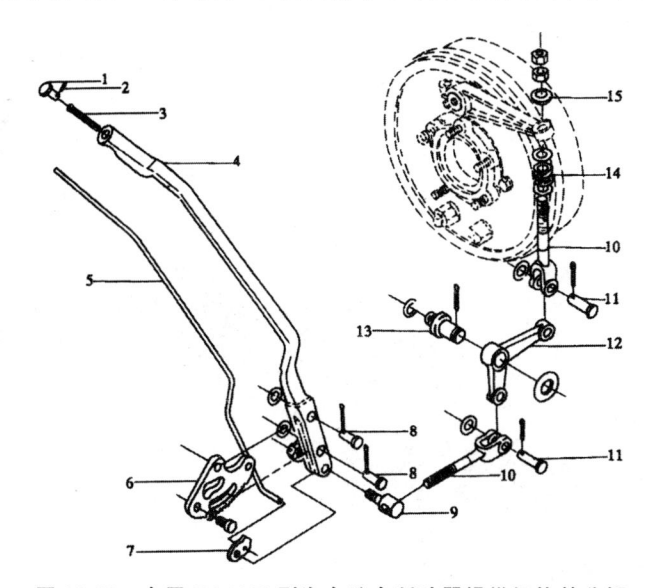

图15-27 东风EQ1092型汽车驻车制动器操纵机构的分解
1—驻车制动操纵杆按钮;2—按钮销;3、14—回位弹簧;4—驻车制动操纵杆;
5—棘爪拉杆;6—扇形齿板;7—棘爪;8、11—连接销;9—驻车制动操纵杆销轴;
10—驻车制动拉杆;12—摇臂;13—摇臂销轴;15—球面垫圈

2)必要时可钻除制动操纵杆铰接铆钉,取下操纵杆。
3)拆卸齿扇固定螺栓,取下齿扇。
(2)驻车制动器的拆卸
东风EQ1092型汽车驻车制动器的结构如图15-28所示,其拆卸步骤如下:
1)拧下万向传动装置与驻车制动器的连接螺母,使万向传动装置与驻车制动器分离。
2)拧下制动鼓两固定螺栓,取下制动鼓。
3)拧下变速器输出轴后端凸缘紧固螺母,取下凸缘盘及甩油环。
4)拆除制动凸轮上的限位片,拆下制动蹄复位弹簧。
5)拧下制动蹄支承销后端的弹性挡圈,取下制动蹄。然后松开支承销锁紧螺母,从底板支座上取下支承销。
6)从制动蹄上拆下弹性挡圈,取下滚轮及滚轮轴。
7)拧下底板支座固定螺栓,将底板支座及制动底板等取下。
8)拧下制动支臂夹紧螺栓,从凸轮轴上取下制动臂。然后拆下弹性挡圈,从支座中拔出制动凸轮轴。
9)拧下制动底板固定螺栓,使底板与底板支座分离。
10)取下油封、挡油盘等密封件。
2.驻车制动器主要零件的检修
(1)制动鼓的检修
1)制动鼓工作表面磨损严重或拉槽深度超过0.50 mm时,可镗削加工。
2)磨损超过使用极限应更换。修复后制动鼓应进行平衡试验,其静止平衡量应不大于

50 g/cm。

3)制动鼓出现裂纹应更换。

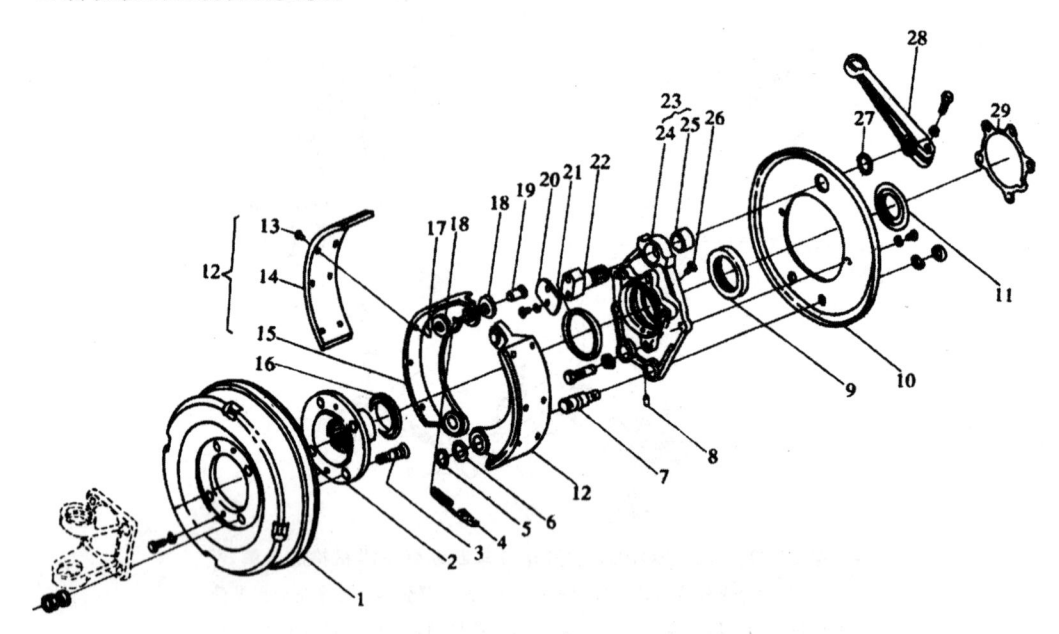

图 15-28　东风 EQ1092 型汽车驻车制动器的分解

1—驻车制动鼓;2—凸缘;3—定位螺栓;4—回位弹簧;5、17—挡圈;6—垫圈;
7—制动蹄轴;8—卸油塞;9—油封;10—制动底板;11—甩油圈;12—制动蹄总成;
13—铆钉;14—摩擦片;15—制动蹄;16—甩油环;18—滚轮;19—滚轮轴;
20—限位片;21—挡油盘;22—凸轮轴;23—底板支座总成;24—支座;25—衬套;
26—螺钉;27—弹性挡圈;28—凸轮摆臂;29—支座衬垫

(2)摩擦衬片及制动蹄的检修

1)摩擦衬片若有破损、铆钉松动、严重磨损、铆钉深度小于 0.50 mm 时,均应更换衬片。

2)制动蹄有变形应校正或更换,制动器出现裂纹应更换。

3)制动蹄支承销与支承销孔配合间隙超过 0.15 mm 时,应更换支承销或支承销孔衬套。

(3)其他零件的检修

1)制动凸轮轴与底板支座承孔的配合间隙应不大于 0.20 mm,否则应更换衬套。

2)制动蹄回位弹簧在 50 N 的拉力下,长度应为 100 mm,在 314～354 N 时,长度应为 112 mm,拉力若明显减弱或出现裂纹、变形应更换。

3)棘爪机构磨损严重,不能可靠锁止,应更换。

4)操纵机构各铰接部位磨损松旷,可更换销轴或衬套。

3.驻车制动器的装配与调整

(1)驻车制动器的装配

1)将油封、挡油盘压装到底板支座的支承孔中,并将制动底板固定到底板支座上。

2)在支承孔中涂适量润滑脂后,将制动凸轮轴及支承销安装到底板支座上(使支承销偏心向内相对),并装好弹性挡圈。

3)在制动蹄上装好滚轮,并将其安装到底板支座上的支承销上,并装好弹性挡圈、制动蹄回位弹簧及限位片。

4)将制动凸轮摆臂安装到凸轮轴上,把甩油环套装到变速器第二轴上,然后组装好的制动底板总成紧固到变速器第二轴轴承座上(接合面间应安装支座衬垫,并涂抹密封胶)。

5)将甩油环套装到凸缘盘上,然后将凸缘盘压装到变速器第二轴上,并以210 N·m的力矩拧紧凸缘螺母。

6)装上制动鼓,并拧紧其固定螺钉。

7)安装好万向传动装置(连接螺栓应以90~110 N·m力矩拧紧)。

8)连接好制动操纵机构(开口销应齐全有效)。

(2)驻车制动器的调整

1)先将驻车操纵杆放至最低位置,拧动软轴调整螺母,使摇臂与地面成15°夹角,然后拧紧锁紧螺母。

2)将操纵杆拉起7~9响,反复拧动驻车制动拉杆上端的调整螺母及制动蹄支承销,使制动蹄完全压紧在制动鼓上。然后拧紧支承销固定螺母及制动拉杆上端的锁紧螺母。

3)检查驻车制动器调整是否得当。将驻车制动器操纵杆从放松位置向上拉时,其空行程应只有2响,第3响开始有制动感,拉至7~9响时,汽车应可靠地停放在坡度为20%、附着系数不小于0.7的路面坡道上。防松驻车制动操纵杆行驶时,驻车制动器应无发热现象,否则应重新进行调整。

15.4.3 盘式驻车制动器的检修

盘式驻车制动器的结构如图15-29所示。

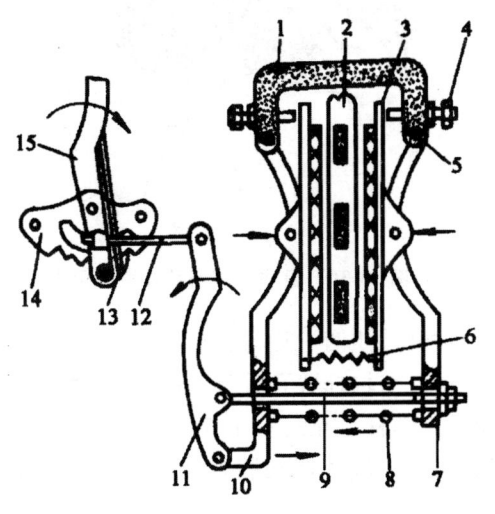

图15-29 盘式驻车制动器结构图

1—支架;2—制动盘;3—制动蹄;4—调整螺钉;5—销;6—拉簧;7—后制动蹄臂;
8—定位弹簧;9—蹄臂拉杆;10—前制动蹄臂;11—拉杆臂;12—传动拉杆;
13—棘爪;14—齿扇;15—驻车制动操纵杆

1. 盘式驻车制动装置主要零件的检修

(1)制动盘的检修

制动盘若有裂纹,应更换新件;磨损拉槽深度超过0.50 mm时,应在磨床上进行光磨,光磨后制动盘的厚度不小于规定值。

(2) 制动盘与蹄臂的检修

制动蹄衬片上铆钉头深度小于0.50 mm时,应更换衬片;制动蹄销与孔配合间隙超过0.15 mm时,应加大销子或更换衬套。

(3) 蹄臂拉杆及齿扇检修

蹄臂拉杆变形应校正;拉杆螺纹损坏2牙以上,应更换或修复,扇形齿板及锁扣磨损打滑时,应更换或修复。

2.驻车制动装置的调整

1) 先不装传动杆与拉杆臂之间的连接销。

2) 在摩擦衬片与制动盘之间分别插入0.60 mm的塞尺,调整拉杆后端的调整螺母,当拉动塞尺感觉到有阻力时停止,如图15-30所示。再将锁紧螺母拧紧。

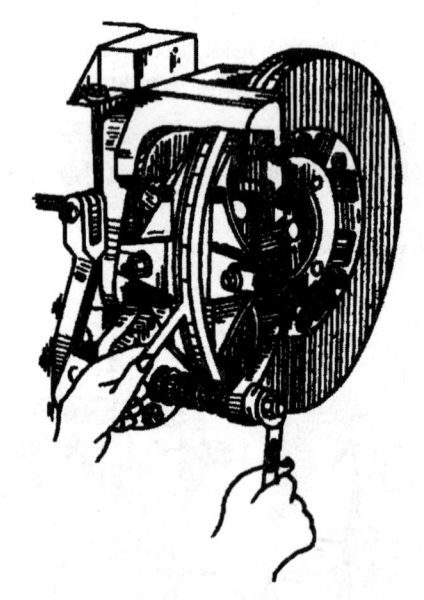

图15-30 盘式驻车制动装置调整

3) 调整支架上的两个调整螺钉,使两衬片与制动盘平行。

4) 调整传动杆长度,使其销孔与拉杆臂孔重合,装上连接销。

5) 检查制动效能。拉动手制动杆至全行程的1/2~2/3(相当于锁扣在齿板上移动3~5个齿)时,蹄片应完全压紧制动盘;拉紧驻车制动装置制动杆,2挡不能起步。放松操纵杆后,制动盘自由转动。

15.4.4 桑塔纳轿车驻车制动器的检修

桑塔纳轿车是利用两后轮兼作驻车制动器的,并由机械式拉索机构进行操纵,其操纵机构如图15-31所示。

使用中驻车制动操纵机构各铰接部位磨损松旷时,可更换连接销,齿扇及棘爪磨损严重致使不能可靠锁止时,应更换新件。

检修后应按如下步骤调整其自由行程。

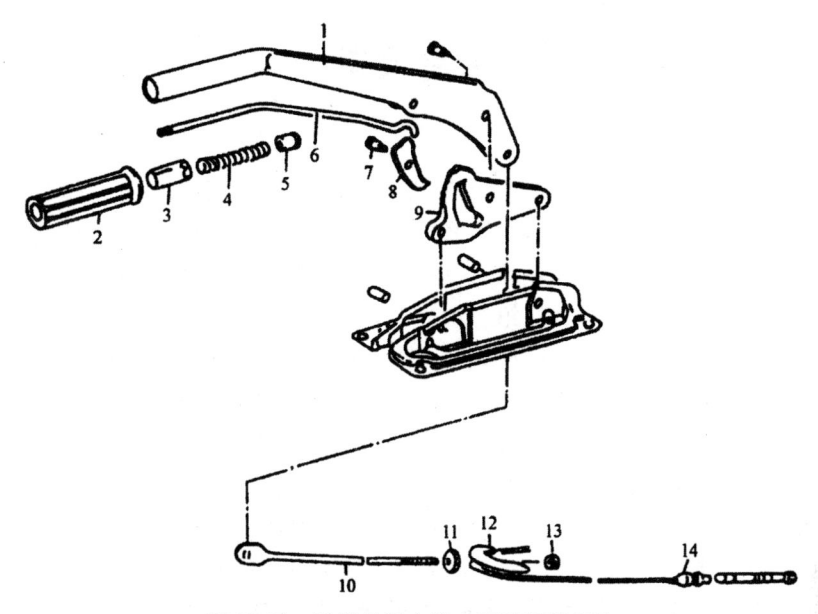

图 15-31 桑塔纳轿车驻车制动操纵机构
1—驻车制动杆;2—制动手柄套;3—旋钮;4—弹簧;5—弹簧套筒;6—棘轮杆;
7—销轴;8—棘轮;9—齿扇;10—拉杆;11—限位板;12—调整拉杆;
13—螺母;14—驻车制动拉索

1) 放松驻车制动杆,使驻车制动解除。
2) 用力踩制动踏板,使后轮制动器具有正常的间隙。
3) 将驻车制动拉杆拉紧 2 齿。
4) 拧动制动拉杆后端的调整螺母及限位垫圈进行调整,直到用手不能转动后轮(支起后桥)为止。
5) 复查驻车制动器的工作性能:以 200 N 的力拉紧驻车制动杆时,制动杆应处于 2 齿位置上。驻车制动时,车辆应能可靠地停在 20% 的坡道上。放松驻车制动杆后,两后轮应能自由转动,否则应重新进行调整。

参考文献

[1] 范继春,王海峰.汽车底盘构造与维修.北京:北京理工大学出版社,2012.
[2] 迟瑞娟,陈清洪.汽车底盘构造与维修(第 2 版).北京:电子工业出版社,2013.
[3] 李家本.汽车底盘构造与维修.北京:中国广播电视大学出版社,2010.
[4] 周林福.汽车底盘构造与维修(第 2 版).北京:人民交通出版社,2011.
[5] 王颖.上海赛欧轿车使用与维修.北京:人民交通出版社,2002.
[6] 李拴成,刘志顺.汽车底盘构造与维修.北京:金盾出版社,2007.
[7] 从树林,张彬.汽车底盘构造与维修.北京:人民交通出版社,2011.
[8] 祖国海.汽车底盘构造与维修.北京:机械工业出版社,2012.
[9] 董宝承.汽车底盘构造与维修.北京:机械工业出版社,2005.
[10] 张红伟,王国林.汽车底盘构造与维修.北京:高等教育出版社,2005.
[11] 王家青.汽车底盘构造与维修.北京:人民交通出版社,2013.
[12] 姚焕新.汽车底盘电控系统检修.北京:高等教育出版社,2009.
[13] 蒲永峰.汽车底盘构造与维修.北京:清华大学出版社,2012.
[14] 李晓.汽车底盘构造与维修.北京:北京邮电大学出版社,2006.
[15] 李仲河.汽车底盘构造与维修.济南:山东科学技术出版社,2009.
[16] 刘建民.汽车底盘构造与维修.西安:西北工业大学出版社,2008.
[17] 将运劲,唐作厚.汽车底盘构造与维修.北京:北京理工大学出版社,2013.
[18] 肖文光.汽车底盘构造与维修(底盘部分).北京:北京理工大学出版社,2009.
[19] 张松青.汽车底盘构造与维修.济南:山东大学出版社,2011.
[20] 梁学军,惠金芹.汽车底盘构造与维修.南京:东南大学出版社,2011.
[21] 金加龙.汽车底盘构造与维修.北京:电子工业出版社,2005.
[22] 陈家瑞.汽车构造(下册).北京:机械工业出版社,2009.